Le Guide rouge

GUIDE COMPLET DE CONJUGAISON

Alain Vézina

Les Éditions HRW ltée

Le Guide rouge

GUIDE COMPLET DE CONJUGAISON

ISBN 0-03-926795-4

Dépôt légal 2e trimestre 1991
Imprimé au Canada

1 2 3 4 5 93 92 91

Révision et correction:
Louise Chabot, Martial Denis, Viviane Houle

Maquette de la couverture :
Nancy Potvin

Production : La Pagitech

Impression : Intergloble

TABLE DES MATIÈRES

STRUCTURE DU GUIDE ROUGE

Page modèle des tableaux de conjugaison

Terminaison indiquant le groupe du verbe modèle

Terminaison commune à tous les verbes se conjuguant comme le verbe modèle

Verbe modèle

Terminaisons du verbe modèle à utiliser dans la conjugaison du verbe, selon la personne, le temps et le mode

Il, ils (pronoms personnels masculins) utilisés dans les pages de gauche ; elle, elles (pronoms personnels féminins) utilisés dans les pages de droite

Verbe conjugué à la 3ᵉ personne du singulier pour la **forme pronominale**

Numéro de page correspondant à celui mentionné dans l'**index**

PROMENER *Verbes en* ***ER****, se terminant par* ***ENER***

FORME ACTIVE

INDICATIF

Présent			*Passé composé*		
je	prom	ène	j'	ai	promené
tu	prom	ènes	tu	as	promené
il	prom	ène	il	a	promené
nous	prom	enons	nous	avons	promené
vous	prom	enez	vous	avez	promené
ils	prom	ènent	ils	ont	promené

Imparfait			*Plus-que-parfait*		
je	prom	enais	j'	avais	promené
tu	prom	enais	tu	avais	promené
il	prom	enait	il	avait	promené
nous	prom	enions	nous	avions	promené
vous	prom	eniez	vous	aviez	promené
ils	prom	enaient	ils	avaient	promené

Passé simple			*Passé antérieur*		
je	prom	enai	j'	eus	promené
tu	prom	enas	tu	eus	promené
il	prom	ena	il	eut	promené
nous	prom	enâmes	nous	eûmes	promené
vous	prom	enâtes	vous	eûtes	promené
ils	prom	enèrent	ils	eurent	promené

Futur simple			*Futur antérieur*		
je	prom	ènerai	j'	aurai	promené
tu	prom	èneras	tu	auras	promené
il	prom	ènera	il	aura	promené
nous	prom	ènerons	nous	aurons	promené
vous	prom	ènerez	vous	aurez	promené
ils	prom	èneront	ils	auront	promené

SUBJONCTIF

Présent			*Passé*		
que je	prom	ène	que j'	aie	promené
que tu	prom	ènes	que tu	aies	promené
qu'il	prom	ène	qu'il	ait	promené
que ns	prom	enions	que ns	ayons	promené
que vs	prom	eniez	que vs	ayez	promené
qu'ils	prom	ènent	qu'ils	aient	promené

Imparfait			*Plus-que-parfait*		
que je	prom	enasse	que j'	eusse	promené
que tu	prom	enasses	que tu	eusses	promené
qu'il	prom	enât	qu'il	eût	promené
que ns	prom	enassions	que ns	eussions	promené
que vs	prom	enassiez	que vs	eussiez	promené
qu'ils	prom	enassent	qu'ils	eussent	promené

IMPÉRATIF

Présent		*Passé*	
prom	ène	aie	promené
prom	enons	ayons	promené
prom	enez	ayez	promené

CONDITIONNEL

Présent			*Passé 1ʳᵉ forme*		
je	prom	ènerais	j'	aurais	promené
tu	prom	ènerais	tu	aurais	promené
il	prom	ènerait	il	aurait	promené
nous	prom	ènerions	nous	aurions	promené
vous	prom	èneriez	vous	auriez	promené
ils	prom	èneraient	ils	auraient	promené

Passé 2ᵉ forme		
j'	eusse	promené
tu	eusses	promené
il	eût	promené
nous	eussions	promené
vous	eussiez	promené
ils	eussent	promené

INFINITIF

Présent	*Passé*
prom ener	avoir promené

PARTICIPE

Présent	*Passé*
prom enant	prom ené, ée ayant promené

FORME PRONOMINALE

INDICATIF

Présent
il/elle se promène

Passé composé
il/elle s'est promené, ée

Imparfait
il/elle se promenait

Plus-que-parfait
il/elle s'était promené, ée

Passé simple
il/elle se promena

Passé antérieur
il/elle se fut promené, ée

Futur simple
il/elle se promènera

Futur antérieur
il/elle se sera promené, ée

INFINITIF

Présent
se promener

Passé
s'être promené, ée

PARTICIPE

Présent
se promenant

Passé
s'étant promené, ée

SUBJONCTIF

Présent
qu'il/elle se promène

Passé
qu'il/elle se soit promené, ée

Imparfait
qu'il/elle se promenât

Plus-que-parfait
qu'il/elle se fût promené, ée

CONDITIONNEL

Présent
il/elle se promènerait

Passé 1ʳᵉ forme
il/elle se serait promené, ée

Passé 2ᵉ forme
il/elle se fût promené, ée

IMPÉRATIF

Présent
promène-toi
promenons-nous
promenez-vous

48

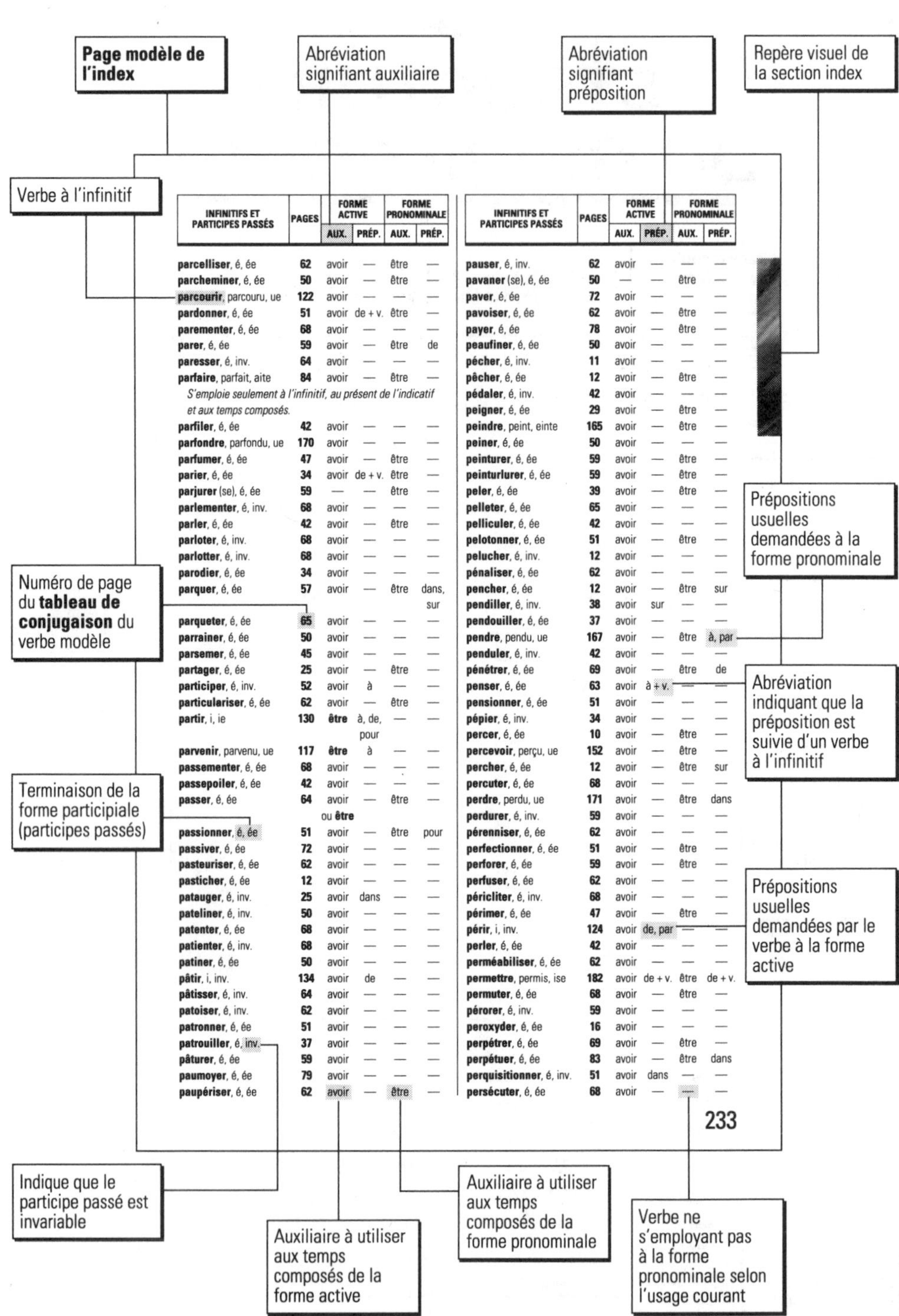

INFINITIFS ET PARTICIPES PASSÉS	PAGES	FORME ACTIVE		FORME PRONOMINALE	
		AUX.	PRÉP.	AUX.	PRÉP.
parcelliser, é, ée	**62**	avoir	—	être	—
parcheminer, é, ée	**50**	avoir	—	être	—
parcourir, parcouru, ue	**122**	avoir	—	—	—
pardonner, é, ée	**51**	avoir	de + v.	être	—
parementer, é, ée	**68**	avoir	—	—	—
parer, é, ée	**59**	avoir	—	être	de
paresser, é, inv.	**64**	avoir	—	—	—
parfaire, parfait, aite	**84**	avoir	—	être	—
S'emploie seulement à l'infinitif, au présent de l'indicatif et aux temps composés.					
parfiler, é, ée	**42**	avoir	—	—	—
parfondre, parfondu, ue	**170**	avoir	—	—	—
parfumer, é, ée	**47**	avoir	—	être	—
parier, é, ée	**34**	avoir	de + v.	être	—
parjurer (se), é, ée	**59**	—	—	être	—
parlementer, é, inv.	**68**	avoir	—	—	—
parler, é, ée	**42**	avoir	—	être	—
parloter, é, inv.	**68**	avoir	—	—	—
parlotter, é, inv.	**68**	avoir	—	—	—
parodier, é, ée	**34**	avoir	—	—	—
parquer, é, ée	**57**	avoir	—	être	dans, sur
parqueter, é, ée	**65**	avoir	—	—	—
parrainer, é, ée	**50**	avoir	—	—	—
parsemer, é, ée	**45**	avoir	—	—	—
partager, é, ée	**25**	avoir	—	être	—
participer, é, inv.	**52**	avoir	à	—	—
particulariser, é, ée	**62**	avoir	—	être	—
partir, i, ie	**130**	**être**	à, de, pour	—	—
parvenir, parvenu, ue	**117**	**être**	à	—	—
passementer, é, ée	**68**	avoir	—	—	—
passepoiler, é, ée	**42**	avoir	—	—	—
passer, é, ée	**64**	avoir ou **être**	—	être	—
passionner, é, ée	**51**	avoir	—	être	pour
passiver, é, ée	**72**	avoir	—	—	—
pasteuriser, é, ée	**62**	avoir	—	—	—
pasticher, é, ée	**12**	avoir	—	—	—
patauger, é, inv.	**25**	avoir	dans	—	—
pateliner, é, inv.	**50**	avoir	—	—	—
patenter, é, ée	**68**	avoir	—	—	—
patienter, é, inv.	**68**	avoir	—	—	—
patiner, é, ée	**50**	avoir	—	—	—
pâtir, i, inv.	**134**	avoir	de	—	—
pâtisser, é, inv.	**64**	avoir	—	—	—
patoiser, é, inv.	**62**	avoir	—	—	—
patronner, é, ée	**51**	avoir	—	—	—
patrouiller, é, inv.	**37**	avoir	—	—	—
pâturer, é, ée	**59**	avoir	—	—	—
paumoyer, é, ée	**79**	avoir	—	—	—
paupériser, é, ée	**62**	avoir	—	être	—
pauser, é, inv.	**62**	avoir	—	—	—
pavaner (se), é, ée	**50**	—	—	être	—
paver, é, ée	**72**	avoir	—	—	—
pavoiser, é, ée	**62**	avoir	—	être	—
payer, é, ée	**78**	avoir	—	être	—
peaufiner, é, ée	**50**	avoir	—	—	—
pécher, é, inv.	**11**	avoir	—	—	—
pêcher, é, ée	**12**	avoir	—	être	—
pédaler, é, inv.	**42**	avoir	—	—	—
peigner, é, ée	**29**	avoir	—	être	—
peindre, peint, einte	**165**	avoir	—	être	—
peiner, é, ée	**50**	avoir	—	—	—
peinturer, é, ée	**59**	avoir	—	être	—
peinturlurer, é, ée	**59**	avoir	—	être	—
peler, é, ée	**39**	avoir	—	être	—
pelleter, é, ée	**65**	avoir	—	—	—
pelliculer, é, ée	**42**	avoir	—	—	—
pelotonner, é, ée	**51**	avoir	—	être	—
pelucher, é, inv.	**12**	avoir	—	—	—
pénaliser, é, ée	**62**	avoir	—	—	—
pencher, é, ée	**12**	avoir	—	être	sur
pendiller, é, inv.	**38**	avoir	sur	—	—
pendouiller, é, ée	**37**	avoir	—	—	—
pendre, pendu, ue	**167**	avoir	—	être	à, par
penduler, é, inv.	**42**	avoir	—	—	—
pénétrer, é, ée	**69**	avoir	—	être	de
penser, é, ée	**63**	avoir	à + v.	—	—
pensionner, é, ée	**51**	avoir	—	—	—
pépier, é, inv.	**34**	avoir	—	—	—
percer, é, ée	**10**	avoir	—	être	—
percevoir, perçu, ue	**152**	avoir	—	être	—
percher, é, ée	**12**	avoir	—	être	sur
percuter, é, ée	**68**	avoir	—	—	—
perdre, perdu, ue	**171**	avoir	—	être	dans
perdurer, é, inv.	**59**	avoir	—	—	—
pérenniser, é, ée	**62**	avoir	—	—	—
perfectionner, é, ée	**51**	avoir	—	être	—
perforer, é, ée	**59**	avoir	—	être	—
perfuser, é, ée	**62**	avoir	—	—	—
péricliter, é, inv.	**68**	avoir	—	—	—
périmer, é, ée	**47**	avoir	—	être	—
périr, i, inv.	**124**	avoir	de, par	—	—
perler, é, ée	**42**	avoir	—	—	—
perméabiliser, é, ée	**62**	avoir	—	—	—
permettre, permis, ise	**182**	avoir	de + v.	être	de + v.
permuter, é, ée	**68**	avoir	—	être	—
pérorer, é, inv.	**59**	avoir	—	—	—
peroxyder, é, ée	**16**	avoir	—	—	—
perpétrer, é, ée	**69**	avoir	—	être	—
perpétuer, é, ée	**83**	avoir	—	être	dans
perquisitionner, é, inv.	**51**	avoir	dans	—	—
persécuter, é, ée	**68**	avoir	—	—	—

233

TABLEAUX DE CONJUGAISON

AVOIR

FORME ACTIVE

INDICATIF

Présent		Passé composé		
j'	ai	j'	ai	eu
tu	as	tu	as	eu
il	a	il	a	eu
nous	avons	nous	avons	eu
vous	avez	vous	avez	eu
ils	ont	ils	ont	eu

Imparfait		Plus-que-parfait		
j'	avais	j'	avais	eu
tu	avais	tu	avais	eu
il	avait	il	avait	eu
nous	avions	nous	avions	eu
vous	aviez	vous	aviez	eu
ils	avaient	ils	avaient	eu

Passé simple		Passé antérieur		
j'	eus	j'	eus	eu
tu	eus	tu	eus	eu
il	eut	il	eut	eu
nous	eûmes	nous	eûmes	eu
vous	eûtes	vous	eûtes	eu
ils	eurent	ils	eurent	eu

Futur simple		Futur antérieur		
j'	aurai	j'	aurai	eu
tu	auras	tu	auras	eu
il	aura	il	aura	eu
nous	aurons	nous	aurons	eu
vous	aurez	vous	aurez	eu
ils	auront	ils	auront	eu

SUBJONCTIF

Présent		Passé		
que j'	aie	que j'	aie	eu
que tu	aies	que tu	aies	eu
qu'il	ait	qu'il	ait	eu
que ns	ayons	que ns	ayons	eu
que vs	ayez	que vs	ayez	eu
qu'ils	aient	qu'ils	aient	eu

Imparfait		Plus-que-parfait		
que j'	eusse	que j'	eusse	eu
que tu	eusses	que tu	eusses	eu
qu'il	eût	qu'il	eût	eu
que ns	eussions	que ns	eussions	eu
que vs	eussiez	que vs	eussiez	eu
qu'ils	eussent	qu'ils	eussent	eu

IMPÉRATIF

Présent	Passé	
aie	aie	eu
ayons	ayons	eu
ayez	ayez	eu

CONDITIONNEL

Présent		Passé 1re forme		
j'	aurais	j'	aurais	eu
tu	aurais	tu	aurais	eu
il	aurait	il	aurait	eu
nous	aurions	nous	aurions	eu
vous	auriez	vous	auriez	eu
ils	auraient	ils	auraient	eu

Passé 2e forme		
j'	eusse	eu
tu	eusses	eu
il	eût	eu
nous	eussions	eu
vous	eussiez	eu
ils	eussent	eu

INFINITIF

Présent	Passé
avoir	avoir eu

PARTICIPE

Présent	Passé
ayant	eu, eue ayant eu

ACCORD DU PARTICIPE PASSÉ EMPLOYÉ AVEC *AVOIR*

- Le participe passé employé avec ***avoir*** s'accorde **en genre et en nombre** si les **deux conditions** suivantes sont réunies :
  - il y a un complément d'objet direct ;
  - ce complément d'objet direct précède le participe passé ainsi employé avec *avoir.*

  Si ces deux conditions sont remplies, le participe passé s'accorde alors en genre et en nombre avec ce complément d'objet direct.

  On trouve le complément d'objet direct en ajoutant *qui ?* ou *quoi ?* au participe pour former une question.

  Exemple : J'envoie les lettres que j'ai écrit**??.**

  J'AI ÉCRIT QUOI ? — LES LETTRES → J'envoie les lettres que j'ai écrit**es.**

- Le participe passé employé avec ***avoir*** reste **invariable** quand :
  - il n'y a pas de complément d'objet direct ;
  - quand il y a un complément d'objet direct, mais qu'il est placé après le participe.

FORME ACTIVE

INDICATIF

Présent		*Passé composé*		
je	suis	j'	ai	été
tu	es	tu	as	été
elle	est	elle	a	été
nous	sommes	nous	avons	été
vous	êtes	vous	avez	été
elles	sont	elles	ont	été

Imparfait		*Plus-que-parfait*		
j'	étais	j'	avais	été
tu	étais	tu	avais	été
elle	était	elle	avait	été
nous	étions	nous	avions	été
vous	étiez	vous	aviez	été
elles	étaient	elles	avaient	été

Passé simple		*Passé antérieur*		
je	fus	j'	eus	été
tu	fus	tu	eus	été
elle	fut	elle	eut	été
nous	fûmes	nous	eûmes	été
vous	fûtes	vous	eûtes	été
elles	furent	elles	eurent	été

Futur simple		*Futur antérieur*		
je	serai	j'	aurai	été
tu	seras	tu	auras	été
elle	sera	elle	aura	été
nous	serons	nous	aurons	été
vous	serez	vous	aurez	été
elles	seront	elles	auront	été

SUBJONCTIF

Présent		*Passé*		
que je	sois	que j'	aie	été
que tu	sois	que tu	aies	été
qu'elle	soit	qu'elle	ait	été
que ns	soyons	que ns	ayons	été
que vs	soyez	que vs	ayez	été
qu'elles	soient	qu'elles	aient	été

Imparfait		*Plus-que-parfait*		
que je	fusse	que j'	eusse	été
que tu	fusses	que tu	eusses	été
qu'elle	fût	qu'elle	eût	été
que ns	fussions	que ns	eussions	été
que vs	fussiez	que vs	eussiez	été
qu'elles	fussent	qu'elles	eussent	été

IMPÉRATIF

Présent	*Passé*	
sois	aie	été
soyons	ayons	été
soyez	ayez	été

CONDITIONNEL

Présent		*Passé 1re forme*		
je	serais	j'	aurais	été
tu	serais	tu	aurais	été
elle	serait	elle	aurait	été
nous	serions	nous	aurions	été
vous	seriez	vous	auriez	été
elles	seraient	elles	auraient	été

Passé 2e forme		
j'	eusse	été
tu	eusses	été
elle	eût	été
nous	eussions	été
vous	eussiez	été
elles	eussent	été

INFINITIF

Présent	*Passé*
être	avoir été

PARTICIPE

Présent	*Passé*
étant	été ayant été

ACCORD DU PARTICIPE PASSÉ EMPLOYÉ AVEC *ÊTRE*

- Le participe passé employé avec ***être*** s'accorde **en genre et en nombre** avec le **sujet** du verbe.
  Exemple : Mes tantes sont arrivé**es** hier soir.

- Le participe passé des **verbes toujours pronominaux** s'accorde **en genre et en nombre** avec le **sujet** du verbe.
  Exemple : Mes tantes se sont abstenu**es** de manger pendant le voyage.

- Le participe passé des **verbes** qui ne sont **pas toujours pronominaux** s'accorde comme s'il était employé avec ***avoir***.
  Exemples : Mes tantes se sont rencontré**??** à la gare.
  MES TANTES ONT RENCONTRÉ QUI ? — ELLES → Mes tantes se sont rencontré**es** à la gare.
  Mes tantes se sont parlé**??** pendant tout le trajet.
  IL N'Y A PAS DE COMPLÉMENT D'OBJET DIRECT POUR LE VERBE PARLER. → Mes tantes se sont parl**é** pendant tout le trajet.

COURBER *Verbes en **ER**, se terminant par **BER***

FORME ACTIVE

INDICATIF

Présent			**Passé composé**		
je	cour	be	j'	ai	courbé
tu	cour	bes	tu	as	courbé
il	cour	be	il	a	courbé
nous	cour	bons	nous	avons	courbé
vous	cour	bez	vous	avez	courbé
ils	cour	bent	ils	ont	courbé
Imparfait			**Plus-que-parfait**		
je	cour	bais	j'	avais	courbé
tu	cour	bais	tu	avais	courbé
il	cour	bait	il	avait	courbé
nous	cour	bions	nous	avions	courbé
vous	cour	biez	vous	aviez	courbé
ils	cour	baient	ils	avaient	courbé
Passé simple			**Passé antérieur**		
je	cour	bai	j'	eus	courbé
tu	cour	bas	tu	eus	courbé
il	cour	ba	il	eut	courbé
nous	cour	bâmes	nous	eûmes	courbé
vous	cour	bâtes	vous	eûtes	courbé
ils	cour	bèrent	ils	eurent	courbé
Futur simple			**Futur antérieur**		
je	cour	berai	j'	aurai	courbé
tu	cour	beras	tu	auras	courbé
il	cour	bera	il	aura	courbé
nous	cour	berons	nous	aurons	courbé
vous	cour	berez	vous	aurez	courbé
ils	cour	beront	ils	auront	courbé

SUBJONCTIF

Présent			**Passé**		
que je	cour	be	que j'	aie	courbé
que tu	cour	bes	que tu	aies	courbé
qu'il	cour	be	qu'il	ait	courbé
que ns	cour	bions	que ns	ayons	courbé
que vs	cour	biez	que vs	ayez	courbé
qu'ils	cour	bent	qu'ils	aient	courbé
Imparfait			**Plus-que-parfait**		
que je	cour	basse	que j'	eusse	courbé
que tu	cour	basses	que tu	eusses	courbé
qu'il	cour	bât	qu'il	eût	courbé
que ns	cour	bassions	que ns	eussions	courbé
que vs	cour	bassiez	que vs	eussiez	courbé
qu'ils	cour	bassent	qu'ils	eussent	courbé

IMPÉRATIF

Présent		**Passé**	
cour	be	aie	courbé
cour	bons	ayons	courbé
cour	bez	ayez	courbé

CONDITIONNEL

Présent			**Passé 1re forme**		
je	cour	berais	j'	aurais	courbé
tu	cour	berais	tu	aurais	courbé
il	cour	berait	il	aurait	courbé
nous	cour	berions	nous	aurions	courbé
vous	cour	beriez	vous	auriez	courbé
ils	cour	beraient	ils	auraient	courbé

Passé 2e forme		
j'	eusse	courbé
tu	eusses	courbé
il	eût	courbé
nous	eussions	courbé
vous	eussiez	courbé
ils	eussent	courbé

INFINITIF

Présent	**Passé**
cour ber	avoir courbé

PARTICIPE

Présent	**Passé**
cour bant	cour bé, ée ayant courbé

FORME PRONOMINALE

INDICATIF

Présent
il/elle se courbe

Passé composé
il/elle s'est courbé, ée

Imparfait
il/elle se courbait

Plus-que-parfait
il/elle s'était courbé, ée

Passé simple
il/elle se courba

Passé antérieur
il/elle se fut courbé, ée

Futur simple
il/elle se courbera

Futur antérieur
il/elle se sera courbé, ée

INFINITIF

Présent
se courber

Passé
s'être courbé, ée

PARTICIPE

Présent
se courbant

Passé
s'étant courbé, ée

SUBJONCTIF

Présent
qu'il/elle se courbe

Passé
qu'il/elle se soit courbé, ée

Imparfait
qu'il/elle se courbât

Plus-que-parfait
qu'il/elle se fût courbé, ée

CONDITIONNEL

Présent
il/elle se courberait

Passé 1re forme
il/elle se serait courbé, ée

Passé 2e forme
il/elle se fût courbé, ée

IMPÉRATIF

Présent
courbe-toi
courbons-nous
courbez-vous

FORME ACTIVE

INDICATIF

Présent

je	dou	ble
tu	dou	bles
elle	dou	ble
nous	dou	blons
vous	dou	blez
elles	dou	blent

Passé composé

j'	ai	doublé
tu	as	doublé
elle	a	doublé
nous	avons	doublé
vous	avez	doublé
elles	ont	doublé

Imparfait

je	dou	blais
tu	dou	blais
elle	dou	blait
nous	dou	blions
vous	dou	bliez
elles	dou	blaient

Plus-que-parfait

j'	avais	doublé
tu	avais	doublé
elle	avait	doublé
nous	avions	doublé
vous	aviez	doublé
elles	avaient	doublé

Passé simple

je	dou	blai
tu	dou	blas
elle	dou	bla
nous	dou	blâmes
vous	dou	blâtes
elles	dou	blèrent

Passé antérieur

j'	eus	doublé
tu	eus	doublé
elle	eut	doublé
nous	eûmes	doublé
vous	eûtes	doublé
elles	eurent	doublé

Futur simple

je	dou	blerai
tu	dou	bleras
elle	dou	blera
nous	dou	blerons
vous	dou	blerez
elles	dou	bleront

Futur antérieur

j'	aurai	doublé
tu	auras	doublé
elle	aura	doublé
nous	aurons	doublé
vous	aurez	doublé
elles	auront	doublé

SUBJONCTIF

Présent

que je	dou	ble
que tu	dou	bles
qu'elle	dou	ble
que ns	dou	blions
que vs	dou	bliez
qu'elles	dou	blent

Passé

que j'	aie	doublé
que tu	aies	doublé
qu'elle	ait	doublé
que ns	ayons	doublé
que vs	ayez	doublé
qu'elles	aient	doublé

Imparfait

que je	dou	blasse
que tu	dou	blasses
qu'elle	dou	blât
que ns	dou	blassions
que vs	dou	blassiez
qu'elles	dou	blassent

Plus-que-parfait

que j'	eusse	doublé
que tu	eusses	doublé
qu'elle	eût	doublé
que ns	eussions	doublé
que vs	eussiez	doublé
qu'elles	eussent	doublé

IMPÉRATIF

Présent

dou ble
dou blons
dou blez

Passé

aie doublé
ayons doublé
ayez doublé

CONDITIONNEL

Présent

je	dou	blerais
tu	dou	blerais
elle	dou	blerait
nous	dou	blerions
vous	dou	bleriez
elles	dou	bleraient

Passé 1re forme

j'	aurais	doublé
tu	aurais	doublé
elle	aurait	doublé
nous	aurions	doublé
vous	auriez	doublé
elles	auraient	doublé

Passé 2e forme

j'	eusse	doublé
tu	eusses	doublé
elle	eût	doublé
nous	eussions	doublé
vous	eussiez	doublé
elles	eussent	doublé

INFINITIF

Présent
dou bler

Passé
avoir doublé

PARTICIPE

Présent
dou blant

Passé
dou blé, ée
ayant doublé

FORME PRONOMINALE

INDICATIF

Présent
il/elle se double

Passé composé
il/elle s'est doublé, ée

Imparfait
il/elle se doublait

Plus-que-parfait
il/elle s'était doublé, ée

Passé simple
il/elle se doubla

Passé antérieur
il/elle se fut doublé, ée

Futur simple
il/elle se doublera

Futur antérieur
il/elle se sera doublé, ée

INFINITIF

Présent
se doubler

Passé
s'être doublé, ée

PARTICIPE

Présent
se doublant

Passé
s'étant doublé, ée

SUBJONCTIF

Présent
qu'il/elle se double

Passé
qu'il/elle se soit doublé, ée

Imparfait
qu'il/elle se doublât

Plus-que-parfait
qu'il/elle se fût doublé, ée

CONDITIONNEL

Présent
il/elle se doublerait

Passé 1re forme
il/elle se serait doublé, ée

Passé 2e forme
il/elle se fût doublé, ée

IMPÉRATIF

Présent
double-toi
doublons-nous
doublez-vous

CÉLÉBRER *Verbes en **ER**, se terminant par **ÉBRER***

FORME ACTIVE

INDICATIF

Présent			**Passé composé**		
je	cél	èbre	j'	ai	célébré
tu	cél	èbres	tu	as	célébré
il	cél	èbre	il	a	célébré
nous	cél	ébrons	nous	avons	célébré
vous	cél	ébrez	vous	avez	célébré
ils	cél	èbrent	ils	ont	célébré

Imparfait			**Plus-que-parfait**		
je	cél	ébrais	j'	avais	célébré
tu	cél	ébrais	tu	avais	célébré
il	cél	ébrait	il	avait	célébré
nous	cél	ébrions	nous	avions	célébré
vous	cél	ébriez	vous	aviez	célébré
ils	cél	ébraient	ils	avaient	célébré

Passé simple			**Passé antérieur**		
je	cél	ébrai	j'	eus	célébré
tu	cél	ébras	tu	eus	célébré
il	cél	ébra	il	eut	célébré
nous	cél	ébrâmes	nous	eûmes	célébré
vous	cél	ébrâtes	vous	eûtes	célébré
ils	cél	ébrèrent	ils	eurent	célébré

Futur simple			**Futur antérieur**		
je	cél	ébrerai	j'	aurai	célébré
tu	cél	ébreras	tu	auras	célébré
il	cél	ébrera	il	aura	célébré
nous	cél	ébrerons	nous	aurons	célébré
vous	cél	ébrerez	vous	aurez	célébré
ils	cél	ébreront	ils	auront	célébré

SUBJONCTIF

Présent			**Passé**		
que je	cél	èbre	que j'	aie	célébré
que tu	cél	èbres	que tu	aies	célébré
qu'il	cél	èbre	qu'il	ait	célébré
que ns	cél	ébrions	que ns	ayons	célébré
que vs	cél	ébriez	que vs	ayez	célébré
qu'ils	cél	èbrent	qu'ils	aient	célébré

Imparfait			**Plus-que-parfait**		
que je	cél	ébrasse	que j'	eusse	célébré
que tu	cél	ébrasses	que tu	eusses	célébré
qu'il	cél	ébrât	qu'il	eût	célébré
que ns	cél	ébrassions	que ns	eussions	célébré
que vs	cél	ébrassiez	que vs	eussiez	célébré
qu'ils	cél	ébrassent	qu'ils	eussent	célébré

IMPÉRATIF

Présent		**Passé**	
cél	èbre	aie	célébré
cél	ébrons	ayons	célébré
cél	ébrez	ayez	célébré

CONDITIONNEL

Présent			**Passé 1re forme**		
je	cél	ébrerais	j'	aurais	célébré
tu	cél	ébrerais	tu	aurais	célébré
il	cél	ébrerait	il	aurait	célébré
nous	cél	ébrerions	nous	aurions	célébré
vous	cél	ébreriez	vous	auriez	célébré
ils	cél	ébreraient	ils	auraient	célébré

Passé 2e forme		
j'	eusse	célébré
tu	eusses	célébré
il	eût	célébré
nous	eussions	célébré
vous	eussiez	célébré
ils	eussent	célébré

INFINITIF

Présent
cél ébrer

Passé
avoir célébré

PARTICIPE

Présent
cél ébrant

Passé
cél ébré, ée
ayant célébré

FORME PRONOMINALE

INDICATIF

Présent
il/elle se célèbre

Passé composé
il/elle s'est célébré, ée

Imparfait
il/elle se célébrait

Plus-que-parfait
il/elle s'était célébré, ée

Passé simple
il/elle se célébra

Passé antérieur
il/elle se fut célébré, ée

Futur simple
il/elle se célébrera

Futur antérieur
il/elle se sera célébré, ée

INFINITIF

Présent
se célébrer

Passé
s'être célébré, ée

PARTICIPE

Présent
se célébrant

Passé
s'étant célébré, ée

SUBJONCTIF

Présent
qu'il/elle se célèbre

Passé
qu'il/elle se soit célébré, ée

Imparfait
qu'il/elle se célébrât

Plus-que-parfait
qu'il/elle se fût célébré, ée

CONDITIONNEL

Présent
il/elle se célébrerait

Passé 1re forme
il/elle se serait célébré, ée

Passé 2e forme
il/elle se fût célébré, ée

IMPÉRATIF

Présent
célèbre-toi
célébrons-nous
célébrez-vous

FORME ACTIVE

INDICATIF

Présent			*Passé composé*		
j'	encom	bre	j'	ai	encombré
tu	encom	bres	tu	as	encombré
elle	encom	bre	elle	a	encombré
nous	encom	brons	nous	avons	encombré
vous	encom	brez	vous	avez	encombré
elles	encom	brent	elles	ont	encombré

Imparfait			*Plus-que-parfait*		
j'	encom	brais	j'	avais	encombré
tu	encom	brais	tu	avais	encombré
elle	encom	brait	elle	avait	encombré
nous	encom	brions	nous	avions	encombré
vous	encom	briez	vous	aviez	encombré
elles	encom	braient	elles	avaient	encombré

Passé simple			*Passé antérieur*		
j'	encom	brai	j'	eus	encombré
tu	encom	bras	tu	eus	encombré
elle	encom	bra	elle	eut	encombré
nous	encom	brâmes	nous	eûmes	encombré
vous	encom	brâtes	vous	eûtes	encombré
elles	encom	brèrent	elles	eurent	encombré

Futur simple			*Futur antérieur*		
j'	encom	brerai	j'	aurai	encombré
tu	encom	breras	tu	auras	encombré
elle	encom	brera	elle	aura	encombré
nous	encom	brerons	nous	aurons	encombré
vous	encom	brerez	vous	aurez	encombré
elles	encom	breront	elles	auront	encombré

SUBJONCTIF

Présent			*Passé*		
que j'	encom	bre	que j'	aie	encombré
que tu	encom	bres	que tu	aies	encombré
qu'elle	encom	bre	qu'elle	ait	encombré
que ns	encom	brions	que ns	ayons	encombré
que vs	encom	briez	que vs	ayez	encombré
qu'elles	encom	brent	qu'elles	aient	encombré

Imparfait			*Plus-que-parfait*		
que j'	encom	brasse	que j'	eusse	encombré
que tu	encom	brasses	que tu	eusses	encombré
qu'elle	encom	brât	qu'elle	eût	encombré
que ns	encom	brassions	que ns	eussions	encombré
que vs	encom	brassiez	que vs	eussiez	encombré
qu'elles	encom	brassent	qu'elles	eussent	encombré

IMPÉRATIF

Présent		*Passé*	
encom	bre	aie	encombré
encom	brons	ayons	encombré
encom	brez	ayez	encombré

CONDITIONNEL

Présent			*Passé 1re forme*		
j'	encom	brerais	j'	aurais	encombré
tu	encom	brerais	tu	aurais	encombré
elle	encom	brerait	elle	aurait	encombré
nous	encom	brerions	nous	aurions	encombré
vous	encom	breriez	vous	auriez	encombré
elles	encom	breraient	elles	auraient	encombré

Passé 2e forme

j'	eusse	encombré
tu	eusses	encombré
elle	eût	encombré
nous	eussions	encombré
vous	eussiez	encombré
elles	eussent	encombré

INFINITIF

Présent	*Passé*
encom brer	avoir encombré

PARTICIPE

Présent	*Passé*
encom brant	encom bré, ée ayant encombré

FORME PRONOMINALE

INDICATIF

Présent
il/elle s'encombre

Passé composé
il/elle s'est encombré, ée

Imparfait
il/elle s'encombrait

Plus-que-parfait
il/elle s'était encombré, ée

Passé simple
il/elle s'encombra

Passé antérieur
il/elle se fut encombré, ée

Futur simple
il/elle s'encombrera

Futur antérieur
il/elle se sera encombré, ée

INFINITIF

Présent
s'encombrer

Passé
s'être encombré, ée

PARTICIPE

Présent
s'encombrant

Passé
s'étant encombré, ée

SUBJONCTIF

Présent
qu'il/elle s'encombre

Passé
qu'il/elle se soit encombré, ée

Imparfait
qu'il/elle s'encombrât

Plus-que-parfait
qu'il/elle se fût encombré, ée

CONDITIONNEL

Présent
il/elle s'encombrerait

Passé 1re forme
il/elle se serait encombré, ée

Passé 2e forme
il/elle se fût encombré, ée

IMPÉRATIF

Présent
encombre-toi
encombrons-nous
encombrez-vous

DÉPECER

FORME ACTIVE

INDICATIF

Présent		Passé composé		
je	dépèce	j'	ai	dépecé
tu	dépèces	tu	as	dépecé
il	dépèce	il	a	dépecé
nous	dépeçons	nous	avons	dépecé
vous	dépecez	vous	avez	dépecé
ils	dépècent	ils	ont	dépecé

Imparfait		Plus-que-parfait		
je	dépeçais	j'	avais	dépecé
tu	dépeçais	tu	avais	dépecé
il	dépeçait	il	avait	dépecé
nous	dépecions	nous	avions	dépecé
vous	dépeciez	vous	aviez	dépecé
ils	dépeçaient	ils	avaient	dépecé

Passé simple		Passé antérieur		
je	dépeçai	j'	eus	dépecé
tu	dépeças	tu	eus	dépecé
il	dépeça	il	eut	dépecé
nous	dépeçâmes	nous	eûmes	dépecé
vous	dépeçâtes	vous	eûtes	dépecé
ils	dépecèrent	ils	eurent	dépecé

Futur simple		Futur antérieur		
je	dépècerai	j'	aurai	dépecé
tu	dépèceras	tu	auras	dépecé
il	dépècera	il	aura	dépecé
nous	dépècerons	nous	aurons	dépecé
vous	dépècerez	vous	aurez	dépecé
ils	dépèceront	ils	auront	dépecé

SUBJONCTIF

Présent		Passé		
que je	dépèce	que j'	aie	dépecé
que tu	dépèces	que tu	aies	dépecé
qu'il	dépèce	qu'il	ait	dépecé
que ns	dépecions	que ns	ayons	dépecé
que vs	dépeciez	que vs	ayez	dépecé
qu'ils	dépècent	qu'ils	aient	dépecé

Imparfait		Plus-que-parfait		
que je	dépeçasse	que j'	eusse	dépecé
que tu	dépeçasses	que tu	eusses	dépecé
qu'il	dépeçât	qu'il	eût	dépecé
que ns	dépeçassions	que ns	eussions	dépecé
que vs	dépeçassiez	que vs	eussiez	dépecé
qu'ils	dépeçassent	qu'ils	eussent	dépecé

IMPÉRATIF

Présent	Passé	
dépèce	aie	dépecé
dépeçons	ayons	dépecé
dépecez	ayez	dépecé

CONDITIONNEL

Présent		Passé 1re forme		
je	dépècerais	j'	aurais	dépecé
tu	dépècerais	tu	aurais	dépecé
il	dépècerait	il	aurait	dépecé
nous	dépècerions	nous	aurions	dépecé
vous	dépèceriez	vous	auriez	dépecé
ils	dépèceraient	ils	auraient	dépecé

Passé 2e forme		
j'	eusse	dépecé
tu	eusses	dépecé
il	eût	dépecé
nous	eussions	dépecé
vous	eussiez	dépecé
ils	eussent	dépecé

INFINITIF

Présent	Passé
dépecer	avoir dépecé

PARTICIPE

Présent	Passé
dépeçant	dépecé, ée ayant dépecé

Ne s'emploie pas à la forme pronominale.

FORME ACTIVE

INDICATIF

Présent

je	rapièce
tu	rapièces
elle	rapièce
nous	rapiéçons
vous	rapiécez
elles	rapiècent

Passé composé

j'	ai	rapiécé
tu	as	rapiécé
elle	a	rapiécé
nous	avons	rapiécé
vous	avez	rapiécé
elles	ont	rapiécé

Imparfait

je	rapiéçais
tu	rapiéçais
elle	rapiéçait
nous	rapiécions
vous	rapiéciez
elles	rapiéçaient

Plus-que-parfait

j'	avais	rapiécé
tu	avais	rapiécé
elle	avait	rapiécé
nous	avions	rapiécé
vous	aviez	rapiécé
elles	avaient	rapiécé

Passé simple

je	rapiéçai
tu	rapiéças
elle	rapiéça
nous	rapiéçâmes
vous	rapiéçâtes
elles	rapiécèrent

Passé antérieur

j'	eus	rapiécé
tu	eus	rapiécé
elle	eut	rapiécé
nous	eûmes	rapiécé
vous	eûtes	rapiécé
elles	eurent	rapiécé

Futur simple

je	rapiécerai
tu	rapiéceras
elle	rapiécera
nous	rapiécerons
vous	rapiécerez
elles	rapiéceront

Futur antérieur

j'	aurai	rapiécé
tu	auras	rapiécé
elle	aura	rapiécé
nous	aurons	rapiécé
vous	aurez	rapiécé
elles	auront	rapiécé

SUBJONCTIF

Présent

que je	rapièce
que tu	rapièces
qu'elle	rapièce
que ns	rapiécions
que vs	rapiéciez
qu'elles	rapiècent

Passé

que j'	aie	rapiécé
que tu	aies	rapiécé
qu'elle	ait	rapiécé
que ns	ayons	rapiécé
que vs	ayez	rapiécé
qu'elles	aient	rapiécé

Imparfait

que je	rapiéçasse
que tu	rapiéçasses
qu'elle	rapiéçât
que ns	rapiéçassions
que vs	rapiéçassiez
qu'elles	rapiéçassent

Plus-que-parfait

que j'	eusse	rapiécé
que tu	eusses	rapiécé
qu'elle	eût	rapiécé
que ns	eussions	rapiécé
que vs	eussiez	rapiécé
qu'elles	eussent	rapiécé

IMPÉRATIF

Présent

rapièce
rapiéçons
rapiécez

Passé

aie	rapiécé
ayons	rapiécé
ayez	rapiécé

CONDITIONNEL

Présent

je	rapiécerais
tu	rapiécerais
elle	rapiécerait
nous	rapiécerions
vous	rapiéceriez
elles	rapiéceraient

Passé 1re forme

j'	aurais	rapiécé
tu	aurais	rapiécé
elle	aurait	rapiécé
nous	aurions	rapiécé
vous	auriez	rapiécé
elles	auraient	rapiécé

Passé 2e forme

j'	eusse	rapiécé
tu	eusses	rapiécé
elle	eût	rapiécé
nous	eussions	rapiécé
vous	eussiez	rapiécé
elles	eussent	rapiécé

INFINITIF

Présent

rapiécer

Passé

avoir rapiécé

PARTICIPE

Présent

rapiéçant

Passé

rapiécé, ée
ayant rapiécé

Ne s'emploie pas à la forme pronominale.

LANCER *Verbes en **ER**, se terminant par **CER***

FORME ACTIVE

INDICATIF

Présent			*Passé composé*		
je	lan	ce	j'	ai	lancé
tu	lan	ces	tu	as	lancé
il	lan	ce	il	a	lancé
nous	lan	çons	nous	avons	lancé
vous	lan	cez	vous	avez	lancé
ils	lan	cent	ils	ont	lancé
Imparfait			***Plus-que-parfait***		
je	lan	çais	j'	avais	lancé
tu	lan	çais	tu	avais	lancé
il	lan	çait	il	avait	lancé
nous	lan	cions	nous	avions	lancé
vous	lan	ciez	vous	aviez	lancé
ils	lan	çaient	ils	avaient	lancé
Passé simple			***Passé antérieur***		
je	lan	çai	j'	eus	lancé
tu	lan	ças	tu	eus	lancé
il	lan	ça	il	eut	lancé
nous	lan	çâmes	nous	eûmes	lancé
vous	lan	çâtes	vous	eûtes	lancé
ils	lan	cèrent	ils	eurent	lancé
Futur simple			***Futur antérieur***		
je	lan	cerai	j'	aurai	lancé
tu	lan	ceras	tu	auras	lancé
il	lan	cera	il	aura	lancé
nous	lan	cerons	nous	aurons	lancé
vous	lan	cerez	vous	aurez	lancé
ils	lan	ceront	ils	auront	lancé

SUBJONCTIF

Présent			*Passé*		
que je	lan	ce	que j'	aie	lancé
que tu	lan	ces	que tu	aies	lancé
qu'il	lan	ce	qu'il	ait	lancé
que ns	lan	cions	que ns	ayons	lancé
que vs	lan	ciez	que vs	ayez	lancé
qu'ils	lan	cent	qu'ils	aient	lancé
Imparfait			***Plus-que-parfait***		
que je	lan	çasse	que j'	eusse	lancé
que tu	lan	çasses	que tu	eusses	lancé
qu'il	lan	çât	qu'il	eût	lancé
que ns	lan	çassions	que ns	eussions	lancé
que vs	lan	çassiez	que vs	eussiez	lancé
qu'ils	lan	çassent	qu'ils	eussent	lancé

IMPÉRATIF

Présent		*Passé*	
lan	ce	aie	lancé
lan	çons	ayons	lancé
lan	cez	ayez	lancé

CONDITIONNEL

Présent			*Passé 1re forme*		
je	lan	cerais	j'	aurais	lancé
tu	lan	cerais	tu	aurais	lancé
il	lan	cerait	il	aurait	lancé
nous	lan	cerions	nous	aurions	lancé
vous	lan	ceriez	vous	auriez	lancé
ils	lan	ceraient	ils	auraient	lancé

Passé 2e forme		
j'	eusse	lancé
tu	eusses	lancé
il	eût	lancé
nous	eussions	lancé
vous	eussiez	lancé
ils	eussent	lancé

INFINITIF

Présent
lan cer

Passé
avoir lancé

PARTICIPE

Présent
lan çant

Passé
lan cé, ée
ayant lancé

FORME PRONOMINALE

INDICATIF

Présent
il/elle se lance

Passé composé
il/elle s'est lancé, ée

Imparfait
il/elle se lançait

Plus-que-parfait
il/elle s'était lancé, ée

Passé simple
il/elle se lança

Passé antérieur
il/elle se fut lancé, ée

Futur simple
il/elle se lancera

Futur antérieur
il/elle se sera lancé, ée

INFINITIF

Présent
se lancer

Passé
s'être lancé, ée

PARTICIPE

Présent
se lançant

Passé
s'étant lancé, ée

SUBJONCTIF

Présent
qu'il/elle se lance

Passé
qu'il/elle se soit lancé, ée

Imparfait
qu'il/elle se lançât

Plus-que-parfait
qu'il/elle se fût lancé, ée

CONDITIONNEL

Présent
il/elle se lancerait

Passé 1re forme
il/elle se serait lancé, ée

Passé 2e forme
il/elle se fût lancé, ée

IMPÉRATIF

Présent
lance-toi
lançons-nous
lancez-vous

FORME ACTIVE

INDICATIF

Présent		*Passé composé*		
je	s èche	j'	ai	séché
tu	s èches	tu	as	séché
elle	s èche	elle	a	séché
nous	s échons	nous	avons	séché
vous	s échez	vous	avez	séché
elles	s èchent	elles	ont	séché

Imparfait		*Plus-que-parfait*		
je	s échais	j'	avais	séché
tu	s échais	tu	avais	séché
elle	s échait	elle	avait	séché
nous	s échions	nous	avions	séché
vous	s échiez	vous	aviez	séché
elles	s échaient	elles	avaient	séché

Passé simple		*Passé antérieur*		
je	s échai	j'	eus	séché
tu	s échas	tu	eus	séché
elle	s écha	elle	eut	séché
nous	s échâmes	nous	eûmes	séché
vous	s échâtes	vous	eûtes	séché
elles	s échèrent	elles	eurent	séché

Futur simple		*Futur antérieur*		
je	s écherai	j'	aurai	séché
tu	s écheras	tu	auras	séché
elle	s échera	elle	aura	séché
nous	s écherons	nous	aurons	séché
vous	s écherez	vous	aurez	séché
elles	s écheront	elles	auront	séché

SUBJONCTIF

Présent		*Passé*		
que je	s èche	que j'	aie	séché
que tu	s èches	que tu	aies	séché
qu'elle	s èche	qu'elle	ait	séché
que ns	s échions	que ns	ayons	séché
que vs	s échiez	que vs	ayez	séché
qu'elles	s èchent	qu'elles	aient	séché

Imparfait		*Plus-que-parfait*		
que je	s échasse	que j'	eusse	séché
que tu	s échasses	que tu	eusses	séché
qu'elle	s échât	qu'elle	eût	séché
que ns	s échassions	que ns	eussions	séché
que vs	s échassiez	que vs	eussiez	séché
qu'elles	s échassent	qu'elles	eussent	séché

IMPÉRATIF

Présent	*Passé*	
s èche	aie	séché
s échons	ayons	séché
s échez	ayez	séché

CONDITIONNEL

Présent		*Passé 1re forme*		
je	s écherais	j'	aurais	séché
tu	s écherais	tu	aurais	séché
elle	s écherait	elle	aurait	séché
nous	s écherions	nous	aurions	séché
vous	s écheriez	vous	auriez	séché
elles	s écheraient	elles	auraient	séché

Passé 2e forme		
j'	eusse	séché
tu	eusses	séché
elle	eût	séché
nous	eussions	séché
vous	eussiez	séché
elles	eussent	séché

INFINITIF

Présent
s écher

Passé
avoir séché

PARTICIPE

Présent
s échant

Passé
s éché, ée
ayant séché

FORME PRONOMINALE

INDICATIF

Présent
il/elle se sèche

Passé composé
il/elle s'est séché, ée

Imparfait
il/elle se séchait

Plus-que-parfait
il/elle s'était séché, ée

Passé simple
il/elle se sécha

Passé antérieur
il/elle se fut séché, ée

Futur simple
il/elle se séchera

Futur antérieur
il/elle se sera séché, ée

INFINITIF

Présent
se sécher

Passé
s'être séché, ée

PARTICIPE

Présent
se séchant

Passé
s'étant séché, ée

SUBJONCTIF

Présent
qu'il/elle se sèche

Passé
qu'il/elle se soit séché, ée

Imparfait
qu'il/elle se séchât

Plus-que-parfait
qu'il/elle se fût séché, ée

CONDITIONNEL

Présent
il/elle se sécherait

Passé 1re forme
il/elle se serait séché, ée

Passé 2e forme
il/elle se fût séché, ée

IMPÉRATIF

Présent
sèche-toi
séchons-nous
séchez-vous

CACHER *Verbes en **ER**, se terminant par **CHER***

FORME ACTIVE

INDICATIF

Présent		*Passé composé*		
je	ca che	j'	ai	caché
tu	ca ches	tu	as	caché
il	ca che	il	a	caché
nous	ca chons	nous	avons	caché
vous	ca chez	vous	avez	caché
ils	ca chent	ils	ont	caché

Imparfait		*Plus-que-parfait*		
je	ca chais	j'	avais	caché
tu	ca chais	tu	avais	caché
il	ca chait	il	avait	caché
nous	ca chions	nous	avions	caché
vous	ca chiez	vous	aviez	caché
ils	ca chaient	ils	avaient	caché

Passé simple		*Passé antérieur*		
je	ca chai	j'	eus	caché
tu	ca chas	tu	eus	caché
il	ca cha	il	eut	caché
nous	ca châmes	nous	eûmes	caché
vous	ca châtes	vous	eûtes	caché
ils	ca chèrent	ils	eurent	caché

Futur simple		*Futur antérieur*		
je	ca cherai	j'	aurai	caché
tu	ca cheras	tu	auras	caché
il	ca chera	il	aura	caché
nous	ca cherons	nous	aurons	caché
vous	ca cherez	vous	aurez	caché
ils	ca cheront	ils	auront	caché

SUBJONCTIF

Présent		*Passé*		
que je	ca che	que j'	aie	caché
que tu	ca ches	que tu	aies	caché
qu'il	ca che	qu'il	ait	caché
que ns	ca chions	que ns	ayons	caché
que vs	ca chiez	que vs	ayez	caché
qu'ils	ca chent	qu'ils	aient	caché

Imparfait		*Plus-que-parfait*		
que je	ca chasse	que j'	eusse	caché
que tu	ca chasses	que tu	eusses	caché
qu'il	ca chât	qu'il	eût	caché
que ns	ca chassions	que ns	eussions	caché
que vs	ca chassiez	que vs	eussiez	caché
qu'ils	ca chassent	qu'ils	eussent	caché

IMPÉRATIF

Présent	*Passé*	
ca che	aie	caché
ca chons	ayons	caché
ca chez	ayez	caché

CONDITIONNEL

Présent		*Passé 1re forme*		
je	ca cherais	j'	aurais	caché
tu	ca cherais	tu	aurais	caché
il	ca cherait	il	aurait	caché
nous	ca cherions	nous	aurions	caché
vous	ca cheriez	vous	auriez	caché
ils	ca cheraient	ils	auraient	caché

Passé 2e forme		
j'	eusse	caché
tu	eusses	caché
il	eût	caché
nous	eussions	caché
vous	eussiez	caché
ils	eussent	caché

INFINITIF

Présent	*Passé*
ca cher	avoir caché

PARTICIPE

Présent	*Passé*
ca chant	ca ché, ée ayant caché

FORME PRONOMINALE

INDICATIF

Présent
il/elle se cache

Passé composé
il/elle s'est caché, ée

Imparfait
il/elle se cachait

Plus-que-parfait
il/elle s'était caché, ée

Passé simple
il/elle se cacha

Passé antérieur
il/elle se fut caché, ée

Futur simple
il/elle se cachera

Futur antérieur
il/elle se sera caché, ée

INFINITIF

Présent
se cacher

Passé
s'être caché, ée

PARTICIPE

Présent
se cachant

Passé
s'étant caché, ée

SUBJONCTIF

Présent
qu'il/elle se cache

Passé
qu'il/elle se soit caché, ée

Imparfait
qu'il/elle se cachât

Plus-que-parfait
qu'il/elle se fût caché, ée

CONDITIONNEL

Présent
il/elle se cacherait

Passé 1re forme
il/elle se serait caché, ée

Passé 2e forme
il/elle se fût caché, ée

IMPÉRATIF

Présent
cache-toi
cachons-nous
cachez-vous

FORME ACTIVE

INDICATIF

Présent			Passé composé		
je	recy	cle	j'	ai	recyclé
tu	recy	cles	tu	as	recyclé
elle	recy	cle	elle	a	recyclé
nous	recy	clons	nous	avons	recyclé
vous	recy	clez	vous	avez	recyclé
elles	recy	clent	elles	ont	recyclé

Imparfait			Plus-que-parfait		
je	recy	clais	j'	avais	recyclé
tu	recy	clais	tu	avais	recyclé
elle	recy	clait	elle	avait	recyclé
nous	recy	clions	nous	avions	recyclé
vous	recy	cliez	vous	aviez	recyclé
elles	recy	claient	elles	avaient	recyclé

Passé simple			Passé antérieur		
je	recy	clai	j'	eus	recyclé
tu	recy	clas	tu	eus	recyclé
elle	recy	cla	elle	eut	recyclé
nous	recy	clâmes	nous	eûmes	recyclé
vous	recy	clâtes	vous	eûtes	recyclé
elles	recy	clèrent	elles	eurent	recyclé

Futur simple			Futur antérieur		
je	recy	clerai	j'	aurai	recyclé
tu	recy	cleras	tu	auras	recyclé
elle	recy	clera	elle	aura	recyclé
nous	recy	clerons	nous	aurons	recyclé
vous	recy	clerez	vous	aurez	recyclé
elles	recy	cleront	elles	auront	recyclé

SUBJONCTIF

Présent			Passé		
que je	recy	cle	que j'	aie	recyclé
que tu	recy	cles	que tu	aies	recyclé
qu'elle	recy	cle	qu'elle	ait	recyclé
que ns	recy	clions	que ns	ayons	recyclé
que vs	recy	cliez	que vs	ayez	recyclé
qu'elles	recy	clent	qu'elles	aient	recyclé

Imparfait			Plus-que-parfait		
que je	recy	classe	que j'	eusse	recyclé
que tu	recy	classes	que tu	eusses	recyclé
qu'elle	recy	clât	qu'elle	eût	recyclé
que ns	recy	classions	que ns	eussions	recyclé
que vs	recy	classiez	que vs	eussiez	recyclé
qu'elles	recy	classent	qu'elles	eussent	recyclé

IMPÉRATIF

Présent		Passé	
recy	cle	aie	recyclé
recy	clons	ayons	recyclé
recy	clez	ayez	recyclé

CONDITIONNEL

Présent			Passé 1re forme		
je	recy	clerais	j'	aurais	recyclé
tu	recy	clerais	tu	aurais	recyclé
elle	recy	clerait	elle	aurait	recyclé
nous	recy	clerions	nous	aurions	recyclé
vous	recy	cleriez	vous	auriez	recyclé
elles	recy	cleraient	elles	auraient	recyclé

Passé 2e forme		
j'	eusse	recyclé
tu	eusses	recyclé
elle	eût	recyclé
nous	eussions	recyclé
vous	eussiez	recyclé
elles	eussent	recyclé

INFINITIF

Présent	Passé
recy cler	avoir recyclé

PARTICIPE

Présent	Passé
recy clant	recy clé, ée ayant recyclé

FORME PRONOMINALE

INDICATIF

Présent
il/elle se recycle

Passé composé
il/elle s'est recyclé, ée

Imparfait
il/elle se recyclait

Plus-que-parfait
il/elle s'était recyclé, ée

Passé simple
il/elle se recycla

Passé antérieur
il/elle se fut recyclé, ée

Futur simple
il/elle se recyclera

Futur antérieur
il/elle se sera recyclé, ée

INFINITIF

Présent
se recycler

Passé
s'être recyclé, ée

PARTICIPE

Présent
se recyclant

Passé
s'étant recyclé, ée

SUBJONCTIF

Présent
qu'il/elle se recycle

Passé
qu'il/elle se soit recyclé, ée

Imparfait
qu'il/elle se recyclât

Plus-que-parfait
qu'il/elle se fût recyclé, ée

CONDITIONNEL

Présent
il/elle se recyclerait

Passé 1re forme
il/elle se serait recyclé, ée

Passé 2e forme
il/elle se fût recyclé, ée

IMPÉRATIF

Présent
recycle-toi
recyclons-nous
recyclez-vous

CONSACRER *Verbes en **ER**, se terminant par **CRER***

FORME ACTIVE

INDICATIF

Présent			*Passé composé*		
je	consa	cre	j'	ai	consacré
tu	consa	cres	tu	as	consacré
il	consa	cre	il	a	consacré
nous	consa	crons	nous	avons	consacré
vous	consa	crez	vous	avez	consacré
ils	consa	crent	ils	ont	consacré

Imparfait			*Plus-que-parfait*		
je	consa	crais	j'	avais	consacré
tu	consa	crais	tu	avais	consacré
il	consa	crait	il	avait	consacré
nous	consa	crions	nous	avions	consacré
vous	consa	criez	vous	aviez	consacré
ils	consa	craient	ils	avaient	consacré

Passé simple			*Passé antérieur*		
je	consa	crai	j'	eus	consacré
tu	consa	cras	tu	eus	consacré
il	consa	cra	il	eut	consacré
nous	consa	crâmes	nous	eûmes	consacré
vous	consa	crâtes	vous	eûtes	consacré
ils	consa	crèrent	ils	eurent	consacré

Futur simple			*Futur antérieur*		
je	consa	crerai	j'	aurai	consacré
tu	consa	creras	tu	auras	consacré
il	consa	crera	il	aura	consacré
nous	consa	crerons	nous	aurons	consacré
vous	consa	crerez	vous	aurez	consacré
ils	consa	creront	ils	auront	consacré

SUBJONCTIF

Présent			*Passé*		
que je	consa	cre	que j'	aie	consacré
que tu	consa	cres	que tu	aies	consacré
qu'il	consa	cre	qu'il	ait	consacré
que ns	consa	crions	que ns	ayons	consacré
que vs	consa	criez	que vs	ayez	consacré
qu'ils	consa	crent	qu'ils	aient	consacré

Imparfait			*Plus-que-parfait*		
que je	consa	crasse	que j'	eusse	consacré
que tu	consa	crasses	que tu	eusses	consacré
qu'il	consa	crât	qu'il	eût	consacré
que ns	consa	crassions	que ns	eussions	consacré
que vs	consa	crassiez	que vs	eussiez	consacré
qu'ils	consa	crassent	qu'ils	eussent	consacré

IMPÉRATIF

Présent		*Passé*	
consa	cre	aie	consacré
consa	crons	ayons	consacré
consa	crez	ayez	consacré

CONDITIONNEL

Présent			*Passé 1re forme*		
je	consa	crerais	j'	aurais	consacré
tu	consa	crerais	tu	aurais	consacré
il	consa	crerait	il	aurait	consacré
nous	consa	crerions	nous	aurions	consacré
vous	consa	creriez	vous	auriez	consacré
ils	consa	creraient	ils	auraient	consacré

Passé 2e forme		
j'	eusse	consacré
tu	eusses	consacré
il	eût	consacré
nous	eussions	consacré
vous	eussiez	consacré
ils	eussent	consacré

INFINITIF

Présent	*Passé*
consa crer	avoir consacré

PARTICIPE

Présent	*Passé*
consa crant	consa cré, ée ayant consacré

FORME PRONOMINALE

INDICATIF

Présent
il/elle se consacre

Passé composé
il/elle s'est consacré, ée

Imparfait
il/elle se consacrait

Plus-que-parfait
il/elle s'était consacré, ée

Passé simple
il/elle se consacra

Passé antérieur
il/elle se fut consacré, ée

Futur simple
il/elle se consacrera

Futur antérieur
il/elle se sera consacré, ée

INFINITIF

Présent
se consacrer

Passé
s'être consacré, ée

PARTICIPE

Présent
se consacrant

Passé
s'étant consacré, ée

SUBJONCTIF

Présent
qu'il/elle se consacre

Passé
qu'il/elle se soit consacré, ée

Imparfait
qu'il/elle se consacrât

Plus-que-parfait
qu'il/elle se fût consacré, ée

CONDITIONNEL

Présent
il/elle se consacrerait

Passé 1re forme
il/elle se serait consacré, ée

Passé 2e forme
il/elle se fût consacré, ée

IMPÉRATIF

Présent
consacre-toi
consacrons-nous
consacrez-vous

FORME ACTIVE

INDICATIF

Présent			*Passé composé*		
je	poss	ède	j'	ai	possédé
tu	poss	èdes	tu	as	possédé
elle	poss	ède	elle	a	possédé
nous	poss	édons	nous	avons	possédé
vous	poss	édez	vous	avez	possédé
elles	poss	èdent	elles	ont	possédé
Imparfait			***Plus-que-parfait***		
je	poss	édais	j'	avais	possédé
tu	poss	édais	tu	avais	possédé
elle	poss	édait	elle	avait	possédé
nous	poss	édions	nous	avions	possédé
vous	poss	édiez	vous	aviez	possédé
elles	poss	édaient	elles	avaient	possédé
Passé simple			***Passé antérieur***		
je	poss	édai	j'	eus	possédé
tu	poss	édas	tu	eus	possédé
elle	poss	éda	elle	eut	possédé
nous	poss	édâmes	nous	eûmes	possédé
vous	poss	édâtes	vous	eûtes	possédé
elles	poss	édèrent	elles	eurent	possédé
Futur simple			***Futur antérieur***		
je	poss	éderai	j'	aurai	possédé
tu	poss	éderas	tu	auras	possédé
elle	poss	édera	elle	aura	possédé
nous	poss	éderons	nous	aurons	possédé
vous	poss	éderez	vous	aurez	possédé
elles	poss	éderont	elles	auront	possédé

SUBJONCTIF

Présent			*Passé*		
que je	poss	ède	que j'	aie	possédé
que tu	poss	èdes	que tu	aies	possédé
qu'elle	poss	ède	qu'elle	ait	possédé
que ns	poss	édions	que ns	ayons	possédé
que vs	poss	édiez	que vs	ayez	possédé
qu'elles	poss	èdent	qu'elles	aient	possédé
Imparfait			***Plus-que-parfait***		
que je	poss	édasse	que j'	eusse	possédé
que tu	poss	édasses	que tu	eusses	possédé
qu'elle	poss	édât	qu'elle	eût	possédé
que ns	poss	édassions	que ns	eussions	possédé
que vs	poss	édassiez	que vs	eussiez	possédé
qu'elles	poss	édassent	qu'elles	eussent	possédé

IMPÉRATIF

Présent		*Passé*	
poss	ède	aie	possédé
poss	édons	ayons	possédé
poss	édez	ayez	possédé

CONDITIONNEL

Présent			*Passé 1re forme*		
je	poss	éderais	j'	aurais	possédé
tu	poss	éderais	tu	aurais	possédé
elle	poss	éderait	elle	aurait	possédé
nous	poss	éderions	nous	aurions	possédé
vous	poss	éderiez	vous	auriez	possédé
elles	poss	éderaient	elles	auraient	possédé

Passé 2e forme

j'	eusse	possédé
tu	eusses	possédé
elle	eût	possédé
nous	eussions	possédé
vous	eussiez	possédé
elles	eussent	possédé

INFINITIF

Présent
poss éder

Passé
avoir possédé

PARTICIPE

Présent
poss édant

Passé
poss édé, ée
ayant possédé

FORME PRONOMINALE

INDICATIF

Présent
il/elle se possède

Passé composé
il/elle s'est possédé, ée

Imparfait
il/elle se possédait

Plus-que-parfait
il/elle s'était possédé, ée

Passé simple
il/elle se posséda

Passé antérieur
il/elle se fut possédé, ée

Futur simple
il/elle se possédera

Futur antérieur
il/elle se sera possédé, ée

INFINITIF

Présent
se posséder

Passé
s'être possédé, ée

PARTICIPE

Présent
se possédant

Passé
s'étant possédé, ée

SUBJONCTIF

Présent
qu'il/elle se possède

Passé
qu'il/elle se soit possédé, ée

Imparfait
qu'il/elle se possédât

Plus-que-parfait
qu'il/elle se fût possédé, ée

CONDITIONNEL

Présent
il/elle se posséderait

Passé 1re forme
il/elle se serait possédé, ée

Passé 2e forme
il/elle se fût possédé, ée

IMPÉRATIF

Présent
possède-toi
possédons-nous
possédez-vous

AIDER *Verbes en **ER**, se terminant par **DER***

FORME ACTIVE

INDICATIF

Présent			*Passé composé*		
j'	ai	de	j'	ai	aidé
tu	ai	des	tu	as	aidé
il	ai	de	il	a	aidé
nous	ai	dons	nous	avons	aidé
vous	ai	dez	vous	avez	aidé
ils	ai	dent	ils	ont	aidé

Imparfait			*Plus-que-parfait*		
j'	ai	dais	j'	avais	aidé
tu	ai	dais	tu	avais	aidé
il	ai	dait	il	avait	aidé
nous	ai	dions	nous	avions	aidé
vous	ai	diez	vous	aviez	aidé
ils	ai	daient	ils	avaient	aidé

Passé simple			*Passé antérieur*		
j'	ai	dai	j'	eus	aidé
tu	ai	das	tu	eus	aidé
il	ai	da	il	eut	aidé
nous	ai	dâmes	nous	eûmes	aidé
vous	ai	dâtes	vous	eûtes	aidé
ils	ai	dèrent	ils	eurent	aidé

Futur simple			*Futur antérieur*		
j'	ai	derai	j'	aurai	aidé
tu	ai	deras	tu	auras	aidé
il	ai	dera	il	aura	aidé
nous	ai	derons	nous	aurons	aidé
vous	ai	derez	vous	aurez	aidé
ils	ai	deront	ils	auront	aidé

SUBJONCTIF

Présent			*Passé*		
que j'	ai	de	que j'	aie	aidé
que tu	ai	des	que tu	aies	aidé
qu'il	ai	de	qu'il	ait	aidé
que ns	ai	dions	que ns	ayons	aidé
que vs	ai	diez	que vs	ayez	aidé
qu'ils	ai	dent	qu'ils	aient	aidé

Imparfait			*Plus-que-parfait*		
que j'	ai	dasse	que j'	eusse	aidé
que tu	ai	dasses	que tu	eusses	aidé
qu'il	ai	dât	qu'il	eût	aidé
que ns	ai	dassions	que ns	eussions	aidé
que vs	ai	dassiez	que vs	eussiez	aidé
qu'ils	ai	dassent	qu'ils	eussent	aidé

IMPÉRATIF

Présent		*Passé*	
ai	de	aie	aidé
ai	dons	ayons	aidé
ai	dez	ayez	aidé

CONDITIONNEL

Présent			*Passé 1re forme*		
j'	ai	derais	j'	aurais	aidé
tu	ai	derais	tu	aurais	aidé
il	ai	derait	il	aurait	aidé
nous	ai	derions	nous	aurions	aidé
vous	ai	deriez	vous	auriez	aidé
ils	ai	deraient	ils	auraient	aidé

Passé 2e forme		
j'	eusse	aidé
tu	eusses	aidé
il	eût	aidé
nous	eussions	aidé
vous	eussiez	aidé
ils	eussent	aidé

INFINITIF

Présent	*Passé*
ai der	avoir aidé

PARTICIPE

Présent	*Passé*
ai dant	ai dé, ée ayant aidé

FORME PRONOMINALE

INDICATIF

Présent
il/elle s'aide

Passé composé
il/elle s'est aidé, ée

Imparfait
il/elle s'aidait

Plus-que-parfait
il/elle s'était aidé, ée

Passé simple
il/elle s'aida

Passé antérieur
il/elle se fut aidé, ée

Futur simple
il/elle s'aidera

Futur antérieur
il/elle se sera aidé, ée

INFINITIF

Présent
s'aider

Passé
s'être aidé, ée

PARTICIPE

Présent
s'aidant

Passé
s'étant aidé, ée

SUBJONCTIF

Présent
qu'il/elle s'aide

Passé
qu'il/elle se soit aidé, ée

Imparfait
qu'il/elle s'aidât

Plus-que-parfait
qu'il/elle se fût aidé, ée

CONDITIONNEL

Présent
il/elle s'aiderait

Passé 1re forme
il/elle se serait aidé, ée

Passé 2e forme
il/elle se fût aidé, ée

IMPÉRATIF

Présent
aide-toi
aidons-nous
aidez-vous

FORME ACTIVE

INDICATIF

Présent			***Passé composé***		
j'	enca	dre	j'	ai	encadré
tu	enca	dres	tu	as	encadré
elle	enca	dre	elle	a	encadré
nous	enca	drons	nous	avons	encadré
vous	enca	drez	vous	avez	encadré
elles	enca	drent	elles	ont	encadré
Imparfait			***Plus-que-parfait***		
j'	enca	drais	j'	avais	encadré
tu	enca	drais	tu	avais	encadré
elle	enca	drait	elle	avait	encadré
nous	enca	drions	nous	avions	encadré
vous	enca	driez	vous	aviez	encadré
elles	enca	draient	elles	avaient	encadré
Passé simple			***Passé antérieur***		
j'	enca	drai	j'	eus	encadré
tu	enca	dras	tu	eus	encadré
elle	enca	dra	elle	eut	encadré
nous	enca	drâmes	nous	eûmes	encadré
vous	enca	drâtes	vous	eûtes	encadré
elles	enca	drèrent	elles	eurent	encadré
Futur simple			***Futur antérieur***		
j'	enca	drerai	j'	aurai	encadré
tu	enca	dreras	tu	auras	encadré
elle	enca	drera	elle	aura	encadré
nous	enca	drerons	nous	aurons	encadré
vous	enca	drerez	vous	aurez	encadré
elles	enca	dreront	elles	auront	encadré

SUBJONCTIF

Présent			***Passé***		
que j'	enca	dre	que j'	aie	encadré
que tu	enca	dres	que tu	aies	encadré
qu'elle	enca	dre	qu'elle	ait	encadré
que ns	enca	drions	que ns	ayons	encadré
que vs	enca	driez	que vs	ayez	encadré
qu'elles	enca	drent	qu'elles	aient	encadré
Imparfait			***Plus-que-parfait***		
que j'	enca	drasse	que j'	eusse	encadré
que tu	enca	drasses	que tu	eusses	encadré
qu'elle	enca	drât	qu'elle	eût	encadré
que ns	enca	drassions	que ns	eussions	encadré
que vs	enca	drassiez	que vs	eussiez	encadré
qu'elles	enca	drassent	qu'elles	eussent	encadré

IMPÉRATIF

Présent		***Passé***	
enca	dre	aie	encadré
enca	drons	ayons	encadré
enca	drez	ayez	encadré

CONDITIONNEL

Présent			***Passé 1re forme***		
j'	enca	drerais	j'	aurais	encadré
tu	enca	drerais	tu	aurais	encadré
elle	enca	drerait	elle	aurait	encadré
nous	enca	drerions	nous	aurions	encadré
vous	enca	dreriez	vous	auriez	encadré
elles	enca	dreraient	elles	auraient	encadré

Passé 2e forme

j'	eusse	encadré
tu	eusses	encadré
elle	eût	encadré
nous	eussions	encadré
vous	eussiez	encadré
elles	eussent	encadré

INFINITIF

Présent	***Passé***
enca drer	avoir encadré

PARTICIPE

Présent	***Passé***
enca drant	enca dré, ée ayant encadré

FORME PRONOMINALE

INDICATIF

Présent
il/elle s'encadre

Passé composé
il/elle s'est encadré, ée

Imparfait
il/elle s'encadrait

Plus-que-parfait
il/elle s'était encadré, ée

Passé simple
il/elle s'encadra

Passé antérieur
il/elle se fut encadré, ée

Futur simple
il/elle s'encadrera

Futur antérieur
il/elle se sera encadré, ée

INFINITIF

Présent
s'encadrer

Passé
s'être encadré, ée

PARTICIPE

Présent
s'encadrant

Passé
s'étant encadré, ée

SUBJONCTIF

Présent
qu'il/elle s'encadre

Passé
qu'il/elle se soit encadré, ée

Imparfait
qu'il/elle s'encadrât

Plus-que-parfait
qu'il/elle se fût encadré, ée

CONDITIONNEL

Présent
il/elle s'encadrerait

Passé 1re forme
il/elle se serait encadré, ée

Passé 2e forme
il/elle se fût encadré, ée

IMPÉRATIF

Présent
encadre-toi
encadrons-nous
encadrez-vous

CRÉER *Verbes en **ER**, se terminant par **ÉER***

FORME ACTIVE

INDICATIF

Présent		*Passé composé*		
je	cr ée	j'	ai	créé
tu	cr ées	tu	as	créé
il	cr ée	il	a	créé
nous	cr éons	nous	avons	créé
vous	cr éez	vous	avez	créé
ils	cr éent	ils	ont	créé

Imparfait		*Plus-que-parfait*		
je	cr éais	j'	avais	créé
tu	cr éais	tu	avais	créé
il	cr éait	il	avait	créé
nous	cr éions	nous	avions	créé
vous	cr éiez	vous	aviez	créé
ils	cr éaient	ils	avaient	créé

Passé simple		*Passé antérieur*		
je	cr éai	j'	eus	créé
tu	cr éas	tu	eus	créé
il	cr éa	il	eut	créé
nous	cr éâmes	nous	eûmes	créé
vous	cr éâtes	vous	eûtes	créé
ils	cr éèrent	ils	eurent	créé

Futur simple		*Futur antérieur*		
je	cr éerai	j'	aurai	créé
tu	cr éeras	tu	auras	créé
il	cr éera	il	aura	créé
nous	cr éerons	nous	aurons	créé
vous	cr éerez	vous	aurez	créé
ils	cr éeront	ils	auront	créé

SUBJONCTIF

Présent		*Passé*		
que je	cr ée	que j'	aie	créé
que tu	cr ées	que tu	aies	créé
qu'il	cr ée	qu'il	ait	créé
que ns	cr éions	que ns	ayons	créé
que vs	cr éiez	que vs	ayez	créé
qu'ils	cr éent	qu'ils	aient	créé

Imparfait		*Plus-que-parfait*		
que je	cr éasse	que j'	eusse	créé
que tu	cr éasses	que tu	eusses	créé
qu'il	cr éât	qu'il	eût	créé
que ns	cr éassions	que ns	eussions	créé
que vs	cr éassiez	que vs	eussiez	créé
qu'ils	cr éassent	qu'ils	eussent	créé

IMPÉRATIF

Présent	*Passé*	
cr ée	aie	créé
cr éons	ayons	créé
cr éez	ayez	créé

CONDITIONNEL

Présent		*Passé 1re forme*		
je	cr éerais	j'	aurais	créé
tu	cr éerais	tu	aurais	créé
il	cr éerait	il	aurait	créé
nous	cr éerions	nous	aurions	créé
vous	cr éeriez	vous	auriez	créé
ils	cr éeraient	ils	auraient	créé

Passé 2e forme

j'	eusse	créé
tu	eusses	créé
il	eût	créé
nous	eussions	créé
vous	eussiez	créé
ils	eussent	créé

INFINITIF

Présent
cr éer

Passé
avoir créé

PARTICIPE

Présent
cr éant

Passé
cr éé, ée
ayant créé

FORME PRONOMINALE

INDICATIF

Présent
il/elle se crée

Passé composé
il/elle s'est créé, ée

Imparfait
il/elle se créait

Plus-que-parfait
il/elle s'était créé, ée

Passé simple
il/elle se créa

Passé antérieur
il/elle se fut créé, ée

Futur simple
il/elle se créera

Futur antérieur
il/elle se sera créé, ée

INFINITIF

Présent
se créer

Passé
s'être créé, ée

PARTICIPE

Présent
se créant

Passé
s'étant créé, ée

SUBJONCTIF

Présent
qu'il/elle se crée

Passé
qu'il/elle se soit créé, ée

Imparfait
qu'il/elle se créât

Plus-que-parfait
qu'il/elle se fût créé, ée

CONDITIONNEL

Présent
il/elle se créerait

Passé 1re forme
il/elle se serait créé, ée

Passé 2e forme
il/elle se fût créé, ée

IMPÉRATIF

Présent
crée-toi
créons-nous
créez-vous

FORME ACTIVE

INDICATIF

Présent		*Passé composé*		
je	s erre	j'	ai	serré
tu	s erres	tu	as	serré
elle	s erre	elle	a	serré
nous	s errons	nous	avons	serré
vous	s errez	vous	avez	serré
elles	s errent	elles	ont	serré

Imparfait		*Plus-que-parfait*		
je	s errais	j'	avais	serré
tu	s errais	tu	avais	serré
elle	s errait	elle	avait	serré
nous	s errions	nous	avions	serré
vous	s erriez	vous	aviez	serré
elles	s erraient	elles	avaient	serré

Passé simple		*Passé antérieur*		
je	s errai	j'	eus	serré
tu	s erras	tu	eus	serré
elle	s erra	elle	eut	serré
nous	s errâmes	nous	eûmes	serré
vous	s errâtes	vous	eûtes	serré
elles	s errèrent	elles	eurent	serré

Futur simple		*Futur antérieur*		
je	s errerai	j'	aurai	serré
tu	s erreras	tu	auras	serré
elle	s errera	elle	aura	serré
nous	s errerons	nous	aurons	serré
vous	s errerez	vous	aurez	serré
elles	s erreront	elles	auront	serré

SUBJONCTIF

Présent		*Passé*		
que je	s erre	que j'	aie	serré
que tu	s erres	que tu	aies	serré
qu'elle	s erre	qu'elle	ait	serré
que ns	s errions	que ns	ayons	serré
que vs	s erriez	que vs	ayez	serré
qu'elles	s errent	qu'elles	aient	serré

Imparfait		*Plus-que-parfait*		
que je	s errasse	que j'	eusse	serré
que tu	s errasses	que tu	eusses	serré
qu'elle	s errât	qu'elle	eût	serré
que ns	s errassions	que ns	eussions	serré
que vs	s errassiez	que vs	eussiez	serré
qu'elles	s errassent	qu'elles	eussent	serré

IMPÉRATIF

Présent	*Passé*	
s erre	aie	serré
s errons	ayons	serré
s errez	ayez	serré

CONDITIONNEL

Présent		*Passé 1re forme*		
je	s errerais	j'	aurais	serré
tu	s errerais	tu	aurais	serré
elle	s errerait	elle	aurait	serré
nous	s errerions	nous	aurions	serré
vous	s erreriez	vous	auriez	serré
elles	s erreraient	elles	auraient	serré

Passé 2e forme

j'	eusse	serré
tu	eusses	serré
elle	eût	serré
nous	eussions	serré
vous	eussiez	serré
elles	eussent	serré

INFINITIF

Présent	*Passé*
s errer	avoir serré

PARTICIPE

Présent	*Passé*
s errant	s erré, ée ayant serré

FORME PRONOMINALE

INDICATIF

Présent
il/elle se serre

Passé composé
il/elle s'est serré, ée

Imparfait
il/elle se serrait

Plus-que-parfait
il/elle s'était serré, ée

Passé simple
il/elle se serra

Passé antérieur
il/elle se fut serré, ée

Futur simple
il/elle se serrera

Futur antérieur
il/elle se sera serré, ée

INFINITIF

Présent
se serrer

Passé
s'être serré, ée

PARTICIPE

Présent
se serrant

Passé
s'étant serré, ée

SUBJONCTIF

Présent
qu'il/elle se serre

Passé
qu'il/elle se soit serré, ée

Imparfait
qu'il/elle se serrât

Plus-que-parfait
qu'il/elle se fût serré, ée

CONDITIONNEL

Présent
il/elle se serrerait

Passé 1re forme
il/elle se serait serré, ée

Passé 2e forme
il/elle se fût serré, ée

IMPÉRATIF

Présent
serre-toi
serrons-nous
serrez-vous

DÉGRAFER *Verbes en **ER**, se terminant par **FER***

FORME ACTIVE

INDICATIF

Présent			*Passé composé*		
je	dégra	fe	j'	ai	dégrafé
tu	dégra	fes	tu	as	dégrafé
il	dégra	fe	il	a	dégrafé
nous	dégra	fons	nous	avons	dégrafé
vous	dégra	fez	vous	avez	dégrafé
ils	dégra	fent	ils	ont	dégrafé
Imparfait			***Plus-que-parfait***		
je	dégra	fais	j'	avais	dégrafé
tu	dégra	fais	tu	avais	dégrafé
il	dégra	fait	il	avait	dégrafé
nous	dégra	fions	nous	avions	dégrafé
vous	dégra	fiez	vous	aviez	dégrafé
ils	dégra	faient	ils	avaient	dégrafé
Passé simple			***Passé antérieur***		
je	dégra	fai	j'	eus	dégrafé
tu	dégra	fas	tu	eus	dégrafé
il	dégra	fa	il	eut	dégrafé
nous	dégra	fâmes	nous	eûmes	dégrafé
vous	dégra	fâtes	vous	eûtes	dégrafé
ils	dégra	fèrent	ils	eurent	dégrafé
Futur simple			***Futur antérieur***		
je	dégra	ferai	j'	aurai	dégrafé
tu	dégra	feras	tu	auras	dégrafé
il	dégra	fera	il	aura	dégrafé
nous	dégra	ferons	nous	aurons	dégrafé
vous	dégra	ferez	vous	aurez	dégrafé
ils	dégra	feront	ils	auront	dégrafé

SUBJONCTIF

Présent			*Passé*		
que je	dégra	fe	que j'	aie	dégrafé
que tu	dégra	fes	que tu	aies	dégrafé
qu'il	dégra	fe	qu'il	ait	dégrafé
que ns	dégra	fions	que ns	ayons	dégrafé
que vs	dégra	fiez	que vs	ayez	dégrafé
qu'ils	dégra	fent	qu'ils	aient	dégrafé
Imparfait			***Plus-que-parfait***		
que je	dégra	fasse	que j'	eusse	dégrafé
que tu	dégra	fasses	que tu	eusses	dégrafé
qu'il	dégra	fât	qu'il	eût	dégrafé
que ns	dégra	fassions	que ns	eussions	dégrafé
que vs	dégra	fassiez	que vs	eussiez	dégrafé
qu'ils	dégra	fassent	qu'ils	eussent	dégrafé

IMPÉRATIF

Présent		*Passé*	
dégra	fe	aie	dégrafé
dégra	fons	ayons	dégrafé
dégra	fez	ayez	dégrafé

CONDITIONNEL

Présent			*Passé 1re forme*		
je	dégra	ferais	j'	aurais	dégrafé
tu	dégra	ferais	tu	aurais	dégrafé
il	dégra	ferait	il	aurait	dégrafé
nous	dégra	ferions	nous	aurions	dégrafé
vous	dégra	feriez	vous	auriez	dégrafé
ils	dégra	feraient	ils	auraient	dégrafé

Passé 2e forme

j'	eusse	dégrafé
tu	eusses	dégrafé
il	eût	dégrafé
nous	eussions	dégrafé
vous	eussiez	dégrafé
ils	eussent	dégrafé

INFINITIF

Présent	*Passé*
dégra fer	avoir dégrafé

PARTICIPE

Présent	*Passé*
dégra fant	dégra fé, ée ayant dégrafé

FORME PRONOMINALE

INDICATIF

Présent
il/elle se dégrafe

Passé composé
il/elle s'est dégrafé, ée

Imparfait
il/elle se dégrafait

Plus-que-parfait
il/elle s'était dégrafé, ée

Passé simple
il/elle se dégrafa

Passé antérieur
il/elle se fut dégrafé, ée

Futur simple
il/elle se dégrafera

Futur antérieur
il/elle se sera dégrafé, ée

INFINITIF

Présent
se dégrafer

Passé
s'être dégrafé, ée

PARTICIPE

Présent
se dégrafant

Passé
s'étant dégrafé, ée

SUBJONCTIF

Présent
qu'il/elle se dégrafe

Passé
qu'il/elle se soit dégrafé, ée

Imparfait
qu'il/elle se dégrafât

Plus-que-parfait
qu'il/elle se fût dégrafé, ée

CONDITIONNEL

Présent
il/elle se dégraferait

Passé 1re forme
il/elle se serait dégrafé, ée

Passé 2e forme
il/elle se fût dégrafé, ée

IMPÉRATIF

Présent
dégrafe-toi
dégrafons-nous
dégrafez-vous

FORME ACTIVE

INDICATIF

Présent			*Passé composé*		
je	coi	ffe	j'	ai	coiffé
tu	coi	ffes	tu	as	coiffé
elle	coi	ffe	elle	a	coiffé
nous	coi	ffons	nous	avons	coiffé
vous	coi	ffez	vous	avez	coiffé
elles	coi	ffent	elles	ont	coiffé

Imparfait			*Plus-que-parfait*		
je	coi	ffais	j'	avais	coiffé
tu	coi	ffais	tu	avais	coiffé
elle	coi	ffait	elle	avait	coiffé
nous	coi	ffions	nous	avions	coiffé
vous	coi	ffiez	vous	aviez	coiffé
elles	coi	ffaient	elles	avaient	coiffé

Passé simple			*Passé antérieur*		
je	coi	ffai	j'	eus	coiffé
tu	coi	ffas	tu	eus	coiffé
elle	coi	ffa	elle	eut	coiffé
nous	coi	ffâmes	nous	eûmes	coiffé
vous	coi	ffâtes	vous	eûtes	coiffé
elles	coi	ffèrent	elles	eurent	coiffé

Futur simple			*Futur antérieur*		
je	coi	fferai	j'	aurai	coiffé
tu	coi	fferas	tu	auras	coiffé
elle	coi	ffera	elle	aura	coiffé
nous	coi	fferons	nous	aurons	coiffé
vous	coi	fferez	vous	aurez	coiffé
elles	coi	fferont	elles	auront	coiffé

SUBJONCTIF

Présent			*Passé*		
que je	coi	ffe	que j'	aie	coiffé
que tu	coi	ffes	que tu	aies	coiffé
qu'elle	coi	ffe	qu'elle	ait	coiffé
que ns	coi	ffions	que ns	ayons	coiffé
que vs	coi	ffiez	que vs	ayez	coiffé
qu'elles	coi	ffent	qu'elles	aient	coiffé

Imparfait			*Plus-que-parfait*		
que je	coi	ffasse	que j'	eusse	coiffé
que tu	coi	ffasses	que tu	eusses	coiffé
qu'elle	coi	ffât	qu'elle	eût	coiffé
que ns	coi	ffassions	que ns	eussions	coiffé
que vs	coi	ffassiez	que vs	eussiez	coiffé
qu'elles	coi	ffassent	qu'elles	eussent	coiffé

IMPÉRATIF

Présent		*Passé*	
coi	ffe	aie	coiffé
coi	ffons	ayons	coiffé
coi	ffez	ayez	coiffé

CONDITIONNEL

Présent			*Passé 1re forme*		
je	coi	fferais	j'	aurais	coiffé
tu	coi	fferais	tu	aurais	coiffé
elle	coi	fferait	elle	aurait	coiffé
nous	coi	fferions	nous	aurions	coiffé
vous	coi	fferiez	vous	auriez	coiffé
elles	coi	fferaient	elles	auraient	coiffé

Passé 2e forme

j'	eusse	coiffé
tu	eusses	coiffé
elle	eût	coiffé
nous	eussions	coiffé
vous	eussiez	coiffé
elles	eussent	coiffé

INFINITIF

Présent
coi ffer

Passé
avoir coiffé

PARTICIPE

Présent
coi ffant

Passé
coi ffé, ée
ayant coiffé

FORME PRONOMINALE

INDICATIF

Présent
il/elle se coiffe

Passé composé
il/elle s'est coiffé, ée

Imparfait
il/elle se coiffait

Plus-que-parfait
il/elle s'était coiffé, ée

Passé simple
il/elle se coiffa

Passé antérieur
il/elle se fut coiffé, ée

Futur simple
il/elle se coiffera

Futur antérieur
il/elle se sera coiffé, ée

INFINITIF

Présent
se coiffer

Passé
s'être coiffé, ée

PARTICIPE

Présent
se coiffant

Passé
s'étant coiffé, ée

SUBJONCTIF

Présent
qu'il/elle se coiffe

Passé
qu'il/elle se soit coiffé, ée

Imparfait
qu'il/elle se coiffât

Plus-que-parfait
qu'il/elle se fût coiffé, ée

CONDITIONNEL

Présent
il/elle se coifferait

Passé 1re forme
il/elle se serait coiffé, ée

Passé 2e forme
il/elle se fût coiffé, ée

IMPÉRATIF

Présent
coiffe-toi
coiffons-nous
coiffez-vous

GONFLER *Verbes en **ER**, se terminant par **FLER***

FORME ACTIVE

INDICATIF

Présent			***Passé composé***		
je	gon	fle	j'	ai	gonflé
tu	gon	fles	tu	as	gonflé
il	gon	fle	il	a	gonflé
nous	gon	flons	nous	avons	gonflé
vous	gon	flez	vous	avez	gonflé
ils	gon	flent	ils	ont	gonflé

Imparfait			***Plus-que-parfait***		
je	gon	flais	j'	avais	gonflé
tu	gon	flais	tu	avais	gonflé
il	gon	flait	il	avait	gonflé
nous	gon	flions	nous	avions	gonflé
vous	gon	fliez	vous	aviez	gonflé
ils	gon	flaient	ils	avaient	gonflé

Passé simple			***Passé antérieur***		
je	gon	flai	j'	eus	gonflé
tu	gon	flas	tu	eus	gonflé
il	gon	fla	il	eut	gonflé
nous	gon	flâmes	nous	eûmes	gonflé
vous	gon	flâtes	vous	eûtes	gonflé
ils	gon	flèrent	ils	eurent	gonflé

Futur simple			***Futur antérieur***		
je	gon	flerai	j'	aurai	gonflé
tu	gon	fleras	tu	auras	gonflé
il	gon	flera	il	aura	gonflé
nous	gon	flerons	nous	aurons	gonflé
vous	gon	flerez	vous	aurez	gonflé
ils	gon	fleront	ils	auront	gonflé

SUBJONCTIF

Présent			***Passé***		
que je	gon	fle	que j'	aie	gonflé
que tu	gon	fles	que tu	aies	gonflé
qu'il	gon	fle	qu'il	ait	gonflé
que ns	gon	flions	que ns	ayons	gonflé
que vs	gon	fliez	que vs	ayez	gonflé
qu'ils	gon	flent	qu'ils	aient	gonflé

Imparfait			***Plus-que-parfait***		
que je	gon	flasse	que j'	eusse	gonflé
que tu	gon	flasses	que tu	eusses	gonflé
qu'il	gon	flât	qu'il	eût	gonflé
que ns	gon	flassions	que ns	eussions	gonflé
que vs	gon	flassiez	que vs	eussiez	gonflé
qu'ils	gon	flassent	qu'ils	eussent	gonflé

IMPÉRATIF

Présent		***Passé***	
gon	fle	aie	gonflé
gon	flons	ayons	gonflé
gon	flez	ayez	gonflé

CONDITIONNEL

Présent			***Passé 1re forme***		
je	gon	flerais	j'	aurais	gonflé
tu	gon	flerais	tu	aurais	gonflé
il	gon	flerait	il	aurait	gonflé
nous	gon	flerions	nous	aurions	gonflé
vous	gon	fleriez	vous	auriez	gonflé
ils	gon	fleraient	ils	auraient	gonflé

Passé 2e forme		
j'	eusse	gonflé
tu	eusses	gonflé
il	eût	gonflé
nous	eussions	gonflé
vous	eussiez	gonflé
ils	eussent	gonflé

INFINITIF

Présent
gon fler

Passé
avoir gonflé

PARTICIPE

Présent
gon flant

Passé
gon flé, ée
ayant gonflé

FORME PRONOMINALE

INDICATIF

Présent
il/elle se gonfle

Passé composé
il/elle s'est gonflé, ée

Imparfait
il/elle se gonflait

Plus-que-parfait
il/elle s'était gonflé, ée

Passé simple
il/elle se gonfla

Passé antérieur
il/elle se fut gonflé, ée

Futur simple
il/elle se gonflera

Futur antérieur
il/elle se sera gonflé, ée

INFINITIF

Présent
se gonfler

Passé
s'être gonflé, ée

PARTICIPE

Présent
se gonflant

Passé
s'étant gonflé, ée

SUBJONCTIF

Présent
qu'il/elle se gonfle

Passé
qu'il/elle se soit gonflé, ée

Imparfait
qu'il/elle se gonflât

Plus-que-parfait
qu'il/elle se fût gonflé, ée

CONDITIONNEL

Présent
il/elle se gonflerait

Passé 1re forme
il/elle se serait gonflé, ée

Passé 2e forme
il/elle se fût gonflé, ée

IMPÉRATIF

Présent
gonfle-toi
gonflons-nous
gonflez-vous

FORME ACTIVE

INDICATIF

Présent			Passé composé		
je	goin	fre	j'	ai	goinfré
tu	goin	fres	tu	as	goinfré
elle	goin	fre	elle	a	goinfré
nous	goin	frons	nous	avons	goinfré
vous	goin	frez	vous	avez	goinfré
elles	goin	frent	elles	ont	goinfré

Imparfait			Plus-que-parfait		
je	goin	frais	j'	avais	goinfré
tu	goin	frais	tu	avais	goinfré
elle	goin	frait	elle	avait	goinfré
nous	goin	frions	nous	avions	goinfré
vous	goin	friez	vous	aviez	goinfré
elles	goin	fraient	elles	avaient	goinfré

Passé simple			Passé antérieur		
je	goin	frai	j'	eus	goinfré
tu	goin	fras	tu	eus	goinfré
elle	goin	fra	elle	eut	goinfré
nous	goin	frâmes	nous	eûmes	goinfré
vous	goin	frâtes	vous	eûtes	goinfré
elles	goin	frèrent	elles	eurent	goinfré

Futur simple			Futur antérieur		
je	goin	frerai	j'	aurai	goinfré
tu	goin	freras	tu	auras	goinfré
elle	goin	frera	elle	aura	goinfré
nous	goin	frerons	nous	aurons	goinfré
vous	goin	frerez	vous	aurez	goinfré
elles	goin	freront	elles	auront	goinfré

SUBJONCTIF

Présent			Passé		
que je	goin	fre	que j'	aie	goinfré
que tu	goin	fres	que tu	aies	goinfré
qu'elle	goin	fre	qu'elle	ait	goinfré
que ns	goin	frions	que ns	ayons	goinfré
que vs	goin	friez	que vs	ayez	goinfré
qu'elles	goin	frent	qu'elles	aient	goinfré

Imparfait			Plus-que-parfait		
que je	goin	frasse	que j'	eusse	goinfré
que tu	goin	frasses	que tu	eusses	goinfré
qu'elle	goin	frât	qu'elle	eût	goinfré
que ns	goin	frassions	que ns	eussions	goinfré
que vs	goin	frassiez	que vs	eussiez	goinfré
qu'elles	goin	frassent	qu'elles	eussent	goinfré

IMPÉRATIF

Présent		Passé	
goin	fre	aie	goinfré
goin	frons	ayons	goinfré
goin	frez	ayez	goinfré

CONDITIONNEL

Présent			Passé 1re forme		
je	goin	frerais	j'	aurais	goinfré
tu	goin	frerais	tu	aurais	goinfré
elle	goin	frerait	elle	aurait	goinfré
nous	goin	frerions	nous	aurions	goinfré
vous	goin	freriez	vous	auriez	goinfré
elles	goin	freraient	elles	auraient	goinfré

Passé 2e forme		
j'	eusse	goinfré
tu	eusses	goinfré
elle	eût	goinfré
nous	eussions	goinfré
vous	eussiez	goinfré
elles	eussent	goinfré

INFINITIF

Présent	Passé
goin frer	avoir goinfré

PARTICIPE

Présent	Passé
goin frant	goin fré, ée ayant goinfré

FORME PRONOMINALE

INDICATIF

Présent
il/elle se goinfre

Passé composé
il/elle s'est goinfré, ée

Imparfait
il/elle se goinfrait

Plus-que-parfait
il/elle s'était goinfré, ée

Passé simple
il/elle se goinfra

Passé antérieur
il/elle se fut goinfré, ée

Futur simple
il/elle se goinfrera

Futur antérieur
il/elle se sera goinfré, ée

INFINITIF

Présent
se goinfrer

Passé
s'être goinfré, ée

PARTICIPE

Présent
se goinfrant

Passé
s'étant goinfré, ée

SUBJONCTIF

Présent
qu'il/elle se goinfre

Passé
qu'il/elle se soit goinfré, ée

Imparfait
qu'il/elle se goinfrât

Plus-que-parfait
qu'il/elle se fût goinfré, ée

CONDITIONNEL

Présent
il/elle se goinfrerait

Passé 1re forme
il/elle se serait goinfré, ée

Passé 2e forme
il/elle se fût goinfré, ée

IMPÉRATIF

Présent
goinfre-toi
goinfrons-nous
goinfrez-vous

PROTÉGER *Verbes en **ER**, se terminant par **ÉGER***

FORME ACTIVE

INDICATIF

Présent			*Passé composé*		
je	prot	ège	j'	ai	protégé
tu	prot	èges	tu	as	protégé
il	prot	ège	il	a	protégé
nous	prot	égeons	nous	avons	protégé
vous	prot	égez	vous	avez	protégé
ils	prot	ègent	ils	ont	protégé

Imparfait			*Plus-que-parfait*		
je	prot	égeais	j'	avais	protégé
tu	prot	égeais	tu	avais	protégé
il	prot	égeait	il	avait	protégé
nous	prot	égions	nous	avions	protégé
vous	prot	égiez	vous	aviez	protégé
ils	prot	égeaient	ils	avaient	protégé

Passé simple			*Passé antérieur*		
je	prot	égeai	j'	eus	protégé
tu	prot	égeas	tu	eus	protégé
il	prot	égea	il	eut	protégé
nous	prot	égeâmes	nous	eûmes	protégé
vous	prot	égeâtes	vous	eûtes	protégé
ils	prot	égèrent	ils	eurent	protégé

Futur simple			*Futur antérieur*		
je	prot	égerai	j'	aurai	protégé
tu	prot	égeras	tu	auras	protégé
il	prot	égera	il	aura	protégé
nous	prot	égerons	nous	aurons	protégé
vous	prot	égerez	vous	aurez	protégé
ils	prot	égeront	ils	auront	protégé

SUBJONCTIF

Présent			*Passé*		
que je	prot	ège	que j'	aie	protégé
que tu	prot	èges	que tu	aies	protégé
qu'il	prot	ège	qu'il	ait	protégé
que ns	prot	égions	que ns	ayons	protégé
que vs	prot	égiez	que vs	ayez	protégé
qu'ils	prot	ègent	qu'ils	aient	protégé

Imparfait			*Plus-que-parfait*		
que je	prot	égeasse	que j'	eusse	protégé
que tu	prot	égeasses	que tu	eusses	protégé
qu'il	prot	égeât	qu'il	eût	protégé
que ns	prot	égeassions	que ns	eussions	protégé
que vs	prot	égeassiez	que vs	eussiez	protégé
qu'ils	prot	égeassent	qu'ils	eussent	protégé

IMPÉRATIF

Présent		*Passé*	
prot	ège	aie	protégé
prot	égeons	ayons	protégé
prot	égez	ayez	protégé

CONDITIONNEL

Présent			*Passé 1re forme*		
je	prot	égerais	j'	aurais	protégé
tu	prot	égerais	tu	aurais	protégé
il	prot	égerait	il	aurait	protégé
nous	prot	égerions	nous	aurions	protégé
vous	prot	égeriez	vous	auriez	protégé
ils	prot	égeraient	ils	auraient	protégé

Passé 2e forme		
j'	eusse	protégé
tu	eusses	protégé
il	eût	protégé
nous	eussions	protégé
vous	eussiez	protégé
ils	eussent	protégé

INFINITIF

Présent	*Passé*
prot éger	avoir protégé

PARTICIPE

Présent	*Passé*
prot égeant	prot égé, ée ayant protégé

FORME PRONOMINALE

INDICATIF

Présent
il/elle se protège

Passé composé
il/elle s'est protégé, ée

Imparfait
il/elle se protégeait

Plus-que-parfait
il/elle s'était protégé, ée

Passé simple
il/elle se protégea

Passé antérieur
il/elle se fut protégé, ée

Futur simple
il/elle se protégera

Futur antérieur
il/elle se sera protégé, ée

INFINITIF

Présent
se protéger

Passé
s'être protégé, ée

PARTICIPE

Présent
se protégeant

Passé
s'étant protégé, ée

SUBJONCTIF

Présent
qu'il/elle se protège

Passé
qu'il/elle se soit protégé, ée

Imparfait
qu'il/elle se protégeât

Plus-que-parfait
qu'il/elle se fût protégé, ée

CONDITIONNEL

Présent
il/elle se protégerait

Passé 1re forme
il/elle se serait protégé, ée

Passé 2e forme
il/elle se fût protégé, ée

IMPÉRATIF

Présent
protège-toi
protégeons-nous
protégez-vous

FORME ACTIVE

INDICATIF

Présent
je chan ge
tu chan ges
elle chan ge
nous chan geons
vous chan gez
elles chan gent

Passé composé
j' ai changé
tu as changé
elle a changé
nous avons changé
vous avez changé
elles ont changé

Imparfait
je chan geais
tu chan geais
elle chan geait
nous chan gions
vous chan giez
elles chan geaient

Plus-que-parfait
j' avais changé
tu avais changé
elle avait changé
nous avions changé
vous aviez changé
elles avaient changé

Passé simple
je chan geai
tu chan geas
elle chan gea
nous chan geâmes
vous chan geâtes
elles chan gèrent

Passé antérieur
j' eus changé
tu eus changé
elle eut changé
nous eûmes changé
vous eûtes changé
elles eurent changé

Futur simple
je chan gerai
tu chan geras
elle chan gera
nous chan gerons
vous chan gerez
elles chan geront

Futur antérieur
j' aurai changé
tu auras changé
elle aura changé
nous aurons changé
vous aurez changé
elles auront changé

SUBJONCTIF

Présent
que je chan ge
que tu chan ges
qu'elle chan ge
que ns chan gions
que vs chan giez
qu'elles chan gent

Passé
que j' aie changé
que tu aies changé
qu'elle ait changé
que ns ayons changé
que vs ayez changé
qu'elles aient changé

Imparfait
que je chan geasse
que tu chan geasses
qu'elle chan geât
que ns chan geassions
que vs chan geassiez
qu'elles chan geassent

Plus-que-parfait
que j' eusse changé
que tu eusses changé
qu'elle eût changé
que ns eussions changé
que vs eussiez changé
qu'elles eussent changé

IMPÉRATIF

Présent
chan ge
chan geons
chan gez

Passé
aie changé
ayons changé
ayez changé

CONDITIONNEL

Présent
je chan gerais
tu chan gerais
elle chan gerait
nous chan gerions
vous chan geriez
elles chan geraient

Passé 1re forme
j' aurais changé
tu aurais changé
elle aurait changé
nous aurions changé
vous auriez changé
elles auraient changé

Passé 2e forme
j' eusse changé
tu eusses changé
elle eût changé
nous eussions changé
vous eussiez changé
elles eussent changé

INFINITIF

Présent
chan ger

Passé
avoir changé

PARTICIPE

Présent
chan geant

Passé
chan gé, ée
ayant changé

FORME PRONOMINALE

INDICATIF

Présent
il/elle se change

Passé composé
il/elle s'est changé, ée

Imparfait
il/elle se changeait

Plus-que-parfait
il/elle s'était changé, ée

Passé simple
il/elle se changea

Passé antérieur
il/elle se fut changé, ée

Futur simple
il/elle se changera

Futur antérieur
il/elle se sera changé, ée

INFINITIF

Présent
se changer

Passé
s'être changé, ée

PARTICIPE

Présent
se changeant

Passé
s'étant changé, ée

SUBJONCTIF

Présent
qu'il/elle se change

Passé
qu'il/elle se soit changé, ée

Imparfait
qu'il/elle se changeât

Plus-que-parfait
qu'il/elle se fût changé, ée

CONDITIONNEL

Présent
il/elle se changerait

Passé 1re forme
il/elle se serait changé, ée

Passé 2e forme
il/elle se fût changé, ée

IMPÉRATIF

Présent
change-toi
changeons-nous
changez-vous

RÉGLER *Verbes en **ER**, se terminant par **ÉGLER***

FORME ACTIVE

INDICATIF

Présent		***Passé composé***		
je	r ègle	j'	ai	réglé
tu	r ègles	tu	as	réglé
il	r ègle	il	a	réglé
nous	r églons	nous	avons	réglé
vous	r églez	vous	avez	réglé
ils	r èglent	ils	ont	réglé

Imparfait		***Plus-que-parfait***		
je	r églais	j'	avais	réglé
tu	r églais	tu	avais	réglé
il	r églait	il	avait	réglé
nous	r églions	nous	avions	réglé
vous	r égliez	vous	aviez	réglé
ils	r églaient	ils	avaient	réglé

Passé simple		***Passé antérieur***		
je	r églai	j'	eus	réglé
tu	r églas	tu	eus	réglé
il	r égla	il	eut	réglé
nous	r églâmes	nous	eûmes	réglé
vous	r églâtes	vous	eûtes	réglé
ils	r églèrent	ils	eurent	réglé

Futur simple		***Futur antérieur***		
je	r églerai	j'	aurai	réglé
tu	r égleras	tu	auras	réglé
il	r églera	il	aura	réglé
nous	r églerons	nous	aurons	réglé
vous	r églerez	vous	aurez	réglé
ils	r égleront	ils	auront	réglé

SUBJONCTIF

Présent		***Passé***		
que je	r ègle	que j'	aie	réglé
que tu	r ègles	que tu	aies	réglé
qu'il	r ègle	qu'il	ait	réglé
que ns	r églions	que ns	ayons	réglé
que vs	r égliez	que vs	ayez	réglé
qu'ils	r èglent	qu'ils	aient	réglé

Imparfait		***Plus-que-parfait***		
que je	r églasse	que j'	eusse	réglé
que tu	r églasses	que tu	eusses	réglé
qu'il	r églât	qu'il	eût	réglé
que ns	r églassions	que ns	eussions	réglé
que vs	r églassiez	que vs	eussiez	réglé
qu'ils	r églassent	qu'ils	eussent	réglé

IMPÉRATIF

Présent	***Passé***	
r ègle	aie	réglé
r églons	ayons	réglé
r églez	ayez	réglé

CONDITIONNEL

Présent		***Passé 1re forme***		
je	r églerais	j'	aurais	réglé
tu	r églerais	tu	aurais	réglé
il	r églerait	il	aurait	réglé
nous	r églerions	nous	aurions	réglé
vous	r égleriez	vous	auriez	réglé
ils	r égleraient	ils	auraient	réglé

Passé 2e forme		
j'	eusse	réglé
tu	eusses	réglé
il	eût	réglé
nous	eussions	réglé
vous	eussiez	réglé
ils	eussent	réglé

INFINITIF

Présent	***Passé***
r égler	avoir réglé

PARTICIPE

Présent	***Passé***
r églant	r églé, ée ayant réglé

FORME PRONOMINALE

INDICATIF

Présent
il/elle se règle

Passé composé
il/elle s'est réglé, ée

Imparfait
il/elle se réglait

Plus-que-parfait
il/elle s'était réglé, ée

Passé simple
il/elle se régla

Passé antérieur
il/elle se fut réglé, ée

Futur simple
il/elle se réglera

Futur antérieur
il/elle se sera réglé, ée

INFINITIF

Présent
se régler

Passé
s'être réglé, ée

PARTICIPE

Présent
se réglant

Passé
s'étant réglé, ée

SUBJONCTIF

Présent
qu'il/elle se règle

Passé
qu'il/elle se soit réglé, ée

Imparfait
qu'il/elle se réglât

Plus-que-parfait
qu'il/elle se fût réglé, ée

CONDITIONNEL

Présent
il/elle se réglerait

Passé 1re forme
il/elle se serait réglé, ée

Passé 2e forme
il/elle se fût réglé, ée

IMPÉRATIF

Présent
règle-toi
réglons-nous
réglez-vous

FORME ACTIVE

INDICATIF

Présent			***Passé composé***		
j'	aveu	gle	j'	ai	aveuglé
tu	aveu	gles	tu	as	aveuglé
elle	aveu	gle	elle	a	aveuglé
nous	aveu	glons	nous	avons	aveuglé
vous	aveu	glez	vous	avez	aveuglé
elles	aveu	glent	elles	ont	aveuglé

Imparfait			***Plus-que-parfait***		
j'	aveu	glais	j'	avais	aveuglé
tu	aveu	glais	tu	avais	aveuglé
elle	aveu	glait	elle	avait	aveuglé
nous	aveu	glions	nous	avions	aveuglé
vous	aveu	gliez	vous	aviez	aveuglé
elles	aveu	glaient	elles	avaient	aveuglé

Passé simple			***Passé antérieur***		
j'	aveu	glai	j'	eus	aveuglé
tu	aveu	glas	tu	eus	aveuglé
elle	aveu	gla	elle	eut	aveuglé
nous	aveu	glâmes	nous	eûmes	aveuglé
vous	aveu	glâtes	vous	eûtes	aveuglé
elles	aveu	glèrent	elles	eurent	aveuglé

Futur simple			***Futur antérieur***		
j'	aveu	glerai	j'	aurai	aveuglé
tu	aveu	gleras	tu	auras	aveuglé
elle	aveu	glera	elle	aura	aveuglé
nous	aveu	glerons	nous	aurons	aveuglé
vous	aveu	glerez	vous	aurez	aveuglé
elles	aveu	gleront	elles	auront	aveuglé

SUBJONCTIF

Présent			***Passé***		
que j'	aveu	gle	que j'	aie	aveuglé
que tu	aveu	gles	que tu	aies	aveuglé
qu'elle	aveu	gle	qu'elle	ait	aveuglé
que ns	aveu	glions	que ns	ayons	aveuglé
que vs	aveu	gliez	que vs	ayez	aveuglé
qu'elles	aveu	glent	qu'elles	aient	aveuglé

Imparfait			***Plus-que-parfait***		
que j'	aveu	glasse	que j'	eusse	aveuglé
que tu	aveu	glasses	que tu	eusses	aveuglé
qu'elle	aveu	glât	qu'elle	eût	aveuglé
que ns	aveu	glassions	que ns	eussions	aveuglé
que vs	aveu	glassiez	que vs	eussiez	aveuglé
qu'elles	aveu	glassent	qu'elles	eussent	aveuglé

IMPÉRATIF

Présent		***Passé***	
aveu	gle	aie	aveuglé
aveu	glons	ayons	aveuglé
aveu	glez	ayez	aveuglé

CONDITIONNEL

Présent			***Passé 1re forme***		
j'	aveu	glerais	j'	aurais	aveuglé
tu	aveu	glerais	tu	aurais	aveuglé
elle	aveu	glerait	elle	aurait	aveuglé
nous	aveu	glerions	nous	aurions	aveuglé
vous	aveu	gleriez	vous	auriez	aveuglé
elles	aveu	gleraient	elles	auraient	aveuglé

Passé 2e forme

j'	eusse	aveuglé
tu	eusses	aveuglé
elle	eût	aveuglé
nous	eussions	aveuglé
vous	eussiez	aveuglé
elles	eussent	aveuglé

INFINITIF

Présent
aveu gler

Passé
avoir aveuglé

PARTICIPE

Présent
aveu glant

Passé
aveu glé, ée
ayant aveuglé

FORME PRONOMINALE

INDICATIF

Présent
il/elle s'aveugle

Passé composé
il/elle s'est aveuglé, ée

Imparfait
il/elle s'aveuglait

Plus-que-parfait
il/elle s'était aveuglé, ée

Passé simple
il/elle s'aveugla

Passé antérieur
il/elle se fut aveuglé, ée

Futur simple
il/elle s'aveuglera

Futur antérieur
il/elle se sera aveuglé, ée

INFINITIF

Présent
s'aveugler

Passé
s'être aveuglé, ée

PARTICIPE

Présent
s'aveuglant

Passé
s'étant aveuglé, ée

SUBJONCTIF

Présent
qu'il/elle s'aveugle

Passé
qu'il/elle se soit aveuglé, ée

Imparfait
qu'il/elle s'aveuglât

Plus-que-parfait
qu'il/elle se fût aveuglé, ée

CONDITIONNEL

Présent
il/elle s'aveuglerait

Passé 1re forme
il/elle se serait aveuglé, ée

Passé 2e forme
il/elle se fût aveuglé, ée

IMPÉRATIF

Présent
aveugle-toi
aveuglons-nous
aveuglez-vous

IMPRÉGNER *Verbes en **ER**, se terminant par **ÉGNER***

FORME ACTIVE

INDICATIF

Présent			*Passé composé*		
j'	impr	ègne	j'	ai	imprégné
tu	impr	ègnes	tu	as	imprégné
il	impr	ègne	il	a	imprégné
nous	impr	égnons	nous	avons	imprégné
vous	impr	égnez	vous	avez	imprégné
ils	impr	ègnent	ils	ont	imprégné

Imparfait			*Plus-que-parfait*		
j'	impr	égnais	j'	avais	imprégné
tu	impr	égnais	tu	avais	imprégné
il	impr	égnait	il	avait	imprégné
nous	impr	égnions	nous	avions	imprégné
vous	impr	égniez	vous	aviez	imprégné
ils	impr	égnaient	ils	avaient	imprégné

Passé simple			*Passé antérieur*		
j'	impr	égnai	j'	eus	imprégné
tu	impr	égnas	tu	eus	imprégné
il	impr	égna	il	eut	imprégné
nous	impr	égnâmes	nous	eûmes	imprégné
vous	impr	égnâtes	vous	eûtes	imprégné
ils	impr	égnèrent	ils	eurent	imprégné

Futur simple			*Futur antérieur*		
j'	impr	égnerai	j'	aurai	imprégné
tu	impr	égneras	tu	auras	imprégné
il	impr	égnera	il	aura	imprégné
nous	impr	égnerons	nous	aurons	imprégné
vous	impr	égnerez	vous	aurez	imprégné
ils	impr	égneront	ils	auront	imprégné

SUBJONCTIF

Présent			*Passé*		
que j'	impr	ègne	que j'	aie	imprégné
que tu	impr	ègnes	que tu	aies	imprégné
qu'il	impr	ègne	qu'il	ait	imprégné
que ns	impr	égnions	que ns	ayons	imprégné
que vs	impr	égniez	que vs	ayez	imprégné
qu'ils	impr	ègnent	qu'ils	aient	imprégné

Imparfait			*Plus-que-parfait*		
que j'	impr	égnasse	que j'	eusse	imprégné
que tu	impr	égnasses	que tu	eusses	imprégné
qu'il	impr	égnât	qu'il	eût	imprégné
que ns	impr	égnassions	que ns	eussions	imprégné
que vs	impr	égnassiez	que vs	eussiez	imprégné
qu'ils	impr	égnassent	qu'ils	eussent	imprégné

IMPÉRATIF

Présent		*Passé*	
impr	ègne	aie	imprégné
impr	égnons	ayons	imprégné
impr	égnez	ayez	imprégné

CONDITIONNEL

Présent			*Passé 1re forme*		
j'	impr	égnerais	j'	aurais	imprégné
tu	impr	égnerais	tu	aurais	imprégné
il	impr	égnerait	il	aurait	imprégné
nous	impr	égnerions	nous	aurions	imprégné
vous	impr	égneriez	vous	auriez	imprégné
ils	impr	égneraient	ils	auraient	imprégné

Passé 2e forme

j'	eusse	imprégné
tu	eusses	imprégné
il	eût	imprégné
nous	eussions	imprégné
vous	eussiez	imprégné
ils	eussent	imprégné

INFINITIF

Présent
impr égner

Passé
avoir imprégné

PARTICIPE

Présent
impr égnant

Passé
impr égné, ée
ayant imprégné

FORME PRONOMINALE

INDICATIF

Présent
il/elle s'imprègne

Passé composé
il/elle s'est imprégné, ée

Imparfait
il/elle s'imprégnait

Plus-que-parfait
il/elle s'était imprégné, ée

Passé simple
il/elle s'imprégna

Passé antérieur
il/elle se fut imprégné, ée

Futur simple
il/elle s'imprégnera

Futur antérieur
il/elle se sera imprégné, ée

INFINITIF

Présent
s'imprégner

Passé
s'être imprégné, ée

PARTICIPE

Présent
s'imprégnant

Passé
s'étant imprégné, ée

SUBJONCTIF

Présent
qu'il/elle s'imprègne

Passé
qu'il/elle se soit imprégné, ée

Imparfait
qu'il/elle s'imprégnât

Plus-que-parfait
qu'il/elle se fût imprégné, ée

CONDITIONNEL

Présent
il/elle s'imprégnerait

Passé 1re forme
il/elle se serait imprégné, ée

Passé 2e forme
il/elle se fût imprégné, ée

IMPÉRATIF

Présent
imprègne-toi
imprégnons-nous
imprégnez-vous

FORME ACTIVE

INDICATIF

Présent

je	bai	gne
tu	bai	gnes
elle	bai	gne
nous	bai	gnons
vous	bai	gnez
elles	bai	gnent

Passé composé

j'	ai	baigné
tu	as	baigné
elle	a	baigné
nous	avons	baigné
vous	avez	baigné
elles	ont	baigné

Imparfait

je	bai	gnais
tu	bai	gnais
elle	bai	gnait
nous	bai	gnions
vous	bai	gniez
elles	bai	gnaient

Plus-que-parfait

j'	avais	baigné
tu	avais	baigné
elle	avait	baigné
nous	avions	baigné
vous	aviez	baigné
elles	avaient	baigné

Passé simple

je	bai	gnai
tu	bai	gnas
elle	bai	gna
nous	bai	gnâmes
vous	bai	gnâtes
elles	bai	gnèrent

Passé antérieur

j'	eus	baigné
tu	eus	baigné
elle	eut	baigné
nous	eûmes	baigné
vous	eûtes	baigné
elles	eurent	baigné

Futur simple

je	bai	gnerai
tu	bai	gneras
elle	bai	gnera
nous	bai	gnerons
vous	bai	gnerez
elles	bai	gneront

Futur antérieur

j'	aurai	baigné
tu	auras	baigné
elle	aura	baigné
nous	aurons	baigné
vous	aurez	baigné
elles	auront	baigné

SUBJONCTIF

Présent

que je	bai	gne
que tu	bai	gnes
qu'elle	bai	gne
que ns	bai	gnions
que vs	bai	gniez
qu'elles	bai	gnent

Passé

que j'	aie	baigné
que tu	aies	baigné
qu'elle	ait	baigné
que ns	ayons	baigné
que vs	ayez	baigné
qu'elles	aient	baigné

Imparfait

que je	bai	gnasse
que tu	bai	gnasses
qu'elle	bai	gnât
que ns	bai	gnassions
que vs	bai	gnassiez
qu'elles	bai	gnassent

Plus-que-parfait

que j'	eusse	baigné
que tu	eusses	baigné
qu'elle	eût	baigné
que ns	eussions	baigné
que vs	eussiez	baigné
qu'elles	eussent	baigné

IMPÉRATIF

Présent

bai gne
bai gnons
bai gnez

Passé

aie baigné
ayons baigné
ayez baigné

CONDITIONNEL

Présent

je	bai	gnerais
tu	bai	gnerais
elle	bai	gnerait
nous	bai	gnerions
vous	bai	gneriez
elles	bai	gneraient

Passé 1re forme

j'	aurais	baigné
tu	aurais	baigné
elle	aurait	baigné
nous	aurions	baigné
vous	auriez	baigné
elles	auraient	baigné

Passé 2e forme

j'	eusse	baigné
tu	eusses	baigné
elle	eût	baigné
nous	eussions	baigné
vous	eussiez	baigné
elles	eussent	baigné

INFINITIF

Présent
bai gner

Passé
avoir baigné

PARTICIPE

Présent
bai gnant

Passé
bai gné, ée
ayant baigné

FORME PRONOMINALE

INDICATIF

Présent
il/elle se baigne

Passé composé
il/elle s'est baigné, ée

Imparfait
il/elle se baignait

Plus-que-parfait
il/elle s'était baigné, ée

Passé simple
il/elle se baigna

Passé antérieur
il/elle se fut baigné, ée

Futur simple
il/elle se baignera

Futur antérieur
il/elle se sera baigné, ée

INFINITIF

Présent
se baigner

Passé
s'être baigné, ée

PARTICIPE

Présent
se baignant

Passé
s'étant baigné, ée

SUBJONCTIF

Présent
qu'il/elle se baigne

Passé
qu'il/elle se soit baigné, ée

Imparfait
qu'il/elle se baignât

Plus-que-parfait
qu'il/elle se fût baigné, ée

CONDITIONNEL

Présent
il/elle se baignerait

Passé 1re forme
il/elle se serait baigné, ée

Passé 2e forme
il/elle se fût baigné, ée

IMPÉRATIF

Présent
baigne-toi
baignons-nous
baignez-vous

INTÉGRER *Verbes en **ER**, se terminant par **ÉGRER***

FORME ACTIVE

INDICATIF

Présent

j'	int	ègre
tu	int	ègres
il	int	ègre
nous	int	égrons
vous	int	égrez
ils	int	ègrent

Passé composé

j'	ai	intégré
tu	as	intégré
il	a	intégré
nous	avons	intégré
vous	avez	intégré
ils	ont	intégré

Imparfait

j'	int	égrais
tu	int	égrais
il	int	égrait
nous	int	égrions
vous	int	égriez
ils	int	égraient

Plus-que-parfait

j'	avais	intégré
tu	avais	intégré
il	avait	intégré
nous	avions	intégré
vous	aviez	intégré
ils	avaient	intégré

Passé simple

j'	int	égrai
tu	int	égras
il	int	égra
nous	int	égrâmes
vous	int	égrâtes
ils	int	égrèrent

Passé antérieur

j'	eus	intégré
tu	eus	intégré
il	eut	intégré
nous	eûmes	intégré
vous	eûtes	intégré
ils	eurent	intégré

Futur simple

j'	int	égrerai
tu	int	égreras
il	int	égrera
nous	int	égrerons
vous	int	égrerez
ils	int	égreront

Futur antérieur

j'	aurai	intégré
tu	auras	intégré
il	aura	intégré
nous	aurons	intégré
vous	aurez	intégré
ils	auront	intégré

SUBJONCTIF

Présent

que j'	int	ègre
que tu	int	ègres
qu'il	int	ègre
que ns	int	égrions
que vs	int	égriez
qu'ils	int	ègrent

Passé

que j'	aie	intégré
que tu	aies	intégré
qu'il	ait	intégré
que ns	ayons	intégré
que vs	ayez	intégré
qu'ils	aient	intégré

Imparfait

que j'	int	égrasse
que tu	int	égrasses
qu'il	int	égrât
que ns	int	égrassions
que vs	int	égrassiez
qu'ils	int	égrassent

Plus-que-parfait

que j'	eusse	intégré
que tu	eusses	intégré
qu'il	eût	intégré
que ns	eussions	intégré
que vs	eussiez	intégré
qu'ils	eussent	intégré

IMPÉRATIF

Présent

int ègre
int égrons
int égrez

Passé

aie	intégré
ayons	intégré
ayez	intégré

CONDITIONNEL

Présent

j'	int	égrerais
tu	int	égrerais
il	int	égrerait
nous	int	égrerions
vous	int	égreriez
ils	int	égreraient

Passé 1re forme

j'	aurais	intégré
tu	aurais	intégré
il	aurait	intégré
nous	aurions	intégré
vous	auriez	intégré
ils	auraient	intégré

Passé 2e forme

j'	eusse	intégré
tu	eusses	intégré
il	eût	intégré
nous	eussions	intégré
vous	eussiez	intégré
ils	eussent	intégré

INFINITIF

Présent

int égrer

Passé

avoir intégré

PARTICIPE

Présent

int égrant

Passé

int égré, ée
ayant intégré

FORME PRONOMINALE

INDICATIF

Présent
il/elle s'intègre

Passé composé
il/elle s'est intégré, ée

Imparfait
il/elle s'intégrait

Plus-que-parfait
il/elle s'était intégré, ée

Passé simple
il/elle s'intégra

Passé antérieur
il/elle se fut intégré, ée

Futur simple
il/elle s'intégrera

Futur antérieur
il/elle se sera intégré, ée

INFINITIF

Présent
s'intégrer

Passé
s'être intégré, ée

PARTICIPE

Présent
s'intégrant

Passé
s'étant intégré, ée

SUBJONCTIF

Présent
qu'il/elle s'intègre

Passé
qu'il/elle se soit intégré, ée

Imparfait
qu'il/elle s'intégrât

Plus-que-parfait
qu'il/elle se fût intégré, ée

CONDITIONNEL

Présent
il/elle s'intégrerait

Passé 1re forme
il/elle se serait intégré, ée

Passé 2e forme
il/elle se fût intégré, ée

IMPÉRATIF

Présent
intègre-toi
intégrons-nous
intégrez-vous

FORME ACTIVE

INDICATIF

Présent	*Passé composé*
je déni gre	j' ai dénigré
tu déni gres	tu as dénigré
elle déni gre	elle a dénigré
nous déni grons	nous avons dénigré
vous déni grez	vous avez dénigré
elles déni grent	elles ont dénigré

Imparfait	*Plus-que-parfait*
je déni grais	j' avais dénigré
tu déni grais	tu avais dénigré
elle déni grait	elle avait dénigré
nous déni grions	nous avions dénigré
vous déni griez	vous aviez dénigré
elles déni graient	elles avaient dénigré

Passé simple	*Passé antérieur*
je déni grai	j' eus dénigré
tu déni gras	tu eus dénigré
elle déni gra	elle eut dénigré
nous déni grâmes	nous eûmes dénigré
vous déni grâtes	vous eûtes dénigré
elles déni grèrent	elles eurent dénigré

Futur simple	*Futur antérieur*
je déni grerai	j' aurai dénigré
tu déni greras	tu auras dénigré
elle déni grera	elle aura dénigré
nous déni grerons	nous aurons dénigré
vous déni grerez	vous aurez dénigré
elles déni greront	elles auront dénigré

SUBJONCTIF

Présent	*Passé*
que je déni gre	que j' aie dénigré
que tu déni gres	que tu aies dénigré
qu'elle déni gre	qu'elle ait dénigré
que ns déni grions	que ns ayons dénigré
que vs déni griez	que vs ayez dénigré
qu'elles déni grent	qu'elles aient dénigré

Imparfait	*Plus-que-parfait*
que je déni grasse	que j' eusse dénigré
que tu déni grasses	que tu eusses dénigré
qu'elle déni grât	qu'elle eût dénigré
que ns déni grassions	que ns eussions dénigré
que vs déni grassiez	que vs eussiez dénigré
qu'elles déni grassent	qu'elles eussent dénigré

IMPÉRATIF

Présent	*Passé*
déni gre	aie dénigré
déni grons	ayons dénigré
déni grez	ayez dénigré

CONDITIONNEL

Présent	*Passé 1re forme*
je déni grerais	j' aurais dénigré
tu déni grerais	tu aurais dénigré
elle déni grerait	elle aurait dénigré
nous déni grerions	nous aurions dénigré
vous déni greriez	vous auriez dénigré
elles déni greraient	elles auraient dénigré

Passé 2e forme

j' eusse dénigré
tu eusses dénigré
elle eût dénigré
nous eussions dénigré
vous eussiez dénigré
elles eussent dénigré

INFINITIF

Présent	*Passé*
déni grer	avoir dénigré

PARTICIPE

Présent	*Passé*
déni grant	déni gré, ée ayant dénigré

Ne s'emploie pas à la forme pronominale.

LÉGUER *Verbes en **ER**, se terminant par **ÉGUER***

FORME ACTIVE

INDICATIF

Présent

je	l	ègue
tu	l	ègues
il	l	ègue
nous	l	éguons
vous	l	éguez
ils	l	èguent

Passé composé

j'	ai	légué
tu	as	légué
il	a	légué
nous	avons	légué
vous	avez	légué
ils	ont	légué

Imparfait

je	l	éguais
tu	l	éguais
il	l	éguait
nous	l	éguions
vous	l	éguiez
ils	l	éguaient

Plus-que-parfait

j'	avais	légué
tu	avais	légué
il	avait	légué
nous	avions	légué
vous	aviez	légué
ils	avaient	légué

Passé simple

je	l	éguai
tu	l	éguas
il	l	égua
nous	l	éguâmes
vous	l	éguâtes
ils	l	éguèrent

Passé antérieur

j'	eus	légué
tu	eus	légué
il	eut	légué
nous	eûmes	légué
vous	eûtes	légué
ils	eurent	légué

Futur simple

je	l	éguerai
tu	l	égueras
il	l	éguera
nous	l	éguerons
vous	l	éguerez
ils	l	égueront

Futur antérieur

j'	aurai	légué
tu	auras	légué
il	aura	légué
nous	aurons	légué
vous	aurez	légué
ils	auront	légué

SUBJONCTIF

Présent

que je	l	ègue
que tu	l	ègues
qu'il	l	ègue
que ns	l	éguions
que vs	l	éguiez
qu'ils	l	èguent

Passé

que j'	aie	légué
que tu	aies	légué
qu'il	ait	légué
que ns	ayons	légué
que vs	ayez	légué
qu'ils	aient	légué

Imparfait

que je	l	éguasse
que tu	l	éguasses
qu'il	l	éguât
que ns	l	éguassions
que vs	l	éguassiez
qu'ils	l	éguassent

Plus-que-parfait

que j'	eusse	légué
que tu	eusses	légué
qu'il	eût	légué
que ns	eussions	légué
que vs	eussiez	légué
qu'ils	eussent	légué

IMPÉRATIF

Présent

l ègue
l éguons
l éguez

Passé

aie	légué
ayons	légué
ayez	légué

CONDITIONNEL

Présent

je	l	éguerais
tu	l	éguerais
il	l	éguerait
nous	l	éguerions
vous	l	égueriez
ils	l	égueraient

Passé 1re forme

j'	aurais	légué
tu	aurais	légué
il	aurait	légué
nous	aurions	légué
vous	auriez	légué
ils	auraient	légué

Passé 2e forme

j'	eusse	légué
tu	eusses	légué
il	eût	légué
nous	eussions	légué
vous	eussiez	légué
ils	eussent	légué

INFINITIF

Présent
l éguer

Passé
avoir légué

PARTICIPE

Présent
l éguant

Passé
l égué, ée
ayant légué

FORME PRONOMINALE

INDICATIF

Présent
il/elle se lègue

Passé composé
il/elle s'est légué, guée

Imparfait
il/elle se léguait

Plus-que-parfait
il/elle s'était légué, guée

Passé simple
il/elle se légua

Passé antérieur
il/elle se fut légué, guée

Futur simple
il/elle se léguera

Futur antérieur
il/elle se sera légué, guée

INFINITIF

Présent
se léguer

Passé
s'être légué, guée

PARTICIPE

Présent
se léguant

Passé
s'étant légué, guée

SUBJONCTIF

Présent
qu'il/elle se lègue

Passé
qu'il/elle se soit légué, guée

Imparfait
qu'il/elle se léguât

Plus-que-parfait
qu'il/elle se fût légué, guée

CONDITIONNEL

Présent
il/elle se léguerait

Passé 1re forme
il/elle se serait légué, guée

Passé 2e forme
il/elle se fût légué, guée

IMPÉRATIF

Présent
—
léguons-nous
léguez-vous

FORME ACTIVE

INDICATIF

Présent

je	conju	gue
tu	conju	gues
elle	conju	gue
nous	conju	guons
vous	conju	guez
elles	conju	guent

Passé composé

j'	ai	conjugué
tu	as	conjugué
elle	a	conjugué
nous	avons	conjugué
vous	avez	conjugué
elles	ont	conjugué

Imparfait

je	conju	guais
tu	conju	guais
elle	conju	guait
nous	conju	guions
vous	conju	guiez
elles	conju	guaient

Plus-que-parfait

j'	avais	conjugué
tu	avais	conjugué
elle	avait	conjugué
nous	avions	conjugué
vous	aviez	conjugué
elles	avaient	conjugué

Passé simple

je	conju	guai
tu	conju	guas
elle	conju	gua
nous	conju	guâmes
vous	conju	guâtes
elles	conju	guèrent

Passé antérieur

j'	eus	conjugué
tu	eus	conjugué
elle	eut	conjugué
nous	eûmes	conjugué
vous	eûtes	conjugué
elles	eurent	conjugué

Futur simple

je	conju	guerai
tu	conju	gueras
elle	conju	guera
nous	conju	guerons
vous	conju	guerez
elles	conju	gueront

Futur antérieur

j'	aurai	conjugué
tu	auras	conjugué
elle	aura	conjugué
nous	aurons	conjugué
vous	aurez	conjugué
elles	auront	conjugué

SUBJONCTIF

Présent

que je	conju	gue
que tu	conju	gues
qu'elle	conju	gue
que ns	conju	guions
que vs	conju	guiez
qu'elles	conju	guent

Passé

que j'	aie	conjugué
que tu	aies	conjugué
qu'elle	ait	conjugué
que ns	ayons	conjugué
que vs	ayez	conjugué
qu'elles	aient	conjugué

Imparfait

que je	conju	guasse
que tu	conju	guasses
qu'elle	conju	guât
que ns	conju	guassions
que vs	conju	guassiez
qu'elles	conju	guassent

Plus-que-parfait

que j'	eusse	conjugué
que tu	eusses	conjugué
qu'elle	eût	conjugué
que ns	eussions	conjugué
que vs	eussiez	conjugué
qu'elles	eussent	conjugué

IMPÉRATIF

Présent

conju gue
conju guons
conju guez

Passé

aie conjugué
ayons conjugué
ayez conjugué

CONDITIONNEL

Présent

je	conju	guerais
tu	conju	guerais
elle	conju	guerait
nous	conju	guerions
vous	conju	gueriez
elles	conju	gueraient

Passé 1re forme

j'	aurais	conjugué
tu	aurais	conjugué
elle	aurait	conjugué
nous	aurions	conjugué
vous	auriez	conjugué
elles	auraient	conjugué

Passé 2e forme

j'	eusse	conjugué
tu	eusses	conjugué
elle	eût	conjugué
nous	eussions	conjugué
vous	eussiez	conjugué
elles	eussent	conjugué

INFINITIF

Présent

conju guer

Passé

avoir conjugué

PARTICIPE

Présent

conju guant

Passé

conju gué, ée
ayant conjugué

FORME PRONOMINALE

INDICATIF

Présent
il/elle se conjugue

Passé composé
il/elle s'est conjugué, ée

Imparfait
il/elle se conjuguait

Plus-que-parfait
il/elle s'était conjugué, ée

Passé simple
il/elle se conjugua

Passé antérieur
il/elle se fut conjugué, ée

Futur simple
il/elle se conjuguera

Futur antérieur
il/elle se sera conjugué, ée

INFINITIF

Présent
se conjuguer

Passé
s'être conjugué, ée

PARTICIPE

Présent
se conjuguant

Passé
s'étant conjugué, ée

SUBJONCTIF

Présent
qu'il/elle se conjugue

Passé
qu'il/elle se soit conjugué, ée

Imparfait
qu'il/elle se conjuguât

Plus-que-parfait
qu'il/elle se fût conjugué, ée

CONDITIONNEL

Présent
il/elle se conjuguerait

Passé 1re forme
il/elle se serait conjugué, ée

Passé 2e forme
il/elle se fût conjugué, ée

IMPÉRATIF

Présent
—

MODIFIER *Verbes en **ER**, se terminant par **IER***

FORME ACTIVE

INDICATIF

Présent			**Passé composé**		
je	modif	ie	j'	ai	modifié
tu	modif	ies	tu	as	modifié
il	modif	ie	il	a	modifié
nous	modif	ions	nous	avons	modifié
vous	modif	iez	vous	avez	modifié
ils	modif	ient	ils	ont	modifié
Imparfait			**Plus-que-parfait**		
je	modif	iais	j'	avais	modifié
tu	modif	iais	tu	avais	modifié
il	modif	iait	il	avait	modifié
nous	modif	iions	nous	avions	modifié
vous	modif	iiez	vous	aviez	modifié
ils	modif	iaient	ils	avaient	modifié
Passé simple			**Passé antérieur**		
je	modif	iai	j'	eus	modifié
tu	modif	ias	tu	eus	modifié
il	modif	ia	il	eut	modifié
nous	modif	iâmes	nous	eûmes	modifié
vous	modif	iâtes	vous	eûtes	modifié
ils	modif	ièrent	ils	eurent	modifié
Futur simple			**Futur antérieur**		
je	modif	ierai	j'	aurai	modifié
tu	modif	ieras	tu	auras	modifié
il	modif	iera	il	aura	modifié
nous	modif	ierons	nous	aurons	modifié
vous	modif	ierez	vous	aurez	modifié
ils	modif	ieront	ils	auront	modifié

SUBJONCTIF

Présent			**Passé**		
que je	modif	ie	que j'	aie	modifié
que tu	modif	ies	que tu	aies	modifié
qu'il	modif	ie	qu'il	ait	modifié
que ns	modif	iions	que ns	ayons	modifié
que vs	modif	iiez	que vs	ayez	modifié
qu'ils	modif	ient	qu'ils	aient	modifié
Imparfait			**Plus-que-parfait**		
que je	modif	iasse	que j'	eusse	modifié
que tu	modif	iasses	que tu	eusses	modifié
qu'il	modif	iât	qu'il	eût	modifié
que ns	modif	iassions	que ns	eussions	modifié
que vs	modif	iassiez	que vs	eussiez	modifié
qu'ils	modif	iassent	qu'ils	eussent	modifié

IMPÉRATIF

Présent		**Passé**	
modif	ie	aie	modifié
modif	ions	ayons	modifié
modif	iez	ayez	modifié

CONDITIONNEL

Présent			**Passé 1re forme**		
je	modif	ierais	j'	aurais	modifié
tu	modif	ierais	tu	aurais	modifié
il	modif	ierait	il	aurait	modifié
nous	modif	ierions	nous	aurions	modifié
vous	modif	ieriez	vous	auriez	modifié
ils	modif	ieraient	ils	auraient	modifié

Passé 2e forme		
j'	eusse	modifié
tu	eusses	modifié
il	eût	modifié
nous	eussions	modifié
vous	eussiez	modifié
ils	eussent	modifié

INFINITIF

Présent
modif ier

Passé
avoir modifié

PARTICIPE

Présent
modif iant

Passé
modif ié, ée
ayant modifié

FORME PRONOMINALE

INDICATIF

Présent
il/elle se modifie

Passé composé
il/elle s'est modifié, ée

Imparfait
il/elle se modifiait

Plus-que-parfait
il/elle s'était modifié, ée

Passé simple
il/elle se modifia

Passé antérieur
il/elle se fut modifié, ée

Futur simple
il/elle se modifiera

Futur antérieur
il/elle se sera modifié, ée

INFINITIF

Présent
se modifier

Passé
s'être modifié, ée

PARTICIPE

Présent
se modifiant

Passé
s'étant modifié, ée

SUBJONCTIF

Présent
qu'il/elle se modifie

Passé
qu'il/elle se soit modifié, ée

Imparfait
qu'il/elle se modifiât

Plus-que-parfait
qu'il/elle se fût modifié, ée

CONDITIONNEL

Présent
il/elle se modifierait

Passé 1re forme
il/elle se serait modifié, ée

Passé 2e forme
il/elle se fût modifié, ée

IMPÉRATIF

Présent
modifie-toi
modifions-nous
modifiez-vous

FORME ACTIVE

INDICATIF

Présent

je	trav	aille
tu	trav	ailles
elle	trav	aille
nous	trav	aillons
vous	trav	aillez
elles	trav	aillent

Passé composé

j'	ai	travaillé
tu	as	travaillé
elle	a	travaillé
nous	avons	travaillé
vous	avez	travaillé
elles	ont	travaillé

Imparfait

je	trav	aillais
tu	trav	aillais
elle	trav	aillait
nous	trav	aillions
vous	trav	ailliez
elles	trav	aillaient

Plus-que-parfait

j'	avais	travaillé
tu	avais	travaillé
elle	avait	travaillé
nous	avions	travaillé
vous	aviez	travaillé
elles	avaient	travaillé

Passé simple

je	trav	aillai
tu	trav	aillas
elle	trav	ailla
nous	trav	aillâmes
vous	trav	aillâtes
elles	trav	aillèrent

Passé antérieur

j'	eus	travaillé
tu	eus	travaillé
elle	eut	travaillé
nous	eûmes	travaillé
vous	eûtes	travaillé
elles	eurent	travaillé

Futur simple

je	trav	aillerai
tu	trav	ailleras
elle	trav	aillera
nous	trav	aillerons
vous	trav	aillerez
elles	trav	ailleront

Futur antérieur

j'	aurai	travaillé
tu	auras	travaillé
elle	aura	travaillé
nous	aurons	travaillé
vous	aurez	travaillé
elles	auront	travaillé

SUBJONCTIF

Présent

que je	trav	aille
que tu	trav	ailles
qu'elle	trav	aille
que ns	trav	aillions
que vs	trav	ailliez
qu'elles	trav	aillent

Passé

que j'	aie	travaillé
que tu	aies	travaillé
qu'elle	ait	travaillé
que ns	ayons	travaillé
que vs	ayez	travaillé
qu'elles	aient	travaillé

Imparfait

que je	trav	aillasse
que tu	trav	aillasses
qu'elle	trav	aillât
que ns	trav	aillassions
que vs	trav	aillassiez
qu'elles	trav	aillassent

Plus-que-parfait

que j'	eusse	travaillé
que tu	eusses	travaillé
qu'elle	eût	travaillé
que ns	eussions	travaillé
que vs	eussiez	travaillé
qu'elles	eussent	travaillé

IMPÉRATIF

Présent

trav aille
trav aillons
trav aillez

Passé

aie travaillé
ayons travaillé
ayez travaillé

CONDITIONNEL

Présent

je	trav	aillerais
tu	trav	aillerais
elle	trav	aillerait
nous	trav	aillerions
vous	trav	ailleriez
elles	trav	ailleraient

Passé 1re forme

j'	aurais	travaillé
tu	aurais	travaillé
elle	aurait	travaillé
nous	aurions	travaillé
vous	auriez	travaillé
elles	auraient	travaillé

Passé 2e forme

j'	eusse	travaillé
tu	eusses	travaillé
elle	eût	travaillé
nous	eussions	travaillé
vous	eussiez	travaillé
elles	eussent	travaillé

INFINITIF

Présent
trav aillér

Passé
avoir travaillé

PARTICIPE

Présent
trav aillant

Passé
trav aillé, ée
ayant travaillé

FORME PRONOMINALE

INDICATIF

Présent
il/elle se travaille

Passé composé
il/elle s'est travaillé, ée

Imparfait
il/elle se travaillait

Plus-que-parfait
il/elle s'était travaillé, ée

Passé simple
il/elle se travailla

Passé antérieur
il/elle se fut travaillé, ée

Futur simple
il/elle se travaillera

Futur antérieur
il/elle se sera travaillé, ée

INFINITIF

Présent
se travailler

Passé
s'être travaillé, ée

PARTICIPE

Présent
se travaillant

Passé
s'étant travaillé, ée

SUBJONCTIF

Présent
qu'il/elle se travaille

Passé
qu'il/elle se soit travaillé, ée

Imparfait
qu'il/elle se travaillât

Plus-que-parfait
qu'il/elle se fût travaillé, ée

CONDITIONNEL

Présent
il/elle se travaillerait

Passé 1re forme
il/elle se serait travaillé, ée

Passé 2e forme
il/elle se fût travaillé, ée

IMPÉRATIF

Présent
—

RÉVEILLER *Verbes en **ER**, se terminant par **EILLER***

FORME ACTIVE

INDICATIF

Présent			*Passé composé*		
je	rév	eille	j'	ai	réveillé
tu	rév	eilles	tu	as	réveillé
il	rév	eille	il	a	réveillé
nous	rév	eillons	nous	avons	réveillé
vous	rév	eillez	vous	avez	réveillé
ils	rév	eillent	ils	ont	réveillé

Imparfait			*Plus-que-parfait*		
je	rév	eillais	j'	avais	réveillé
tu	rév	eillais	tu	avais	réveillé
il	rév	eillait	il	avait	réveillé
nous	rév	eillions	nous	avions	réveillé
vous	rév	eilliez	vous	aviez	réveillé
ils	rév	eillaient	ils	avaient	réveillé

Passé simple			*Passé antérieur*		
je	rév	eillai	j'	eus	réveillé
tu	rév	eillas	tu	eus	réveillé
il	rév	eilla	il	eut	réveillé
nous	rév	eillâmes	nous	eûmes	réveillé
vous	rév	eillâtes	vous	eûtes	réveillé
ils	rév	eillèrent	ils	eurent	réveillé

Futur simple			*Futur antérieur*		
je	rév	eillerai	j'	aurai	réveillé
tu	rév	eilleras	tu	auras	réveillé
il	rév	eillera	il	aura	réveillé
nous	rév	eillerons	nous	aurons	réveillé
vous	rév	eillerez	vous	aurez	réveillé
ils	rév	eilleront	ils	auront	réveillé

SUBJONCTIF

Présent			*Passé*		
que je	rév	eille	que j'	aie	réveillé
que tu	rév	eilles	que tu	aies	réveillé
qu'il	rév	eille	qu'il	ait	réveillé
que ns	rév	eillions	que ns	ayons	réveillé
que vs	rév	eilliez	que vs	ayez	réveillé
qu'ils	rév	eillent	qu'ils	aient	réveillé

Imparfait			*Plus-que-parfait*		
que je	rév	eillasse	que j'	eusse	réveillé
que tu	rév	eillasses	que tu	eusses	réveillé
qu'il	rév	eillât	qu'il	eût	réveillé
que ns	rév	eillassions	que ns	eussions	réveillé
que vs	rév	eillassiez	que vs	eussiez	réveillé
qu'ils	rév	eillassent	qu'ils	eussent	réveillé

IMPÉRATIF

Présent		*Passé*	
rév	eille	aie	réveillé
rév	eillons	ayons	réveillé
rév	eillez	ayez	réveillé

CONDITIONNEL

Présent			*Passé 1re forme*		
je	rév	eillerais	j'	aurais	réveillé
tu	rév	eillerais	tu	aurais	réveillé
il	rév	eillerait	il	aurait	réveillé
nous	rév	eillerions	nous	aurions	réveillé
vous	rév	eilleriez	vous	auriez	réveillé
ils	rév	eilleraient	ils	auraient	réveillé

Passé 2e forme		
j'	eusse	réveillé
tu	eusses	réveillé
il	eût	réveillé
nous	eussions	réveillé
vous	eussiez	réveillé
ils	eussent	réveillé

INFINITIF

Présent
rév eiller

Passé
avoir réveillé

PARTICIPE

Présent
rév eillant

Passé
rév eillé, ée
ayant réveillé

FORME PRONOMINALE

INDICATIF

Présent
il/elle se réveille

Passé composé
il/elle s'est réveillé, ée

Imparfait
il/elle se réveillait

Plus-que-parfait
il/elle s'était réveillé, ée

Passé simple
il/elle se réveilla

Passé antérieur
il/elle se fut réveillé, ée

Futur simple
il/elle se réveillera

Futur antérieur
il/elle se sera réveillé, ée

INFINITIF

Présent
se réveiller

Passé
s'être réveillé, ée

PARTICIPE

Présent
se réveillant

Passé
s'étant réveillé, ée

SUBJONCTIF

Présent
qu'il/elle se réveille

Passé
qu'il/elle se soit réveillé, ée

Imparfait
qu'il/elle se réveillât

Plus-que-parfait
qu'il/elle se fût réveillé, ée

CONDITIONNEL

Présent
il/elle se réveillerait

Passé 1re forme
il/elle se serait réveillé, ée

Passé 2e forme
il/elle se fût réveillé, ée

IMPÉRATIF

Présent
réveille-toi
réveillons-nous
réveillez-vous

FORME ACTIVE

INDICATIF

Présent		*Passé composé*		
je	s ouille	j'	ai	souillé
tu	s ouilles	tu	as	souillé
elle	s ouille	elle	a	souillé
nous	s ouillons	nous	avons	souillé
vous	s ouillez	vous	avez	souillé
elles	s ouillent	elles	ont	souillé

Imparfait		*Plus-que-parfait*		
je	s ouillais	j'	avais	souillé
tu	s ouillais	tu	avais	souillé
elle	s ouillait	elle	avait	souillé
nous	s ouillions	nous	avions	souillé
vous	s ouilliez	vous	aviez	souillé
elles	s ouillaient	elles	avaient	souillé

Passé simple		*Passé antérieur*		
je	s ouillai	j'	eus	souillé
tu	s ouillas	tu	eus	souillé
elle	s ouilla	elle	eut	souillé
nous	s ouillâmes	nous	eûmes	souillé
vous	s ouillâtes	vous	eûtes	souillé
elles	s ouillèrent	elles	eurent	souillé

Futur simple		*Futur antérieur*		
je	s ouillerai	j'	aurai	souillé
tu	s ouilleras	tu	auras	souillé
elle	s ouillera	elle	aura	souillé
nous	s ouillerons	nous	aurons	souillé
vous	s ouillerez	vous	aurez	souillé
elles	s ouilleront	elles	auront	souillé

SUBJONCTIF

Présent		*Passé*		
que je	s ouille	que j'	aie	souillé
que tu	s ouilles	que tu	aies	souillé
qu'elle	s ouille	qu'elle	ait	souillé
que ns	s ouillions	que ns	ayons	souillé
que vs	s ouilliez	que vs	ayez	souillé
qu'elles	s ouillent	qu'elles	aient	souillé

Imparfait		*Plus-que-parfait*		
que je	s ouillasse	que j'	eusse	souillé
que tu	s ouillasses	que tu	eusses	souillé
qu'elle	s ouillât	qu'elle	eût	souillé
que ns	s ouillassions	que ns	eussions	souillé
que vs	s ouillassiez	que vs	eussiez	souillé
qu'elles	s ouillassent	qu'elles	eussent	souillé

IMPÉRATIF

Présent	*Passé*	
s ouille	aie	souillé
s ouillons	ayons	souillé
s ouillez	ayez	souillé

CONDITIONNEL

Présent		*Passé 1re forme*		
je	s ouillerais	j'	aurais	souillé
tu	s ouillerais	tu	aurais	souillé
elle	s ouillerait	elle	aurait	souillé
nous	s ouillerions	nous	aurions	souillé
vous	s ouilleriez	vous	auriez	souillé
elles	s ouilleraient	elles	auraient	souillé

Passé 2e forme

j'	eusse	souillé
tu	eusses	souillé
elle	eût	souillé
nous	eussions	souillé
vous	eussiez	souillé
elles	eussent	souillé

INFINITIF

Présent
s ouiller

Passé
avoir souillé

PARTICIPE

Présent
s ouillant

Passé
s ouillé, ée
ayant souillé

FORME PRONOMINALE

INDICATIF

Présent
il/elle se souille

Passé composé
il/elle s'est souillé, ée

Imparfait
il/elle se souillait

Plus-que-parfait
il/elle s'était souillé, ée

Passé simple
il/elle se souilla

Passé antérieur
il/elle se fut souillé, ée

Futur simple
il/elle se souillera

Futur antérieur
il/elle se sera souillé, ée

INFINITIF

Présent
se souiller

Passé
s'être souillé, ée

PARTICIPE

Présent
se souillant

Passé
s'étant souillé, ée

SUBJONCTIF

Présent
qu'il/elle se souille

Passé
qu'il/elle se soit souillé, ée

Imparfait
qu'il/elle se souillât

Plus-que-parfait
qu'il/elle se fût souillé, ée

CONDITIONNEL

Présent
il/elle se souillerait

Passé 1re forme
il/elle se serait souillé, ée

Passé 2e forme
il/elle se fût souillé, ée

IMPÉRATIF

Présent
souille-toi
souillons-nous
souillez-vous

MAQUILLER *Verbes en **ER**, se terminant par **ILLER***

FORME ACTIVE

INDICATIF

Présent			*Passé composé*		
je	maqu	ille	j'	ai	maquillé
tu	maqu	illes	tu	as	maquillé
il	maqu	ille	il	a	maquillé
nous	maqu	illons	nous	avons	maquillé
vous	maqu	illez	vous	avez	maquillé
ils	maqu	illent	ils	ont	maquillé

Imparfait			*Plus-que-parfait*		
je	maqu	illais	j'	avais	maquillé
tu	maqu	illais	tu	avais	maquillé
il	maqu	illait	il	avait	maquillé
nous	maqu	illions	nous	avions	maquillé
vous	maqu	illiez	vous	aviez	maquillé
ils	maqu	illaient	ils	avaient	maquillé

Passé simple			*Passé antérieur*		
je	maqu	illai	j'	eus	maquillé
tu	maqu	illas	tu	eus	maquillé
il	maqu	illa	il	eut	maquillé
nous	maqu	illâmes	nous	eûmes	maquillé
vous	maqu	illâtes	vous	eûtes	maquillé
ils	maqu	illèrent	ils	eurent	maquillé

Futur simple			*Futur antérieur*		
je	maqu	illerai	j'	aurai	maquillé
tu	maqu	illeras	tu	auras	maquillé
il	maqu	illera	il	aura	maquillé
nous	maqu	illerons	nous	aurons	maquillé
vous	maqu	illerez	vous	aurez	maquillé
ils	maqu	illeront	ils	auront	maquillé

SUBJONCTIF

Présent			*Passé*		
que je	maqu	ille	que j'	aie	maquillé
que tu	maqu	illes	que tu	aies	maquillé
qu'il	maqu	ille	qu'il	ait	maquillé
que ns	maqu	illions	que ns	ayons	maquillé
que vs	maqu	illiez	que vs	ayez	maquillé
qu'ils	maqu	illent	qu'ils	aient	maquillé

Imparfait			*Plus-que-parfait*		
que je	maqu	illasse	que j'	eusse	maquillé
que tu	maqu	illasses	que tu	eusses	maquillé
qu'il	maqu	illât	qu'il	eût	maquillé
que ns	maqu	illassions	que ns	eussions	maquillé
que vs	maqu	illassiez	que vs	eussiez	maquillé
qu'ils	maqu	illassent	qu'ils	eussent	maquillé

IMPÉRATIF

Présent		*Passé*	
maqu	ille	aie	maquillé
maqu	illons	ayons	maquillé
maqu	illez	ayez	maquillé

CONDITIONNEL

Présent			*Passé 1re forme*		
je	maqu	illerais	j'	aurais	maquillé
tu	maqu	illerais	tu	aurais	maquillé
il	maqu	illerait	il	aurait	maquillé
nous	maqu	illerions	nous	aurions	maquillé
vous	maqu	illeriez	vous	auriez	maquillé
ils	maqu	illeraient	ils	auraient	maquillé

Passé 2e forme

j'	eusse	maquillé
tu	eusses	maquillé
il	eût	maquillé
nous	eussions	maquillé
vous	eussiez	maquillé
ils	eussent	maquillé

INFINITIF

Présent
maqu illler

Passé
avoir maquillé

PARTICIPE

Présent
maqu illant

Passé
maqu illé, ée
ayant maquillé

FORME PRONOMINALE

INDICATIF

Présent
il/elle se maquille

Passé composé
il/elle s'est maquillé, ée

Imparfait
il/elle se maquillait

Plus-que-parfait
il/elle s'était maquillé, ée

Passé simple
il/elle se maquilla

Passé antérieur
il/elle se fut maquillé, ée

Futur simple
il/elle se maquillera

Futur antérieur
il/elle se sera maquillé, ée

INFINITIF

Présent
se maquiller

Passé
s'être maquillé, ée

PARTICIPE

Présent
se maquillant

Passé
s'étant maquillé, ée

SUBJONCTIF

Présent
qu'il/elle se maquille

Passé
qu'il/elle se soit maquillé, ée

Imparfait
qu'il/elle se maquillât

Plus-que-parfait
qu'il/elle se fût maquillé, ée

CONDITIONNEL

Présent
il/elle se maquillerait

Passé 1re forme
il/elle se serait maquillé, ée

Passé 2e forme
il/elle se fût maquillé, ée

IMPÉRATIF

Présent
maquille-toi
maquillons-nous
maquillez-vous

FORME ACTIVE

INDICATIF

Présent		***Passé composé***		
je	mod èle	j'	ai	modelé
tu	mod èles	tu	as	modelé
elle	mod èle	elle	a	modelé
nous	mod elons	nous	avons	modelé
vous	mod elez	vous	avez	modelé
elles	mod èlent	elles	ont	modelé

Imparfait		***Plus-que-parfait***		
je	mod elais	j'	avais	modelé
tu	mod elais	tu	avais	modelé
elle	mod elait	elle	avait	modelé
nous	mod elions	nous	avions	modelé
vous	mod eliez	vous	aviez	modelé
elles	mod elaient	elles	avaient	modelé

Passé simple		***Passé antérieur***		
je	mod elai	j'	eus	modelé
tu	mod elas	tu	eus	modelé
elle	mod ela	elle	eut	modelé
nous	mod elâmes	nous	eûmes	modelé
vous	mod elâtes	vous	eûtes	modelé
elles	mod elèrent	elles	eurent	modelé

Futur simple		***Futur antérieur***		
je	mod èlerai	j'	aurai	modelé
tu	mod èleras	tu	auras	modelé
elle	mod èlera	elle	aura	modelé
nous	mod èlerons	nous	aurons	modelé
vous	mod èlerez	vous	aurez	modelé
elles	mod èleront	elles	auront	modelé

SUBJONCTIF

Présent		***Passé***		
que je	mod èle	que j'	aie	modelé
que tu	mod èles	que tu	aies	modelé
qu'elle	mod èle	qu'elle	ait	modelé
que ns	mod elions	que ns	ayons	modelé
que vs	mod eliez	que vs	ayez	modelé
qu'elles	mod èlent	qu'elles	aient	modelé

Imparfait		***Plus-que-parfait***		
que je	mod elasse	que j'	eusse	modelé
que tu	mod elasses	que tu	eusses	modelé
qu'elle	mod elât	qu'elle	eût	modelé
que ns	mod elassions	que ns	eussions	modelé
que vs	mod elassiez	que vs	eussiez	modelé
qu'elles	mod elassent	qu'elles	eussent	modelé

IMPÉRATIF

Présent	***Passé***	
mod èle	aie	modelé
mod elons	ayons	modelé
mod elez	ayez	modelé

CONDITIONNEL

Présent		***Passé 1re forme***		
je	mod èlerais	j'	aurais	modelé
tu	mod èlerais	tu	aurais	modelé
elle	mod èlerait	elle	aurait	modelé
nous	mod èlerions	nous	aurions	modelé
vous	mod èleriez	vous	auriez	modelé
elles	mod èleraient	êlles	auraient	modelé

Passé 2e forme

j'	eusse	modelé
tu	eusses	modelé
elle	eût	modelé
nous	eussions	modelé
vous	eussiez	modelé
elles	eussent	modelé

INFINITIF

Présent
mod eler

Passé
avoir modelé

PARTICIPE

Présent
mod elant

Passé
mod elé, ée
ayant modelé

FORME PRONOMINALE

INDICATIF

Présent
il/elle se modèle

Passé composé
il/elle s'est modelé, ée

Imparfait
il/elle se modelait

Plus-que-parfait
il/elle s'était modelé, ée

Passé simple
il/elle se modela

Passé antérieur
il/elle se fut modelé, ée

Futur simple
il/elle se modèlera

Futur antérieur
il/elle se sera modelé, ée

INFINITIF

Présent
se modeler

Passé
s'être modelé, ée

PARTICIPE

Présent
se modelant

Passé
s'étant modelé, ée

SUBJONCTIF

Présent
qu'il/elle se modèle

Passé
qu'il/elle se soit modelé, ée

Imparfait
qu'il/elle se modelât

Plus-que-parfait
qu'il/elle se fût modelé, ée

CONDITIONNEL

Présent
il/elle se modèlerait

Passé 1re forme
il/elle se serait modelé, ée

Passé 2e forme
il/elle se fût modelé, ée

IMPÉRATIF

Présent
modèle-toi
modelons-nous
modelez-vous

APPELER *Verbes en **ER**, se terminant par **ELER***

FORME ACTIVE

INDICATIF

Présent			*Passé composé*		
j'	app	elle	j'	ai	appelé
tu	app	elles	tu	as	appelé
il	app	elle	il	a	appelé
nous	app	elons	nous	avons	appelé
vous	app	elez	vous	avez	appelé
ils	app	ellent	ils	ont	appelé

Imparfait			*Plus-que-parfait*		
j'	app	elais	j'	avais	appelé
tu	app	elais	tu	avais	appelé
il	app	elait	il	avait	appelé
nous	app	elions	nous	avions	appelé
vous	app	eliez	vous	aviez	appelé
ils	app	elaient	ils	avaient	appelé

Passé simple			*Passé antérieur*		
j'	app	elai	j'	eus	appelé
tu	app	elas	tu	eus	appelé
il	app	ela	il	eut	appelé
nous	app	elâmes	nous	eûmes	appelé
vous	app	elâtes	vous	eûtes	appelé
ils	app	elèrent	ils	eurent	appelé

Futur simple			*Futur antérieur*		
j'	app	ellerai	j'	aurai	appelé
tu	app	elleras	tu	auras	appelé
il	app	ellera	il	aura	appelé
nous	app	ellerons	nous	aurons	appelé
vous	app	ellerez	vous	aurez	appelé
ils	app	elleront	ils	auront	appelé

SUBJONCTIF

Présent			*Passé*		
que j'	app	elle	que j'	aie	appelé
que tu	app	elles	que tu	aies	appelé
qu'il	app	elle	qu'il	ait	appelé
que ns	app	elions	que ns	ayons	appelé
que vs	app	eliez	que vs	ayez	appelé
qu'ils	app	ellent	qu'ils	aient	appelé

Imparfait			*Plus-que-parfait*		
que j'	app	elasse	que j'	eusse	appelé
que tu	app	elasses	que tu	eusses	appelé
qu'il	app	elât	qu'il	eût	appelé
que ns	app	elassions	que ns	eussions	appelé
que vs	app	elassiez	que vs	eussiez	appelé
qu'ils	app	elassent	qu'ils	eussent	appelé

IMPÉRATIF

Présent		*Passé*	
app	elle	aie	appelé
app	elons	ayons	appelé
app	elez	ayez	appelé

CONDITIONNEL

Présent			*Passé 1re forme*		
j'	app	ellerais	j'	aurais	appelé
tu	app	ellerais	tu	aurais	appelé
il	app	ellerait	il	aurait	appelé
nous	app	ellerions	nous	aurions	appelé
vous	app	elleriez	vous	auriez	appelé
ils	app	elleraient	ils	auraient	appelé

Passé 2e forme		
j'	eusse	appelé
tu	eusses	appelé
il	eût	appelé
nous	eussions	appelé
vous	eussiez	appelé
ils	eussent	appelé

INFINITIF

Présent	*Passé*
app eler	avoir appelé

PARTICIPE

Présent	*Passé*
app elant	app elé, ée ayant appelé

FORME PRONOMINALE

INDICATIF

Présent
il/elle s'appelle

Passé composé
il/elle s'est appelé, ée

Imparfait
il/elle s'appelait

Plus-que-parfait
il/elle s'était appelé, ée

Passé simple
il/elle s'appela

Passé antérieur
il/elle se fut appelé, ée

Futur simple
il/elle s'appellera

Futur antérieur
il/elle se sera appelé, ée

INFINITIF

Présent
s'appeler

Passé
s'être appelé, ée

PARTICIPE

Présent
s'appelant

Passé
s'étant appelé, ée

SUBJONCTIF

Présent
qu'il/elle s'appelle

Passé
qu'il/elle se soit appelé, ée

Imparfait
qu'il/elle s'appelât

Plus-que-parfait
qu'il/elle se fût appelé, ée

CONDITIONNEL

Présent
il/elle s'appellerait

Passé 1re forme
il/elle se serait appelé, ée

Passé 2e forme
il/elle se fût appelé, ée

IMPÉRATIF

Présent
appelle-toi
appelons-nous
appelez-vous

FORME ACTIVE

INDICATIF

Présent		*Passé composé*		
je	rév èle	j'	ai	révélé
tu	rév èles	tu	as	révélé
elle	rév èle	elle	a	révélé
nous	rév élons	nous	avons	révélé
vous	rév élez	vous	avez	révélé
elles	rév èlent	elles	ont	révélé

Imparfait		*Plus-que-parfait*		
je	rév élais	j'	avais	révélé
tu	rév élais	tu	avais	révélé
elle	rév élait	elle	avait	révélé
nous	rév élions	nous	avions	révélé
vous	rév éliez	vous	aviez	révélé
elles	rév élaient	elles	avaient	révélé

Passé simple		*Passé antérieur*		
je	rév élai	j'	eus	révélé
tu	rév élas	tu	eus	révélé
elle	rév éla	elle	eut	révélé
nous	rév élâmes	nous	eûmes	révélé
vous	rév élâtes	vous	eûtes	révélé
elles	rév élèrent	elles	eurent	révélé

Futur simple		*Futur antérieur*		
je	rév élerai	j'	aurai	révélé
tu	rév éleras	tu	auras	révélé
elle	rév élera	elle	aura	révélé
nous	rév élerons	nous	aurons	révélé
vous	rév élerez	vous	aurez	révélé
elles	rév éleront	elles	auront	révélé

SUBJONCTIF

Présent		*Passé*		
que je	rév èle	que j'	aie	révélé
que tu	rév èles	que tu	aies	révélé
qu'elle	rév èle	qu'elle	ait	révélé
que ns	rév élions	que ns	ayons	révélé
que vs	rév éliez	que vs	ayez	révélé
qu'elles	rév èlent	qu'elles	aient	révélé

Imparfait		*Plus-que-parfait*		
que je	rév élasse	que j'	eusse	révélé
que tu	rév élasses	que tu	eusses	révélé
qu'elle	rév élât	qu'elle	eût	révélé
que ns	rév élassions	que ns	eussions	révélé
que vs	rév élassiez	que vs	eussiez	révélé
qu'elles	rév élassent	qu'elles	eussent	révélé

IMPÉRATIF

Présent	*Passé*	
rév èle	aie	révélé
rév élons	ayons	révélé
rév élez	ayez	révélé

CONDITIONNEL

Présent		*Passé 1re forme*		
je	rév élerais	j'	aurais	révélé
tu	rév élerais	tu	aurais	révélé
elle	rév élerait	elle	aurait	révélé
nous	rév élerions	nous	aurions	révélé
vous	rév éleriez	vous	auriez	révélé
elles	rév éleraient	elles	auraient	révélé

Passé 2e forme

j'	eusse	révélé
tu	eusses	révélé
elle	eût	révélé
nous	eussions	révélé
vous	eussiez	révélé
elles	eussent	révélé

INFINITIF

Présent
rév éler

Passé
avoir révélé

PARTICIPE

Présent
rév élant

Passé
rév élé, ée
ayant révélé

FORME PRONOMINALE

INDICATIF

Présent
il/elle se révèle

Passé composé
il/elle s'est révélé, ée

Imparfait
il/elle se révélait

Plus-que-parfait
il/elle s'était révélé, ée

Passé simple
il/elle se révéla

Passé antérieur
il/elle se fut révélé, ée

Futur simple
il/elle se révélera

Futur antérieur
il/elle se sera révélé, ée

INFINITIF

Présent
se révéler

Passé
s'être révélé, ée

PARTICIPE

Présent
se révélant

Passé
s'étant révélé, ée

SUBJONCTIF

Présent
qu'il/elle se révèle

Passé
qu'il/elle se soit révélé, ée

Imparfait
qu'il/elle se révélât

Plus-que-parfait
qu'il/elle se fût révélé, ée

CONDITIONNEL

Présent
il/elle se révélerait

Passé 1re forme
il/elle se serait révélé, ée

Passé 2e forme
il/elle se fût révélé, ée

IMPÉRATIF

Présent
révèle-toi
révélons-nous
révélez-vous

CONSOLER *Verbes en **ER**, se terminant par **LER***

FORME ACTIVE

INDICATIF

Présent			Passé composé		
je	conso	le	j'	ai	consolé
tu	conso	les	tu	as	consolé
il	conso	le	il	a	consolé
nous	conso	lons	nous	avons	consolé
vous	conso	lez	vous	avez	consolé
ils	conso	lent	ils	ont	consolé

Imparfait			Plus-que-parfait		
je	conso	lais	j'	avais	consolé
tu	conso	lais	tu	avais	consolé
il	conso	lait	il	avait	consolé
nous	conso	lions	nous	avions	consolé
vous	conso	liez	vous	aviez	consolé
ils	conso	laient	ils	avaient	consolé

Passé simple			Passé antérieur		
je	conso	lai	j'	eus	consolé
tu	conso	las	tu	eus	consolé
il	conso	la	il	eut	consolé
nous	conso	lâmes	nous	eûmes	consolé
vous	conso	lâtes	vous	eûtes	consolé
ils	conso	lèrent	ils	eurent	consolé

Futur simple			Futur antérieur		
je	conso	lerai	j'	aurai	consolé
tu	conso	leras	tu	auras	consolé
il	conso	lera	il	aura	consolé
nous	conso	lerons	nous	aurons	consolé
vous	conso	lerez	vous	aurez	consolé
ils	conso	leront	ils	auront	consolé

SUBJONCTIF

Présent			Passé		
que je	conso	le	que j'	aie	consolé
que tu	conso	les	que tu	aies	consolé
qu'il	conso	le	qu'il	ait	consolé
que ns	conso	lions	que ns	ayons	consolé
que vs	conso	liez	que vs	ayez	consolé
qu'ils	conso	lent	qu'ils	aient	consolé

Imparfait			Plus-que-parfait		
que je	conso	lasse	que j'	eusse	consolé
que tu	conso	lasses	que tu	eusses	consolé
qu'il	conso	lât	qu'il	eût	consolé
que ns	conso	lassions	que ns	eussions	consolé
que vs	conso	lassiez	que vs	eussiez	consolé
qu'ils	conso	lassent	qu'ils	eussent	consolé

IMPÉRATIF

Présent		Passé	
conso	le	aie	consolé
conso	lons	ayons	consolé
conso	lez	ayez	consolé

CONDITIONNEL

Présent			Passé 1re forme		
je	conso	lerais	j'	aurais	consolé
tu	conso	lerais	tu	aurais	consolé
il	conso	lerait	il	aurait	consolé
nous	conso	lerions	nous	aurions	consolé
vous	conso	leriez	vous	auriez	consolé
ils	conso	leraient	ils	auraient	consolé

Passé 2e forme		
j'	eusse	consolé
tu	eusses	consolé
il	eût	consolé
nous	eussions	consolé
vous	eussiez	consolé
ils	eussent	consolé

INFINITIF

Présent
conso ler

Passé
avoir consolé

PARTICIPE

Présent
conso lant

Passé
conso lé, ée
ayant consolé

FORME PRONOMINALE

INDICATIF

Présent
il/elle se console

Passé composé
il/elle s'est consolé, ée

Imparfait
il/elle se consolait

Plus-que-parfait
il/elle s'était consolé, ée

Passé simple
il/elle se consola

Passé antérieur
il/elle se fut consolé, ée

Futur simple
il/elle se consolera

Futur antérieur
il/elle se sera consolé, ée

INFINITIF

Présent
se consoler

Passé
s'être consolé, ée

PARTICIPE

Présent
se consolant

Passé
s'étant consolé, ée

SUBJONCTIF

Présent
qu'il/elle se console

Passé
qu'il/elle se soit consolé, ée

Imparfait
qu'il/elle se consolât

Plus-que-parfait
qu'il/elle se fût consolé, ée

CONDITIONNEL

Présent
il/elle se consolerait

Passé 1re forme
il/elle se serait consolé, ée

Passé 2e forme
il/elle se fût consolé, ée

IMPÉRATIF

Présent
console-toi
consolons-nous
consolez-vous

FORME ACTIVE

INDICATIF

Présent			*Passé composé*		
j'	insta	lle	j'	ai	installé
tu	insta	lles	tu	as	installé
elle	insta	lle	elle	a	installé
nous	insta	llons	nous	avons	installé
vous	insta	llez	vous	avez	installé
elles	insta	llent	elles	ont	installé

Imparfait			*Plus-que-parfait*		
j'	insta	llais	j'	avais	installé
tu	insta	llais	tu	avais	installé
elle	insta	llait	elle	avait	installé
nous	insta	llions	nous	avions	installé
vous	insta	lliez	vous	aviez	installé
elles	insta	llaient	elles	avaient	installé

Passé simple			*Passé antérieur*		
j'	insta	llai	j'	eus	installé
tu	insta	llas	tu	eus	installé
elle	insta	lla	elle	eut	installé
nous	insta	llâmes	nous	eûmes	installé
vous	insta	llâtes	vous	eûtes	installé
elles	insta	llèrent	elles	eurent	installé

Futur simple			*Futur antérieur*		
j'	insta	llerai	j'	aurai	installé
tu	insta	lleras	tu	auras	installé
elle	insta	llera	elle	aura	installé
nous	insta	llerons	nous	aurons	installé
vous	insta	llerez	vous	aurez	installé
elles	insta	lleront	elles	auront	installé

SUBJONCTIF

Présent			*Passé*		
que j'	insta	lle	que j'	aie	installé
que tu	insta	lles	que tu	aies	installé
qu'elle	insta	lle	qu'elle	ait	installé
que ns	insta	llions	que ns	ayons	installé
que vs	insta	lliez	que vs	ayez	installé
qu'elles	insta	llent	qu'elles	aient	installé

Imparfait			*Plus-que-parfait*		
que j'	insta	llasse	que j'	eusse	installé
que tu	insta	llasses	que tu	eusses	installé
qu'elle	insta	llât	qu'elle	eût	installé
que ns	insta	llassions	que ns	eussions	installé
que vs	insta	llassiez	que vs	eussiez	installé
qu'elles	insta	llassent	qu'elles	eussent	installé

IMPÉRATIF

Présent		*Passé*	
insta	lle	aie	installé
insta	llons	ayons	installé
insta	llez	ayez	installé

CONDITIONNEL

Présent			*Passé 1re forme*		
j'	insta	llerais	j'	aurais	installé
tu	insta	llerais	tu	aurais	installé
elle	insta	llerait	elle	aurait	installé
nous	insta	llerions	nous	aurions	installé
vous	insta	lleriez	vous	auriez	installé
elles	insta	lleraient	elles	auraient	installé

Passé 2e forme

j'	eusse	installé
tu	eusses	installé
elle	eût	installé
nous	eussions	installé
vous	eussiez	installé
elles	eussent	installé

INFINITIF

Présent
insta ller

Passé
avoir installé

PARTICIPE

Présent
insta llant

Passé
insta llé, ée
ayant installé

FORME PRONOMINALE

INDICATIF

Présent
il/elle s'installe

Passé composé
il/elle s'est installé, ée

Imparfait
il/elle s'installait

Plus-que-parfait
il/elle s'était installé, ée

Passé simple
il/elle s'installa

Passé antérieur
il/elle se fut installé, ée

Futur simple
il/elle s'installera

Futur antérieur
il/elle se sera installé, ée

INFINITIF

Présent
s'installer

Passé
s'être installé, ée

PARTICIPE

Présent
s'installant

Passé
s'étant installé, ée

SUBJONCTIF

Présent
qu'il/elle s'installe

Passé
qu'il/elle se soit installé, ée

Imparfait
qu'il/elle s'installât

Plus-que-parfait
qu'il/elle se fût installé, ée

CONDITIONNEL

Présent
il/elle s'installerait

Passé 1re forme
il/elle se serait installé, ée

Passé 2e forme
il/elle se fût installé, ée

IMPÉRATIF

Présent
installe-toi
installons-nous
installez-vous

ALLER

FORME ACTIVE

INDICATIF

Présent

je	vais
tu	vas
il	va
nous	allons
vous	allez
ils	vont

Passé composé

je	suis	allé, ée
tu	es	allé, ée
il/elle	est	allé, ée
nous	sommes	allés, ées
vous	êtes	allés, ées
ils/elles	sont	allés, ées

Imparfait

j'	allais
tu	allais
il	allait
nous	allions
vous	alliez
ils	allaient

Plus-que-parfait

j'	étais	allé, ée
tu	étais	allé, ée
il/elle	était	allé, ée
nous	étions	allés, ées
vous	étiez	allés, ées
ils/elles	étaient	allés, ées

Passé simple

j'	allai
tu	allas
il	alla
nous	allâmes
vous	allâtes
ils	allèrent

Passé antérieur

je	fus	allé, ée
tu	fus	allé, ée
il/elle	fut	allé, ée
nous	fûmes	allés, ées
vous	fûtes	allés, ées
ils/elles	furent	allés, ées

Futur simple

j'	irai
tu	iras
il	ira
nous	irons
vous	irez
ils	iront

Futur antérieur

je	serai	allé, ée
tu	seras	allé, ée
il/elle	sera	allé, ée
nous	serons	allés, ées
vous	serez	allés, ées
ils/elles	seront	allés, ées

SUBJONCTIF

Présent

que j'	aille
que tu	ailles
qu'il	aille
que ns	allions
que vs	alliez
qu'ils	aillent

Passé

que je	sois	allé, ée
que tu	sois	allé, ée
qu'il/elle	soit	allé, ée
que ns	soyons	allés, ées
que vs	soyez	allés, ées
qu'ils/elles	soient	allés, ées

Imparfait

que j'	allasse
que tu	allasses
qu'il	allât
que ns	allassions
que vs	allassiez
qu'ils	allassent

Plus-que-parfait

que je	fusse	allé, ée
que tu	fusses	allé, ée
qu'il/elle	fût	allé, ée
que ns	fussions	allés, ées
que vs	fussiez	allés, ées
qu'ils/elles	fussent	allés, ées

IMPÉRATIF

Présent

va
allons
allez

Passé

sois	allé, ée
soyons	allés, ées
soyez	allés, ées

CONDITIONNEL

Présent

j'	irais
tu	irais
il	irait
nous	irions
vous	iriez
ils	iraient

Passé 1re forme

je	serais	allé, ée
tu	serais	allé, ée
il/elle	serait	allé, ée
nous	serions	allés, ées
vous	seriez	allés, ées
ils/elles	seraient	allés, ées

Passé 2e forme

je	fusse	allé, ée
tu	fusses	allé, ée
il/elle	fût	allé, ée
nous	fussions	allés, ées
vous	fussiez	allés, ées
ils/elles	fussent	allés, ées

INFINITIF

Présent
aller

Passé
être allé, ée

PARTICIPE

Présent
allant

Passé
allé, ée
étant allé, ée

FORME PRONOMINALE

INDICATIF

Présent
il/elle s'en va

Passé composé
il/elle s'en est allé, ée

Imparfait
il/elle s'en allait

Plus-que-parfait
il/elle s'en était allé, ée

Passé simple
il/elle s'en alla

Passé antérieur
il/elle s'en fut allé, ée

Futur simple
il/elle s'en ira

Futur antérieur
il/elle s'en sera allé, ée

INFINITIF

Présent
s'en aller

Passé
s'en être allé, ée

PARTICIPE

Présent
s'en allant

Passé
s'étant allé, ée

SUBJONCTIF

Présent
qu'il/elle s'en aille

Passé
qu'il/elle s'en soit allé, ée

Imparfait
qu'il/elle s'en allât

Plus-que-parfait
qu'il/elle s'en fût allé, ée

CONDITIONNEL

Présent
il/elle s'en irait

Passé 1re forme
il/elle s'en serait allé, ée

Passé 2e forme
il/elle s'en fût allé, ée

IMPÉRATIF

Présent
va-t'en
allons-nous-en
allez-vous-en

FORME ACTIVE

INDICATIF

Présent		*Passé composé*		
je	s ème	j'	ai	semé
tu	s èmes	tu	as	semé
elle	s ème	elle	a	semé
nous	s emons	nous	avons	semé
vous	s emez	vous	avez	semé
elles	s èment	elles	ont	semé

Imparfait		*Plus-que-parfait*		
je	s emais	j'	avais	semé
tu	s emais	tu	avais	semé
elle	s emait	elle	avait	semé
nous	s emions	nous	avions	semé
vous	s emiez	vous	aviez	semé
elles	s emaient	elles	avaient	semé

Passé simple		*Passé antérieur*		
je	s emai	j'	eus	semé
tu	s emas	tu	eus	semé
elle	s ema	elle	eut	semé
nous	s emâmes	nous	eûmes	semé
vous	s emâtes	vous	eûtes	semé
elles	s emèrent	elles	eurent	semé

Futur simple		*Futur antérieur*		
je	s èmerai	j'	aurai	semé
tu	s èmeras	tu	auras	semé
elle	s èmera	elle	aura	semé
nous	s èmerons	nous	aurons	semé
vous	s èmerez	vous	aurez	semé
elles	s èmeront	elles	auront	semé

SUBJONCTIF

Présent		*Passé*		
que je	s ème	que j'	aie	semé
que tu	s èmes	que tu	aies	semé
qu'elle	s ème	qu'elle	ait	semé
que ns	s emions	que ns	ayons	semé
que vs	s emiez	que vs	ayez	semé
qu'elles	s èment	qu'elles	aient	semé

Imparfait		*Plus-que-parfait*		
que je	s emasse	que j'	eusse	semé
que tu	s emasses	que tu	eusses	semé
qu'elle	s emât	qu'elle	eût	semé
que ns	s emassions	que ns	eussions	semé
que vs	s emassiez	que vs	eussiez	semé
qu'elles	s emassent	qu'elles	eussent	semé

IMPÉRATIF

Présent	*Passé*	
s ème	aie	semé
s emons	ayons	semé
s emez	ayez	semé

CONDITIONNEL

Présent		*Passé 1re forme*		
je	s èmerais	j'	aurais	semé
tu	s èmerais	tu	aurais	semé
elle	s èmerait	elle	aurait	semé
nous	s èmerions	nous	aurions	semé
vous	s èmeriez	vous	auriez	semé
elles	s èmeraient	elles	auraient	semé

Passé 2e forme		
j'	eusse	semé
tu	eusses	semé
elle	eût	semé
nous	eussions	semé
vous	eussiez	semé
elles	eussent	semé

INFINITIF

Présent	*Passé*
s emer	avoir semé

PARTICIPE

Présent	*Passé*
s emant	s emé, ée ayant semé

FORME PRONOMINALE

INDICATIF

Présent
elle se sème

Passé composé
il/elle s'est semé, ée

Imparfait
il/elle se semait

Plus-que-parfait
il/elle s'était semé, ée

Passé simple
il/elle se sema

Passé antérieur
il/elle se fut semé, ée

Futur simple
il/elle se sèmera

Futur antérieur
il/elle se sera semé, ée

INFINITIF

Présent
se semer

Passé
s'être semé, ée

PARTICIPE

Présent
se semant

Passé
s'étant semé, ée

SUBJONCTIF

Présent
qu'il/elle se sème

Passé
qu'il/elle se soit semé, ée

Imparfait
qu'il/elle se semât

Plus-que-parfait
qu'il/elle se fût semé, ée

CONDITIONNEL

Présent
il/elle se sèmerait

Passé 1re forme
il/elle se serait semé, ée

Passé 2e forme
il/elle se fût semé, ée

IMPÉRATIF

Présent
—

ÉCRÉMER *Verbes en **ER**, se terminant par **ÉMER***

FORME ACTIVE

INDICATIF

Présent			*Passé composé*		
j'	écr	ème	j'	ai	écrémé
tu	écr	èmes	tu	as	écrémé
il	écr	ème	il	a	écrémé
nous	écr	émons	nous	avons	écrémé
vous	écr	émez	vous	avez	écrémé
ils	écr	èment	ils	ont	écrémé

Imparfait			*Plus-que-parfait*		
j'	écr	émais	j'	avais	écrémé
tu	écr	émais	tu	avais	écrémé
il	écr	émait	il	avait	écrémé
nous	écr	émions	nous	avions	écrémé
vous	écr	émiez	vous	aviez	écrémé
ils	écr	émaient	ils	avaient	écrémé

Passé simple			*Passé antérieur*		
j'	écr	émai	j'	eus	écrémé
tu	écr	émas	tu	eus	écrémé
il	écr	éma	il	eut	écrémé
nous	écr	émâmes	nous	eûmes	écrémé
vous	écr	émâtes	vous	eûtes	écrémé
ils	écr	émèrent	ils	eurent	écrémé

Futur simple			*Futur antérieur*		
j'	écr	émerai	j'	aurai	écrémé
tu	écr	émeras	tu	auras	écrémé
il	écr	émera	il	aura	écrémé
nous	écr	émerons	nous	aurons	écrémé
vous	écr	émerez	vous	aurez	écrémé
ils	écr	émeront	ils	auront	écrémé

SUBJONCTIF

Présent			*Passé*		
que j'	écr	ème	que j'	aie	écrémé
que tu	écr	èmes	que tu	aies	écrémé
qu'il	écr	ème	qu'il	ait	écrémé
que ns	écr	émions	que ns	ayons	écrémé
que vs	écr	émiez	que vs	ayez	écrémé
qu'ils	écr	èment	qu'ils	aient	écrémé

Imparfait			*Plus-que-parfait*		
que j'	écr	émasse	que j'	eusse	écrémé
que tu	écr	émasses	que tu	eusses	écrémé
qu'il	écr	émât	qu'il	eût	écrémé
que ns	écr	émassions	que ns	eussions	écrémé
que vs	écr	émassiez	que vs	eussiez	écrémé
qu'ils	écr	émassent	qu'ils	eussent	écrémé

IMPÉRATIF

Présent		*Passé*	
écr	ème	aie	écrémé
écr	émons	ayons	écrémé
écr	émez	ayez	écrémé

CONDITIONNEL

Présent			*Passé 1re forme*		
j'	écr	émerais	j'	aurais	écrémé
tu	écr	émerais	tu	aurais	écrémé
il	écr	émerait	il	aurait	écrémé
nous	écr	émerions	nous	aurions	écrémé
vous	écr	émeriez	vous	auriez	écrémé
ils	écr	émeraient	ils	auraient	écrémé

Passé 2e forme

j'	eusse	écrémé
tu	eusses	écrémé
il	eût	écrémé
nous	eussions	écrémé
vous	eussiez	écrémé
ils	eussent	écrémé

INFINITIF

Présent
écr émer

Passé
avoir écrémé

PARTICIPE

Présent
écr émant

Passé
écr émé, ée
ayant écrémé

FORME PRONOMINALE

INDICATIF

Présent
il/elle s'écrème

Passé composé
il/elle s'est écrémé, ée

Imparfait
il/elle s'écrémait

Plus-que-parfait
il/elle s'était écrémé, ée

Passé simple
il/elle s'écréma

Passé antérieur
il/elle se fut écrémé, ée

Futur simple
il/elle s'écrémera

Futur antérieur
il/elle se sera écrémé, ée

INFINITIF

Présent
s'écrémer

Passé
s'être écrémé, ée

PARTICIPE

Présent
s'écrémant

Passé
s'étant écrémé, ée

SUBJONCTIF

Présent
qu'il/elle s'écrème

Passé
qu'il/elle se soit écrémé, ée

Imparfait
qu'il/elle s'écrémât

Plus-que-parfait
qu'il/elle se fût écrémé, ée

CONDITIONNEL

Présent
il/elle s'écrémerait

Passé 1re forme
il/elle se serait écrémé, ée

Passé 2e forme
il/elle se fût écrémé, ée

IMPÉRATIF

Présent
—

FORME ACTIVE

INDICATIF

Présent			*Passé composé*		
j'	ai	me	j'	ai	aimé
tu	ai	mes	tu	as	aimé
elle	ai	me	elle	a	aimé
nous	ai	mons	nous	avons	aimé
vous	ai	mez	vous	avez	aimé
elles	ai	ment	elles	ont	aimé
Imparfait			***Plus-que-parfait***		
j'	ai	mais	j'	avais	aimé
tu	ai	mais	tu	avais	aimé
elle	ai	mait	elle	avait	aimé
nous	ai	mions	nous	avions	aimé
vous	ai	miez	vous	aviez	aimé
elles	ai	maient	elles	avaient	aimé
Passé simple			***Passé antérieur***		
j'	ai	mai	j'	eus	aimé
tu	ai	mas	tu	eus	aimé
elle	ai	ma	elle	eut	aimé
nous	ai	mâmes	nous	eûmes	aimé
vous	ai	mâtes	vous	eûtes	aimé
elles	ai	mèrent	elles	eurent	aimé
Futur simple			***Futur antérieur***		
j'	ai	merai	j'	aurai	aimé
tu	ai	meras	tu	auras	aimé
elle	ai	mera	elle	aura	aimé
nous	ai	merons	nous	aurons	aimé
vous	ai	merez	vous	aurez	aimé
elles	ai	meront	elles	auront	aimé

SUBJONCTIF

Présent			*Passé*		
que j'	ai	me	que j'	aie	aimé
que tu	ai	mes	que tu	aies	aimé
qu'elle	ai	me	qu'elle	ait	aimé
que ns	ai	mions	que ns	ayons	aimé
que vs	ai	miez	que vs	ayez	aimé
qu'elles	ai	ment	qu'elles	aient	aimé
Imparfait			***Plus-que-parfait***		
que j'	ai	masse	que j'	eusse	aimé
que tu	ai	masses	que tu	eusses	aimé
qu'elle	ai	mât	qu'elle	eût	aimé
que ns	ai	massions	que ns	eussions	aimé
que vs	ai	massiez	que vs	eussiez	aimé
qu'elles	ai	massent	qu'elles	eussent	aimé

IMPÉRATIF

Présent		*Passé*	
ai	me	aie	aimé
ai	mons	ayons	aimé
ai	mez	ayez	aimé

CONDITIONNEL

Présent			*Passé 1re forme*		
j'	ai	merais	j'	aurais	aimé
tu	ai	merais	tu	aurais	aimé
elle	ai	merait	elle	aurait	aimé
nous	ai	merions	nous	aurions	aimé
vous	ai	meriez	vous	auriez	aimé
elles	ai	meraient	elles	auraient	aimé

Passé 2e forme

j'	eusse	aimé
tu	eusses	aimé
elle	eût	aimé
nous	eussions	aimé
vous	eussiez	aimé
elles	eussent	aimé

INFINITIF

Présent	*Passé*
ai mer	avoir aimé

PARTICIPE

Présent	*Passé*
ai mant	ai mé, ée ayant aimé

FORME PRONOMINALE

INDICATIF

Présent
il/elle s'aime

Passé composé
il/elle s'est aimé, ée

Imparfait
il/elle s'aimait

Plus-que-parfait
il/elle s'était aimé, ée

Passé simple
il/elle s'aima

Passé antérieur
il/elle se fut aimé, ée

Futur simple
il/elle s'aimera

Futur antérieur
il/elle se sera aimé, ée

INFINITIF

Présent
s'aimer

Passé
s'être aimé, ée

PARTICIPE

Présent
s'aimant

Passé
s'étant aimé, ée

SUBJONCTIF

Présent
qu'il/elle s'aime

Passé
qu'il/elle se soit aimé, ée

Imparfait
qu'il/elle s'aimât

Plus-que-parfait
qu'il/elle se fût aimé, ée

CONDITIONNEL

Présent
il/elle s'aimerait

Passé 1re forme
il/elle se serait aimé, ée

Passé 2e forme
il/elle se fût aimé, ée

IMPÉRATIF

Présent
aime-toi
aimons-nous
aimez-vous

PROMENER *Verbes en **ER**, se terminant par **ENER***

FORME ACTIVE

INDICATIF

Présent			Passé composé		
je	prom	ène	j'	ai	promené
tu	prom	ènes	tu	as	promené
il	prom	ène	il	a	promené
nous	prom	enons	nous	avons	promené
vous	prom	enez	vous	avez	promené
ils	prom	ènent	ils	ont	promené

Imparfait			Plus-que-parfait		
je	prom	enais	j'	avais	promené
tu	prom	enais	tu	avais	promené
il	prom	enait	il	avait	promené
nous	prom	enions	nous	avions	promené
vous	prom	eniez	vous	aviez	promené
ils	prom	enaient	ils	avaient	promené

Passé simple			Passé antérieur		
je	prom	enai	j'	eus	promené
tu	prom	enas	tu	eus	promené
il	prom	ena	il	eut	promené
nous	prom	enâmes	nous	eûmes	promené
vous	prom	enâtes	vous	eûtes	promené
ils	prom	enèrent	ils	eurent	promené

Futur simple			Futur antérieur		
je	prom	ènerai	j'	aurai	promené
tu	prom	èneras	tu	auras	promené
il	prom	ènera	il	aura	promené
nous	prom	ènerons	nous	aurons	promené
vous	prom	ènerez	vous	aurez	promené
ils	prom	èneront	ils	auront	promené

SUBJONCTIF

Présent			Passé		
que je	prom	ène	que j'	aie	promené
que tu	prom	ènes	que tu	aies	promené
qu'il	prom	ène	qu'il	ait	promené
que ns	prom	enions	que ns	ayons	promené
que vs	prom	eniez	que vs	ayez	promené
qu'ils	prom	ènent	qu'ils	aient	promené

Imparfait			Plus-que-parfait		
que je	prom	enasse	que j'	eusse	promené
que tu	prom	enasses	que tu	eusses	promené
qu'il	prom	enât	qu'il	eût	promené
que ns	prom	enassions	que ns	eussions	promené
que vs	prom	enassiez	que vs	eussiez	promené
qu'ils	prom	enassent	qu'ils	eussent	promené

IMPÉRATIF

Présent		Passé	
prom	ène	aie	promené
prom	enons	ayons	promené
prom	enez	ayez	promené

CONDITIONNEL

Présent			Passé 1re forme		
je	prom	ènerais	j'	aurais	promené
tu	prom	ènerais	tu	aurais	promené
il	prom	ènerait	il	aurait	promené
nous	prom	ènerions	nous	aurions	promené
vous	prom	èneriez	vous	auriez	promené
ils	prom	èneraient	ils	auraient	promené

Passé 2e forme		
j'	eusse	promené
tu	eusses	promené
il	eût	promené
nous	eussions	promené
vous	eussiez	promené
ils	eussent	promené

INFINITIF

Présent	Passé
prom ener	avoir promené

PARTICIPE

Présent	Passé
prom enant	prom ené, ée ayant promené

FORME PRONOMINALE

INDICATIF

Présent
il/elle se promène

Passé composé
il/elle s'est promené, ée

Imparfait
il/elle se promenait

Plus-que-parfait
il/elle s'était promené, ée

Passé simple
il/elle se promena

Passé antérieur
il/elle se fut promené, ée

Futur simple
il/elle se promènera

Futur antérieur
il/elle se sera promené, ée

INFINITIF

Présent
se promener

Passé
s'être promené, ée

PARTICIPE

Présent
se promenant

Passé
s'étant promené, ée

SUBJONCTIF

Présent
qu'il/elle se promène

Passé
qu'il/elle se soit promené, ée

Imparfait
qu'il/elle se promenât

Plus-que-parfait
qu'il/elle se fût promené, ée

CONDITIONNEL

Présent
il/elle se promènerait

Passé 1re forme
il/elle se serait promené, ée

Passé 2e forme
il/elle se fût promené, ée

IMPÉRATIF

Présent
promène-toi
promenons-nous
promenez-vous

FORME ACTIVE

INDICATIF

Présent
j' oxyg ène
tu oxyg ènes
elle oxyg ène
nous oxyg énons
vous oxyg énez
elles oxyg ènent

Passé composé
j' ai oxygéné
tu as oxygéné
elle a oxygéné
nous avons oxygéné
vous avez oxygéné
elles ont oxygéné

Imparfait
j' oxyg énais
tu oxyg énais
elle oxyg énait
nous oxyg énions
vous oxyg éniez
elles oxyg énaient

Plus-que-parfait
j' avais oxygéné
tu avais oxygéné
elle avait oxygéné
nous avions oxygéné
vous aviez oxygéné
elles avaient oxygéné

Passé simple
j' oxyg énai
tu oxyg énas
elle oxyg éna
nous oxyg énâmes
vous oxyg énâtes
elles oxyg énèrent

Passé antérieur
j' eus oxygéné
tu eus oxygéné
elle eut oxygéné
nous eûmes oxygéné
vous eûtes oxygéné
elles eurent oxygéné

Futur simple
j' oxyg énerai
tu oxyg éneras
elle oxyg énera
nous oxyg énerons
vous oxyg énerez
elles oxyg éneront

Futur antérieur
j' aurai oxygéné
tu auras oxygéné
elle aura oxygéné
nous aurons oxygéné
vous aurez oxygéné
elles auront oxygéné

SUBJONCTIF

Présent
que j' oxyg ène
que tu oxyg ènes
qu'elle oxyg ène
que ns oxyg énions
que vs oxyg éniez
qu'elles oxyg ènent

Passé
que j' aie oxygéné
que tu aies oxygéné
qu'elle ait oxygéné
que ns ayons oxygéné
que vs ayez oxygéné
qu'elles aient oxygéné

Imparfait
que j' oxyg énasse
que tu oxyg énasses
qu'elle oxyg énât
que ns oxyg énassions
que vs oxyg énassiez
qu'elles oxyg énassent

Plus-que-parfait
que j' eusse oxygéné
que tu eusses oxygéné
qu'elle eût oxygéné
que ns eussions oxygéné
que vs eussiez oxygéné
qu'elles eussent oxygéné

IMPÉRATIF

Présent
oxyg ène
oxyg énons
oxyg énez

Passé
aie oxygéné
ayons oxygéné
ayez oxygéné

CONDITIONNEL

Présent
j' oxyg énerais
tu oxyg énerais
elle oxyg énerait
nous oxyg énerions
vous oxyg éneriez
elles oxyg éneraient

Passé 1re forme
j' aurais oxygéné
tu aurais oxygéné
elle aurait oxygéné
nous aurions oxygéné
vous auriez oxygéné
elles auraient oxygéné

Passé 2e forme
j' eusse oxygéné
tu eusses oxygéné
elle eût oxygéné
nous eussions oxygéné
vous eussiez oxygéné
elles eussent oxygéné

INFINITIF

Présent
oxyg éner

Passé
avoir oxygéné

PARTICIPE

Présent
oxyg énant

Passé
oxyg éné, ée
ayant oxygéné

FORME PRONOMINALE

INDICATIF

Présent
il/elle s'oxygène

Passé composé
il/elle s'est oxygéné, ée

Imparfait
il/elle s'oxygénait

Plus-que-parfait
il/elle s'était oxygéné, ée

Passé simple
il/elle s'oxygéna

Passé antérieur
il/elle se fut oxygéné, ée

Futur simple
il/elle s'oxygénera

Futur antérieur
il/elle se sera oxygéné, ée

SUBJONCTIF

Présent
qu'il/elle s'oxygène

Passé
qu'il/elle se soit oxygéné, ée

Imparfait
qu'il/elle s'oxygénât

Plus-que-parfait
qu'il/elle se fût oxygéné, ée

CONDITIONNEL

Présent
il/elle s'oxygénerait

Passé 1re forme
il/elle se serait oxygéné, ée

Passé 2e forme
il/elle se fût oxygéné, ée

IMPÉRATIF

Présent
oxygène-toi
oxygénons-nous
oxygénez-vous

INFINITIF

Présent
s'oxygéner

Passé
s'être oxygéné, ée

PARTICIPE

Présent
s'oxygénant

Passé
s'étant oxygéné, ée

TOURNER *Verbes en **ER**, se terminant par **NER***

FORME ACTIVE

INDICATIF

Présent			Passé composé		
je	tour	ne	j'	ai	tourné
tu	tour	nes	tu	as	tourné
il	tour	ne	il	a	tourné
nous	tour	nons	nous	avons	tourné
vous	tour	nez	vous	avez	tourné
ils	tour	nent	ils	ont	tourné

Imparfait			Plus-que-parfait		
je	tour	nais	j'	avais	tourné
tu	tour	nais	tu	avais	tourné
il	tour	nait	il	avait	tourné
nous	tour	nions	nous	avions	tourné
vous	tour	niez	vous	aviez	tourné
ils	tour	naient	ils	avaient	tourné

Passé simple			Passé antérieur		
je	tour	nai	j'	eus	tourné
tu	tour	nas	tu	eus	tourné
il	tour	na	il	eut	tourné
nous	tour	nâmes	nous	eûmes	tourné
vous	tour	nâtes	vous	eûtes	tourné
ils	tour	nèrent	ils	eurent	tourné

Futur simple			Futur antérieur		
je	tour	nerai	j'	aurai	tourné
tu	tour	neras	tu	auras	tourné
il	tour	nera	il	aura	tourné
nous	tour	nerons	nous	aurons	tourné
vous	tour	nerez	vous	aurez	tourné
ils	tour	neront	ils	auront	tourné

SUBJONCTIF

Présent			Passé		
que je	tour	ne	que j'	aie	tourné
que tu	tour	nes	que tu	aies	tourné
qu'il	tour	ne	qu'il	ait	tourné
que ns	tour	nions	que ns	ayons	tourné
que vs	tour	niez	que vs	ayez	tourné
qu'ils	tour	nent	qu'ils	aient	tourné

Imparfait			Plus-que-parfait		
que je	tour	nasse	que j'	eusse	tourné
que tu	tour	nasses	que tu	eusses	tourné
qu'il	tour	nât	qu'il	eût	tourné
que ns	tour	nassions	que ns	eussions	tourné
que vs	tour	nassiez	que vs	eussiez	tourné
qu'ils	tour	nassent	qu'ils	eussent	tourné

IMPÉRATIF

Présent		Passé	
tour	ne	aie	tourné
tour	nons	ayons	tourné
tour	nez	ayez	tourné

CONDITIONNEL

Présent			Passé 1re forme		
je	tour	nerais	j'	aurais	tourné
tu	tour	nerais	tu	aurais	tourné
il	tour	nerait	il	aurait	tourné
nous	tour	nerions	nous	aurions	tourné
vous	tour	neriez	vous	auriez	tourné
ils	tour	neraient	ils	auraient	tourné

Passé 2e forme		
j'	eusse	tourné
tu	eusses	tourné
il	eût	tourné
nous	eussions	tourné
vous	eussiez	tourné
ils	eussent	tourné

INFINITIF

Présent	Passé
tour ner	avoir tourné

PARTICIPE

Présent	Passé
tour nant	tour né, ée ayant tourné

FORME PRONOMINALE

INDICATIF

Présent
il/elle se tourne

Passé composé
il/elle s'est tourné, ée

Imparfait
il/elle se tournait

Plus-que-parfait
il/elle s'était tourné, ée

Passé simple
il/elle se tourna

Passé antérieur
il/elle se fut tourné, ée

Futur simple
il/elle se tournera

Futur antérieur
il/elle se sera tourné, ée

INFINITIF

Présent
se tourner

Passé
s'être tourné, ée

PARTICIPE

Présent
se tournant

Passé
s'étant tourné, ée

SUBJONCTIF

Présent
qu'il/elle se tourne

Passé
qu'il/elle se soit tourné, ée

Imparfait
qu'il/elle se tournât

Plus-que-parfait
qu'il/elle se fût tourné, ée

CONDITIONNEL

Présent
il/elle se tournerait

Passé 1re forme
il/elle se serait tourné, ée

Passé 2e forme
il/elle se fût tourné, ée

IMPÉRATIF

Présent
tourne-toi
tournons-nous
tournez-vous

FORME ACTIVE

INDICATIF

Présent			*Passé composé*		
j'	abo	nne	j'	ai	abonné
tu	abo	nnes	tu	as	abonné
elle	abo	nne	elle	a	abonné
nous	abo	nnons	nous	avons	abonné
vous	abo	nnez	vous	avez	abonné
elles	abo	nnent	elles	ont	abonné

Imparfait			*Plus-que-parfait*		
j'	abo	nnais	j'	avais	abonné
tu	abo	nnais	tu	avais	abonné
elle	abo	nnait	elle	avait	abonné
nous	abo	nnions	nous	avions	abonné
vous	abo	nniez	vous	aviez	abonné
elles	abo	nnaient	elles	avaient	abonné

Passé simple			*Passé antérieur*		
j'	abo	nnai	j'	eus	abonné
tu	abo	nnas	tu	eus	abonné
elle	abo	nna	elle	eut	abonné
nous	abo	nnâmes	nous	eûmes	abonné
vous	abo	nnâtes	vous	eûtes	abonné
elles	abo	nnèrent	elles	eurent	abonné

Futur simple			*Futur antérieur*		
j'	abo	nnerai	j'	aurai	abonné
tu	abo	nneras	tu	auras	abonné
elle	abo	nnera	elle	aura	abonné
nous	abo	nnerons	nous	aurons	abonné
vous	abo	nnerez	vous	aurez	abonné
elles	abo	nneront	elles	auront	abonné

SUBJONCTIF

Présent			*Passé*		
que j'	abo	nne	que j'	aie	abonné
que tu	abo	nnes	que tu	aies	abonné
qu'elle	abo	nne	qu'elle	ait	abonné
que ns	abo	nnions	que ns	ayons	abonné
que vs	abo	nniez	que vs	ayez	abonné
qu'elles	abo	nnent	qu'elles	aient	abonné

Imparfait			*Plus-que-parfait*		
que j'	abo	nnasse	que j'	eusse	abonné
que tu	abo	nnasses	que tu	eusses	abonné
qu'elle	abo	nnât	qu'elle	eût	abonné
que ns	abo	nnassions	que ns	eussions	abonné
que vs	abo	nnassiez	que vs	eussiez	abonné
qu'elles	abo	nnassent	qu'elles	eussent	abonné

IMPÉRATIF

Présent		*Passé*	
abo	nne	aie	abonné
abo	nnons	ayons	abonné
abo	nnez	ayez	abonné

CONDITIONNEL

Présent			*Passé 1re forme*		
j'	abo	nnerais	j'	aurais	abonné
tu	abo	nnerais	tu	aurais	abonné
elle	abo	nnerait	elle	aurait	abonné
nous	abo	nnerions	nous	aurions	abonné
vous	abo	nneriez	vous	auriez	abonné
elles	abo	nneraient	elles	auraient	abonné

Passé 2e forme

j'	eusse	abonné
tu	eusses	abonné
elle	eût	abonné
nous	eussions	abonné
vous	eussiez	abonné
elles	eussent	abonné

INFINITIF

Présent
abo nner

Passé
avoir abonné

PARTICIPE

Présent
abo nnant

Passé
abo nné, ée
ayant abonné

FORME PRONOMINALE

INDICATIF

Présent
il/elle s'abonne

Passé composé
il/elle s'est abonné, ée

Imparfait
il/elle s'abonnait

Plus-que-parfait
il/elle s'était abonné, ée

Passé simple
il/elle s'abonna

Passé antérieur
il/elle se fut abonné, ée

Futur simple
il/elle s'abonnera

Futur antérieur
il/elle se sera abonné, ée

INFINITIF

Présent
s'abonner

Passé
s'être abonné, ée

PARTICIPE

Présent
s'abonnant

Passé
s'étant abonné, ée

SUBJONCTIF

Présent
qu'il/elle s'abonne

Passé
qu'il/elle se soit abonné, ée

Imparfait
qu'il/elle s'abonnât

Plus-que-parfait
qu'il/elle se fût abonné, ée

CONDITIONNEL

Présent
il/elle s'abonnerait

Passé 1re forme
il/elle se serait abonné, ée

Passé 2e forme
il/elle se fût abonné, ée

IMPÉRATIF

Présent
abonne-toi
abonnons-nous
abonnez-vous

TROMPER *Verbes en **ER**, se terminant par **PER***

FORME ACTIVE

INDICATIF

Présent			*Passé composé*		
je	trom	pe	j'	ai	trompé
tu	trom	pes	tu	as	trompé
il	trom	pe	il	a	trompé
nous	trom	pons	nous	avons	trompé
vous	trom	pez	vous	avez	trompé
ils	trom	pent	ils	ont	trompé
Imparfait			***Plus-que-parfait***		
je	trom	pais	j'	avais	trompé
tu	trom	pais	tu	avais	trompé
il	trom	pait	il	avait	trompé
nous	trom	pions	nous	avions	trompé
vous	trom	piez	vous	aviez	trompé
ils	trom	paient	ils	avaient	trompé
Passé simple			***Passé antérieur***		
je	trom	pai	j'	eus	trompé
tu	trom	pas	tu	eus	trompé
il	trom	pa	il	eut	trompé
nous	trom	pâmes	nous	eûmes	trompé
vous	trom	pâtes	vous	eûtes	trompé
ils	trom	pèrent	ils	eurent	trompé
Futur simple			***Futur antérieur***		
je	trom	perai	j'	aurai	trompé
tu	trom	peras	tu	auras	trompé
il	trom	pera	il	aura	trompé
nous	trom	perons	nous	aurons	trompé
vous	trom	perez	vous	aurez	trompé
ils	trom	peront	ils	auront	trompé

SUBJONCTIF

Présent			*Passé*		
que je	trom	pe	que j'	aie	trompé
que tu	trom	pes	que tu	aies	trompé
qu'il	trom	pe	qu'il	ait	trompé
que ns	trom	pions	que ns	ayons	trompé
que vs	trom	piez	que vs	ayez	trompé
qu'ils	trom	pent	qu'ils	aient	trompé
Imparfait			***Plus-que-parfait***		
que je	trom	passe	que j'	eusse	trompé
que tu	trom	passes	que tu	eusses	trompé
qu'il	trom	pât	qu'il	eût	trompé
que ns	trom	passions	que ns	eussions	trompé
que vs	trom	passiez	que vs	eussiez	trompé
qu'ils	trom	passent	qu'ils	eussent	trompé

IMPÉRATIF

Présent		*Passé*	
trom	pe	aie	trompé
trom	pons	ayons	trompé
trom	pez	ayez	trompé

CONDITIONNEL

Présent			*Passé 1re forme*		
je	trom	perais	j'	aurais	trompé
tu	trom	perais	tu	aurais	trompé
il	trom	perait	il	aurait	trompé
nous	trom	perions	nous	aurions	trompé
vous	trom	periez	vous	auriez	trompé
ils	trom	peraient	ils	auraient	trompé

Passé 2e forme

j'	eusse	trompé
tu	eusses	trompé
il	eût	trompé
nous	eussions	trompé
vous	eussiez	trompé
ils	eussent	trompé

INFINITIF

Présent	*Passé*
trom per	avoir trompé

PARTICIPE

Présent	*Passé*
trom pant	trom pé, ée ayant trompé

FORME PRONOMINALE

INDICATIF

Présent
il/elle se trompe

Passé composé
il/elle s'est trompé, ée

Imparfait
il/elle se trompait

Plus-que-parfait
il/elle s'était trompé, ée

Passé simple
il/elle se trompa

Passé antérieur
il/elle se fut trompé, ée

Futur simple
il/elle se trompera

Futur antérieur
il/elle se sera trompé, ée

INFINITIF

Présent
se tromper

Passé
s'être trompé, ée

PARTICIPE

Présent
se trompant

Passé
s'étant trompé, ée

SUBJONCTIF

Présent
qu'il/elle se trompe

Passé
qu'il/elle se soit trompé, ée

Imparfait
qu'il/elle se trompât

Plus-que-parfait
qu'il/elle se fût trompé, ée

CONDITIONNEL

Présent
il/elle se tromperait

Passé 1re forme
il/elle se serait trompé, ée

Passé 2e forme
il/elle se fût trompé, ée

IMPÉRATIF

Présent
trompe-toi
trompons-nous
trompez-vous

FORME ACTIVE

INDICATIF

Présent			*Passé composé*		
j'	apostro	phe	j'	ai	apostrophé
tu	apostro	phes	tu	as	apostrophé
elle	apostro	phe	elle	a	apostrophé
nous	apostro	phons	nous	avons	apostrophé
vous	apostro	phez	vous	avez	apostrophé
elles	apostro	phent	elles	ont	apostrophé

Imparfait			*Plus-que-parfait*		
j'	apostro	phais	j'	avais	apostrophé
tu	apostro	phais	tu	avais	apostrophé
elle	apostro	phait	elle	avait	apostrophé
nous	apostro	phions	nous	avions	apostrophé
vous	apostro	phiez	vous	aviez	apostrophé
elles	apostro	phaient	elles	avaient	apostrophé

Passé simple			*Passé antérieur*		
j'	apostro	phai	j'	eus	apostrophé
tu	apostro	phas	tu	eus	apostrophé
elle	apostro	pha	elle	eut	apostrophé
nous	apostro	phâmes	nous	eûmes	apostrophé
vous	apostro	phâtes	vous	eûtes	apostrophé
elles	apostro	phèrent	elles	eurent	apostrophé

Futur simple			*Futur antérieur*		
j'	apostro	pherai	j'	aurai	apostrophé
tu	apostro	pheras	tu	auras	apostrophé
elle	apostro	phera	elle	aura	apostrophé
nous	apostro	pherons	nous	aurons	apostrophé
vous	apostro	pherez	vous	aurez	apostrophé
elles	apostro	pheront	elles	auront	apostrophé

SUBJONCTIF

Présent			*Passé*		
que j'	apostro	phe	que j'	aie	apostrophé
que tu	apostro	phes	que tu	aies	apostrophé
qu'elle	apostro	phe	qu'elle	ait	apostrophé
que ns	apostro	phions	que ns	ayons	apostrophé
que vs	apostro	phiez	que vs	ayez	apostrophé
qu'elles	apostro	phent	qu'elles	aient	apostrophé

Imparfait			*Plus-que-parfait*		
que j'	apostro	phasse	que j'	eusse	apostrophé
que tu	apostro	phasses	que tu	eusses	apostrophé
qu'elle	apostro	phât	qu'elle	eût	apostrophé
que ns	apostro	phassions	que ns	eussions	apostrophé
que vs	apostro	phassiez	que vs	eussiez	apostrophé
qu'elles	apostro	phassent	qu'elles	eussent	apostrophé

IMPÉRATIF

Présent		*Passé*	
apostro	phe	aie	apostrophé
apostro	phons	ayons	apostrophé
apostro	phez	ayez	apostrophé

CONDITIONNEL

Présent			*Passé 1re forme*		
j'	apostro	pherais	j'	aurais	apostrophé
tu	apostro	pherais	tu	aurais	apostrophé
elle	apostro	pherait	elle	aurait	apostrophé
nous	apostro	pherions	nous	aurions	apostrophé
vous	apostro	pheriez	vous	auriez	apostrophé
elles	apostro	pheraient	elles	auraient	apostrophé

Passé 2e forme		
j'	eusse	apostrophé
tu	eusses	apostrophé
elle	eût	apostrophé
nous	eussions	apostrophé
vous	eussiez	apostrophé
elles	eussent	apostrophé

INFINITIF

Présent	*Passé*
apostro pher	avoir apostrophé

PARTICIPE

Présent	*Passé*
apostro phant	apostro phé, ée ayant apostrophé

FORME PRONOMINALE

INDICATIF

Présent
ils/elles s'apostrophent

Passé composé
ils/elles se sont apostrophés, ées

Imparfait
ils/elles s'apostrophaient

Plus-que-parfait
ils/elles s'étaient apostrophés, ées

Passé simple
ils/elles s'apostrophèrent

Passé antérieur
ils/elles se furent apostrophés, ées

Futur simple
ils/elles s'apostropheront

Futur antérieur
ils/elles se seront apostrophés, ées

INFINITIF

Présent
s'apostropher

Passé
s'être apostrophés, ées

PARTICIPE

Présent
s'apostrophant

Passé
s'étant apostrophés, ées

SUBJONCTIF

Présent
qu'ils/elles s'apostrophent

Passé
qu'ils/elles se soient apostrophés, ées

Imparfait
qu'ils/elles s'apostrophassent

Plus-que-parfait
qu'ils/elles se fussent apostrophés, ées

CONDITIONNEL

Présent
ils/elles s'apostropheraient

Passé 1re forme
ils/elles se seraient apostrophés, ées

Passé 2e forme
ils/elles se fussent apostrophés, ées

IMPÉRATIF

Présent
—
apostrophons-nous
apostrophez-vous

FRAPPER *Verbes en **ER**, se terminant par **PPER***

FORME ACTIVE

INDICATIF

Présent			*Passé composé*		
je	fra	ppe	j'	ai	frappé
tu	fra	ppes	tu	as	frappé
il	fra	ppe	il	a	frappé
nous	fra	ppons	nous	avons	frappé
vous	fra	ppez	vous	avez	frappé
ils	fra	ppent	ils	ont	frappé

Imparfait			*Plus-que-parfait*		
je	fra	ppais	j'	avais	frappé
tu	fra	ppais	tu	avais	frappé
il	fra	ppait	il	avait	frappé
nous	fra	ppions	nous	avions	frappé
vous	fra	ppiez	vous	aviez	frappé
ils	fra	ppaient	ils	avaient	frappé

Passé simple			*Passé antérieur*		
je	fra	ppai	j'	eus	frappé
tu	fra	ppas	tu	eus	frappé
il	fra	ppa	il	eut	frappé
nous	fra	ppâmes	nous	eûmes	frappé
vous	fra	ppâtes	vous	eûtes	frappé
ils	fra	ppèrent	ils	eurent	frappé

Futur simple			*Futur antérieur*		
je	fra	pperai	j'	aurai	frappé
tu	fra	pperas	tu	auras	frappé
il	fra	ppera	il	aura	frappé
nous	fra	pperons	nous	aurons	frappé
vous	fra	pperez	vous	aurez	frappé
ils	fra	pperont	ils	auront	frappé

SUBJONCTIF

Présent			*Passé*		
que je	fra	ppe	que j'	aie	frappé
que tu	fra	ppes	que tu	aies	frappé
qu'il	fra	ppe	qu'il	ait	frappé
que ns	fra	ppions	que ns	ayons	frappé
que vs	fra	ppiez	que vs	ayez	frappé
qu'ils	fra	ppent	qu'ils	aient	frappé

Imparfait			*Plus-que-parfait*		
que je	fra	ppasse	que j'	eusse	frappé
que tu	fra	ppasses	que tu	eusses	frappé
qu'il	fra	ppât	qu'il	eût	frappé
que ns	fra	ppassions	que ns	eussions	frappé
que vs	fra	ppassiez	que vs	eussiez	frappé
qu'ils	fra	ppassent	qu'ils	eussent	frappé

IMPÉRATIF

Présent		*Passé*	
fra	ppe	aie	frappé
fra	ppons	ayons	frappé
fra	ppez	ayez	frappé

CONDITIONNEL

Présent			*Passé 1re forme*		
je	fra	pperais	j'	aurais	frappé
tu	fra	pperais	tu	aurais	frappé
il	fra	pperait	il	aurait	frappé
nous	fra	pperions	nous	aurions	frappé
vous	fra	pperiez	vous	auriez	frappé
ils	fra	pperaient	ils	auraient	frappé

Passé 2e forme		
j'	eusse	frappé
tu	eusses	frappé
il	eût	frappé
nous	eussions	frappé
vous	eussiez	frappé
ils	eussent	frappé

INFINITIF

Présent	*Passé*
fra pper	avoir frappé

PARTICIPE

Présent	*Passé*
fra ppant	fra ppé, ée ayant frappé

FORME PRONOMINALE

INDICATIF

Présent
il/elle se frappe

Passé composé
il/elle s'est frappé, ée

Imparfait
il/elle se frappait

Plus-que-parfait
il/elle s'était frappé, ée

Passé simple
il/elle se frappa

Passé antérieur
il/elle se fut frappé, ée

Futur simple
il/elle se frappera

Futur antérieur
il/elle se sera frappé, ée

INFINITIF

Présent
se frapper

Passé
s'être frappé, ée

PARTICIPE

Présent
se frappant

Passé
s'étant frappé, ée

SUBJONCTIF

Présent
qu'il/elle se frappe

Passé
qu'il/elle se soit frappé, ée

Imparfait
qu'il/elle se frappât

Plus-que-parfait
qu'il/elle se fût frappé, ée

CONDITIONNEL

Présent
il/elle se frapperait

Passé 1re forme
il/elle se serait frappé, ée

Passé 2e forme
il/elle se fût frappé, ée

IMPÉRATIF

Présent
frappe-toi
frappons-nous
frappez-vous

FORME ACTIVE

INDICATIF

Présent	***Passé composé***
je contem ple	j' ai contemplé
tu contem ples	tu as contemplé
elle contem ple	elle a contemplé
nous contem plons	nous avons contemplé
vous contem plez	vous avez contemplé
elles contem plent	elles ont contemplé

Imparfait	***Plus-que-parfait***
je contem plais	j' avais contemplé
tu contem plais	tu avais contemplé
elle contem plait	elle avait contemplé
nous contem plions	nous avions contemplé
vous contem pliez	vous aviez contemplé
elles contem plaient	elles avaient contemplé

Passé simple	***Passé antérieur***
je contem plai	j' eus contemplé
tu contem plas	tu eus contemplé
elle contem pla	elle eut contemplé
nous contem plâmes	nous eûmes contemplé
vous contem plâtes	vous eûtes contemplé
elles contem plèrent	elles eurent contemplé

Futur simple	***Futur antérieur***
je contem plerai	j' aurai contemplé
tu contem pleras	tu auras contemplé
elle contem plera	elle aura contemplé
nous contem plerons	nous aurons contemplé
vous contem plerez	vous aurez contemplé
elles contem pleront	elles auront contemplé

SUBJONCTIF

Présent	***Passé***
que je contem ple	que j' aie contemplé
que tu contem ples	que tu aies contemplé
qu'elle contem ple	qu'elle ait contemplé
que ns contem plions	que ns ayons contemplé
que vs contem pliez	que vs ayez contemplé
qu'elles contem plent	qu'elles aient contemplé

Imparfait	***Plus-que-parfait***
que je contem plasse	que j' eusse contemplé
que tu contem plasses	que tu eusses contemplé
qu'elle contem plât	qu'elle eût contemplé
que ns contem plassions	que ns eussions contemplé
que vs contem plassiez	que vs eussiez contemplé
qu'elles contem plassent	qu'elles eussent contemplé

IMPÉRATIF

Présent	***Passé***
contem ple	aie contemplé
contem plons	ayons contemplé
contem plez	ayez contemplé

CONDITIONNEL

Présent	***Passé 1re forme***	***Passé 2e forme***
je contem plerais	j' aurais contemplé	j' eusse contemplé
tu contem plerais	tu aurais contemplé	tu eusses contemplé
elle contem plerait	elle aurait contemplé	elle eût contemplé
nous contem plerions	nous aurions contemplé	nous eussions contemplé
vous contem pleriez	vous auriez contemplé	vous eussiez contemplé
elles contem pleraient	elles auraient contemplé	elles eussent contemplé

INFINITIF

Présent	***Passé***
contem pler	avoir contemplé

PARTICIPE

Présent	***Passé***
contem plant	contem plé, ée ayant contemplé

FORME PRONOMINALE

INDICATIF

Présent
il/elle se contemple

Passé composé
il/elle s'est contemplé, ée

Imparfait
il/elle se contemplait

Plus-que-parfait
il/elle s'était contemplé, ée

Passé simple
il/elle se contempla

Passé antérieur
il/elle se fut contemplé, ée

Futur simple
il/elle se contemplera

Futur antérieur
il/elle se sera contemplé, ée

INFINITIF

Présent
se contempler

Passé
s'être contemplé, ée

PARTICIPE

Présent
se contemplant

Passé
s'étant contemplé, ée

SUBJONCTIF

Présent
qu'il/elle se contemple

Passé
qu'il/elle se soit contemplé, ée

Imparfait
qu'il/elle se contemplât

Plus-que-parfait
qu'il/elle se fût contemplé, ée

CONDITIONNEL

Présent
il/elle se contemplerait

Passé 1re forme
il/elle se serait contemplé, ée

Passé 2e forme
il/elle se fût contemplé, ée

IMPÉRATIF

Présent
contemple-toi
contemplons-nous
contemplez-vous

HYPOTHÉQUER *Verbes en **ER**, se terminant par **ÉQUER***

FORME ACTIVE

INDICATIF

Présent			***Passé composé***		
j'	hypoth	èque	j'	ai	hypothéqué
tu	hypoth	èques	tu	as	hypothéqué
il	hypoth	èque	il	a	hypothéqué
nous	hypoth	équons	nous	avons	hypothéqué
vous	hypoth	équez	vous	avez	hypothéqué
ils	hypoth	èquent	ils	ont	hypothéqué

Imparfait			***Plus-que-parfait***		
j'	hypoth	équais	j'	avais	hypothéqué
tu	hypoth	équais	tu	avais	hypothéqué
il	hypoth	équait	il	avait	hypothéqué
nous	hypoth	équions	nous	avions	hypothéqué
vous	hypoth	équiez	vous	aviez	hypothéqué
ils	hypoth	équaient	ils	avaient	hypothéqué

Passé simple			***Passé antérieur***		
j'	hypoth	équai	j'	eus	hypothéqué
tu	hypoth	équas	tu	eus	hypothéqué
il	hypoth	équa	il	eut	hypothéqué
nous	hypoth	équâmes	nous	eûmes	hypothéqué
vous	hypoth	équâtes	vous	eûtes	hypothéqué
ils	hypoth	équèrent	ils	eurent	hypothéqué

Futur simple			***Futur antérieur***		
j'	hypoth	équerai	j'	aurai	hypothéqué
tu	hypoth	équeras	tu	auras	hypothéqué
il	hypoth	équera	il	aura	hypothéqué
nous	hypoth	équerons	nous	aurons	hypothéqué
vous	hypoth	équerez	vous	aurez	hypothéqué
ils	hypoth	équeront	ils	auront	hypothéqué

SUBJONCTIF

Présent			***Passé***		
que j'	hypoth	èque	que j'	aie	hypothéqué
que tu	hypoth	èques	que tu	aies	hypothéqué
qu'il	hypoth	èque	qu'il	ait	hypothéqué
que ns	hypoth	équions	que ns	ayons	hypothéqué
que vs	hypoth	équiez	que vs	ayez	hypothéqué
qu'ils	hypoth	èquent	qu'ils	aient	hypothéqué

Imparfait			***Plus-que-parfait***		
que j'	hypoth	équasse	que j'	eusse	hypothéqué
que tu	hypoth	équasses	que tu	eusses	hypothéqué
qu'il	hypoth	équât	qu'il	eût	hypothéqué
que ns	hypoth	équassions	que ns	eussions	hypothéqué
que vs	hypoth	équassiez	que vs	eussiez	hypothéqué
qu'ils	hypoth	équassent	qu'ils	eussent	hypothéqué

IMPÉRATIF

Présent		***Passé***	
hypoth	èque	aie	hypothéqué
hypoth	équons	ayons	hypothéqué
hypoth	équez	ayez	hypothéqué

CONDITIONNEL

Présent			***Passé 1re forme***		
j'	hypoth	équerais	j'	aurais	hypothéqué
tu	hypoth	équerais	tu	aurais	hypothéqué
il	hypoth	équerait	il	aurait	hypothéqué
nous	hypoth	équerions	nous	aurions	hypothéqué
vous	hypoth	équeriez	vous	auriez	hypothéqué
ils	hypoth	équeraient	ils	auraient	hypothéqué

Passé 2e forme

j'	eusse	hypothéqué
tu	eusses	hypothéqué
il	eût	hypothéqué
nous	eussions	hypothéqué
vous	eussiez	hypothéqué
ils	eussent	hypothéqué

INFINITIF

Présent	***Passé***
hypoth équer	avoir hypothéqué

PARTICIPE

Présent	***Passé***
hypoth équant	hypoth équé, ée ayant hypothéqué

Ne s'emploie pas à la forme pronominale.

FORME ACTIVE

INDICATIF

Présent			*Passé composé*		
je	blo	que	j'	ai	bloqué
tu	blo	ques	tu	as	bloqué
elle	blo	que	elle	a	bloqué
nous	blo	quons	nous	avons	bloqué
vous	blo	quez	vous	avez	bloqué
elles	blo	quent	elles	ont	bloqué
Imparfait			***Plus-que-parfait***		
je	blo	quais	j'	avais	bloqué
tu	blo	quais	tu	avais	bloqué
elle	blo	quait	elle	avait	bloqué
nous	blo	quions	nous	avions	bloqué
vous	blo	quiez	vous	aviez	bloqué
elles	blo	quaient	elles	avaient	bloqué
Passé simple			***Passé antérieur***		
je	blo	quai	j'	eus	bloqué
tu	blo	quas	tu	eus	bloqué
elle	blo	qua	elle	eut	bloqué
nous	blo	quâmes	nous	eûmes	bloqué
vous	blo	quâtes	vous	eûtes	bloqué
elles	blo	quèrent	elles	eurent	bloqué
Futur simple			***Futur antérieur***		
je	blo	querai	j'	aurai	bloqué
tu	blo	queras	tu	auras	bloqué
elle	blo	quera	elle	aura	bloqué
nous	blo	querons	nous	aurons	bloqué
vous	blo	querez	vous	aurez	bloqué
elles	blo	queront	elles	auront	bloqué

SUBJONCTIF

Présent			*Passé*		
que je	blo	que	que j'	aie	bloqué
que tu	blo	ques	que tu	aies	bloqué
qu'elle	blo	que	qu'elle	ait	bloqué
que ns	blo	quions	que ns	ayons	bloqué
que vs	blo	quiez	que vs	ayez	bloqué
qu'elles	blo	quent	qu'elles	aient	bloqué
Imparfait			***Plus-que-parfait***		
que je	blo	quasse	que j'	eusse	bloqué
que tu	blo	quasses	que tu	eusses	bloqué
qu'elle	blo	quât	qu'elle	eût	bloqué
que ns	blo	quassions	que ns	eussions	bloqué
que vs	blo	quassiez	que vs	eussiez	bloqué
qu'elles	blo	quassent	qu'elles	eussent	bloqué

IMPÉRATIF

Présent		*Passé*	
blo	que	aie	bloqué
blo	quons	ayons	bloqué
blo	quez	ayez	bloqué

CONDITIONNEL

Présent			*Passé 1re forme*		
je	blo	querais	j'	aurais	bloqué
tu	blo	querais	tu	aurais	bloqué
elle	blo	querait	elle	aurait	bloqué
nous	blo	querions	nous	aurions	bloqué
vous	blo	queriez	vous	auriez	bloqué
elles	blo	queraient	elles	auraient	bloqué

Passé 2e forme

j'	eusse	bloqué
tu	eusses	bloqué
elle	eût	bloqué
nous	eussions	bloqué
vous	eussiez	bloqué
elles	eussent	bloqué

INFINITIF

Présent	*Passé*
blo quer	avoir bloqué

PARTICIPE

Présent	*Passé*
blo quant	blo qué, ée ayant bloqué

FORME PRONOMINALE

INDICATIF

Présent
il/elle se bloque

Passé composé
il/elle s'est bloqué, ée

Imparfait
il/elle se bloquait

Plus-que-parfait
il/elle s'était bloqué, ée

Passé simple
il/elle se bloqua

Passé antérieur
il/elle se fut bloqué, ée

Futur simple
il/elle se bloquera

Futur antérieur
il/elle se sera bloqué, ée

INFINITIF

Présent
se bloquer

Passé
s'être bloqué, ée

PARTICIPE

Présent
se bloquant

Passé
s'étant bloqué, ée

SUBJONCTIF

Présent
qu'il/elle se bloque

Passé
qu'il/elle se soit bloqué, ée

Imparfait
qu'il/elle se bloquât

Plus-que-parfait
qu'il/elle se fût bloqué, ée

CONDITIONNEL

Présent
il/elle se bloquerait

Passé 1re forme
il/elle se serait bloqué, ée

Passé 2e forme
il/elle se fût bloqué, ée

IMPÉRATIF

Présent
bloque-toi
bloquons-nous
bloquez-vous

AÉRER *Verbes en **ER**, se terminant par **ÉRER***

FORME ACTIVE

INDICATIF

Présent			*Passé composé*		
j'	a ère		j'	ai	aéré
tu	a ères		tu	as	aéré
il	a ère		il	a	aéré
nous	a érons		nous	avons	aéré
vous	a érez		vous	avez	aéré
ils	a èrent		ils	ont	aéré
Imparfait			***Plus-que-parfait***		
j'	a érais		j'	avais	aéré
tu	a érais		tu	avais	aéré
il	a érait		il	avait	aéré
nous	a érions		nous	avions	aéré
vous	a ériez		vous	aviez	aéré
ils	a éraient		ils	avaient	aéré
Passé simple			***Passé antérieur***		
j'	a érai		j'	eus	aéré
tu	a éras		tu	eus	aéré
il	a éra		il	eut	aéré
nous	a érâmes		nous	eûmes	aéré
vous	a érâtes		vous	eûtes	aéré
ils	a érèrent		ils	eurent	aéré
Futur simple			***Futur antérieur***		
j'	a érerai		j'	aurai	aéré
tu	a éreras		tu	auras	aéré
il	a érera		il	aura	aéré
nous	a érerons		nous	aurons	aéré
vous	a érerez		vous	aurez	aéré
ils	a éreront		ils	auront	aéré

SUBJONCTIF

Présent			*Passé*		
que j'	a ère		que j'	aie	aéré
que tu	a ères		que tu	aies	aéré
qu'il	a ère		qu'il	ait	aéré
que ns	a érions		que ns	ayons	aéré
que vs	a ériez		que vs	ayez	aéré
qu'ils	a èrent		qu'ils	aient	aéré
Imparfait			***Plus-que-parfait***		
que j'	a érasse		que j'	eusse	aéré
que tu	a érasses		que tu	eusses	aéré
qu'il	a érât		qu'il	eût	aéré
que ns	a érassions		que ns	eussions	aéré
que vs	a érassiez		que vs	eussiez	aéré
qu'ils	a érassent		qu'ils	eussent	aéré

IMPÉRATIF

Présent	*Passé*	
a ère	aie	aéré
a érons	ayons	aéré
a érez	ayez	aéré

CONDITIONNEL

Présent			*Passé 1re forme*		
j'	a érerais		j'	aurais	aéré
tu	a érerais		tu	aurais	aéré
il	a érerait		il	aurait	aéré
nous	a érerions		nous	aurions	aéré
vous	a éreriez		vous	auriez	aéré
ils	a éreraient		ils	auraient	aéré

Passé 2e forme		
j'	eusse	aéré
tu	eusses	aéré
il	eût	aéré
nous	eussions	aéré
vous	eussiez	aéré
ils	eussent	aéré

INFINITIF

Présent	*Passé*
a érer	avoir aéré

PARTICIPE

Présent	*Passé*
a érant	a éré, ée ayant aéré

FORME PRONOMINALE

INDICATIF

Présent
il/elle s'aère

Passé composé
il/elle s'est aéré, ée

Imparfait
il/elle s'aérait

Plus-que-parfait
il/elle s'était aéré, ée

Passé simple
il/elle s'aéra

Passé antérieur
il/elle se fut aéré, ée

Futur simple
il/elle s'aérera

Futur antérieur
il/elle se sera aéré, ée

INFINITIF

Présent
s'aérer

Passé
s'être aéré, ée

PARTICIPE

Présent
s'aérant

Passé
s'étant aéré, ée

SUBJONCTIF

Présent
qu'il/elle s'aère

Passé
qu'il/elle se soit aéré, ée

Imparfait
qu'il/elle s'aérât

Plus-que-parfait
qu'il/elle se fût aéré, ée

CONDITIONNEL

Présent
il/elle s'aérerait

Passé 1re forme
il/elle se serait aéré, ée

Passé 2e forme
il/elle se fût aéré, ée

IMPÉRATIF

Présent
aère-toi
aérons-nous
aérez-vous

FORME ACTIVE

INDICATIF

Présent	Passé composé
j' éti re	j' ai étiré
tu éti res	tu as étiré
elle éti re	elle a étiré
nous éti rons	nous avons étiré
vous éti rez	vous avez étiré
elles éti rent	elles ont étiré

Imparfait	Plus-que-parfait
j' éti rais	j' avais étiré
tu éti rais	tu avais étiré
elle éti rait	elle avait étiré
nous éti rions	nous avions étiré
vous éti riez	vous aviez étiré
elles éti raient	elles avaient étiré

Passé simple	Passé antérieur
j' éti rai	j' eus étiré
tu éti ras	tu eus étiré
elle éti ra	elle eut étiré
nous éti râmes	nous eûmes étiré
vous éti râtes	vous eûtes étiré
elles éti rèrent	elles eurent étiré

Futur simple	Futur antérieur
j' éti rerai	j' aurai étiré
tu éti reras	tu auras étiré
elle éti rera	elle aura étiré
nous éti rerons	nous aurons étiré
vous éti rerez	vous aurez étiré
elles éti reront	elles auront étiré

SUBJONCTIF

Présent	Passé
que j' éti re	que j' aie étiré
que tu éti res	que tu aies étiré
qu'elle éti re	qu'elle ait étiré
que ns éti rions	que ns ayons étiré
que vs éti riez	que vs ayez étiré
qu'elles éti rent	qu'elles aient étiré

Imparfait	Plus-que-parfait
que j' éti rasse	que j' eusse étiré
que tu éti rasses	que tu eusses étiré
qu'elle éti rât	qu'elle eût étiré
que ns éti rassions	que ns eussions étiré
que vs éti rassiez	que vs eussiez étiré
qu'elles éti rassent	qu'elles eussent étiré

IMPÉRATIF

Présent	Passé
éti re	aie étiré
éti rons	ayons étiré
éti rez	ayez étiré

CONDITIONNEL

Présent	Passé 1re forme	Passé 2e forme
j' éti rerais	j' aurais étiré	j' eusse étiré
tu éti rerais	tu aurais étiré	tu eusses étiré
elle éti rerait	elle aurait étiré	elle eût étiré
nous éti rerions	nous aurions étiré	nous eussions étiré
vous éti reriez	vous auriez étiré	vous eussiez étiré
elles éti reraient	elles auraient étiré	elles eussent étiré

INFINITIF

Présent	Passé
éti rer	avoir étiré

PARTICIPE

Présent	Passé
éti rant	éti ré, ée ayant étiré

FORME PRONOMINALE

INDICATIF

Présent
il/elle s'étire

Passé composé
il/elle s'est étiré, ée

Imparfait
il/elle s'étirait

Plus-que-parfait
il/elle s'était étiré, ée

Passé simple
il/elle s'étira

Passé antérieur
il/elle se fut étiré, ée

Futur simple
il/elle s'étirera

Futur antérieur
il/elle se sera étiré, ée

INFINITIF

Présent
s'étirer

Passé
s'être étiré, ée

PARTICIPE

Présent
s'étirant

Passé
s'étant étiré, ée

SUBJONCTIF

Présent
qu'il/elle s'étire

Passé
qu'il/elle se soit étiré, ée

Imparfait
qu'il/elle s'étirât

Plus-que-parfait
qu'il/elle se fût étiré, ée

CONDITIONNEL

Présent
il/elle s'étirerait

Passé 1re forme
il/elle se serait étiré, ée

Passé 2e forme
il/elle se fût étiré, ée

IMPÉRATIF

Présent
étire-toi
étirons-nous
étirez-vous

PESER *Verbes en* ***ER****, se terminant par* ***ESER***

FORME ACTIVE

INDICATIF

Présent			*Passé composé*		
je	p	èse	j'	ai	pesé
tu	p	èses	tu	as	pesé
il	p	èse	il	a	pesé
nous	p	esons	nous	avons	pesé
vous	p	esez	vous	avez	pesé
ils	p	èsent	ils	ont	pesé
Imparfait			***Plus-que-parfait***		
je	p	esais	j'	avais	pesé
tu	p	esais	tu	avais	pesé
il	p	esait	il	avait	pesé
nous	p	esions	nous	avions	pesé
vous	p	esiez	vous	aviez	pesé
ils	p	esaient	ils	avaient	pesé
Passé simple			***Passé antérieur***		
je	p	esai	j'	eus	pesé
tu	p	esas	tu	eus	pesé
il	p	esa	il	eut	pesé
nous	p	esâmes	nous	eûmes	pesé
vous	p	esâtes	vous	eûtes	pesé
ils	p	esèrent	ils	eurent	pesé
Futur simple			***Futur antérieur***		
je	p	èserai	j'	aurai	pesé
tu	p	èseras	tu	auras	pesé
il	p	èsera	il	aura	pesé
nous	p	èserons	nous	aurons	pesé
vous	p	èserez	vous	aurez	pesé
ils	p	èseront	ils	auront	pesé

SUBJONCTIF

Présent			*Passé*		
que je	p	èse	que j'	aie	pesé
que tu	p	èses	que tu	aies	pesé
qu'il	p	èse	qu'il	ait	pesé
que ns	p	esions	que ns	ayons	pesé
que vs	p	esiez	que vs	ayez	pesé
qu'ils	p	èsent	qu'ils	aient	pesé
Imparfait			***Plus-que-parfait***		
que je	p	esasse	que j'	eusse	pesé
que tu	p	esasses	que tu	eusses	pesé
qu'il	p	esât	qu'il	eût	pesé
que ns	p	esassions	que ns	eussions	pesé
que vs	p	esassiez	que vs	eussiez	pesé
qu'ils	p	esassent	qu'ils	eussent	pesé

IMPÉRATIF

Présent		*Passé*	
p	èse	aie	pesé
p	esons	ayons	pesé
p	esez	ayez	pesé

CONDITIONNEL

Présent			*Passé 1re forme*		
je	p	èserais	j'	aurais	pesé
tu	p	èserais	tu	aurais	pesé
il	p	èserait	il	aurait	pesé
nous	p	èserions	nous	aurions	pesé
vous	p	èseriez	vous	auriez	pesé
ils	p	èseraient	ils	auraient	pesé

Passé 2e forme

j'	eusse	pesé
tu	eusses	pesé
il	eût	pesé
nous	eussions	pesé
vous	eussiez	pesé
ils	eussent	pesé

INFINITIF

Présent	*Passé*
p eser	avoir pesé

PARTICIPE

Présent	*Passé*
p esant	p esé, ée ayant pesé

FORME PRONOMINALE

INDICATIF

Présent
il/elle se pèse

Passé composé
il/elle s'est pesé, ée

Imparfait
il/elle se pesait

Plus-que-parfait
il/elle s'était pesé, ée

Passé simple
il/elle se pesa

Passé antérieur
il/elle se fut pesé, ée

Futur simple
il/elle se pèsera

Futur antérieur
il/elle se sera pesé, ée

INFINITIF

Présent
se peser

Passé
s'être pesé, ée

PARTICIPE

Présent
se pesant

Passé
s'étant pesé, ée

SUBJONCTIF

Présent
qu'il/elle se pèse

Passé
qu'il/elle se soit pesé, ée

Imparfait
qu'il/elle se pesât

Plus-que-parfait
qu'il/elle se fût pesé, ée

CONDITIONNEL

Présent
il/elle se pèserait

Passé 1re forme
il/elle se serait pesé, ée

Passé 2e forme
il/elle se fût pesé, ée

IMPÉRATIF

Présent
pèse-toi
pesons-nous
pesez-vous

FORME ACTIVE

INDICATIF

Présent

je	l èse
tu	l èses
elle	l èse
nous	l ésons
vous	l ésez
elles	l èsent

Passé composé

j'	ai	lésé
tu	as	lésé
elle	a	lésé
nous	avons	lésé
vous	avez	lésé
elles	ont	lésé

Imparfait

je	l ésais
tu	l ésais
elle	l ésait
nous	l ésions
vous	l ésiez
elles	l ésaient

Plus-que-parfait

j'	avais	lésé
tu	avais	lésé
elle	avait	lésé
nous	avions	lésé
vous	aviez	lésé
elles	avaient	lésé

Passé simple

je	l ésai
tu	l ésas
elle	l ésa
nous	l ésâmes
vous	l ésâtes
elles	l ésèrent

Passé antérieur

j'	eus	lésé
tu	eus	lésé
elle	eut	lésé
nous	eûmes	lésé
vous	eûtes	lésé
elles	eurent	lésé

Futur simple

je	l éserai
tu	l éseras
elle	l ésera
nous	l éserons
vous	l éserez
elles	l éseront

Futur antérieur

j'	aurai	lésé
tu	auras	lésé
elle	aura	lésé
nous	aurons	lésé
vous	aurez	lésé
elles	auront	lésé

SUBJONCTIF

Présent

que je	l èse
que tu	l èses
qu'elle	l èse
que ns	l ésions
que vs	l ésiez
qu'elles	l èsent

Passé

que j'	aie	lésé
que tu	aies	lésé
qu'elle	ait	lésé
que ns	ayons	lésé
que vs	ayez	lésé
qu'elles	aient	lésé

Imparfait

que je	l ésasse
que tu	l ésasses
qu'elle	l ésât
que ns	l ésassions
que vs	l ésassiez
qu'elles	l ésassent

Plus-que-parfait

que j'	eusse	lésé
que tu	eusses	lésé
qu'elle	eût	lésé
que ns	eussions	lésé
que vs	eussiez	lésé
qu'elles	eussent	lésé

IMPÉRATIF

Présent

l èse
l ésons
l ésez

Passé

aie	lésé
ayons	lésé
ayez	lésé

CONDITIONNEL

Présent

je	l éserais
tu	l éserais
elle	l éserait
nous	l éserions
vous	l éseriez
elles	l éseraient

Passé 1re forme

j'	aurais	lésé
tu	aurais	lésé
elle	aurait	lésé
nous	aurions	lésé
vous	auriez	lésé
elles	auraient	lésé

Passé 2e forme

j'	eusse	lésé
tu	eusses	lésé
elle	eût	lésé
nous	eussions	lésé
vous	eussiez	lésé
elles	eussent	lésé

INFINITIF

Présent

l éser

Passé

avoir lésé

PARTICIPE

Présent

l ésant

Passé

l ésé, ée
ayant lésé

Ne s'emploie pas à la forme pronominale.

BRISER *Verbes en **ER**, se terminant par **SER***

FORME ACTIVE

INDICATIF

Présent			***Passé composé***		
je	bri	se	j'	ai	brisé
tu	bri	ses	tu	as	brisé
il	bri	se	il	a	brisé
nous	bri	sons	nous	avons	brisé
vous	bri	sez	vous	avez	brisé
ils	bri	sent	ils	ont	brisé

Imparfait			***Plus-que-parfait***		
je	bri	sais	j'	avais	brisé
tu	bri	sais	tu	avais	brisé
il	bri	sait	il	avait	brisé
nous	bri	sions	nous	avions	brisé
vous	bri	siez	vous	aviez	brisé
ils	bri	saient	ils	avaient	brisé

Passé simple			***Passé antérieur***		
je	bri	sai	j'	eus	brisé
tu	bri	sas	tu	eus	brisé
il	bri	sa	il	eut	brisé
nous	bri	sâmes	nous	eûmes	brisé
vous	bri	sâtes	vous	eûtes	brisé
ils	bri	sèrent	ils	eurent	brisé

Futur simple			***Futur antérieur***		
je	bri	serai	j'	aurai	brisé
tu	bri	seras	tu	auras	brisé
il	bri	sera	il	aura	brisé
nous	bri	serons	nous	aurons	brisé
vous	bri	serez	vous	aurez	brisé
ils	bri	seront	ils	auront	brisé

SUBJONCTIF

Présent			***Passé***		
que je	bri	se	que j'	aie	brisé
que tu	bri	ses	que tu	aies	brisé
qu'il	bri	se	qu'il	ait	brisé
que ns	bri	sions	que ns	ayons	brisé
que vs	bri	siez	que vs	ayez	brisé
qu'ils	bri	sent	qu'ils	aient	brisé

Imparfait			***Plus-que-parfait***		
que je	bri	sasse	que j'	eusse	brisé
que tu	bri	sasses	que tu	eusses	brisé
qu'il	bri	sât	qu'il	eût	brisé
que ns	bri	sassions	que ns	eussions	brisé
que vs	bri	sassiez	que vs	eussiez	brisé
qu'ils	bri	sassent	qu'ils	eussent	brisé

IMPÉRATIF

Présent		***Passé***	
bri	se	aie	brisé
bri	sons	ayons	brisé
bri	sez	ayez	brisé

CONDITIONNEL

Présent			***Passé 1re forme***		
je	bri	serais	j'	aurais	brisé
tu	bri	serais	tu	aurais	brisé
il	bri	serait	il	aurait	brisé
nous	bri	serions	nous	aurions	brisé
vous	bri	seriez	vous	auriez	brisé
ils	bri	seraient	ils	auraient	brisé

Passé 2e forme

j'	eusse	brisé
tu	eusses	brisé
il	eût	brisé
nous	eussions	brisé
vous	eussiez	brisé
ils	eussent	brisé

INFINITIF

Présent
bri ser

Passé
avoir brisé

PARTICIPE

Présent
bri sant

Passé
bri sé, ée
ayant brisé

FORME PRONOMINALE

INDICATIF

Présent
il/elle se brise

Passé composé
il/elle s'est brisé, ée

Imparfait
il/elle se brisait

Plus-que-parfait
il/elle s'était brisé, ée

Passé simple
il/elle se brisa

Passé antérieur
il/elle se fut brisé, ée

Futur simple
il/elle se brisera

Futur antérieur
il/elle se sera brisé, ée

INFINITIF

Présent
se briser

Passé
s'être brisé, ée

PARTICIPE

Présent
se brisant

Passé
s'étant brisé, ée

SUBJONCTIF

Présent
qu'il/elle se brise

Passé
qu'il/elle se soit brisé, ée

Imparfait
qu'il/elle se brisât

Plus-que-parfait
qu'il/elle se fût brisé, ée

CONDITIONNEL

Présent
il/elle se briserait

Passé 1re forme
il/elle se serait brisé, ée

Passé 2e forme
il/elle se fût brisé, ée

IMPÉRATIF

Présent
brise-toi
brisons-nous
brisez-vous

FORME ACTIVE

INDICATIF

Présent			*Passé composé*		
je	renver	se	j'	ai	renversé
tu	renver	ses	tu	as	renversé
elle	renver	se	elle	a	renversé
nous	renver	sons	nous	avons	renversé
vous	renver	sez	vous	avez	renversé
elles	renver	sent	elles	ont	renversé
Imparfait			***Plus-que-parfait***		
je	renver	sais	j'	avais	renversé
tu	renver	sais	tu	avais	renversé
elle	renver	sait	elle	avait	renversé
nous	renver	sions	nous	avions	renversé
vous,	renver	siez	vous	aviez	renversé
elles	renver	saient	elles	avaient	renversé
Passé simple			***Passé antérieur***		
je	renver	sai	j'	eus	renversé
tu	renver	sas	tu	eus	renversé
elle	renver	sa	elle	eut	renversé
nous	renver	sâmes	nous	eûmes	renversé
vous	renver	sâtes	vous	eûtes	renversé
elles	renver	sèrent	elles	eurent	renversé
Futur simple			***Futur antérieur***		
je	renver	serai	j'	aurai	renversé
tu	renver	seras	tu	auras	renversé
elle	renver	sera	elle	aura	renversé
nous	renver	serons	nous	aurons	renversé
vous	renver	serez	vous	aurez	renversé
elles	renver	seront	elles	auront	renversé

SUBJONCTIF

Présent			*Passé*		
que je	renver	se	que j'	aie	renversé
que tu	renver	ses	que tu	aies	renversé
qu'elle	renver	se	qu'elle	ait	renversé
que ns	renver	sions	que ns	ayons	renversé
que vs	renver	siez	que vs	ayez	renversé
qu'elles	renver	sent	qu'elles	aient	renversé
Imparfait			***Plus-que-parfait***		
que je	renver	sasse	que j'	eusse	renversé
que tu	renver	sasses	que tu	eusses	renversé
qu'elle	renver	sât	qu'elle	eût	renversé
que ns	renver	sassions	que ns	eussions	renversé
que vs	renver	sassiez	que vs	eussiez	renversé
qu'elles	renver	sassent	qu'elles	eussent	renversé

IMPÉRATIF

Présent		*Passé*	
renver	se	aie	renversé
renver	sons	ayons	renversé
renver	sez	ayez	renversé

CONDITIONNEL

Présent			*Passé 1re forme*		
je	renver	serais	j'	aurais	renversé
tu	renver	serais	tu	aurais	renversé
elle	renver	serait	elle	aurait	renversé
nous	renver	serions	nous	aurions	renversé
vous	renver	seriez	vous	auriez	renversé
elles	renver	seraient	elles	auraient	renversé

Passé 2e forme

j'	eusse	renversé
tu	eusses	renversé
elle	eût	renversé
nous	eussions	renversé
vous	eussiez	renversé
elles	eussent	renversé

INFINITIF

Présent	*Passé*
renver ser	avoir renversé

PARTICIPE

Présent	*Passé*
renver sant	renver sé, ée ayant renversé

FORME PRONOMINALE

INDICATIF

Présent
il/elle se renverse

Passé composé
il/elle s'est renversé, ée

Imparfait
il/elle se renversait

Plus-que-parfait
il/elle s'était renversé, ée

Passé simple
il/elle se renversa

Passé antérieur
il/elle se fut renversé, ée

Futur simple
il/elle se renversera

Futur antérieur
il/elle se sera renversé, ée

INFINITIF

Présent
se renverser

Passé
s'être renversé, ée

PARTICIPE

Présent
se renversant

Passé
s'étant renversé, ée

SUBJONCTIF

Présent
qu'il/elle se renverse

Passé
qu'il/elle se soit renversé, ée

Imparfait
qu'il/elle se renversât

Plus-que-parfait
qu'il/elle se fût renversé, ée

CONDITIONNEL

Présent
il/elle se renverserait

Passé 1re forme
il/elle se serait renversé, ée

Passé 2e forme
il/elle se fût renversé, ée

IMPÉRATIF

Présent
renverse-toi
renversons-nous
renversez-vous

ABAISSER *Verbes en **ER**, se terminant par **SSER***

FORME ACTIVE

INDICATIF

Présent			*Passé composé*		
j'	abai	sse	j'	ai	abaissé
tu	abai	sses	tu	as	abaissé
il	abai	sse	il	a	abaissé
nous	abai	ssons	nous	avons	abaissé
vous	abai	ssez	vous	avez	abaissé
ils	abai	ssent	ils	ont	abaissé

Imparfait			*Plus-que-parfait*		
j'	abai	ssais	j'	avais	abaissé
tu	abai	ssais	tu	avais	abaissé
il	abai	ssait	il	avait	abaissé
nous	abai	ssions	nous	avions	abaissé
vous	abai	ssiez	vous	aviez	abaissé
ils	abai	ssaient	ils	avaient	abaissé

Passé simple			*Passé antérieur*		
j'	abai	ssai	j'	eus	abaissé
tu	abai	ssas	tu	eus	abaissé
il	abai	ssa	il	eut	abaissé
nous	abai	ssâmes	nous	eûmes	abaissé
vous	abai	ssâtes	vous	eûtes	abaissé
ils	abai	ssèrent	ils	eurent	abaissé

Futur simple			*Futur antérieur*		
j'	abai	sserai	j'	aurai	abaissé
tu	abai	sseras	tu	auras	abaissé
il	abai	ssera	il	aura	abaissé
nous	abai	sserons	nous	aurons	abaissé
vous	abai	sserez	vous	aurez	abaissé
ils	abai	sseront	ils	auront	abaissé

SUBJONCTIF

Présent			*Passé*		
que j'	abai	sse	que j'	aie	abaissé
que tu	abai	sses	que tu	aies	abaissé
qu'il	abai	sse	qu'il	ait	abaissé
que ns	abai	ssions	que ns	ayons	abaissé
que vs	abai	ssiez	que vs	ayez	abaissé
qu'ils	abai	ssent	qu'ils	aient	abaissé

Imparfait			*Plus-que-parfait*		
que j'	abai	ssasse	que j'	eusse	abaissé
que tu	abai	ssasses	que tu	eusses	abaissé
qu'il	abai	ssât	qu'il	eût	abaissé
que ns	abai	ssassions	que ns	eussions	abaissé
que vs	abai	ssassiez	que vs	eussiez	abaissé
qu'ils	abai	ssassent	qu'ils	eussent	abaissé

IMPÉRATIF

Présent		*Passé*	
abai	sse	aie	abaissé
abai	ssons	ayons	abaissé
abai	ssez	ayez	abaissé

CONDITIONNEL

Présent			*Passé 1re forme*		
j'	abai	sserais	j'	aurais	abaissé
tu	abai	sserais	tu	aurais	abaissé
il	abai	sserait	il	aurait	abaissé
nous	abai	sserions	nous	aurions	abaissé
vous	abai	sseriez	vous	auriez	abaissé
ils	abai	sseraient	ils	auraient	abaissé

Passé 2e forme

j'	eusse	abaissé
tu	eusses	abaissé
il	eût	abaissé
nous	eussions	abaissé
vous	eussiez	abaissé
ils	eussent	abaissé

INFINITIF

Présent	*Passé*
abai sser	avoir abaissé

PARTICIPE

Présent	*Passé*
abai ssant	abai ssé, ée ayant abaissé

FORME PRONOMINALE

INDICATIF

Présent
il/elle s'abaisse

Passé composé
il/elle s'est abaissé, ée

Imparfait
il/elle s'abaissait

Plus-que-parfait
il/elle s'était abaissé, ée

Passé simple
il/elle s'abaissa

Passé antérieur
il/elle se fut abaissé, ée

Futur simple
il/elle s'abaissera

Futur antérieur
il/elle se sera abaissé, ée

INFINITIF

Présent
s'abaisser

Passé
s'être abaissé, ée

PARTICIPE

Présent
s'abaissant

Passé
s'étant abaissé, ée

SUBJONCTIF

Présent
qu'il/elle s'abaisse

Passé
qu'il/elle se soit abaissé, ée

Imparfait
qu'il/elle s'abaissât

Plus-que-parfait
qu'il/elle se fût abaissé, ée

CONDITIONNEL

Présent
il/elle s'abaisserait

Passé 1re forme
il/elle se serait abaissé, ée

Passé 2e forme
il/elle se fût abaissé, ée

IMPÉRATIF

Présent
abaisse-toi
abaissons-nous
abaissez-vous

FORME ACTIVE

INDICATIF

Présent		*Passé composé*		
je	j ette	j'	ai	jeté
tu	j ettes	tu	as	jeté
elle	j ette	elle	a	jeté
nous	j etons	nous	avons	jeté
vous	j etez	vous	avez	jeté
elles	j ettent	elles	ont	jeté

Imparfait		*Plus-que-parfait*		
je	j etais	j'	avais	jeté
tu	j etais	tu	avais	jeté
elle	j etait	elle	avait	jeté
nous	j etions	nous	avions	jeté
vous	j etiez	vous	aviez	jeté
elles	j etaient	elles	avaient	jeté

Passé simple		*Passé antérieur*		
je	j etai	j'	eus	jeté
tu	j etas	tu	eus	jeté
elle	j eta	elle	eut	jeté
nous	j etâmes	nous	eûmes	jeté
vous	j etâtes	vous	eûtes	jeté
elles	j etèrent	elles	eurent	jeté

Futur simple		*Futur antérieur*		
je	j etterai	j'	aurai	jeté
tu	j etteras	tu	auras	jeté
elle	j ettera	elle	aura	jeté
nous	j etterons	nous	aurons	jeté
vous	j etterez	vous	aurez	jeté
elles	j etteront	elles	auront	jeté

SUBJONCTIF

Présent		*Passé*		
que je	j ette	que j'	aie	jeté
que tu	j ettes	que tu	aies	jeté
qu'elle	j ette	qu'elle	ait	jeté
que ns	j etions	que ns	ayons	jeté
que vs	j etiez	que vs	ayez	jeté
qu'elles	j ettent	qu'elles	aient	jeté

Imparfait		*Plus-que-parfait*		
que je	j etasse	que j'	eusse	jeté
que tu	j etasses	que tu	eusses	jeté
qu'elle	j etât	qu'elle	eût	jeté
que ns	j etassions	que ns	eussions	jeté
que vs	j etassiez	que vs	eussiez	jeté
qu'elles	j etassent	qu'elles	eussent	jeté

IMPÉRATIF

Présent	*Passé*	
j ette	aie	jeté
j etons	ayons	jeté
j etez	ayez	jeté

CONDITIONNEL

Présent		*Passé 1re forme*		
je	j etterais	j'	aurais	jeté
tu	j etterais	tu	aurais	jeté
elle	j etterait	elle	aurait	jeté
nous	j etterions	nous	aurions	jeté
vous	j etteriez	vous	auriez	jeté
elles	j etteraient	elles	auraient	jeté

Passé 2e forme		
j'	eusse	jeté
tu	eusses	jeté
elle	eût	jeté
nous	eussions	jeté
vous	eussiez	jeté
elles	eussent	jeté

INFINITIF

Présent	*Passé*
j eter	avoir jeté

PARTICIPE

Présent	*Passé*
j etant	j eté, ée ayant jeté

FORME PRONOMINALE

INDICATIF

Présent
il/elle se jette

Passé composé
il/elle s'est jeté, ée

Imparfait
il/elle se jetait

Plus-que-parfait
il/elle s'était jeté, ée

Passé simple
il/elle se jeta

Passé antérieur
il/elle se fut jeté, ée

Futur simple
il/elle se jettera

Futur antérieur
il/elle se sera jeté, ée

INFINITIF

Présent
se jeter

Passé
s'être jeté, ée

PARTICIPE

Présent
se jetant

Passé
s'étant jeté, ée

SUBJONCTIF

Présent
qu'il/elle se jette

Passé
qu'il/elle se soit jeté, ée

Imparfait
qu'il/elle se jetât

Plus-que-parfait
qu'il/elle se fût jeté, ée

CONDITIONNEL

Présent
il/elle se jetterait

Passé 1re forme
il/elle se serait jeté, ée

Passé 2e forme
il/elle se fût jeté, ée

IMPÉRATIF

Présent
jette-toi
jetons-nous
jetez-vous

ACHETER *Verbes en **ER**, se terminant par **ETER***

FORME ACTIVE

INDICATIF

Présent			*Passé composé*		
j'	ach	ète	j'	ai	acheté
tu	ach	ètes	tu	as	acheté
il	ach	ète	il	a	acheté
nous	ach	etons	nous	avons	acheté
vous	ach	etez	vous	avez	acheté
ils	ach	ètent	ils	ont	acheté
Imparfait			***Plus-que-parfait***		
j'	ach	etais	j'	avais	acheté
tu	ach	etais	tu	avais	acheté
il	ach	etait	il	avait	acheté
nous	ach	etions	nous	avions	acheté
vous	ach	etiez	vous	aviez	acheté
ils	ach	etaient	ils	avaient	acheté
Passé simple			***Passé antérieur***		
j'	ach	etai	j'	eus	acheté
tu	ach	etas	tu	eus	acheté
il	ach	eta	il	eut	acheté
nous	ach	etâmes	nous	eûmes	acheté
vous	ach	etâtes	vous	eûtes	acheté
ils	ach	etèrent	ils	eurent	acheté
Futur simple			***Futur antérieur***		
j'	ach	èterai	j'	aurai	acheté
tu	ach	èteras	tu	auras	acheté
il	ach	ètera	il	aura	acheté
nous	ach	èterons	nous	aurons	acheté
vous	ach	èterez	vous	aurez	acheté
ils	ach	èteront	ils	auront	acheté

SUBJONCTIF

Présent			*Passé*		
que j'	ach	ète	que j'	aie	acheté
que tu	ach	ètes	que tu	aies	acheté
qu'il	ach	ète	qu'il	ait	acheté
que ns	ach	etions	que ns	ayons	acheté
que vs	ach	etiez	que vs	ayez	acheté
qu'ils	ach	ètent	qu'ils	aient	acheté
Imparfait			***Plus-que-parfait***		
que j'	ach	etasse	que j'	eusse	acheté
que tu	ach	etasses	que tu	eusses	acheté
qu'il	ach	etât	qu'il	eût	acheté
que ns	ach	etassions	que ns	eussions	acheté
que vs	ach	etassiez	que vs	eussiez	acheté
qu'ils	ach	etassent	qu'ils	eussent	acheté

IMPÉRATIF

Présent		*Passé*	
ach	ète	aie	acheté
ach	etons	ayons	acheté
ach	etez	ayez	acheté

CONDITIONNEL

Présent			*Passé 1re forme*		
j'	ach	èterais	j'	aurais	acheté
tu	ach	èterais	tu	aurais	acheté
il	ach	èterait	il	aurait	acheté
nous	ach	èterions	nous	aurions	acheté
vous	ach	èteriez	vous	auriez	acheté
ils	ach	èteraient	ils	auraient	acheté

Passé 2e forme		
j'	eusse	acheté
tu	eusses	acheté
il	eût	acheté
nous	eussions	acheté
vous	eussiez	acheté
ils	eussent	acheté

INFINITIF

Présent	*Passé*
ach eter	avoir acheté

PARTICIPE

Présent	*Passé*
ach etant	ach eté, ée ayant acheté

FORME PRONOMINALE

INDICATIF

Présent
il/elle s'achète

Passé composé
il/elle s'est acheté, ée

Imparfait
il/elle s'achetait

Plus-que-parfait
il/elle s'était acheté, ée

Passé simple
il/elle s'acheta

Passé antérieur
il/elle se fut acheté, ée

Futur simple
il/elle s'achètera

Futur antérieur
il/elle se sera acheté, ée

INFINITIF

Présent
s'acheter

Passé
s'être acheté, ée

PARTICIPE

Présent
s'achetant

Passé
s'étant acheté, ée

SUBJONCTIF

Présent
qu'il/elle s'achète

Passé
qu'il/elle se soit acheté, ée

Imparfait
qu'il/elle s'achetât

Plus-que-parfait
qu'il/elle se fût acheté, ée

CONDITIONNEL

Présent
il/elle s'achèterait

Passé 1re forme
il/elle se serait acheté, ée

Passé 2e forme
il/elle se fût acheté, ée

IMPÉRATIF

Présent
achète-toi
achetons-nous
achetez-vous

FORME ACTIVE

INDICATIF

Présent			***Passé composé***		
j'	inqui	ète	j'	ai	inquiété
tu	inqui	ètes	tu	as	inquiété
elle	inqui	ète	elle	a	inquiété
nous	inqui	étons	nous	avons	inquiété
vous	inqui	étez	vous	avez	inquiété
elles	inqui	ètent	elles	ont	inquiété
Imparfait			***Plus-que-parfait***		
j'	inqui	étais	j'	avais	inquiété
tu	inqui	étais	tu	avais	inquiété
elle	inqui	était	elle	avait	inquiété
nous	inqui	étions	nous	avions	inquiété
vous	inqui	étiez	vous	aviez	inquiété
elles	inqui	étaient	elles	avaient	inquiété
Passé simple			***Passé antérieur***		
j'	inqui	étai	j'	eus	inquiété
tu	inqui	étas	tu	eus	inquiété
elle	inqui	éta	elle	eut	inquiété
nous	inqui	étâmes	nous	eûmes	inquiété
vous	inqui	étâtes	vous	eûtes	inquiété
elles	inqui	étèrent	elles	eurent	inquiété
Futur simple			***Futur antérieur***		
j'	inqui	éterai	j'	aurai	inquiété
tu	inqui	éteras	tu	auras	inquiété
elle	inqui	étera	elle	aura	inquiété
nous	inqui	éterons	nous	aurons	inquiété
vous	inqui	éterez	vous	aurez	inquiété
elles	inqui	éteront	elles	auront	inquiété

SUBJONCTIF

Présent			***Passé***		
que j'	inqui	ète	que j'	aie	inquiété
que tu	inqui	ètes	que tu	aies	inquiété
qu'elle	inqui	ète	qu'elle	ait	inquiété
que ns	inqui	étions	que ns	ayons	inquiété
que vs	inqui	étiez	que vs	ayez	inquiété
qu'elles	inqui	ètent	qu'elles	aient	inquiété
Imparfait			***Plus-que-parfait***		
que j'	inqui	étasse	que j'	eusse	inquiété
que tu	inqui	étasses	que tu	eusses	inquiété
qu'elle	inqui	étât	qu'elle	eût	inquiété
que ns	inqui	étassions	que ns	eussions	inquiété
que vs	inqui	étassiez	que vs	eussiez	inquiété
qu'elles	inqui	étassent	qu'elles	eussent	inquiété

IMPÉRATIF

Présent		***Passé***	
inqui	ète	aie	inquiété
inqui	étons	ayons	inquiété
inqui	étez	ayez	inquiété

CONDITIONNEL

Présent			***Passé 1re forme***		
j'	inqui	éterais	j'	aurais	inquiété
tu	inqui	éterais	tu	aurais	inquiété
elle	inqui	éterait	elle	aurait	inquiété
nous	inqui	éterions	nous	aurions	inquiété
vous	inqui	éteriez	vous	auriez	inquiété
elles	inqui	éteraient	elles	auraient	inquiété

Passé 2e forme

j'	eusse	inquiété
tu	eusses	inquiété
elle	eût	inquiété
nous	eussions	inquiété
vous	eussiez	inquiété
elles	eussent	inquiété

INFINITIF

Présent
inqui éter

Passé
avoir inquiété

PARTICIPE

Présent
inqui étant

Passé
inqui été, ée
ayant inquiété

FORME PRONOMINALE

INDICATIF

Présent
il/elle s'inquiète

Passé composé
il/elle s'est inquiété, ée

Imparfait
il/elle s'inquiétait

Plus-que-parfait
il/elle s'était inquiété, ée

Passé simple
il/elle s'inquiéta

Passé antérieur
il/elle se fut inquiété, ée

Futur simple
il/elle s'inquiétera

Futur antérieur
il/elle se sera inquiété, ée

INFINITIF

Présent
s'inquiéter

Passé
s'être inquiété, ée

PARTICIPE

Présent
s'inquiétant

Passé
s'étant inquiété, ée

SUBJONCTIF

Présent
qu'il/elle s'inquiète

Passé
qu'il/elle se soit inquiété, ée

Imparfait
qu'il/elle s'inquiétât

Plus-que-parfait
qu'il/elle se fût inquiété, ée

CONDITIONNEL

Présent
il/elle s'inquiéterait

Passé 1re forme
il/elle se serait inquiété, ée

Passé 2e forme
il/elle se fût inquiété, ée

IMPÉRATIF

Présent
inquiète-toi
inquiétons-nous
inquiétez-vous

AGITER *Verbes en **ER**, se terminant par **TER***

FORME ACTIVE

INDICATIF

Présent
j' agi te
tu agi tes
il agi te
nous agi tons
vous agi tez
ils agi tent

Passé composé
j' ai agité
tu as agité
il a agité
nous avons agité
vous avez agité
ils ont agité

Imparfait
j' agi tais
tu agi tais
il agi tait
nous agi tions
vous agi tiez
ils agi taient

Plus-que-parfait
j' avais agité
tu avais agité
il avait agité
nous avions agité
vous aviez agité
ils avaient agité

Passé simple
j' agi tai
tu agi tas
il agi ta
nous agi tâmes
vous agi tâtes
ils agi tèrent

Passé antérieur
j' eus agité
tu eus agité
il eut agité
nous eûmes agité
vous eûtes agité
ils eurent agité

Futur simple
j' agi terai
tu agi teras
il agi tera
nous agi terons
vous agi terez
ils agi teront

Futur antérieur
j' aurai agité
tu auras agité
il aura agité
nous aurons agité
vous aurez agité
ils auront agité

SUBJONCTIF

Présent
que j' agi te
que tu agi tes
qu'il agi te
que ns agi tions
que vs agi tiez
qu'ils agi tent

Passé
que j' aie agité
que tu aies agité
qu'il ait agité
que ns ayons agité
que vs ayez agité
qu'ils aient agité

Imparfait
que j' agi tasse
que tu agi tasses
qu'il agi tât
que ns agi tassions
que vs agi tassiez
qu'ils agi tassent

Plus-que-parfait
que j' eusse agité
que tu eusses agité
qu'il eût agité
que ns eussions agité
que vs eussiez agité
qu'ils eussent agité

IMPÉRATIF

Présent
agi te
agi tons
agi tez

Passé
aie agité
ayons agité
ayez agité

CONDITIONNEL

Présent
j' agi terais
tu agi terais
il agi terait
nous agi terions
vous agi teriez
ils agi teraient

Passé 1re forme
j' aurais agité
tu aurais agité
il aurait agité
nous aurions agité
vous auriez agité
ils auraient agité

Passé 2e forme
j' eusse agité
tu eusses agité
il eût agité
nous eussions agité
vous eussiez agité
ils eussent agité

INFINITIF

Présent
agi ter

Passé
avoir agité

PARTICIPE

Présent
agi tant

Passé
agi té, ée
ayant agité

FORME PRONOMINALE

INDICATIF

Présent
il/elle s'agite

Passé composé
il/elle s'est agité, ée

Imparfait
il/elle s'agitait

Plus-que-parfait
il/elle s'était agité, ée

Passé simple
il/elle s'agita

Passé antérieur
il/elle se fut agité, ée

Futur simple
il/elle s'agitera

Futur antérieur
il/elle se sera agité, ée

SUBJONCTIF

Présent
qu'il/elle s'agite

Passé
qu'il/elle se soit agité, ée

Imparfait
qu'il/elle s'agitât

Plus-que-parfait
qu'il/elle se fût agité, ée

CONDITIONNEL

Présent
il/elle s'agiterait

Passé 1re forme
il/elle se serait agité, ée

Passé 2e forme
il/elle se fût agité, ée

IMPÉRATIF

Présent
agite-toi
agitons-nous
agitez-vous

INFINITIF

Présent
s'agiter

Passé
s'être agité, ée

PARTICIPE

Présent
s'agitant

Passé
s'étant agité, ée

FORME ACTIVE

INDICATIF

Présent			*Passé composé*		
je	pén	ètre	j'	ai	pénétré
tu	pén	ètres	tu	as	pénétré
elle	pén	ètre	elle	a	pénétré
nous	pén	étrons	nous	avons	pénétré
vous	pén	étrez	vous	avez	pénétré
elles	pén	ètrent	elles	ont	pénétré

Imparfait			*Plus-que-parfait*		
je	pén	étrais	j'	avais	pénétré
tu	pén	étrais	tu	avais	pénétré
elle	pén	étrait	elle	avait	pénétré
nous	pén	étrions	nous	avions	pénétré
vous	pén	étriez	vous	aviez	pénétré
elles	pén	étraient	elles	avaient	pénétré

Passé simple			*Passé antérieur*		
je	pén	étrai	j'	eus	pénétré
tu	pén	étras	tu	eus	pénétré
elle	pén	étra	elle	eut	pénétré
nous	pén	étrâmes	nous	eûmes	pénétré
vous	pén	étrâtes	vous	eûtes	pénétré
elles	pén	étrèrent	elles	eurent	pénétré

Futur simple			*Futur antérieur*		
je	pén	étrerai	j'	aurai	pénétré
tu	pén	étreras	tu	auras	pénétré
elle	pén	étrera	elle	aura	pénétré
nous	pén	étrerons	nous	aurons	pénétré
vous	pén	étrerez	vous	aurez	pénétré
elles	pén	étreront	elles	auront	pénétré

SUBJONCTIF

Présent			*Passé*		
que je	pén	ètre	que j'	aie	pénétré
que tu	pén	ètres	que tu	aies	pénétré
qu'elle	pén	ètre	qu'elle	ait	pénétré
que ns	pén	étrions	que ns	ayons	pénétré
que vs	pén	étriez	que vs	ayez	pénétré
qu'elles	pén	ètrent	qu'elles	aient	pénétré

Imparfait			*Plus-que-parfait*		
que je	pén	étrasse	que j'	eusse	pénétré
que tu	pén	étrasses	que tu	eusses	pénétré
qu'elle	pén	étrât	qu'elle	eût	pénétré
que ns	pén	étrassions	que ns	eussions	pénétré
que vs	pén	étrassiez	que vs	eussiez	pénétré
qu'elles	pén	étrassent	qu'elles	eussent	pénétré

IMPÉRATIF

Présent		*Passé*	
pén	ètre	aie	pénétré
pén	étrons	ayons	pénétré
pén	étrez	ayez	pénétré

CONDITIONNEL

Présent			*Passé 1re forme*		
je	pén	étrerais	j'	aurais	pénétré
tu	pén	étrerais	tu	aurais	pénétré
elle	pén	étrerait	elle	aurait	pénétré
nous	pén	étrerions	nous	aurions	pénétré
vous	pén	étreriez	vous	auriez	pénétré
elles	pén	étreraient	elles	auraient	pénétré

Passé 2e forme

j'	eusse	pénétré
tu	eusses	pénétré
elle	eût	pénétré
nous	eussions	pénétré
vous	eussiez	pénétré
elles	eussent	pénétré

INFINITIF

Présent
pén étrer

Passé
avoir pénétré

PARTICIPE

Présent
pén étrant

Passé
pén étré, ée
ayant pénétré

FORME PRONOMINALE

INDICATIF

Présent
il/elle se pénètre

Passé composé
il/elle s'est pénétré, ée

Imparfait
il/elle se pénétrait

Plus-que-parfait
il/elle s'était pénétré, ée

Passé simple
il/elle se pénétra

Passé antérieur
il/elle se fut pénétré, ée

Futur simple
il/elle se pénétrera

Futur antérieur
il/elle se sera pénétré, ée

INFINITIF

Présent
se pénétrer

Passé
s'être pénétré, ée

PARTICIPE

Présent
se pénétrant

Passé
s'étant pénétré, ée

SUBJONCTIF

Présent
qu'il/elle se pénètre

Passé
qu'il/elle se soit pénétré, ée

Imparfait
qu'il/elle se pénétrât

Plus-que-parfait
qu'il/elle se fût pénétré, ée

CONDITIONNEL

Présent
il/elle se pénétrerait

Passé 1re forme
il/elle se serait pénétré, ée

Passé 2e forme
il/elle se fût pénétré, ée

IMPÉRATIF

Présent
pénètre-toi
pénétrons-nous
pénétrez-vous

MONTRER *Verbes en **ER**, se terminant par **TRER***

FORME ACTIVE

INDICATIF

Présent			*Passé composé*		
je	mon	tre	j'	ai	montré
tu	mon	tres	tu	as	montré
il	mon	tre	il	a	montré
nous	mon	trons	nous	avons	montré
vous	mon	trez	vous	avez	montré
ils	mon	trent	ils	ont	montré

Imparfait			*Plus-que-parfait*		
je	mon	trais	j'	avais	montré
tu	mon	trais	tu	avais	montré
il	mon	trait	il	avait	montré
nous	mon	trions	nous	avions	montré
vous	mon	triez	vous	aviez	montré
ils	mon	traient	ils	avaient	montré

Passé simple			*Passé antérieur*		
je	mon	trai	j'	eus	montré
tu	mon	tras	tu	eus	montré
il	mon	tra	il	eut	montré
nous	mon	trâmes	nous	eûmes	montré
vous	mon	trâtes	vous	eûtes	montré
ils	mon	trèrent	ils	eurent	montré

Futur simple			*Futur antérieur*		
je	mon	trerai	j'	aurai	montré
tu	mon	treras	tu	auras	montré
il	mon	trera	il	aura	montré
nous	mon	trerons	nous	aurons	montré
vous	mon	trerez	vous	aurez	montré
ils	mon	treront	ils	auront	montré

SUBJONCTIF

Présent			*Passé*		
que je	mon	tre	que j'	aie	montré
que tu	mon	tres	que tu	aies	montré
qu'il	mon	tre	qu'il	ait	montré
que ns	mon	trions	que ns	ayons	montré
que vs	mon	triez	que vs	ayez	montré
qu'ils	mon	trent	qu'ils	aient	montré

Imparfait			*Plus-que-parfait*		
que je	mon	trasse	que j'	eusse	montré
que tu	mon	trasses	que tu	eusses	montré
qu'il	mon	trât	qu'il	eût	montré
que ns	mon	trassions	que ns	eussions	montré
que vs	mon	trassiez	que vs	eussiez	montré
qu'ils	mon	trassent	qu'ils	eussent	montré

IMPÉRATIF

Présent		*Passé*	
mon	tre	aie	montré
mon	trons	ayons	montré
mon	trez	ayez	montré

CONDITIONNEL

Présent			*Passé 1re forme*		
je	mon	trerais	j'	aurais	montré
tu	mon	trerais	tu	aurais	montré
il	mon	trerait	il	aurait	montré
nous	mon	trerions	nous	aurions	montré
vous	mon	treriez	vous	auriez	montré
ils	mon	treraient	ils	auraient	montré

Passé 2e forme

j'	eusse	montré
tu	eusses	montré
il	eût	montré
nous	eussions	montré
vous	eussiez	montré
ils	eussent	montré

INFINITIF

Présent
mon tre r

Passé
avoir montré

PARTICIPE

Présent
mon trant

Passé
mon tré, ée
ayant montré

FORME PRONOMINALE

INDICATIF

Présent
il/elle se montre

Passé composé
il/elle s'est montré, ée

Imparfait
il/elle se montrait

Plus-que-parfait
il/elle s'était montré, ée

Passé simple
il/elle se montra

Passé antérieur
il/elle se fut montré, ée

Futur simple
il/elle se montrera

Futur antérieur
il/elle se sera montré, ée

INFINITIF

Présent
se montrer

Passé
s'être montré, ée

PARTICIPE

Présent
se montrant

Passé
s'étant montré, ée

SUBJONCTIF

Présent
qu'il/elle se montre

Passé
qu'il/elle se soit montré, ée

Imparfait
qu'il/elle se montrât

Plus-que-parfait
qu'il/elle se fût montré, ée

CONDITIONNEL

Présent
il/elle se montrerait

Passé 1re forme
il/elle se serait montré, ée

Passé 2e forme
il/elle se fût montré, ée

IMPÉRATIF

Présent
montre-toi
montrons-nous
montrez-vous

FORME ACTIVE

INDICATIF

Présent

je	l ève
tu	l èves
elle	l ève
nous	l evons
vous	l evez
elles	l èvent

Passé composé

j'	ai	levé
tu	as	levé
elle	a	levé
nous	avons	levé
vous	avez	levé
elles	ont	levé

Imparfait

je	l evais
tu	l evais
elle	l evait
nous	l evions
vous	l eviez
elles	l evaient

Plus-que-parfait

j'	avais	levé
tu	avais	levé
elle	avait	levé
nous	avions	levé
vous	aviez	levé
elles	avaient	levé

Passé simple

je	l evai
tu	l evas
elle	l eva
nous	l evâmes
vous	l evâtes
elles	l evèrent

Passé antérieur

j'	eus	levé
tu	eus	levé
elle	eut	levé
nous	eûmes	levé
vous	eûtes	levé
elles	eurent	levé

Futur simple

je	l èverai
tu	l èveras
elle	l èvera
nous	l èverons
vous	l èverez
elles	l èveront

Futur antérieur

j'	aurai	levé
tu	auras	levé
elle	aura	levé
nous	aurons	levé
vous	aurez	levé
elles	auront	levé

SUBJONCTIF

Présent

que je	l ève
que tu	l èves
qu'elle	l ève
que ns	l evions
que vs	l eviez
qu'elles	l èvent

Passé

que j'	aie	levé
que tu	aies	levé
qu'elle	ait	levé
que ns	ayons	levé
que vs	ayez	levé
qu'elles	aient	levé

Imparfait

que je	l evasse
que tu	l evasses
qu'elle	l evât
que ns	l evassions
que vs	l evassiez
qu'elles	l evassent

Plus-que-parfait

que j'	eusse	levé
que tu	eusses	levé
qu'elle	eût	levé
que ns	eussions	levé
que vs	eussiez	levé
qu'elles	eussent	levé

IMPÉRATIF

Présent

l ève
l evons
l evez

Passé

aie levé
ayons levé
ayez levé

CONDITIONNEL

Présent

je	l èverais
tu	l èverais
elle	l èverait
nous	l èverions
vous	l èveriez
elles	l èveraient

Passé 1re forme

j'	aurais	levé
tu	aurais	levé
elle	aurait	levé
nous	aurions	levé
vous	auriez	levé
elles	auraient	levé

Passé 2e forme

j'	eusse	levé
tu	eusses	levé
elle	eût	levé
nous	eussions	levé
vous	eussiez	levé
elles	eussent	levé

INFINITIF

Présent
l ever

Passé
avoir levé

PARTICIPE

Présent
l evant

Passé
l evé, ée
ayant levé

FORME PRONOMINALE

INDICATIF

Présent
elle se lève

Passé composé
il/elle s'est levé, ée

Imparfait
il/elle se levait

Plus-que-parfait
il/elle s'était levé, ée

Passé simple
il/elle se leva

Passé antérieur
il/elle se fut levé, ée

Futur simple
il/elle se lèvera

Futur antérieur
il/elle se sera levé, ée

INFINITIF

Présent
se lever

Passé
s'être levé, ée

PARTICIPE

Présent
se levant

Passé
s'étant levé, ée

SUBJONCTIF

Présent
qu'il/elle se lève

Passé
qu'il/elle se soit levé, ée

Imparfait
qu'il/elle se levât

Plus-que-parfait
qu'il/elle se fût levé, ée

CONDITIONNEL

Présent
il/elle se lèverait

Passé 1re forme
il/elle se serait levé, ée

Passé 2e forme
il/elle se fût levé, ée

IMPÉRATIF

Présent
lève-toi
levons-nous
levez-vous

LAVER *Verbes en **ER**, se terminant par **VER***

FORME ACTIVE

INDICATIF

Présent		Passé composé		
je	la ve	j'	ai	lavé
tu	la ves	tu	as	lavé
il	la ve	il	a	lavé
nous	la vons	nous	avons	lavé
vous	la vez	vous	avez	lavé
ils	la vent	ils	ont	lavé

Imparfait		Plus-que-parfait		
je	la vais	j'	avais	lavé
tu	la vais	tu	avais	lavé
il	la vait	il	avait	lavé
nous	la vions	nous	avions	lavé
vous	la viez	vous	aviez	lavé
ils	la vaient	ils	avaient	lavé

Passé simple		Passé antérieur		
je	la vai	j'	eus	lavé
tu	la vas	tu	eus	lavé
il	la va	il	eut	lavé
nous	la vâmes	nous	eûmes	lavé
vous	la vâtes	vous	eûtes	lavé
ils	la vèrent	ils	eurent	lavé

Futur simple		Futur antérieur		
je	la verai	j'	aurai	lavé
tu	la veras	tu	auras	lavé
il	la vera	il	aura	lavé
nous	la verons	nous	aurons	lavé
vous	la verez	vous	aurez	lavé
ils	la veront	ils	auront	lavé

SUBJONCTIF

Présent		Passé		
que je	la ve	que j'	aie	lavé
que tu	la ves	que tu	aies	lavé
qu'il	la ve	qu'il	ait	lavé
que ns	la vions	que ns	ayons	lavé
que vs	la viez	que vs	ayez	lavé
qu'ils	la vent	qu'ils	aient	lavé

Imparfait		Plus-que-parfait		
que je	la vasse	que j'	eusse	lavé
que tu	la vasses	que tu	eusses	lavé
qu'il	la vât	qu'il	eût	lavé
que ns	la vassions	que ns	eussions	lavé
que vs	la vassiez	que vs	eussiez	lavé
qu'ils	la vassent	qu'ils	eussent	lavé

IMPÉRATIF

Présent	Passé	
la ve	aie	lavé
la vons	ayons	lavé
la vez	ayez	lavé

CONDITIONNEL

Présent		Passé 1re forme		
je	la verais	j'	aurais	lavé
tu	la verais	tu	aurais	lavé
il	la verait	il	aurait	lavé
nous	la verions	nous	aurions	lavé
vous	la veriez	vous	auriez	lavé
ils	la veraient	ils	auraient	lavé

Passé 2e forme		
j'	eusse	lavé
tu	eusses	lavé
il	eût	lavé
nous	eussions	lavé
vous	eussiez	lavé
ils	eussent	lavé

INFINITIF

Présent	Passé
la ver	avoir lavé

PARTICIPE

Présent	Passé
la vant	la vé, ée ayant lavé

FORME PRONOMINALE

INDICATIF

Présent
il/elle se lave

Passé composé
il/elle s'est lavé, ée

Imparfait
il/elle se lavait

Plus-que-parfait
il/elle s'était lavé, ée

Passé simple
il/elle se lava

Passé antérieur
il/elle se fut lavé, ée

Futur simple
il/elle se lavera

Futur antérieur
il/elle se sera lavé, ée

INFINITIF

Présent
se laver

Passé
s'être lavé, ée

PARTICIPE

Présent
se lavant

Passé
s'étant lavé, ée

SUBJONCTIF

Présent
qu'il/elle se lave

Passé
qu'il/elle se soit lavé, ée

Imparfait
qu'il/elle se lavât

Plus-que-parfait
qu'il/elle se fût lavé, ée

CONDITIONNEL

Présent
il/elle se laverait

Passé 1re forme
il/elle se serait lavé, ée

Passé 2e forme
il/elle se fût lavé, ée

IMPÉRATIF

Présent
lave-toi
lavons-nous
lavez-vous

FORME ACTIVE

INDICATIF

Présent

je	s	èvre
tu	s	èvres
elle	s	èvre
nous	s	evrons
vous	s	evrez
elles	s	èvrent

Passé composé

j'	ai	sevré
tu	as	sevré
elle	a	sevré
nous	avons	sevré
vous	avez	sevré
elles	ont	sevré

Imparfait

je	s	evrais
tu	s	evrais
elle	s	evrait
nous	s	evrions
vous	s	evriez
elles	s	evraient

Plus-que-parfait

j'	avais	sevré
tu	avais	sevré
elle	avait	sevré
nous	avions	sevré
vous	aviez	sevré
elles	avaient	sevré

Passé simple

je	s	evrai
tu	s	evras
elle	s	evra
nous	s	evrâmes
vous	s	evrâtes
elles	s	evrèrent

Passé antérieur

j'	eus	sevré
tu	eus	sevré
elle	eut	sevré
nous	eûmes	sevré
vous	eûtes	sevré
elles	eurent	sevré

Futur simple

je	s	èvrerai
tu	s	èvreras
elle	s	èvrera
nous	s	èvrerons
vous	s	èvrerez
elles	s	èvreront

Futur antérieur

j'	aurai	sevré
tu	auras	sevré
elle	aura	sevré
nous	aurons	sevré
vous	aurez	sevré
elles	auront	sevré

SUBJONCTIF

Présent

que je	s	èvre
que tu	s	èvres
qu'elle	s	èvre
que ns	s	evrions
que vs	s	evriez
qu'elles	s	èvrent

Passé

que j'	aie	sevré
que tu	aies	sevré
qu'elle	ait	sevré
que ns	ayons	sevré
que vs	ayez	sevré
qu'elles	aient	sevré

Imparfait

que je	s	evrasse
que tu	s	evrasses
qu'elle	s	evrât
que ns	s	evrassions
que vs	s	evrassiez
qu'elles	s	evrassent

Plus-que-parfait

que j'	eusse	sevré
que tu	eusses	sevré
qu'elle	eût	sevré
que ns	eussions	sevré
que vs	eussiez	sevré
qu'elles	eussent	sevré

IMPÉRATIF

Présent

s èvre
s evrons
s evrez

Passé

aie sevré
ayons sevré
ayez sevré

CONDITIONNEL

Présent

je	s	èvrerais
tu	s	èvrerais
elle	s	èvrerait
nous	s	èvrerions
vous	s	èvreriez
elles	s	èvreraient

Passé 1re forme

j'	aurais	sevré
tu	aurais	sevré
elle	aurait	sevré
nous	aurions	sevré
vous	auriez	sevré
elles	auraient	sevré

Passé 2e forme

j'	eusse	sevré
tu	eusses	sevré
elle	eût	sevré
nous	eussions	sevré
vous	eussiez	sevré
elles	eussent	sevré

INFINITIF

Présent
s evrer

Passé
avoir sevré

PARTICIPE

Présent
s evrant

Passé
s evré, ée
ayant sevré

FORME PRONOMINALE

INDICATIF

Présent
il/elle se sèvre

Passé composé
il/elle s'est sevré, ée

Imparfait
il/elle se sevrait

Plus-que-parfait
il/elle s'était sevré, ée

Passé simple
il/elle se sevra

Passé antérieur
il/elle se fut sevré, ée

Futur simple
il/elle se sèvrera

Futur antérieur
il/elle se sera sevré, ée

INFINITIF

Présent
se sevrer

Passé
s'être sevré, ée

PARTICIPE

Présent
se sevrant

Passé
s'étant sevré, ée

SUBJONCTIF

Présent
qu'il/elle se sèvre

Passé
qu'il/elle se soit sevré, ée

Imparfait
qu'il/elle se sevrât

Plus-que-parfait
qu'il/elle se fût sevré, ée

CONDITIONNEL

Présent
il/elle se sèvrerait

Passé 1re forme
il/elle se serait sevré, ée

Passé 2e forme
il/elle se fût sevré, ée

IMPÉRATIF

Présent
sèvre-toi
sevrons-nous
sevrez-vous

ENFIÉVRER *Verbes en **ER**, se terminant par **ÉVRER***

FORME ACTIVE

INDICATIF

Présent			*Passé composé*		
j'	enfi	èvre	j'	ai	enfiévré
tu	enfi	èvres	tu	as	enfiévré
il	enfi	èvre	il	a	enfiévré
nous	enfi	évrons	nous	avons	enfiévré
vous	enfi	évrez	vous	avez	enfiévré
ils	enfi	èvrent	ils	ont	enfiévré

Imparfait			*Plus-que-parfait*		
j'	enfi	évrais	j'	avais	enfiévré
tu	enfi	évrais	tu	avais	enfiévré
il	enfi	évrait	il	avait	enfiévré
nous	enfi	évrions	nous	avions	enfiévré
vous	enfi	évriez	vous	aviez	enfiévré
ils	enfi	évraient	ils	avaient	enfiévré

Passé simple			*Passé antérieur*		
j'	enfi	évrai	j'	eus	enfiévré
tu	enfi	évras	tu	eus	enfiévré
il	enfi	évra	il	eut	enfiévré
nous	enfi	évrâmes	nous	eûmes	enfiévré
vous	enfi	évrâtes	vous	eûtes	enfiévré
ils	enfi	évrèrent	ils	eurent	enfiévré

Futur simple			*Futur antérieur*		
j'	enfi	évrerai	j'	aurai	enfiévré
tu	enfi	évreras	tu	auras	enfiévré
il	enfi	évrera	il	aura	enfiévré
nous	enfi	évrerons	nous	aurons	enfiévré
vous	enfi	évrerez	vous	aurez	enfiévré
ils	enfi	évreront	ils	auront	enfiévré

SUBJONCTIF

Présent			*Passé*		
que j'	enfi	èvre	que j'	aie	enfiévré
que tu	enfi	èvres	que tu	aies	enfiévré
qu'il	enfi	èvre	qu'il	ait	enfiévré
que ns	enfi	évrions	que ns	ayons	enfiévré
que vs	enfi	évriez	que vs	ayez	enfiévré
qu'ils	enfi	èvrent	qu'ils	aient	enfiévré

Imparfait			*Plus-que-parfait*		
que j'	enfi	évrasse	que j'	eusse	enfiévré
que tu	enfi	évrasses	que tu	eusses	enfiévré
qu'il	enfi	évrât	qu'il	eût	enfiévré
que ns	enfi	évrassions	que ns	eussions	enfiévré
que vs	enfi	évrassiez	que vs	eussiez	enfiévré
qu'ils	enfi	évrassent	qu'ils	eussent	enfiévré

IMPÉRATIF

Présent		*Passé*	
enfi	èvre	aie	enfi évré
enfi	évrons	ayons	enfi évré
enfi	évrez	ayez	enfi évré

CONDITIONNEL

Présent			*Passé 1re forme*		
j'	enfi	évrerais	j'	aurais	enfiévré
tu	enfi	évrerais	tu	aurais	enfiévré
il	enfi	évrerait	il	aurait	enfiévré
nous	enfi	évrerions	nous	aurions	enfiévré
vous	enfi	évreriez	vous	auriez	enfiévré
ils	enfi	évreraient	ils	auraient	enfiévré

Passé 2e forme		
j'	eusse	enfiévré
tu	eusses	enfiévré
il	eût	enfiévré
nous	eussions	enfiévré
vous	eussiez	enfiévré
ils	eussent	enfiévré

INFINITIF

Présent	*Passé*
enfi évrer	avoir enfiévré

PARTICIPE

Présent	*Passé*
enfi évrant	enfi évré, ée ayant enfiévré

FORME PRONOMINALE

INDICATIF

Présent
il/elle s'enfièvre

Passé composé
il/elle s'est enfiévré, ée

Imparfait
il/elle s'enfiévrait

Plus-que-parfait
il/elle s'était enfiévré, ée

Passé simple
il/elle s'enfiévra

Passé antérieur
il/elle se fut enfiévré, ée

Futur simple
il/elle s'enfiévrera

Futur antérieur
il/elle se sera enfiévré, ée

INFINITIF

Présent
s'enfiévrer

Passé
s'être enfiévré, ée

PARTICIPE

Présent
s'enfiévrant

Passé
s'étant enfiévré, ée

SUBJONCTIF

Présent
qu'il/elle s'enfièvre

Passé
qu'il/elle se soit enfiévré, ée

Imparfait
qu'il/elle s'enfiévrât

Plus-que-parfait
qu'il/elle se fût enfiévré, ée

CONDITIONNEL

Présent
il/elle s'enfiévrerait

Passé 1re forme
il/elle se serait enfiévré, ée

Passé 2e forme
il/elle se fût enfiévré, ée

IMPÉRATIF

Présent
enfièvre-toi
enfiévrons-nous
enfiévrez-vous

FORME ACTIVE

INDICATIF

Présent		***Passé composé***		
je	li vre	j'	ai	livré
tu	li vres	tu	as	livré
elle	li vre	elle	a	livré
nous	li vrons	nous	avons	livré
vous	li vrez	vous	avez	livré
elles	li vrent	elles	ont	livré

Imparfait		***Plus-que-parfait***		
je	li vrais	j'	avais	livré
tu	li vrais	tu	avais	livré
elle	li vrait	elle	avait	livré
nous	li vrions	nous	avions	livré
vous	li vriez	vous	aviez	livré
elles	li vraient	elles	avaient	livré

Passé simple		***Passé antérieur***		
je	li vrai	j'	eus	livré
tu	li vras	tu	eus	livré
elle	li vra	elle	eut	livré
nous	li vrâmes	nous	eûmes	livré
vous	li vrâtes	vous	eûtes	livré
elles	li vrèrent	elles	eurent	livré

Futur simple		***Futur antérieur***		
je	li vrerai	j'	aurai	livré
tu	li vreras	tu	auras	livré
elle	li vrera	elle	aura	livré
nous	li vrerons	nous	aurons	livré
vous	li vrerez	vous	aurez	livré
elles	li vreront	elles	auront	livré

SUBJONCTIF

Présent		***Passé***		
que je	li vre	que j'	aie	livré
que tu	li vres	que tu	aies	livré
qu'elle	li vre	qu'elle	ait	livré
que ns	li vrions	que ns	ayons	livré
que vs	li vriez	que vs	ayez	livré
qu'elles	li vrent	qu'elles	aient	livré

Imparfait		***Plus-que-parfait***		
que je	li vrasse	que j'	eusse	livré
que tu	li vrasses	que tu	eusses	livré
qu'elle	li vrât	qu'elle	eût	livré
que ns	li vrassions	que ns	eussions	livré
que vs	li vrassiez	que vs	eussiez	livré
qu'elles	li vrassent	qu'elles	eussent	livré

IMPÉRATIF

Présent	***Passé***	
li vre	aie	livré
li vrons	ayons	livré
li vrez	ayez	livré

CONDITIONNEL

Présent		***Passé 1re forme***		
je	li vrerais	j'	aurais	livré
tu	li vrerais	tu	aurais	livré
elle	li vrerait	elle	aurait	livré
nous	li vrerions	nous	aurions	livré
vous	li vreriez	vous	auriez	livré
elles	li vreraient	elles	auraient	livré

Passé 2e forme

j'	eusse	livré
tu	eusses	livré
elle	eût	livré
nous	eussions	livré
vous	eussiez	livré
elles	eussent	livré

INFINITIF

Présent
li vrer

Passé
avoir livré

PARTICIPE

Présent
li vrant

Passé
li vré, ée
ayant livré

FORME PRONOMINALE

INDICATIF

Présent
il/elle se livre

Passé composé
il/elle s'est livré, ée

Imparfait
il/elle se livrait

Plus-que-parfait
il/elle s'était livré, ée

Passé simple
il/elle se livra

Passé antérieur
il/elle se fut livré, ée

Futur simple
il/elle se livrera

Futur antérieur
il/elle se sera livré, ée

INFINITIF

Présent
se livrer

Passé
s'être livré, ée

PARTICIPE

Présent
se livrant

Passé
s'étant livré, ée

SUBJONCTIF

Présent
qu'il/elle se livre

Passé
qu'il/elle se soit livré, ée

Imparfait
qu'il/elle se livrât

Plus-que-parfait
qu'il/elle se fût livré, ée

CONDITIONNEL

Présent
il/elle se livrerait

Passé 1re forme
il/elle se serait livré, ée

Passé 2e forme
il/elle se fût livré, ée

IMPÉRATIF

Présent
livre-toi
livrons-nous
livrez-vous

RELAXER *Verbes en **ER**, se terminant par **XER***

FORME ACTIVE

INDICATIF

Présent			*Passé composé*		
je	rela	xe	j'	ai	relaxé
tu	rela	xes	tu	as	relaxé
il	rela	xe	il	a	relaxé
nous	rela	xons	nous	avons	relaxé
vous	rela	xez	vous	avez	relaxé
ils	rela	xent	ils	ont	relaxé

Imparfait			*Plus-que-parfait*		
je	rela	xais	j'	avais	relaxé
tu	rela	xais	tu	avais	relaxé
il	rela	xait	il	avait	relaxé
nous	rela	xions	nous	avions	relaxé
vous	rela	xiez	vous	aviez	relaxé
ils	rela	xaient	ils	avaient	relaxé

Passé simple			*Passé antérieur*		
je	rela	xai	j'	eus	relaxé
tu	rela	xas	tu	eus	relaxé
il	rela	xa	il	eut	relaxé
nous	rela	xâmes	nous	eûmes	relaxé
vous	rela	xâtes	vous	eûtes	relaxé
ils	rela	xèrent	ils	eurent	relaxé

Futur simple			*Futur antérieur*		
je	rela	xerai	j'	aurai	relaxé
tu	rela	xeras	tu	auras	relaxé
il	rela	xera	il	aura	relaxé
nous	rela	xerons	nous	aurons	relaxé
vous	rela	xerez	vous	aurez	relaxé
ils	rela	xeront	ils	auront	relaxé

SUBJONCTIF

Présent			*Passé*		
que je	rela	xe	que j'	aie	relaxé
que tu	rela	xes	que tu	aies	relaxé
qu'il	rela	xe	qu'il	ait	relaxé
que ns	rela	xions	que ns	ayons	relaxé
que vs	rela	xiez	que vs	ayez	relaxé
qu'ils	rela	xent	qu'ils	aient	relaxé

Imparfait			*Plus-que-parfait*		
que je	rela	xasse	que j'	eusse	relaxé
que tu	rela	xasses	que tu	eusses	relaxé
qu'il	rela	xât	qu'il	eût	relaxé
que ns	rela	xassions	que ns	eussions	relaxé
que vs	rela	xassiez	que vs	eussiez	relaxé
qu'ils	rela	xassent	qu'ils	eussent	relaxé

IMPÉRATIF

Présent		*Passé*	
rela	xe	aie	relaxé
rela	xons	ayons	relaxé
rela	xez	ayez	relaxé

CONDITIONNEL

Présent			*Passé 1re forme*		
je	rela	xerais	j'	aurais	relaxé
tu	rela	xerais	tu	aurais	relaxé
il	rela	xerait	il	aurait	relaxé
nous	rela	xerions	nous	aurions	relaxé
vous	rela	xeriez	vous	auriez	relaxé
ils	rela	xeraient	ils	auraient	relaxé

Passé 2e forme		
j'	eusse	relaxé
tu	eusses	relaxé
il	eût	relaxé
nous	eussions	relaxé
vous	eussiez	relaxé
ils	eussent	relaxé

INFINITIF

Présent
rela xer

Passé
avoir relaxé

PARTICIPE

Présent
rela xant

Passé
rela xé, ée
ayant relaxé

FORME PRONOMINALE

INDICATIF

Présent
il/elle se relaxe

Passé composé
il/elle s'est relaxé, ée

Imparfait
il/elle se relaxait

Plus-que-parfait
il/elle s'était relaxé, ée

Passé simple
il/elle se relaxa

Passé antérieur
il/elle se fut relaxé, ée

Futur simple
il/elle se relaxera

Futur antérieur
il/elle se sera relaxé, ée

INFINITIF

Présent
se relaxer

Passé
s'être relaxé, ée

PARTICIPE

Présent
se relaxant

Passé
s'étant relaxé, ée

SUBJONCTIF

Présent
qu'il/elle se relaxe

Passé
qu'il/elle se soit relaxé, ée

Imparfait
qu'il/elle se relaxât

Plus-que-parfait
qu'il/elle se fût relaxé, ée

CONDITIONNEL

Présent
il/elle se relaxerait

Passé 1re forme
il/elle se serait relaxé, ée

Passé 2e forme
il/elle se fût relaxé, ée

IMPÉRATIF

Présent
relaxe-toi
relaxons-nous
relaxez-vous

FORME ACTIVE

INDICATIF

Présent			*Passé composé*		
je	grass	eye	j'	ai	grasseyé
tu	grass	eyes	tu	as	grasseyé
elle	grass	eye	elle	a	grasseyé
nous	grass	eyons	nous	avons	grasseyé
vous	grass	eyez	vous	avez	grasseyé
elles	grass	eyent	elles	ont	grasseyé

Imparfait			*Plus-que-parfait*		
je	grass	eyais	j'	avais	grasseyé
tu	grass	eyais	tu	avais	grasseyé
elle	grass	eyait	elle	avait	grasseyé
nous	grass	eyions	nous	avions	grasseyé
vous	grass	eyiez	vous	aviez	grasseyé
elles	grass	eyaient	elles	avaient	grasseyé

Passé simple			*Passé antérieur*		
je	grass	eyai	j'	eus	grasseyé
tu	grass	eyas	tu	eus	grasseyé
elle	grass	eya	elle	eut	grasseyé
nous	grass	eyâmes	nous	eûmes	grasseyé
vous	grass	eyâtes	vous	eûtes	grasseyé
elles	grass	eyèrent	elles	eurent	grasseyé

Futur simple			*Futur antérieur*		
je	grass	eyerai	j'	aurai	grasseyé
tu	grass	eyeras	tu	auras	grasseyé
elle	grass	eyera	elle	aura	grasseyé
nous	grass	eyerons	nous	aurons	grasseyé
vous	grass	eyerez	vous	aurez	grasseyé
elles	grass	eyeront	elles	auront	grasseyé

SUBJONCTIF

Présent			*Passé*		
que je	grass	eye	que j'	aie	grasseyé
que tu	grass	eyes	que tu	aies	grasseyé
qu'elle	grass	eye	qu'elle	ait	grasseyé
que ns	grass	eyions	que ns	ayons	grasseyé
que vs	grass	eyiez	que vs	ayez	grasseyé
qu'elles	grass	eyent	qu'elles	aient	grasseyé

Imparfait			*Plus-que-parfait*		
que je	grass	eyasse	que j'	eusse	grasseyé
que tu	grass	eyasses	que tu	eusses	grasseyé
qu'elle	grass	eyât	qu'elle	eût	grasseyé
que ns	grass	eyassions	que ns	eussions	grasseyé
que vs	grass	eyassiez	que vs	eussiez	grasseyé
qu'elles	grass	eyassent	qu'elles	eussent	grasseyé

IMPÉRATIF

Présent		*Passé*	
grass	eye	aie	grasseyé
grass	eyons	ayons	grasseyé
grass	eyez	ayez	grasseyé

CONDITIONNEL

Présent			*Passé 1re forme*		
je	grass	eyerais	j'	aurais	grasseyé
tu	grass	eyerais	tu	aurais	grasseyé
elle	grass	eyerait	elle	aurait	grasseyé
nous	grass	eyerions	nous	aurions	grasseyé
vous	grass	eyeriez	vous	auriez	grasseyé
elles	grass	eyeraient	elles	auraient	grasseyé

Passé 2e forme		
j'	eusse	grasseyé
tu	eusses	grasseyé
elle	eût	grasseyé
nous	eussions	grasseyé
vous	eussiez	grasseyé
elles	eussent	grasseyé

INFINITIF

Présent	*Passé*
grass eyer	avoir grasseyé

PARTICIPE

Présent	*Passé*
grass eyant	grass eyé, ée ayant grasseyé

Ne s'emploie pas à la forme pronominale.

PAYER *Verbes en **ER**, se terminant par **AYER***

FORME ACTIVE

INDICATIF

Présent			*Passé composé*		
je	p	aie (p aye)	j'	ai	payé
tu	p	aies (p ayes)	tu	as	payé
il	p	aie (p aye)	il	a	payé
nous	p	ayons	nous	avons	payé
vous	p	ayez	vous	avez	payé
ils	p	aient (p ayent)	ils	ont	payé

Imparfait			*Plus-que-parfait*		
je	p	ayais	j'	avais	payé
tu	p	ayais	tu	avais	payé
il	p	ayait	il	avait	payé
nous	p	ayions	nous	avions	payé
vous	p	ayiez	vous	aviez	payé
ils	p	ayaient	ils	avaient	payé

Passé simple			*Passé antérieur*		
je	p	ayai	j'	eus	payé
tu	p	ayas	tu	eus	payé
il	p	aya	il	eut	payé
nous	p	ayâmes	nous	eûmes	payé
vous	p	ayâtes	vous	eûtes	payé
ils	p	ayèrent	ils	eurent	payé

Futur simple			*Futur antérieur*		
je	p	aierai (p ayerai)	j'	aurai	payé
tu	p	aieras (p ayeras)	tu	auras	payé
il	p	aiera (p ayera)	il	aura	payé
nous	p	aierons (p ayerons)	nous	aurons	payé
vous	p	aierez (p ayerez)	vous	aurez	payé
ils	p	aieront (p ayeront)	ils	auront	payé

SUBJONCTIF

Présent			*Passé*		
que je	p	aie (p aye)	que j'	aie	payé
que tu	p	aies (p ayes)	que tu	aies	payé
qu'il	p	aie (p aye)	qu'il	ait	payé
que ns	p	ayions	que ns	ayons	payé
que vs	p	ayiez	que vs	ayez	payé
qu'ils	p	aient (p ayent)	qu'ils	aient	payé

Imparfait			*Plus-que-parfait*		
que je	p	ayasse	que j'	eusse	payé
que tu	p	ayasses	que tu	eusses	payé
qu'il	p	ayât	qu'il	eût	payé
que ns	p	ayassions	que ns	eussions	payé
que vs	p	ayassiez	que vs	eussiez	payé
qu'ils	p	ayassent	qu'ils	eussent	payé

IMPÉRATIF

Présent		*Passé*	
p	aie (p aye)	aie	payé
p	ayons	ayons	payé
p	ayez	ayez	payé

CONDITIONNEL

Présent			*Passé 1re forme*		
je	p	aierais (p ayerais)	j'	aurais	payé
tu	p	aierais (p ayerais)	tu	aurais	payé
il	p	aierait (p ayerait)	il	aurait	payé
nous	p	aierions (p ayerions)	nous	aurions	payé
vous	p	aieriez (p ayeriez)	vous	auriez	payé
ils	p	aieraient (p ayeraient)	ils	auraient	payé

Passé 2e forme		
j'	eusse	payé
tu	eusses	payé
il	eût	payé
nous	eussions	payé
vous	eussiez	payé
ils	eussent	payé

INFINITIF

Présent	*Passé*
p ayer	avoir payé

PARTICIPE

Présent	*Passé*
p ayant	p ayé, ée ayant payé

On peut conserver partout le *y* de payer.

FORME PRONOMINALE

INDICATIF

Présent
il/elle se paie (paye)

Passé composé
il/elle s'est payé, ée

Imparfait
il/elle se payait

Plus-que-parfait
il/elle s'était payé, ée

Passé simple
il/elle se paya

Passé antérieur
il/elle se fut payé, ée

Futur simple
il/elle se paiera (payera)

Futur antérieur
il/elle se sera payé, ée

INFINITIF

Présent
se payer

Passé
s'être payé, ée

PARTICIPE

Présent
se payant

Passé
s'étant payé, ée

SUBJONCTIF

Présent
qu'il/elle se paie (paye)

Passé
qu'il/elle se soit payé, ée

Imparfait
qu'il/elle se payât

Plus-que-parfait
qu'il/elle se fût payé, ée

CONDITIONNEL

Présent
il/elle se paierait (payerait)

Passé 1re forme
il/elle se serait payé, ée

Passé 2e forme
il/elle se fût payé, ée

IMPÉRATIF

Présent
paie-toi (paye-toi)
payons-nous
payez-vous

FORME ACTIVE

INDICATIF

Présent
je nett oie
tu nett oies
elle nett oie
nous nett oyons
vous nett oyez
elles nett oient

Passé composé
j' ai nettoyé
tu as nettoyé
elle a nettoyé
nous avons nettoyé
vous avez nettoyé
elles ont nettoyé

Imparfait
je nett oyais
tu nett oyais
elle nett oyait
nous nett oyions
vous nett oyiez
elles nett oyaient

Plus-que-parfait
j' avais nettoyé
tu avais nettoyé
elle avait nettoyé
nous avions nettoyé
vous aviez nettoyé
elles avaient nettoyé

Passé simple
je nett oyai
tu nett oyas
elle nett oya
nous nett oyâmes
vous nett oyâtes
elles nett oyèrent

Passé antérieur
j' eus nettoyé
tu eus nettoyé
elle eut nettoyé
nous eûmes nettoyé
vous eûtes nettoyé
elles eurent nettoyé

Futur simple
je nett oierai
tu nett oieras
elle nett oiera
nous nett oierons
vous nett oierez
elles nett oieront

Futur antérieur
j' aurai nettoyé
tu auras nettoyé
elle aura nettoyé
nous aurons nettoyé
vous aurez nettoyé
elles auront nettoyé

SUBJONCTIF

Présent
que je nett oie
que tu nett oies
qu'elle nett oie
que ns nett oyions
que vs nett oyiez
qu'elles nett oient

Passé
que j' aie nettoyé
que tu aies nettoyé
qu'elle ait nettoyé
que ns ayons nettoyé
que vs ayez nettoyé
qu'elles aient nettoyé

Imparfait
que je nett oyasse
que tu nett oyasses
qu'elle nett oyât
que ns nett oyassions
que vs nett oyassiez
qu'elles nett oyassent

Plus-que-parfait
que j' eusse nettoyé
que tu eusses nettoyé
qu'elle eût nettoyé
que ns eussions nettoyé
que vs eussiez nettoyé
qu'elles eussent nettoyé

IMPÉRATIF

Présent
nett oie
nett oyons
nett oyez

Passé
aie nettoyé
ayons nettoyé
ayez nettoyé

CONDITIONNEL

Présent
je nett oierais
tu nett oierais
elle nett oierait
nous nett oierions
vous nett oieriez
elles nett oieraient

Passé 1re forme
j' aurais nettoyé
tu aurais nettoyé
elle aurait nettoyé
nous aurions nettoyé
vous auriez nettoyé
elles auraient nettoyé

Passé 2e forme
j' eusse nettoyé
tu eusses nettoyé
elle eût nettoyé
nous eussions nettoyé
vous eussiez nettoyé
elles eussent nettoyé

INFINITIF

Présent
nett oyer

Passé
avoir nettoyé

PARTICIPE

Présent
nett oyant

Passé
nett oyé, ée
ayant nettoyé

FORME PRONOMINALE

INDICATIF

Présent
il/elle se nettoie

Passé composé
il/elle s'est nettoyé, ée

Imparfait
il/elle se nettoyait

Plus-que-parfait
il/elle s'était nettoyé, ée

Passé simple
il/elle se nettoya

Passé antérieur
il/elle se fut nettoyé, ée

Futur simple
il/elle se nettoiera

Futur antérieur
il/elle se sera nettoyé, ée

INFINITIF

Présent
se nettoyer

Passé
s'être nettoyé, ée

PARTICIPE

Présent
se nettoyant

Passé
s'étant nettoyé, ée

SUBJONCTIF

Présent
qu'il/elle se nettoie

Passé
qu'il/elle se soit nettoyé, ée

Imparfait
qu'il/elle se nettoyât

Plus-que-parfait
qu'il/elle se fût nettoyé, ée

CONDITIONNEL

Présent
il/elle se nettoierait

Passé 1re forme
il/elle se serait nettoyé, ée

Passé 2e forme
il/elle se fût nettoyé, ée

IMPÉRATIF

Présent
nettoie-toi
nettoyons-nous
nettoyez-vous

ENVOYER

FORME ACTIVE

INDICATIF

Présent

j'	envoie
tu	envoies
il	envoie
nous	envoyons
vous	envoyez
ils	envoient

Passé composé

j'	ai	envoyé
tu	as	envoyé
il	a	envoyé
nous	avons	envoyé
vous	avez	envoyé
ils	ont	envoyé

Imparfait

j'	envoyais
tu	envoyais
il	envoyait
nous	envoyions
vous	envoyiez
ils	envoyaient

Plus-que-parfait

j'	avais	envoyé
tu	avais	envoyé
il	avait	envoyé
nous	avions	envoyé
vous	aviez	envoyé
ils	avaient	envoyé

Passé simple

j'	envoyai
tu	envoyas
il	envoya
nous	envoyâmes
vous	envoyâtes
ils	envoyèrent

Passé antérieur

j'	eus	envoyé
tu	eus	envoyé
il	eut	envoyé
nous	eûmes	envoyé
vous	eûtes	envoyé
ils	eurent	envoyé

Futur simple

j'	enverrai
tu	enverras
il	enverra
nous	enverrons
vous	enverrez
ils	enverront

Futur antérieur

j'	aurai	envoyé
tu	auras	envoyé
il	aura	envoyé
nous	aurons	envoyé
vous	aurez	envoyé
ils	auront	envoyé

SUBJONCTIF

Présent

que j'	envoie
que tu	envoies
qu'il	envoie
que ns	envoyions
que vs	envoyiez
qu'ils	envoient

Passé

que j'	aie	envoyé
que tu	aies	envoyé
qu'il	ait	envoyé
que ns	ayons	envoyé
que vs	ayez	envoyé
qu'ils	aient	envoyé

Imparfait

que j'	envoyasse
que tu	envoyasses
qu'il	envoyât
que ns	envoyassions
que vs	envoyassiez
qu'ils	envoyassent

Plus-que-parfait

que j'	eusse	envoyé
que tu	eusses	envoyé
qu'il	eût	envoyé
que ns	eussions	envoyé
que vs	eussiez	envoyé
qu'ils	eussent	envoyé

IMPÉRATIF

Présent

envoie
envoyons
envoyez

Passé

aie	envoyé
ayons	envoyé
ayez	envoyé

CONDITIONNEL

Présent

j'	enverrais
tu	enverrais
il	enverrait
nous	enverrions
vous	enverriez
ils	enverraient

Passé 1re forme

j'	aurais	envoyé
tu	aurais	envoyé
il	aurait	envoyé
nous	aurions	envoyé
vous	auriez	envoyé
ils	auraient	envoyé

Passé 2e forme

j'	eusse	envoyé
tu	eusses	envoyé
il	eût	envoyé
nous	eussions	envoyé
vous	eussiez	envoyé
ils	eussent	envoyé

INFINITIF

Présent

envoyer

Passé

avoir envoyé

PARTICIPE

Présent

envoyant

Passé

envoyé, ée
ayant envoyé

FORME PRONOMINALE

INDICATIF

Présent
il/elle s'envoie

Passé composé
il/elle s'est envoyé, ée

Imparfait
il/elle s'envoyait

Plus-que-parfait
il/elle s'était envoyé, ée

Passé simple
il/elle s'envoya

Passé antérieur
il/elle se fut envoyé, ée

Futur simple
il/elle s'enverra

Futur antérieur
il/elle se sera envoyé, ée

INFINITIF

Présent
s'envoyer

Passé
s'être envoyé, ée

PARTICIPE

Présent
s'envoyant

Passé
s'étant envoyé, ée

SUBJONCTIF

Présent
qu'il/elle s'envoie

Passé
qu'il/elle se soit envoyé, ée

Imparfait
qu'il/elle s'envoyât

Plus-que-parfait
qu'il/elle se fût envoyé, ée

CONDITIONNEL

Présent
il/elle s'enverrait

Passé 1re forme
il/elle se serait envoyé, ée

Passé 2e forme
il/elle se fût envoyé, ée

IMPÉRATIF

Présent
envoie-toi
envoyons-nous
envoyez-vous

FORME ACTIVE

INDICATIF

Présent			**Passé composé**		
j'	enn	uie	j'	ai	ennuyé
tu	enn	uies	tu	as	ennuyé
elle	enn	uie	elle	a	ennuyé
nous	enn	uyons	nous	avons	ennuyé
vous	enn	uyez	vous	avez	ennuyé
elles	enn	uient	elles	ont	ennuyé
Imparfait			**Plus-que-parfait**		
j'	enn	uyais	j'	avais	ennuyé
tu	enn	uyais	tu	avais	ennuyé
elle	enn	uyait	elle	avait	ennuyé
nous	enn	uyions	nous	avions	ennuyé
vous	enn	uyiez	vous	aviez	ennuyé
elles	enn	uyaient	elles	avaient	ennuyé
Passé simple			**Passé antérieur**		
j'	enn	uyai	j'	eus	ennuyé
tu	enn	uyas	tu	eus	ennuyé
elle	enn	uya	elle	eut	ennuyé
nous	enn	uyâmes	nous	eûmes	ennuyé
vous	enn	uyâtes	vous	eûtes	ennuyé
elles	enn	uyèrent	elles	eurent	ennuyé
Futur simple			**Futur antérieur**		
j'	enn	uierai	j'	aurai	ennuyé
tu	enn	uieras	tu	auras	ennuyé
elle	enn	uiera	elle	aura	ennuyé
nous	enn	uierons	nous	aurons	ennuyé
vous	enn	uierez	vous	aurez	ennuyé
elles	enn	uieront	elles	auront	ennuyé

SUBJONCTIF

Présent			**Passé**		
que j'	enn	uie	que j'	aie	ennuyé
que tu	enn	uies	que tu	aies	ennuyé
qu'elle	enn	uie	qu'elle	ait	ennuyé
que ns	enn	uyions	que ns	ayons	ennuyé
que vs	enn	uyiez	que vs	ayez	ennuyé
qu'elles	enn	uient	qu'elles	aient	ennuyé
Imparfait			**Plus-que-parfait**		
que j'	enn	uyasse	que j'	eusse	ennuyé
que tu	enn	uyasses	que tu	eusses	ennuyé
qu'elle	enn	uyât	qu'elle	eût	ennuyé
que ns	enn	uyassions	que ns	eussions	ennuyé
que vs	enn	uyassiez	que vs	eussiez	ennuyé
qu'elles	enn	uyassent	qu'elles	eussent	ennuyé

IMPÉRATIF

Présent		**Passé**	
enn	uie	aie	ennuyé
enn	uyons	ayons	ennuyé
enn	uyez	ayez	ennuyé

CONDITIONNEL

Présent			**Passé 1re forme**		
j'	enn	uierais	j'	aurais	ennuyé
tu	enn	uierais	tu	aurais	ennuyé
elle	enn	uierait	elle	aurait	ennuyé
nous	enn	uierions	nous	aurions	ennuyé
vous	enn	uieriez	vous	auriez	ennuyé
elles	enn	uieraient	elles	auraient	ennuyé

Passé 2e forme

j'	eusse	ennuyé
tu	eusses	ennuyé
elle	eût	ennuyé
nous	eussions	ennuyé
vous	eussiez	ennuyé
elles	eussent	ennuyé

INFINITIF

Présent
enn uyer

Passé
avoir ennuyé

PARTICIPE

Présent
enn uyant

Passé
enn uyé, ée
ayant ennuyé

FORME PRONOMINALE

INDICATIF

Présent
il/elle s'ennuie

Passé composé
il/elle s'est ennuyé, ée

Imparfait
il/elle s'ennuyait

Plus-que-parfait
il/elle s'était ennuyé, ée

Passé simple
il/elle s'ennuya

Passé antérieur
il/elle se fut ennuyé, ée

Futur simple
il/elle s'ennuiera

Futur antérieur
il/elle se sera ennuyé, ée

INFINITIF

Présent
s'ennuyer

Passé
s'être ennuyé, ée

PARTICIPE

Présent
s'ennuyant

Passé
s'étant ennuyé, ée

SUBJONCTIF

Présent
qu'il/elle s'ennuie

Passé
qu'il/elle se soit ennuyé, ée

Imparfait
qu'il/elle s'ennuyât

Plus-que-parfait
qu'il/elle se fût ennuyé, ée

CONDITIONNEL

Présent
il/elle s'ennuierait

Passé 1re forme
il/elle se serait ennuyé, ée

Passé 2e forme
il/elle se fût ennuyé, ée

IMPÉRATIF

Présent
ennuie-toi
ennuyons-nous
ennuyez-vous

SECOUER *Verbes en **ER**, se terminant par **OUER***

FORME ACTIVE

INDICATIF

Présent

je	sec	oue
tu	sec	oues
il	sec	oue
nous	sec	ouons
vous	sec	ouez
ils	sec	ouent

Passé composé

j'	ai	secoué
tu	as	secoué
il	a	secoué
nous	avons	secoué
vous	avez	secoué
ils	ont	secoué

Imparfait

je	sec	ouais
tu	sec	ouais
il	sec	ouait
nous	sec	ouions
vous	sec	ouiez
ils	sec	ouaient

Plus-que-parfait

j'	avais	secoué
tu	avais	secoué
il	avait	secoué
nous	avions	secoué
vous	aviez	secoué
ils	avaient	secoué

Passé simple

je	sec	ouai
tu	sec	ouas
il	sec	oua
nous	sec	ouâmes
vous	sec	ouâtes
ils	sec	ouèrent

Passé antérieur

j'	eus	secoué
tu	eus	secoué
il	eut	secoué
nous	eûmes	secoué
vous	eûtes	secoué
ils	eurent	secoué

Futur simple

je	sec	ouerai
tu	sec	oueras
il	sec	ouera
nous	sec	ouerons
vous	sec	ouerez
ils	sec	oueront

Futur antérieur

j'	aurai	secoué
tu	auras	secoué
il	aura	secoué
nous	aurons	secoué
vous	aurez	secoué
ils	auront	secoué

SUBJONCTIF

Présent

que je	sec	oue
que tu	sec	oues
qu'il	sec	oue
que ns	sec	ouions
que vs	sec	ouiez
qu'ils	sec	ouent

Passé

que j'	aie	secoué
que tu	aies	secoué
qu'il	ait	secoué
que ns	ayons	secoué
que vs	ayez	secoué
qu'ils	aient	secoué

Imparfait

que je	sec	ouasse
que tu	sec	ouasses
qu'il	sec	ouât
que ns	sec	ouassions
que vs	sec	ouassiez
qu'ils	sec	ouassent

Plus-que-parfait

que j'	eusse	secoué
que tu	eusses	secoué
qu'il	eût	secoué
que ns	eussions	secoué
que vs	eussiez	secoué
qu'ils	eussent	secoué

IMPÉRATIF

Présent

sec oue
sec ouons
sec ouez

Passé

aie secoué
ayons secoué
ayez secoué

CONDITIONNEL

Présent

je	sec	ouerais
tu	sec	ouerais
il	sec	ouerait
nous	sec	ouerions
vous	sec	oueriez
ils	sec	oueraient

Passé 1re forme

j'	aurais	secoué
tu	aurais	secoué
il	aurait	secoué
nous	aurions	secoué
vous	auriez	secoué
ils	auraient	secoué

Passé 2e forme

j'	eusse	secoué
tu	eusses	secoué
il	eût	secoué
nous	eussions	secoué
vous	eussiez	secoué
ils	eussent	secoué

INFINITIF

Présent
sec ouer

Passé
avoir secoué

PARTICIPE

Présent
sec ouant

Passé
sec oué, ée
ayant secoué

FORME PRONOMINALE

INDICATIF

Présent
il/elle se secoue

Passé composé
il/elle s'est secoué, ée

Imparfait
il/elle se secouait

Plus-que-parfait
il/elle s'était secoué, ée

Passé simple
il/elle se secoua

Passé antérieur
il/elle se fut secoué, ée

Futur simple
il/elle se secouera

Futur antérieur
il/elle se sera secoué, ée

INFINITIF

Présent
se secouer

Passé
s'être secoué, ée

PARTICIPE

Présent
se secouant

Passé
s'étant secoué, ée

SUBJONCTIF

Présent
qu'il/elle se secoue

Passé
qu'il/elle se soit secoué, ée

Imparfait
qu'il/elle se secouât

Plus-que-parfait
qu'il/elle se fût secoué, ée

CONDITIONNEL

Présent
il/elle se secouerait

Passé 1re forme
il/elle se serait secoué, ée

Passé 2e forme
il/elle se fût secoué, ée

IMPÉRATIF

Présent
secoue-toi
secouons-nous
secouez-vous

FORME ACTIVE

INDICATIF

Présent			*Passé composé*		
je	sit	ue	j'	ai	situé
tu	sit	ues	tu	as	situé
elle	sit	ue	elle	a	situé
nous	sit	uons	nous	avons	situé
vous	sit	uez	vous	avez	situé
elles	sit	uent	elles	ont	situé

Imparfait			*Plus-que-parfait*		
je	sit	uais	j'	avais	situé
tu	sit	uais	tu	avais	situé
elle	sit	uait	elle	avait	situé
nous	sit	uions	nous	avions	situé
vous	sit	uiez	vous	aviez	situé
elles	sit	uaient	elles	avaient	situé

Passé simple			*Passé antérieur*		
je	sit	uai	j'	eus	situé
tu	sit	uas	tu	eus	situé
elle	sit	ua	elle	eut	situé
nous	sit	uâmes	nous	eûmes	situé
vous	sit	uâtes	vous	eûtes	situé
elles	sit	uèrent	elles	eurent	situé

Futur simple			*Futur antérieur*		
je	sit	uerai	j'	aurai	situé
tu	sit	ueras	tu	auras	situé
elle	sit	uera	elle	aura	situé
nous	sit	uerons	nous	aurons	situé
vous	sit	uerez	vous	aurez	situé
elles	sit	ueront	elles	auront	situé

SUBJONCTIF

Présent			*Passé*		
que je	sit	ue	que j'	aie	situé
que tu	sit	ues	que tu	aies	situé
qu'elle	sit	ue	qu'elle	ait	situé
que ns	sit	uions	que ns	ayons	situé
que vs	sit	uiez	que vs	ayez	situé
qu'elles	sit	uent	qu'elles	aient	situé

Imparfait			*Plus-que-parfait*		
que je	sit	uasse	que j'	eusse	situé
que tu	sit	uasses	que tu	eusses	situé
qu'elle	sit	uât	qu'elle	eût	situé
que ns	sit	uassions	que ns	eussions	situé
que vs	sit	uassiez	que vs	eussiez	situé
qu'elles	sit	uassent	qu'elles	eussent	situé

IMPÉRATIF

Présent		*Passé*	
sit	ue	aie	situé
sit	uons	ayons	situé
sit	uez	ayez	situé

CONDITIONNEL

Présent			*Passé 1re forme*		
je	sit	uerais	j'	aurais	situé
tu	sit	uerais	tu	aurais	situé
elle	sit	uerait	elle	aurait	situé
nous	sit	uerions	nous	aurions	situé
vous	sit	ueriez	vous	auriez	situé
elles	sit	ueraient	elles	auraient	situé

Passé 2e forme

j'	eusse	situé
tu	eusses	situé
elle	eût	situé
nous	eussions	situé
vous	eussiez	situé
elles	eussent	situé

INFINITIF

Présent
sit uer

Passé
avoir situé

PARTICIPE

Présent
sit uant

Passé
sit ué, ée
ayant situé

FORME PRONOMINALE

INDICATIF

Présent
il/elle se situe

Passé composé
il/elle s'est situé, ée

Imparfait
il/elle se situait

Plus-que-parfait
il/elle s'était situé, ée

Passé simple
il/elle se situa

Passé antérieur
il/elle se fut situé, ée

Futur simple
il/elle se situera

Futur antérieur
il/elle se sera situé, ée

INFINITIF

Présent
se situer

Passé
s'être situé, ée

PARTICIPE

Présent
se situant

Passé
s'étant situé, ée

SUBJONCTIF

Présent
qu'il/elle se situe

Passé
qu'il/elle se soit situé, ée

Imparfait
qu'il/elle se situât

Plus-que-parfait
qu'il/elle se fût situé, ée

CONDITIONNEL

Présent
il/elle se situerait

Passé 1re forme
il/elle se serait situé, ée

Passé 2e forme
il/elle se fût situé, ée

IMPÉRATIF

Présent
situe-toi
situons-nous
situez-vous

FAIRE *Verbes en **RE**, composés de **FAIRE***

FORME ACTIVE

INDICATIF

Présent		*Passé composé*		
je	fais	j'	ai	fait
tu	fais	tu	as	fait
il	fait	il	a	fait
nous	faisons	nous	avons	fait
vous	faites	vous	avez	fait
ils	font	ils	ont	fait

Imparfait		*Plus-que-parfait*		
je	faisais	j'	avais	fait
tu	faisais	tu	avais	fait
il	faisait	il	avait	fait
nous	faisions	nous	avions	fait
vous	faisiez	vous	aviez	fait
ils	faisaient	ils	avaient	fait

Passé simple		*Passé antérieur*		
je	fis	j'	eus	fait
tu	fis	tu	eus	fait
il	fit	il	eut	fait
nous	fîmes	nous	eûmes	fait
vous	fîtes	vous	eûtes	fait
ils	firent	ils	eurent	fait

Futur simple		*Futur antérieur*		
je	ferai	j'	aurai	fait
tu	feras	tu	auras	fait
il	fera	il	aura	fait
nous	ferons	nous	aurons	fait
vous	ferez	vous	aurez	fait
ils	feront	ils	auront	fait

SUBJONCTIF

Présent		*Passé*		
que je	fasse	que j'	aie	fait
que tu	fasses	que tu	aies	fait
qu'il	fasse	qu'il	ait	fait
que ns	fassions	que ns	ayons	fait
que vs	fassiez	que vs	ayez	fait
qu'ils	fassent	qu'ils	aient	fait

Imparfait		*Plus-que-parfait*		
que je	fisse	que j'	eusse	fait
que tu	fisses	que tu	eusses	fait
qu'il	fît	qu'il	eût	fait
que ns	fissions	que ns	eussions	fait
que vs	fissiez	que vs	eussiez	fait
qu'ils	fissent	qu'ils	eussent	fait

IMPÉRATIF

Présent	*Passé*	
fais	aie	fait
faisons	ayons	fait
faites	ayez	fait

CONDITIONNEL

Présent		*Passé 1re forme*		
je	ferais	j'	aurais	fait
tu	ferais	tu	aurais	fait
il	ferait	il	aurait	fait
nous	ferions	nous	aurions	fait
vous	feriez	vous	auriez	fait
ils	feraient	ils	auraient	fait

Passé 2e forme

j'	eusse	fait
tu	eusses	fait
il	eût	fait
nous	eussions	fait
vous	eussiez	fait
ils	eussent	fait

INFINITIF

Présent
faire

Passé
avoir fait

PARTICIPE

Présent
faisant

Passé
fait, aite
ayant fait

FORME PRONOMINALE

INDICATIF

Présent
il/elle se fait

Passé composé
il/elle s'est fait, aite

Imparfait
il/elle se faisait

Plus-que-parfait
il/elle s'était fait, aite

Passé simple
il/elle se fit

Passé antérieur
il/elle se fut fait, aite

Futur simple
il/elle se fera

Futur antérieur
il/elle se sera fait, aite

INFINITIF

Présent
se faire

Passé
s'être fait, aite

PARTICIPE

Présent
se faisant

Passé
s'étant fait, aite

SUBJONCTIF

Présent
qu'il/elle se fasse

Passé
qu'il/elle se soit fait, aite

Imparfait
qu'il/elle se fît .

Plus-que-parfait
qu'il/elle se fût fait, aite

CONDITIONNEL

Présent
il/elle se ferait

Passé 1re forme
il/elle se serait fait, aite

Passé 2e forme
il/elle se fût fait, aite

IMPÉRATIF

Présent
fais-toi
faisons-nous
faites-vous

FORME ACTIVE

INDICATIF

Présent		***Passé composé***		
je	plais	j'	ai	plu
tu	plais	tu	as	plu
elle	plaît	elle	a	plu
nous	plaisons	nous	avons	plu
vous	plaisez	vous	avez	plu
elles	plaisent	elles	ont	plu

Imparfait		***Plus-que-parfait***		
je	plaisais	j'	avais	plu
tu	plaisais	tu	avais	plu
elle	plaisait	elle	avait	plu
nous	plaisions	nous	avions	plu
vous	plaisiez	vous	aviez	plu
elles	plaisaient	elles	avaient	plu

Passé simple		***Passé antérieur***		
je	plus	j'	eus	plu
tu	plus	tu	eus	plu
elle	plut	elle	eut	plu
nous	plûmes	nous	eûmes	plu
vous	plûtes	vous	eûtes	plu
elles	plurent	elles	eurent	plu

Futur simple		***Futur antérieur***		
je	plairai	j'	aurai	plu
tu	plairas	tu	auras	plu
elle	plaira	elle	aura	plu
nous	plairons	nous	aurons	plu
vous	plairez	vous	aurez	plu
elles	plairont	elles	auront	plu

SUBJONCTIF

Présent		***Passé***		
que je	plaise	que j'	aie	plu
que tu	plaises	que tu	aies	plu
qu'elle	plaise	qu'elle	ait	plu
que ns	plaisions	que ns	ayons	plu
que vs	plaisiez	que vs	ayez	plu
qu'elles	plaisent	qu'elles	aient	plu

Imparfait		***Plus-que-parfait***		
que je	plusse	que j'	eusse	plu
que tu	plusses	que tu	eusses	plu
qu'elle	plût	qu'elle	eût	plu
que ns	plussions	que ns	eussions	plu
que vs	plussiez	que vs	eussiez	plu
qu'elles	plussent	qu'elles	eussent	plu

IMPÉRATIF

Présent	***Passé***	
plais	aie	plu
plaisons	ayons	plu
plaisez	ayez	plu

CONDITIONNEL

Présent		***Passé 1re forme***		
je	plairais	j'	aurais	plu
tu	plairais	tu	aurais	plu
elle	plairait	elle	aurait	plu
nous	plairions	nous	aurions	plu
vous	plairiez	vous	auriez	plu
elles	plairaient	elles	auraient	plu

Passé 2e forme

j'	eusse	plu
tu	eusses	plu
elle	eût	plu
nous	eussions	plu
vous	eussiez	plu
elles	eussent	plu

INFINITIF

Présent
plaire

Passé
avoir plu

PARTICIPE

Présent
plaisant

Passé
plu
ayant plu

FORME PRONOMINALE

INDICATIF

Présent
il/elle se plaît

Passé composé
il/elle s'est plu

Imparfait
il/elle se plaisait

Plus-que-parfait
il/elle s'était plu

Passé simple
il/elle se plut

Passé antérieur
il/elle se fut plu

Futur simple
il/elle se plaira

Futur antérieur
il/elle se sera plu

INFINITIF

Présent
se plaire

Passé
s'être plu

PARTICIPE

Présent
se plaisant

Passé
s'étant plu

SUBJONCTIF

Présent
qu'il/elle se plaise

Passé
qu'il/elle se soit plu

Imparfait
qu'il/elle se plût

Plus-que-parfait
qu'il/elle se fût plu

CONDITIONNEL

Présent
il/elle se plairait

Passé 1re forme
il/elle se serait plu

Passé 2e forme
il/elle se fût plu

IMPÉRATIF

Présent
plais-toi
plaisons-nous
plaisez-vous

TAIRE

FORME ACTIVE

INDICATIF

Présent

je	tais
tu	tais
il	tait
nous	taisons
vous	taisez
ils	taisent

Passé composé

j'	ai	tu
tu	as	tu
il	a	tu
nous	avons	tu
vous	avez	tu
ils	ont	tu

Imparfait

je	taisais
tu	taisais
il	taisait
nous	taisions
vous	taisiez
ils	taisaient

Plus-que-parfait

j'	avais	tu
tu	avais	tu
il	avait	tu
nous	avions	tu
vous	aviez	tu
ils	avaient	tu

Passé simple

je	tus
tu	tus
il	tut
nous	tûmes
vous	tûtes
ils	turent

Passé antérieur

j'	eus	tu
tu	eus	tu
il	eut	tu
nous	eûmes	tu
vous	eûtes	tu
ils	eurent	tu

Futur simple

je	tairai
tu	tairas
il	taira
nous	tairons
vous	tairez
ils	tairont

Futur antérieur

j'	aurai	tu
tu	auras	tu
il	aura	tu
nous	aurons	tu
vous	aurez	tu
ils	auront	tu

SUBJONCTIF

Présent

que je	taise
que tu	taises
qu'il	taise
que ns	taisions
que vs	taisiez
qu'ils	taisent

Passé

que j'	aie	tu
que tu	aies	tu
qu'il	ait	tu
que ns	ayons	tu
que vs	ayez	tu
qu'ils	aient	tu

Imparfait

que je	tusse
que tu	tusses
qu'il	tût
que ns	tussions
que vs	tussiez
qu'ils	tussent

Plus-que-parfait

que j'	eusse	tu
que tu	eusses	tu
qu'il	eût	tu
que ns	eussions	tu
que vs	eussiez	tu
qu'ils	eussent	tu

IMPÉRATIF

Présent

tais
taisons
taisez

Passé

aie	tu
ayons	tu
ayez	tu

CONDITIONNEL

Présent

je	tairais
tu	tairais
il	tairait
nous	tairions
vous	tairiez
ils	tairaient

Passé 1re forme

j'	aurais	tu
tu	aurais	tu
il	aurait	tu
nous	aurions	tu
vous	auriez	tu
ils	auraient	tu

Passé 2e forme

j'	eusse	tu
tu	eusses	tu
il	eût	tu
nous	eussions	tu
vous	eussiez	tu
ils	eussent	tu

INFINITIF

Présent
taire

Passé
avoir tu

PARTICIPE

Présent
taisant

Passé
tu, ue
ayant tu

FORME PRONOMINALE

INDICATIF

Présent
il/elle se tait

Passé composé
il/elle s'est tu, ue

Imparfait
il/elle se taisait

Plus-que-parfait
il/elle s'était tu, ue

Passé simple
il/elle se tut

Passé antérieur
il/elle se fut tu, ue

Futur simple
il/elle se taira

Futur antérieur
il/elle se sera tu, ue

INFINITIF

Présent
se taire

Passé
s'être tu, ue

PARTICIPE

Présent
se taisant

Passé
s'étant tu, ue

SUBJONCTIF

Présent
qu'il/elle se taise

Passé
qu'il/elle se soit tu, ue

Imparfait
qu'il/elle se tût

Plus-que-parfait
qu'il/elle se fût tu, ue

CONDITIONNEL

Présent
il/elle se tairait

Passé 1re forme
il/elle se serait tu, ue

Passé 2e forme
il/elle se fût tu, ue

IMPÉRATIF

Présent
tais-toi
taisons-nous
taisez-vous

FORME ACTIVE

INDICATIF

Présent	*Passé composé*
je dis trais	j' ai distrait
tu dis trais	tu as distrait
elle dis trait	elle a distrait
nous dis trayons	nous avons distrait
vous dis trayez	vous avez distrait
elles dis traient	elles ont distrait

Imparfait	*Plus-que-parfait*
je dis trayais	j' avais distrait
tu dis trayais	tu avais distrait
elle dis trayait	elle avait distrait
nous dis trayions	nous avions distrait
vous dis trayiez	vous aviez distrait
elles dis trayaient	elles avaient distrait

Passé simple	*Passé antérieur*
Ne s'emploie pas à ce temps.	j' eus distrait
	tu eus distrait
	elle eut distrait
	nous eûmes distrait
	vous eûtes distrait
	elles eurent distrait

Futur simple	*Futur antérieur*
je dis trairai	j' aurai distrait
tu dis trairas	tu auras distrait
elle dis traira	elle aura distrait
nous dis trairons	nous aurons distrait
vous dis trairez	vous aurez distrait
elles dis trairont	elles auront distrait

SUBJONCTIF

Présent	*Passé*
que je dis traie	que j' aie distrait
que tu dis traies	que tu aies distrait
qu'elle dis traie	qu'elle ait distrait
que ns dis trayions	que ns ayons distrait
que vs dis trayiez	que vs ayez distrait
qu'elles dis traient	qu'elles aient distrait

Imparfait	*Plus-que-parfait*
Ne s'emploie pas à ce temps.	que j' eusse distrait
	que tu eusses distrait
	qu'elle eût distrait
	que ns eussions distrait
	que vs eussiez distrait
	qu'elles eussent distrait

IMPÉRATIF

Présent	*Passé*
dis trais	aie distrait
dis trayons	ayons distrait
dis trayez	ayez distrait

CONDITIONNEL

Présent	*Passé 1re forme*	*Passé 2e forme*
je dis trairais	j' aurais distrait	j' eusse distrait
tu dis trairais	tu aurais distrait	tu eusses distrait
elle dis trairait	elle aurait distrait	elle eût distrait
nous dis trairions	nous aurions distrait	nous eussions distrait
vous dis trairiez	vous auriez distrait	vous eussiez distrait
elles dis trairaient	elles auraient distrait	elles eussent distrait

INFINITIF

Présent	*Passé*
dis traire	avoir distrait

PARTICIPE

Présent	*Passé*
dis trayant	dis trait, aite ayant distrait

FORME PRONOMINALE

INDICATIF

Présent
il/elle se distrait

Passé composé
il/elle s'est distrait, aite

Imparfait
il/elle se distrayait

Plus-que-parfait
il/elle s'était distrait, aite

Passé simple
—

Passé antérieur
il/elle se fut distrait, aite

Futur simple
il/elle se distraira

Futur antérieur
il/elle se sera distrait, aite

INFINITIF

Présent
se distraire

Passé
s'être distrait, aite

PARTICIPE

Présent
se distrayant

Passé
s'étant distrait, aite

SUBJONCTIF

Présent
qu'il/elle se distraie

Passé
qu'il/elle se soit distrait, aite

Imparfait
—

Plus-que-parfait
qu'il/elle se fût distrait, aite

CONDITIONNEL

Présent
il/elle se distrairait

Passé 1re forme
il/elle se serait distrait, aite

Passé 2e forme
il/elle se fût distrait, aite

IMPÉRATIF

Présent
distrais-toi
distrayons-nous
distrayez-vous

HAÏR *Verbes en **IR**, se terminant par **ÏR***

FORME ACTIVE

INDICATIF

Présent

je	hais
tu	hais
il	hait
nous	haïssons
vous	haïssez
ils	haïssent

Passé composé

j'	ai	haï
tu	as	haï
il	a	haï
nous	avons	haï
vous	avez	haï
ils	ont	haï

Imparfait

je	haïssais
tu	haïssais
il	haïssait
nous	haïssions
vous	haïssiez
ils	haïssaient

Plus-que-parfait

j'	avais	haï
tu	avais	haï
il	avait	haï
nous	avions	haï
vous	aviez	haï
ils	avaient	haï

Passé simple

je	haïs
tu	haïs
il	haït
nous	haïmes
vous	haïtes
ils	haïrent

Passé antérieur

j'	eus	haï
tu	eus	haï
il	eut	haï
nous	eûmes	haï
vous	eûtes	haï
ils	eurent	haï

Futur simple

je	haïrai
tu	haïras
il	haïra
nous	haïrons
vous	haïrez
ils	haïront

Futur antérieur

j'	aurai	haï
tu	auras	haï
il	aura	haï
nous	aurons	haï
vous	aurez	haï
ils	auront	haï

SUBJONCTIF

Présent

que je	haïsse
que tu	haïsses
qu'il	haïsse
que ns	haïssions
que vs	haïssiez
qu'ils	haïssent

Passé

que j'	aie	haï
que tu	aies	haï
qu'il	ait	haï
que ns	ayons	haï
que vs	ayez	haï
qu'ils	aient	haï

Imparfait

que je	haïsse
que tu	haïsses
qu'il	haït
que ns	haïssions
que vs	haïssiez
qu'ils	haïssent

Plus-que-parfait

que j'	eusse	haï
que tu	eusses	haï
qu'il	eût	haï
que ns	eussions	haï
que vs	eussiez	haï
qu'ils	eussent	haï

IMPÉRATIF

Présent

hais
haïssons
haïssez

Passé

aie	haï
ayons	haï
ayez	haï

CONDITIONNEL

Présent

je	haïrais
tu	haïrais
il	haïrait
nous	haïrions
vous	haïriez
ils	haïraient

Passé 1re forme

j'	aurais	haï
tu	aurais	haï
il	aurait	haï
nous	aurions	haï
vous	auriez	haï
ils	auraient	haï

Passé 2e forme

j'	eusse	haï
tu	eusses	haï
il	eût	haï
nous	eussions	haï
vous	eussiez	haï
ils	eussent	haï

INFINITIF

Présent
haïr

Passé
avoir haï

PARTICIPE

Présent
haïssant

Passé
haï, ïe
ayant haï

FORME PRONOMINALE

INDICATIF

Présent
il/elle se hait

Passé composé
il/elle s'est haï, ïe

Imparfait
il/elle se haïssait

Plus-que-parfait
il/elle s'était haï, ïe

Passé simple
il/elle se haït

Passé antérieur
il/elle se fut haï, ïe

Futur simple
il/elle se haïra

Futur antérieur
il/elle se sera haï, ïe

INFINITIF

Présent
se haïr

Passé
s'être haï, ïe

PARTICIPE

Présent
se haïssant

Passé
s'étant haï, ïe

SUBJONCTIF

Présent
qu'il/elle se haïsse

Passé
qu'il/elle se soit haï, ïe

Imparfait
qu'il/elle se haït

Plus-que-parfait
qu'il/elle se fût haï, ïe

CONDITIONNEL

Présent
il/elle se haïrait

Passé 1re forme
il/elle se serait haï, ïe

Passé 2e forme
il/elle se fût haï, ïe

IMPÉRATIF

Présent
hais-toi
haïssons-nous
haïssez-vous

FORME ACTIVE

INDICATIF

Présent

je	su	bis
tu	su	bis
elle	su	bit
nous	su	bissons
vous	su	bissez
elles	su	bissent

Passé composé

j'	ai	subi
tu	as	subi
elle	a	subi
nous	avons	subi
vous	avez	subi
elles	ont	subi

Imparfait

je	su	bissais
tu	su	bissais
elle	su	bissait
nous	su	bissions
vous	su	bissiez
elles	su	bissaient

Plus-que-parfait

j'	avais	subi
tu	avais	subi
elle	avait	subi
nous	avions	subi
vous	aviez	subi
elles	avaient	subi

Passé simple

je	su	bis
tu	su	bis
elle	su	bit
nous	su	bîmes
vous	su	bîtes
elles	su	birent

Passé antérieur

j'	eus	subi
tu	eus	subi
elle	eut	subi
nous	eûmes	subi
vous	eûtes	subi
elles	eurent	subi

Futur simple

je	su	birai
tu	su	biras
elle	su	bira
nous	su	birons
vous	su	birez
elles	su	biront

Futur antérieur

j'	aurai	subi
tu	auras	subi
elle	aura	subi
nous	aurons	subi
vous	aurez	subi
elles	auront	subi

SUBJONCTIF

Présent

que je	su	bisse
que tu	su	bisses
qu'elle	su	bisse
que ns	su	bissions
que vs	su	bissiez
qu'elles	su	bissent

Passé

que j'	aie	subi
que tu	aies	subi
qu'elle	ait	subi
que ns	ayons	subi
que vs	ayez	subi
qu'elles	aient	subi

Imparfait

que je	su	bisse
que tu	su	bisses
qu'elle	su	bît
que ns	su	bissions
que vs	su	bissiez
qu'elles	su	bissent

Plus-que-parfait

que j'	eusse	subi
que tu	eusses	subi
qu'elle	eût	subi
que ns	eussions	subi
que vs	eussiez	subi
qu'elles	eussent	subi

IMPÉRATIF

Présent

su bis
su bissons
su bissez

Passé

aie subi
ayons subi
ayez subi

CONDITIONNEL

Présent

je	su	birais
tu	su	birais
elle	su	birait
nous	su	birions
vous	su	biriez
elles	su	biraient

Passé 1re forme

j'	aurais	subi
tu	aurais	subi
elle	aurait	subi
nous	aurions	subi
vous	auriez	subi
elles	auraient	subi

Passé 2e forme

j'	eusse	subi
tu	eusses	subi
elle	eût	subi
nous	eussions	subi
vous	eussiez	subi
elles	eussent	subi

INFINITIF

Présent

su bir

Passé

avoir subi

PARTICIPE

Présent

su bissant

Passé

su bi, ie
ayant subi

Ne s'emploie pas à la forme pronominale.

ÉTABLIR *Verbes en **IR**, se terminant par **BLIR***

FORME ACTIVE

INDICATIF

Présent			**Passé composé**		
j'	éta	blis	j'	ai	établi
tu	éta	blis	tu	as	établi
il	éta	blit	il	a	établi
nous	éta	blissons	nous	avons	établi
vous	éta	blissez	vous	avez	établi
ils	éta	blissent	ils	ont	établi

Imparfait			**Plus-que-parfait**		
j'	éta	blissais	j'	avais	établi
tu	éta	blissais	tu	avais	établi
il	éta	blissait	il	avait	établi
nous	éta	blissions	nous	avions	établi
vous	éta	blissiez	vous	aviez	établi
ils	éta	blissaient	ils	avaient	établi

Passé simple			**Passé antérieur**		
j'	éta	blis	j'	eus	établi
tu	éta	blis	tu	eus	établi
il	éta	blit	il	eut	établi
nous	éta	blîmes	nous	eûmes	établi
vous	éta	blîtes	vous	eûtes	établi
ils	éta	blirent	ils	eurent	établi

Futur simple			**Futur antérieur**		
j'	éta	blirai	j'	aurai	établi
tu	éta	bliras	tu	auras	établi
il	éta	blira	il	aura	établi
nous	éta	blirons	nous	aurons	établi
vous	éta	blirez	vous	aurez	établi
ils	éta	bliront	ils	auront	établi

SUBJONCTIF

Présent			**Passé**		
que j'	éta	blisse	que j'	aie	établi
que tu	éta	blisses	que tu	aies	établi
qu'il	éta	blisse	qu'il	ait	établi
que ns	éta	blissions	que ns	ayons	établi
que vs	éta	blissiez	que vs	ayez	établi
qu'ils	éta	blissent	qu'ils	aient	établi

Imparfait			**Plus-que-parfait**		
que j'	éta	blisse	que j'	eusse	établi
que tu	éta	blisses	que tu	eusses	établi
qu'il	éta	blît	qu'il	eût	établi
que ns	éta	blissions	que ns	eussions	établi
que vs	éta	blissiez	que vs	eussiez	établi
qu'ils	éta	blissent	qu'ils	eussent	établi

IMPÉRATIF

Présent		**Passé**	
éta	blis	aie	établi
éta	blissons	ayons	établi
éta	blissez	ayez	établi

CONDITIONNEL

Présent			**Passé 1re forme**		
j'	éta	blirais	j'	aurais	établi
tu	éta	blirais	tu	aurais	établi
il	éta	blirait	il	aurait	établi
nous	éta	blirions	nous	aurions	établi
vous	éta	bliriez	vous	auriez	établi
ils	éta	bliraient	ils	auraient	établi

Passé 2e forme

j'	eusse	établi
tu	eusses	établi
il	eût	établi
nous	eussions	établi
vous	eussiez	établi
ils	eussent	établi

INFINITIF

Présent
éta blir

Passé
avoir établi

PARTICIPE

Présent
éta blissant

Passé
éta bli, ie
ayant établi

FORME PRONOMINALE

INDICATIF

Présent
il/elle s'établit

Passé composé
il/elle s'est établi, ie

Imparfait
il/elle s'établissait

Plus-que-parfait
il/elle s'était établi, ie

Passé simple
il/elle s'établit

Passé antérieur
il/elle se fut établi, ie

Futur simple
il/elle s'établira

Futur antérieur
il/elle se sera établi, ie

INFINITIF

Présent
s'établir

Passé
s'être établi, ie

PARTICIPE

Présent
s'établissant

Passé
s'étant établi, ie

SUBJONCTIF

Présent
qu'il/elle s'établisse

Passé
qu'il/elle se soit établi, ie

Imparfait
qu'il/elle s'établît

Plus-que-parfait
qu'il/elle se fût établi, ie

CONDITIONNEL

Présent
il/elle s'établirait

Passé 1re forme
il/elle se serait établi, ie

Passé 2e forme
il/elle se fût établi, ie

IMPÉRATIF

Présent
établis-toi
établissons-nous
établissez-vous

FORME ACTIVE

INDICATIF

Présent			***Passé composé***		
j'	assom	bris	j'	ai	assombri
tu	assom	bris	tu	as	assombri
elle	assom	brit	elle	a	assombri
nous	assom	brissons	nous	avons	assombri
vous	assom	brissez	vous	avez	assombri
elles	assom	brissent	elles	ont	assombri

Imparfait			***Plus-que-parfait***		
j'	assom	brissais	j'	avais	assombri
tu	assom	brissais	tu	avais	assombri
elle	assom	brissait	elle	avait	assombri
nous	assom	brissions	nous	avions	assombri
vous	assom	brissiez	vous	aviez	assombri
elles	assom	brissaient	elles	avaient	assombri

Passé simple			***Passé antérieur***		
j'	assom	bris	j'	eus	assombri
tu	assom	bris	tu	eus	assombri
elle	assom	brit	elle	eut	assombri
nous	assom	brîmes	nous	eûmes	assombri
vous	assom	brîtes	vous	eûtes	assombri
elles	assom	brirent	elles	eurent	assombri

Futur simple			***Futur antérieur***		
j'	assom	brirai	j'	aurai	assombri
tu	assom	briras	tu	auras	assombri
elle	assom	brira	elle	aura	assombri
nous	assom	brirons	nous	aurons	assombri
vous	assom	brirez	vous	aurez	assombri
elles	assom	briront	elles	auront	assombri

SUBJONCTIF

Présent			***Passé***		
que j'	assom	brisse	que j'	aie	assombri
que tu	assom	brisses	que tu	aies	assombri
qu'elle	assom	brisse	qu'elle	ait	assombri
que ns	assom	brissions	que ns	ayons	assombri
que vs	assom	brissiez	que vs	ayez	assombri
qu'elles	assom	brissent	qu'elles	aient	assombri

Imparfait			***Plus-que-parfait***		
que j'	assom	brisse	que j'	eusse	assombri
que tu	assom	brisses	que tu	eusses	assombri
qu'elle	assom	brît	qu'elle	eût	assombri
que ns	assom	brissions	que ns	eussions	assombri
que vs	assom	brissiez	que vs	eussiez	assombri
qu'elles	assom	brissent	qu'elles	eussent	assombri

IMPÉRATIF

Présent		***Passé***	
assom	bris	aie	assombri
assom	brissons	ayons	assombri
assom	brissez	ayez	assombri

CONDITIONNEL

Présent			***Passé 1re forme***		
j'	assom	brirais	j'	aurais	assombri
tu	assom	brirais	tu	aurais	assombri
elle	assom	brirait	elle	aurait	assombri
nous	assom	bririons	nous	aurions	assombri
vous	assom	briririez	vous	auriez	assombri
elles	assom	briraient	elles	auraient	assombri

Passé 2e forme		
j'	eusse	assombri
tu	eusses	assombri
elle	eût	assombri
nous	eussions	assombri
vous	eussiez	assombri
elles	eussent	assombri

INFINITIF

Présent	***Passé***
assom brir	avoir assombri

PARTICIPE

Présent	***Passé***
assom brissant	assom bri, ie ayant assombri

FORME PRONOMINALE

INDICATIF

Présent
il/elle s'assombrit

Passé composé
il/elle s'est assombri, ie

Imparfait
il/elle s'assombrissait

Plus-que-parfait
il/elle s'était assombri, ie

Passé simple
il/elle s'assombrit

Passé antérieur
il/elle se fut assombri, ie

Futur simple
il/elle s'assombrira

Futur antérieur
il/elle se sera assombri, ie

INFINITIF

Présent
s'assombrir

Passé
s'être assombri, ie

PARTICIPE

Présent
s'assombrissant

Passé
s'étant assombri, ie

SUBJONCTIF

Présent
qu'il/elle s'assombrisse

Passé
qu'il/elle se soit assombri, ie

Imparfait
qu'il/elle s'assombrît

Plus-que-parfait
qu'il/elle se fût assombri, ie

CONDITIONNEL

Présent
il/elle s'assombrirait

Passé 1re forme
il/elle se serait assombri, ie

Passé 2e forme
il/elle se fût assombri, ie

IMPÉRATIF

Présent
assombris-toi
assombrissons-nous
assombrissez-vous

ENRICHIR *Verbes en **IR**, se terminant par **CHIR***

FORME ACTIVE

INDICATIF

Présent			Passé composé		
j'	enri	chis	j'	ai	enrichi
tu	enri	chis	tu	as	enrichi
il	enri	chit	il	a	enrichi
nous	enri	chissons	nous	avons	enrichi
vous	enri	chissez	vous	avez	enrichi
ils	enri	chissent	ils	ont	enrichi

Imparfait			Plus-que-parfait		
j'	enri	chissais	j'	avais	enrichi
tu	enri	chissais	tu	avais	enrichi
il	enri	chissait	il	avait	enrichi
nous	enri	chissions	nous	avions	enrichi
vous	enri	chissiez	vous	aviez	enrichi
ils	enri	chissaient	ils	avaient	enrichi

Passé simple			Passé antérieur		
j'	enri	chis	j'	eus	enrichi
tu	enri	chis	tu	eus	enrichi
il	enri	chit	il	eut	enrichi
nous	enri	chîmes	nous	eûmes	enrichi
vous	enri	chîtes	vous	eûtes	enrichi
ils	enri	chirent	ils	eurent	enrichi

Futur simple			Futur antérieur		
j'	enri	chirai	j'	aurai	enrichi
tu	enri	chiras	tu	auras	enrichi
il	enri	chira	il	aura	enrichi
nous	enri	chirons	nous	aurons	enrichi
vous	enri	chirez	vous	aurez	enrichi
ils	enri	chiront	ils	auront	enrichi

SUBJONCTIF

Présent			Passé		
que j'	enri	chisse	que j'	aie	enrichi
que tu	enri	chisses	que tu	aies	enrichi
qu'il	enri	chisse	qu'il	ait	enrichi
que ns	enri	chissions	que ns	ayons	enrichi
que vs	enri	chissiez	que vs	ayez	enrichi
qu'ils	enri	chissent	qu'ils	aient	enrichi

Imparfait			Plus-que-parfait		
que j'	enri	chisse	que j'	eusse	enrichi
que tu	enri	chisses	que tu	eusses	enrichi
qu'il	enri	chît	qu'il	eût	enrichi
que ns	enri	chissions	que ns	eussions	enrichi
que vs	enri	chissiez	que vs	eussiez	enrichi
qu'ils	enri	chissent	qu'ils	eussent	enrichi

IMPÉRATIF

Présent		Passé	
enri	chis	aie	enrichi
enri	chissons	ayons	enrichi
enri	chissez	ayez	enrichi

CONDITIONNEL

Présent			Passé 1re forme		
j'	enri	chirais	j'	aurais	enrichi
tu	enri	chirais	tu	aurais	enrichi
il	enri	chirait	il	aurait	enrichi
nous	enri	chirions	nous	aurions	enrichi
vous	enri	chiriez	vous	auriez	enrichi
ils	enri	chiraient	ils	auraient	enrichi

Passé 2e forme		
j'	eusse	enrichi
tu	eusses	enrichi
il	eût	enrichi
nous	eussions	enrichi
vous	eussiez	enrichi
ils	eussent	enrichi

INFINITIF

Présent	Passé
enri chir	avoir enrichi

PARTICIPE

Présent	Passé
enri chissant	enri chi, ie ayant enrichi

FORME PRONOMINALE

INDICATIF

Présent
il/elle s'enrichit

Passé composé
il/elle s'est enrichi, ie

Imparfait
il/elle s'enrichissait

Plus-que-parfait
il/elle s'était enrichi, ie

Passé simple
il/elle s'enrichit

Passé antérieur
il/elle se fut enrichi, ie

Futur simple
il/elle s'enrichira

Futur antérieur
il/elle se sera enrichi, ie

INFINITIF

Présent
s'enrichir

Passé
s'être enrichi, ie

PARTICIPE

Présent
s'enrichissant

Passé
s'étant enrichi, ie

SUBJONCTIF

Présent
qu'il/elle s'enrichisse

Passé
qu'il/elle se soit enrichi, ie

Imparfait
qu'il/elle s'enrichît

Plus-que-parfait
qu'il/elle se fût enrichi, ie

CONDITIONNEL

Présent
il/elle s'enrichirait

Passé 1re forme
il/elle se serait enrichi, ie

Passé 2e forme
il/elle se fût enrichi, ie

IMPÉRATIF

Présent
enrichis-toi
enrichissons-nous
enrichissez-vous

FORME ACTIVE

INDICATIF

Présent			Passé composé		
j'	adou	cis	j'	ai	adouci
tu	adou	cis	tu	as	adouci
elle	adou	cit	elle	a	adouci
nous	adou	cissons	nous	avons	adouci
vous	adou	cissez	vous	avez	adouci
elles	adou	cissent	elles	ont	adouci

Imparfait			Plus-que-parfait		
j'	adou	cissais	j'	avais	adouci
tu	adou	cissais	tu	avais	adouci
elle	adou	cissait	elle	avait	adouci
nous	adou	cissions	nous	avions	adouci
vous	adou	cissiez	vous	aviez	adouci
elles	adou	cissaient	elles	avaient	adouci

Passé simple			Passé antérieur		
j'	adou	cis	j'	eus	adouci
tu	adou	cis	tu	eus	adouci
elle	adou	cit	elle	eut	adouci
nous	adou	cîmes	nous	eûmes	adouci
vous	adou	cîtes	vous	eûtes	adouci
elles	adou	cirent	elles	eurent	adouci

Futur simple			Futur antérieur		
j'	adou	cirai	j'	aurai	adouci
tu	adou	ciras	tu	auras	adouci
elle	adou	cira	elle	aura	adouci
nous	adou	cirons	nous	aurons	adouci
vous	adou	cirez	vous	aurez	adouci
elles	adou	ciront	elles	auront	adouci

SUBJONCTIF

Présent			Passé		
que j'	adou	cisse	que j'	aie	adouci
que tu	adou	cisses	que tu	aies	adouci
qu'elle	adou	cisse	qu'elle	ait	adouci
que ns	adou	cissions	que ns	ayons	adouci
que vs	adou	cissiez	que vs	ayez	adouci
qu'elles	adou	cissent	qu'elles	aient	adouci

Imparfait			Plus-que-parfait		
que j'	adou	cisse	que j'	eusse	adouci
que tu	adou	cisses	que tu	eusses	adouci
qu'elle	adou	cît	qu'elle	eût	adouci
que ns	adou	cissions	que ns	eussions	adouci
que vs	adou	cissiez	que vs	eussiez	adouci
qu'elles	adou	cissent	qu'elles	eussent	adouci

IMPÉRATIF

Présent		Passé	
adou	cis	aie	adouci
adou	cissons	ayons	adouci
adou	cissez	ayez	adouci

CONDITIONNEL

Présent			Passé 1re forme		
j'	adou	cirais	j'	aurais	adouci
tu	adou	cirais	tu	aurais	adouci
elle	adou	cirait	elle	aurait	adouci
nous	adou	cirions	nous	aurions	adouci
vous	adou	ciriez	vous	auriez	adouci
elles	adou	ciraient	elles	auraient	adouci

Passé 2e forme		
j'	eusse	adouci
tu	eusses	adouci
elle	eût	adouci
nous	eussions	adouci
vous	eussiez	adouci
elles	eussent	adouci

INFINITIF

Présent
adou cir

Passé
avoir adouci

PARTICIPE

Présent
adou cissant

Passé
adou ci, ie
ayant adouci

FORME PRONOMINALE

INDICATIF

Présent
il/elle s'adoucit

Passé composé
il/elle s'est adouci, ie

Imparfait
il/elle s'adoucissait

Plus-que-parfait
il/elle s'était adouci, ie

Passé simple
il/elle s'adoucit

Passé antérieur
il/elle se fut adouci, ie

Futur simple
il/elle s'adoucira

Futur antérieur
il/elle se sera adouci, ie

INFINITIF

Présent
s'adoucir

Passé
s'être adouci, ie

PARTICIPE

Présent
s'adoucissant

Passé
s'étant adouci, ie

SUBJONCTIF

Présent
qu'il/elle s'adoucisse

Passé
qu'il/elle se soit adouci, ie

Imparfait
qu'il/elle s'adoucît

Plus-que-parfait
qu'il/elle se fût adouci, ie

CONDITIONNEL

Présent
il/elle s'adoucirait

Passé 1re forme
il/elle se serait adouci, ie

Passé 2e forme
il/elle se fût adouci, ie

IMPÉRATIF

Présent
adoucis-toi
adoucissons-nous
adoucissez-vous

CIRCONCIRE

FORME ACTIVE

INDICATIF

Présent		*Passé composé*		
je	circoncis	j'	ai	circoncis
tu	circoncis	tu	as	circoncis
il	circoncit	il	a	circoncis
nous	circoncisons	nous	avons	circoncis
vous	circoncisez	vous	avez	circoncis
ils	circoncisent	ils	ont	circoncis

Imparfait		*Plus-que-parfait*		
je	circoncisais	j'	avais	circoncis
tu	circoncisais	tu	avais	circoncis
il	circoncisait	il	avait	circoncis
nous	circoncisions	nous	avions	circoncis
vous	circoncisiez	vous	aviez	circoncis
ils	circoncisaient	ils	avaient	circoncis

Passé simple		*Passé antérieur*		
je	circoncis	j'	eus	circoncis
tu	circoncis	tu	eus	circoncis
il	circoncit	il	eut	circoncis
nous	circoncîmes	nous	eûmes	circoncis
vous	circoncîtes	vous	eûtes	circoncis
ils	circoncirent	ils	eurent	circoncis

Futur simple		*Futur antérieur*		
je	circoncirai	j'	aurai	circoncis
tu	circonciras	tu	auras	circoncis
il	circoncira	il	aura	circoncis
nous	circoncirons	nous	aurons	circoncis
vous	circoncirez	vous	aurez	circoncis
ils	circonciront	ils	auront	circoncis

SUBJONCTIF

Présent		*Passé*		
que je	circoncise	que j'	aie	circoncis
que tu	circoncises	que tu	aies	circoncis
qu'il	circoncise	qu'il	ait	circoncis
que ns	circoncisions	que ns	ayons	circoncis
que vs	circoncisiez	que vs	ayez	circoncis
qu'ils	circoncisent	qu'ils	aient	circoncis

Imparfait		*Plus-que-parfait*		
que je	circoncisse	que j'	eusse	circoncis
que tu	circoncisses	que tu	eusses	circoncis
qu'il	circoncît	qu'il	eût	circoncis
que ns	circoncissions	que ns	eussions	circoncis
que vs	circoncissiez	que vs	eussiez	circoncis
qu'ils	circoncissent	qu'ils	eussent	circoncis

IMPÉRATIF

Présent	*Passé*	
circoncis	aie	circoncis
circoncisons	ayons	circoncis
circoncisez	ayez	circoncis

CONDITIONNEL

Présent		*Passé 1re forme*		
je	circoncirais	j'	aurais	circoncis
tu	circoncirais	tu	aurais	circoncis
il	circoncirait	il	aurait	circoncis
nous	circoncirions	nous	aurions	circoncis
vous	circonciriez	vous	auriez	circoncis
ils	circonciraient	ils	auraient	circoncis

Passé 2e forme		
j'	eusse	circoncis
tu	eusses	circoncis
il	eût	circoncis
nous	eussions	circoncis
vous	eussiez	circoncis
ils	eussent	circoncis

INFINITIF

Présent	*Passé*
circoncire	avoir circoncis

PARTICIPE

Présent	*Passé*
circoncisant	circoncis, ise ayant circoncis

Ne s'emploie pas à la forme pronominale.

FORME ACTIVE

INDICATIF

Présent		*Passé composé*		
j'	ins cris	j'	ai	inscrit
tu	ins cris	tu	as	inscrit
elle	ins crit	elle	a	inscrit
nous	ins crivons	nous	avons	inscrit
vous	ins crivez	vous	avez	inscrit
elles	ins crivent	elles	ont	inscrit

Imparfait		*Plus-que-parfait*		
j'	ins crivais	j'	avais	inscrit
tu	ins crivais	tu	avais	inscrit
elle	ins crivait	elle	avait	inscrit
nous	ins crivions	nous	avions	inscrit
vous	ins criviez	vous	aviez	inscrit
elles	ins crivaient	elles	avaient	inscrit

Passé simple		*Passé antérieur*		
j'	ins crivis	j'	eus	inscrit
tu	ins crivis	tu	eus	inscrit
elle	ins crivit	elle	eut	inscrit
nous	ins crivîmes	nous	eûmes	inscrit
vous	ins crivîtes	vous	eûtes	inscrit
elles	ins crivirent	elles	eurent	inscrit

Futur simple		*Futur antérieur*		
j'	ins crirai	j'	aurai	inscrit
tu	ins criras	tu	auras	inscrit
elle	ins crira	elle	aura	inscrit
nous	ins crirons	nous	aurons	inscrit
vous	ins crirez	vous	aurez	inscrit
elles	ins criront	elles	auront	inscrit

SUBJONCTIF

Présent		*Passé*		
que j'	ins crive	que j'	aie	inscrit
que tu	ins crives	que tu	aies	inscrit
qu'elle	ins crive	qu'elle	ait	inscrit
que ns	ins crivions	que ns	ayons	inscrit
que vs	ins criviez	que vs	ayez	inscrit
qu'elles	ins crivent	qu'elles	aient	inscrit

Imparfait		*Plus-que-parfait*		
que j'	ins crivisse	que j'	eusse	inscrit
que tu	ins crivisses	que tu	eusses	inscrit
qu'elle	ins crivît	qu'elle	eût	inscrit
que ns	ins crivissions	que ns	eussions	inscrit
que vs	ins crivissiez	que vs	eussiez	inscrit
qu'elles	ins crivissent	qu'elles	eussent	inscrit

IMPÉRATIF

Présent	*Passé*	
ins cris	aie	inscrit
ins crivons	ayons	inscrit
ins crivez	ayez	inscrit

CONDITIONNEL

Présent		*Passé 1re forme*		
j'	ins crirais	j'	aurais	inscrit
tu	ins crirais	tu	aurais	inscrit
elle	ins crirait	elle	aurait	inscrit
nous	ins cririons	nous	aurions	inscrit
vous	ins cririez	vous	auriez	inscrit
elles	ins criraient	elles	auraient	inscrit

Passé 2e forme		
j'	eusse	inscrit
tu	eusses	inscrit
elle	eût	inscrit
nous	eussions	inscrit
vous	eussiez	inscrit
elles	eussent	inscrit

INFINITIF

Présent	*Passé*
ins crire	avoir inscrit

PARTICIPE

Présent	*Passé*
ins crivant	ins crit, ite ayant inscrit

FORME PRONOMINALE

INDICATIF

Présent
il/elle s'inscrit

Passé composé
il/elle s'est inscrit, ite

Imparfait
il/elle s'inscrivait

Plus-que-parfait
il/elle s'était inscrit, ite

Passé simple
il/elle s'inscrivit

Passé antérieur
il/elle se fut inscrit, ite

Futur simple
il/elle s'inscrira

Futur antérieur
il/elle se sera inscrit, ite

INFINITIF

Présent
s'inscrire

Passé
s'être inscrit, ite

PARTICIPE

Présent
s'inscrivant

Passé
s'étant inscrit, ite

SUBJONCTIF

Présent
qu'il/elle s'inscrive

Passé
qu'il/elle se soit inscrit, ite

Imparfait
qu'il/elle s'inscrivît

Plus-que-parfait
qu'il/elle se fût inscrit, ite

CONDITIONNEL

Présent
il/elle s'inscrirait

Passé 1re forme
il/elle se serait inscrit, ite

Passé 2e forme
il/elle se fût inscrit, ite

IMPÉRATIF

Présent
inscris-toi
inscrivons-nous
inscrivez-vous

ÉTOURDIR *Verbes en **IR**, se terminant par **DIR***

FORME ACTIVE

INDICATIF

Présent

j'	étour	dis
tu	étour	dis
il	étour	dit
nous	étour	dissons
vous	étour	dissez
ils	étour	dissent

Passé composé

j'	ai	étourdi
tu	as	étourdi
il	a	étourdi
nous	avons	étourdi
vous	avez	étourdi
ils	ont	étourdi

Imparfait

j'	étour	dissais
tu	étour	dissais
il	étour	dissait
nous	étour	dissions
vous	étour	dissiez
ils	étour	dissaient

Plus-que-parfait

j'	avais	étourdi
tu	avais	étourdi
il	avait	étourdi
nous	avions	étourdi
vous	aviez	étourdi
ils	avaient	étourdi

Passé simple

j'	étour	dis
tu	étour	dis
il	étour	dit
nous	étour	dîmes
vous	étour	dîtes
ils	étour	dirent

Passé antérieur

j'	eus	étourdi
tu	eus	étourdi
il	eut	étourdi
nous	eûmes	étourdi
vous	eûtes	étourdi
ils	eurent	étourdi

Futur simple

j'	étour	dirai
tu	étour	diras
il	étour	dira
nous	étour	dirons
vous	étour	direz
ils	étour	diront

Futur antérieur

j'	aurai	étourdi
tu	auras	étourdi
il	aura	étourdi
nous	aurons	étourdi
vous	aurez	étourdi
ils	auront	étourdi

SUBJONCTIF

Présent

que j'	étour	disse
que tu	étour	disses
qu'il	étour	disse
que ns	étour	dissions
que vs	étour	dissiez
qu'ils	étour	dissent

Passé

que j'	aie	étourdi
que tu	aies	étourdi
qu'il	ait	étourdi
que ns	ayons	étourdi
que vs	ayez	étourdi
qu'ils	aient	étourdi

Imparfait

que j'	étour	disse
que tu	étour	disses
qu'il	étour	dît
que ns	étour	dissions
que vs	étour	dissiez
qu'ils	étour	dissent

Plus-que-parfait

que j'	eusse	étourdi
que tu	eusses	étourdi
qu'il	eût	étourdi
que ns	eussions	étourdi
que vs	eussiez	étourdi
qu'ils	eussent	étourdi

IMPÉRATIF

Présent

étour dis
étour dissons
étour dissez

Passé

aie étourdi
ayons étourdi
ayez étourdi

CONDITIONNEL

Présent

j'	étour	dirais
tu	étour	dirais
il	étour	dirait
nous	étour	dirions
vous	étour	diriez
ils	étour	diraient

Passé 1re forme

j'	aurais	étourdi
tu	aurais	étourdi
il	aurait	étourdi
nous	aurions	étourdi
vous	auriez	étourdi
ils	auraient	étourdi

Passé 2e forme

j'	eusse	étourdi
tu	eusses	étourdi
il	eût	étourdi
nous	eussions	étourdi
vous	eussiez	étourdi
ils	eussent	étourdi

INFINITIF

Présent
étour dir

Passé
avoir étourdi

PARTICIPE

Présent
étour dissant

Passé
étour di, ie
ayant étourdi

FORME PRONOMINALE

INDICATIF

Présent
il/elle s'étourdit

Passé composé
il/elle s'est étourdi, ie

Imparfait
il/elle s'étourdissait

Plus-que-parfait
il/elle s'était étourdi, ie

Passé simple
il/elle s'étourdit

Passé antérieur
il/elle se fut étourdi, ie

Futur simple
il/elle s'étourdira

Futur antérieur
il/elle se sera étourdi, ie

INFINITIF

Présent
s'étourdir

Passé
s'être étourdi, ie

PARTICIPE

Présent
s'étourdissant

Passé
s'étant étourdi, ie

SUBJONCTIF

Présent
qu'il/elle s'étourdisse

Passé
qu'il/elle se soit étourdi, ie

Imparfait
qu'il/elle s'étourdît

Plus-que-parfait
qu'il/elle se fût étourdi, ie

CONDITIONNEL

Présent
il/elle s'étourdirait

Passé 1re forme
il/elle se serait étourdi, ie

Passé 2e forme
il/elle se fût étourdi, ie

IMPÉRATIF

Présent
étourdis-toi
étourdissons-nous
étourdissez-vous

FORME ACTIVE

INDICATIF

Présent		Passé composé		
je	dis	j'	ai	dit
tu	dis	tu	as	dit
elle	dit	elle	a	dit
nous	disons	nous	avons	dit
vous	dites	vous	avez	dit
elles	disent	elles	ont	dit

Imparfait		Plus-que-parfait		
je	disais	j'	avais	dit
tu	disais	tu	avais	dit
elle	disait	elle	avait	dit
nous	disions	nous	avions	dit
vous	disiez	vous	aviez	dit
elles	disaient	elles	avaient	dit

Passé simple		Passé antérieur		
je	dis	j'	eus	dit
tu	dis	tu	eus	dit
elle	dit	elle	eut	dit
nous	dîmes	nous	eûmes	dit
vous	dîtes	vous	eûtes	dit
elles	dirent	elles	eurent	dit

Futur simple		Futur antérieur		
je	dirai	j'	aurai	dit
tu	diras	tu	auras	dit
elle	dira	elle	aura	dit
nous	dirons	nous	aurons	dit
vous	direz	vous	aurez	dit
elles	diront	elles	auront	dit

SUBJONCTIF

Présent		Passé		
que je	dise	que j'	aie	dit
que tu	dises	que tu	aies	dit
qu'elle	dise	qu'elle	ait	dit
que ns	disions	que ns	ayons	dit
que vs	disiez	que vs	ayez	dit
qu'elles	disent	qu'elles	aient	dit

Imparfait		Plus-que-parfait		
que je	disse	que j'	eusse	dit
que tu	disses	que tu	eusses	dit
qu'elle	dît	qu'elle	eût	dit
que ns	dissions	que ns	eussions	dit
que vs	dissiez	que vs	eussiez	dit
qu'elles	dissent	qu'elles	eussent	dit

IMPÉRATIF

Présent	Passé	
dis	aie	dit
disons	ayons	dit
dites	ayez	dit

CONDITIONNEL

Présent		Passé 1re forme		
je	dirais	j'	aurais	dit
tu	dirais	tu	aurais	dit
elle	dirait	elle	aurait	dit
nous	dirions	nous	aurions	dit
vous	diriez	vous	auriez	dit
elles	diraient	elles	auraient	dit

Passé 2e forme		
j'	eusse	dit
tu	eusses	dit
elle	eût	dit
nous	eussions	dit
vous	eussiez	dit
elles	eussent	dit

INFINITIF

Présent	Passé
dire	avoir dit

PARTICIPE

Présent	Passé
disant	dit, ite ayant dit

FORME PRONOMINALE

INDICATIF

Présent
il/elle se dit

Passé composé
il/elle s'est dit, ite

Imparfait
il/elle se disait

Plus-que-parfait
il/elle s'était dit, ite

Passé simple
il/elle se dit

Passé antérieur
il/elle se fut dit, ite

Futur simple
il/elle se dira

Futur antérieur
il/elle se sera dit, ite

INFINITIF

Présent
se dire

Passé
s'être dit, ite

PARTICIPE

Présent
se disant

Passé
s'étant dit, ite

SUBJONCTIF

Présent
qu'il/elle se dise

Passé
qu'il/elle se soit dit, ite

Imparfait
qu'il/elle se dît

Plus-que-parfait
qu'il/elle se fût dit, ite

CONDITIONNEL

Présent
il/elle se dirait

Passé 1re forme
il/elle se serait dit, ite

Passé 2e forme
il/elle se fût dit, ite

IMPÉRATIF

Présent
dis-toi
disons-nous
dites-vous

MAUDIRE

FORME ACTIVE

INDICATIF

Présent		*Passé composé*		
je	maudis	j'	ai	maudit
tu	maudis	tu	as	maudit
il	maudit	il	a	maudit
nous	maudissons	nous	avons	maudit
vous	maudissez	vous	avez	maudit
ils	maudissent	ils	ont	maudit

Imparfait		*Plus-que-parfait*		
je	maudissais	j'	avais	maudit
tu	maudissais	tu	avais	maudit
il	maudissait	il	avait	maudit
nous	maudissions	nous	avions	maudit
vous	maudissiez	vous	aviez	maudit
ils	maudissaient	ils	avaient	maudit

Passé simple		*Passé antérieur*		
je	maudis	j'	eus	maudit
tu	maudis	tu	eus	maudit
il	maudit	il	eut	maudit
nous	maudîmes	nous	eûmes	maudit
vous	maudîtes	vous	eûtes	maudit
ils	maudirent	ils	eurent	maudit

Futur simple		*Futur antérieur*		
je	maudirai	j'	aurai	maudit
tu	maudiras	tu	auras	maudit
il	maudira	il	aura	maudit
nous	maudirons	nous	aurons	maudit
vous	maudirez	vous	aurez	maudit
ils	maudiront	ils	auront	maudit

SUBJONCTIF

Présent		*Passé*		
que je	maudisse	que j'	aie	maudit
que tu	maudisses	que tu	aies	maudit
qu'il	maudisse	qu'il	ait	maudit
que ns	maudissions	que ns	ayons	maudit
que vs	maudissiez	que vs	ayez	maudit
qu'ils	maudissent	qu'ils	aient	maudit

Imparfait		*Plus-que-parfait*		
que je	maudisse	que j'	eusse	maudit
que tu	maudisses	que tu	eusses	maudit
qu'il	maudît	qu'il	eût	maudit
que ns	maudissions	que ns	eussions	maudit
que vs	maudissiez	que vs	eussiez	maudit
qu'ils	maudissent	qu'ils	eussent	maudit

IMPÉRATIF

Présent	*Passé*	
maudis	aie	maudit
maudissons	ayons	maudit
maudissez	ayez	maudit

CONDITIONNEL

Présent		*Passé 1re forme*		
je	maudirais	j'	aurais	maudit
tu	maudirais	tu	aurais	maudit
il	maudirait	il	aurait	maudit
nous	maudirions	nous	aurions	maudit
vous	maudiriez	vous	auriez	maudit
ils	maudiraient	ils	auraient	maudit

Passé 2e forme		
j'	eusse	maudit
tu	eusses	maudit
il	eût	maudit
nous	eussions	maudit
vous	eussiez	maudit
ils	eussent	maudit

INFINITIF

Présent	*Passé*
maudire	avoir maudit

PARTICIPE

Présent	*Passé*
maudissant	maudit, ite ayant maudit

Ne s'emploie pas à la forme pronominale.

FORME ACTIVE

INDICATIF

Présent		*Passé composé*		
je	contre dis	j'	ai	contredit
tu	contre dis	tu	as	contredit
elle	contre dit	elle	a	contredit
nous	contre disons	nous	avons	contredit
vous	contre disez	vous	avez	contredit
elles	contre disent	elles	ont	contredit

Imparfait		*Plus-que-parfait*		
je	contre disais	j'	avais	contredit
tu	contre disais	tu	avais	contredit
elle	contre disait	elle	avait	contredit
nous	contre disions	nous	avions	contredit
vous	contre disiez	vous	aviez	contredit
elles	contre disaient	elles	avaient	contredit

Passé simple		*Passé antérieur*		
je	contre dis	j'	eus	contredit
tu	contre dis	tu	eus	contredit
elle	contre dit	elle	eut	contredit
nous	contre dîmes	nous	eûmes	contredit
vous	contre dîtes	vous	eûtes	contredit
elles	contre dirent	elles	eurent	contredit

Futur simple		*Futur antérieur*		
je	contre dirai	j'	aurai	contredit
tu	contre diras	tu	auras	contredit
elle	contre dira	elle	aura	contredit
nous	contre dirons	nous	aurons	contredit
vous	contre direz	vous	aurez	contredit
elles	contre diront	elles	auront	contredit

SUBJONCTIF

Présent		*Passé*		
que je	contre dise	que j'	aie	contredit
que tu	contre dises	que tu	aies	contredit
qu'elle	contre dise	qu'elle	ait	contredit
que ns	contre disions	que ns	ayons	contredit
que vs	contre disiez	que vs	ayez	contredit
qu'elles	contre disent	qu'elles	aient	contredit

Imparfait		*Plus-que-parfait*		
que je	contre disse	que j'	eusse	contredit
que tu	contre disses	que tu	eusses	contredit
qu'elle	contre dît	qu'elle	eût	contredit
que ns	contre dissions	que ns	eussions	contredit
que vs	contre dissiez	que vs	eussiez	contredit
qu'elles	contre dissent	qu'elles	eussent	contredit

IMPÉRATIF

Présent	*Passé*	
contre dis	aie	contredit
contre disons	ayons	contredit
contre disez	ayez	contredit

CONDITIONNEL

Présent		*Passé 1re forme*		
je	contre dirais	j'	aurais	contredit
tu	contre dirais	tu	aurais	contredit
elle	contre dirait	elle	aurait	contredit
nous	contre dirions	nous	aurions	contredit
vous	contre diriez	vous	auriez	contredit
elles	contre diraient	elles	auraient	contredit

Passé 2e forme		
j'	eusse	contredit
tu	eusses	contredit
elle	eût	contredit
nous	eussions	contredit
vous	eussiez	contredit
elles	eussent	contredit

INFINITIF

Présent	*Passé*
contre dire	avoir contredit

PARTICIPE

Présent	*Passé*
contre disant	contre dit, ite ayant contredit

FORME PRONOMINALE

INDICATIF

Présent
il/elle se contredit

Passé composé
il/elle s'est contredit, ite

Imparfait
il/elle se contredisait

Plus-que-parfait
il/elle s'était contredit, ite

Passé simple
il/elle se contredit

Passé antérieur
il/elle se fut contredit, ite

Futur simple
il/elle se contredira

Futur antérieur
il/elle se sera contredit, ite

INFINITIF

Présent
se contredire

Passé
s'être contredit, ite

PARTICIPE

Présent
se contredisant

Passé
s'étant contredit, ite

SUBJONCTIF

Présent
qu'il/elle se contredise

Passé
qu'il/elle se soit contredit, ite

Imparfait
qu'il/elle se contredît

Plus-que-parfait
qu'il/elle se fût contredit, ite

CONDITIONNEL

Présent
il/elle se contredirait

Passé 1re forme
il/elle se serait contredit, ite

Passé 2e forme
il/elle se fût contredit, ite

IMPÉRATIF

Présent
contredis-toi
contredisons-nous
contredisez-vous

ATTENDRIR *Verbes en **IR**, se terminant par **DRIR***

FORME ACTIVE

INDICATIF

Présent		*Passé composé*		
j'	atten dris	j'	ai	attendri
tu	atten dris	tu	as	attendri
il	atten drit	il	a	attendri
nous	atten drissons	nous	avons	attendri
vous	atten drissez	vous	avez	attendri
ils	atten drissent	ils	ont	attendri

Imparfait		*Plus-que-parfait*		
j'	atten drissais	j'	avais	attendri
tu	atten drissais	tu	avais	attendri
il	atten drissait	il	avait	attendri
nous	atten drissions	nous	avions	attendri
vous	atten drissiez	vous	aviez	attendri
ils	atten drissaient	ils	avaient	attendri

Passé simple		*Passé antérieur*		
j'	atten dris	j'	eus	attendri
tu	atten dris	tu	eus	attendri
il	atten drit	il	eut	attendri
nous	atten drîmes	nous	eûmes	attendri
vous	atten drîtes	vous	eûtes	attendri
ils	atten drirent	ils	eurent	attendri

Futur simple		*Futur antérieur*		
j'	atten drirai	j'	aurai	attendri
tu	atten driras	tu	auras	attendri
il	atten drira	il	aura	attendri
nous	atten drirons	nous	aurons	attendri
vous	atten drirez	vous	aurez	attendri
ils	atten driront	ils	auront	attendri

SUBJONCTIF

Présent		*Passé*		
que j'	atten drisse	que j'	aie	attendri
que tu	atten drisses	que tu	aies	attendri
qu'il	atten drisse	qu'il	ait	attendri
que ns	atten drissions	que ns	ayons	attendri
que vs	atten drissiez	que vs	ayez	attendri
qu'ils	atten drissent	qu'ils	aient	attendri

Imparfait		*Plus-que-parfait*		
que j'	atten drisse	que j'	eusse	attendri
que tu	atten drisses	que tu	eusses	attendri
qu'il	atten drît	qu'il	eût	attendri
que ns	atten drissions	que ns	eussions	attendri
que vs	atten drissiez	que vs	eussiez	attendri
qu'ils	atten drissent	qu'ils	eussent	attendri

IMPÉRATIF

Présent	*Passé*	
atten dris	aie	attendri
atten drissons	ayons	attendri
atten drissez	ayez	attendri

CONDITIONNEL

Présent		*Passé 1re forme*		
j'	atten drirais	j'	aurais	attendri
tu	atten drirais	tu	aurais	attendri
il	atten drirait	il	aurait	attendri
nous	atten dririons	nous	aurions	attendri
vous	atten dririez	vous	auriez	attendri
ils	atten driraient	ils	auraient	attendri

Passé 2e forme

j'	eusse	attendri
tu	eusses	attendri
il	eût	attendri
nous	eussions	attendri
vous	eussiez	attendri
ils	eussent	attendri

INFINITIF

Présent	*Passé*
atten drir	avoir attendri

PARTICIPE

Présent	*Passé*
atten drissant	atten dri, ie ayant attendri

FORME PRONOMINALE

INDICATIF

Présent
il/elle s'attendrit

Passé composé
il/elle s'est attendri, ie

Imparfait
il/elle s'attendrissait

Plus-que-parfait
il/elle s'était attendri, ie

Passé simple
il/elle s'attendrit

Passé antérieur
il/elle se fut attendri, ie

Futur simple
il/elle s'attendrira

Futur antérieur
il/elle se sera attendri, ie

INFINITIF

Présent
s'attendrir

Passé
s'être attendri, ie

PARTICIPE

Présent
s'attendrissant

Passé
s'étant attendri, ie

SUBJONCTIF

Présent
qu'il/elle s'attendrisse

Passé
qu'il/elle se soit attendri, ie

Imparfait
qu'il/elle s'attendrît

Plus-que-parfait
qu'il/elle se fût attendri, ie

CONDITIONNEL

Présent
il/elle s'attendrirait

Passé 1re forme
il/elle se serait attendri, ie

Passé 2e forme
il/elle se fût attendri, ie

IMPÉRATIF

Présent
attendris-toi
attendrissons-nous
attendrissez-vous

FORME ACTIVE

INDICATIF

Présent

j'	obéis
tu	obéis
elle	obéit
nous	obéissons
vous	obéissez
elles	obéissent

Passé composé

j'	ai	obéi
tu	as	obéi
elle	a	obéi
nous	avons	obéi
vous	avez	obéi
elles	ont	obéi

Imparfait

j'	obéissais
tu	obéissais
elle	obéissait
nous	obéissions
vous	obéissiez
elles	obéissaient

Plus-que-parfait

j'	avais	obéi
tu	avais	obéi
elle	avait	obéi
nous	avions	obéi
vous	aviez	obéi
elles	avaient	obéi

Passé simple

j'	obéis
tu	obéis
elle	obéit
nous	obéîmes
vous	obéîtes
elles	obéirent

Passé antérieur

j'	eus	obéi
tu	eus	obéi
elle	eut	obéi
nous	eûmes	obéi
vous	eûtes	obéi
elles	eurent	obéi

Futur simple

j'	obéirai
tu	obéiras
elle	obéira
nous	obéirons
vous	obéirez
elles	obéiront

Futur antérieur

j'	aurai	obéi
tu	auras	obéi
elle	aura	obéi
nous	aurons	obéi
vous	aurez	obéi
elles	auront	obéi

SUBJONCTIF

Présent

que j'	obéisse
que tu	obéisses
qu'elle	obéisse
que ns	obéissions
que vs	obéissiez
qu'elles	obéissent

Passé

que j'	aie	obéi
que tu	aies	obéi
qu'elle	ait	obéi
que ns	ayons	obéi
que vs	ayez	obéi
qu'elles	aient	obéi

Imparfait

que j'	obéisse
que tu	obéisses
qu'elle	obéît
que ns	obéissions
que vs	obéissiez
qu'elles	obéissent

Plus-que-parfait

que j'	eusse	obéi
que tu	eusses	obéi
qu'elle	eût	obéi
que ns	eussions	obéi
que vs	eussiez	obéi
qu'elles	eussent	obéi

IMPÉRATIF

Présent

obéis
obéissons
obéissez

Passé

aie	obéi
ayons	obéi
ayez	obéi

CONDITIONNEL

Présent

j'	obéirais
tu	obéirais
elle	obéirait
nous	obéirions
vous	obéiriez
elles	obéiraient

Passé 1re forme

j'	aurais	obéi
tu	aurais	obéi
elle	aurait	obéi
nous	aurions	obéi
vous	auriez	obéi
elles	auraient	obéi

Passé 2e forme

j'	eusse	obéi
tu	eusses	obéi
elle	eût	obéi
nous	eussions	obéi
vous	eussiez	obéi
elles	eussent	obéi

INFINITIF

Présent
obéir

Passé
avoir obéi

PARTICIPE

Présent
obéissant

Passé
obéi, ie
ayant obéi

FORME PRONOMINALE

INDICATIF

Présent
il/elle s'obéit

Passé composé
il/elle s'est obéi

Imparfait
il/elle s'obéissait

Plus-que-parfait
il/elle s'était obéi

Passé simple
il/elle s'obéit

Passé antérieur
il/elle se fut obéi

Futur simple
il/elle s'obéira

Futur antérieur
il/elle se sera obéi

INFINITIF

Présent
s'obéir

Passé
s'être obéi

PARTICIPE

Présent
s'obéissant

Passé
s'étant obéi

SUBJONCTIF

Présent
qu'il/elle s'obéisse

Passé
qu'il/elle se soit obéi

Imparfait
qu'il/elle s'obéît

Plus-que-parfait
qu'il/elle se fût obéi

CONDITIONNEL

Présent
il/elle s'obéirait

Passé 1re forme
il/elle se serait obéi

Passé 2e forme
il/elle se fût obéi

IMPÉRATIF

Présent
obéis-toi
obéissons-nous
obéissez-vous

SUFFIRE

FORME ACTIVE

INDICATIF

Présent

je	suffis
tu	suffis
il	suffit
nous	suffisons
vous	suffisez
ils	suffisent

Passé composé

j'	ai	suffi
tu	as	suffi
il	a	suffi
nous	avons	suffi
vous	avez	suffi
ils	ont	suffi

Imparfait

je	suffisais
tu	suffisais
il	suffisait
nous	suffisions
vous	suffisiez
ils	suffisaient

Plus-que-parfait

j'	avais	suffi
tu	avais	suffi
il	avait	suffi
nous	avions	suffi
vous	aviez	suffi
ils	avaient	suffi

Passé simple

je	suffis
tu	suffis
il	suffit
nous	suffîmes
vous	suffîtes
ils	suffirent

Passé antérieur

j'	eus	suffi
tu	eus	suffi
il	eut	suffi
nous	eûmes	suffi
vous	eûtes	suffi
ils	eurent	suffi

Futur simple

je	suffirai
tu	suffiras
il	suffira
nous	suffirons
vous	suffirez
ils	suffiront

Futur antérieur

j'	aurai	suffi
tu	auras	suffi
il	aura	suffi
nous	aurons	suffi
vous	aurez	suffi
ils	auront	suffi

SUBJONCTIF

Présent

que je	suffise
que tu	suffises
qu'il	suffise
que ns	suffisions
que vs	suffisiez
qu'ils	suffisent

Passé

que j'	aie	suffi
que tu	aies	suffi
qu'il	ait	suffi
que ns	ayons	suffi
que vs	ayez	suffi
qu'ils	aient	suffi

Imparfait

que je	suffisse
que tu	suffisses
qu'il	suffît
que ns	suffissions
que vs	suffissiez
qu'ils	suffissent

Plus-que-parfait

que j'	eusse	suffi
que tu	eusses	suffi
qu'il	eût	suffi
que ns	eussions	suffi
que vs	eussiez	suffi
qu'ils	eussent	suffi

IMPÉRATIF

Présent

suffis
suffisons
suffisez

Passé

aie	suffi
ayons	suffi
ayez	suffi

CONDITIONNEL

Présent

je	suffirais
tu	suffirais
il	suffirait
nous	suffirions
vous	suffiriez
ils	suffiraient

Passé 1re forme

j'	aurais	suffi
tu	aurais	suffi
il	aurait	suffi
nous	aurions	suffi
vous	auriez	suffi
ils	auraient	suffi

Passé 2e forme

j'	eusse	suffi
tu	eusses	suffi
il	eût	suffi
nous	eussions	suffi
vous	eussiez	suffi
ils	eussent	suffi

INFINITIF

Présent
suffire

Passé
avoir suffi

PARTICIPE

Présent
suffisant

Passé
suffi
ayant suffi

FORME PRONOMINALE

INDICATIF

Présent
il/elle se suffit

Passé composé
il/elle s'est suffi

Imparfait
il/elle se suffisait

Plus-que-parfait
il/elle s'était suffi

Passé simple
il/elle se suffit

Passé antérieur
il/elle se fut suffi

Futur simple
il/elle se suffira

Futur antérieur
il/elle se sera suffi

INFINITIF

Présent
se suffire

Passé
s'être suffi

PARTICIPE

Présent
se suffisant

Passé
s'étant suffi

SUBJONCTIF

Présent
qu'il/elle se suffise

Passé
qu'il/elle se soit suffi

Imparfait
qu'il/elle se suffît

Plus-que-parfait
qu'il/elle se fût suffi

CONDITIONNEL

Présent
il/elle se suffirait

Passé 1re forme
il/elle se serait suffi

Passé 2e forme
il/elle se fût suffi

IMPÉRATIF

Présent
suffis-toi
suffisons-nous
suffisez-vous

FORME ACTIVE

INDICATIF

Présent		Passé composé		
j'	o ffre	j'	ai	offert
tu	o ffres	tu	as	offert
elle	o ffre	elle	a	offert
nous	o ffrons	nous	avons	offert
vous	o ffrez	vous	avez	offert
elles	o ffrent	elles	ont	offert

Imparfait		Plus-que-parfait		
j'	o ffrais	j'	avais	offert
tu	o ffrais	tu	avais	offert
elle	o ffrait	elle	avait	offert
nous	o ffrions	nous	avions	offert
vous	o ffriez	vous	aviez	offert
elles	o ffraient	elles	avaient	offert

Passé simple		Passé antérieur		
j'	o ffris	j'	eus	offert
tu	o ffris	tu	eus	offert
elle	o ffrit	elle	eut	offert
nous	o ffrîmes	nous	eûmes	offert
vous	o ffrîtes	vous	eûtes	offert
elles	o ffrirent	elles	eurent	offert

Futur simple		Futur antérieur		
j'	o ffrirai	j'	aurai	offert
tu	o ffriras	tu	auras	offert
elle	o ffrira	elle	aura	offert
nous	o ffrirons	nous	aurons	offert
vous	o ffrirez	vous	aurez	offert
elles	o ffriront	elles	auront	offert

SUBJONCTIF

Présent		Passé		
que j'	o ffre	que j'	aie	offert
que tu	o ffres	que tu	aies	offert
qu'elle	o ffre	qu'elle	ait	offert
que ns	o ffrions	que ns	ayons	offert
que vs	o ffriez	que vs	ayez	offert
qu'elles	o ffrent	qu'elles	aient	offert

Imparfait		Plus-que-parfait		
que j'	o ffrisse	que j'	eusse	offert
que tu	o ffrisses	que tu	eusses	offert
qu'elle	o ffrît	qu'elle	eût	offert
que ns	o ffrissions	que ns	eussions	offert
que vs	o ffrissiez	que vs	eussiez	offert
qu'elles	o ffrissent	qu'elles	eussent	offert

IMPÉRATIF

Présent	Passé	
o ffre	aie	offert
o ffrons	ayons	offert
o ffrez	ayez	offert

CONDITIONNEL

Présent		Passé 1re forme		
j'	o ffrirais	j'	aurais	offert
tu	o ffrirais	tu	aurais	offert
elle	o ffrirait	elle	aurait	offert
nous	o ffririons	nous	aurions	offert
vous	o ffririez	vous	auriez	offert
elles	o ffriraient	elles	auraient	offert

Passé 2e forme

j'	eusse	offert
tu	eusses	offert
elle	eût	offert
nous	eussions	offert
vous	eussiez	offert
elles	eussent	offert

INFINITIF

Présent	Passé
o ffrir	avoir offert

PARTICIPE

Présent	Passé
o ffrant	o ffert, erte ayant offert

FORME PRONOMINALE

INDICATIF

Présent
il/elle s'offre

Imparfait
il/elle s'offrait

Passé simple
il/elle s'offrit

Futur simple
il/elle s'offrira

Passé composé
il/elle s'est offert, erte

Plus-que-parfait
il/elle s'était offert, erte

Passé antérieur
il/elle se fut offert, erte

Futur antérieur
il/elle se sera offert, erte

INFINITIF

Présent
s'offrir

Passé
s'être offert, erte

PARTICIPE

Présent
s'offrant

Passé
s'étant offert, erte

SUBJONCTIF

Présent
qu'il/elle s'offre

Imparfait
qu'il/elle s'offrît

Passé
qu'il/elle se soit offert, erte

Plus-que-parfait
qu'il/elle se fût offert, erte

CONDITIONNEL

Présent
il/elle s'offrirait

Passé 1re forme
il/elle se serait offert, erte

Passé 2e forme
il/elle se fût offert, erte

IMPÉRATIF

Présent
offre-toi
offrons-nous
offrez-vous

ÉLARGIR *Verbes en **IR**, se terminant par **GIR***

FORME ACTIVE

INDICATIF

Présent			**Passé composé**		
j'	élar	gis	j'	ai	élargi
tu	élar	gis	tu	as	élargi
il	élar	git	il	a	élargi
nous	élar	gissons	nous	avons	élargi
vous	élar	gissez	vous	avez	élargi
ils	élar	gissent	ils	ont	élargi

Imparfait			**Plus-que-parfait**		
j'	élar	gissais	j'	avais	élargi
tu	élar	gissais	tu	avais	élargi
il	élar	gissait	il	avait	élargi
nous	élar	gissions	nous	avions	élargi
vous	élar	gissiez	vous	aviez	élargi
ils	élar	gissaient	ils	avaient	élargi

Passé simple			**Passé antérieur**		
j'	élar	gis	j'	eus	élargi
tu	élar	gis	tu	eus	élargi
il	élar	git	il	eut	élargi
nous	élar	gîmes	nous	eûmes	élargi
vous	élar	gîtes	vous	eûtes	élargi
ils	élar	girent	ils	eurent	élargi

Futur simple			**Futur antérieur**		
j'	élar	girai	j'	aurai	élargi
tu	élar	giras	tu	auras	élargi
il	élar	gira	il	aura	élargi
nous	élar	girons	nous	aurons	élargi
vous	élar	girez	vous	aurez	élargi
ils	élar	giront	ils	auront	élargi

SUBJONCTIF

Présent			**Passé**		
que j'	élar	gisse	que j'	aie	élargi
que tu	élar	gisses	que tu	aies	élargi
qu'il	élar	gisse	qu'il	ait	élargi
que ns	élar	gissions	que ns	ayons	élargi
que vs	élar	gissiez	que vs	ayez	élargi
qu'ils	élar	gissent	qu'ils	aient	élargi

Imparfait			**Plus-que-parfait**		
que j'	élar	gisse	que j'	eusse	élargi
que tu	élar	gisses	que tu	eusses	élargi
qu'il	élar	gît	qu'il	eût	élargi
que ns	élar	gissions	que ns	eussions	élargi
que vs	élar	gissiez	que vs	eussiez	élargi
qu'ils	élar	gissent	qu'ils	eussent	élargi

IMPÉRATIF

Présent		**Passé**	
élar	gis	aie	élargi
élar	gissons	ayons	élargi
élar	gissez	ayez	élargi

CONDITIONNEL

Présent			**Passé 1re forme**		
j'	élar	girais	j'	aurais	élargi
tu	élar	girais	tu	aurais	élargi
il	élar	girait	il	aurait	élargi
nous	élar	girions	nous	aurions	élargi
vous	élar	giriez	vous	auriez	élargi
ils	élar	giraient	ils	auraient	élargi

Passé 2e forme		
j'	eusse	élargi
tu	eusses	élargi
il	eût	élargi
nous	eussions	élargi
vous	eussiez	élargi
ils	eussent	élargi

INFINITIF

Présent	**Passé**
élar gir	avoir élargi

PARTICIPE

Présent	**Passé**
élar gissant	élar gi, ie ayant élargi

FORME PRONOMINALE

INDICATIF

Présent
il/elle s'élargit

Passé composé
il/elle s'est élargi, ie

Imparfait
il/elle s'élargissait

Plus-que-parfait
il/elle s'était élargi, ie

Passé simple
il/elle s'élargit

Passé antérieur
il/elle se fut élargi, ie

Futur simple
il/elle s'élargira

Futur antérieur
il/elle se sera élargi, ie

INFINITIF

Présent
s'élargir

Passé
s'être élargi, ie

PARTICIPE

Présent
s'élargissant

Passé
s'étant élargi, ie

SUBJONCTIF

Présent
qu'il/elle s'élargisse

Passé
qu'il/elle se soit élargi, ie

Imparfait
qu'il/elle s'élargît

Plus-que-parfait
qu'il/elle se fût élargi, ie

CONDITIONNEL

Présent
il/elle s'élargirait

Passé 1re forme
il/elle se serait élargi, ie

Passé 2e forme
il/elle se fût élargi, ie

IMPÉRATIF

Présent
élargis-toi
élargissons-nous
élargissez-vous

AMAIGRIR

FORME ACTIVE

INDICATIF

Présent			***Passé composé***		
j'	amai	gris	j'	ai	amaigri
tu	amai	gris	tu	as	amaigri
elle	amai	grit	elle	a	amaigri
nous	amai	grissons	nous	avons	amaigri
vous	amai	grissez	vous	avez	amaigri
elles	amai	grissent	elles	ont	amaigri

Imparfait			***Plus-que-parfait***		
j'	amai	grissais	j'	avais	amaigri
tu	amai	grissais	tu	avais	amaigri
elle	amai	grissait	elle	avait	amaigri
nous	amai	grissions	nous	avions	amaigri
vous	amai	grissiez	vous	aviez	amaigri
elles	amai	grissaient	elles	avaient	amaigri

Passé simple			***Passé antérieur***		
j'	amai	gris	j'	eus	amaigri
tu	amai	gris	tu	eus	amaigri
elle	amai	grit	elle	eut	amaigri
nous	amai	grîmes	nous	eûmes	amaigri
vous	amai	grîtes	vous	eûtes	amaigri
elles	amai	grirent	elles	eurent	amaigri

Futur simple			***Futur antérieur***		
j'	amai	grirai	j'	aurai	amaigri
tu	amai	griras	tu	auras	amaigri
elle	amai	grira	elle	aura	amaigri
nous	amai	grirons	nous	aurons	amaigri
vous	amai	grirez	vous	aurez	amaigri
elles	amai	griront	elles	auront	amaigri

SUBJONCTIF

Présent			***Passé***		
que j'	amai	grisse	que j'	aie	amaigri
que tu	amai	grisses	que tu	aies	amaigri
qu'elle	amai	grisse	qu'elle	ait	amaigri
que ns	amai	grissions	que ns	ayons	amaigri
que vs	amai	grissiez	que vs	ayez	amaigri
qu'elles	amai	grissent	qu'elles	aient	amaigri

Imparfait			***Plus-que-parfait***		
que j'	amai	grisse	que j'	eusse	amaigri
que tu	amai	grisses	que tu	eusses	amaigri
qu'elle	amai	grît	qu'elle	eût	amaigri
que ns	amai	grissions	que ns	eussions	amaigri
que vs	amai	grissiez	que vs	eussiez	amaigri
qu'elles	amai	grissent	qu'elles	eussent	amaigri

IMPÉRATIF

Présent		***Passé***	
amai	gris	aie	amaigri
amai	grissons	ayons	amaigri
amai	grissez	ayez	amaigri

CONDITIONNEL

Présent			***Passé 1re forme***		
j'	amai	grirais	j'	aurais	amaigri
tu	amai	grirais	tu	aurais	amaigri
elle	amai	grirait	elle	aurait	amaigri
nous	amai	gririons	nous	aurions	amaigri
vous	amai	gririez	vous	auriez	amaigri
elles	amai	griraient	elles	auraient	amaigri

Passé 2e forme

j'	eusse	amaigri
tu	eusses	amaigri
elle	eût	amaigri
nous	eussions	amaigri
vous	eussiez	amaigri
elles	eussent	amaigri

INFINITIF

Présent	***Passé***
amai grir	avoir amaigri

PARTICIPE

Présent	***Passé***
amai grissant	amai gri, ie ayant amaigri

FORME PRONOMINALE

INDICATIF

Présent
il/elle s'amaigrit

Passé composé
il/elle s'est amaigri, ie

Imparfait
il/elle s'amaigrissait

Plus-que-parfait
il/elle s'était amaigri, ie

Passé simple
il/elle s'amaigrit

Passé antérieur
il/elle se fut amaigri, ie

Futur simple
il/elle s'amaigrira

Futur antérieur
il/elle se sera amaigri, ie

INFINITIF

Présent
s'amaigrir

Passé
s'être amaigri, ie

PARTICIPE

Présent
s'amaigrissant

Passé
s'étant amaigri, ie

SUBJONCTIF

Présent
qu'il/elle s'amaigrisse

Passé
qu'il/elle se soit amaigri, ie

Imparfait
qu'il/elle s'amaigrît

Plus-que-parfait
qu'il/elle se fût amaigri, ie

CONDITIONNEL

Présent
il/elle s'amaigrirait

Passé 1re forme
il/elle se serait amaigri, ie

Passé 2e forme
il/elle se fût amaigri, ie

IMPÉRATIF

Présent
amaigris-toi
amaigrissons-nous
amaigrissez-vous

ALANGUIR *Verbes en **IR**, se terminant par **GUIR***

FORME ACTIVE

INDICATIF

Présent

j'	alan	guis
tu	alan	guis
il	alan	guit
nous	alan	guissons
vous	alan	guissez
ils	alan	guissent

Passé composé

j'	ai	alangui
tu	as	alangui
il	a	alangui
nous	avons	alangui
vous	avez	alangui
ils	ont	alangui

Imparfait

j'	alan	guissais
tu	alan	guissais
il	alan	guissait
nous	alan	guissions
vous	alan	guissiez
ils	alan	guissaient

Plus-que-parfait

j'	avais	alangui
tu	avais	alangui
il	avait	alangui
nous	avions	alangui
vous	aviez	alangui
ils	avaient	alangui

Passé simple

j'	alan	guis
tu	alan	guis
il	alan	guit
nous	alan	guîmes
vous	alan	guîtes
ils	alan	guirent

Passé antérieur

j'	eus	alangui
tu	eus	alangui
il	eut	alangui
nous	eûmes	alangui
vous	eûtes	alangui
ils	eurent	alangui

Futur simple

j'	alan	guirai
tu	alan	guiras
il	alan	guira
nous	alan	guirons
vous	alan	guirez
ils	alan	guiront

Futur antérieur

j'	aurai	alangui
tu	auras	alangui
il	aura	alangui
nous	aurons	alangui
vous	aurez	alangui
ils	auront	alangui

SUBJONCTIF

Présent

que j'	alan	guisse
que tu	alan	guisses
qu'il	alan	guisse
que ns	alan	guissions
que vs	alan	guissiez
qu'ils	alan	guissent

Passé

que j'	aie	alangui
que tu	aies	alangui
qu'il	ait	alangui
que ns	ayons	alangui
que vs	ayez	alangui
qu'ils	aient	alangui

Imparfait

que j'	alan	guisse
que tu	alan	guisses
qu'il	alan	guît
que ns	alan	guissions
que vs	alan	guissiez
qu'ils	alan	guissent

Plus-que-parfait

que j'	eusse	alangui
que tu	eusses	alangui
qu'il	eût	alangui
que ns	eussions	alangui
que vs	eussiez	alangui
qu'ils	eussent	alangui

IMPÉRATIF

Présent

alan guis
alan guissons
alan guissez

Passé

aie alangui
ayons alangui
ayez alangui

CONDITIONNEL

Présent

j'	alan	guirais
tu	alan	guirais
il	alan	guirait
nous	alan	guirions
vous	alan	guiriez
ils	alan	guiraient

Passé 1re forme

j'	aurais	alangui
tu	aurais	alangui
il	aurait	alangui
nous	aurions	alangui
vous	auriez	alangui
ils	auraient	alangui

Passé 2e forme

j'	eusse	alangui
tu	eusses	alangui
il	eût	alangui
nous	eussions	alangui
vous	eussiez	alangui
ils	eussent	alangui

INFINITIF

Présent
alan guir

Passé
avoir alangui

PARTICIPE

Présent
alan guissant

Passé
alan gui, ie
ayant alangui

FORME PRONOMINALE

INDICATIF

Présent
il/elle s'alanguit

Passé composé
il/elle s'est alangui, ie

Imparfait
il/elle s'alanguissait

Plus-que-parfait
il/elle s'était alangui, ie

Passé simple
il/elle s'alanguit

Passé antérieur
il/elle se fut alangui, ie

Futur simple
il/elle s'alanguira

Futur antérieur
il/elle se sera alangui, ie

INFINITIF

Présent
s'alanguir

Passé
s'être alangui, ie

PARTICIPE

Présent
s'alanguissant

Passé
s'étant alangui, ie

SUBJONCTIF

Présent
qu'il/elle s'alanguisse

Passé
qu'il/elle se soit alangui, ie

Imparfait
qu'il/elle s'alanguît

Plus-que-parfait
qu'il/elle se fût alangui, ie

CONDITIONNEL

Présent
il/elle s'alanguirait

Passé 1re forme
il/elle se serait alangui, ie

Passé 2e forme
il/elle se fût alangui, ie

IMPÉRATIF

Présent
alanguis-toi
alanguissons-nous
alanguissez-vous

FORME ACTIVE

INDICATIF

Présent			*Passé composé*		
je	tra	his	j'	ai	trahi
tu	tra	his	tu	as	trahi
elle	tra	hit	elle	a	trahi
nous	tra	hissons	nous	avons	trahi
vous	tra	hissez	vous	avez	trahi
elles	tra	hissent	elles	ont	trahi
Imparfait			***Plus-que-parfait***		
je	tra	hissais	j'	avais	trahi
tu	tra	hissais	tu	avais	trahi
elle	tra	hissait	elle	avait	trahi
nous	tra	hissions	nous	avions	trahi
vous	tra	hissiez	vous	aviez	trahi
elles	tra	hissaient	elles	avaient	trahi
Passé simple			***Passé antérieur***		
je	tra	his	j'	eus	trahi
tu	tra	his	tu	eus	trahi
elle	tra	hit	elle	eut	trahi
nous	tra	hîmes	nous	eûmes	trahi
vous	tra	hîtes	vous	eûtes	trahi
elles	tra	hirent	elles	eurent	trahi
Futur simple			***Futur antérieur***		
je	tra	hirai	j'	aurai	trahi
tu	tra	hiras	tu	auras	trahi
elle	tra	hira	elle	aura	trahi
nous	tra	hirons	nous	aurons	trahi
vous	tra	hirez	vous	aurez	trahi
elles	tra	hiront	elles	auront	trahi

SUBJONCTIF

Présent			*Passé*		
que je	tra	hisse	que j'	aie	trahi
que tu	tra	hisses	que tu	aies	trahi
qu'elle	tra	hisse	qu'elle	ait	trahi
que ns	tra	hissions	que ns	ayons	trahi
que vs	tra	hissiez	que vs	ayez	trahi
qu'elles	tra	hissent	qu'elles	aient	trahi
Imparfait			***Plus-que-parfait***		
que je	tra	hisse	que j'	eusse	trahi
que tu	tra	hisses	que tu	eusses	trahi
qu'elle	tra	hît	qu'elle	eût	trahi
que ns	tra	hissions	que ns	eussions	trahi
que vs	tra	hissiez	que vs	eussiez	trahi
qu'elles	tra	hissent	qu'elles	eussent	trahi

IMPÉRATIF

Présent		*Passé*	
tra	his	aie	trahi
tra	hissons	ayons	trahi
tra	hissez	ayez	trahi

CONDITIONNEL

Présent			*Passé 1re forme*		
je	tra	hirais	j'	aurais	trahi
tu	tra	hirais	tu	aurais	trahi
elle	tra	hirait	elle	aurait	trahi
nous	tra	hirions	nous	aurions	trahi
vous	tra	hiriez	vous	auriez	trahi
elles	tra	hiraient	elles	auraient	trahi

Passé 2e forme

j'	eusse	trahi
tu	eusses	trahi
elle	eût	trahi
nous	eussions	trahi
vous	eussiez	trahi
elles	eussent	trahi

INFINITIF

Présent
tra hir

Passé
avoir trahi

PARTICIPE

Présent
tra hissant

Passé
tra hi, ie
ayant trahi

FORME PRONOMINALE

INDICATIF

Présent
il/elle se trahit

Passé composé
il/elle s'est trahi, ie

Imparfait
il/elle se trahissait

Plus-que-parfait
il/elle s'était trahi, ie

Passé simple
il/elle se trahit

Passé antérieur
il/elle se fut trahi, ie

Futur simple
il/elle se trahira

Futur antérieur
il/elle se sera trahi, ie

INFINITIF

Présent
se trahir

Passé
s'être trahi, ie

PARTICIPE

Présent
se trahissant

Passé
s'étant trahi, ie

SUBJONCTIF

Présent
qu'il/elle se trahisse

Passé
qu'il/elle se soit trahi, ie

Imparfait
qu'il/elle se trahît

Plus-que-parfait
qu'il/elle se fût trahi, ie

CONDITIONNEL

Présent
il/elle se trahirait

Passé 1re forme
il/elle se serait trahi, ie

Passé 2e forme
il/elle se fût trahi, ie

IMPÉRATIF

Présent
trahis-toi
trahissons-nous
trahissez-vous

ENORGUEILLIR *Verbes en **IR**, se terminant par **ILLIR***

FORME ACTIVE

INDICATIF

Présent			*Passé composé*		
j'	enorgue	illis	j'	ai	enorgueilli
tu	enorgue	illis	tu	as	enorgueilli
il	enorgue	illit	il	a	enorgueilli
nous	enorgue	illissons	nous	avons	enorgueilli
vous	enorgue	illissez	vous	avez	enorgueilli
ils	enorgue	illissent	ils	ont	enorgueilli

Imparfait			*Plus-que-parfait*		
j'	enorgue	illissais	j'	avais	enorgueilli
tu	enorgue	illissais	tu	avais	enorgueilli
il	enorgue	illissait	il	avait	enorgueilli
nous	enorgue	illissions	nous	avions	enorgueilli
vous	enorgue	illissiez	vous	aviez	enorgueilli
ils	enorgue	illissaient	ils	avaient	enorgueilli

Passé simple			*Passé antérieur*		
j'	enorgue	illis	j'	eus	enorgueilli
tu	enorgue	illis	tu	eus	enorgueilli
il	enorgue	illit	il	eut	enorgueilli
nous	enorgue	illîmes	nous	eûmes	enorgueilli
vous	enorgue	illîtes	vous	eûtes	enorgueilli
ils	enorgue	illirent	ils	eurent	enorgueilli

Futur simple			*Futur antérieur*		
j'	enorgue	illirai	j'	aurai	enorgueilli
tu	enorgue	illiras	tu	auras	enorgueilli
il	enorgue	illira	il	aura	enorgueilli
nous	enorgue	illirons	nous	aurons	enorgueilli
vous	enorgue	illirez	vous	aurez	enorgueilli
ils	enorgue	illiront	ils	auront	enorgueilli

SUBJONCTIF

Présent			*Passé*		
que j'	enorgue	illisse	que j'	aie	enorgueilli
que tu	enorgue	illisses	que tu	aies	enorgueilli
qu'il	enorgue	illisse	qu'il	ait	enorgueilli
que ns	enorgue	illissions	que ns	ayons	enorgueilli
que vs	enorgue	illissiez	que vs	ayez	enorgueilli
qu'ils	enorgue	illissent	qu'ils	aient	enorgueilli

Imparfait			*Plus-que-parfait*		
que j'	enorgue	illisse	que j'	eusse	enorgueilli
que tu	enorgue	illisses	que tu	eusses	enorgueilli
qu'il	enorgue	illît	qu'il	eût	enorgueilli
que ns	enorgue	illissions	que ns	eussions	enorgueilli
que vs	enorgue	illissiez	que vs	eussiez	enorgueilli
qu'ils	enorgue	illissent	qu'ils	eussent	enorgueilli

IMPÉRATIF

Présent		*Passé*	
enorgue	illis	aie	enorgueilli
enorgue	illissons	ayons	enorgueilli
enorgue	illissez	ayez	enorgueilli

CONDITIONNEL

Présent			*Passé 1re forme*		
j'	enorgue	illirais	j'	aurais	enorgueilli
tu	enorgue	illirais	tu	aurais	enorgueilli
il	enorgue	illirait	il	aurait	enorgueilli
nous	enorgue	illirions	nous	aurions	enorgueilli
vous	enorgue	illiriez	vous	auriez	enorgueilli
ils	enorgue	illiraient	ils	auraient	enorgueilli

Passé 2e forme

j'	eusse	enorgueilli
tu	eusses	enorgueilli
il	eût	enorgueilli
nous	eussions	enorgueilli
vous	eussiez	enorgueilli
ils	eussent	enorgueilli

INFINITIF

Présent	*Passé*
enorgue illir	avoir enorgueilli

PARTICIPE

Présent	*Passé*
enorgue illissant	enorgue illi, ie ayant enorgueilli

FORME PRONOMINALE

INDICATIF

Présent
il/elle s'enorgueillit

Passé composé
il/elle s'est enorgueilli, ie

Imparfait
il/elle s'enorgueillissait

Plus-que-parfait
il/elle s'était enorgueilli, ie

Passé simple
il/elle s'enorgueillit

Passé antérieur
il/elle se fut enorgueilli, ie

Futur simple
il/elle s'enorgueillira

Futur antérieur
il/elle se sera enorgueilli, ie

INFINITIF

Présent
s'enorgueillir

Passé
s'être enorgueilli, ie

PARTICIPE

Présent
s'enorgueillissant

Passé
s'étant enorgueilli, ie

SUBJONCTIF

Présent
qu'il/elle s'enorgueillisse

Passé
qu'il/elle se soit enorgueilli, ie

Imparfait
qu'il/elle s'enorgueillît

Plus-que-parfait
qu'il/elle se fût enorgueilli, ie

CONDITIONNEL

Présent
il/elle s'enorgueillirait

Passé 1re forme
il/elle se serait enorgueilli, ie

Passé 2e forme
il/elle se fût enorgueilli, ie

IMPÉRATIF

Présent
enorgueillis-toi
enorgueillissons-nous
enorgueillissez-vous

FORME ACTIVE

INDICATIF

Présent

j'	ass	aille
tu	ass	ailles
elle	ass	aille
nous	ass	aillons
vous	ass	aillez
elles	ass	aillent

Passé composé

j'	ai	assailli
tu	as	assailli
elle	a	assailli
nous	avons	assailli
vous	avez	assailli
elles	ont	assailli

Imparfait

j'	ass	aillais
tu	ass	aillais
elle	ass	aillait
nous	ass	aillions
vous	ass	ailliez
elles	ass	aillaient

Plus-que-parfait

j'	avais	assailli
tu	avais	assailli
elle	avait	assailli
nous	avions	assailli
vous	aviez	assailli
elles	avaient	assailli

Passé simple

j'	ass	aillis
tu	ass	aillis
elle	ass	aillit
nous	ass	aillîmes
vous	ass	aillîtes
elles	ass	aillirent

Passé antérieur

j'	eus	assailli
tu	eus	assailli
elle	eut	assailli
nous	eûmes	assailli
vous	eûtes	assailli
elles	eurent	assailli

Futur simple

j'	ass	aillirai
tu	ass	ailliras
elle	ass	aillira
nous	ass	aillirons
vous	ass	aillirez
elles	ass	ailliront

Futur antérieur

j'	aurai	assailli
tu	auras	assailli
elle	aura	assailli
nous	aurons	assailli
vous	aurez	assailli
elles	auront	assailli

SUBJONCTIF

Présent

que j'	ass	aille
que tu	ass	ailles
qu'elle	ass	aille
que ns	ass	aillions
que vs	ass	ailliez
qu'elles	ass	aillent

Passé

que j'	aie	assailli
que tu	aies	assailli
qu'elle	ait	assailli
que ns	ayons	assailli
que vs	ayez	assailli
qu'elles	aient	assailli

Imparfait

que j'	ass	aillisse
que tu	ass	aillisses
qu'elle	ass	aillît
que ns	ass	aillissions
que vs	ass	aillissiez
qu'elles	ass	aillissent

Plus-que-parfait

que j'	eusse	assailli
que tu	eusses	assailli
qu'elle	eût	assailli
que ns	eussions	assailli
que vs	eussiez	assailli
qu'elles	eussent	assailli

IMPÉRATIF

Présent

ass aille
ass aillons
ass aillez

Passé

aie	assailli
ayons	assailli
ayez	assailli

CONDITIONNEL

Présent

j'	ass	aillirais
tu	ass	aillirais
elle	ass	aillirait
nous	ass	aillirions
vous	ass	ailliriez
elles	ass	ailliraient

Passé 1re forme

j'	aurais	assailli
tu	aurais	assailli
elle	aurait	assailli
nous	aurions	assailli
vous	auriez	assailli
elles	auraient	assailli

Passé 2e forme

j'	eusse	assailli
tu	eusses	assailli
elle	eût	assailli
nous	eussions	assailli
vous	eussiez	assailli
elles	eussent	assailli

INFINITIF

Présent

ass aillir

Passé

avoir assailli

PARTICIPE

Présent

ass aillant

Passé

ass ailli, ie
ayant assailli

Ne s'emploie pas à la forme pronominale.

BOUILLIR

FORME ACTIVE

INDICATIF

Présent

je	bous
tu	bous
il	bout
nous	bouillons
vous	bouillez
ils	bouillent

Passé composé

j'	ai	bouilli
tu	as	bouilli
il	a	bouilli
nous	avons	bouilli
vous	avez	bouilli
ils	ont	bouilli

Imparfait

je	bouillais
tu	bouillais
il	bouillait
nous	bouillions
vous	bouilliez
ils	bouillaient

Plus-que-parfait

j'	avais	bouilli
tu	avais	bouilli
il	avait	bouilli
nous	avions	bouilli
vous	aviez	bouilli
ils	avaient	bouilli

Passé simple

je	bouillis
tu	bouillis
il	bouillit
nous	bouillîmes
vous	bouillîtes
ils	bouillirent

Passé antérieur

j'	eus	bouilli
tu	eus	bouilli
il	eut	bouilli
nous	eûmes	bouilli
vous	eûtes	bouilli
ils	eurent	bouilli

Futur simple

je	bouillirai
tu	bouilliras
il	bouillira
nous	bouillirons
vous	bouillirez
ils	bouilliront

Futur antérieur

j'	aurai	bouilli
tu	auras	bouilli
il	aura	bouilli
nous	aurons	bouilli
vous	aurez	bouilli
ils	auront	bouilli

SUBJONCTIF

Présent

que je	bouille
que tu	bouilles
qu'il	bouille
que ns	bouillions
que vs	bouilliez
qu'ils	bouillent

Passé

que j'	aie	bouilli
que tu	aies	bouilli
qu'il	ait	bouilli
que ns	ayons	bouilli
que vs	ayez	bouilli
qu'ils	aient	bouilli

Imparfait

que je	bouillisse
que tu	bouillisses
qu'il	bouillît
que ns	bouillissions
que vs	bouillissiez
qu'ils	bouillissent

Plus-que-parfait

que j'	eusse	bouilli
que tu	eusses	bouilli
qu'il	eût	bouilli
que ns	eussions	bouilli
que vs	eussiez	bouilli
qu'ils	eussent	bouilli

IMPÉRATIF

Présent

bous
bouillons
bouillez

Passé

aie	bouilli
ayons	bouilli
ayez	bouilli

CONDITIONNEL

Présent

je	bouillirais
tu	bouillirais
il	bouillirait
nous	bouillirions
vous	bouilliriez
ils	bouilliraient

Passé 1re forme

j'	aurais	bouilli
tu	aurais	bouilli
il	aurait	bouilli
nous	aurions	bouilli
vous	auriez	bouilli
ils	auraient	bouilli

Passé 2e forme

j'	eusse	bouilli
tu	eusses	bouilli
il	eût	bouilli
nous	eussions	bouilli
vous	eussiez	bouilli
ils	eussent	bouilli

INFINITIF

Présent

bouillir

Passé

avoir bouilli

PARTICIPE

Présent

bouillant

Passé

bouilli, ie
ayant bouilli

Ne s'emploie pas à la forme pronominale.

FORME ACTIVE

INDICATIF

Présent	*Passé composé*
je re cueille	j' ai recueilli
tu re cueilles	tu as recueilli
elle re cueille	elle a recueilli
nous re cueillons	nous avons recueilli
vous re cueillez	vous avez recueilli
elles re cueillent	elles ont recueilli

Imparfait	*Plus-que-parfait*
je re cueillais	j' avais recueilli
tu re cueillais	tu avais recueilli
elle re cueillait	elle avait recueilli
nous re cueillions	nous avions recueilli
vous re cueilliez	vous aviez recueilli
elles re cueillaient	elles avaient recueilli

Passé simple	*Passé antérieur*
je re cueillis	j' eus recueilli
tu re cueillis	tu eus recueilli
elle re cueillit	elle eut recueilli
nous re cueillîmes	nous eûmes recueilli
vous re cueillîtes	vous eûtes recueilli
elles re cueillirent	elles eurent recueilli

Futur simple	*Futur antérieur*
je re cueillerai	j' aurai recueilli
tu re cueilleras	tu auras recueilli
elle re cueillera	elle aura recueilli
nous re cueillerons	nous aurons recueilli
vous re cueillerez	vous aurez recueilli
elles re cueilleront	elles auront recueilli

SUBJONCTIF

Présent	*Passé*
que je re cueille	que j' aie recueilli
que tu re cueilles	que tu aies recueilli
qu'elle re cueille	qu'elle ait recueilli
que ns re cueillions	que ns ayons recueilli
que vs re cueilliez	que vs ayez recueilli
qu'elles re cueillent	qu'elles aient recueilli

Imparfait	*Plus-que-parfait*
que je re cueillisse	que j' eusse recueilli
que tu re cueillisses	que tu eusses recueilli
qu'elle re cueillît	qu'elle eût recueilli
que ns re cueillissions	que ns eussions recueilli
que vs re cueillissiez	que vs eussiez recueilli
qu'elles re cueillissent	qu'elles eussent recueilli

IMPÉRATIF

Présent	*Passé*
re cueille	aie recueilli
re cueillons	ayons recueilli
re cueillez	ayez recueilli

CONDITIONNEL

Présent	*Passé 1re forme*	*Passé 2e forme*
je re cueillerais	j' aurais recueilli	j' eusse recueilli
tu re cueillerais	tu aurais recueilli	tu eusses recueilli
elle re cueillerait	elle aurait recueilli	elle eût recueilli
nous re cueillerions	nous aurions recueilli	nous eussions recueilli
vous re cueilleriez	vous auriez recueilli	vous eussiez recueilli
elles re cueilleraient	elles auraient recueilli	elles eussent recueilli

INFINITIF

Présent	*Passé*
re cueillir	avoir recueilli

PARTICIPE

Présent	*Passé*
re cueillant	re cueilli, ie ayant recueilli

FORME PRONOMINALE

INDICATIF

Présent
il/elle se recueille

Passé composé
il/elle s'est recueilli, ie

Imparfait
il/elle se recueillait

Plus-que-parfait
il/elle s'était recueilli, ie

Passé simple
il/elle se recueillit

Passé antérieur
il/elle se fut recueilli, ie

Futur simple
il/elle se recueillera

Futur antérieur
il/elle se sera recueilli, ie

INFINITIF

Présent
se recueillir

Passé
s'être recueilli, ie

PARTICIPE

Présent
se recueillant

Passé
s'étant recueilli, ie

SUBJONCTIF

Présent
qu'il/elle se recueille

Passé
qu'il/elle se soit recueilli, ie

Imparfait
qu'il/elle se recueillît

Plus-que-parfait
qu'il/elle se fût recueilli, ie

CONDITIONNEL

Présent
il/elle se recueillerait

Passé 1re forme
il/elle se serait recueilli, ie

Passé 2e forme
il/elle se fût recueilli, ie

IMPÉRATIF

Présent
recueille-toi
recueillons-nous
recueillez-vous

SALIR *Verbes en **IR**, se terminant par **LIR***

FORME ACTIVE

INDICATIF

Présent			*Passé composé*		
je	sa	lis	j'	ai	sali
tu	sa	lis	tu	as	sali
il	sa	lit	il	a	sali
nous	sa	lissons	nous	avons	sali
vous	sa	lissez	vous	avez	sali
ils	sa	lissent	ils	ont	sali

Imparfait			*Plus-que-parfait*		
je	sa	lissais	j'	avais	sali
tu	sa	lissais	tu	avais	sali
il	sa	lissait	il	avait	sali
nous	sa	lissions	nous	avions	sali
vous	sa	lissiez	vous	aviez	sali
ils	sa	lissaient	ils	avaient	sali

Passé simple			*Passé antérieur*		
je	sa	lis	j'	eus	sali
tu	sa	lis	tu	eus	sali
il	sa	lit	il	eut	sali
nous	sa	lîmes	nous	eûmes	sali
vous	sa	lîtes	vous	eûtes	sali
ils	sa	lirent	ils	eurent	sali

Futur simple			*Futur antérieur*		
je	sa	lirai	j'	aurai	sali
tu	sa	liras	tu	auras	sali
il	sa	lira	il	aura	sali
nous	sa	lirons	nous	aurons	sali
vous	sa	lirez	vous	aurez	sali
ils	sa	liront	ils	auront	sali

SUBJONCTIF

Présent			*Passé*		
que je	sa	lisse	que j'	aie	sali
que tu	sa	lisses	que tu	aies	sali
qu'il	sa	lisse	qu'il	ait	sali
que ns	sa	lissions	que ns	ayons	sali
que vs	sa	lissiez	que vs	ayez	sali
qu'ils	sa	lissent	qu'ils	aient	sali

Imparfait			*Plus-que-parfait*		
que je	sa	lisse	que j'	eusse	sali
que tu	sa	lisses	que tu	eusses	sali
qu'il	sa	lît	qu'il	eût	sali
que ns	sa	lissions	que ns	eussions	sali
que vs	sa	lissiez	que vs	eussiez	sali
qu'ils	sa	lissent	qu'ils	eussent	sali

IMPÉRATIF

Présent		*Passé*	
sa	lis	aie	sali
sa	lissons	ayons	sali
sa	lissez	ayez	sali

CONDITIONNEL

Présent			*Passé 1re forme*		
je	sa	lirais	j'	aurais	sali
tu	sa	lirais	tu	aurais	sali
il	sa	lirait	il	aurait	sali
nous	sa	lirions	nous	aurions	sali
vous	sa	liriez	vous	auriez	sali
ils	sa	liraient	ils	auraient	sali

Passé 2e forme		
j'	eusse	sali
tu	eusses	sali
il	eût	sali
nous	eussions	sali
vous	eussiez	sali
ils	eussent	sali

INFINITIF

Présent	*Passé*
sa lir	avoir sali

PARTICIPE

Présent	*Passé*
sa lissant	sa li, ie ayant sali

FORME PRONOMINALE

INDICATIF

Présent
il/elle se salit

Imparfait
il/elle se salissait

Passé simple
il/elle se salit

Futur simple
il/elle se salira

Passé composé
il/elle s'est sali, ie

Plus-que-parfait
il/elle s'était sali, ie

Passé antérieur
il/elle se fut sali, ie

Futur antérieur
il/elle se sera sali, ie

INFINITIF

Présent
se salir

Passé
s'être sali, ie

PARTICIPE

Présent
se salissant

Passé
s'étant sali, ie

SUBJONCTIF

Présent
qu'il/elle se salisse

Imparfait
qu'il/elle se salît

Passé
qu'il/elle se soit sali, ie

Plus-que-parfait
qu'il/elle se fût sali, ie

CONDITIONNEL

Présent
il/elle se salirait

Passé 1re forme
il/elle se serait sali, ie

Passé 2e forme
il/elle se fût sali, ie

IMPÉRATIF

Présent
salis-toi
salissons-nous
salissez-vous

FORME ACTIVE

INDICATIF

Présent		***Passé composé***		
je	lis	j'	ai	lu
tu	lis	tu	as	lu
elle	lit	elle	a	lu
nous	lisons	nous	avons	lu
vous	lisez	vous	avez	lu
elles	lisent	elles	ont	lu
Imparfait		***Plus-que-parfait***		
je	lisais	j'	avais	lu
tu	lisais	tu	avais	lu
elle	lisait	elle	avait	lu
nous	lisions	nous	avions	lu
vous	lisiez	vous	aviez	lu
elles	lisaient	elles	avaient	lu
Passé simple		***Passé antérieur***		
je	lus	j'	eus	lu
tu	lus	tu	eus	lu
elle	lut	elle	eut	lu
nous	lûmes	nous	eûmes	lu
vous	lûtes	vous	eûtes	lu
elles	lurent	elles	eurent	lu
Futur simple		***Futur antérieur***		
je	lirai	j'	aurai	lu
tu	liras	tu	auras	lu
elle	lira	elle	aura	lu
nous	lirons	nous	aurons	lu
vous	lirez	vous	aurez	lu
elles	liront	elles	auront	lu

SUBJONCTIF

Présent		***Passé***		
que je	lise	que j'	aie	lu
que tu	lises	que tu	aies	lu
qu'elle	lise	qu'elle	ait	lu
que ns	lisions	que ns	ayons	lu
que vs	lisiez	que vs	ayez	lu
qu'elles	lisent	qu'elles	aient	lu
Imparfait		***Plus-que-parfait***		
que je	lusse	que j'	eusse	lu
que tu	lusses	que tu	eusses	lu
qu'elle	lût	qu'elle	eût	lu
que ns	lussions	que ns	eussions	lu
que vs	lussiez	que vs	eussiez	lu
qu'elles	lussent	qu'elles	eussent	lu

IMPÉRATIF

Présent	***Passé***	
lis	aie	lu
lisons	ayons	lu
lisez	ayez	lu

CONDITIONNEL

Présent		***Passé 1re forme***		
je	lirais	j'	aurais	lu
tu	lirais	tu	aurais	lu
elle	lirait	elle	aurait	lu
nous	lirions	nous	aurions	lu
vous	liriez	vous	auriez	lu
elles	liraient	elles	auraient	lu
		Passé 2e forme		
		j'	eusse	lu
		tu	eusses	lu
		elle	eût	lu
		nous	eussions	lu
		vous	eussiez	lu
		elles	eussent	lu

INFINITIF

Présent	***Passé***
lire	avoir lu

PARTICIPE

Présent	***Passé***
lisant	lu, ue ayant lu

FORME PRONOMINALE

INDICATIF

Présent
il/elle se lit

Passé composé
il/elle s'est lu, ue

Imparfait
il/elle se lisait

Plus-que-parfait
il/elle s'était lu, ue

Passé simple
il/elle se lut

Passé antérieur
il/elle se fut lu, ue

Futur simple
il/elle se lira

Futur antérieur
il/elle se sera lu, ue

INFINITIF

Présent
se lire

Passé
s'être lu, ue

PARTICIPE

Présent
se lisant

Passé
s'étant lu, ue

SUBJONCTIF

Présent
qu'il/elle se lise

Passé
qu'il/elle se soit lu, ue

Imparfait
qu'il/elle se lût

Plus-que-parfait
qu'il/elle se fût lu, ue

CONDITIONNEL

Présent
il/elle se lirait

Passé 1re forme
il/elle se serait lu, ue

Passé 2e forme
il/elle se fût lu, ue

IMPÉRATIF

Présent
lis-toi
lisons-nous
lisez-vous

AFFERMIR *Verbes en **IR**, se terminant par **MIR***

FORME ACTIVE

INDICATIF

Présent

j'	affer	mis
tu	affer	mis
il	affer	mit
nous	affer	missons
vous	affer	missez
ils	affer	missent

Passé composé

j'	ai	affermi
tu	as	affermi
il	a	affermi
nous	avons	affermi
vous	avez	affermi
ils	ont	affermi

Imparfait

j'	affer	missais
tu	affer	missais
il	affer	missait
nous	affer	missions
vous	affer	missiez
ils	affer	missaient

Plus-que-parfait

j'	avais	affermi
tu	avais	affermi
il	avait	affermi
nous	avions	affermi
vous	aviez	affermi
ils	avaient	affermi

Passé simple

j'	affer	mis
tu	affer	mis
il	affer	mit
nous	affer	mîmes
vous	affer	mîtes
ils	affer	mirent

Passé antérieur

j'	eus	affermi
tu	eus	affermi
il	eut	affermi
nous	eûmes	affermi
vous	eûtes	affermi
ils	eurent	affermi

Futur simple

j'	affer	mirai
tu	affer	miras
il	affer	mira
nous	affer	mirons
vous	affer	mirez
ils	affer	miront

Futur antérieur

j'	aurai	affermi
tu	auras	affermi
il	aura	affermi
nous	aurons	affermi
vous	aurez	affermi
ils	auront	affermi

SUBJONCTIF

Présent

que j'	affer	misse
que tu	affer	misses
qu'il	affer	misse
que ns	affer	missions
que vs	affer	missiez
qu'ils	affer	missent

Passé

que j'	aie	affermi
que tu	aies	affermi
qu'il	ait	affermi
que ns	ayons	affermi
que vs	ayez	affermi
qu'ils	aient	affermi

Imparfait

que j'	affer	misse
que tu	affer	misses
qu'il	affer	mît
que ns	affer	missions
que vs	affer	missiez
qu'ils	affer	missent

Plus-que-parfait

que j'	eusse	affermi
que tu	eusses	affermi
qu'il	eût	affermi
que ns	eussions	affermi
que vs	eussiez	affermi
qu'ils	eussent	affermi

IMPÉRATIF

Présent

affer mis
affer missons
affer missez

Passé

aie affermi
ayons affermi
ayez affermi

CONDITIONNEL

Présent

j'	affer	mirais
tu	affer	mirais
il	affer	mirait
nous	affer	mirions
vous	affer	miriez
ils	affer	miraient

Passé 1re forme

j'	aurais	affermi
tu	aurais	affermi
il	aurait	affermi
nous	aurions	affermi
vous	auriez	affermi
ils	auraient	affermi

Passé 2e forme

j'	eusse	affermi
tu	eusses	affermi
il	eût	affermi
nous	eussions	affermi
vous	eussiez	affermi
ils	eussent	affermi

INFINITIF

Présent
affer mir

Passé
avoir affermi

PARTICIPE

Présent
affer missant

Passé
affer mi, ie
ayant affermi

FORME PRONOMINALE

INDICATIF

Présent
il/elle s'affermit

Passé composé
il/elle s'est affermi, ie

Imparfait
il/elle s'affermissait

Plus-que-parfait
il/elle s'était affermi, ie

Passé simple
il/elle s'affermit

Passé antérieur
il/elle se fut affermi, ie

Futur simple
il/elle s'affermira

Futur antérieur
il/elle se sera affermi, ie

INFINITIF

Présent
s'affermir

Passé
s'être affermi, ie

PARTICIPE

Présent
s'affermissant

Passé
s'étant affermi, ie

SUBJONCTIF

Présent
qu'il/elle s'affermisse

Passé
qu'il/elle se soit affermi, ie

Imparfait
qu'il/elle s'affermît

Plus-que-parfait
qu'il/elle se fût affermi, ie

CONDITIONNEL

Présent
il/elle s'affermirait

Passé 1re forme
il/elle se serait affermi, ie

Passé 2e forme
il/elle se fût affermi, ie

IMPÉRATIF

Présent
affermis-toi
affermissons-nous
affermissez-vous

FORME ACTIVE

INDICATIF

Présent			*Passé composé*		
j'	en	dors	j'	ai	endormi
tu	en	dors	tu	as	endormi
elle	en	dort	elle	a	endormi
nous	en	dormons	nous	avons	endormi
vous	en	dormez	vous	avez	endormi
elles	en	dorment	elles	ont	endormi

Imparfait			*Plus-que-parfait*		
j'	en	dormais	j'	avais	endormi
tu	en	dormais	tu	avais	endormi
elle	en	dormait	elle	avait	endormi
nous	en	dormions	nous	avions	endormi
vous	en	dormiez	vous	aviez	endormi
elles	en	dormaient	elles	avaient	endormi

Passé simple			*Passé antérieur*		
j'	en	dormis	j'	eus	endormi
tu	en	dormis	tu	eus	endormi
elle	en	dormit	elle	eut	endormi
nous	en	dormîmes	nous	eûmes	endormi
vous	en	dormîtes	vous	eûtes	endormi
elles	en	dormirent	elles	eurent	endormi

Futur simple			*Futur antérieur*		
j'	en	dormirai	j'	aurai	endormi
tu	en	dormiras	tu	auras	endormi
elle	en	dormira	elle	aura	endormi
nous	en	dormirons	nous	aurons	endormi
vous	en	dormirez	vous	aurez	endormi
elles	en	dormiront	elles	auront	endormi

SUBJONCTIF

Présent			*Passé*		
que j'	en	dorme	que j'	aie	endormi
que tu	en	dormes	que tu	aies	endormi
qu'elle	en	dorme	qu'elle	ait	endormi
que ns	en	dormions	que ns	ayons	endormi
que vs	en	dormiez	que vs	ayez	endormi
qu'elles	en	dorment	qu'elles	aient	endormi

Imparfait			*Plus-que-parfait*		
que j'	en	dormisse	que j'	eusse	endormi
que tu	en	dormisses	que tu	eusses	endormi
qu'elle	en	dormît	qu'elle	eût	endormi
que ns	en	dormissions	que ns	eussions	endormi
que vs	en	dormissiez	que vs	eussiez	endormi
qu'elles	en	dormissent	qu'elles	eussent	endormi

IMPÉRATIF

Présent		*Passé*	
en	dors	aie	endormi
en	dormons	ayons	endormi
en	dormez	ayez	endormi

CONDITIONNEL

Présent			*Passé 1re forme*		
j'	en	dormirais	j'	aurais	endormi
tu	en	dormirais	tu	aurais	endormi
elle	en	dormirait	elle	aurait	endormi
nous	en	dormirions	nous	aurions	endormi
vous	en	dormiriez	vous	auriez	endormi
elles	en	dormiraient	elles	auraient	endormi

Passé 2e forme

j'	eusse	endormi
tu	eusses	endormi
elle	eût	endormi
nous	eussions	endormi
vous	eussiez	endormi
elles	eussent	endormi

INFINITIF

Présent
en dormir

Passé
avoir endormi

PARTICIPE

Présent
en dormant

Passé
en dormi, ie
ayant endormi

FORME PRONOMINALE

INDICATIF

Présent
il/elle s'endort

Passé composé
il/elle s'est endormi, ie

Imparfait
il/elle s'endormait

Plus-que-parfait
il/elle s'était endormi, ie

Passé simple
il/elle s'endormit

Passé antérieur
il/elle se fut endormi, ie

Futur simple
il/elle s'endormira

Futur antérieur
il/elle se sera endormi, ie

INFINITIF

Présent
s'endormir

Passé
s'être endormi, ie

PARTICIPE

Présent
s'endormant

Passé
s'étant endormi, ie

SUBJONCTIF

Présent
qu'il/elle s'endorme

Passé
qu'il/elle se soit endormi, ie

Imparfait
qu'il/elle s'endormît

Plus-que-parfait
qu'il/elle se fût endormi, ie

CONDITIONNEL

Présent
il/elle s'endormirait

Passé 1re forme
il/elle se serait endormi, ie

Passé 2e forme
il/elle se fût endormi, ie

IMPÉRATIF

Présent
endors-toi
endormons-nous
endormez-vous

PUNIR *Verbes en **IR**, se terminant par **NIR***

FORME ACTIVE

INDICATIF

Présent			*Passé composé*		
je	pu	nis	j'	ai	puni
tu	pu	nis	tu	as	puni
il	pu	nit	il	a	puni
nous	pu	nissons	nous	avons	puni
vous	pu	nissez	vous	avez	puni
ils	pu	nissent	ils	ont	puni
Imparfait			***Plus-que-parfait***		
je	pu	nissais	j'	avais	puni
tu	pu	nissais	tu	avais	puni
il	pu	nissait	il	avait	puni
nous	pu	nissions	nous	avions	puni
vous	pu	nissiez	vous	aviez	puni
ils	pu	nissaient	ils	avaient	puni
Passé simple			***Passé antérieur***		
je	pu	nis	j'	eus	puni
tu	pu	nis	tu	eus	puni
il	pu	nit	il	eut	puni
nous	pu	nîmes	nous	eûmes	puni
vous	pu	nîtes	vous	eûtes	puni
ils	pu	nirent	ils	eurent	puni
Futur simple			***Futur antérieur***		
je	pu	nirai	j'	aurai	puni
tu	pu	niras	tu	auras	puni
il	pu	nira	il	aura	puni
nous	pu	nirons	nous	aurons	puni
vous	pu	nirez	vous	aurez	puni
ils	pu	niront	ils	auront	puni

SUBJONCTIF

Présent			*Passé*		
que je	pu	nisse	que j'	aie	puni
que tu	pu	nisses	que tu	aies	puni
qu'il	pu	nisse	qu'il	ait	puni
que ns	pu	nissions	que ns	ayons	puni
que vs	pu	nissiez	que vs	ayez	puni
qu'ils	pu	nissent	qu'ils	aient	puni
Imparfait			***Plus-que-parfait***		
que je	pu	nisse	que j'	eusse	puni
que tu	pu	nisses	que tu	eusses	puni
qu'il	pu	nît	qu'il	eût	puni
que ns	pu	nissions	que ns	eussions	puni
que vs	pu	nissiez	que vs	eussiez	puni
qu'ils	pu	nissent	qu'ils	eussent	puni

IMPÉRATIF

Présent		*Passé*	
pu	nis	aie	puni
pu	nissons	ayons	puni
pu	nissez	ayez	puni

CONDITIONNEL

Présent			*Passé 1re forme*		
je	pu	nirais	j'	aurais	puni
tu	pu	nirais	tu	aurais	puni
il	pu	nirait	il	aurait	puni
nous	pu	nirions	nous	aurions	puni
vous	pu	niriez	vous	auriez	puni
ils	pu	niraient	ils	auraient	puni

Passé 2e forme

j'	eusse	puni
tu	eusses	puni
il	eût	puni
nous	eussions	puni
vous	eussiez	puni
ils	eussent	puni

INFINITIF

Présent	*Passé*
pu nir	avoir puni

PARTICIPE

Présent	*Passé*
pu nissant	pu ni, ie ayant puni

FORME PRONOMINALE

INDICATIF

Présent
il/elle se punit

Passé composé
il/elle s'est puni, ie

Imparfait
il/elle se punissait

Plus-que-parfait
il/elle s'était puni, ie

Passé simple
il/elle se punit

Passé antérieur
il/elle se fut puni, ie

Futur simple
il/elle se punira

Futur antérieur
il/elle se sera puni, ie

INFINITIF

Présent
se punir

Passé
s'être puni, ie

PARTICIPE

Présent
se punissant

Passé
s'étant puni, ie

SUBJONCTIF

Présent
qu'il/elle se punisse

Passé
qu'il/elle se soit puni, ie

Imparfait
qu'il/elle se punît

Plus-que-parfait
qu'il/elle se fût puni, ie

CONDITIONNEL

Présent
il/elle se punirait

Passé 1re forme
il/elle se serait puni, ie

Passé 2e forme
il/elle se fût puni, ie

IMPÉRATIF

Présent
punis-toi
punissons-nous
punissez-vous

FORME ACTIVE

INDICATIF

Présent		*Passé composé*		
je	viens	je	suis	venu, ue
tu	viens	tu	es	venu, ue
elle	vient	il/elle	est	venu, ue
nous	venons	nous	sommes	venus, ues
vous	venez	vous	êtes	venus, ues
elles	viennent	ils/elles	sont	venus, ues

Imparfait		*Plus-que-parfait*		
je	venais	j'	étais	venu, ue
tu	venais	tu	étais	venu, ue
elle	venait	il/elle	était	venu, ue
nous	venions	nous	étions	venus, ues
vous	veniez	vous	étiez	venus, ues
elles	venaient	ils/elles	étaient	venus, ues

Passé simple		*Passé antérieur*		
je	vins	je	fus	venu, ue
tu	vins	tu	fus	venu, ue
elle	vint	il/elle	fut	venu, ue
nous	vînmes	nous	fûmes	venus, ues
vous	vîntes	vous	fûtes	venus, ues
elles	vinrent	ils/elles	furent	venus, ues

Futur simple		*Futur antérieur*		
je	viendrai	je	serai	venu, ue
tu	viendras	tu	seras	venu, ue
elle	viendra	il/elle	sera	venu, ue
nous	viendrons	nous	serons	venus, ues
vous	viendrez	vous	serez	venus, ues
elles	viendront	ils/elles	seront	venus, ues

SUBJONCTIF

Présent		*Passé*		
que je	vienne	que je	sois	venu, ue
que tu	viennes	que tu	sois	venu, ue
qu'elle	vienne	qu'il/elle	soit	venu, ue
que ns	venions	que ns	soyons	venus, ues
que vs	veniez	que vs	soyez	venus, ues
qu'elles	viennent	qu'ils/elles	soient	venus, ues

Imparfait		*Plus-que-parfait*		
que je	vinsse	que je	fusse	venu, ue
que tu	vinsses	que tu	fusses	venu, ue
qu'elle	vînt	qu'il/elle	fût	venu, ue
que ns	vinssions	que ns	fussions	venus, ues
que vs	vinssiez	que vs	fussiez	venus, ues
qu'elles	vinssent	qu'ils/elles	fussent	venus, ues

IMPÉRATIF

Présent	*Passé*	
viens	sois	venu, ue
venons	soyons	venus, ues
venez	soyez	venus, ues

CONDITIONNEL

Présent		*Passé 1re forme*		
je	viendrais	je	serais	venu, ue
tu	viendrais	tu	serais	venu, ue
elle	viendrait	il/elle	serait	venu, ue
nous	viendrions	nous	serions	venus, ues
vous	viendriez	vous	seriez	venus, ues
elles	viendraient	ils/elles	seraient	venus, ues

Passé 2e forme		
je	fusse	venu, ue
tu	fusses	venu, ue
il/elle	fût	venu, ue
nous	fussions	venus, ues
vous	fussiez	venus, ues
ils/elles	fussent	venus, ues

INFINITIF

Présent	*Passé*
venir	être venu, ue

PARTICIPE

Présent	*Passé*
venant	venu, ue étant venu, ue

Ne s'emploie pas à la forme pronominale.

TENIR *Verbes en **IR**, se terminant par **ENIR***

FORME ACTIVE

INDICATIF

Présent		*Passé composé*		
je	t iens	j'	ai	tenu
tu	t iens	tu	as	tenu
il	t ient	il	a	tenu
nous	t enons	nous	avons	tenu
vous	t enez	vous	avez	tenu
ils	t iennent	ils	ont	tenu

Imparfait		*Plus-que-parfait*		
je	t enais	j'	avais	tenu
tu	t enais	tu	avais	tenu
il	t enait	il	avait	tenu
nous	t enions	nous	avions	tenu
vous	t eniez	vous	aviez	tenu
ils	t enaient	ils	avaient	tenu

Passé simple		*Passé antérieur*		
je	t ins	j'	eus	tenu
tu	t ins	tu	eus	tenu
il	t int	il	eut	tenu
nous	t înmes	nous	eûmes	tenu
vous	t întes	vous	eûtes	tenu
ils	t inrent	ils	eurent	tenu

Futur simple		*Futur antérieur*		
je	t iendrai	j'	aurai	tenu
tu	t iendras	tu	auras	tenu
il	t iendra	il	aura	tenu
nous	t iendrons	nous	aurons	tenu
vous	t iendrez	vous	aurez	tenu
ils	t iendront	ils	auront	tenu

SUBJONCTIF

Présent		*Passé*		
que je	t ienne	que j'	aie	tenu
que tu	t iennes	que tu	aies	tenu
qu'il	t ienne	qu'il	ait	tenu
que ns	t enions	que ns	ayons	tenu
que vs	t eniez	que vs	ayez	tenu
qu'ils	t iennent	qu'ils	aient	tenu

Imparfait		*Plus-que-parfait*		
que je	t insse	que j'	eusse	tenu
que tu	t insses	que tu	eusses	tenu
qu'il	t înt	qu'il	eût	tenu
que ns	t inssions	que ns	eussions	tenu
que vs	t inssiez	que vs	eussiez	tenu
qu'ils	t inssent	qu'ils	eussent	tenu

IMPÉRATIF

Présent	*Passé*	
t iens	aie	tenu
t enons	ayons	tenu
t enez	ayez	tenu

CONDITIONNEL

Présent		*Passé 1re forme*		
je	t iendrais	j'	aurais	tenu
tu	t iendrais	tu	aurais	tenu
il	t iendrait	il	aurait	tenu
nous	t iendrions	nous	aurions	tenu
vous	t iendriez	vous	auriez	tenu
ils	t iendraient	ils	auraient	tenu

Passé 2e forme		
j'	eusse	tenu
tu	eusses	tenu
il	eût	tenu
nous	eussions	tenu
vous	eussiez	tenu
ils	eussent	tenu

INFINITIF

Présent	*Passé*
t enir	avoir tenu

PARTICIPE

Présent	*Passé*
t enant	t enu, ue ayant tenu

FORME PRONOMINALE

INDICATIF

Présent
il/elle se tient

Passé composé
il/elle s'est tenu, ue

Imparfait
il/elle se tenait

Plus-que-parfait
il/elle s'était tenu, ue

Passé simple
il/elle se tint

Passé antérieur
il/elle se fut tenu, ue

Futur simple
il/elle se tiendra

Futur antérieur
il/elle se sera tenu, ue

INFINITIF

Présent
se tenir

Passé
s'être tenu, ue

PARTICIPE

Présent
se tenant

Passé
s'étant tenu, ue

SUBJONCTIF

Présent
qu'il/elle se tienne

Passé
qu'il/elle se soit tenu, ue

Imparfait
qu'il/elle se tînt

Plus-que-parfait
qu'il/elle se fût tenu, ue

CONDITIONNEL

Présent
il/elle se tiendrait

Passé 1re forme
il/elle se serait tenu, ue

Passé 2e forme
il/elle se fût tenu, ue

IMPÉRATIF

Présent
tiens-toi
tenons-nous
tenez-vous

FORME ACTIVE

INDICATIF

Présent			Passé composé		
je	réj	ouis	j'	ai	réjoui
tu	réj	ouis	tu	as	réjoui
elle	réj	ouit	elle	a	réjoui
nous	réj	ouissons	nous	avons	réjoui
vous	réj	ouissez	vous	avez	réjoui
elles	réj	ouissent	elles	ont	réjoui

Imparfait			Plus-que-parfait		
je	réj	ouissais	j'	avais	réjoui
tu	réj	ouissais	tu	avais	réjoui
elle	réj	ouissait	elle	avait	réjoui
nous	réj	ouissions	nous	avions	réjoui
vous	réj	ouissiez	vous	aviez	réjoui
elles	réj	ouissaient	elles	avaient	réjoui

Passé simple			Passé antérieur		
je	réj	ouis	j'	eus	réjoui
tu	réj	ouis	tu	eus	réjoui
elle	réj	ouit	elle	eut	réjoui
nous	réj	ouîmes	nous	eûmes	réjoui
vous	réj	ouîtes	vous	eûtes	réjoui
elles	réj	ouirent	elles	eurent	réjoui

Futur simple			Futur antérieur		
je	réj	ouirai	j'	aurai	réjoui
tu	réj	ouiras	tu	auras	réjoui
elle	réj	ouira	elle	aura	réjoui
nous	réj	ouirons	nous	aurons	réjoui
vous	réj	ouirez	vous	aurez	réjoui
elles	réj	ouiront	elles	auront	réjoui

SUBJONCTIF

Présent			Passé		
que je	réj	ouisse	que j'	aie	réjoui
que tu	réj	ouisses	que tu	aies	réjoui
qu'elle	réj	ouisse	qu'elle	ait	réjoui
que ns	réj	ouissions	que ns	ayons	réjoui
que vs	réj	ouissiez	que vs	ayez	réjoui
qu'elles	réj	ouissent	qu'elles	aient	réjoui

Imparfait			Plus-que-parfait		
que je	réj	ouisse	que j'	eusse	réjoui
que tu	réj	ouisses	que tu	eusses	réjoui
qu'elle	réj	ouît	qu'elle	eût	réjoui
que ns	réj	ouissions	que ns	eussions	réjoui
que vs	réj	ouissiez	que vs	eussiez	réjoui
qu'elles	réj	ouissent	qu'elles	eussent	réjoui

IMPÉRATIF

Présent		Passé	
réj	ouis	aie	réjoui
réj	ouissons	ayons	réjoui
réj	ouissez	ayez	réjoui

CONDITIONNEL

Présent			Passé 1re forme		
je	réj	ouirais	j'	aurais	réjoui
tu	réj	ouirais	tu	aurais	réjoui
elle	réj	ouirait	elle	aurait	réjoui
nous	réj	ouirions	nous	aurions	réjoui
vous	réj	ouiriez	vous	auriez	réjoui
elles	réj	ouiraient	elles	auraient	réjoui

Passé 2e forme

j'	eusse	réjoui
tu	eusses	réjoui
elle	eût	réjoui
nous	eussions	réjoui
vous	eussiez	réjoui
elles	eussent	réjoui

INFINITIF

Présent
réj ouir

Passé
avoir réjoui

PARTICIPE

Présent
réj ouissant

Passé
réj oui, ie
ayant réjoui

FORME PRONOMINALE

INDICATIF

Présent
il/elle se réjouit

Passé composé
il/elle s'est réjoui, ie

Imparfait
il/elle se réjouissait

Plus-que-parfait
il/elle s'était réjoui, ie

Passé simple
il/elle se réjouit

Passé antérieur
il/elle se fut réjoui, ie

Futur simple
il/elle se réjouira

Futur antérieur
il/elle se sera réjoui, ie

INFINITIF

Présent
se réjouir

Passé
s'être réjoui, ie

PARTICIPE

Présent
se réjouissant

Passé
s'étant réjoui, ie

SUBJONCTIF

Présent
qu'il/elle se réjouisse

Passé
qu'il/elle se soit réjoui, ie

Imparfait
qu'il/elle se réjouît

Plus-que-parfait
qu'il/elle se fût réjoui, ie

CONDITIONNEL

Présent
il/elle se réjouirait

Passé 1re forme
il/elle se serait réjoui, ie

Passé 2e forme
il/elle se fût réjoui, ie

IMPÉRATIF

Présent
réjouis-toi
réjouissons-nous
réjouissez-vous

DÉCRÉPIR *Verbes en **IR**, se terminant par **PIR***

FORME ACTIVE

INDICATIF

Présent			*Passé composé*		
je	décré	pis	j'	ai	décrépi
tu	décré	pis	tu	as	décrépi
il	décré	pit	il	a	décrépi
nous	décré	pissons	nous	avons	décrépi
vous	décré	pissez	vous	avez	décrépi
ils	décré	pissent	ils	ont	décrépi

Imparfait			*Plus-que-parfait*		
je	décré	pissais	j'	avais	décrépi
tu	décré	pissais	tu	avais	décrépi
il	décré	pissait	il	avait	décrépi
nous	décré	pissions	nous	avions	décrépi
vous	décré	pissiez	vous	aviez	décrépi
ils	décré	pissaient	ils	avaient	décrépi

Passé simple			*Passé antérieur*		
je	décré	pis	j'	eus	décrépi
tu	décré	pis	tu	eus	décrépi
il	décré	pit	il	eut	décrépi
nous	décré	pîmes	nous	eûmes	décrépi
vous	décré	pîtes	vous	eûtes	décrépi
ils	décré	pirent	ils	eurent	décrépi

Futur simple			*Futur antérieur*		
je	décré	pirai	j'	aurai	décrépi
tu	décré	piras	tu	auras	décrépi
il	décré	pira	il	aura	décrépi
nous	décré	pirons	nous	aurons	décrépi
vous	décré	pirez	vous	aurez	décrépi
ils	décré	piront	ils	auront	décrépi

SUBJONCTIF

Présent			*Passé*		
que je	décré	pisse	que j'	aie	décrépi
que tu	décré	pisses	que tu	aies	décrépi
qu'il	décré	pisse	qu'il	ait	décrépi
que ns	décré	pissions	que ns	ayons	décrépi
que vs	décré	pissiez	que vs	ayez	décrépi
qu'ils	décré	pissent	qu'ils	aient	décrépi

Imparfait			*Plus-que-parfait*		
que je	décré	pisse	que j'	eusse	décrépi
que tu	décré	pisses	que tu	eusses	décrépi
qu'il	décré	pît	qu'il	eût	décrépi
que ns	décré	pissions	que ns	eussions	décrépi
que vs	décré	pissiez	que vs	eussiez	décrépi
qu'ils	décré	pissent	qu'ils	eussent	décrépi

IMPÉRATIF

Présent		*Passé*	
décré	pis	aie	décrépi
décré	pissons	ayons	décrépi
décré	pissez	ayez	décrépi

CONDITIONNEL

Présent			*Passé 1re forme*		
je	décré	pirais	j'	aurais	décrépi
tu	décré	pirais	tu	aurais	décrépi
il	décré	pirait	il	aurait	décrépi
nous	décré	pirions	nous	aurions	décrépi
vous	décré	piriez	vous	auriez	décrépi
ils	décré	piraient	ils	auraient	décrépi

Passé 2e forme

j'	eusse	décrépi
tu	eusses	décrépi
il	eût	décrépi
nous	eussions	décrépi
vous	eussiez	décrépi
ils	eussent	décrépi

INFINITIF

Présent
décré pir

Passé
avoir décrépi

PARTICIPE

Présent
décré pissant

Passé
décré pi, ie
ayant décrépi

FORME PRONOMINALE

INDICATIF

Présent
il/elle se décrépit

Passé composé
il/elle s'est décrépi, ie

Imparfait
il/elle se décrépissait

Plus-que-parfait
il/elle s'était décrépi, ie

Passé simple
il/elle se décrépit

Passé antérieur
il/elle se fut décrépi, ie

Futur simple
il/elle se décrépira

Futur antérieur
il/elle se sera décrépi, ie

INFINITIF

Présent
se décrépir

Passé
s'être décrépi, ie

PARTICIPE

Présent
se décrépissant

Passé
s'étant décrépi, ie

SUBJONCTIF

Présent
qu'il/elle se décrépisse

Passé
qu'il/elle se soit décrépi, ie

Imparfait
qu'il/elle se décrépît

Plus-que-parfait
qu'il/elle se fût décrépi, ie

CONDITIONNEL

Présent
il/elle se décrépirait

Passé 1re forme
il/elle se serait décrépi, ie

Passé 2e forme
il/elle se fût décrépi, ie

IMPÉRATIF

Présent
décrépis-toi
décrépissons-nous
décrépissez-vous

FORME ACTIVE

INDICATIF

Présent			***Passé composé***		
je	rem	plis	j'	ai	rempli
tu	rem	plis	tu	as	rempli
elle	rem	plit	elle	a	rempli
nous	rem	plissons	nous	avons	rempli
vous	rem	plissez	vous	avez	rempli
elles	rem	plissent	elles	ont	rempli
Imparfait			***Plus-que-parfait***		
je	rem	plissais	j'	avais	rempli
tu	rem	plissais	tu	avais	rempli
elle	rem	plissait	elle	avait	rempli
nous	rem	plissions	nous	avions	rempli
vous	rem	plissiez	vous	aviez	rempli
elles	rem	plissaient	elles	avaient	rempli
Passé simple			***Passé antérieur***		
je	rem	plis	j'	eus	rempli
tu	rem	plis	tu	eus	rempli
elle	rem	plit	elle	eut	rempli
nous	rem	plîmes	nous	eûmes	rempli
vous	rem	plîtes	vous	eûtes	rempli
elles	rem	plirent	elles	eurent	rempli
Futur simple			***Futur antérieur***		
je	rem	plirai	j'	aurai	rempli
tu	rem	pliras	tu	auras	rempli
elle	rem	plira	elle	aura	rempli
nous	rem	plirons	nous	aurons	rempli
vous	rem	plirez	vous	aurez	rempli
elles	rem	pliront	elles	auront	rempli

SUBJONCTIF

Présent			***Passé***		
que je	rem	plisse	que j'	aie	rempli
que tu	rem	plisses	que tu	aies	rempli
qu'elle	rem	plisse	qu'elle	ait	rempli
que ns	rem	plissions	que ns	ayons	rempli
que vs	rem	plissiez	que vs	ayez	rempli
qu'elles	rem	plissent	qu'elles	aient	rempli
Imparfait			***Plus-que-parfait***		
que je	rem	plisse	que j'	eusse	rempli
que tu	rem	plisses	que tu	eusses	rempli
qu'elle	rem	plît	qu'elle	eût	rempli
que ns	rem	plissions	que ns	eussions	rempli
que vs	rem	plissiez	que vs	eussiez	rempli
qu'elles	rem	plissent	qu'elles	eussent	rempli

IMPÉRATIF

Présent		***Passé***	
rem	plis	aie	rempli
rem	plissons	ayons	rempli
rem	plissez	ayez	rempli

CONDITIONNEL

Présent			***Passé 1re forme***		
je	rem	plirais	j'	aurais	rempli
tu	rem	plirais	tu	aurais	rempli
elle	rem	plirait	elle	aurait	rempli
nous	rem	plirions	nous	aurions	rempli
vous	rem	pliriez	vous	auriez	rempli
elles	rem	pliraient	elles	auraient	rempli

Passé 2e forme

j'	eusse	rempli
tu	eusses	rempli
elle	eût	rempli
nous	eussions	rempli
vous	eussiez	rempli
elles	eussent	rempli

INFINITIF

Présent	***Passé***
rem plir	avoir rempli

PARTICIPE

Présent	***Passé***
rem plissant	rem pli, ie ayant rempli

FORME PRONOMINALE

INDICATIF

Présent
il/elle se remplit

Passé composé
il/elle s'est rempli, ie

Imparfait
il/elle se remplissait

Plus-que-parfait
il/elle s'était rempli, ie

Passé simple
il/elle se remplit

Passé antérieur
il/elle se fut rempli, ie

Futur simple
il/elle se remplira

Futur antérieur
il/elle se sera rempli, ie

INFINITIF

Présent
se remplir

Passé
s'être rempli, ie

PARTICIPE

Présent
se remplissant

Passé
s'étant rempli, ie

SUBJONCTIF

Présent
qu'il/elle se remplisse

Passé
qu'il/elle se soit rempli, ie

Imparfait
qu'il/elle se remplît

Plus-que-parfait
qu'il/elle se fût rempli, ie

CONDITIONNEL

Présent
il/elle se remplirait

Passé 1re forme
il/elle se serait rempli, ie

Passé 2e forme
il/elle se fût rempli, ie

IMPÉRATIF

Présent
remplis-toi
remplissons-nous
remplissez-vous

COURIR *Verbes en **IR**, se terminant par **COURIR***

FORME ACTIVE

INDICATIF

Présent		*Passé composé*		
je	cours	j'	ai	couru
tu	cours	tu	as	couru
il	court	il	a	couru
nous	courons	nous	avons	couru
vous	courez	vous	avez	couru
ils	courent	ils	ont	couru

Imparfait		*Plus-que-parfait*		
je	courais	j'	avais	couru
tu	courais	tu	avais	couru
il	courait	il	avait	couru
nous	courions	nous	avions	couru
vous	couriez	vous	aviez	couru
ils	couraient	ils	avaient	couru

Passé simple		*Passé antérieur*		
je	courus	j'	eus	couru
tu	courus	tu	eus	couru
il	courut	il	eut	couru
nous	courûmes	nous	eûmes	couru
vous	courûtes	vous	eûtes	couru
ils	coururent	ils	eurent	couru

Futur simple		*Futur antérieur*		
je	courrai	j'	aurai	couru
tu	courras	tu	auras	couru
il	courra	il	aura	couru
nous	courrons	nous	aurons	couru
vous	courrez	vous	aurez	couru
ils	courront	ils	auront	couru

SUBJONCTIF

Présent		*Passé*		
que je	coure	que j'	aie	couru
que tu	coures	que tu	aies	couru
qu'il	coure	qu'il	ait	couru
que ns	courions	que ns	ayons	couru
que vs	couriez	que vs	ayez	couru
qu'ils	courent	qu'ils	aient	couru

Imparfait		*Plus-que-parfait*		
que je	courusse	que j'	eusse	couru
que tu	courusses	que tu	eusses	couru
qu'il	courût	qu'il	eût	couru
que ns	courussions	que ns	eussions	couru
que vs	courussiez	que vs	eussiez	couru
qu'ils	courussent	qu'ils	eussent	couru

IMPÉRATIF

Présent	*Passé*	
cours	aie	couru
courons	ayons	couru
courez	ayez	couru

CONDITIONNEL

Présent		*Passé 1re forme*		
je	courrais	j'	aurais	couru
tu	courrais	tu	aurais	couru
il	courrait	il	aurait	couru
nous	courrions	nous	aurions	couru
vous	courriez	vous	auriez	couru
ils	courraient	ils	auraient	couru

Passé 2e forme		
j'	eusse	couru
tu	eusses	couru
il	eût	couru
nous	eussions	couru
vous	eussiez	couru
ils	eussent	couru

INFINITIF

Présent	*Passé*
courir	avoir couru

PARTICIPE

Présent	*Passé*
courant	couru, ue ayant couru

Ne s'emploie pas à la forme pronominale.

FORME ACTIVE

INDICATIF

Présent			*Passé composé*		
j'	ac	quiers	j'	ai	acquis
tu	ac	quiers	tu	as	acquis
elle	ac	quiert	elle	a	acquis
nous	ac	quérons	nous	avons	acquis
vous	ac	quérez	vous	avez	acquis
elles	ac	quièrent	elles	ont	acquis

Imparfait			*Plus-que-parfait*		
j'	ac	quérais	j'	avais	acquis
tu	ac	quérais	tu	avais	acquis
elle	ac	quérait	elle	avait	acquis
nous	ac	quérions	nous	avions	acquis
vous	ac	quériez	vous	aviez	acquis
elles	ac	quéraient	elles	avaient	acquis

Passé simple			*Passé antérieur*		
j'	ac	quis	j'	eus	acquis
tu	ac	quis	tu	eus	acquis
elle	ac	quit	elle	eut	acquis
nous	ac	quîmes	nous	eûmes	acquis
vous	ac	quîtes	vous	eûtes	acquis
elles	ac	quirent	elles	eurent	acquis

Futur simple			*Futur antérieur*		
j'	ac	querrai	j'	aurai	acquis
tu	ac	querras	tu	auras	acquis
elle	ac	querra	elle	aura	acquis
nous	ac	querrons	nous	aurons	acquis
vous	ac	querrez	vous	aurez	acquis
elles	ac	querront	elles	auront	acquis

SUBJONCTIF

Présent			*Passé*		
que j'	ac	quière	que j'	aie	acquis
que tu	ac	quières	que tu	aies	acquis
qu'elle	ac	quière	qu'elle	ait	acquis
que ns	ac	quérions	que ns	ayons	acquis
que vs	ac	quériez	que vs	ayez	acquis
qu'elles	ac	quièrent	qu'elles	aient	acquis

Imparfait			*Plus-que-parfait*		
que j'	ac	quisse	que j'	eusse	acquis
que tu	ac	quisses	que tu	eusses	acquis
qu'elle	ac	quît	qu'elle	eût	acquis
que ns	ac	quissions	que ns	eussions	acquis
que vs	ac	quissiez	que vs	eussiez	acquis
qu'elles	ac	quissent	qu'elles	eussent	acquis

IMPÉRATIF

Présent		*Passé*	
ac	quiers	aie	acquis
ac	quérons	ayons	acquis
ac	quérez	ayez	acquis

CONDITIONNEL

Présent			*Passé 1re forme*		
j'	ac	querrais	j'	aurais	acquis
tu	ac	querrais	tu	aurais	acquis
elle	ac	querrait	elle	aurait	acquis
nous	ac	querrions	nous	aurions	acquis
vous	ac	querriez	vous	auriez	acquis
elles	ac	querraient	elles	auraient	acquis

Passé 2e forme

j'	eusse	acquis
tu	eusses	acquis
elle	eût	acquis
nous	eussions	acquis
vous	eussiez	acquis
elles	eussent	acquis

INFINITIF

Présent
ac quérir

Passé
avoir acquis

PARTICIPE

Présent
ac quérant

Passé
ac quis, ise
ayant acquis

FORME PRONOMINALE

INDICATIF

Présent
il/elle s'acquiert

Passé composé
il/elle s'est acquis

Imparfait
il/elle s'acquérait

Plus-que-parfait
il/elle s'était acquis

Passé simple
il/elle s'acquit

Passé antérieur
il/elle se fut acquis

Futur simple
il/elle s'acquerra

Futur antérieur
il/elle se sera acquis

INFINITIF

Présent
s'acquérir

Passé
s'être acquis

PARTICIPE

Présent
s'acquérant

Passé
s'étant acquis

SUBJONCTIF

Présent
qu'il/elle s'acquière

Passé
qu'il/elle se soit acquis

Imparfait
qu'il/elle s'acquît

Plus-que-parfait
qu'il/elle se fût acquis

CONDITIONNEL

Présent
il/elle s'acquerrait

Passé 1re forme
il/elle se serait acquis

Passé 2e forme
il/elle se fût acquis

IMPÉRATIF

Présent
acquiers-toi
acquérons-nous
acquérez-vous

GUÉRIR *Verbes en **IR**, se terminant par **RIR***

FORME ACTIVE

INDICATIF

Présent			Passé composé		
je	gué	ris	j'	ai	guéri
tu	gué	ris	tu	as	guéri
il	gué	rit	il	a	guéri
nous	gué	rissons	nous	avons	guéri
vous	gué	rissez	vous	avez	guéri
ils	gué	rissent	ils	ont	guéri

Imparfait			Plus-que-parfait		
je	gué	rissais	j'	avais	guéri
tu	gué	rissais	tu	avais	guéri
il	gué	rissait	il	avait	guéri
nous	gué	rissions	nous	avions	guéri
vous	gué	rissiez	vous	aviez	guéri
ils	gué	rissaient	ils	avaient	guéri

Passé simple			Passé antérieur		
je	gué	ris	j'	eus	guéri
tu	gué	ris	tu	eus	guéri
il	gué	rit	il	eut	guéri
nous	gué	rîmes	nous	eûmes	guéri
vous	gué	rîtes	vous	eûtes	guéri
ils	gué	rirent	ils	eurent	guéri

Futur simple			Futur antérieur		
je	gué	rirai	j'	aurai	guéri
tu	gué	riras	tu	auras	guéri
il	gué	rira	il	aura	guéri
nous	gué	rirons	nous	aurons	guéri
vous	gué	rirez	vous	aurez	guéri
ils	gué	riront	ils	auront	guéri

SUBJONCTIF

Présent			Passé		
que je	gué	risse	que j'	aie	guéri
que tu	gué	risses	que tu	aies	guéri
qu'il	gué	risse	qu'il	ait	guéri
que ns	gué	rissions	que ns	ayons	guéri
que vs	gué	rissiez	que vs	ayez	guéri
qu'ils	gué	rissent	qu'ils	aient	guéri

Imparfait			Plus-que-parfait		
que je	gué	risse	que j'	eusse	guéri
que tu	gué	risses	que tu	eusses	guéri
qu'il	gué	rît	qu'il	eût	guéri
que ns	gué	rissions	que ns	eussions	guéri
que vs	gué	rissiez	que vs	eussiez	guéri
qu'ils	gué	rissent	qu'ils	eussent	guéri

IMPÉRATIF

Présent		Passé	
gué	ris	aie	guéri
gué	rissons	ayons	guéri
gué	rissez	ayez	guéri

CONDITIONNEL

Présent			Passé 1re forme		
je	gué	rirais	j'	aurais	guéri
tu	gué	rirais	tu	aurais	guéri
il	gué	rirait	il	aurait	guéri
nous	gué	ririons	nous	aurions	guéri
vous	gué	ririez	vous	auriez	guéri
ils	gué	riraient	ils	auraient	guéri

Passé 2e forme		
j'	eusse	guéri
tu	eusses	guéri
il	eût	guéri
nous	eussions	guéri
vous	eussiez	guéri
ils	eussent	guéri

INFINITIF

Présent	Passé
gué rir	avoir guéri

PARTICIPE

Présent	Passé
gué rissant	gué ri, ie ayant guéri

FORME PRONOMINALE

INDICATIF

Présent
il/elle se guérit

Imparfait
il/elle se guérissait

Passé simple
il/elle se guérit

Futur simple
il/elle se guérira

Passé composé
il/elle s'est guéri, ie

Plus-que-parfait
il/elle s'était guéri, ie

Passé antérieur
il/elle se fut guéri, ie

Futur antérieur
il/elle se sera guéri, ie

INFINITIF

Présent
se guérir

Passé
s'être guéri, ie

PARTICIPE

Présent
se guérissant

Passé
s'étant guéri, ie

SUBJONCTIF

Présent
qu'il/elle se guérisse

Imparfait
qu'il/elle se guérît

Passé
qu'il/elle se soit guéri, ie

Plus-que-parfait
qu'il/elle se fût guéri, ie

CONDITIONNEL

Présent
il/elle se guérirait

Passé 1re forme
il/elle se serait guéri, ie

Passé 2e forme
il/elle se fût guéri, ie

IMPÉRATIF

Présent
guéris-toi
guérissons-nous
guérissez-vous

FORME ACTIVE

INDICATIF

Présent		Passé composé		
je	meurs	je	suis	mort, te
tu	meurs	tu	es	mort, te
elle	meurt	il/elle	est	mort, te
nous	mourons	nous	sommes	morts, tes
vous	mourez	vous	êtes	morts, tes
elles	meurent	ils/elles	sont	morts, tes

Imparfait		Plus-que-parfait		
je	mourais	j'	étais	mort, te
tu	mourais	tu	étais	mort, te
elle	mourait	il/elle	était	mort, te
nous	mourions	nous	étions	morts, tes
vous	mouriez	vous	étiez	morts, tes
elles	mouraient	ils/elles	étaient	morts, tes

Passé simple		Passé antérieur		
je	mourus	je	fus	mort, te
tu	mourus	tu	fus	mort, te
elle	mourut	il/elle	fut	mort, te
nous	mourûmes	nous	fûmes	morts, tes
vous	mourûtes	vous	fûtes	morts, tes
elles	moururent	ils/elles	furent	morts, tes

Futur simple		Futur antérieur		
je	mourrai	je	serai	mort, te
tu	mourras	tu	seras	mort, te
elle	mourra	il/elle	sera	mort, te
nous	mourrons	nous	serons	morts, tes
vous	mourrez	vous	serez	morts, tes
elles	mourront	ils/elles	seront	morts, tes

SUBJONCTIF

Présent		Passé		
que je	meure	que je	sois	mort, te
que tu	meures	que tu	sois	mort, te
qu'elle	meure	qu'il/elle	soit	mort, te
que ns	mourions	que ns	soyons	morts, tes
que vs	mouriez	que vs	soyez	morts, tes
qu'elles	meurent	qu'ils/elles	soient	morts, tes

Imparfait		Plus-que-parfait		
que je	mourusse	que je	fusse	mort, te
que tu	mourusses	que tu	fusses	mort, te
qu'elle	mourût	qu'il/elle	fût	mort, te
que ns	mourussions	que ns	fussions	morts, tes
que vs	mourussiez	que vs	fussiez	morts, tes
qu'elles	mourussent	qu'ils/elles	fussent	morts, tes

IMPÉRATIF

Présent	Passé	
meurs	sois	mort, te
mourons	soyons	morts, tes
mourez	soyez	morts, tes

CONDITIONNEL

Présent		Passé 1re forme		
je	mourrais	je	serais	mort, te
tu	mourrais	tu	serais	mort, te
elle	mourrait	il/elle	serait	mort, te
nous	mourrions	nous	serions	morts, tes
vous	mourriez	vous	seriez	morts, tes
elles	mourraient	ils/elles	seraient	morts, tes

Passé 2e forme		
je	fusse	mort, te
tu	fusses	mort, te
il/elle	fût	mort, te
nous	fussions	morts, tes
vous	fussiez	morts, tes
ils/elles	fussent	morts, tes

INFINITIF

Présent	Passé
mourir	être mort, te

PARTICIPE

Présent	Passé
mourant	mort, te étant mort, te

FORME PRONOMINALE

INDICATIF

Présent	Passé composé
il/elle se meurt	—

Imparfait	Plus-que-parfait
il/elle se mourait	—

Passé simple	Passé antérieur
il/elle se mourut	—

Futur simple	Futur antérieur
il/elle se mourra	—

SUBJONCTIF

Présent	Passé
qu'il/elle se meure	—

Imparfait	Plus-que-parfait
qu'il/elle se mourût	—

CONDITIONNEL

Présent
il/elle se mourrait

Passé 1re forme
—

Passé 2e forme
—

IMPÉRATIF

Présent
—

INFINITIF

Présent
se mourir

Passé
—

PARTICIPE

Présent
se mourant

Passé
—

FRIRE

FORME ACTIVE

INDICATIF

Présent

je	fr is
tu	fr is
il	fr it
—	
—	
—	

Passé composé

j'	ai	frit
tu	as	frit
il	a	frit
nous	avons	frit
vous	avez	frit
ils	ont	frit

Imparfait

Ne s'emploie pas à ce temps.

Plus-que-parfait

j'	avais	frit
tu	avais	frit
il	avait	frit
nous	avions	frit
vous	aviez	frit
ils	avaient	frit

Passé simple

Ne s'emploie pas à ce temps.

Passé antérieur

j'	eus	frit
tu	eus	frit
il	eut	frit
nous	eûmes	frit
vous	eûtes	frit
ils	eurent	frit

Futur simple

je	fr irai
tu	fr iras
il	fr ira
nous	fr irons
vous	fr irez
ils	fr iront

Futur antérieur

j'	aurai	frit
tu	auras	frit
il	aura	frit
nous	aurons	frit
vous	aurez	frit
ils	auront	frit

SUBJONCTIF

Présent

Ne s'emploie pas à ce temps.

Passé

que j'	aie	frit
que tu	aies	frit
qu'il	ait	frit
que ns	ayons	frit
que vs	ayez	frit
qu'ils	aient	frit

Imparfait

Ne s'emploie pas à ce temps.

Plus-que-parfait

que j'	eusse	frit
que tu	eusses	frit
qu'il	eût	frit
que ns	eussions	frit
que vs	eussiez	frit
qu'ils	eussent	frit

IMPÉRATIF

Présent

fr is
—
—

Passé

aie	frit
ayons	frit
ayez	frit

CONDITIONNEL

Présent

je	fr irais
tu	fr irais
il	fr irait
nous	fr irions
vous	fr iriez
ils	fr iraient

Passé 1re forme

j'	aurais	frit
tu	aurais	frit
il	aurait	frit
nous	aurions	frit
vous	auriez	frit
ils	auraient	frit

Passé 2e forme

j'	eusse	frit
tu	eusses	frit
il	eût	frit
nous	eussions	frit
vous	eussiez	frit
ils	eussent	frit

INFINITIF

Présent

fr ire

Passé

avoir frit

PARTICIPE

Présent

Ne s'emploie pas à ce temps.

Passé

fr it, ite
ayant frit

Ne s'emploie pas à la forme pronominale.

FORME ACTIVE

INDICATIF

Présent		*Passé composé*		
je	ris	j'	ai	ri
tu	ris	tu	as	ri
elle	rit	elle	a	ri
nous	rions	nous	avons	ri
vous	riez	vous	avez	ri
elles	rient	elles	ont	ri

Imparfait		*Plus-que-parfait*		
je	riais	j'	avais	ri
tu	riais	tu	avais	ri
elle	riait	elle	avait	ri
nous	riions	nous	avions	ri
vous	riiez	vous	aviez	ri
elles	riaient	elles	avaient	ri

Passé simple		*Passé antérieur*		
je	ris	j'	eus	ri
tu	ris	tu	eus	ri
elle	rit	elle	eut	ri
nous	rîmes	nous	eûmes	ri
vous	rîtes	vous	eûtes	ri
elles	rirent	elles	eurent	ri

Futur simple		*Futur antérieur*		
je	rirai	j'	aurai	ri
tu	riras	tu	auras	ri
elle	rira	elle	aura	ri
nous	rirons	nous	aurons	ri
vous	rirez	vous	aurez	ri
elles	riront	elles	auront	ri

SUBJONCTIF

Présent		*Passé*		
que je	rie	que j'	aie	ri
que tu	ries	que tu	aies	ri
qu'elle	rie	qu'elle	ait	ri
que ns	riions	que ns	ayons	ri
que vs	riiez	que vs	ayez	ri
qu'elles	rient	qu'elles	aient	ri

Imparfait		*Plus-que-parfait*		
que je	risse	que j'	eusse	ri
que tu	risses	que tu	eusses	ri
qu'elle	rît	qu'elle	eût	ri
que ns	rissions	que ns	eussions	ri
que vs	rissiez	que vs	eussiez	ri
qu'elles	rissent	qu'elles	eussent	ri

IMPÉRATIF

Présent	*Passé*	
ris	aie	ri
rions	ayons	ri
riez	ayez	ri

CONDITIONNEL

Présent		*Passé 1re forme*		
je	rirais	j'	aurais	ri
tu	rirais	tu	aurais	ri
elle	rirait	elle	aurait	ri
nous	ririons	nous	aurions	ri
vous	ririez	vous	auriez	ri
elles	riraient	elles	auraient	ri

Passé 2e forme		
j'	eusse	ri
tu	eusses	ri
elle	eût	ri
nous	eussions	ri
vous	eussiez	ri
elles	eussent	ri

INFINITIF

Présent
rire

Passé
avoir ri

PARTICIPE

Présent
riant

Passé
ri
ayant ri

FORME PRONOMINALE

INDICATIF

Présent
il/elle se rit

Passé composé
il/elle s'est ri

Imparfait
il/elle se riait

Plus-que-parfait
il/elle s'était ri

Passé simple
il/elle se rit

Passé antérieur
il/elle se fut ri

Futur simple
il/elle se rira

Futur antérieur
il/elle se sera ri

INFINITIF

Présent
se rire

Passé
s'être ri

PARTICIPE

Présent
se riant

Passé
s'étant ri

SUBJONCTIF

Présent
qu'il/elle se rie

Passé
qu'il/elle se soit ri

Imparfait
qu'il/elle se rît

Plus-que-parfait
qu'il/elle se fût ri

CONDITIONNEL

Présent
il/elle se rirait

Passé 1re forme
il/elle se serait ri

Passé 2e forme
il/elle se fût ri

IMPÉRATIF

Présent
ris-toi
rions-nous
riez-vous

CHOISIR *Verbes en **IR**, se terminant par **SIR***

FORME ACTIVE

INDICATIF

Présent			*Passé composé*		
je	choi	sis	j'	ai	choisi
tu	choi	sis	tu	as	choisi
il	choi	sit	il	a	choisi
nous	choi	sissons	nous	avons	choisi
vous	choi	sissez	vous	avez	choisi
ils	choi	sissent	ils	ont	choisi

Imparfait			*Plus-que-parfait*		
je	choi	sissais	j'	avais	choisi
tu	choi	sissais	tu	avais	choisi
il	choi	sissait	il	avait	choisi
nous	choi	sissions	nous	avions	choisi
vous	choi	sissiez	vous	aviez	choisi
ils	choi	sissaient	ils	avaient	choisi

Passé simple			*Passé antérieur*		
je	choi	sis	j'	eus	choisi
tu	choi	sis	tu	eus	choisi
il	choi	sit	il	eut	choisi
nous	choi	sîmes	nous	eûmes	choisi
vous	choi	sîtes	vous	eûtes	choisi
ils	choi	sirent	ils	eurent	choisi

Futur simple			*Futur antérieur*		
je	choi	sirai	j'	aurai	choisi
tu	choi	siras	tu	auras	choisi
il	choi	sira	il	aura	choisi
nous	choi	sirons	nous	aurons	choisi
vous	choi	sirez	vous	aurez	choisi
ils	choi	siront	ils	auront	choisi

SUBJONCTIF

Présent			*Passé*		
que je	choi	sisse	que j'	aie	choisi
que tu	choi	sisses	que tu	aies	choisi
qu'il	choi	sisse	qu'il	ait	choisi
que ns	choi	sissions	que ns	ayons	choisi
que vs	choi	sissiez	que vs	ayez	choisi
qu'ils	choi	sissent	qu'ils	aient	choisi

Imparfait			*Plus-que-parfait*		
que je	choi	sisse	que j'	eusse	choisi
que tu	choi	sisses	que tu	eusses	choisi
qu'il	choi	sît	qu'il	eût	choisi
que ns	choi	sissions	que ns	eussions	choisi
que vs	choi	sissiez	que vs	eussiez	choisi
qu'ils	choi	sissent	qu'ils	eussent	choisi

IMPÉRATIF

Présent		*Passé*	
choi	sis	aie	choisi
choi	sissons	ayons	choisi
choi	sissez	ayez	choisi

CONDITIONNEL

Présent			*Passé 1re forme*		
je	choi	sirais	j'	aurais	choisi
tu	choi	sirais	tu	aurais	choisi
il	choi	sirait	il	aurait	choisi
nous	choi	sirions	nous	aurions	choisi
vous	choi	siriez	vous	auriez	choisi
ils	choi	siraient	ils	auraient	choisi

Passé 2e forme		
j'	eusse	choisi
tu	eusses	choisi
il	eût	choisi
nous	eussions	choisi
vous	eussiez	choisi
ils	eussent	choisi

INFINITIF

Présent	*Passé*
choi sir	avoir choisi

PARTICIPE

Présent	*Passé*
choi sissant	choi si, ie ayant choisi

FORME PRONOMINALE

INDICATIF

Présent
il/elle se choisit

Passé composé
il/elle s'est choisi

Imparfait
il/elle se choisissait

Plus-que-parfait
il/elle s'était choisi

Passé simple
il/elle se choisit

Passé antérieur
il/elle se fut choisi

Futur simple
il/elle se choisira

Futur antérieur
il/elle se sera choisi

INFINITIF

Présent
se choisir

Passé
s'être choisi

PARTICIPE

Présent
se choisissant

Passé
s'étant choisi

SUBJONCTIF

Présent
qu'il/elle se choisisse

Passé
qu'il/elle se soit choisi

Imparfait
qu'il/elle se choisît

Plus-que-parfait
qu'il/elle se fût choisi

CONDITIONNEL

Présent
il/elle se choisirait

Passé 1re forme
il/elle se serait choisi

Passé 2e forme
il/elle se fût choisi

IMPÉRATIF

Présent
choisis-toi
choisissons-nous
choisissez-vous

FORME ACTIVE

INDICATIF

Présent			*Passé composé*		
je	gro	ssis	j'	ai	grossi
tu	gro	ssis	tu	as	grossi
elle	gro	ssit	elle	a	grossi
nous	gro	ssissons	nous	avons	grossi
vous	gro	ssissez	vous	avez	grossi
elles	gro	ssissent	elles	ont	grossi

Imparfait			*Plus-que-parfait*		
je	gro	ssissais	j'	avais	grossi
tu	gro	ssissais	tu	avais	grossi
elle	gro	ssissait	elle	avait	grossi
nous	gro	ssissions	nous	avions	grossi
vous	gro	ssissiez	vous	aviez	grossi
elles	gro	ssissaient	elles	avaient	grossi

Passé simple			*Passé antérieur*		
je	gro	ssis	j'	eus	grossi
tu	gro	ssis	tu	eus	grossi
elle	gro	ssit	elle	eut	grossi
nous	gro	ssîmes	nous	eûmes	grossi
vous	gro	ssîtes	vous	eûtes	grossi
elles	gro	ssirent	elles	eurent	grossi

Futur simple			*Futur antérieur*		
je	gro	ssirai	j'	aurai	grossi
tu	gro	ssiras	tu	auras	grossi
elle	gro	ssira	elle	aura	grossi
nous	gro	ssirons	nous	aurons	grossi
vous	gro	ssirez	vous	aurez	grossi
elles	gro	ssiront	elles	auront	grossi

SUBJONCTIF

Présent			*Passé*		
que je	gro	ssisse	que j'	aie	grossi
que tu	gro	ssisses	que tu	aies	grossi
qu'elle	gro	ssisse	qu'elle	ait	grossi
que ns	gro	ssissions	que ns	ayons	grossi
que vs	gro	ssissiez	que vs	ayez	grossi
qu'elles	gro	ssissent	qu'elles	aient	grossi

Imparfait			*Plus-que-parfait*		
que je	gro	ssisse	que j'	eusse	grossi
que tu	gro	ssisses	que tu	eusses	grossi
qu'elle	gro	ssît	qu'elle	eût	grossi
que ns	gro	ssissions	que ns	eussions	grossi
que vs	gro	ssissiez	que vs	eussiez	grossi
qu'elles	gro	ssissent	qu'elles	eussent	grossi

IMPÉRATIF

Présent		*Passé*	
gro	ssis	aie	grossi
gro	ssissons	ayons	grossi
gro	ssissez	ayez	grossi

CONDITIONNEL

Présent			*Passé 1re forme*		
je	gro	ssirais	j'	aurais	grossi
tu	gro	ssirais	tu	aurais	grossi
elle	gro	ssirait	elle	aurait	grossi
nous	gro	ssirions	nous	aurions	grossi
vous	gro	ssiriez	vous	auriez	grossi
elles	gro	ssiraient	elles	auraient	grossi

Passé 2e forme		
j'	eusse	grossi
tu	eusses	grossi
elle	eût	grossi
nous	eussions	grossi
vous	eussiez	grossi
elles	eussent	grossi

INFINITIF

Présent	*Passé*
gro ssir	avoir grossi

PARTICIPE

Présent	*Passé*
gro ssissant	gro ssi, ie ayant grossi

FORME PRONOMINALE

INDICATIF

Présent
il/elle se grossit

Passé composé
il/elle s'est grossi, ie

Imparfait
il/elle se grossissait

Plus-que-parfait
il/elle s'était grossi, ie

Passé simple
il/elle se grossit

Passé antérieur
il/elle se fut grossi, ie

Futur simple
il/elle se grossira

Futur antérieur
il/elle se sera grossi, ie

INFINITIF

Présent
se grossir

Passé
s'être grossi, ie

PARTICIPE

Présent
se grossissant

Passé
s'étant grossi, ie

SUBJONCTIF

Présent
qu'il/elle se grossisse

Passé
qu'il/elle se soit grossi, ie

Imparfait
qu'il/elle se grossît

Plus-que-parfait
qu'il/elle se fût grossi, ie

CONDITIONNEL

Présent
il/elle se grossirait

Passé 1re forme
il/elle se serait grossi, ie

Passé 2e forme
il/elle se fût grossi, ie

IMPÉRATIF

Présent
grossis-toi
grossissons-nous
grossissez-vous

PARTIR *Verbes en **IR**, composés de **PARTIR***

FORME ACTIVE

INDICATIF

Présent		*Passé composé*		
je	pars	je	suis	parti, ie
tu	pars	tu	es	parti, ie
il	part	il/elle	est	parti, ie
nous	partons	nous	sommes	partis, ies
vous	partez	vous	êtes	partis, ies
ils	partent	ils/elles	sont	partis, ies

Imparfait		*Plus-que-parfait*		
je	partais	j'	étais	parti, ie
tu	partais	tu	étais	parti, ie
il	partait	il/elle	était	parti, ie
nous	partions	nous	étions	partis, ies
vous	partiez	vous	étiez	partis, ies
ils	partaient	ils/elles	étaient	partis, ies

Passé simple		*Passé antérieur*		
je	partis	je	fus	parti, ie
tu	partis	tu	fus	parti, ie
il	partit	il/elle	fut	parti, ie
nous	partîmes	nous	fûmes	partis, ies
vous	partîtes	vous	fûtes	partis, ies
ils	partirent	ils/elles	furent	partis, ies

Futur simple		*Futur antérieur*		
je	partirai	je	serai	parti, ie
tu	partiras	tu	seras	parti, ie
il	partira	il/elle	sera	parti, ie
nous	partirons	nous	serons	partis, ies
vous	partirez	vous	serez	partis, ies
ils	partiront	ils/elles	seront	partis, ies

SUBJONCTIF

Présent		*Passé*		
que je	parte	que je	sois	parti, ie
que tu	partes	que tu	sois	parti, ie
qu'il	parte	qu'il/elle	soit	parti, ie
que ns	partions	que ns	soyons	partis, ies
que vs	partiez	que vs	soyez	partis, ies
qu'ils	partent	qu'ils/elles	soient	partis, ies

Imparfait		*Plus-que-parfait*		
que je	partisse	que je	fusse	parti, ie
que tu	partisses	que tu	fusses	parti, ie
qu'il	partît	qu'il/elle	fût	parti, ie
que ns	partissions	que ns	fussions	partis, ies
que vs	partissiez	que vs	fussiez	partis, ies
qu'ils	partissent	qu'ils/elles	fussent	partis, ies

IMPÉRATIF

Présent	*Passé*	
pars	sois	parti, ie
partons	soyons	partis, ies
partez	soyez	partis, ies

CONDITIONNEL

Présent		*Passé 1re forme*		
je	partirais	je	serais	parti, ie
tu	partirais	tu	serais	parti, ie
il	partirait	il/elle	serait	parti, ie
nous	partirions	nous	serions	partis, ies
vous	partiriez	vous	seriez	partis, ies
ils	partiraient	ils/elles	seraient	partis, ies

Passé 2e forme		
je	fusse	parti, ie
tu	fusses	parti, ie
il/elle	fût	parti, ie
nous	fussions	partis, ies
vous	fussiez	partis, ies
ils/elles	fussent	partis, ies

INFINITIF

Présent	*Passé*
partir	être parti, ie

PARTICIPE

Présent	*Passé*
partant	parti, ie étant parti, ie

Ne s'emploie pas à la forme pronominale.

FORME ACTIVE

INDICATIF

Présent		***Passé composé***		
je	s ens	j'	ai	senti
tu	s ens	tu	as	senti
elle	s ent	elle	a	senti
nous	s entons	nous	avons	senti
vous	s entez	vous	avez	senti
elles	s entent	elles	ont	senti

Imparfait		***Plus-que-parfait***		
je	s entais	j'	avais	senti
tu	s entais	tu	avais	senti
elle	s entait	elle	avait	senti
nous	s entions	nous	avions	senti
vous	s entiez	vous	aviez	senti
elles	s entaient	elles	avaient	senti

Passé simple		***Passé antérieur***		
je	s entis	j'	eus	senti
tu	s entis	tu	eus	senti
elle	s entit	elle	eut	senti
nous	s entîmes	nous	eûmes	senti
vous	s entîtes	vous	eûtes	senti
elles	s entirent	elles	eurent	senti

Futur simple		***Futur antérieur***		
je	s entirai	j'	aurai	senti
tu	s entiras	tu	auras	senti
elle	s entira	elle	aura	senti
nous	s entirons	nous	aurons	senti
vous	s entirez	vous	aurez	senti
elles	s entiront	elles	auront	senti

SUBJONCTIF

Présent		***Passé***		
que je	s ente	que j'	aie	senti
que tu	s entes	que tu	aies	senti
qu'elle	s ente	qu'elle	ait	senti
que ns	s entions	que ns	ayons	senti
que vs	s entiez	que vs	ayez	senti
qu'elles	s entent	qu'elles	aient	senti

Imparfait		***Plus-que-parfait***		
que je	s entisse	que j'	eusse	senti
que tu	s entisses	que tu	eusses	senti
qu'elle	s entît	qu'elle	eût	senti
que ns	s entissions	que ns	eussions	senti
que vs	s entissiez	que vs	eussiez	senti
qu'elles	s entissent	qu'elles	eussent	senti

IMPÉRATIF

Présent	***Passé***	
s ens	aie	senti
s entons	ayons	senti
s entez	ayez	senti

CONDITIONNEL

Présent		***Passé 1re forme***		
je	s entirais	j'	aurais	senti
tu	s entirais	tu	aurais	senti
elle	s entirait	elle	aurait	senti
nous	s entirions	nous	aurions	senti
vous	s entiriez	vous	auriez	senti
elles	s entiraient	elles	auraient	senti

Passé 2e forme		
j'	eusse	senti
tu	eusses	senti
elle	eût	senti
nous	eussions	senti
vous	eussiez	senti
elles	eussent	senti

INFINITIF

Présent	***Passé***
s entir	avoir senti

PARTICIPE

Présent	***Passé***
s entant	s enti, ie ayant senti

FORME PRONOMINALE

INDICATIF

Présent
il/elle se sent

Passé composé
il/elle s'est senti, ie

Imparfait
il/elle se sentait

Plus-que-parfait
il/elle s'était senti, ie

Passé simple
il/elle se sentit

Passé antérieur
il/elle se fut senti, ie

Futur simple
il/elle se sentira

Futur antérieur
il/elle se sera senti, ie

SUBJONCTIF

Présent
qu'il/elle se sente

Passé
qu'il/elle se soit senti, ie

Imparfait
qu'il/elle se sentît

Plus-que-parfait
qu'il/elle se fût senti, ie

CONDITIONNEL

Présent
il/elle se sentirait

Passé 1re forme
il/elle se serait senti, ie

Passé 2e forme
il/elle se fût senti, ie

IMPÉRATIF

Présent
sens-toi
sentons-nous
sentez-vous

INFINITIF

Présent
se sentir

Passé
s'être senti, ie

PARTICIPE

Présent
se sentant

Passé
s'étant senti, ie

SORTIR *Verbes en **IR**, composés de **SORTIR***

FORME ACTIVE

INDICATIF

Présent		Passé composé		
je	sors	je	suis	sorti, ie
tu	sors	tu	es	sorti, ie
il	sort	il/elle	est	sorti, ie
nous	sortons	nous	sommes	sortis, ies
vous	sortez	vous	êtes	sortis, ies
ils	sortent	ils/elles	sont	sortis, ies

Imparfait		Plus-que-parfait		
je	sortais	j'	étais	sorti, ie
tu	sortais	tu	étais	sorti, ie
il	sortait	il/elle	était	sorti, ie
nous	sortions	nous	étions	sortis, ies
vous	sortiez	vous	étiez	sortis, ies
ils	sortaient	ils/elles	étaient	sortis, ies

Passé simple		Passé antérieur		
je	sortis	je	fus	sorti, ie
tu	sortis	tu	fus	sorti, ie
il	sortit	il/elle	fut	sorti, ie
nous	sortîmes	nous	fûmes	sortis, ies
vous	sortîtes	vous	fûtes	sortis, ies
ils	sortirent	ils/elles	furent	sortis, ies

Futur simple		Futur antérieur		
je	sortirai	je	serai	sorti, ie
tu	sortiras	tu	seras	sorti, ie
il	sortira	il/elle	sera	sorti, ie
nous	sortirons	nous	serons	sortis, ies
vous	sortirez	vous	serez	sortis, ies
ils	sortiront	ils/elles	seront	sortis, ies

SUBJONCTIF

Présent		Passé		
que je	sorte	que je	sois	sorti, ie
que tu	sortes	que tu	sois	sorti, ie
qu'il	sorte	qu'il/elle	soit	sorti, ie
que ns	sortions	que ns	soyons	sortis, ies
que vs	sortiez	que vs	soyez	sortis, ies
qu'ils	sortent	qu'ils/elles	soient	sortis, ies

Imparfait		Plus-que-parfait		
que je	sortisse	que je	fusse	sorti, ie
que tu	sortisses	que tu	fusses	sorti, ie
qu'il	sortît	qu'il/elle	fût	sorti, ie
que ns	sortissions	que ns	fussions	sortis, ies
que vs	sortissiez	que vs	fussiez	sortis, ies
qu'ils	sortissent	qu'ils/elles	fussent	sortis, ies

IMPÉRATIF

Présent	Passé	
sors	sois	sorti, ie
sortons	soyons	sortis, ies
sortez	soyez	sortis, ies

CONDITIONNEL

Présent		Passé 1re forme		
je	sortirais	je	serais	sorti, ie
tu	sortirais	tu	serais	sorti, ie
il	sortirait	il/elle	serait	sorti, ie
nous	sortirions	nous	serions	sortis, ies
vous	sortiriez	vous	seriez	sortis, ies
ils	sortiraient	ils/elles	seraient	sortis, ies

Passé 2e forme

je	fusse	sorti, ie
tu	fusses	sorti, ie
il/elle	fût	sorti, ie
nous	fussions	sortis, ies
vous	fussiez	sortis, ies
ils/elles	fussent	sortis, ies

INFINITIF

Présent	Passé
sortir	être sorti, ie

PARTICIPE

Présent	Passé
sortant	sorti, ie étant sorti, ie

FORME PRONOMINALE

INDICATIF

Présent
il/elle se sort

Passé composé
il/elle s'est sorti, ie

Imparfait
il/elle se sortait

Plus-que-parfait
il/elle s'était sorti, ie

Passé simple
il/elle se sortit

Passé antérieur
il/elle se fut sorti, ie

Futur simple
il/elle se sortira

Futur antérieur
il/elle se sera sorti, ie

INFINITIF

Présent
se sortir

Passé
s'être sorti, ie

PARTICIPE

Présent
se sortant

Passé
s'étant sorti, ie

SUBJONCTIF

Présent
qu'il/elle se sorte

Passé
qu'il/elle se soit sorti, ie

Imparfait
qu'il/elle se sortît

Plus-que-parfait
qu'il/elle se fût sorti, ie

CONDITIONNEL

Présent
il/elle se sortirait

Passé 1re forme
il/elle se serait sorti, ie

Passé 2e forme
il/elle se fût sorti, ie

IMPÉRATIF

Présent
sors-toi
sortons-nous
sortez-vous

FORME ACTIVE

INDICATIF

Présent		*Passé composé*		
je	vêts	j'	ai	vêtu
tu	vêts	tu	as	vêtu
elle	vêt	elle	a	vêtu
nous	vêtons	nous	avons	vêtu
vous	vêtez	vous	avez	vêtu
elles	vêtent	elles	ont	vêtu

Imparfait		*Plus-que-parfait*		
je	vêtais	j'	avais	vêtu
tu	vêtais	tu	avais	vêtu
elle	vêtait	elle	avait	vêtu
nous	vêtions	nous	avions	vêtu
vous	vêtiez	vous	aviez	vêtu
elles	vêtaient	elles	avaient	vêtu

Passé simple		*Passé antérieur*		
je	vêtis	j'	eus	vêtu
tu	vêtis	tu	eus	vêtu
elle	vêtit	elle	eut	vêtu
nous	vêtîmes	nous	eûmes	vêtu
vous	vêtîtes	vous	eûtes	vêtu
elles	vêtirent	elles	eurent	vêtu

Futur simple		*Futur antérieur*		
je	vêtirai	j'	aurai	vêtu
tu	vêtiras	tu	auras	vêtu
elle	vêtira	elle	aura	vêtu
nous	vêtirons	nous	aurons	vêtu
vous	vêtirez	vous	aurez	vêtu
elles	vêtiront	elles	auront	vêtu

SUBJONCTIF

Présent		*Passé*		
que je	vête	que j'	aie	vêtu
que tu	vêtes	que tu	aies	vêtu
qu'elle	vête	qu'elle	ait	vêtu
que ns	vêtions	que ns	ayons	vêtu
que vs	vêtiez	que vs	ayez	vêtu
qu'elles	vêtent	qu'elles	aient	vêtu

Imparfait		*Plus-que-parfait*		
que je	vêtisse	que j'	eusse	vêtu
que tu	vêtisses	que tu	eusses	vêtu
qu'elle	vêtît	qu'elle	eût	vêtu
que ns	vêtissions	que ns	eussions	vêtu
que vs	vêtissiez	que vs	eussiez	vêtu
qu'elles	vêtissent	qu'elles	eussent	vêtu

IMPÉRATIF

Présent	*Passé*	
vêts	aie	vêtu
vêtons	ayons	vêtu
vêtez	ayez	vêtu

CONDITIONNEL

Présent		*Passé 1re forme*		
je	vêtirais	j'	aurais	vêtu
tu	vêtirais	tu	aurais	vêtu
elle	vêtirait	elle	aurait	vêtu
nous	vêtirions	nous	aurions	vêtu
vous	vêtiriez	vous	auriez	vêtu
elles	vêtiraient	elles	auraient	vêtu

Passé 2e forme

j'	eusse	vêtu
tu	eusses	vêtu
elle	eût	vêtu
nous	eussions	vêtu
vous	eussiez	vêtu
elles	eussent	vêtu

INFINITIF

Présent	*Passé*
vêtir	avoir vêtu

PARTICIPE

Présent	*Passé*
vêtant	vêtu, ue ayant vêtu

FORME PRONOMINALE

INDICATIF

Présent
il/elle se vêt

Passé composé
il/elle s'est vêtu, ue

Imparfait
il/elle se vêtait

Plus-que-parfait
il/elle s'était vêtu, ue

Passé simple
il/elle se vêtit

Passé antérieur
il/elle se fut vêtu, ue

Futur simple
il/elle se vêtira

Futur antérieur
il/elle se sera vêtu, ue

INFINITIF

Présent
se vêtir

Passé
s'être vêtu, ue

PARTICIPE

Présent
se vêtant

Passé
s'étant vêtu, ue

SUBJONCTIF

Présent
qu'il/elle se vête

Passé
qu'il/elle se soit vêtu, ue

Imparfait
qu'il/elle se vêtît

Plus-que-parfait
qu'il/elle se fût vêtu, ue

CONDITIONNEL

Présent
il/elle se vêtirait

Passé 1re forme
il/elle se serait vêtu, ue

Passé 2e forme
il/elle se fût vêtu, ue

IMPÉRATIF

Présent
vêts-toi
vêtons-nous
vêtez-vous

DIVERTIR *Verbes en **IR**, se terminant par **TIR***

FORME ACTIVE

INDICATIF

Présent			*Passé composé*		
je	diver	tis	j'	ai	diverti
tu	diver	tis	tu	as	diverti
il	diver	tit	il	a	diverti
nous	diver	tissons	nous	avons	diverti
vous	diver	tissez	vous	avez	diverti
ils	diver	tissent	ils	ont	diverti

Imparfait			*Plus-que-parfait*		
je	diver	tissais	j'	avais	diverti
tu	diver	tissais	tu	avais	diverti
il	diver	tissait	il	avait	diverti
nous	diver	tissions	nous	avions	diverti
vous	diver	tissiez	vous	aviez	diverti
ils	diver	tissaient	ils	avaient	diverti

Passé simple			*Passé antérieur*		
je	diver	tis	j'	eus	diverti
tu	diver	tis	tu	eus	diverti
il	diver	tit	il	eut	diverti
nous	diver	tîmes	nous	eûmes	diverti
vous	diver	tîtes	vous	eûtes	diverti
ils	diver	tirent	ils	eurent	diverti

Futur simple			*Futur antérieur*		
je	diver	tirai	j'	aurai	diverti
tu	diver	tiras	tu	auras	diverti
il	diver	tira	il	aura	diverti
nous	diver	tirons	nous	aurons	diverti
vous	diver	tirez	vous	aurez	diverti
ils	diver	tiront	ils	auront	diverti

SUBJONCTIF

Présent			*Passé*		
que je	diver	tisse	que j'	aie	diverti
que tu	diver	tisses	que tu	aies	diverti
qu'il	diver	tisse	qu'il	ait	diverti
que ns	diver	tissions	que ns	ayons	diverti
que vs	diver	tissiez	que vs	ayez	diverti
qu'ils	diver	tissent	qu'ils	aient	diverti

Imparfait			*Plus-que-parfait*		
que je	diver	tisse	que j'	eusse	diverti
que tu	diver	tisses	que tu	eusses	diverti
qu'il	diver	tît	qu'il	eût	diverti
que ns	diver	tissions	que ns	eussions	diverti
que vs	diver	tissiez	que vs	eussiez	diverti
qu'ils	diver	tissent	qu'ils	eussent	diverti

IMPÉRATIF

Présent		*Passé*	
diver	tis	aie	diverti
diver	tissons	ayons	diverti
diver	tissez	ayez	diverti

CONDITIONNEL

Présent			*Passé 1re forme*		
je	diver	tirais	j'	aurais	diverti
tu	diver	tirais	tu	aurais	diverti
il	diver	tirait	il	aurait	diverti
nous	diver	tirions	nous	aurions	diverti
vous	diver	tiriez	vous	auriez	diverti
ils	diver	tiraient	ils	auraient	diverti

Passé 2e forme		
j'	eusse	diverti
tu	eusses	diverti
il	eût	diverti
nous	eussions	diverti
vous	eussiez	diverti
ils	eussent	diverti

INFINITIF

Présent	*Passé*
diver tir	avoir diverti

PARTICIPE

Présent	*Passé*
diver tissant	diver ti, ie ayant diverti

FORME PRONOMINALE

INDICATIF

Présent
il/elle se divertit

Passé composé
il/elle s'est diverti, ie

Imparfait
il/elle se divertissait

Plus-que-parfait
il/elle s'était diverti, ie

Passé simple
il/elle se divertit

Passé antérieur
il/elle se fut diverti, ie

Futur simple
il/elle se divertira

Futur antérieur
il/elle se sera diverti, ie

INFINITIF

Présent
se divertir

Passé
s'être diverti, ie

PARTICIPE

Présent
se divertissant

Passé
s'étant diverti, ie

SUBJONCTIF

Présent
qu'il/elle se divertisse

Passé
qu'il/elle se soit diverti, ie

Imparfait
qu'il/elle se divertît

Plus-que-parfait
qu'il/elle se fût diverti, ie

CONDITIONNEL

Présent
il/elle se divertirait

Passé 1re forme
il/elle se serait diverti, ie

Passé 2e forme
il/elle se fût diverti, ie

IMPÉRATIF

Présent
divertis-toi
divertissons-nous
divertissez-vous

FORME ACTIVE

INDICATIF

Présent
je flé tris
tu flé tris
elle flé trit
nous flé trissons
vous flé trissez
elles flé trissent

Passé composé
j' ai flétri
tu as flétri
elle a flétri
nous avons flétri
vous avez flétri
elles ont flétri

Imparfait
je flé trissais
tu flé trissais
elle flé trissait
nous flé trissions
vous flé trissiez
elles flé trissaient

Plus-que-parfait
j' avais flétri
tu avais flétri
elle avait flétri
nous avions flétri
vous aviez flétri
elles avaient flétri

Passé simple
je flé tris
tu flé tris
elle flé trit
nous flé trîmes
vous flé trîtes
elles flé trirent

Passé antérieur
j' eus flétri
tu eus flétri
elle eut flétri
nous eûmes flétri
vous eûtes flétri
elles eurent flétri

Futur simple
je flé trirai
tu flé triras
elle flé trira
nous flé trirons
vous flé trirez
elles flé triront

Futur antérieur
j' aurai flétri
tu auras flétri
elle aura flétri
nous aurons flétri
vous aurez flétri
elles auront flétri

SUBJONCTIF

Présent
que je flé trisse
que tu flé trisses
qu'elle flé trisse
que ns flé trissions
que vs flé trissiez
qu'elles flé trissent

Passé
que j' aie flétri
que tu aies flétri
qu'elle ait flétri
que ns ayons flétri
que vs ayez flétri
qu'elles aient flétri

Imparfait
que je flé trisse
que tu flé trisses
qu'elle flé trît
que ns flé trissions
que vs flé trissiez
qu'elles flé trissent

Plus-que-parfait
que j' eusse flétri
que tu eusses flétri
qu'elle eût flétri
que ns eussions flétri
que vs eussiez flétri
qu'elles eussent flétri

IMPÉRATIF

Présent
flé tris
flé trissons
flé trissez

Passé
aie flétri
ayons flétri
ayez flétri

CONDITIONNEL

Présent
je flé trirais
tu flé trirais
elle flé trirait
nous flé tririons
vous flé tririez
elles flé triraient

Passé 1re forme
j' aurais flétri
tu aurais flétri
elle aurait flétri
nous aurions flétri
vous auriez flétri
elles auraient flétri

Passé 2e forme
j' eusse flétri
tu eusses flétri
elle eût flétri
nous eussions flétri
vous eussiez flétri
elles eussent flétri

INFINITIF

Présent
flé trir

Passé
avoir flétri

PARTICIPE

Présent
flé trissant

Passé
flé tri, ie
ayant flétri

FORME PRONOMINALE

INDICATIF

Présent
il/elle se flétrit

Passé composé
il/elle s'est flétri, ie

Imparfait
il/elle se flétrissait

Plus-que-parfait
il/elle s'était flétri, ie

Passé simple
il/elle se flétrit

Passé antérieur
il/elle se fut flétri, ie

Futur simple
il/elle se flétrira

Futur antérieur
il/elle se sera flétri, ie

INFINITIF

Présent
se flétrir

Passé
s'être flétri, ie

PARTICIPE

Présent
se flétrissant

Passé
s'étant flétri, ie

SUBJONCTIF

Présent
qu'il/elle se flétrisse

Passé
qu'il/elle se soit flétri, ie

Imparfait
qu'il/elle se flétrît

Plus-que-parfait
qu'il/elle se fût flétri, ie

CONDITIONNEL

Présent
il/elle se flétrirait

Passé 1re forme
il/elle se serait flétri, ie

Passé 2e forme
il/elle se fût flétri, ie

IMPÉRATIF

Présent
flétris-toi
flétrissons-nous
flétrissez-vous

PRODUIRE *Verbes en **RE**, se terminant par **DUIRE***

FORME ACTIVE

INDICATIF

Présent			*Passé composé*		
je	pro	duis	j'	ai	produit
tu	pro	duis	tu	as	produit
il	pro	duit	il	a	produit
nous	pro	duisons	nous	avons	produit
vous	pro	duisez	vous	avez	produit
ils	pro	duisent	ils	ont	produit
Imparfait			***Plus-que-parfait***		
je	pro	duisais	j'	avais	produit
tu	pro	duisais	tu	avais	produit
il	pro	duisait	il	avait	produit
nous	pro	duisions	nous	avions	produit
vous	pro	duisiez	vous	aviez	produit
ils	pro	duisaient	ils	avaient	produit
Passé simple			***Passé antérieur***		
je	pro	duisis	j'	eus	produit
tu	pro	duisis	tu	eus	produit
il	pro	duisit	il	eut	produit
nous	pro	duisîmes	nous	eûmes	produit
vous	pro	duisîtes	vous	eûtes	produit
ils	pro	duisirent	ils	eurent	produit
Futur simple			***Futur antérieur***		
je	pro	duirai	j'	aurai	produit
tu	pro	duiras	tu	auras	produit
il	pro	duira	il	aura	produit
nous	pro	duirons	nous	aurons	produit
vous	pro	duirez	vous	aurez	produit
ils	pro	duiront	ils	auront	produit

SUBJONCTIF

Présent			*Passé*		
que je	pro	duise	que j'	aie	produit
que tu	pro	duises	que tu	aies	produit
qu'il	pro	duise	qu'il	ait	produit
que ns	pro	duisions	que ns	ayons	produit
que vs	pro	duisiez	que vs	ayez	produit
qu'ils	pro	duisent	qu'ils	aient	produit
Imparfait			***Plus-que-parfait***		
que je	pro	duisisse	que j'	eusse	produit
que tu	pro	duisisses	que tu	eusses	produit
qu'il	pro	duisît	qu'il	eût	produit
que ns	pro	duisissions	que ns	eussions	produit
que vs	pro	duisissiez	que vs	eussiez	produit
qu'ils	pro	duisissent	qu'ils	eussent	produit

IMPÉRATIF

Présent		*Passé*	
pro	duis	aie	produit
pro	duisons	ayons	produit
pro	duisez	ayez	produit

CONDITIONNEL

Présent			*Passé 1re forme*		
je	pro	duirais	j'	aurais	produit
tu	pro	duirais	tu	aurais	produit
il	pro	duirait	il	aurait	produit
nous	pro	duirions	nous	aurions	produit
vous	pro	duiriez	vous	auriez	produit
ils	pro	duiraient	ils	auraient	produit

Passé 2e forme		
j'	eusse	produit
tu	eusses	produit
il	eût	produit
nous	eussions	produit
vous	eussiez	produit
ils	eussent	produit

INFINITIF

Présent	*Passé*
pro duire	avoir produit

PARTICIPE

Présent	*Passé*
pro duisant	pro duit, uite ayant produit

FORME PRONOMINALE

INDICATIF

Présent
il/elle se produit

Passé composé
il/elle s'est produit, uite

Imparfait
il/elle se produisait

Plus-que-parfait
il/elle s'était produit, uite

Passé simple
il/elle se produisit

Passé antérieur
il/elle se fut produit, uite

Futur simple
il/elle se produira

Futur antérieur
il/elle se sera produit, uite

INFINITIF

Présent
se produire

Passé
s'être produit, uite

PARTICIPE

Présent
se produisant

Passé
s'étant produit, uite

SUBJONCTIF

Présent
qu'il/elle se produise

Passé
qu'il/elle se soit produit, uite

Imparfait
qu'il/elle se produisît

Plus-que-parfait
qu'il/elle se fût produit, uite

CONDITIONNEL

Présent
il/elle se produirait

Passé 1re forme
il/elle se serait produit, uite

Passé 2e forme
il/elle se fût produit, uite

IMPÉRATIF

Présent
produis-toi
produisons-nous
produisez-vous

FORME ACTIVE

INDICATIF

Présent		Passé composé		
je	fuis	j'	ai	fui
tu	fuis	tu	as	fui
elle	fuit	elle	a	fui
nous	fuyons	nous	avons	fui
vous	fuyez	vous	avez	fui
elles	fuient	elles	ont	fui

Imparfait		Plus-que-parfait		
je	fuyais	j'	avais	fui
tu	fuyais	tu	avais	fui
elle	fuyait	elle	avait	fui
nous	fuyions	nous	avions	fui
vous	fuyiez	vous	aviez	fui
elles	fuyaient	elles	avaient	fui

Passé simple		Passé antérieur		
je	fuis	j'	eus	fui
tu	fuis	tu	eus	fui
elle	fuit	elle	eut	fui
nous	fuîmes	nous	eûmes	fui
vous	fuîtes	vous	eûtes	fui
elles	fuirent	elles	eurent	fui

Futur simple		Futur antérieur		
je	fuirai	j'	aurai	fui
tu	fuiras	tu	auras	fui
elle	fuira	elle	aura	fui
nous	fuirons	nous	aurons	fui
vous	fuirez	vous	aurez	fui
elles	fuiront	elles	auront	fui

SUBJONCTIF

Présent		Passé		
que je	fuie	que j'	aie	fui
que tu	fuies	que tu	aies	fui
qu'elle	fuie	qu'elle	ait	fui
que ns	fuyions	que ns	ayons	fui
que vs	fuyiez	que vs	ayez	fui
qu'elles	fuient	qu'elles	aient	fui

Imparfait		Plus-que-parfait		
que je	fuisse	que j'	eusse	fui
que tu	fuisses	que tu	eusses	fui
qu'elle	fuît	qu'elle	eût	fui
que ns	fuissions	que ns	eussions	fui
que vs	fuissiez	que vs	eussiez	fui
qu'elles	fuissent	qu'elles	eussent	fui

IMPÉRATIF

Présent	Passé	
fuis	aie	fui
fuyons	ayons	fui
fuyez	ayez	fui

CONDITIONNEL

Présent		Passé 1re forme		
je	fuirais	j'	aurais	fui
tu	fuirais	tu	aurais	fui
elle	fuirait	elle	aurait	fui
nous	fuirions	nous	aurions	fui
vous	fuiriez	vous	auriez	fui
elles	fuiraient	elles	auraient	fui

Passé 2e forme		
j'	eusse	fui
tu	eusses	fui
elle	eût	fui
nous	eussions	fui
vous	eussiez	fui
elles	eussent	fui

INFINITIF

Présent	Passé
fuir	avoir fui

PARTICIPE

Présent	Passé
fuyant	fui, ie ayant fui

FORME PRONOMINALE **S'ENFUIR**

INDICATIF

Présent
il/elle s'enfuit

Passé composé
il/elle s'est enfui, ie

Imparfait
il/elle s'enfuyait

Plus-que-parfait
il/elle s'était enfui, ie

Passé simple
il/elle s'enfuit

Passé antérieur
il/elle se fut enfui, ie

Futur simple
il/elle s'enfuira

Futur antérieur
il/elle se sera enfui, ie

INFINITIF

Présent
s'enfuir

Passé
s'être enfui, ie

PARTICIPE

Présent
s'enfuyant

Passé
s'étant enfui, ie

SUBJONCTIF

Présent
qu'il/elle s'enfuie

Passé
qu'il/elle se soit enfui, ie

Imparfait
qu'il/elle s'enfuît

Plus-que-parfait
qu'il/elle se fût enfui, ie

CONDITIONNEL

Présent
il/elle s'enfuirait

Passé 1re forme
il/elle se serait enfui, ie

Passé 2e forme
il/elle se fût enfui, ie

IMPÉRATIF

Présent
enfuis-toi
enfuyons-nous
enfuyez-vous

CUIRE *Verbes en **RE**, composés de **CUIRE***

FORME ACTIVE

INDICATIF

Présent		*Passé composé*		
je	cuis	j'	ai	cuit
tu	cuis	tu	as	cuit
il	cuit	il	a	cuit
nous	cuisons	nous	avons	cuit
vous	cuisez	vous	avez	cuit
ils	cuisent	ils	ont	cuit

Imparfait		*Plus-que-parfait*		
je	cuisais	j'	avais	cuit
tu	cuisais	tu	avais	cuit
il	cuisait	il	avait	cuit
nous	cuisions	nous	avions	cuit
vous	cuisiez	vous	aviez	cuit
ils	cuisaient	ils	avaient	cuit

Passé simple		*Passé antérieur*		
je	cuisis	j'	eus	cuit
tu	cuisis	tu	eus	cuit
il	cuisit	il	eut	cuit
nous	cuisîmes	nous	eûmes	cuit
vous	cuisîtes	vous	eûtes	cuit
ils	cuisirent	ils	eurent	cuit

Futur simple		*Futur antérieur*		
je	cuirai	j'	aurai	cuit
tu	cuiras	tu	auras	cuit
il	cuira	il	aura	cuit
nous	cuirons	nous	aurons	cuit
vous	cuirez	vous	aurez	cuit
ils	cuiront	ils	auront	cuit

SUBJONCTIF

Présent		*Passé*		
que je	cuise	que j'	aie	cuit
que tu	cuises	que tu	aies	cuit
qu'il	cuise	qu'il	ait	cuit
que ns	cuisions	que ns	ayons	cuit
que vs	cuisiez	que vs	ayez	cuit
qu'ils	cuisent	qu'ils	aient	cuit

Imparfait		*Plus-que-parfait*		
que je	cuisisse	que j'	eusse	cuit
que tu	cuisisses	que tu	eusses	cuit
qu'il	cuisît	qu'il	eût	cuit
que ns	cuisissions	que ns	eussions	cuit
que vs	cuisissiez	que vs	eussiez	cuit
qu'ils	cuisissent	qu'ils	eussent	cuit

IMPÉRATIF

Présent	*Passé*	
cuis	aie	cuit
cuisons	ayons	cuit
cuisez	ayez	cuit

CONDITIONNEL

Présent		*Passé 1re forme*		
je	cuirais	j'	aurais	cuit
tu	cuirais	tu	aurais	cuit
il	cuirait	il	aurait	cuit
nous	cuirions	nous	aurions	cuit
vous	cuiriez	vous	auriez	cuit
ils	cuiraient	ils	auraient	cuit

Passé 2e forme		
j'	eusse	cuit
tu	eusses	cuit
il	eût	cuit
nous	eussions	cuit
vous	eussiez	cuit
ils	eussent	cuit

INFINITIF

Présent	*Passé*
cuire	avoir cuit

PARTICIPE

Présent	*Passé*
cuisant	cuit, uite ayant cuit

Ne s'emploie pas à la forme pronominale.

FORME ACTIVE

INDICATIF

Présent		***Passé composé***		
je	n uis	j'	ai	nui
tu	n uis	tu	as	nui
elle	n uit	elle	a	nui
nous	n uisons	nous	avons	nui
vous	n uisez	vous	avez	nui
elles	n uisent	elles	ont	nui

Imparfait		***Plus-que-parfait***		
je	n uisais	j'	avais	nui
tu	n uisais	tu	avais	nui
elle	n uisait	elle	avait	nui
nous	n uisions	nous	avions	nui
vous	n uisiez	vous	aviez	nui
elles	n uisaient	elles	avaient	nui

Passé simple[1]		***Passé antérieur***		
je	n uisis	j'	eus	nui
tu	n uisis	tu	eus	nui
elle	n uisit	elle	eut	nui
nous	n uisîmes	nous	eûmes	nui
vous	n uisîtes	vous	eûtes	nui
elles	n uisirent	elles	eurent	nui

Futur simple		***Futur antérieur***		
je	n uirai	j'	aurai	nui
tu	n uiras	tu	auras	nui
elle	n uira	elle	aura	nui
nous	n uirons	nous	aurons	nui
vous	n uirez	vous	aurez	nui
elles	n uiront	elles	auront	nui

SUBJONCTIF

Présent		***Passé***		
que je	n uise	que j'	aie	nui
que tu	n uises	que tu	aies	nui
qu'elle	n uise	qu'elle	ait	nui
que ns	n uisions	que ns	ayons	nui
que vs	n uisiez	que vs	ayez	nui
qu'elles	n uisent	qu'elles	aient	nui

Imparfait		***Plus-que-parfait***		
que je	n uisisse	que j'	eusse	nui
que tu	n uisisses	que tu	eusses	nui
qu'elle	n uisît	qu'elle	eût	nui
que ns	n uisissions	que ns	eussions	nui
que vs	n uisissiez	que vs	eussiez	nui
qu'elles	n uisissent	qu'elles	eussent	nui

IMPÉRATIF

Présent	***Passé***	
n uis	aie	nui
n uisons	ayons	nui
n uisez	ayez	nui

CONDITIONNEL

Présent		***Passé 1re forme***		
je	n uirais	j'	aurais	nui
tu	n uirais	tu	aurais	nui
elle	n uirait	elle	aurait	nui
nous	n uirions	nous	aurions	nui
vous	n uiriez	vous	auriez	nui
elles	n uiraient	elles	auraient	nui

Passé 2e forme

j'	eusse	nui
tu	eusses	nui
elle	eût	nui
nous	eussions	nui
vous	eussiez	nui
elles	eussent	nui

INFINITIF

Présent	***Passé***
n uire	avoir nui

PARTICIPE

Présent	***Passé***
n uisant	n ui ayant nui

1. Note : Au passé simple, le verbe **LUIRE** a aussi les formes suivantes : je luis, tu luis, elle luit, ns luîmes, vs luîtes, elles luirent.

FORME PRONOMINALE

INDICATIF

Présent
il/elle se nuit

Passé composé
il/elle s'est nui

Imparfait
il/elle se nuisait

Plus-que-parfait
il/elle s'était nui

Passé simple
il/elle se nuisit

Passé antérieur
il/elle se fut nui

Futur simple
il/elle se nuira

Futur antérieur
il/elle se sera nui

INFINITIF

Présent
se nuire

Passé
s'être nui

PARTICIPE

Présent
se nuisant

Passé
s'étant nui

SUBJONCTIF

Présent
qu'il/elle se nuise

Passé
qu'il/elle se soit nui

Imparfait
qu'il/elle se nuisît

Plus-que-parfait
qu'il/elle se fût nui

CONDITIONNEL

Présent
il/elle se nuirait

Passé 1re forme
il/elle se serait nui

Passé 2e forme
il/elle se fût nui

IMPÉRATIF

Présent
nuis-toi
nuisons-nous
nuisez-vous

DÉTRUIRE *Verbes en **RE**, se terminant par **TRUIRE***

FORME ACTIVE

INDICATIF

Présent		*Passé composé*		
je	dé truis	j'	ai	détruit
tu	dé truis	tu	as	détruit
il	dé truit	il	a	détruit
nous	dé truisons	nous	avons	détruit
vous	dé truisez	vous	avez	détruit
ils	dé truisent	ils	ont	détruit

Imparfait		*Plus-que-parfait*		
je	dé truisais	j'	avais	détruit
tu	dé truisais	tu	avais	détruit
il	dé truisait	il	avait	détruit
nous	dé truisions	nous	avions	détruit
vous	dé truisiez	vous	aviez	détruit
ils	dé truisaient	ils	avaient	détruit

Passé simple		*Passé antérieur*		
je	dé truisis	j'	eus	détruit
tu	dé truisis	tu	eus	détruit
il	dé truisit	il	eut	détruit
nous	dé truisîmes	nous	eûmes	détruit
vous	dé truisîtes	vous	eûtes	détruit
ils	dé truisirent	ils	eurent	détruit

Futur simple		*Futur antérieur*		
je	dé truirai	j'	aurai	détruit
tu	dé truiras	tu	auras	détruit
il	dé truira	il	aura	détruit
nous	dé truirons	nous	aurons	détruit
vous	dé truirez	vous	aurez	détruit
ils	dé truiront	ils	auront	détruit

SUBJONCTIF

Présent		*Passé*		
que je	dé truise	que j'	aie	détruit
que tu	dé truises	que tu	aies	détruit
qu'il	dé truise	qu'il	ait	détruit
que ns	dé truisions	que ns	ayons	détruit
que vs	dé truisiez	que vs	ayez	détruit
qu'ils	dé truisent	qu'ils	aient	détruit

Imparfait		*Plus-que-parfait*		
que je	dé truisisse	que j'	eusse	détruit
que tu	dé truisisses	que tu	eusses	détruit
qu'il	dé truisît	qu'il	eût	détruit
que ns	dé truisissions	que ns	eussions	détruit
que vs	dé truisissiez	que vs	eussiez	détruit
qu'ils	dé truisissent	qu'ils	eussent	détruit

IMPÉRATIF

Présent	*Passé*	
dé truis	aie	détruit
dé truisons	ayons	détruit
dé truisez	ayez	détruit

CONDITIONNEL

Présent		*Passé 1re forme*		
je	dé truirais	j'	aurais	détruit
tu	dé truirais	tu	aurais	détruit
il	dé truirait	il	aurait	détruit
nous	dé truirions	nous	aurions	détruit
vous	dé truiriez	vous	auriez	détruit
ils	dé truiraient	ils	auraient	détruit

Passé 2e forme

j'	eusse	détruit
tu	eusses	détruit
il	eût	détruit
nous	eussions	détruit
vous	eussiez	détruit
ils	eussent	détruit

INFINITIF

Présent
dé truire

Passé
avoir détruit

PARTICIPE

Présent
dé truisant

Passé
dé truit, uite
ayant détruit

FORME PRONOMINALE

INDICATIF

Présent
il/elle se détruit

Passé composé
il/elle s'est détruit, uite

Imparfait
il/elle se détruisait

Plus-que-parfait
il/elle s'était détruit, uite

Passé simple
il/elle se détruisit

Passé antérieur
il/elle se fut détruit, uite

Futur simple
il/elle se détruira

Futur antérieur
il/elle se sera détruit, uite

INFINITIF

Présent
se détruire

Passé
s'être détruit, uite

PARTICIPE

Présent
se détruisant

Passé
s'étant détruit, uite

SUBJONCTIF

Présent
qu'il/elle se détruise

Passé
qu'il/elle se soit détruit, uite

Imparfait
qu'il/elle se détruisît

Plus-que-parfait
qu'il/elle se fût détruit, uite

CONDITIONNEL

Présent
il/elle se détruirait

Passé 1re forme
il/elle se serait détruit, uite

Passé 2e forme
il/elle se fût détruit, uite

IMPÉRATIF

Présent
détruis-toi
détruisons-nous
détruisez-vous

FORME ACTIVE

INDICATIF

Présent

j' assou vis
tu assou vis
elle assou vit
nous assou vissons
vous assou vissez
elles assou vissent

Passé composé

j' ai assouvi
tu as assouvi
elle a assouvi
nous avons assouvi
vous avez assouvi
elles ont assouvi

Imparfait

j' assou vissais
tu assou vissais
elle assou vissait
nous assou vissions
vous assou vissiez
elles assou vissaient

Plus-que-parfait

j' avais assouvi
tu avais assouvi
elle avait assouvi
nous avions assouvi
vous aviez assouvi
elles avaient assouvi

Passé simple

j' assou vis
tu assou vis
elle assou vit
nous assou vîmes
vous assou vîtes
elles assou virent

Passé antérieur

j' eus assouvi
tu eus assouvi
elle eut assouvi
nous eûmes assouvi
vous eûtes assouvi
elles eurent assouvi

Futur simple

j' assou virai
tu assou viras
elle assou vira
nous assou virons
vous assou virez
elles assou viront

Futur antérieur

j' aurai assouvi
tu auras assouvi
elle aura assouvi
nous aurons assouvi
vous aurez assouvi
elles auront assouvi

SUBJONCTIF

Présent

que j' assou visse
que tu assou visses
qu'elle assou visse
que ns assou vissions
que vs assou vissiez
qu'elles assou vissent

Passé

que j' aie assouvi
que tu aies assouvi
qu'elle ait assouvi
que ns ayons assouvi
que vs ayez assouvi
qu'elles aient assouvi

Imparfait

que j' assou visse
que tu assou visses
qu'elle assou vît
que ns assou vissions
que vs assou vissiez
qu'elles assou vissent

Plus-que-parfait

que j' eusse assouvi
que tu eusses assouvi
qu'elle eût assouvi
que ns eussions assouvi
que vs eussiez assouvi
qu'elles eussent assouvi

IMPÉRATIF

Présent

assou vis
assou vissons
assou vissez

Passé

aie assouvi
ayons assouvi
ayez assouvi

CONDITIONNEL

Présent

j' assou virais
tu assou virais
elle assou virait
nous assou virions
vous assou viriez
elles assou viraient

Passé 1re forme

j' aurais assouvi
tu aurais assouvi
elle aurait assouvi
nous aurions assouvi
vous auriez assouvi
elles auraient assouvi

Passé 2e forme

j' eusse assouvi
tu eusses assouvi
elle eût assouvi
nous eussions assouvi
vous eussiez assouvi
elles eussent assouvi

INFINITIF

Présent

assou vir

Passé

avoir assouvi

PARTICIPE

Présent

assou vissant

Passé

assou vi, ie
ayant assouvi

FORME PRONOMINALE

INDICATIF

Présent
il/elle s'assouvit

Passé composé
il/elle s'est assouvi, ie

Imparfait
il/elle s'assouvissait

Plus-que-parfait
il/elle s'était assouvi, ie

Passé simple
il/elle s'assouvit

Passé antérieur
il/elle se fut assouvi, ie

Futur simple
il/elle s'assouvira

Futur antérieur
il/elle se sera assouvi, ie

INFINITIF

Présent
s'assouvir

Passé
s'être assouvi, ie

PARTICIPE

Présent
s'assouvissant

Passé
s'étant assouvi, ie

SUBJONCTIF

Présent
qu'il/elle s'assouvisse

Passé
qu'il/elle se soit assouvi, ie

Imparfait
qu'il/elle s'assouvît

Plus-que-parfait
qu'il/elle se fût assouvi, ie

CONDITIONNEL

Présent
il/elle s'assouvirait

Passé 1re forme
il/elle se serait assouvi, ie

Passé 2e forme
il/elle se fût assouvi, ie

IMPÉRATIF

Présent
assouvis-toi
assouvissons-nous
assouvissez-vous

SERVIR *Verbes en* ***IR****, composés de* ***SERVIR***

FORME ACTIVE

INDICATIF

Présent		*Passé composé*		
je	sers	j'	ai	servi
tu	sers	tu	as	servi
il	sert	il	a	servi
nous	servons	nous	avons	servi
vous	servez	vous	avez	servi
ils	servent	ils	ont	servi

Imparfait		*Plus-que-parfait*		
je	servais	j'	avais	servi
tu	servais	tu	avais	servi
il	servait	il	avait	servi
nous	servions	nous	avions	servi
vous	serviez	vous	aviez	servi
ils	servaient	ils	avaient	servi

Passé simple		*Passé antérieur*		
je	servis	j'	eus	servi
tu	servis	tu	eus	servi
il	servit	il	eut	servi
nous	servîmes	nous	eûmes	servi
vous	servîtes	vous	eûtes	servi
ils	servirent	ils	eurent	servi

Futur simple		*Futur antérieur*		
je	servirai	j'	aurai	servi
tu	serviras	tu	auras	servi
il	servira	il	aura	servi
nous	servirons	nous	aurons	servi
vous	servirez	vous	aurez	servi
ils	serviront	ils	auront	servi

SUBJONCTIF

Présent		*Passé*		
que je	serve	que j'	aie	servi
que tu	serves	que tu	aies	servi
qu'il	serve	qu'il	ait	servi
que ns	servions	que ns	ayons	servi
que vs	serviez	que vs	ayez	servi
qu'ils	servent	qu'ils	aient	servi

Imparfait		*Plus-que-parfait*		
que je	servisse	que j'	eusse	servi
que tu	servisses	que tu	eusses	servi
qu'il	servît	qu'il	eût	servi
que ns	servissions	que ns	eussions	servi
que vs	servissiez	que vs	eussiez	servi
qu'ils	servissent	qu'ils	eussent	servi

IMPÉRATIF

Présent	*Passé*	
sers	aie	servi
servons	ayons	servi
servez	ayez	servi

CONDITIONNEL

Présent		*Passé 1re forme*		
je	servirais	j'	aurais	servi
tu	servirais	tu	aurais	servi
il	servirait	il	aurait	servi
nous	servirions	nous	aurions	servi
vous	serviriez	vous	auriez	servi
ils	serviraient	ils	auraient	servi

Passé 2e forme

j'	eusse	servi
tu	eusses	servi
il	eût	servi
nous	eussions	servi
vous	eussiez	servi
ils	eussent	servi

INFINITIF

Présent
servir

Passé
avoir servi

PARTICIPE

Présent
servant

Passé
servi, ie
ayant servi

FORME PRONOMINALE

INDICATIF

Présent
il/elle se sert

Passé composé
il/elle s'est servi, ie

Imparfait
il/elle se servait

Plus-que-parfait
il/elle s'était servi, ie

Passé simple
il/elle se servit

Passé antérieur
il/elle se fut servi, ie

Futur simple
il/elle se servira

Futur antérieur
il/elle se sera servi, ie

INFINITIF

Présent
se servir

Passé
s'être servi, ie

PARTICIPE

Présent
se servant

Passé
s'étant servi, ie

SUBJONCTIF

Présent
qu'il/elle se serve

Passé
qu'il/elle se soit servi, ie

Imparfait
qu'il/elle se servît

Plus-que-parfait
qu'il/elle se fût servi, ie

CONDITIONNEL

Présent
il/elle se servirait

Passé 1re forme
il/elle se serait servi, ie

Passé 2e forme
il/elle se fût servi, ie

IMPÉRATIF

Présent
sers-toi
servons-nous
servez-vous

FORME ACTIVE

INDICATIF

Présent			*Passé composé*		
j'	appau	vris	j'	ai	appauvri
tu	appau	vris	tu	as	appauvri
elle	appau	vrit	elle	a	appauvri
nous	appau	vrissons	nous	avons	appauvri
vous	appau	vrissez	vous	avez	appauvri
elles	appau	vrissent	elles	ont	appauvri

Imparfait			*Plus-que-parfait*		
j'	appau	vrissais	j'	avais	appauvri
tu	appau	vrissais	tu	avais	appauvri
elle	appau	vrissait	elle	avait	appauvri
nous	appau	vrissions	nous	avions	appauvri
vous	appau	vrissiez	vous	aviez	appauvri
elles	appau	vrissaient	elles	avaient	appauvri

Passé simple			*Passé antérieur*		
j'	appau	vris	j'	eus	appauvri
tu	appau	vris	tu	eus	appauvri
elle	appau	vrit	elle	eut	appauvri
nous	appau	vrîmes	nous	eûmes	appauvri
vous	appau	vrîtes	vous	eûtes	appauvri
elles	appau	vrirent	elles	eurent	appauvri

Futur simple			*Futur antérieur*		
j'	appau	vrirai	j'	aurai	appauvri
tu	appau	vriras	tu	auras	appauvri
elle	appau	vrira	elle	aura	appauvri
nous	appau	vrirons	nous	aurons	appauvri
vous	appau	vrirez	vous	aurez	appauvri
elles	appau	vriront	elles	auront	appauvri

SUBJONCTIF

Présent			*Passé*		
que j'	appau	vrisse	que j'	aie	appauvri
que tu	appau	vrisses	que tu	aies	appauvri
qu'elle	appau	vrisse	qu'elle	ait	appauvri
que ns	appau	vrissions	que ns	ayons	appauvri
que vs	appau	vrissiez	que vs	ayez	appauvri
qu'elles	appau	vrissent	qu'elles	aient	appauvri

Imparfait			*Plus-que-parfait*		
que j'	appau	vrisse	que j'	eusse	appauvri
que tu	appau	vrisses	que tu	eusses	appauvri
qu'elle	appau	vrît	qu'elle	eût	appauvri
que ns	appau	vrissions	que ns	eussions	appauvri
que vs	appau	vrissiez	que vs	eussiez	appauvri
qu'elles	appau	vrissent	qu'elles	eussent	appauvri

IMPÉRATIF

Présent		*Passé*	
appau	vris	aie	appauvri
appau	vrissons	ayons	appauvri
appau	vrissez	ayez	appauvri

CONDITIONNEL

Présent			*Passé 1re forme*		
j'	appau	vrirais	j'	aurais	appauvri
tu	appau	vrirais	tu	aurais	appauvri
elle	appau	vrirait	elle	aurait	appauvri
nous	appau	vririons	nous	aurions	appauvri
vous	appau	vririez	vous	auriez	appauvri
elles	appau	vriraient	elles	auraient	appauvri

Passé 2e forme		
j'	eusse	appauvri
tu	eusses	appauvri
elle	eût	appauvri
nous	eussions	appauvri
vous	eussiez	appauvri
elles	eussent	appauvri

INFINITIF

Présent	*Passé*
appau vrir	avoir appauvri

PARTICIPE

Présent	*Passé*
appau vrissant	appau vri, ie ayant appauvri

FORME PRONOMINALE

INDICATIF

Présent
il/elle s'appauvrit

Passé composé
il/elle s'est appauvri, ie

Imparfait
il/elle s'appauvrissait

Plus-que-parfait
il/elle s'était appauvri, ie

Passé simple
il/elle s'appauvrit

Passé antérieur
il/elle se fut appauvri, ie

Futur simple
il/elle s'appauvrira

Futur antérieur
il/elle se sera appauvri, ie

INFINITIF

Présent
s'appauvrir

Passé
s'être appauvri, ie

PARTICIPE

Présent
s'appauvrissant

Passé
s'étant appauvri, ie

SUBJONCTIF

Présent
qu'il/elle s'appauvrisse

Passé
qu'il/elle se soit appauvri, ie

Imparfait
qu'il/elle s'appauvrît

Plus-que-parfait
qu'il/elle se fût appauvri, ie

CONDITIONNEL

Présent
il/elle s'appauvrirait

Passé 1re forme
il/elle se serait appauvri, ie

Passé 2e forme
il/elle se fût appauvri, ie

IMPÉRATIF

Présent
appauvris-toi
appauvrissons-nous
appauvrissez-vous

COUVRIR *Verbes en **IR**, se terminant par **OUVRIR***

FORME ACTIVE

INDICATIF

Présent		*Passé composé*		
je	c ouvre	j'	ai	couvert
tu	c ouvres	tu	as	couvert
il	c ouvre	il	a	couvert
nous	c ouvrons	nous	avons	couvert
vous	c ouvrez	vous	avez	couvert
ils	c ouvrent	ils	ont	couvert

Imparfait		*Plus-que-parfait*		
je	c ouvrais	j'	avais	couvert
tu	c ouvrais	tu	avais	couvert
il	c ouvrait	il	avait	couvert
nous	c ouvrions	nous	avions	couvert
vous	c ouvriez	vous	aviez	couvert
ils	c ouvraient	ils	avaient	couvert

Passé simple		*Passé antérieur*		
je	c ouvris	j'	eus	couvert
tu	c ouvris	tu	eus	couvert
il	c ouvrit	il	eut	couvert
nous	c ouvrîmes	nous	eûmes	couvert
vous	c ouvrîtes	vous	eûtes	couvert
ils	c ouvrirent	ils	eurent	couvert

Futur simple		*Futur antérieur*		
je	c ouvrirai	j'	aurai	couvert
tu	c ouvriras	tu	auras	couvert
il	c ouvrira	il	aura	couvert
nous	c ouvrirons	nous	aurons	couvert
vous	c ouvrirez	vous	aurez	couvert
ils	c ouvriront	ils	auront	couvert

SUBJONCTIF

Présent		*Passé*		
que je	c ouvre	que j'	aie	couvert
que tu	c ouvres	que tu	aies	couvert
qu'il	c ouvre	qu'il	ait	couvert
que ns	c ouvrions	que ns	ayons	couvert
que vs	c ouvriez	que vs	ayez	couvert
qu'ils	c ouvrent	qu'ils	aient	couvert

Imparfait		*Plus-que-parfait*		
que je	c ouvrisse	que j'	eusse	couvert
que tu	c ouvrisses	que tu	eusses	couvert
qu'il	c ouvrît	qu'il	eût	couvert
que ns	c ouvrissions	que ns	eussions	couvert
que vs	c ouvrissiez	que vs	eussiez	couvert
qu'ils	c ouvrissent	qu'ils	eussent	couvert

IMPÉRATIF

Présent	*Passé*	
c ouvre	aie	couvert
c ouvrons	ayons	couvert
c ouvrez	ayez	couvert

CONDITIONNEL

Présent		*Passé 1re forme*		
je	c ouvrirais	j'	aurais	couvert
tu	c ouvrirais	tu	aurais	couvert
il	c ouvrirait	il	aurait	couvert
nous	c ouvririons	nous	aurions	couvert
vous	c ouvririez	vous	auriez	couvert
ils	c ouvriraient	ils	auraient	couvert

Passé 2e forme		
j'	eusse	couvert
tu	eusses	couvert
il	eût	couvert
nous	eussions	couvert
vous	eussiez	couvert
ils	eussent	couvert

INFINITIF

Présent	*Passé*
c ouvrir	avoir couvert

PARTICIPE

Présent	*Passé*
c ouvrant	c ouvert, te ayant couvert

FORME PRONOMINALE

INDICATIF

Présent
il/elle se couvre

Passé composé
il/elle s'est couvert, te

Imparfait
il/elle se couvrait

Plus-que-parfait
il/elle s'était couvert, te

Passé simple
il/elle se couvrit

Passé antérieur
il/elle se fut couvert, te

Futur simple
il/elle se couvrira

Futur antérieur
il/elle se sera couvert, te

INFINITIF

Présent
se couvrir

Passé
s'être couvert, te

PARTICIPE

Présent
se couvrant

Passé
s'étant couvert, te

SUBJONCTIF

Présent
qu'il/elle se couvre

Passé
qu'il/elle se soit couvert, te

Imparfait
qu'il/elle se couvrît

Plus-que-parfait
qu'il/elle se fût couvert, te

CONDITIONNEL

Présent
il/elle se couvrirait

Passé 1re forme
il/elle se serait couvert, te

Passé 2e forme
il/elle se fût couvert, te

IMPÉRATIF

Présent
couvre-toi
couvrons-nous
couvrez-vous

FORME ACTIVE

INDICATIF

Présent		***Passé composé***		
je	bois	j'	ai	bu
tu	bois	tu	as	bu
elle	boit	elle	a	bu
nous	buvons	nous	avons	bu
vous	buvez	vous	avez	bu
elles	boivent	elles	ont	bu

Imparfait		***Plus-que-parfait***		
je	buvais	j'	avais	bu
tu	buvais	tu	avais	bu
elle	buvait	elle	avait	bu
nous	buvions	nous	avions	bu
vous	buviez	vous	aviez	bu
elles	buvaient	elles	avaient	bu

Passé simple		***Passé antérieur***		
je	bus	j'	eus	bu
tu	bus	tu	eus	bu
elle	but	elle	eut	bu
nous	bûmes	nous	eûmes	bu
vous	bûtes	vous	eûtes	bu
elles	burent	elles	eurent	bu

Futur simple		***Futur antérieur***		
je	boirai	j'	aurai	bu
tu	boiras	tu	auras	bu
elle	boira	elle	aura	bu
nous	boirons	nous	aurons	bu
vous	boirez	vous	aurez	bu
elles	boiront	elles	auront	bu

SUBJONCTIF

Présent		***Passé***		
que je	boive	que j'	aie	bu
que tu	boives	que tu	aies	bu
qu'elle	boive	qu'elle	ait	bu
que ns	buvions	que ns	ayons	bu
que vs	buviez	que vs	ayez	bu
qu'elles	boivent	qu'elles	aient	bu

Imparfait		***Plus-que-parfait***		
que je	busse	que j'	eusse	bu
que tu	busses	que tu	eusses	bu
qu'elle	bût	qu'elle	eût	bu
que ns	bussions	que ns	eussions	bu
que vs	bussiez	que vs	eussiez	bu
qu'elles	bussent	qu'elles	eussent	bu

IMPÉRATIF

Présent	***Passé***	
bois	aie	bu
buvons	ayons	bu
buvez	ayez	bu

CONDITIONNEL

Présent		***Passé 1re forme***		
je	boirais	j'	aurais	bu
tu	boirais	tu	aurais	bu
elle	boirait	elle	aurait	bu
nous	boirions	nous	aurions	bu
vous	boiriez	vous	auriez	bu
elles	boiraient	elles	auraient	bu

Passé 2e forme		
j'	eusse	bu
tu	eusses	bu
elle	eût	bu
nous	eussions	bu
vous	eussiez	bu
elles	eussent	bu

INFINITIF

Présent	***Passé***
boire	avoir bu

PARTICIPE

Présent	***Passé***
buvant	bu, ue ayant bu

CROIRE *Verbes en **RE**, composés de **CROIRE***

FORME ACTIVE

INDICATIF

Présent

je	crois
tu	crois
il	croit
nous	croyons
vous	croyez
ils	croient

Passé composé

j'	ai	cru
tu	as	cru
il	a	cru
nous	avons	cru
vous	avez	cru
ils	ont	cru

Imparfait

je	croyais
tu	croyais
il	croyait
nous	croyions
vous	croyiez
ils	croyaient

Plus-que-parfait

j'	avais	cru
tu	avais	cru
il	avait	cru
nous	avions	cru
vous	aviez	cru
ils	avaient	cru

Passé simple

je	crus
tu	crus
il	crut
nous	crûmes
vous	crûtes
ils	crurent

Passé antérieur

j'	eus	cru
tu	eus	cru
il	eut	cru
nous	eûmes	cru
vous	eûtes	cru
ils	eurent	cru

Futur simple

je	croirai
tu	croiras
il	croira
nous	croirons
vous	croirez
ils	croiront

Futur antérieur

j'	aurai	cru
tu	auras	cru
il	aura	cru
nous	aurons	cru
vous	aurez	cru
ils	auront	cru

SUBJONCTIF

Présent

que je	croie
que tu	croies
qu'il	croie
que ns	croyions
que vs	croyiez
qu'ils	croient

Passé

que j'	aie	cru
que tu	aies	cru
qu'il	ait	cru
que ns	ayons	cru
que vs	ayez	cru
qu'ils	aient	cru

Imparfait

que je	crusse
que tu	crusses
qu'il	crût
que ns	crussions
que vs	crussiez
qu'ils	crussent

Plus-que-parfait

que j'	eusse	cru
que tu	eusses	cru
qu'il	eût	cru
que ns	eussions	cru
que vs	eussiez	cru
qu'ils	eussent	cru

IMPÉRATIF

Présent

crois
croyons
croyez

Passé

aie cru
ayons cru
ayez cru

CONDITIONNEL

Présent

je	croirais
tu	croirais
il	croirait
nous	croirions
vous	croiriez
ils	croiraient

Passé 1re forme

j'	aurais	cru
tu	aurais	cru
il	aurait	cru
nous	aurions	cru
vous	auriez	cru
ils	auraient	cru

Passé 2e forme

j'	eusse	cru
tu	eusses	cru
il	eût	cru
nous	eussions	cru
vous	eussiez	cru
ils	eussent	cru

INFINITIF

Présent
croire

Passé
avoir cru

PARTICIPE

Présent
croyant

Passé
cru, ue
ayant cru

FORME PRONOMINALE

INDICATIF

Présent
il/elle se croit

Passé composé
il/elle s'est cru, ue

Imparfait
il/elle se croyait

Plus-que-parfait
il/elle s'était cru, ue

Passé simple
il/elle se crut

Passé antérieur
il/elle se fut cru, ue

Futur simple
il/elle se croira

Futur antérieur
il/elle se sera cru, ue

INFINITIF

Présent
se croire

Passé
s'être cru, ue

PARTICIPE

Présent
se croyant

Passé
s'étant cru, ue

SUBJONCTIF

Présent
qu'il/elle se croie

Passé
qu'il/elle se soit cru, ue

Imparfait
qu'il/elle se crût

Plus-que-parfait
qu'il/elle se fût cru, ue

CONDITIONNEL

Présent
il/elle se croirait

Passé 1re forme
il/elle se serait cru, ue

Passé 2e forme
il/elle se fût cru, ue

IMPÉRATIF

Présent
crois-toi
croyons-nous
croyez-vous

FORME ACTIVE

INDICATIF

Présent
je prévaux
tu prévaux
elle prévaut
nous prévalons
vous prévalez
elles prévalent

Passé composé
j' ai prévalu
tu as prévalu
elle a prévalu
nous avons prévalu
vous avez prévalu
elles ont prévalu

Imparfait
je prévalais
tu prévalais
elle prévalait
nous prévalions
vous prévaliez
elles prévalaient

Plus-que-parfait
j' avais prévalu
tu avais prévalu
elle avait prévalu
nous avions prévalu
vous aviez prévalu
elles avaient prévalu

Passé simple
je prévalus
tu prévalus
elle prévalut
nous prévalûmes
vous prévalûtes
elles prévalurent

Passé antérieur
j' eus prévalu
tu eus prévalu
elle eut prévalu
nous eûmes prévalu
vous eûtes prévalu
elles eurent prévalu

Futur simple
je prévaudrai
tu prévaudras
elle prévaudra
nous prévaudrons
vous prévaudrez
elles prévaudront

Futur antérieur
j' aurai prévalu
tu auras prévalu
elle aura prévalu
nous aurons prévalu
vous aurez prévalu
elles auront prévalu

SUBJONCTIF

Présent
que je prévale
que tu prévales
qu'elle prévale
que ns prévalions
que vs prévaliez
qu'elles prévalent

Passé
que j' aie prévalu
que tu aies prévalu
qu'elle ait prévalu
que ns ayons prévalu
que vs ayez prévalu
qu'elles aient prévalu

Imparfait
que je prévalusse
que tu prévalusses
qu'elle prévalût
que ns prévalussions
que vs prévalussiez
qu'elles prévalussent

Plus-que-parfait
que j' eusse prévalu
que tu eusses prévalu
qu'elle eût prévalu
que ns eussions prévalu
que vs eussiez prévalu
qu'elles eussent prévalu

IMPÉRATIF

Présent
prévaux
prévalons
prévalez

Passé
aie prévalu
ayons prévalu
ayez prévalu

CONDITIONNEL

Présent
je prévaudrais
tu prévaudrais
elle prévaudrait
nous prévaudrions
vous prévaudriez
elles prévaudraient

Passé 1re forme
j' aurais prévalu
tu aurais prévalu
elle aurait prévalu
nous aurions prévalu
vous auriez prévalu
elles auraient prévalu

Passé 2e forme
j' eusse prévalu
tu eusses prévalu
elle eût prévalu
nous eussions prévalu
vous eussiez prévalu
elles eussent prévalu

INFINITIF

Présent
prévaloir

Passé
avoir prévalu

PARTICIPE

Présent
prévalant

Passé
prévalu, ue
ayant prévalu

FORME PRONOMINALE

INDICATIF

Présent
il/elle se prévaut

Passé composé
il/elle s'est prévalu, ue

Imparfait
il/elle se prévalait

Plus-que-parfait
il/elle s'était prévalu, ue

Passé simple
il/elle se prévalut

Passé antérieur
il/elle se fut prévalu, ue

Futur simple
il/elle se prévaudra

Futur antérieur
il/elle se sera prévalu, ue

INFINITIF

Présent
se prévaloir

Passé
s'être prévalu, ue

PARTICIPE

Présent
se prévalant

Passé
s'étant prévalu, ue

SUBJONCTIF

Présent
qu'il/elle se prévale

Passé
qu'il/elle se soit prévalu, ue

Imparfait
qu'il/elle se prévalût

Plus-que-parfait
qu'il/elle se fût prévalu, ue

CONDITIONNEL

Présent
il/elle se prévaudrait

Passé 1re forme
il/elle se serait prévalu, ue

Passé 2e forme
il/elle se fût prévalu, ue

IMPÉRATIF

Présent
prévaux-toi
prévalons-nous
prévalez-vous

VALOIR *Verbes en **OIR**, composés de **VALOIR***

FORME ACTIVE

INDICATIF

Présent		*Passé composé*		
je	vaux	j'	ai	valu
tu	vaux	tu	as	valu
il	vaut	il	a	valu
nous	valons	nous	avons	valu
vous	valez	vous	avez	valu
ils	valent	ils	ont	valu

Imparfait		*Plus-que-parfait*		
je	valais	j'	avais	valu
tu	valais	tu	avais	valu
il	valait	il	avait	valu
nous	valions	nous	avions	valu
vous	valiez	vous	aviez	valu
ils	valaient	ils	avaient	valu

Passé simple		*Passé antérieur*		
je	valus	j'	eus	valu
tu	valus	tu	eus	valu
il	valut	il	eut	valu
nous	valûmes	nous	eûmes	valu
vous	valûtes	vous	eûtes	valu
ils	valurent	ils	eurent	valu

Futur simple		*Futur antérieur*		
je	vaudrai	j'	aurai	valu
tu	vaudras	tu	auras	valu
il	vaudra	il	aura	valu
nous	vaudrons	nous	aurons	valu
vous	vaudrez	vous	aurez	valu
ils	vaudront	ils	auront	valu

SUBJONCTIF

Présent		*Passé*		
que je	vaille	que j'	aie	valu
que tu	vailles	que tu	aies	valu
qu'il	vaille	qu'il	ait	valu
que ns	valions	que ns	ayons	valu
que vs	valiez	que vs	ayez	valu
qu'ils	vaillent	qu'ils	aient	valu

Imparfait		*Plus-que-parfait*		
que je	valusse	que j'	eusse	valu
que tu	valusses	que tu	eusses	valu
qu'il	valût	qu'il	eût	valu
que ns	valussions	que ns	eussions	valu
que vs	valussiez	que vs	eussiez	valu
qu'ils	valussent	qu'ils	eussent	valu

IMPÉRATIF

Présent	*Passé*	
vaux	aie	valu
valons	ayons	valu
valez	ayez	valu

CONDITIONNEL

Présent		*Passé 1re forme*		
je	vaudrais	j'	aurais	valu
tu	vaudrais	tu	aurais	valu
il	vaudrait	il	aurait	valu
nous	vaudrions	nous	aurions	valu
vous	vaudriez	vous	auriez	valu
ils	vaudraient	ils	auraient	valu

Passé 2e forme

j'	eusse	valu
tu	eusses	valu
il	eût	valu
nous	eussions	valu
vous	eussiez	valu
ils	eussent	valu

INFINITIF

Présent
valoir

Passé
avoir valu

PARTICIPE

Présent
valant

Passé
valu, ue
ayant valu

FORME PRONOMINALE

INDICATIF

Présent
ils/elles se valent

Passé composé
—

Imparfait
ils/elles se valaient

Plus-que-parfait
—

Passé simple
ils/elles se valurent

Passé antérieur
—

Futur simple
ils/elles se vaudront

Futur antérieur
—

SUBJONCTIF

Présent
qu'ils/elles se vaillent

Passé
—

Imparfait
qu'ils/elles se valussent

Plus-que-parfait
—

CONDITIONNEL

Présent
ils/elles se vaudraient

Passé 1re forme
—

Passé 2e forme
—

IMPÉRATIF

Présent
—

INFINITIF

Présent
se valoir

Passé
—

PARTICIPE

Présent
se valant

Passé
—

FORME ACTIVE

INDICATIF

Présent		*Passé composé*		
je	veux	j'	ai	voulu
tu	veux	tu	as	voulu
elle	veut	elle	a	voulu
nous	voulons	nous	avons	voulu
vous	voulez	vous	avez	voulu
elles	veulent	elles	ont	voulu

Imparfait		*Plus-que-parfait*		
je	voulais	j'	avais	voulu
tu	voulais	tu	avais	voulu
elle	voulait	elle	avait	voulu
nous	voulions	nous	avions	voulu
vous	vouliez	vous	aviez	voulu
elles	voulaient	elles	avaient	voulu

Passé simple		*Passé antérieur*		
je	voulus	j'	eus	voulu
tu	voulus	tu	eus	voulu
elle	voulut	elle	eut	voulu
nous	voulûmes	nous	eûmes	voulu
vous	voulûtes	vous	eûtes	voulu
elles	voulurent	elles	eurent	voulu

Futur simple		*Futur antérieur*		
je	voudrai	j'	aurai	voulu
tu	voudras	tu	auras	voulu
elle	voudra	elle	aura	voulu
nous	voudrons	nous	aurons	voulu
vous	voudrez	vous	aurez	voulu
elles	voudront	elles	auront	voulu

SUBJONCTIF

Présent		*Passé*		
que je	veuille	que j'	aie	voulu
que tu	veuilles	que tu	aies	voulu
qu'elle	veuille	qu'elle	ait	voulu
que ns	voulions	que ns	ayons	voulu
que vs	vouliez	que vs	ayez	voulu
qu'elles	veuillent	qu'elles	aient	voulu

Imparfait		*Plus-que-parfait*		
que je	voulusse	que j'	eusse	voulu
que tu	voulusses	que tu	eusses	voulu
qu'elle	voulût	qu'elle	eût	voulu
que ns	voulussions	que ns	eussions	voulu
que vs	voulussiez	que vs	eussiez	voulu
qu'elles	voulussent	qu'elles	eussent	voulu

IMPÉRATIF

Présent	*Passé*	
veux (veuille)	aie	voulu
voulons	ayons	voulu
voulez (veuillez)	ayez	voulu

CONDITIONNEL

Présent		*Passé 1re forme*		
je	voudrais	j'	aurais	voulu
tu	voudrais	tu	aurais	voulu
elle	voudrait	elle	aurait	voulu
nous	voudrions	nous	aurions	voulu
vous	voudriez	vous	auriez	voulu
elles	voudraient	elles	auraient	voulu

Passé 2e forme		
j'	eusse	voulu
tu	eusses	voulu
elle	eût	voulu
nous	eussions	voulu
vous	eussiez	voulu
elles	eussent	voulu

INFINITIF

Présent	*Passé*
vouloir	avoir voulu

PARTICIPE

Présent	*Passé*
voulant	voulu, ue ayant voulu

FORME PRONOMINALE

INDICATIF

Présent
il/elle se veut

Passé composé
il/elle s'est voulu, ue

Imparfait
il/elle se voulait

Plus-que-parfait
il/elle s'était voulu, ue

Passé simple
il/elle se voulut

Passé antérieur
il/elle se fut voulu, ue

Futur simple
il/elle se voudra

Futur antérieur
il/elle se sera voulu, ue

INFINITIF

Présent
se vouloir

Passé
s'être voulu, ue

PARTICIPE

Présent
se voulant

Passé
s'étant voulu, ue

SUBJONCTIF

Présent
qu'il/elle se veuille

Passé
qu'il/elle se soit voulu, ue

Imparfait
qu'il/elle se voulût

Plus-que-parfait
qu'il/elle se fût voulu, ue

CONDITIONNEL

Présent
il/elle se voudrait

Passé 1re forme
il/elle se serait voulu, ue

Passé 2e forme
il/elle se fût voulu, ue

IMPÉRATIF

Présent
—

ASSEOIR

FORME ACTIVE

INDICATIF

Présent

j'	assois
tu	assois
il	assoit
nous	assoyons
vous	assoyez
ils	assoient
ou	
j'	assieds
tu	assieds
il	assied
nous	asseyons
vous	asseyez
ils	asseyent

Passé composé

j'	ai	assis
tu	as	assis
il	a	assis
nous	avons	assis
vous	avez	assis
ils	ont	assis

Imparfait

j'	assoyais
tu	assoyais
il	assoyait
nous	assoyions
vous	assoyiez
ils	assoyaient
ou	
j'	asseyais
tu	asseyais
il	asseyait
nous	asseyions
vous	asseyiez
ils	asseyaient

Plus-que-parfait

j'	avais	assis
tu	avais	assis
il	avait	assis
nous	avions	assis
vous	aviez	assis
ils	avaient	assis

Passé simple

j'	assis
tu	assis
il	assit
nous	assîmes
vous	assîtes
ils	assirent

Passé antérieur

j'	eus	assis
tu	eus	assis
il	eut	assis
nous	eûmes	assis
vous	eûtes	assis
ils	eurent	assis

Futur simple

j'	assoirai
tu	assoiras
il	assoira
nous	assoirons
vous	assoirez
ils	assoiront
ou	
j'	assiérai
tu	assiéras
il	assiéra
nous	assiérons
vous	assiérez
ils	assiéront

Futur antérieur

j'	aurai	assis
tu	auras	assis
il	aura	assis
nous	aurons	assis
vous	aurez	assis
ils	auront	assis

SUBJONCTIF

Présent

que j'	assoie
que tu	assoies
qu'il	assoie
que ns	assoyions
que vs	assoyiez
qu'ils	assoient
ou	
que j'	asseye
que tu	asseyes
qu'il	asseye
que ns	asseyions
que vs	asseyiez
qu'ils	asseyent

Passé

que j'	aie	assis
que tu	aies	assis
qu'il	ait	assis
que ns	ayons	assis
que vs	ayez	assis
qu'ils	aient	assis

Imparfait

que j'	assisse
que tu	assisses
qu'il	assît
que ns	assissions
que vs	assissiez
qu'ils	assissent

Plus-que-parfait

que j'	eusse	assis
que tu	eusses	assis
qu'il	eût	assis
que ns	eussions	assis
que vs	eussiez	assis
qu'ils	eussent	assis

IMPÉRATIF

Présent

assois	*ou*	assieds
assoyons		asseyons
assoyez		asseyez

Passé

aie	assis
ayons	assis
ayez	assis

CONDITIONNEL

Présent

j'	assoirais
tu	assoirais
il	assoirait
nous	assoirions
vous	assoiriez
ils	assoiraient
ou	
j'	assiérais
tu	assiérais
il	assiérait
nous	assiérions
vous	assiériez
ils	assiéraient

Passé 1re forme

j'	aurais	assis
tu	aurais	assis
il	aurait	assis
nous	aurions	assis
vous	auriez	assis
ils	auraient	assis

Passé 2e forme

j'	eusse	assis
tu	eusses	assis
il	eût	assis
nous	eussions	assis
vous	eussiez	assis
ils	eussent	assis

INFINITIF

Présent

asseoir

Passé

avoir assis

PARTICIPE

Présent

assoyant
ou
asseyant

Passé

assis, ise
ayant assis

Le verbe **ASSEOIR** s'emploie aussi à la forme pronominale. Le participe passé s'accorde alors avec le sujet.

FORME ACTIVE

INDICATIF

Présent		Passé composé		
je	sursois	j'	ai	sursis
tu	sursois	tu	as	sursis
elle	sursoit	elle	a	sursis
nous	sursoyons	nous	avons	sursis
vous	sursoyez	vous	avez	sursis
elles	sursoient	elles	ont	sursis

Imparfait		Plus-que-parfait		
je	sursoyais	j'	avais	sursis
tu	sursoyais	tu	avais	sursis
elle	sursoyait	elle	avait	sursis
nous	sursoyions	nous	avions	sursis
vous	sursoyiez	vous	aviez	sursis
elles	sursoyaient	elles	avaient	sursis

Passé simple		Passé antérieur		
je	sursis	j'	eus	sursis
tu	sursis	tu	eus	sursis
elle	sursit	elle	eut	sursis
nous	sursîmes	nous	eûmes	sursis
vous	sursîtes	vous	eûtes	sursis
elles	sursirent	elles	eurent	sursis

Futur simple		Futur antérieur		
je	surseoirai	j'	aurai	sursis
tu	surseoiras	tu	auras	sursis
elle	surseoira	elle	aura	sursis
nous	surseoirons	nous	aurons	sursis
vous	surseoirez	vous	aurez	sursis
elles	surseoiront	elles	auront	sursis

SUBJONCTIF

Présent		Passé		
que je	surseoie	que j'	aie	sursis
que tu	surseoies	que tu	aies	sursis
qu'elle	surseoie	qu'elle	ait	sursis
que ns	sursoyions	que ns	ayons	sursis
que vs	sursoyiez	que vs	ayez	sursis
qu'elles	surseoient	qu'elles	aient	sursis

Imparfait		Plus-que-parfait		
que je	sursisse	que j'	eusse	sursis
que tu	sursisses	que tu	eusses	sursis
qu'elle	sursît	qu'elle	eût	sursis
que ns	sursissions	que ns	eussions	sursis
que vs	sursissiez	que vs	eussiez	sursis
qu'elles	sursissent	qu'elles	eussent	sursis

IMPÉRATIF

Présent	Passé	
sursois	aie	sursis
sursoyons	ayons	sursis
sursoyez	ayez	sursis

CONDITIONNEL

Présent		Passé 1re forme		
je	surseoirais	j'	aurais	sursis
tu	surseoirais	tu	aurais	sursis
elle	surseoirait	elle	aurait	sursis
nous	surseoirions	nous	aurions	sursis
vous	surseoiriez	vous	auriez	sursis
elles	surseoiraient	elles	auraient	sursis

Passé 2e forme		
j'	eusse	sursis
tu	eusses	sursis
elle	eût	sursis
nous	eussions	sursis
vous	eussiez	sursis
elles	eussent	sursis

INFINITIF

Présent	Passé
sursoir	avoir sursis

PARTICIPE

Présent	Passé
sursoyant	sursis, ise ayant sursis

Ne s'emploie pas à la forme pronominale.

APERCEVOIR *Verbes en* ***OIR****, se terminant par* ***CEVOIR***

FORME ACTIVE

INDICATIF

Présent

j'	aper	çois
tu	aper	çois
il	aper	çoit
nous	aper	cevons
vous	aper	cevez
ils	aper	çoivent

Passé composé

j'	ai	aperçu
tu	as	aperçu
il	a	aperçu
nous	avons	aperçu
vous	avez	aperçu
ils	ont	aperçu

Imparfait

j'	aper	cevais
tu	aper	cevais
il	aper	cevait
nous	aper	cevions
vous	aper	ceviez
ils	aper	cevaient

Plus-que-parfait

j'	avais	aperçu
tu	avais	aperçu
il	avait	aperçu
nous	avions	aperçu
vous	aviez	aperçu
ils	avaient	aperçu

Passé simple

j'	aper	çus
tu	aper	çus
il	aper	çut
nous	aper	çûmes
vous	aper	çûtes
ils	aper	çurent

Passé antérieur

j'	eus	aperçu
tu	eus	aperçu
il	eut	aperçu
nous	eûmes	aperçu
vous	eûtes	aperçu
ils	eurent	aperçu

Futur simple

j'	aper	cevrai
tu	aper	cevras
il	aper	cevra
nous	aper	cevrons
vous	aper	cevrez
ils	aper	cevront

Futur antérieur

j'	aurai	aperçu
tu	auras	aperçu
il	aura	aperçu
nous	aurons	aperçu
vous	aurez	aperçu
ils	auront	aperçu

SUBJONCTIF

Présent

que j'	aper	çoive
que tu	aper	çoives
qu'il	aper	çoive
que ns	aper	cevions
que vs	aper	ceviez
qu'ils	aper	çoivent

Passé

que j'	aie	aperçu
que tu	aies	aperçu
qu'il	ait	aperçu
que ns	ayons	aperçu
que vs	ayez	aperçu
qu'ils	aient	aperçu

Imparfait

que j'	aper	çusse
que tu	aper	çusses
qu'il	aper	çût
que ns	aper	çussions
que vs	aper	çussiez
qu'ils	aper	çussent

Plus-que-parfait

que j'	eusse	aperçu
que tu	eusses	aperçu
qu'il	eût	aperçu
que ns	eussions	aperçu
que vs	eussiez	aperçu
qu'ils	eussent	aperçu

IMPÉRATIF

Présent

aper çois
aper cevons
aper cevez

Passé

aie aperçu
ayons aperçu
ayez aperçu

CONDITIONNEL

Présent

j'	aper	cevrais
tu	aper	cevrais
il	aper	cevrait
nous	aper	cevrions
vous	aper	cevriez
ils	aper	cevraient

Passé 1re forme

j'	aurais	aperçu
tu	aurais	aperçu
il	aurait	aperçu
nous	aurions	aperçu
vous	auriez	aperçu
ils	auraient	aperçu

Passé 2e forme

j'	eusse	aperçu
tu	eusses	aperçu
il	eût	aperçu
nous	eussions	aperçu
vous	eussiez	aperçu
ils	eussent	aperçu

INFINITIF

Présent

aper cevoir

Passé

avoir aperçu

PARTICIPE

Présent

aper cevant

Passé

aper çu, ue
ayant aperçu

FORME PRONOMINALE

INDICATIF

Présent
il/elle s'aperçoit

Passé composé
il/elle s'est aperçu, ue

Imparfait
il/elle s'apercevait

Plus-que-parfait
il/elle s'était aperçu, ue

Passé simple
il/elle s'aperçut

Passé antérieur
il/elle se fut aperçu, ue

Futur simple
il/elle s'apercevra

Futur antérieur
il/elle se sera aperçu, ue

INFINITIF

Présent
s'apercevoir

Passé
s'être aperçu, ue

PARTICIPE

Présent
s'apercevant

Passé
s'étant aperçu, ue

SUBJONCTIF

Présent
qu'il/elle s'aperçoive

Passé
qu'il/elle se soit aperçu, ue

Imparfait
qu'il/elle s'aperçût

Plus-que-parfait
qu'il/elle se fût aperçu, ue

CONDITIONNEL

Présent
il/elle s'apercevrait

Passé 1re forme
il/elle se serait aperçu, ue

Passé 2e forme
il/elle se fût aperçu, ue

IMPÉRATIF

Présent
aperçois-toi
apercevons-nous
apercevez-vous

FORME ACTIVE

INDICATIF

Présent		*Passé composé*		
je	dois	j'	ai	dû
tu	dois	tu	as	dû
elle	doit	elle	a	dû
nous	devons	nous	avons	dû
vous	devez	vous	avez	dû
elles	doivent	elles	ont	dû

Imparfait		*Plus-que-parfait*		
je	devais	j'	avais	dû
tu	devais	tu	avais	dû
elle	devait	elle	avait	dû
nous	devions	nous	avions	dû
vous	deviez	vous	aviez	dû
elles	devaient	elles	avaient	dû

Passé simple		*Passé antérieur*		
je	dus	j'	eus	dû
tu	dus	tu	eus	dû
elle	dut	elle	eut	dû
nous	dûmes	nous	eûmes	dû
vous	dûtes	vous	eûtes	dû
elles	durent	elles	eurent	dû

Futur simple		*Futur antérieur*		
je	devrai	j'	aurai	dû
tu	devras	tu	auras	dû
elle	devra	elle	aura	dû
nous	devrons	nous	aurons	dû
vous	devrez	vous	aurez	dû
elles	devront	elles	auront	dû

SUBJONCTIF

Présent		*Passé*		
que je	doive	que j'	aie	dû
que tu	doives	que tu	aies	dû
qu'elle	doive	qu'elle	ait	dû
que ns	devions	que ns	ayons	dû
que vs	deviez	que vs	ayez	dû
qu'elles	doivent	qu'elles	aient	dû

Imparfait		*Plus-que-parfait*		
que je	dusse	que j'	eusse	dû
que tu	dusses	que tu	eusses	dû
qu'elle	dût	qu'elle	eût	dû
que ns	dussions	que ns	eussions	dû
que vs	dussiez	que vs	eussiez	dû
qu'elles	dussent	qu'elles	eussent	dû

IMPÉRATIF

Présent	*Passé*	
dois	aie	dû
devons	ayons	dû
devez	ayez	dû

CONDITIONNEL

Présent		*Passé 1re forme*		
je	devrais	j'	aurais	dû
tu	devrais	tu	aurais	dû
elle	devrait	elle	aurait	dû
nous	devrions	nous	aurions	dû
vous	devriez	vous	auriez	dû
elles	devraient	elles	auraient	dû

Passé 2e forme		
j'	eusse	dû
tu	eusses	dû
elle	eût	dû
nous	eussions	dû
vous	eussiez	dû
elles	eussent	dû

INFINITIF

Présent	*Passé*
devoir	avoir dû

PARTICIPE

Présent	*Passé*
devant	dû, ue ayant dû

FORME PRONOMINALE

INDICATIF

Présent
il/elle se doit

Passé composé
—

Imparfait
il/elle se devait

Plus-que-parfait
—

Passé simple
il/elle se dut

Passé antérieur
—

Futur simple
il/elle se devra

Futur antérieur
—

INFINITIF

Présent
se devoir

Passé
—

PARTICIPE

Présent
se devant

Passé
—

SUBJONCTIF

Présent
qu'il/elle se doive

Passé
—

Imparfait
qu'il/elle se dût

Plus-que-parfait
—

CONDITIONNEL

Présent
il/elle se devrait

Passé 1re forme
—

Passé 2e forme
—

IMPÉRATIF

Présent
dois-toi
devons-nous
devez-vous

ÉMOUVOIR *Verbes en **OIR**, composés de **MOUVOIR***

FORME ACTIVE

INDICATIF

Présent

j'	é	meus
tu	é	meus
il	é	meut
nous	é	mouvons
vous	é	mouvez
ils	é	meuvent

Passé composé

j'	ai	ému
tu	as	ému
il	a	ému
nous	avons	ému
vous	avez	ému
ils	ont	ému

Imparfait

j'	é	mouvais
tu	é	mouvais
il	é	mouvait
nous	é	mouvions
vous	é	mouviez
ils	é	mouvaient

Plus-que-parfait

j'	avais	ému
tu	avais	ému
il	avait	ému
nous	avions	ému
vous	aviez	ému
ils	avaient	ému

Passé simple

j'	é	mus
tu	é	mus
il	é	mut
nous	é	mûmes
vous	é	mûtes
ils	é	murent

Passé antérieur

j'	eus	ému
tu	eus	ému
il	eut	ému
nous	eûmes	ému
vous	eûtes	ému
ils	eurent	ému

Futur simple

j'	é	mouvrai
tu	é	mouvras
il	é	mouvra
nous	é	mouvrons
vous	é	mouvrez
ils	é	mouvront

Futur antérieur

j'	aurai	ému
tu	auras	ému
il	aura	ému
nous	aurons	ému
vous	aurez	ému
ils	auront	ému

SUBJONCTIF

Présent

que j'	é	meuve
que tu	é	meuves
qu'il	é	meuve
que ns	é	mouvions
que vs	é	mouviez
qu'ils	é	meuvent

Passé

que j'	aie	ému
que tu	aies	ému
qu'il	ait	ému
que ns	ayons	ému
que vs	ayez	ému
qu'ils	aient	ému

Imparfait

que j'	é	musse
que tu	é	musses
qu'il	é	mût
que ns	é	mussions
que vs	é	mussiez
qu'ils	é	mussent

Plus-que-parfait

que j'	eusse	ému
que tu	eusses	ému
qu'il	eût	ému
que ns	eussions	ému
que vs	eussiez	ému
qu'ils	eussent	ému

IMPÉRATIF

Présent

é meus
é mouvons
é mouvez

Passé

aie ému
ayons ému
ayez ému

CONDITIONNEL

Présent

j'	é	mouvrais
tu	é	mouvrais
il	é	mouvrait
nous	é	mouvrions
vous	é	mouvriez
ils	é	mouvraient

Passé 1re forme

j'	aurais	ému
tu	aurais	ému
il	aurait	ému
nous	aurions	ému
vous	auriez	ému
ils	auraient	ému

Passé 2e forme

j'	eusse	ému
tu	eusses	ému
il	eût	ému
nous	eussions	ému
vous	eussiez	ému
ils	eussent	ému

INFINITIF

Présent
é mouvoir

Passé
avoir ému

PARTICIPE

Présent
é mouvant

Passé
é mu, ue
ayant ému

FORME PRONOMINALE

INDICATIF

Présent
il/elle s'émeut

Passé composé
il/elle s'est ému, ue

Imparfait
il/elle s'émouvait

Plus-que-parfait
il/elle s'était ému, ue

Passé simple
il/elle s'émut

Passé antérieur
il/elle se fut ému, ue

Futur simple
il/elle s'émouvra

Futur antérieur
il/elle se sera ému, ue

INFINITIF

Présent
s'émouvoir

Passé
s'être ému, ue

PARTICIPE

Présent
s'émouvant

Passé
s'étant ému, ue

SUBJONCTIF

Présent
qu'il/elle s'émeuve

Passé
qu'il/elle se soit ému, ue

Imparfait
qu'il/elle s'émût

Plus-que-parfait
qu'il/elle se fût ému, ue

CONDITIONNEL

Présent
il/elle s'émouvrait

Passé 1re forme
il/elle se serait ému, ue

Passé 2e forme
il/elle se fût ému, ue

IMPÉRATIF

Présent
émeus-toi
émouvons-nous
émouvez-vous

FORME ACTIVE

INDICATIF

Présent		Passé composé		
je	peux (puis)	j'	ai	pu
tu	peux	tu	as	pu
elle	peut	elle	a	pu
nous	pouvons	nous	avons	pu
vous	pouvez	vous	avez	pu
elles	peuvent	elles	ont	pu

Imparfait		Plus-que-parfait		
je	pouvais	j'	avais	pu
tu	pouvais	tu	avais	pu
elle	pouvait	elle	avait	pu
nous	pouvions	nous	avions	pu
vous	pouviez	vous	aviez	pu
elles	pouvaient	elles	avaient	pu

Passé simple		Passé antérieur		
je	pus	j'	eus	pu
tu	pus	tu	eus	pu
elle	put	elle	eut	pu
nous	pûmes	nous	eûmes	pu
vous	pûtes	vous	eûtes	pu
elles	purent	elles	eurent	pu

Futur simple		Futur antérieur		
je	pourrai	j'	aurai	pu
tu	pourras	tu	auras	pu
elle	pourra	elle	aura	pu
nous	pourrons	nous	aurons	pu
vous	pourrez	vous	aurez	pu
elles	pourront	elles	auront	pu

SUBJONCTIF

Présent		Passé		
que je	puisse	que j'	aie	pu
que tu	puisses	que tu	aies	pu
qu'elle	puisse	qu'elle	ait	pu
que ns	puissions	que ns	ayons	pu
que vs	puissiez	que vs	ayez	pu
qu'elles	puissent	qu'elles	aient	pu

Imparfait		Plus-que-parfait		
que je	pusse	que j'	eusse	pu
que tu	pusses	que tu	eusses	pu
qu'elle	pût	qu'elle	eût	pu
que ns	pussions	que ns	eussions	pu
que vs	pussiez	que vs	eussiez	pu
qu'elles	pussent	qu'elles	eussent	pu

IMPÉRATIF

Présent

Ne s'emploie pas à ce temps.

Passé

Ne s'emploie pas à ce temps.

CONDITIONNEL

Présent		Passé 1re forme		
je	pourrais	j'	aurais	pu
tu	pourrais	tu	aurais	pu
elle	pourrait	elle	aurait	pu
nous	pourrions	nous	aurions	pu
vous	pourriez	vous	auriez	pu
elles	pourraient	elles	auraient	pu

Passé 2e forme		
j'	eusse	pu
tu	eusses	pu
elle	eût	pu
nous	eussions	pu
vous	eussiez	pu
elles	eussent	pu

INFINITIF

Présent
pouvoir

Passé
avoir pu

PARTICIPE

Présent
pouvant

Passé
pu
ayant pu

FORME PRONOMINALE

INDICATIF

Présent
il se peut

Passé composé
—

Imparfait
il se pouvait

Plus-que-parfait
—

Passé simple
il se put

Passé antérieur
—

Futur simple
il se pourra

Futur antérieur
—

INFINITIF

Présent
se pouvoir

Passé
—

PARTICIPE

Présent
se pouvant

Passé
—

SUBJONCTIF

Présent
qu'il se puisse

Passé
—

Imparfait
qu'il se pût

Plus-que-parfait
—

CONDITIONNEL

Présent
il se pourrait

Passé 1re forme
—

Passé 2e forme
—

IMPÉRATIF

Présent
—

POURVOIR *Verbes en **OIR**, composés de **POURVOIR***

FORME ACTIVE

INDICATIF

Présent		*Passé composé*		
je	pourvois	j'	ai	pourvu
tu	pourvois	tu	as	pourvu
il	pourvoit	il	a	pourvu
nous	pourvoyons	nous	avons	pourvu
vous	pourvoyez	vous	avez	pourvu
ils	pourvoient	ils	ont	pourvu

Imparfait		*Plus-que-parfait*		
je	pourvoyais	j'	avais	pourvu
tu	pourvoyais	tu	avais	pourvu
il	pourvoyait	il	avait	pourvu
nous	pourvoyions	nous	avions	pourvu
vous	pourvoyiez	vous	aviez	pourvu
ils	pourvoyaient	ils	avaient	pourvu

Passé simple		*Passé antérieur*		
je	pourvus	j'	eus	pourvu
tu	pourvus	tu	eus	pourvu
il	pourvut	il	eut	pourvu
nous	pourvûmes	nous	eûmes	pourvu
vous	pourvûtes	vous	eûtes	pourvu
ils	pourvurent	ils	eurent	pourvu

Futur simple		*Futur antérieur*		
je	pourvoirai	j'	aurai	pourvu
tu	pourvoiras	tu	auras	pourvu
il	pourvoira	il	aura	pourvu
nous	pourvoirons	nous	aurons	pourvu
vous	pourvoirez	vous	aurez	pourvu
ils	pourvoiront	ils	auront	pourvu

SUBJONCTIF

Présent		*Passé*		
que je	pourvoie	que j'	aie	pourvu
que tu	pourvoies	que tu	aies	pourvu
qu'il	pourvoie	qu'il	ait	pourvu
que ns	pourvoyions	que ns	ayons	pourvu
que vs	pourvoyiez	que vs	ayez	pourvu
qu'ils	pourvoient	qu'ils	aient	pourvu

Imparfait		*Plus-que-parfait*		
que je	pourvusse	que j'	eusse	pourvu
que tu	pourvusses	que tu	eusses	pourvu
qu'il	pourvût	qu'il	eût	pourvu
que ns	pourvussions	que ns	eussions	pourvu
que vs	pourvussiez	que vs	eussiez	pourvu
qu'ils	pourvussent	qu'ils	eussent	pourvu

IMPÉRATIF

Présent	*Passé*	
pourvois	aie	pourvu
pourvoyons	ayons	pourvu
pourvoyez	ayez	pourvu

CONDITIONNEL

Présent		*Passé 1re forme*		
je	pourvoirais	j'	aurais	pourvu
tu	pourvoirais	tu	aurais	pourvu
il	pourvoirait	il	aurait	pourvu
nous	pourvoirions	nous	aurions	pourvu
vous	pourvoiriez	vous	auriez	pourvu
ils	pourvoiraient	ils	auraient	pourvu

Passé 2e forme

j'	eusse	pourvu
tu	eusses	pourvu
il	eût	pourvu
nous	eussions	pourvu
vous	eussiez	pourvu
ils	eussent	pourvu

INFINITIF

Présent
pourvoir

Passé
avoir pourvu

PARTICIPE

Présent
pourvoyant

Passé
pourvu, ue
ayant pourvu

FORME PRONOMINALE

INDICATIF

Présent
il/elle se pourvoit

Passé composé
il/elle s'est pourvu, ue

Imparfait
il/elle se pourvoyait

Plus-que-parfait
il/elle s'était pourvu, ue

Passé simple
il/elle se pourvut

Passé antérieur
il/elle se fut pourvu, ue

Futur simple
il/elle se pourvoira

Futur antérieur
il/elle se sera pourvu, ue

INFINITIF

Présent
se pourvoir

Passé
s'être pourvu, ue

PARTICIPE

Présent
se pourvoyant

Passé
s'étant pourvu, ue

SUBJONCTIF

Présent
qu'il/elle se pourvoie

Passé
qu'il/elle se soit pourvu, ue

Imparfait
qu'il/elle se pourvût

Plus-que-parfait
qu'il/elle se fût pourvu, ue

CONDITIONNEL

Présent
il/elle se pourvoirait

Passé 1re forme
il/elle se serait pourvu, ue

Passé 2e forme
il/elle se fût pourvu, ue

IMPÉRATIF

Présent
pourvois-toi
pourvoyons-nous
pourvoyez-vous

FORME ACTIVE

INDICATIF

Présent		*Passé composé*		
je	prévois	j'	ai	prévu
tu	prévois	tu	as	prévu
elle	prévoit	elle	a	prévu
nous	prévoyons	nous	avons	prévu
vous	prévoyez	vous	avez	prévu
elles	prévoient	elles	ont	prévu

Imparfait		*Plus-que-parfait*		
je	prévoyais	j'	avais	prévu
tu	prévoyais	tu	avais	prévu
elle	prévoyait	elle	avait	prévu
nous	prévoyions	nous	avions	prévu
vous	prévoyiez	vous	aviez	prévu
elles	prévoyaient	elles	avaient	prévu

Passé simple		*Passé antérieur*		
je	prévis	j'	eus	prévu
tu	prévis	tu	eus	prévu
elle	prévit	elle	eut	prévu
nous	prévîmes	nous	eûmes	prévu
vous	prévîtes	vous	eûtes	prévu
elles	prévirent	elles	eurent	prévu

Futur simple		*Futur antérieur*		
je	prévoirai	j'	aurai	prévu
tu	prévoiras	tu	auras	prévu
elle	prévoira	elle	aura	prévu
nous	prévoirons	nous	aurons	prévu
vous	prévoirez	vous	aurez	prévu
elles	prévoiront	elles	auront	prévu

SUBJONCTIF

Présent		*Passé*		
que je	prévoie	que j'	aie	prévu
que tu	prévoies	que tu	aies	prévu
qu'elle	prévoie	qu'elle	ait	prévu
que ns	prévoyions	que ns	ayons	prévu
que vs	prévoyiez	que vs	ayez	prévu
qu'elles	prévoient	qu'elles	aient	prévu

Imparfait		*Plus-que-parfait*		
que je	prévisse	que j'	eusse	prévu
que tu	prévisses	que tu	eusses	prévu
qu'elle	prévît	qu'elle	eût	prévu
que ns	prévissions	que ns	eussions	prévu
que vs	prévissiez	que vs	eussiez	prévu
qu'elles	prévissent	qu'elles	eussent	prévu

IMPÉRATIF

Présent	*Passé*	
prévois	aie	prévu
prévoyons	ayons	prévu
prévoyez	ayez	prévu

CONDITIONNEL

Présent		*Passé 1re forme*		
je	prévoirais	j'	aurais	prévu
tu	prévoirais	tu	aurais	prévu
elle	prévoirait	elle	aurait	prévu
nous	prévoirions	nous	aurions	prévu
vous	prévoiriez	vous	auriez	prévu
elles	prévoiraient	elles	auraient	prévu

Passé 2e forme		
j'	eusse	prévu
tu	eusses	prévu
elle	eût	prévu
nous	eussions	prévu
vous	eussiez	prévu
elles	eussent	prévu

INFINITIF

Présent	*Passé*
prévoir	avoir prévu

PARTICIPE

Présent	*Passé*
prévoyant	prévu, ue ayant prévu

Ne s'emploie pas à la forme pronominale.

SAVOIR *Verbes en **OIR**, composés de **SAVOIR***

FORME ACTIVE

INDICATIF

Présent		***Passé composé***		
je	sais	j'	ai	su
tu	sais	tu	as	su
il	sait	il	a	su
nous	savons	nous	avons	su
vous	savez	vous	avez	su
ils	savent	ils	ont	su
Imparfait		***Plus-que-parfait***		
je	savais	j'	avais	su
tu	savais	tu	avais	su
il	savait	il	avait	su
nous	savions	nous	avions	su
vous	saviez	vous	aviez	su
ils	savaient	ils	avaient	su
Passé simple		***Passé antérieur***		
je	sus	j'	eus	su
tu	sus	tu	eus	su
il	sut	il	eut	su
nous	sûmes	nous	eûmes	su
vous	sûtes	vous	eûtes	su
ils	surent	ils	eurent	su
Futur simple		***Futur antérieur***		
je	saurai	j'	aurai	su
tu	sauras	tu	auras	su
il	saura	il	aura	su
nous	saurons	nous	aurons	su
vous	saurez	vous	aurez	su
ils	sauront	ils	auront	su

SUBJONCTIF

Présent		***Passé***		
que je	sache	que j'	aie	su
que tu	saches	que tu	aies	su
qu'il	sache	qu'il	ait	su
que ns	sachions	que ns	ayons	su
que vs	sachiez	que vs	ayez	su
qu'ils	sachent	qu'ils	aient	su
Imparfait		***Plus-que-parfait***		
que je	susse	que j'	eusse	su
que tu	susses	que tu	eusses	su
qu'il	sût	qu'il	eût	su
que ns	sussions	que ns	eussions	su
que vs	sussiez	que vs	eussiez	su
qu'ils	sussent	qu'ils	eussent	su

IMPÉRATIF

Présent	***Passé***	
sache	aie	su
sachons	ayons	su
sachez	ayez	su

CONDITIONNEL

Présent		***Passé 1re forme***		
je	saurais	j'	aurais	su
tu	saurais	tu	aurais	su
il	saurait	il	aurait	su
nous	saurions	nous	aurions	su
vous	sauriez	vous	auriez	su
ils	sauraient	ils	auraient	su

Passé 2e forme		
j'	eusse	su
tu	eusses	su
il	eût	su
nous	eussions	su
vous	eussiez	su
ils	eussent	su

INFINITIF

Présent	***Passé***
savoir	avoir su

PARTICIPE

Présent	***Passé***
sachant	su, ue ayant su

FORME PRONOMINALE

INDICATIF

Présent
il/elle se sait

Passé composé
il/elle s'est su, ue

Imparfait
il/elle se savait

Plus-que-parfait
il/elle s'était su, ue

Passé simple
il/elle se sut

Passé antérieur
il/elle se fut su, ue

Futur simple
il/elle se saura

Futur antérieur
il/elle se sera su, ue

INFINITIF

Présent
se savoir

Passé
s'être su, ue

PARTICIPE

Présent
se sachant

Passé
s'étant su, ue

SUBJONCTIF

Présent
qu'il/elle se sache

Passé
qu'il/elle se soit su, ue

Imparfait
qu'il/elle se sût

Plus-que-parfait
qu'il/elle se fût su, ue

CONDITIONNEL

Présent
il/elle se saurait

Passé 1re forme
il/elle se serait su, ue

Passé 2e forme
il/elle se fût su, ue

IMPÉRATIF

Présent
—

FORME ACTIVE

INDICATIF

Présent		*Passé composé*		
je	vois	j'	ai	vu
tu	vois	tu	as	vu
elle	voit	elle	a	vu
nous	voyons	nous	avons	vu
vous	voyez	vous	avez	vu
elles	voient	elles	ont	vu

Imparfait		*Plus-que-parfait*		
je	voyais	j'	avais	vu
tu	voyais	tu	avais	vu
elle	voyait	elle	avait	vu
nous	voyions	nous	avions	vu
vous	voyiez	vous	aviez	vu
elles	voyaient	elles	avaient	vu

Passé simple		*Passé antérieur*		
je	vis	j'	eus	vu
tu	vis	tu	eus	vu
elle	vit	elle	eut	vu
nous	vîmes	nous	eûmes	vu
vous	vîtes	vous	eûtes	vu
elles	virent	elles	eurent	vu

Futur simple		*Futur antérieur*		
je	verrai	j'	aurai	vu
tu	verras	tu	auras	vu
elle	verra	elle	aura	vu
nous	verrons	nous	aurons	vu
vous	verrez	vous	aurez	vu
elles	verront	elles	auront	vu

SUBJONCTIF

Présent		*Passé*		
que je	voie	que j'	aie	vu
que tu	voies	que tu	aies	vu
qu'elle	voie	qu'elle	ait	vu
que ns	voyions	que ns	ayons	vu
que vs	voyiez	que vs	ayez	vu
qu'elles	voient	qu'elles	aient	vu

Imparfait		*Plus-que-parfait*		
que je	visse	que j'	eusse	vu
que tu	visses	que tu	eusses	vu
qu'elle	vît	qu'elle	eût	vu
que ns	vissions	que ns	eussions	vu
que vs	vissiez	que vs	eussiez	vu
qu'elles	vissent	qu'elles	eussent	vu

IMPÉRATIF

Présent	*Passé*	
vois	aie	vu
voyons	ayons	vu
voyez	ayez	vu

CONDITIONNEL

Présent		*Passé 1re forme*		
je	verrais	j'	aurais	vu
tu	verrais	tu	aurais	vu
elle	verrait	elle	aurait	vu
nous	verrions	nous	aurions	vu
vous	verriez	vous	auriez	vu
elles	verraient	elles	auraient	vu

Passé 2e forme

j'	eusse	vu
tu	eusses	vu
elle	eût	vu
nous	eussions	vu
vous	eussiez	vu
elles	eussent	vu

INFINITIF

Présent	*Passé*
voir	avoir vu

PARTICIPE

Présent	*Passé*
voyant	vu, ue ayant vu

FORME PRONOMINALE

INDICATIF

Présent
il/elle se voit

Passé composé
il/elle s'est vu, ue

Imparfait
il/elle se voyait

Plus-que-parfait
il/elle s'était vu, ue

Passé simple
il/elle se vit

Passé antérieur
il/elle se fut vu, ue

Futur simple
il/elle se verra

Futur antérieur
il/elle se sera vu, ue

INFINITIF

Présent
se voir

Passé
s'être vu, ue

PARTICIPE

Présent
se voyant

Passé
s'étant vu, ue

SUBJONCTIF

Présent
qu'il/elle se voie

Passé
qu'il/elle se soit vu, ue

Imparfait
qu'il/elle se vît

Plus-que-parfait
qu'il/elle se fût vu, ue

CONDITIONNEL

Présent
il/elle se verrait

Passé 1re forme
il/elle se serait vu, ue

Passé 2e forme
il/elle se fût vu, ue

IMPÉRATIF

Présent
vois-toi
voyons-nous
voyez-vous

CLORE *Verbes en **RE**, composés de **CLORE***

FORME ACTIVE

INDICATIF

Présent		*Passé composé*		
je	clos	j'	ai	clos
tu	clos	tu	as	clos
il	clôt	il	a	clos
—		nous	avons	clos
—		vous	avez	clos
ils	closent	ils	ont	clos

Imparfait	*Plus-que-parfait*		
Ne s'emploie pas à ce temps.	j'	avais	clos
	tu	avais	clos
	il	avait	clos
	nous	avions	clos
	vous	aviez	clos
	ils	avaient	clos

Passé simple	*Passé antérieur*		
Ne s'emploie pas à ce temps.	j'	eus	clos
	tu	eus	clos
	il	eut	clos
	nous	eûmes	clos
	vous	eûtes	clos
	ils	eurent	clos

Futur simple		*Futur antérieur*		
je	clorai	j'	aurai	clos
tu	cloras	tu	auras	clos
il	clora	il	aura	clos
nous	clorons	nous	aurons	clos
vous	clorez	vous	aurez	clos
ils	cloront	ils	auront	clos

SUBJONCTIF

Présent		*Passé*		
que je	close	que j'	aie	clos
que tu	closes	que tu	aies	clos
qu'il	close	qu'il	ait	clos
que ns	closions	que ns	ayons	clos
que vs	closiez	que vs	ayez	clos
qu'ils	closent	qu'ils	aient	clos

Imparfait	*Plus-que-parfait*		
Ne s'emploie pas à ce temps.	que j'	eusse	clos
	que tu	eusses	clos
	qu'il	eût	clos
	que ns	eussions	clos
	que vs	eussiez	clos
	qu'ils	eussent	clos

IMPÉRATIF

Présent	*Passé*	
clos	aie	clos
—	ayons	clos
—	ayez	clos

CONDITIONNEL

Présent		*Passé 1re forme*		
je	clorais	j'	aurais	clos
tu	clorais	tu	aurais	clos
il	clorait	il	aurait	clos
nous	clorions	nous	aurions	clos
vous	cloriez	vous	auriez	clos
ils	cloraient	ils	auraient	clos

Passé 2e forme		
j'	eusse	clos
tu	eusses	clos
il	eût	clos
nous	eussions	clos
vous	eussiez	clos
ils	eussent	clos

INFINITIF

Présent	*Passé*
clore	avoir clos

PARTICIPE

Présent	*Passé*
closant	clos, se ayant clos

Ne s'emploie pas à la forme pronominale.

FORME ACTIVE

INDICATIF

Présent			*Passé composé*		
j'	ex	clus	j'	ai	exclu
tu	ex	clus	tu	as	exclu
elle	ex	clut	elle	a	exclu
nous	ex	cluons	nous	avons	exclu
vous	ex	cluez	vous	avez	exclu
elles	ex	cluent	elles	ont	exclu
Imparfait			***Plus-que-parfait***		
j'	ex	cluais	j'	avais	exclu
tu	ex	cluais	tu	avais	exclu
elle	ex	cluait	elle	avait	exclu
nous	ex	cluions	nous	avions	exclu
vous	ex	cluiez	vous	aviez	exclu
elles	ex	cluaient	elles	avaient	exclu
Passé simple			***Passé antérieur***		
j'	ex	clus	j'	eus	exclu
tu	ex	clus	tu	eus	exclu
elle	ex	clut	elle	eut	exclu
nous	ex	clûmes	nous	eûmes	exclu
vous	ex	clûtes	vous	eûtes	exclu
elles	ex	clurent	elles	eurent	exclu
Futur simple			***Futur antérieur***		
j'	ex	clurai	j'	aurai	exclu
tu	ex	cluras	tu	auras	exclu
elle	ex	clura	elle	aura	exclu
nous	ex	clurons	nous	aurons	exclu
vous	ex	clurez	vous	aurez	exclu
elles	ex	cluront	elles	auront	exclu

SUBJONCTIF

Présent			*Passé*		
que j'	ex	clue	que j'	aie	exclu
que tu	ex	clues	que tu	aies	exclu
qu'elle	ex	clue	qu'elle	ait	exclu
que ns	ex	cluions	que ns	ayons	exclu
que vs	ex	cluiez	que vs	ayez	exclu
qu'elles	ex	cluent	qu'elles	aient	exclu
Imparfait			***Plus-que-parfait***		
que j'	ex	clusse	que j'	eusse	exclu
que tu	ex	clusses	que tu	eusses	exclu
qu'elle	ex	clût	qu'elle	eût	exclu
que ns	ex	clussions	que ns	eussions	exclu
que vs	ex	clussiez	que vs	eussiez	exclu
qu'elles	ex	clussent	qu'elles	eussent	exclu

IMPÉRATIF

Présent		*Passé*	
ex	clus	aie	exclu
ex	cluons	ayons	exclu
ex	cluez	ayez	exclu

CONDITIONNEL

Présent			*Passé 1re forme*		
j'	ex	clurais	j'	aurais	exclu
tu	ex	clurais	tu	aurais	exclu
elle	ex	clurait	elle	aurait	exclu
nous	ex	clurions	nous	aurions	exclu
vous	ex	cluriez	vous	auriez	exclu
elles	ex	cluraient	elles	auraient	exclu

Passé 2e forme

j'	eusse	exclu
tu	eusses	exclu
elle	eût	exclu
nous	eussions	exclu
vous	eussiez	exclu
elles	eussent	exclu

INFINITIF

Présent
ex clure

Passé
avoir exclu

PARTICIPE

Présent
ex cluant

Passé
ex clu, ue
ayant exclu

FORME PRONOMINALE

INDICATIF

Présent
il/elle s'exclut

Passé composé
il/elle s'est exclu, ue

Imparfait
il/elle s'excluait

Plus-que-parfait
il/elle s'était exclu, ue

Passé simple
il/elle s'exclut

Passé antérieur
il/elle se fut exclu, ue

Futur simple
il/elle s'exclura

Futur antérieur
il/elle se sera exclu, ue

INFINITIF

Présent
s'exclure

Passé
s'être exclu, ue

PARTICIPE

Présent
s'excluant

Passé
s'étant exclu, ue

SUBJONCTIF

Présent
qu'il/elle s'exclue

Passé
qu'il/elle se soit exclu, ue

Imparfait
qu'il/elle s'exclût

Plus-que-parfait
qu'il/elle se fût exclu, ue

CONDITIONNEL

Présent
il/elle s'exclurait

Passé 1re forme
il/elle se serait exclu, ue

Passé 2e forme
il/elle se fût exclu, ue

IMPÉRATIF

Présent
exclus-toi
excluons-nous
excluez-vous

INCLURE *Verbes en **RE**, se terminant par **CLURE***

FORME ACTIVE

INDICATIF

Présent		Passé composé		
j'	in clus	j'	ai	inclus
tu	in clus	tu	as	inclus
il	in clut	il	a	inclus
nous	in cluons	nous	avons	inclus
vous	in cluez	vous	avez	inclus
ils	in cluent	ils	ont	inclus

Imparfait		Plus-que-parfait		
j'	in cluais	j'	avais	inclus
tu	in cluais	tu	avais	inclus
il	in cluait	il	avait	inclus
nous	in cluions	nous	avions	inclus
vous	in cluiez	vous	aviez	inclus
ils	in cluaient	ils	avaient	inclus

Passé simple		Passé antérieur		
j'	in clus	j'	eus	inclus
tu	in clus	tu	eus	inclus
il	in clut	il	eut	inclus
nous	in clûmes	nous	eûmes	inclus
vous	in clûtes	vous	eûtes	inclus
ils	in clurent	ils	eurent	inclus

Futur simple		Futur antérieur		
j'	in clurai	j'	aurai	inclus
tu	in cluras	tu	auras	inclus
il	in clura	il	aura	inclus
nous	in clurons	nous	aurons	inclus
vous	in clurez	vous	aurez	inclus
ils	in cluront	ils	auront	inclus

SUBJONCTIF

Présent		Passé		
que j'	in clue	que j'	aie	inclus
que tu	in clues	que tu	aies	inclus
qu'il	in clue	qu'il	ait	inclus
que ns	in cluions	que ns	ayons	inclus
que vs	in cluiez	que vs	ayez	inclus
qu'ils	in cluent	qu'ils	aient	inclus

Imparfait		Plus-que-parfait		
que j'	in clusse	que j'	eusse	inclus
que tu	in clusses	que tu	eusses	inclus
qu'il	in clût	qu'il	eût	inclus
que ns	in clussions	que ns	eussions	inclus
que vs	in clussiez	que vs	eussiez	inclus
qu'ils	in clussent	qu'ils	eussent	inclus

IMPÉRATIF

Présent	Passé	
in clus	aie	inclus
in cluons	ayons	inclus
in cluez	ayez	inclus

CONDITIONNEL

Présent		Passé 1re forme		
j'	in clurais	j'	aurais	inclus
tu	in clurais	tu	aurais	inclus
il	in clurait	il	aurait	inclus
nous	in clurions	nous	aurions	inclus
vous	in cluriez	vous	auriez	inclus
ils	in cluraient	ils	auraient	inclus

Passé 2e forme		
j'	eusse	inclus
tu	eusses	inclus
il	eût	inclus
nous	eussions	inclus
vous	eussiez	inclus
ils	eussent	inclus

INFINITIF

Présent
in clure

Passé
être inclus, se

PARTICIPE

Présent
in cluant

Passé
in clus, se
ayant inclus

FORME PRONOMINALE

INDICATIF

Présent
il/elle s'inclut

Passé composé
il/elle s'est inclus, se

Imparfait
il/elle s'incluait

Plus-que-parfait
il/elle s'était inclus, se

Passé simple
il/elle s'inclut

Passé antérieur
il/elle se fut inclus, se

Futur simple
il/elle s'inclura

Futur antérieur
il/elle se sera inclus, se

INFINITIF

Présent
s'inclure

Passé
s'être inclus, se

PARTICIPE

Présent
s'incluant

Passé
s'étant inclus, se

SUBJONCTIF

Présent
qu'il/elle s'inclue

Passé
qu'il/elle se soit inclus, se

Imparfait
qu'il/elle s'inclût

Plus-que-parfait
qu'il/elle se fût inclus, se

CONDITIONNEL

Présent
il/elle s'inclurait

Passé 1re forme
il/elle se serait inclus, se

Passé 2e forme
il/elle se fût inclus, se

IMPÉRATIF

Présent
inclus-toi
incluons-nous
incluez-vous

FORME ACTIVE

INDICATIF

Présent		*Passé composé*		
je	con vaincs	j'	ai	convaincu
tu	con vaincs	tu	as	convaincu
elle	con vainc	elle	a	convaincu
nous	con vainquons	nous	avons	convaincu
vous	con vainquez	vous	avez	convaincu
elles	con vainquent	elles	ont	convaincu

Imparfait		*Plus-que-parfait*		
je	con vainquais	j'	avais	convaincu
tu	con vainquais	tu	avais	convaincu
elle	con vainquait	elle	avait	convaincu
nous	con vainquions	nous	avions	convaincu
vous	con vainquiez	vous	aviez	convaincu
elles	con vainquaient	elles	avaient	convaincu

Passé simple		*Passé antérieur*		
je	con vainquis	j'	eus	convaincu
tu	con vainquis	tu	eus	convaincu
elle	con vainquit	elle	eut	convaincu
nous	con vainquîmes	nous	eûmes	convaincu
vous	con vainquîtes	vous	eûtes	convaincu
elles	con vainquirent	elles	eurent	convaincu

Futur simple		*Futur antérieur*		
je	con vaincrai	j'	aurai	convaincu
tu	con vaincras	tu	auras	convaincu
elle	con vaincra	elle	aura	convaincu
nous	con vaincrons	nous	aurons	convaincu
vous	con vaincrez	vous	aurez	convaincu
elles	con vaincront	elles	auront	convaincu

SUBJONCTIF

Présent		*Passé*		
que je	con vainque	que j'	aie	convaincu
que tu	con vainques	que tu	aies	convaincu
qu'elle	con vainque	qu'elle	ait	convaincu
que ns	con vainquions	que ns	ayons	convaincu
que vs	con vainquiez	que vs	ayez	convaincu
qu'elles	con vainquent	qu'elles	aient	convaincu

Imparfait		*Plus-que-parfait*		
que je	con vainquisse	que j'	eusse	convaincu
que tu	con vainquisses	que tu	eusses	convaincu
qu'elle	con vainquît	qu'elle	eût	convaincu
que ns	con vainquissions	que ns	eussions	convaincu
que vs	con vainquissiez	que vs	eussiez	convaincu
qu'elles	con vainquissent	qu'elles	eussent	convaincu

IMPÉRATIF

Présent	*Passé*	
con vaincs	aie	convaincu
con vainquons	ayons	convaincu
con vainquez	ayez	convaincu

CONDITIONNEL

Présent		*Passé 1re forme*		
je	con vaincrais	j'	aurais	convaincu
tu	con vaincrais	tu	aurais	convaincu
elle	con vaincrait	elle	aurait	convaincu
nous	con vaincrions	nous	aurions	convaincu
vous	con vaincriez	vous	auriez	convaincu
elles	con vaincraient	elles	auraient	convaincu

Passé 2e forme

j'	eusse	convaincu
tu	eusses	convaincu
elle	eût	convaincu
nous	eussions	convaincu
vous	eussiez	convaincu
elles	eussent	convaincu

INFINITIF

Présent	*Passé*
con vaincre	avoir convaincu

PARTICIPE

Présent	*Passé*
con vainquant	con vaincu, ue ayant convaincu

FORME PRONOMINALE

INDICATIF

Présent
il/elle se convainc

Passé composé
il/elle s'est convaincu, ue

Imparfait
il/elle se convainquait

Plus-que-parfait
il/elle s'était convaincu, ue

Passé simple
il/elle se convainquit

Passé antérieur
il/elle se fut convaincu, ue

Futur simple
il/elle se convaincra

Futur antérieur
il/elle se sera convaincu, ue

INFINITIF

Présent
se convaincre

Passé
s'être convaincu, ue

PARTICIPE

Présent
se convainquant

Passé
s'étant convaincu, ue

SUBJONCTIF

Présent
qu'il/elle se convainque

Passé
qu'il/elle se soit convaincu, ue

Imparfait
qu'il/elle se convainquît

Plus-que-parfait
qu'il/elle se fût convaincu, ue

CONDITIONNEL

Présent
il/elle se convaincrait

Passé 1re forme
il/elle se serait convaincu, ue

Passé 2e forme
il/elle se fût convaincu, ue

IMPÉRATIF

Présent
convaincs-toi
convainquons-nous
convainquez-vous

PLAINDRE *Verbes en **DRE**, se terminant par **AINDRE***

FORME ACTIVE

INDICATIF

Présent		*Passé composé*		
je	pl ains	j'	ai	plaint
tu	pl ains	tu	as	plaint
il	pl aint	il	a	plaint
nous	pl aignons	nous	avons	plaint
vous	pl aignez	vous	avez	plaint
ils	pl aignent	ils	ont	plaint
Imparfait		***Plus-que-parfait***		
je	pl aignais	j'	avais	plaint
tu	pl aignais	tu	avais	plaint
il	pl aignait	il	avait	plaint
nous	pl aignions	nous	avions	plaint
vous	pl aigniez	vous	aviez	plaint
ils	pl aignaient	ils	avaient	plaint
Passé simple		***Passé antérieur***		
je	pl aignis	j'	eus	plaint
tu	pl aignis	tu	eus	plaint
il	pl aignit	il	eut	plaint
nous	pl aignîmes	nous	eûmes	plaint
vous	pl aignîtes	vous	eûtes	plaint
ils	pl aignirent	ils	eurent	plaint
Futur simple		***Futur antérieur***		
je	pl aindrai	j'	aurai	plaint
tu	pl aindras	tu	auras	plaint
il	pl aindra	il	aura	plaint
nous	pl aindrons	nous	aurons	plaint
vous	pl aindrez	vous	aurez	plaint
ils	pl aindront	ils	auront	plaint

SUBJONCTIF

Présent		*Passé*		
que je	pl aigne	que j'	aie	plaint
que tu	pl aignes	que tu	aies	plaint
qu'il	pl aigne	qu'il	ait	plaint
que ns	pl aignions	que ns	ayons	plaint
que vs	pl aigniez	que vs	ayez	plaint
qu'ils	pl aignent	qu'ils	aient	plaint
Imparfait		***Plus-que-parfait***		
que je	pl aignisse	que j'	eusse	plaint
que tu	pl aignisses	que tu	eusses	plaint
qu'il	pl aignît	qu'il	eût	plaint
que ns	pl aignissions	que ns	eussions	plaint
que vs	pl aignissiez	que vs	eussiez	plaint
qu'ils	pl aignissent	qu'ils	eussent	plaint

IMPÉRATIF

Présent	*Passé*	
pl ains	aie	plaint
pl aignons	ayons	plaint
pl aignez	ayez	plaint

CONDITIONNEL

Présent		*Passé 1re forme*		
je	pl aindrais	j'	aurais	plaint
tu	pl aindrais	tu	aurais	plaint
il	pl aindrait	il	aurait	plaint
nous	pl aindrions	nous	aurions	plaint
vous	pl aindriez	vous	auriez	plaint
ils	pl aindraient	ils	auraient	plaint

Passé 2e forme

j'	eusse	plaint
tu	eusses	plaint
il	eût	plaint
nous	eussions	plaint
vous	eussiez	plaint
ils	eussent	plaint

INFINITIF

Présent	*Passé*
pl aindre	avoir plaint

PARTICIPE

Présent	*Passé*
pl aignant	pl aint, ainte ayant plaint

FORME PRONOMINALE

INDICATIF

Présent
il/elle se plaint

Passé composé
il/elle s'est plaint, ainte

Imparfait
il/elle se plaignait

Plus-que-parfait
il/elle s'était plaint, ainte

Passé simple
il/elle se plaignit

Passé antérieur
il/elle se fut plaint, ainte

Futur simple
il/elle se plaindra

Futur antérieur
il/elle se sera plaint, ainte

INFINITIF

Présent
se plaindre

Passé
s'être plaint, ainte

PARTICIPE

Présent
se plaignant

Passé
s'étant plaint, ainte

SUBJONCTIF

Présent
qu'il/elle se plaigne

Passé
qu'il/elle se soit plaint, ainte

Imparfait
qu'il/elle se plaignît

Plus-que-parfait
qu'il/elle se fût plaint, ainte

CONDITIONNEL

Présent
il/elle se plaindrait

Passé 1re forme
il/elle se serait plaint, ainte

Passé 2e forme
il/elle se fût plaint, ainte

IMPÉRATIF

Présent
plains-toi
plaignons-nous
plaignez-vous

FORME ACTIVE

INDICATIF

Présent		*Passé composé*		
j'	ét eins	j'	ai	éteint
tu	ét eins	tu	as	éteint
elle	ét eint	elle	a	éteint
nous	ét eignons	nous	avons	éteint
vous	ét eignez	vous	avez	éteint
elles	ét eignent	elles	ont	éteint
Imparfait		***Plus-que-parfait***		
j'	ét eignais	j'	avais	éteint
tu	ét eignais	tu	avais	éteint
elle	ét eignait	elle	avait	éteint
nous	ét eignions	nous	avions	éteint
vous	ét eigniez	vous	aviez	éteint
elles	ét eignaient	elles	avaient	éteint
Passé simple		***Passé antérieur***		
j'	ét eignis	j'	eus	éteint
tu	ét eignis	tu	eus	éteint
elle	ét eignit	elle	eut	éteint
nous	ét eignîmes	nous	eûmes	éteint
vous	ét eignîtes	vous	eûtes	éteint
elles	ét eignirent	elles	eurent	éteint
Futur simple		***Futur antérieur***		
j'	ét eindrai	j'	aurai	éteint
tu	ét eindras	tu	auras	éteint
elle	ét eindra	elle	aura	éteint
nous	ét eindrons	nous	aurons	éteint
vous	ét eindrez	vous	aurez	éteint
elles	ét eindront	elles	auront	éteint

SUBJONCTIF

Présent		*Passé*		
que j'	ét eigne	que j'	aie	éteint
que tu	ét eignes	que tu	aies	éteint
qu'elle	ét eigne	qu'elle	ait	éteint
que ns	ét eignions	que ns	ayons	éteint
que vs	ét eigniez	que vs	ayez	éteint
qu'elles	ét eignent	qu'elles	aient	éteint
Imparfait		***Plus-que-parfait***		
que j'	ét eignisse	que j'	eusse	éteint
que tu	ét eignisses	que tu	eusses	éteint
qu'elle	ét eignît	qu'elle	eût	éteint
que ns	ét eignissions	que ns	eussions	éteint
que vs	ét eignissiez	que vs	eussiez	éteint
qu'elles	ét eignissent	qu'elles	eussent	éteint

IMPÉRATIF

Présent	*Passé*	
ét eins	aie	éteint
ét eignons	ayons	éteint
ét eignez	ayez	éteint

CONDITIONNEL

Présent		*Passé 1re forme*		
j'	ét eindrais	j'	aurais	éteint
tu	ét eindrais	tu	aurais	éteint
elle	ét eindrait	elle	aurait	éteint
nous	ét eindrions	nous	aurions	éteint
vous	ét eindriez	vous	auriez	éteint
elles	ét eindraient	elles	auraient	éteint

Passé 2e forme

j'	eusse	éteint
tu	eusses	éteint
elle	eût	éteint
nous	eussions	éteint
vous	eussiez	éteint
elles	eussent	éteint

INFINITIF

Présent	*Passé*
ét eindre	avoir éteint

PARTICIPE

Présent	*Passé*
éteignant	éteint, einte ayant éteint

FORME PRONOMINALE

INDICATIF

Présent
il/elle s'éteint

Passé composé
il/elle s'est éteint, einte

Imparfait
il/elle s'éteignait

Plus-que-parfait
il/elle s'était éteint, einte

Passé simple
il/elle s'éteignit

Passé antérieur
il/elle se fut éteint, einte

Futur simple
il/elle s'éteindra

Futur antérieur
il/elle se sera éteint, einte

INFINITIF

Présent
s'éteindre

Passé
s'être éteint, einte

PARTICIPE

Présent
s'éteignant

Passé
s'étant éteint, einte

SUBJONCTIF

Présent
qu'il/elle s'éteigne

Passé
qu'il/elle se soit éteint, einte

Imparfait
qu'il/elle s'éteignît

Plus-que-parfait
qu'il/elle se fût éteint, einte

CONDITIONNEL

Présent
il/elle s'éteindrait

Passé 1re forme
il/elle se serait éteint, einte

Passé 2e forme
il/elle se fût éteint, einte

IMPÉRATIF

Présent
éteins-toi
éteignons-nous
éteignez-vous

RÉPANDRE *Verbes en **DRE**, se terminant par **ANDRE***

FORME ACTIVE

INDICATIF

Présent

je	rép	ands
tu	rép	ands
il	rép	and
nous	rép	andons
vous	rép	andez
ils	rép	andent

Passé composé

j'	ai	répandu
tu	as	répandu
il	a	répandu
nous	avons	répandu
vous	avez	répandu
ils	ont	répandu

Imparfait

je	rép	andais
tu	rép	andais
il	rép	andait
nous	rép	andions
vous	rép	andiez
ils	rép	andaient

Plus-que-parfait

j'	avais	répandu
tu	avais	répandu
il	avait	répandu
nous	avions	répandu
vous	aviez	répandu
ils	avaient	répandu

Passé simple

je	rép	andis
tu	rép	andis
il	rép	andit
nous	rép	andîmes
vous	rép	andîtes
ils	rép	andirent

Passé antérieur

j'	eus	répandu
tu	eus	répandu
il	eut	répandu
nous	eûmes	répandu
vous	eûtes	répandu
ils	eurent	répandu

Futur simple

je	rép	andrai
tu	rép	andras
il	rép	andra
nous	rép	androns
vous	rép	andrez
ils	rép	andront

Futur antérieur

j'	aurai	répandu
tu	auras	répandu
il	aura	répandu
nous	aurons	répandu
vous	aurez	répandu
ils	auront	répandu

SUBJONCTIF

Présent

que je	rép	ande
que tu	rép	andes
qu'il	rép	ande
que ns	rép	andions
que vs	rép	andiez
qu'ils	rép	andent

Passé

que j'	aie	répandu
que tu	aies	répandu
qu'il	ait	répandu
que ns	ayons	répandu
que vs	ayez	répandu
qu'ils	aient	répandu

Imparfait

que je	rép	andisse
que tu	rép	andisses
qu'il	rép	andît
que ns	rép	andissions
que vs	rép	andissiez
qu'ils	rép	andissent

Plus-que-parfait

que j'	eusse	répandu
que tu	eusses	répandu
qu'il	eût	répandu
que ns	eussions	répandu
que vs	eussiez	répandu
qu'ils	eussent	répandu

IMPÉRATIF

Présent

rép ands
rép andons
rép andez

Passé

aie répandu
ayons répandu
ayez répandu

CONDITIONNEL

Présent

je	rép	andrais
tu	rép	andrais
il	rép	andrait
nous	rép	andrions
vous	rép	andriez
ils	rép	andraient

Passé 1re forme

j'	aurais	répandu
tu	aurais	répandu
il	aurait	répandu
nous	aurions	répandu
vous	auriez	répandu
ils	auraient	répandu

Passé 2e forme

j'	eusse	répandu
tu	eusses	répandu
il	eût	répandu
nous	eussions	répandu
vous	eussiez	répandu
ils	eussent	répandu

INFINITIF

Présent
rép andre

Passé
avoir répandu

PARTICIPE

Présent
rép andant

Passé
rép andu, ue
ayant répandu

FORME PRONOMINALE

INDICATIF

Présent
il/elle se répand

Passé composé
il/elle s'est répandu, ue

Imparfait
il/elle se répandait

Plus-que-parfait
il/elle s'était répandu, ue

Passé simple
il/elle se répandit

Passé antérieur
il/elle se fut répandu, ue

Futur simple
il/elle se répandra

Futur antérieur
il/elle se sera répandu, ue

INFINITIF

Présent
se répandre

Passé
s'être répandu, ue

PARTICIPE

Présent
se répandant

Passé
s'étant répandu, ue

SUBJONCTIF

Présent
qu'il/elle se répande

Passé
qu'il/elle se soit répandu, ue

Imparfait
qu'il/elle se répandît

Plus-que-parfait
qu'il/elle se fût répandu, ue

CONDITIONNEL

Présent
il/elle se répandrait

Passé 1re forme
il/elle se serait répandu, ue

Passé 2e forme
il/elle se fût répandu, ue

IMPÉRATIF

Présent
répands-toi
répandons-nous
répandez-vous

FORME ACTIVE

INDICATIF

Présent		*Passé composé*		
je	r ends	j'	ai	rendu
tu	r ends	tu	as	rendu
elle	r end	elle	a	rendu
nous	r endons	nous	avons	rendu
vous	r endez	vous	avez	rendu
elles	r endent	elles	ont	rendu

Imparfait		*Plus-que-parfait*		
je	r endais	j'	avais	rendu
tu	r endais	tu	avais	rendu
elle	r endait	elle	avait	rendu
nous	r endions	nous	avions	rendu
vous	r endiez	vous	aviez	rendu
elles	r endaient	elles	avaient	rendu

Passé simple		*Passé antérieur*		
je	r endis	j'	eus	rendu
tu	r endis	tu	eus	rendu
elle	r endit	elle	eut	rendu
nous	r endîmes	nous	eûmes	rendu
vous	r endîtes	vous	eûtes	rendu
elles	r endirent	elles	eurent	rendu

Futur simple		*Futur antérieur*		
je	r endrai	j'	aurai	rendu
tu	r endras	tu	auras	rendu
elle	r endra	elle	aura	rendu
nous	r endrons	nous	aurons	rendu
vous	r endrez	vous	aurez	rendu
elles	r endront	elles	auront	rendu

SUBJONCTIF

Présent		*Passé*		
que je	r ende	que j'	aie	rendu
que tu	r endes	que tu	aies	rendu
qu'elle	r ende	qu'elle	ait	rendu
que ns	r endions	que ns	ayons	rendu
que vs	r endiez	que vs	ayez	rendu
qu'elles	r endent	qu'elles	aient	rendu

Imparfait		*Plus-que-parfait*		
que je	r endisse	que j'	eusse	rendu
que tu	r endisses	que tu	eusses	rendu
qu'elle	r endît	qu'elle	eût	rendu
que ns	r endissions	que ns	eussions	rendu
que vs	r endissiez	que vs	eussiez	rendu
qu'elles	r endissent	qu'elles	eussent	rendu

IMPÉRATIF

Présent	*Passé*	
r ends	aie	rendu
r endons	ayons	rendu
r endez	ayez	rendu

CONDITIONNEL

Présent		*Passé 1re forme*		
je	r endrais	j'	aurais	rendu
tu	r endrais	tu	aurais	rendu
elle	r endrait	elle	aurait	rendu
nous	r endrions	nous	aurions	rendu
vous	r endriez	vous	auriez	rendu
elles	r endraient	elles	auraient	rendu

Passé 2e forme		
j'	eusse	rendu
tu	eusses	rendu
elle	eût	rendu
nous	eussions	rendu
vous	eussiez	rendu
elles	eussent	rendu

INFINITIF

Présent	*Passé*
r endre	avoir rendu

PARTICIPE

Présent	*Passé*
r endant	r endu, ue ayant rendu

FORME PRONOMINALE

INDICATIF

Présent
il/elle se rend

Passé composé
il/elle s'est rendu, ue

Imparfait
il/elle se rendait

Plus-que-parfait
il/elle s'était rendu, ue

Passé simple
il/elle se rendit

Passé antérieur
il/elle se fut rendu, ue

Futur simple
il/elle se rendra

Futur antérieur
il/elle se sera rendu, ue

INFINITIF

Présent
se rendre

Passé
s'être rendu, ue

PARTICIPE

Présent
se rendant

Passé
s'étant rendu, ue

SUBJONCTIF

Présent
qu'il/elle se rende

Passé
qu'il/elle se soit rendu, ue

Imparfait
qu'il/elle se rendît

Plus-que-parfait
qu'il/elle se fût rendu, ue

CONDITIONNEL

Présent
il/elle se rendrait

Passé 1re forme
il/elle se serait rendu, ue

Passé 2e forme
il/elle se fût rendu, ue

IMPÉRATIF

Présent
rends-toi
rendons-nous
rendez-vous

PRENDRE *Verbes en **DRE**, se terminant par **PRENDRE***

FORME ACTIVE

INDICATIF

Présent		*Passé composé*		
je	prends	j'	ai	pris
tu	prends	tu	as	pris
il	prend	il	a	pris
nous	prenons	nous	avons	pris
vous	prenez	vous	avez	pris
ils	prennent	ils	ont	pris

Imparfait		*Plus-que-parfait*		
je	prenais	j'	avais	pris
tu	prenais	tu	avais	pris
il	prenait	il	avait	pris
nous	prenions	nous	avions	pris
vous	preniez	vous	aviez	pris
ils	prenaient	ils	avaient	pris

Passé simple		*Passé antérieur*		
je	pris	j'	eus	pris
tu	pris	tu	eus	pris
il	prit	il	eut	pris
nous	prîmes	nous	eûmes	pris
vous	prîtes	vous	eûtes	pris
ils	prirent	ils	eurent	pris

Futur simple		*Futur antérieur*		
je	prendrai	j'	aurai	pris
tu	prendras	tu	auras	pris
il	prendra	il	aura	pris
nous	prendrons	nous	aurons	pris
vous	prendrez	vous	aurez	pris
ils	prendront	ils	auront	pris

SUBJONCTIF

Présent		*Passé*		
que je	prenne	que j'	aie	pris
que tu	prennes	que tu	aies	pris
qu'il	prenne	qu'il	ait	pris
que ns	prenions	que ns	ayons	pris
que vs	preniez	que vs	ayez	pris
qu'ils	prennent	qu'ils	aient	pris

Imparfait		*Plus-que-parfait*		
que je	prisse	que j'	eusse	pris
que tu	prisses	que tu	eusses	pris
qu'il	prît	qu'il	eût	pris
que ns	prissions	que ns	eussions	pris
que vs	prissiez	que vs	eussiez	pris
qu'ils	prissent	qu'ils	eussent	pris

IMPÉRATIF

Présent	*Passé*	
prends	aie	pris
prenons	ayons	pris
prenez	ayez	pris

CONDITIONNEL

Présent		*Passé 1re forme*		
je	prendrais	j'	aurais	pris
tu	prendrais	tu	aurais	pris
il	prendrait	il	aurait	pris
nous	prendrions	nous	aurions	pris
vous	prendriez	vous	auriez	pris
ils	prendraient	ils	auraient	pris

Passé 2e forme		
j'	eusse	pris
tu	eusses	pris
il	eût	pris
nous	eussions	pris
vous	eussiez	pris
ils	eussent	pris

INFINITIF

Présent	*Passé*
prendre	avoir pris

PARTICIPE

Présent	*Passé*
prenant	pris, ise ayant pris

FORME PRONOMINALE

INDICATIF

Présent
il/elle se prend

Passé composé
il/elle s'est pris, ise

Imparfait
il/elle se prenait

Plus-que-parfait
il/elle s'était pris, ise

Passé simple
il/elle se prit

Passé antérieur
il/elle se fut pris, ise

Futur simple
il/elle se prendra

Futur antérieur
il/elle se sera pris, ise

INFINITIF

Présent
se prendre

Passé
s'être pris, ise

PARTICIPE

Présent
se prenant

Passé
s'étant pris, ise

SUBJONCTIF

Présent
qu'il/elle se prenne

Passé
qu'il/elle se soit pris, ise

Imparfait
qu'il/elle se prît

Plus-que-parfait
qu'il/elle se fût pris, ise

CONDITIONNEL

Présent
il/elle se prendrait

Passé 1re forme
il/elle se serait pris, ise

Passé 2e forme
il/elle se fût pris, ise

IMPÉRATIF

Présent
prends-toi
prenons-nous
prenez-vous

FORME ACTIVE

INDICATIF

Présent

je	j	oins
tu	j	oins
elle	j	oint
nous	j	oignons
vous	j	oignez
elles	j	oignent

Passé composé

j'	ai	joint
tu	as	joint
elle	a	joint
nous	avons	joint
vous	avez	joint
elles	ont	joint

Imparfait

je	j	oignais
tu	j	oignais
elle	j	oignait
nous	j	oignions
vous	j	oigniez
elles	j	oignaient

Plus-que-parfait

j'	avais	joint
tu	avais	joint
elle	avait	joint
nous	avions	joint
vous	aviez	joint
elles	avaient	joint

Passé simple

je	j	oignis
tu	j	oignis
elle	j	oignit
nous	j	oignîmes
vous	j	oignîtes
elles	j	oignirent

Passé antérieur

j'	eus	joint
tu	eus	joint
elle	eut	joint
nous	eûmes	joint
vous	eûtes	joint
elles	eurent	joint

Futur simple

je	j	oindrai
tu	j	oindras
elle	j	oindra
nous	j	oindrons
vous	j	oindrez
elles	j	oindront

Futur antérieur

j'	aurai	joint
tu	auras	joint
elle	aura	joint
nous	aurons	joint
vous	aurez	joint
elles	auront	joint

SUBJONCTIF

Présent

que je	j	oigne
que tu	j	oignes
qu'elle	j	oigne
que ns	j	oignions
que vs	j	oigniez
qu'elles	j	oignent

Passé

que j'	aie	joint
que tu	aies	joint
qu'elle	ait	joint
que ns	ayons	joint
que vs	ayez	joint
qu'elles	aient	joint

Imparfait

que je	j	oignisse
que tu	j	oignisses
qu'elle	j	oignît
que ns	j	oignissions
que vs	j	oignissiez
qu'elles	j	oignissent

Plus-que-parfait

que j'	eusse	joint
que tu	eusses	joint
qu'elle	eût	joint
que ns	eussions	joint
que vs	eussiez	joint
qu'elles	eussent	joint

IMPÉRATIF

Présent

j oins
j oignons
j oignez

Passé

aie	joint
ayons	joint
ayez	joint

CONDITIONNEL

Présent

je	j	oindrais
tu	j	oindrais
elle	j	oindrait
nous	j	oindrions
vous	j	oindriez
elles	j	oindraient

Passé 1re forme

j'	aurais	joint
tu	aurais	joint
elle	aurait	joint
nous	aurions	joint
vous	auriez	joint
elles	auraient	joint

Passé 2e forme

j'	eusse	joint
tu	eusses	joint
elle	eût	joint
nous	eussions	joint
vous	eussiez	joint
elles	eussent	joint

INFINITIF

Présent
j oindre

Passé
avoir joint

PARTICIPE

Présent
j oignant

Passé
j oint, te
ayant joint

FORME PRONOMINALE

INDICATIF

Présent
il/elle se joint

Passé composé
il/elle s'est joint, te

Imparfait
il/elle se joignait

Plus-que-parfait
il/elle s'était joint, te

Passé simple
il/elle se joignit

Passé antérieur
il/elle se fut joint, te

Futur simple
il/elle se joindra

Futur antérieur
il/elle se sera joint, te

INFINITIF

Présent
se joindre

Passé
s'être joint, te

PARTICIPE

Présent
se joignant

Passé
s'étant joint, te

SUBJONCTIF

Présent
qu'il/elle se joigne

Passé
qu'il/elle se soit joint, te

Imparfait
qu'il/elle se joignît

Plus-que-parfait
qu'il/elle se fût joint, te

CONDITIONNEL

Présent
il/elle se joindrait

Passé 1re forme
il/elle se serait joint, te

Passé 2e forme
il/elle se fût joint, te

IMPÉRATIF

Présent
joins-toi
joignons-nous
joignez-vous

RÉPONDRE *Verbes en **DRE**, se terminant par **ONDRE***

FORME ACTIVE

INDICATIF

Présent			Passé composé		
je	rép	onds	j'	ai	répondu
tu	rép	onds	tu	as	répondu
il	rép	ond	il	a	répondu
nous	rép	ondons	nous	avons	répondu
vous	rép	ondez	vous	avez	répondu
ils	rép	ondent	ils	ont	répondu

Imparfait			Plus-que-parfait		
je	rép	ondais	j'	avais	répondu
tu	rép	ondais	tu	avais	répondu
il	rép	ondait	il	avait	répondu
nous	rép	ondions	nous	avions	répondu
vous	rép	ondiez	vous	aviez	répondu
ils	rép	ondaient	ils	avaient	répondu

Passé simple			Passé antérieur		
je	rép	ondis	j'	eus	répondu
tu	rép	ondis	tu	eus	répondu
il	rép	ondit	il	eut	répondu
nous	rép	ondîmes	nous	eûmes	répondu
vous	rép	ondîtes	vous	eûtes	répondu
ils	rép	ondirent	ils	eurent	répondu

Futur simple			Futur antérieur		
je	rép	ondrai	j'	aurai	répondu
tu	rép	ondras	tu	auras	répondu
il	rép	ondra	il	aura	répondu
nous	rép	ondrons	nous	aurons	répondu
vous	rép	ondrez	vous	aurez	répondu
ils	rép	ondront	ils	auront	répondu

SUBJONCTIF

Présent			Passé		
que je	rép	onde	que j'	aie	répondu
que tu	rép	ondes	que tu	aies	répondu
qu'il	rép	onde	qu'il	ait	répondu
que ns	rép	ondions	que ns	ayons	répondu
que vs	rép	ondiez	que vs	ayez	répondu
qu'ils	rép	ondent	qu'ils	aient	répondu

Imparfait			Plus-que-parfait		
que je	rép	ondisse	que j'	eusse	répondu
que tu	rép	ondisses	que tu	eusses	répondu
qu'il	rép	ondît	qu'il	eût	répondu
que ns	rép	ondissions	que ns	eussions	répondu
que vs	rép	ondissiez	que vs	eussiez	répondu
qu'ils	rép	ondissent	qu'ils	eussent	répondu

IMPÉRATIF

Présent		Passé	
rép	onds	aie	répondu
rép	ondons	ayons	répondu
rép	ondez	ayez	répondu

CONDITIONNEL

Présent			Passé 1re forme		
je	rép	ondrais	j'	aurais	répondu
tu	rép	ondrais	tu	aurais	répondu
il	rép	ondrait	il	aurait	répondu
nous	rép	ondrions	nous	aurions	répondu
vous	rép	ondriez	vous	auriez	répondu
ils	rép	ondraient	ils	auraient	répondu

Passé 2e forme		
j'	eusse	répondu
tu	eusses	répondu
il	eût	répondu
nous	eussions	répondu
vous	eussiez	répondu
ils	eussent	répondu

INFINITIF

Présent	Passé
rép ondre	avoir répondu

PARTICIPE

Présent	Passé
rép ondant	rép ondu, ue ayant répondu

FORME PRONOMINALE

INDICATIF

Présent
ils/elles se répondent

Passé composé
ils/elles se sont répondu

Imparfait
ils/elles se répondaient

Plus-que-parfait
ils/elles s'étaient répondu

Passé simple
ils/elles se répondirent

Passé antérieur
ils/elles se furent répondu

Futur simple
ils/elles se répondront

Futur antérieur
ils/elles se seront répondu

INFINITIF

Présent
se répondre

Passé
s'être répondu

PARTICIPE

Présent
se répondant

Passé
s'étant répondu

SUBJONCTIF

Présent
qu'ils/elles se répondent

Passé
qu'ils/elles se soient répondu

Imparfait
qu'ils/elles se répondissent

Plus-que-parfait
qu'ils/elles se fussent répondu

CONDITIONNEL

Présent
ils/elles se répondraient

Passé 1re forme
ils/elles se seraient répondu

Passé 2e forme
ils/elles se fussent répondu

IMPÉRATIF

Présent
—

FORME ACTIVE

INDICATIF

Présent		*Passé composé*		
je	perds	j'	ai	perdu
tu	perds	tu	as	perdu
elle	perd	elle	a	perdu
nous	perdons	nous	avons	perdu
vous	perdez	vous	avez	perdu
elles	perdent	elles	ont	perdu

Imparfait		*Plus-que-parfait*		
je	perdais	j'	avais	perdu
tu	perdais	tu	avais	perdu
elle	perdait	elle	avait	perdu
nous	perdions	nous	avions	perdu
vous	perdiez	vous	aviez	perdu
elles	perdaient	elles	avaient	perdu

Passé simple		*Passé antérieur*		
je	perdis	j'	eus	perdu
tu	perdis	tu	eus	perdu
elle	perdit	elle	eut	perdu
nous	perdîmes	nous	eûmes	perdu
vous	perdîtes	vous	eûtes	perdu
elles	perdirent	elles	eupert	perdu

Futur simple		*Futur antérieur*		
je	perdrai	j'	aurai	perdu
tu	perdras	tu	auras	perdu
elle	perdra	elle	aura	perdu
nous	perdrons	nous	aurons	perdu
vous	perdrez	vous	aurez	perdu
elles	perdront	elles	auront	perdu

SUBJONCTIF

Présent		*Passé*		
que je	perde	que j'	aie	perdu
que tu	perdes	que tu	aies	perdu
qu'elle	perde	qu'elle	ait	perdu
que ns	perdions	que ns	ayons	perdu
que vs	perdiez	que vs	ayez	perdu
qu'elles	perdent	qu'elles	aient	perdu

Imparfait		*Plus-que-parfait*		
que je	perdisse	que j'	eusse	perdu
que tu	perdisses	que tu	eusses	perdu
qu'elle	perdît	qu'elle	eût	perdu
que ns	perdissions	que ns	eussions	perdu
que vs	perdissiez	que vs	eussiez	perdu
qu'elles	perdissent	qu'elles	eussent	perdu

IMPÉRATIF

Présent	*Passé*	
perds	aie	perdu
perdons	ayons	perdu
perdez	ayez	perdu

CONDITIONNEL

Présent		*Passé 1re forme*		
je	perdrais	j'	aurais	perdu
tu	perdrais	tu	aurais	perdu
elle	perdrait	elle	aurait	perdu
nous	perdrions	nous	aurions	perdu
vous	perdriez	vous	auriez	perdu
elles	perdraient	elles	auraient	perdu

Passé 2e forme		
j'	eusse	perdu
tu	eusses	perdu
elle	eût	perdu
nous	eussions	perdu
vous	eussiez	perdu
elles	eussent	perdu

INFINITIF

Présent
perdre

Passé
avoir perdu

PARTICIPE

Présent
perdant

Passé
perdu, ue
ayant perdu

FORME PRONOMINALE

INDICATIF

Présent
il/elle se perd

Passé composé
il/elle s'est perdu, ue

Imparfait
il/elle se perdait

Plus-que-parfait
il/elle s'était perdu, ue

Passé simple
il/elle se perdit

Passé antérieur
il/elle se fut perdu, ue

Futur simple
il/elle se perdra

Futur antérieur
il/elle se sera perdu, ue

INFINITIF

Présent
se perdre

Passé
s'être perdu, ue

PARTICIPE

Présent
se perdant

Passé
s'étant perdu, ue

SUBJONCTIF

Présent
qu'il/elle se perde

Passé
qu'il/elle se soit perdu, ue

Imparfait
qu'il/elle se perdît

Plus-que-parfait
qu'il/elle se fût perdu, ue

CONDITIONNEL

Présent
il/elle se perdrait

Passé 1re forme
il/elle se serait perdu, ue

Passé 2e forme
il/elle se fût perdu, ue

IMPÉRATIF

Présent
perds-toi
perdons-nous
perdez-vous

TORDRE *Verbes en **DRE**, se terminant par **ORDRE***

FORME ACTIVE

INDICATIF

Présent		*Passé composé*		
je	t ords	j'	ai	tordu
tu	t ords	tu	as	tordu
il	t ord	il	a	tordu
nous	t ordons	nous	avons	tordu
vous	t ordez	vous	avez	tordu
ils	t ordent	ils	ont	tordu

Imparfait		*Plus-que-parfait*		
je	t ordais	j'	avais	tordu
tu	t ordais	tu	avais	tordu
il	t ordait	il	avait	tordu
nous	t ordions	nous	avions	tordu
vous	t ordiez	vous	aviez	tordu
ils	t ordaient	ils	avaient	tordu

Passé simple		*Passé antérieur*		
je	t ordis	j'	eus	tordu
tu	t ordis	tu	eus	tordu
il	t ordit	il	eut	tordu
nous	t ordîmes	nous	eûmes	tordu
vous	t ordîtes	vous	eûtes	tordu
ils	t ordirent	ils	eurent	tordu

Futur simple		*Futur antérieur*		
je	t ordrai	j'	aurai	tordu
tu	t ordras	tu	auras	tordu
il	t ordra	il	aura	tordu
nous	t ordrons	nous	aurons	tordu
vous	t ordrez	vous	aurez	tordu
ils	t ordront	ils	auront	tordu

SUBJONCTIF

Présent		*Passé*		
que je	t orde	que j'	aie	tordu
que tu	t ordes	que tu	aies	tordu
qu'il	t orde	qu'il	ait	tordu
que ns	t ordions	que ns	ayons	tordu
que vs	t ordiez	que vs	ayez	tordu
qu'ils	t ordent	qu'ils	aient	tordu

Imparfait		*Plus-que-parfait*		
que je	t ordisse	que j'	eusse	tordu
que tu	t ordisses	que tu	eusses	tordu
qu'il	t ordît	qu'il	eût	tordu
que ns	t ordissions	que ns	eussions	tordu
que vs	t ordissiez	que vs	eussiez	tordu
qu'ils	t ordissent	qu'ils	eussent	tordu

IMPÉRATIF

Présent	*Passé*	
t ords	aie	tordu
t ordons	ayons	tordu
t ordez	ayez	tordu

CONDITIONNEL

Présent		*Passé 1re forme*		
je	t ordrais	j'	aurais	tordu
tu	t ordrais	tu	aurais	tordu
il	t ordrait	il	aurait	tordu
nous	t ordrions	nous	aurions	tordu
vous	t ordriez	vous	auriez	tordu
ils	t ordraient	ils	auraient	tordu

Passé 2e forme

j'	eusse	tordu
tu	eusses	tordu
il	eût	tordu
nous	eussions	tordu
vous	eussiez	tordu
ils	eussent	tordu

INFINITIF

Présent
t ordre

Passé
avoir tordu

PARTICIPE

Présent
t ordant

Passé
t ordu, ue
ayant tordu

FORME PRONOMINALE

INDICATIF

Présent
il/elle se tord

Passé composé
il/elle s'est tordu, ue

Imparfait
il/elle se tordait

Plus-que-parfait
il/elle s'était tordu, ue

Passé simple
il/elle se tordit

Passé antérieur
il/elle se fut tordu, ue

Futur simple
il/elle se tordra

Futur antérieur
il/elle se sera tordu, ue

INFINITIF

Présent
se tordre

Passé
s'être tordu, ue

PARTICIPE

Présent
se tordant

Passé
s'étant tordu, ue

SUBJONCTIF

Présent
qu'il/elle se torde

Passé
qu'il/elle se soit tordu, ue

Imparfait
qu'il/elle se tordît

Plus-que-parfait
qu'il/elle se fût tordu, ue

CONDITIONNEL

Présent
il/elle se tordrait

Passé 1re forme
il/elle se serait tordu, ue

Passé 2e forme
il/elle se fût tordu, ue

IMPÉRATIF

Présent
tords-toi
tordons-nous
tordez-vous

FORME ACTIVE

INDICATIF

Présent			***Passé composé***		
je	dis	sous	j'	ai	dissous
tu	dis	sous	tu	as	dissous
elle	dis	sout	elle	a	dissous
nous	dis	solvons	nous	avons	dissous
vous	dis	solvez	vous	avez	dissous
elles	dis	solvent	elles	ont	dissous
Imparfait			***Plus-que-parfait***		
je	dis	solvais	j'	avais	dissous
tu	dis	solvais	tu	avais	dissous
elle	dis	solvait	elle	avait	dissous
nous	dis	solvions	nous	avions	dissous
vous	dis	solviez	vous	aviez	dissous
elles	dis	solvaient	elles	avaient	dissous
Passé simple (rare)			***Passé antérieur***		
je	dis	solus	j'	eus	dissous
tu	dis	solus	tu	eus	dissous
elle	dis	solut	elle	eut	dissous
nous	dis	solûmes	nous	eûmes	dissous
vous	dis	solûtes	vous	eûtes	dissous
elles	dis	solurent	elles	eurent	dissous
Futur simple			***Futur antérieur***		
je	dis	soudrai	j'	aurai	dissous
tu	dis	soudras	tu	auras	dissous
elle	dis	soudra	elle	aura	dissous
nous	dis	soudrons	nous	aurons	dissous
vous	dis	soudrez	vous	aurez	dissous
elles	dis	soudront	elles	auront	dissous

SUBJONCTIF

Présent			***Passé***		
que je	dis	solve	que j'	aie	dissous
que tu	dis	solves	que tu	aies	dissous
qu'elle	dis	solve	qu'elle	ait	dissous
que ns	dis	solvions	que ns	ayons	dissous
que vs	dis	solviez	que vs	ayez	dissous
qu'elles	dis	solvent	qu'elles	aient	dissous
Imparfait (rare)			***Plus-que-parfait***		
que je	dis	solusse	que j'	eusse	dissous
que tu	dis	solusses	que tu	eusses	dissous
qu'elle	dis	solût	qu'elle	eût	dissous
que ns	dis	solussions	que ns	eussions	dissous
que vs	dis	solussiez	que vs	eussiez	dissous
qu'elles	dis	solussent	qu'elles	eussent	dissous

IMPÉRATIF

Présent	***Passé***	
dis sous	aie	dissous
dis solvons	ayons	dissous
dis solvez	ayez	dissous

CONDITIONNEL

Présent			***Passé 1re forme***		
je	dis	soudrais	j'	aurais	dissous
tu	dis	soudrais	tu	aurais	dissous
elle	dis	soudrait	elle	aurait	dissous
nous	dis	soudrions	nous	aurions	dissous
vous	dis	soudriez	vous	auriez	dissous
elles	dis	soudraient	elles	auraient	dissous

Passé 2e forme

j'	eusse	dissous
tu	eusses	dissous
elle	eût	dissous
nous	eussions	dissous
vous	eussiez	dissous
elles	eussent	dissous

INFINITIF

Présent
dis soudre

Passé
avoir dissous

PARTICIPE

Présent
dis solvant

Passé
dis sous, oute
ayant dissous

FORME PRONOMINALE

INDICATIF

Présent
il/elle se dissout

Passé composé
il/elle s'est dissous, oute

Imparfait
il/elle se dissolvait

Plus-que-parfait
il/elle s'était dissous, oute

Passé simple
il/elle se dissolut

Passé antérieur
il/elle se fut dissous, oute

Futur simple
il/elle se dissoudra

Futur antérieur
il/elle se sera dissous, oute

INFINITIF

Présent
se dissoudre

Passé
s'être dissous, oute

PARTICIPE

Présent
se dissolvant

Passé
s'étant dissous, oute

SUBJONCTIF

Présent
qu'il/elle se dissolve

Passé
qu'il/elle se soit dissous, oute

Imparfait
qu'il/elle se dissolût

Plus-que-parfait
qu'il/elle se fût dissous, oute

CONDITIONNEL

Présent
il/elle se dissoudrait

Passé 1re forme
il/elle se serait dissous, oute

Passé 2e forme
il/elle se fût dissous, oute

IMPÉRATIF

Présent
dissous-toi
dissolvons-nous
dissolvez-vous

DÉCOUDRE *Verbes en **DRE**, composés de **COUDRE***

FORME ACTIVE

INDICATIF

Présent			*Passé composé*		
je	dé	couds	j'	ai	décousu
tu	dé	couds	tu	as	décousu
il	dé	coud	il	a	décousu
nous	dé	cousons	nous	avons	décousu
vous	dé	cousez	vous	avez	décousu
ils	dé	cousent	ils	ont	décousu
Imparfait			***Plus-que-parfait***		
je	dé	cousais	j'	avais	décousu
tu	dé	cousais	tu	avais	décousu
il	dé	cousait	il	avait	décousu
nous	dé	cousions	nous	avions	décousu
vous	dé	cousiez	vous	aviez	décousu
ils	dé	cousaient	ils	avaient	décousu
Passé simple			***Passé antérieur***		
je	dé	cousis	j'	eus	décousu
tu	dé	cousis	tu	eus	décousu
il	dé	cousit	il	eut	décousu
nous	dé	cousîmes	nous	eûmes	décousu
vous	dé	cousîtes	vous	eûtes	décousu
ils	dé	cousirent	ils	eurent	décousu
Futur simple			***Futur antérieur***		
je	dé	coudrai	j'	aurai	décousu
tu	dé	coudras	tu	auras	décousu
il	dé	coudra	il	aura	décousu
nous	dé	coudrons	nous	aurons	décousu
vous	dé	coudrez	vous	aurez	décousu
ils	dé	coudront	ils	auront	décousu

SUBJONCTIF

Présent			*Passé*		
que je	dé	couse	que j'	aie	décousu
que tu	dé	couses	que tu	aies	décousu
qu'il	dé	couse	qu'il	ait	décousu
que ns	dé	cousions	que ns	ayons	décousu
que vs	dé	cousiez	que vs	ayez	décousu
qu'ils	dé	cousent	qu'ils	aient	décousu
Imparfait			***Plus-que-parfait***		
que je	dé	cousisse	que j'	eusse	décousu
que tu	dé	cousisses	que tu	eusses	décousu
qu'il	dé	cousît	qu'il	eût	décousu
que ns	dé	cousissions	que ns	eussions	décousu
que vs	dé	cousissiez	que vs	eussiez	décousu
qu'ils	dé	cousissent	qu'ils	eussent	décousu

IMPÉRATIF

Présent		*Passé*	
dé	couds	aie	décousu
dé	cousons	ayons	décousu
dé	cousez	ayez	décousu

CONDITIONNEL

Présent			*Passé 1re forme*		
je	dé	coudrais	j'	aurais	décousu
tu	dé	coudrais	tu	aurais	décousu
il	dé	coudrait	il	aurait	décousu
nous	dé	coudrions	nous	aurions	décousu
vous	dé	coudriez	vous	auriez	décousu
ils	dé	coudraient	ils	auraient	décousu

Passé 2e forme		
j'	eusse	décousu
tu	eusses	décousu
il	eût	décousu
nous	eussions	décousu
vous	eussiez	décousu
ils	eussent	décousu

INFINITIF

Présent	*Passé*
dé coudre	avoir décousu

PARTICIPE

Présent	*Passé*
dé cousant	dé cousu, ue ayant décousu

FORME PRONOMINALE

INDICATIF

Présent
il/elle se découd

Passé composé
il/elle s'est décousu, ue

Imparfait
il/elle se décousait

Plus-que-parfait
il/elle s'était décousu, ue

Passé simple
il/elle se décousit

Passé antérieur
il/elle se fut décousu, ue

Futur simple
il/elle se découdra

Futur antérieur
il/elle se sera décousu, ue

INFINITIF

Présent
se découdre

Passé
s'être décousu, ue

PARTICIPE

Présent
se décousant

Passé
s'étant décousu, ue

SUBJONCTIF

Présent
qu'il/elle se découse

Passé
qu'il/elle se soit décousu, ue

Imparfait
qu'il/elle se décousît

Plus-que-parfait
qu'il/elle se fût décousu, ue

CONDITIONNEL

Présent
il/elle se découdrait

Passé 1re forme
il/elle se serait décousu, ue

Passé 2e forme
il/elle se fût décousu, ue

IMPÉRATIF

Présent
découds-toi
décousons-nous
décousez-vous

FORME ACTIVE

INDICATIF

Présent		*Passé composé*		
je	mouds	j'	ai	moulu
tu	mouds	tu	as	moulu
elle	moud	elle	a	moulu
nous	moulons	nous	avons	moulu
vous	moulez	vous	avez	moulu
elles	moulent	elles	ont	moulu

Imparfait		*Plus-que-parfait*		
je	moulais	j'	avais	moulu
tu	moulais	tu	avais	moulu
elle	moulait	elle	avait	moulu
nous	moulions	nous	avions	moulu
vous	mouliez	vous	aviez	moulu
elles	moulaient	elles	avaient	moulu

Passé simple		*Passé antérieur*		
je	moulus	j'	eus	moulu
tu	moulus	tu	eus	moulu
elle	moulut	elle	eut	moulu
nous	moulûmes	nous	eûmes	moulu
vous	moulûtes	vous	eûtes	moulu
elles	moulurent	elles	eurent	moulu

Futur simple		*Futur antérieur*		
je	moudrai	j'	aurai	moulu
tu	moudras	tu	auras	moulu
elle	moudra	elle	aura	moulu
nous	moudrons	nous	aurons	moulu
vous	moudrez	vous	aurez	moulu
elles	moudront	elles	auront	moulu

SUBJONCTIF

Présent		*Passé*		
que je	moule	que j'	aie	moulu
que tu	moules	que tu	aies	moulu
qu'elle	moule	qu'elle	ait	moulu
que ns	moulions	que ns	ayons	moulu
que vs	mouliez	que vs	ayez	moulu
qu'elles	moulent	qu'elles	aient	moulu

Imparfait		*Plus-que-parfait*		
que je	moulusse	que j'	eusse	moulu
que tu	moulusses	que tu	eusses	moulu
qu'elle	moulût	qu'elle	eût	moulu
que ns	moulussions	que ns	eussions	moulu
que vs	moulussiez	que vs	eussiez	moulu
qu'elles	moulussent	qu'elles	eussent	moulu

IMPÉRATIF

Présent	*Passé*	
mouds	aie	moulu
moulons	ayons	moulu
moulez	ayez	moulu

CONDITIONNEL

Présent		*Passé 1re forme*		
je	moudrais	j'	aurais	moulu
tu	moudrais	tu	aurais	moulu
elle	moudrait	elle	aurait	moulu
nous	moudrions	nous	aurions	moulu
vous	moudriez	vous	auriez	moulu
elles	moudraient	elles	auraient	moulu

Passé 2e forme		
j'	eusse	moulu
tu	eusses	moulu
elle	eût	moulu
nous	eussions	moulu
vous	eussiez	moulu
elles	eussent	moulu

INFINITIF

Présent	*Passé*
moudre	avoir moulu

PARTICIPE

Présent	*Passé*
moulant	moulu, ue ayant moulu

Ne s'emploie pas à la forme pronominale.

RÉSOUDRE

FORME ACTIVE

INDICATIF

Présent		*Passé composé*		
je	résous	j'	ai	résolu
tu	résous	tu	as	résolu
il	résout	il	a	résolu
nous	résolvons	nous	avons	résolu
vous	résolvez	vous	avez	résolu
ils	résolvent	ils	ont	résolu

Imparfait		*Plus-que-parfait*		
je	résolvais	j'	avais	résolu
tu	résolvais	tu	avais	résolu
il	résolvait	il	avait	résolu
nous	résolvions	nous	avions	résolu
vous	résolviez	vous	aviez	résolu
ils	résolvaient	ils	avaient	résolu

Passé simple		*Passé antérieur*		
je	résolus	j'	eus	résolu
tu	résolus	tu	eus	résolu
il	résolut	il	eut	résolu
nous	résolûmes	nous	eûmes	résolu
vous	résolûtes	vous	eûtes	résolu
ils	résolurent	ils	eurent	résolu

Futur simple		*Futur antérieur*		
je	résoudrai	j'	aurai	résolu
tu	résoudras	tu	auras	résolu
il	résoudra	il	aura	résolu
nous	résoudrons	nous	aurons	résolu
vous	résoudrez	vous	aurez	résolu
ils	résoudront	ils	auront	résolu

SUBJONCTIF

Présent		*Passé*		
que je	résolve	que j'	aie	résolu
que tu	résolves	que tu	aies	résolu
qu'il	résolve	qu'il	ait	résolu
que ns	résolvions	que ns	ayons	résolu
que vs	résolviez	que vs	ayez	résolu
qu'ils	résolvent	qu'ils	aient	résolu

Imparfait		*Plus-que-parfait*		
que je	résolusse	que j'	eusse	résolu
que tu	résolusses	que tu	eusses	résolu
qu'il	résolût	qu'il	eût	résolu
que ns	résolussions	que ns	eussions	résolu
que vs	résolussiez	que vs	eussiez	résolu
qu'ils	résolussent	qu'ils	eussent	résolu

IMPÉRATIF

Présent	*Passé*	
résous	aie	résolu
résolvons	ayons	résolu
résolvez	ayez	résolu

CONDITIONNEL

Présent		*Passé 1re forme*		
je	résoudrais	j'	aurais	résolu
tu	résoudrais	tu	aurais	résolu
il	résoudrait	il	aurait	résolu
nous	résoudrions	nous	aurions	résolu
vous	résoudriez	vous	auriez	résolu
ils	résoudraient	ils	auraient	résolu

Passé 2e forme

j'	eusse	résolu
tu	eusses	résolu
il	eût	résolu
nous	eussions	résolu
vous	eussiez	résolu
ils	eussent	résolu

INFINITIF

Présent
résoudre

Passé
avoir résolu

PARTICIPE

Présent
résolvant

Passé
résolu, ue
ayant résolu

FORME PRONOMINALE

INDICATIF

Présent
il/elle se résout

Passé composé
il/elle s'est résolu, ue

Imparfait
il/elle se résolvait

Plus-que-parfait
il/elle s'était résolu, ue

Passé simple
il/elle se résolut

Passé antérieur
il/elle se fut résolu, ue

Futur simple
il/elle se résoudra

Futur antérieur
il/elle se sera résolu, ue

INFINITIF

Présent
se résoudre

Passé
s'être résolu, ue

PARTICIPE

Présent
se résolvant

Passé
s'étant résolu, ue

SUBJONCTIF

Présent
qu'il/elle se résolve

Passé
qu'il/elle se soit résolu, ue

Imparfait
qu'il/elle se résolût

Plus-que-parfait
qu'il/elle se fût résolu, ue

CONDITIONNEL

Présent
il/elle se résoudrait

Passé 1re forme
il/elle se serait résolu, ue

Passé 2e forme
il/elle se fût résolu, ue

IMPÉRATIF

Présent
résous-toi
résolvons-nous
résolvez-vous

FORME ACTIVE

INDICATIF

Présent	*Passé composé*
je romps	j' ai rompu
tu romps	tu as rompu
elle rompt	elle a rompu
nous rompons	nous avons rompu
vous rompez	vous avez rompu
elles rompent	elles ont rompu

Imparfait	*Plus-que-parfait*
je rompais	j' avais rompu
tu rompais	tu avais rompu
elle rompait	elle avait rompu
nous rompions	nous avions rompu
vous rompiez	vous aviez rompu
elles rompaient	elles avaient rompu

Passé simple	*Passé antérieur*
je rompis	j' eus rompu
tu rompis	tu eus rompu
elle rompit	elle eut rompu
nous rompîmes	nous eûmes rompu
vous rompîtes	vous eûtes rompu
elles rompirent	elles eurent rompu

Futur simple	*Futur antérieur*
je romprai	j' aurai rompu
tu rompras	tu auras rompu
elle rompra	elle aura rompu
nous romprons	nous aurons rompu
vous romprez	vous aurez rompu
elles rompront	elles auront rompu

SUBJONCTIF

Présent	*Passé*
que je rompe	que j' aie rompu
que tu rompes	que tu aies rompu
qu'elle rompe	qu'elle ait rompu
que ns rompions	que ns ayons rompu
que vs rompiez	que vs ayez rompu
qu'elles rompent	qu'elles aient rompu

Imparfait	*Plus-que-parfait*
que je rompisse	que j' eusse rompu
que tu rompisses	que tu eusses rompu
qu'elle rompît	qu'elle eût rompu
que ns rompissions	que ns eussions rompu
que vs rompissiez	que vs eussiez rompu
qu'elles rompissent	qu'elles eussent rompu

IMPÉRATIF

Présent	*Passé*
romps	aie rompu
rompons	ayons rompu
rompez	ayez rompu

CONDITIONNEL

Présent	*Passé 1re forme*	*Passé 2e forme*
je romprais	j' aurais rompu	j' eusse rompu
tu romprais	tu aurais rompu	tu eusses rompu
elle romprait	elle aurait rompu	elle eût rompu
nous romprions	nous aurions rompu	nous eussions rompu
vous rompriez	vous auriez rompu	vous eussiez rompu
elles rompraient	elles auraient rompu	elles eussent rompu

INFINITIF

Présent	*Passé*
rompre	avoir rompu

PARTICIPE

Présent	*Passé*
rompant	rompu, ue ayant rompu

FORME PRONOMINALE

INDICATIF

Présent
il/elle se rompt

Passé composé
il/elle s'est rompu, ue

Imparfait
il/elle se rompait

Plus-que-parfait
il/elle s'était rompu, ue

Passé simple
il/elle se rompit

Passé antérieur
il/elle se fut rompu, ue

Futur simple
il/elle se rompra

Futur antérieur
il/elle se sera rompu, ue

INFINITIF

Présent
se rompre

Passé
s'être rompu, ue

PARTICIPE

Présent
se rompant

Passé
s'étant rompu, ue

SUBJONCTIF

Présent
qu'il/elle se rompe

Passé
qu'il/elle se soit rompu, ue

Imparfait
qu'il/elle se rompît

Plus-que-parfait
qu'il/elle se fût rompu, ue

CONDITIONNEL

Présent
il/elle se romprait

Passé 1re forme
il/elle se serait rompu, ue

Passé 2e forme
il/elle se fût rompu, ue

IMPÉRATIF

Présent
romps-toi
rompons-nous
rompez-vous

CONNAÎTRE *Verbes en **TRE**, composés de **CONNAÎTRE***

FORME ACTIVE

INDICATIF

Présent

je	connais
tu	connais
il	connaît
nous	connaissons
vous	connaissez
ils	connaissent

Passé composé

j'	ai	connu
tu	as	connu
il	a	connu
nous	avons	connu
vous	avez	connu
ils	ont	connu

Imparfait

je	connaissais
tu	connaissais
il	connaissait
nous	connaissions
vous	connaissiez
ils	connaissaient

Plus-que-parfait

j'	avais	connu
tu	avais	connu
il	avait	connu
nous	avions	connu
vous	aviez	connu
ils	avaient	connu

Passé simple

je	connus
tu	connus
il	connut
nous	connûmes
vous	connûtes
ils	connurent

Passé antérieur

j'	eus	connu
tu	eus	connu
il	eut	connu
nous	eûmes	connu
vous	eûtes	connu
ils	eurent	connu

Futur simple

je	connaîtrai
tu	connaîtras
il	connaîtra
nous	connaîtrons
vous	connaîtrez
ils	connaîtront

Futur antérieur

j'	aurai	connu
tu	auras	connu
il	aura	connu
nous	aurons	connu
vous	aurez	connu
ils	auront	connu

SUBJONCTIF

Présent

que je	connaisse
que tu	connaisses
qu'il	connaisse
que ns	connaissions
que vs	connaissiez
qu'ils	connaissent

Passé

que j'	aie	connu
que tu	aies	connu
qu'il	ait	connu
que ns	ayons	connu
que vs	ayez	connu
qu'ils	aient	connu

Imparfait

que je	connusse
que tu	connusses
qu'il	connût
que ns	connussions
que vs	connussiez
qu'ils	connussent

Plus-que-parfait

que j'	eusse	connu
que tu	eusses	connu
qu'il	eût	connu
que ns	eussions	connu
que vs	eussiez	connu
qu'ils	eussent	connu

IMPÉRATIF

Présent

connais
connaissons
connaissez

Passé

aie	connu
ayons	connu
ayez	connu

CONDITIONNEL

Présent

je	connaîtrais
tu	connaîtrais
il	connaîtrait
nous	connaîtrions
vous	connaîtriez
ils	connaîtraient

Passé 1re forme

j'	aurais	connu
tu	aurais	connu
il	aurait	connu
nous	aurions	connu
vous	auriez	connu
ils	auraient	connu

Passé 2e forme

j'	eusse	connu
tu	eusses	connu
il	eût	connu
nous	eussions	connu
vous	eussiez	connu
ils	eussent	connu

INFINITIF

Présent
connaître

Passé
avoir connu

PARTICIPE

Présent
connaissant

Passé
connu, ue
ayant connu

FORME PRONOMINALE

INDICATIF

Présent
il/elle se connaît

Passé composé
il/elle s'est connu, ue

Imparfait
il/elle se connaissait

Plus-que-parfait
il/elle s'était connu, ue

Passé simple
il/elle se connut

Passé antérieur
il/elle se fut connu, ue

Futur simple
il/elle se connaîtra

Futur antérieur
il/elle se sera connu, ue

INFINITIF

Présent
se connaître

Passé
s'être connu, ue

PARTICIPE

Présent
se connaissant

Passé
s'étant connu, ue

SUBJONCTIF

Présent
qu'il/elle se connaisse

Passé
qu'il/elle se soit connu, ue

Imparfait
qu'il/elle se connût

Plus-que-parfait
qu'il/elle se fût connu, ue

CONDITIONNEL

Présent
il/elle se connaîtrait

Passé 1re forme
il/elle se serait connu, ue

Passé 2e forme
il/elle se fût connu, ue

IMPÉRATIF

Présent
connais-toi
connaissons-nous
connaissez-vous

FORME ACTIVE

INDICATIF

Présent		*Passé composé*		
je	nais	je	suis	né, ée
tu	nais	tu	es	né, ée
elle	naît	il/elle	est	né, ée
nous	naissons	nous	sommes	nés, ées
vous	naissez	vous	êtes	nés, ées
elles	naissent	ils/elles	sont	nés, ées

Imparfait		*Plus-que-parfait*		
je	naissais	j'	étais	né, ée
tu	naissais	tu	étais	né, ée
elle	naissait	il/elle	était	né, ée
nous	naissions	nous	étions	nés, ées
vous	naissiez	vous	étiez	nés, ées
elles	naissaient	ils/elles	étaient	nés, ées

Passé simple		*Passé antérieur*		
je	naquis	je	fus	né, ée
tu	naquis	tu	fus	né, ée
elle	naquit	il/elle	fut	né, ée
nous	naquîmes	nous	fûmes	nés, ées
vous	naquîtes	vous	fûtes	nés, ées
elles	naquirent	ils/elles	furent	nés, ées

Futur simple		*Futur antérieur*		
je	naîtrai	je	serai	né, ée
tu	naîtras	tu	seras	né, ée
elle	naîtra	il/elle	sera	né, ée
nous	naîtrons	nous	serons	nés, ées
vous	naîtrez	vous	serez	nés, ées
elles	naîtront	ils/elles	seront	nés, ées

SUBJONCTIF

Présent		*Passé*		
que je	naisse	que je	sois	né, ée
que tu	naisses	que tu	sois	né, ée
qu'elle	naisse	qu'il/elle	soit	né, ée
que ns	naissions	que ns	soyons	nés, ées
que vs	naissiez	que vs	soyez	nés, ées
qu'elles	naissent	qu'ils/elles	soient	nés, ées

Imparfait		*Plus-que-parfait*		
que je	naquisse	que je	fusse	né, ée
que tu	naquisses	que tu	fusses	né, ée
qu'elle	naquît	qu'il/elle	fût	né, ée
que ns	naquissions	que ns	fussions	nés, ées
que vs	naquissiez	que vs	fussiez	nés, ées
qu'elles	naquissent	qu'ils/elles	fussent	nés, ées

IMPÉRATIF

Présent	*Passé*	
nais	sois	né, ée
naissons	soyons	nés, ées
naissez	soyez	nés, ées

CONDITIONNEL

Présent		*Passé 1re forme*		
je	naîtrais	je	serais	né, ée
tu	naîtrais	tu	serais	né, ée
elle	naîtrait	il/elle	serait	né, ée
nous	naîtrions	nous	serions	nés, ées
vous	naîtriez	vous	seriez	nés, ées
elles	naîtraient	ils/elles	seraient	nés, ées

Passé 2e forme

je	fusse	né, ée
tu	fusses	né, ée
il/elle	fût	né, ée
nous	fussions	nés, ées
vous	fussiez	nés, ées
ils/elles	fussent	nés, ées

INFINITIF

Présent	*Passé*
naître	être né, ée

PARTICIPE

Présent	*Passé*
naissant	né, ée étant né, ée

Verbes en **TRE**, composés de **PAÎTRE** — REPAÎTRE

INDICATIF

Présent	*Passé composé*
elle repaît	elle a repu
elles repaissent	elles ont repu
Imparfait	***Plus-que-parfait***
elle repaissait	elle avait repu
elles repaissaient	elles avaient repu
Passé simple	***Passé antérieur***
elle reput	elle eut repu
elles repurent	elles eurent repu
Futur simple	***Futur antérieur***
elle repaîtra	elle aura repu
elles repaîtront	elles auront repu

INFINITIF

Présent	*Passé*
repaître	avoir repu

PARTICIPE

Présent	*Passé*
repaissant	repu, ue ayant repu

SUBJONCTIF

Présent	*Passé*
qu'elle repaisse	qu'elle ait repu
qu'elles repaissent	qu'elles aient repu
Imparfait	***Plus-que-parfait***
qu'elle repût	qu'elle eût repu
qu'elles repussent	qu'elles eussent repu

CONDITIONNEL

Présent
elle repaîtrait
elles repaîtraient

Passé 1re forme
elle aurait repu
elles auraient repu

Passé 2e forme
elle eût repu
elles eussent repu

IMPÉRATIF

Présent	*Passé*
repais	aie repu
repaissons	ayons repu
repaissez	ayez repu

PARAÎTRE *Verbes en **TRE**, composés de **PARAÎTRE***

FORME ACTIVE

INDICATIF

Présent

je	parais
tu	parais
il	paraît
nous	paraissons
vous	paraissez
ils	paraissent

Passé composé

j'	ai	paru
tu	as	paru
il	a	paru
nous	avons	paru
vous	avez	paru
ils	ont	paru

Imparfait

je	paraissais
tu	paraissais
il	paraissait
nous	paraissions
vous	paraissiez
ils	paraissaient

Plus-que-parfait

j'	avais	paru
tu	avais	paru
il	avait	paru
nous	avions	paru
vous	aviez	paru
ils	avaient	paru

Passé simple

je	parus
tu	parus
il	parut
nous	parûmes
vous	parûtes
ils	parurent

Passé antérieur

j'	eus	paru
tu	eus	paru
il	eut	paru
nous	eûmes	paru
vous	eûtes	paru
ils	eurent	paru

Futur simple

je	paraîtrai
tu	paraîtras
il	paraîtra
nous	paraîtrons
vous	paraîtrez
ils	paraîtront

Futur antérieur

j'	aurai	paru
tu	auras	paru
il	aura	paru
nous	aurons	paru
vous	aurez	paru
ils	auront	paru

SUBJONCTIF

Présent

que je	paraisse
que tu	paraisses
qu'il	paraisse
que ns	paraissions
que vs	paraissiez
qu'ils	paraissent

Passé

que j'	aie	paru
que tu	aies	paru
qu'il	ait	paru
que ns	ayons	paru
que vs	ayez	paru
qu'ils	aient	paru

Imparfait

que je	parusse
que tu	parusses
qu'il	parût
que ns	parussions
que vs	parussiez
qu'ils	parussent

Plus-que-parfait

que j'	eusse	paru
que tu	eusses	paru
qu'il	eût	paru
que ns	eussions	paru
que vs	eussiez	paru
qu'ils	eussent	paru

IMPÉRATIF

Présent

parais
paraissons
paraissez

Passé

aie	paru
ayons	paru
ayez	paru

CONDITIONNEL

Présent

je	paraîtrais
tu	paraîtrais
il	paraîtrait
nous	paraîtrions
vous	paraîtriez
ils	paraîtraient

Passé 1re forme

j'	aurais	paru
tu	aurais	paru
il	aurait	paru
nous	aurions	paru
vous	auriez	paru
ils	auraient	paru

Passé 2e forme

j'	eusse	paru
tu	eusses	paru
il	eût	paru
nous	eussions	paru
vous	eussiez	paru
ils	eussent	paru

INFINITIF

Présent

paraître

Passé

avoir paru

PARTICIPE

Présent

paraissant

Passé

paru, ue
ayant paru

Ne s'emploie pas à la forme pronominale.

FORME ACTIVE

INDICATIF

Présent

je	bats
tu	bats
elle	bat
nous	battons
vous	battez
elles	battent

Passé composé

j'	ai	battu
tu	as	battu
elle	a	battu
nous	avons	battu
vous	avez	battu
elles	ont	battu

Imparfait

je	battais
tu	battais
elle	battait
nous	battions
vous	battiez
elles	battaient

Plus-que-parfait

j'	avais	battu
tu	avais	battu
elle	avait	battu
nous	avions	battu
vous	aviez	battu
elles	avaient	battu

Passé simple

je	battis
tu	battis
elle	battit
nous	battîmes
vous	battîtes
elles	battirent

Passé antérieur

j'	eus	battu
tu	eus	battu
elle	eut	battu
nous	eûmes	battu
vous	eûtes	battu
elles	eurent	battu

Futur simple

je	battrai
tu	battras
elle	battra
nous	battrons
vous	battrez
elles	battront

Futur antérieur

j'	aurai	battu
tu	auras	battu
elle	aura	battu
nous	aurons	battu
vous	aurez	battu
elles	auront	battu

SUBJONCTIF

Présent

que je	batte
que tu	battes
qu'elle	batte
que ns	battions
que vs	battiez
qu'elles	battent

Passé

que j'	aie	battu
que tu	aies	battu
qu'elle	ait	battu
que ns	ayons	battu
que vs	ayez	battu
qu'elles	aient	battu

Imparfait

que je	battisse
que tu	battisses
qu'elle	battît
que ns	battissions
que vs	battissiez
qu'elles	battissent

Plus-que-parfait

que j'	eusse	battu
que tu	eusses	battu
qu'elle	eût	battu
que ns	eussions	battu
que vs	eussiez	battu
qu'elles	eussent	battu

IMPÉRATIF

Présent

bats
battons
battez

Passé

aie	battu
ayons	battu
ayez	battu

CONDITIONNEL

Présent

je	battrais
tu	battrais
elle	battrait
nous	battrions
vous	battriez
elles	battraient

Passé 1re forme

j'	aurais	battu
tu	aurais	battu
elle	aurait	battu
nous	aurions	battu
vous	auriez	battu
elles	auraient	battu

Passé 2e forme

j'	eusse	battu
tu	eusses	battu
elle	eût	battu
nous	eussions	battu
vous	eussiez	battu
elles	eussent	battu

INFINITIF

Présent
battre

Passé
avoir battu

PARTICIPE

Présent
battant

Passé
battu, ue
ayant battu

FORME PRONOMINALE

INDICATIF

Présent
il/elle se bat

Passé composé
il/elle s'est battu, ue

Imparfait
il/elle se battait

Plus-que-parfait
il/elle s'était battu, ue

Passé simple
il/elle se battit

Passé antérieur
il/elle se fut battu, ue

Futur simple
il/elle se battra

Futur antérieur
il/elle se sera battu, ue

INFINITIF

Présent
se battre

Passé
s'être battu, ue

PARTICIPE

Présent
se battant

Passé
s'étant battu, ue

SUBJONCTIF

Présent
qu'il/elle se batte

Passé
qu'il/elle se soit battu, ue

Imparfait
qu'il/elle se battît

Plus-que-parfait
qu'il/elle se fût battu, ue

CONDITIONNEL

Présent
il/elle se battrait

Passé 1re forme
il/elle se serait battu, ue

Passé 2e forme
il/elle se fût battu, ue

IMPÉRATIF

Présent
bats-toi
battons-nous
battez-vous

METTRE *Verbes en **TRE**, composés de **METTRE***

FORME ACTIVE

INDICATIF

Présent		*Passé composé*		
je	mets	j'	ai	mis
tu	mets	tu	as	mis
il	met	il	a	mis
nous	mettons	nous	avons	mis
vous	mettez	vous	avez	mis
ils	mettent	ils	ont	mis
Imparfait		***Plus-que-parfait***		
je	mettais	j'	avais	mis
tu	mettais	tu	avais	mis
il	mettait	il	avait	mis
nous	mettions	nous	avions	mis
vous	mettiez	vous	aviez	mis
ils	mettaient	ils	avaient	mis
Passé simple		***Passé antérieur***		
je	mis	j'	eus	mis
tu	mis	tu	eus	mis
il	mit	il	eut	mis
nous	mîmes	nous	eûmes	mis
vous	mîtes	vous	eûtes	mis
ils	mirent	ils	eurent	mis
Futur simple		***Futur antérieur***		
je	mettrai	j'	aurai	mis
tu	mettras	tu	auras	mis
il	mettra	il	aura	mis
nous	mettrons	nous	aurons	mis
vous	mettrez	vous	aurez	mis
ils	mettront	ils	auront	mis

SUBJONCTIF

Présent		*Passé*		
que je	mette	que j'	aie	mis
que tu	mettes	que tu	aies	mis
qu'il	mette	qu'il	ait	mis
que ns	mettions	que ns	ayons	mis
que vs	mettiez	que vs	ayez	mis
qu'ils	mettent	qu'ils	aient	mis
Imparfait		***Plus-que-parfait***		
que je	misse	que j'	eusse	mis
que tu	misses	que tu	eusses	mis
qu'il	mît	qu'il	eût	mis
que ns	missions	que ns	eussions	mis
que vs	missiez	que vs	eussiez	mis
qu'ils	missent	qu'ils	eussent	mis

IMPÉRATIF

Présent	*Passé*	
mets	aie	mis
mettons	ayons	mis
mettez	ayez	mis

CONDITIONNEL

Présent		*Passé 1re forme*		
je	mettrais	j'	aurais	mis
tu	mettrais	tu	aurais	mis
il	mettrait	il	aurait	mis
nous	mettrions	nous	aurions	mis
vous	mettriez	vous	auriez	mis
ils	mettraient	ils	auraient	mis

Passé 2e forme

j'	eusse	mis
tu	eusses	mis
il	eût	mis
nous	eussions	mis
vous	eussiez	mis
ils	eussent	mis

INFINITIF

Présent	*Passé*
mettre	avoir mis

PARTICIPE

Présent	*Passé*
mettant	mis, ise ayant mis

FORME PRONOMINALE

INDICATIF

Présent
il/elle se met

Passé composé
il/elle s'est mis, ise

Imparfait
il/elle se mettait

Plus-que-parfait
il/elle s'était mis, ise

Passé simple
il/elle se mit

Passé antérieur
il/elle se fut mis, ise

Futur simple
il/elle se mettra

Futur antérieur
il/elle se sera mis, ise

INFINITIF

Présent
se mettre

Passé
s'être mis, ise

PARTICIPE

Présent
se mettant

Passé
s'étant mis, ise

SUBJONCTIF

Présent
qu'il/elle se mette

Passé
qu'il/elle se soit mis, ise

Imparfait
qu'il/elle se mît

Plus-que-parfait
qu'il/elle se fût mis, ise

CONDITIONNEL

Présent
il/elle se mettrait

Passé 1re forme
il/elle se serait mis, ise

Passé 2e forme
il/elle se fût mis, ise

IMPÉRATIF

Présent
mets-toi
mettons-nous
mettez-vous

FORME ACTIVE

INDICATIF

Présent		*Passé composé*		
je	croîs	j'	ai	crû
tu	croîs	tu	as	crû
elle	croît	elle	a	crû
nous	croissons	nous	avons	crû
vous	croissez	vous	avez	crû
elles	croissent	elles	ont	crû

Imparfait		*Plus-que-parfait*		
je	croissais	j'	avais	crû
tu	croissais	tu	avais	crû
elle	croissait	elle	avait	crû
nous	croissions	nous	avions	crû
vous	croissiez	vous	aviez	crû
elles	croissaient	elles	avaient	crû

Passé simple		*Passé antérieur*		
je	crûs	j'	eus	crû
tu	crûs	tu	eus	crû
elle	crût	elle	eut	crû
nous	crûmes	nous	eûmes	crû
vous	crûtes	vous	eûtes	crû
elles	crûrent	elles	eurent	crû

Futur simple		*Futur antérieur*		
je	croîtrai	j'	aurai	crû
tu	croîtras	tu	auras	crû
elle	croîtra	elle	aura	crû
nous	croîtrons	nous	aurons	crû
vous	croîtrez	vous	aurez	crû
elles	croîtront	elles	auront	crû

SUBJONCTIF

Présent		*Passé*		
que je	croisse	que j'	aie	crû
que tu	croisses	que tu	aies	crû
qu'elle	croisse	qu'elle	ait	crû
que ns	croissions	que ns	ayons	crû
que vs	croissiez	que vs	ayez	crû
qu'elles	croissent	qu'elles	aient	crû

Imparfait		*Plus-que-parfait*		
que je	crûsse	que j'	eusse	crû
que tu	crûsses	que tu	eusses	crû
qu'elle	crût	qu'elle	eût	crû
que ns	crûssions	que ns	eussions	crû
que vs	crûssiez	que vs	eussiez	crû
qu'elles	crûssent	qu'elles	eussent	crû

IMPÉRATIF

Présent	*Passé*	
croîs	aie	crû
croissons	ayons	crû
croissez	ayez	crû

CONDITIONNEL

Présent		*Passé 1re forme*		
je	croîtrais	j'	aurais	crû
tu	croîtrais	tu	aurais	crû
elle	croîtrait	elle	aurait	crû
nous	croîtrions	nous	aurions	crû
vous	croîtriez	vous	auriez	crû
elles	croîtraient	elles	auraient	crû

Passé 2e forme		
j'	eusse	crû
tu	eusses	crû
elle	eût	crû
nous	eussions	crû
vous	eussiez	crû
elles	eussent	crû

INFINITIF

Présent	*Passé*
croître	avoir crû

PARTICIPE

Présent	*Passé*
croissant	crû, ue ayant crû

Ne s'emploie pas à la forme pronominale.

ACCROÎTRE *Verbes en **TRE**, se terminant par **CROÎTRE***

FORME ACTIVE

INDICATIF

Présent			*Passé composé*		
j'	ac	crois	j'	ai	accru
tu	ac	crois	tu	as	accru
il	ac	croît	il	a	accru
nous	ac	croissons	nous	avons	accru
vous	ac	croissez	vous	avez	accru
ils	ac	croissent	ils	ont	accru

Imparfait			*Plus-que-parfait*		
j'	ac	croissais	j'	avais	accru
tu	ac	croissais	tu	avais	accru
il	ac	croissait	il	avait	accru
nous	ac	croissions	nous	avions	accru
vous	ac	croissiez	vous	aviez	accru
ils	ac	croissaient	ils	avaient	accru

Passé simple			*Passé antérieur*		
j'	ac	crus	j'	eus	accru
tu	ac	crus	tu	eus	accru
il	ac	crut	il	eut	accru
nous	ac	crûmes	nous	eûmes	accru
vous	ac	crûtes	vous	eûtes	accru
ils	ac	crurent	ils	eurent	accru

Futur simple			*Futur antérieur*		
j'	ac	croîtrai	j'	aurai	accru
tu	ac	croîtras	tu	auras	accru
il	ac	croîtra	il	aura	accru
nous	ac	croîtrons	nous	aurons	accru
vous	ac	croîtrez	vous	aurez	accru
ils	ac	croîtront	ils	auront	accru

SUBJONCTIF

Présent			*Passé*		
que j'	ac	croisse	que j'	aie	accru
que tu	ac	croisses	que tu	aies	accru
qu'il	ac	croisse	qu'il	ait	accru
que ns	ac	croissions	que ns	ayons	accru
que vs	ac	croissiez	que vs	ayez	accru
qu'ils	ac	croissent	qu'ils	aient	accru

Imparfait			*Plus-que-parfait*		
que j'	ac	crusse	que j'	eusse	accru
que tu	ac	crusses	que tu	eusses	accru
qu'il	ac	crût	qu'il	eût	accru
que ns	ac	crussions	que ns	eussions	accru
que vs	ac	crussiez	que vs	eussiez	accru
qu'ils	ac	crussent	qu'ils	eussent	accru

IMPÉRATIF

Présent		*Passé*	
ac	crois	aie	accru
ac	croissons	ayons	accru
ac	croissez	ayez	accru

CONDITIONNEL

Présent			*Passé 1re forme*		
j'	ac	croîtrais	j'	aurais	accru
tu	ac	croîtrais	tu	aurais	accru
il	ac	croîtrait	il	aurait	accru
nous	ac	croîtrions	nous	aurions	accru
vous	ac	croîtriez	vous	auriez	accru
ils	ac	croîtraient	ils	auraient	accru

Passé 2e forme		
j'	eusse	accru
tu	eusses	accru
il	eût	accru
nous	eussions	accru
vous	eussiez	accru
ils	eussent	accru

INFINITIF

Présent
ac croître

Passé
avoir accru

PARTICIPE

Présent
ac croissant

Passé
ac cru, ue
ayant accru

FORME PRONOMINALE

INDICATIF

Présent
il/elle s'accroît

Imparfait
il/elle s'accroissait

Passé simple
il/elle s'accrut

Futur simple
il/elle s'accroîtra

Passé composé
il/elle s'est accru, ue

Plus-que-parfait
il/elle s'était accru, ue

Passé antérieur
il/elle se fut accru, ue

Futur antérieur
il/elle se sera accru, ue

INFINITIF

Présent
s'accroître

Passé
s'être accru, ue

PARTICIPE

Présent
s'accroissant

Passé
s'étant accru, ue

SUBJONCTIF

Présent
qu'il/elle s'accroisse

Imparfait
qu'il/elle s'accrût

Passé
qu'il/elle se soit accru, ue

Plus-que-parfait
qu'il/elle se fût accru, ue

CONDITIONNEL

Présent
il/elle s'accroîtrait

Passé 1re forme
il/elle se serait accru, ue

Passé 2e forme
il/elle se fût accru, ue

IMPÉRATIF

Présent
accrois-toi
accroissons-nous
accroissez-vous

FORME ACTIVE

INDICATIF

Présent

je	fous
tu	fous
elle	fout
nous	foutons
vous	foutez
elles	foutent

Passé composé

j'	ai	foutu
tu	as	foutu
elle	a	foutu
nous	avons	foutu
vous	avez	foutu
elles	ont	foutu

Imparfait

je	foutais
tu	foutais
elle	foutait
nous	foutions
vous	foutiez
elles	foutaient

Plus-que-parfait

j'	avais	foutu
tu	avais	foutu
elle	avait	foutu
nous	avions	foutu
vous	aviez	foutu
elles	avaient	foutu

Passé simple

Ne s'emploie pas à ce temps.

Passé antérieur

Ne s'emploie pas à ce temps.

Futur simple

je	foutrai
tu	foutras
elle	foutra
nous	foutrons
vous	foutrez
elles	foutront

Futur antérieur

j'	aurai	foutu
tu	auras	foutu
elle	aura	foutu
nous	aurons	foutu
vous	aurez	foutu
elles	auront	foutu

SUBJONCTIF

Présent

que je	foute
que tu	foutes
qu'elle	foute
que ns	foutions
que vs	foutiez
qu'elles	foutent

Passé

que j'	aie	foutu
que tu	aies	foutu
qu'elle	ait	foutu
que ns	ayons	foutu
que vs	ayez	foutu
qu'elles	aient	foutu

Imparfait

Ne s'emploie pas à ce temps.

Plus-que-parfait

Ne s'emploie pas à ce temps.

IMPÉRATIF

Présent

fous
foutons
foutez

Passé

aie	foutu
ayons	foutu
ayez	foutu

CONDITIONNEL

Présent

je	foutrais
tu	foutrais
elle	foutrait
nous	foutrions
vous	foutriez
elles	foutraient

Passé 1re forme

j'	aurais	foutu
tu	aurais	foutu
elle	aurait	foutu
nous	aurions	foutu
vous	auriez	foutu
elles	auraient	foutu

Passé 2e forme

j'	eusse	foutu
tu	eusses	foutu
elle	eût	foutu
nous	eussions	foutu
vous	eussiez	foutu
elles	eussent	foutu

INFINITIF

Présent

foutre

Passé

avoir foutu

PARTICIPE

Présent

foutant

Passé

foutu, ue
ayant foutu

FORME PRONOMINALE

INDICATIF

Présent
il/elle se fout

Passé composé
il/elle s'est foutu, ue

Imparfait
il/elle se foutait

Plus-que-parfait
il/elle s'était foutu, ue

Passé simple
—

Passé antérieur
—

Futur simple
il/elle se foutra

Futur antérieur
il/elle se sera foutu, ue

INFINITIF

Présent
se foutre

Passé
s'être foutu, ue

PARTICIPE

Présent
se foutant

Passé
s'étant foutu, ue

SUBJONCTIF

Présent
qu'il/elle se foute

Passé
qu'il/elle se soit foutu, ue

Imparfait
—

Plus-que-parfait
—

CONDITIONNEL

Présent
il/elle se foutrait

Passé 1re forme
il/elle se serait foutu, ue

Passé 2e forme
il/elle se fût foutu, ue

IMPÉRATIF

Présent
fous-toi
foutons-nous
foutez-vous

VIVRE *Verbes en **VRE**, composés de **VIVRE***

FORME ACTIVE

INDICATIF

Présent		*Passé composé*		
je	vis	j'	ai	vécu
tu	vis	tu	as	vécu
il	vit	il	a	vécu
nous	vivons	nous	avons	vécu
vous	vivez	vous	avez	vécu
ils	vivent	ils	ont	vécu

Imparfait		*Plus-que-parfait*		
je	vivais	j'	avais	vécu
tu	vivais	tu	avais	vécu
il	vivait	il	avait	vécu
nous	vivions	nous	avions	vécu
vous	viviez	vous	aviez	vécu
ils	vivaient	ils	avaient	vécu

Passé simple		*Passé antérieur*		
je	vécus	j'	eus	vécu
tu	vécus	tu	eus	vécu
il	vécut	il	eut	vécu
nous	vécûmes	nous	eûmes	vécu
vous	vécûtes	vous	eûtes	vécu
ils	vécurent	ils	eurent	vécu

Futur simple		*Futur antérieur*		
je	vivrai	j'	aurai	vécu
tu	vivras	tu	auras	vécu
il	vivra	il	aura	vécu
nous	vivrons	nous	aurons	vécu
vous	vivrez	vous	aurez	vécu
ils	vivront	ils	auront	vécu

SUBJONCTIF

Présent		*Passé*		
que je	vive	que j'	aie	vécu
que tu	vives	que tu	aies	vécu
qu'il	vive	qu'il	ait	vécu
que ns	vivions	que ns	ayons	vécu
que vs	viviez	que vs	ayez	vécu
qu'ils	vivent	qu'ils	aient	vécu

Imparfait		*Plus-que-parfait*		
que je	vécusse	que j'	eusse	vécu
que tu	vécusses	que tu	eusses	vécu
qu'il	vécût	qu'il	eût	vécu
que ns	vécussions	que ns	eussions	vécu
que vs	vécussiez	que vs	eussiez	vécu
qu'ils	vécussent	qu'ils	eussent	vécu

IMPÉRATIF

Présent	*Passé*	
vis	aie	vécu
vivons	ayons	vécu
vivez	ayez	vécu

CONDITIONNEL

Présent		*Passé 1re forme*		
je	vivrais	j'	aurais	vécu
tu	vivrais	tu	aurais	vécu
il	vivrait	il	aurait	vécu
nous	vivrions	nous	aurions	vécu
vous	vivriez	vous	auriez	vécu
ils	vivraient	ils	auraient	vécu

Passé 2e forme		
j'	eusse	vécu
tu	eusses	vécu
il	eût	vécu
nous	eussions	vécu
vous	eussiez	vécu
ils	eussent	vécu

INFINITIF

Présent	*Passé*
vivre	avoir vécu

PARTICIPE

Présent	*Passé*
vivant	vécu, ue ayant vécu

FORME PRONOMINALE

INDICATIF

Présent
il/elle se vit

Passé composé
il/elle s'est vécu, ue

Imparfait
il/elle se vivait

Plus-que-parfait
il/elle s'était vécu, ue

Passé simple
il/elle se vécut

Passé antérieur
il/elle se fut vécu, ue

Futur simple
il/elle se vivra

Futur antérieur
il/elle se sera vécu, ue

INFINITIF

Présent
se vivre

Passé
s'être vécu, ue

PARTICIPE

Présent
se vivant

Passé
s'étant vécu, ue

SUBJONCTIF

Présent
qu'il/elle se vive

Passé
qu'il/elle se soit vécu, ue

Imparfait
qu'il/elle se vécût

Plus-que-parfait
qu'il/elle se fût vécu, ue

CONDITIONNEL

Présent
il/elle se vivrait

Passé 1re forme
il/elle se serait vécu, ue

Passé 2e forme
il/elle se fût vécu, ue

IMPÉRATIF

Présent
vis-toi
vivons-vous
vivez-vous

FORME ACTIVE

INDICATIF

Présent		*Passé composé*		
je	suis	j'	ai	suivi
tu	suis	tu	as	suivi
elle	suit	elle	a	suivi
nous	suivons	nous	avons	suivi
vous	suivez	vous	avez	suivi
elles	suivent	elles	ont	suivi

Imparfait		*Plus-que-parfait*		
je	suivais	j'	avais	suivi
tu	suivais	tu	avais	suivi
elle	suivait	elle	avait	suivi
nous	suivions	nous	avions	suivi
vous	suiviez	vous	aviez	suivi
elles	suivaient	elles	avaient	suivi

Passé simple		*Passé antérieur*		
je	suivis	j'	eus	suivi
tu	suivis	tu	eus	suivi
elle	suivit	elle	eut	suivi
nous	suivîmes	nous	eûmes	suivi
vous	suivîtes	vous	eûtes	suivi
elles	suivirent	elles	eurent	suivi

Futur simple		*Futur antérieur*		
je	suivrai	j'	aurai	suivi
tu	suivras	tu	auras	suivi
elle	suivra	elle	aura	suivi
nous	suivrons	nous	aurons	suivi
vous	suivrez	vous	aurez	suivi
elles	suivront	elles	auront	suivi

SUBJONCTIF

Présent		*Passé*		
que je	suive	que j'	aie	suivi
que tu	suives	que tu	aies	suivi
qu'elle	suive	qu'elle	ait	suivi
que ns	suivions	que ns	ayons	suivi
que vs	suiviez	que vs	ayez	suivi
qu'elles	suivent	qu'elles	aient	suivi

Imparfait		*Plus-que-parfait*		
que je	suivisse	que j'	eusse	suivi
que tu	suivisses	que tu	eusses	suivi
qu'elle	suivît	qu'elle	eût	suivi
que ns	suivissions	que ns	eussions	suivi
que vs	suivissiez	que vs	eussiez	suivi
qu'elles	suivissent	qu'elles	eussent	suivi

IMPÉRATIF

Présent	*Passé*	
suis	aie	suivi
suivons	ayons	suivi
suivez	ayez	suivi

CONDITIONNEL

Présent		*Passé 1re forme*		
je	suivrais	j'	aurais	suivi
tu	suivrais	tu	aurais	suivi
elle	suivrait	elle	aurait	suivi
nous	suivrions	nous	aurions	suivi
vous	suivriez	vous	auriez	suivi
elles	suivraient	elles	auraient	suivi

Passé 2e forme		
j'	eusse	suivi
tu	eusses	suivi
elle	eût	suivi
nous	eussions	suivi
vous	eussiez	suivi
elles	eussent	suivi

INFINITIF

Présent	*Passé*
suivre	avoir suivi

PARTICIPE

Présent	*Passé*
suivant	suivi, ie ayant suivi

FORME PRONOMINALE

INDICATIF

Présent
ils/elles se suivent

Passé composé
ils/elles se sont suivis, ies

Imparfait
ils/elles se suivaient

Plus-que-parfait
ils/elles s'étaient suivis, ies

Passé simple
ils/elles se suivirent

Passé antérieur
ils/elles se furent suivis, ies

Futur simple
ils/elles se suivront

Futur antérieur
ils/elles se seront suivis, ies

INFINITIF

Présent
se suivre

Passé
s'être suivis, ies

PARTICIPE

Présent
se suivant

Passé
s'étant suivis, ies

SUBJONCTIF

Présent
qu'ils/elles se suivent

Passé
qu'ils/elles se soient suivis, ies

Imparfait
qu'ils/elles se suivissent

Plus-que-parfait
qu'ils/elles se furent suivis, ies

CONDITIONNEL

Présent
ils/elles se suivraient

Passé 1re forme
ils/elles se seraient suivis, ies

Passé 2e forme
ils/elles se furent suivis, ies

IMPÉRATIF

Présent
—
suivons-nous
suivez-vous

VERBES DÉFECTIFS

Les verbes défectifs ne s'utilisent pas à tous les modes, à tous les temps et à toutes les personnes. Les tableaux suivants présentent leurs formes conjuguées au 3es personnes du singulier et du pluriel, aux temps et aux modes où ils sont les plus usités.

FORME ACTIVE

SEOIR

INDICATIF

Présent	***Imparfait***	***Futur simple***
elle sied	elle seyait	elle siéra
elles siéent	elles seyaient	elles siéront

SUBJONCTIF

Présent
qu'elle siée
qu'elles siéent

CONDITIONNEL

Présent
elle siérait
elles siéraient

INFINITIF

Présent
seoir

PARTICIPE

Présent
séant (seyant)

CHOIR

INDICATIF

Présent	***Passé composé***	***Passé antérieur***
elle choit	elle est chue	elle fut chue
elles choient	elles sont chues	elles furent chues
Passé simple	***Plus-que-parfait***	***Futur antérieur***
elle chut	elle était chue	elle sera chue
elles churent	elles étaient chues	elles seront chues
Futur simple		
elle choira		
elles choiront		

SUBJONCTIF

Passé	***Plus-que-parfait***
qu'elle soit chue	qu'elle fût chue
qu'elles soient chues	qu'elles fussent chues

CONDITIONNEL

Présent	***Passé 1re forme***	***Passé 2e forme***
elle choirait	elle serait chue	elle fût chue
elles choiraient	elles seraient chues	elles fussent chues

INFINITIF

Présent	***Passé***
choir	être chu, chue

PARTICIPE

Passé
chu, chue
étant chu, chue

ÉCHOIR

INDICATIF

Présent	***Futur simple***	***Plus-que-parfait***
elle échoit	elle échoira	elle était échue
elles échoient	elles échoiront	elles étaient échues
Imparfait	***Passé composé***	***Passé antérieur***
elle échoyait	elle est échue	elle fut échue
elles échoyaient	elles sont échues	elles furent échues
Passé simple	***Passé composé***	***Futur antérieur***
elle échut	elle est échue	elle sera échue
elles échurent	elles sont échues	elles seront échues

SUBJONCTIF

Présent	***Passé***
qu'elle échoie	qu'elle soit échue
qu'elles échoient	qu'elles soient échues
Imparfait	***Plus-que-parfait***
qu'elle échût	qu'elle fût échue
qu'elles échussent	qu'elles fussent échues

CONDITIONNEL

Présent	***Passé 1re forme***	***Passé 2e forme***
elle échoirait	elle serait échue	elle fût échue
elles échoiraient	elles seraient échues	elles fussent échues

INFINITIF

Présent	***Passé***
échéant	étant échu, ue
	échu, ue

GÉSIR

INDICATIF

Présent	***Imparfait***
il gît	il gisait
ils gisent	ils gisaient

PARTICIPE

Présent
gisant

BRAIRE

INDICATIF

Présent	***Futur simple***
il brait	il braira
ils braient	ils brairont

CONDITIONNEL

Présent
il brairait
ils brairaient

DÉCHOIR

INDICATIF

Présent
il déchoit
ils déchoient

Passé simple
il déchut
ils déchurent

Futur simple
il déchoira
ils déchoiront

Passé composé
il a déchu
ils ont déchu

Plus-que-parfait
il avait déchu
ils avaient déchu

Passé antérieur
il eut déchu
ils eurent déchu

Futur antérieur
il aura déchu
ils auront déchu

SUBJONCTIF

Présent
qu'il déchoie
qu'ils déchoient

Imparfait
qu'il déchût
qu'ils déchussent

Passé
qu'il ait déchu
qu'ils aient déchu

Plus-que-parfait
qu'il eût déchu
qu'ils eussent déchu

CONDITIONNEL

Présent
il déchoirait
ils déchoiraient

Passé 1re forme
il aurait déchu
ils auraient déchu

Passé 2e forme
il eût déchu
ils eussent déchu

INFINITIF

Présent
déchoir

Passé
avoir déchu

PARTICIPE

Passé
déchu, ue
ayant déchu

FAILLIR

INDICATIF

Présent
elle faut
elles faillent

Imparfait
elle faillait
elles faillaient

passé simple
elle faillit
elles faillirent

Futur simple
elle faillira
elle faudra
elles failliront
elles faudront

Passé composé
elle a failli
elles ont failli

Plus-que-parfait
elle avait failli
elles avaient failli

Passé antérieur
elle eut failli
elles eurent failli

Futur antérieur
elle aura failli
elles auront failli

SUBJONCTIF

Présent
qu'elle faille
qu'elles faillent

Imparfait
qu'elle faillît
qu'elles faillissent

Passé
qu'elle ait failli
qu'elles aient failli

Plus-que-parfait
qu'elle eût failli
qu'elles eussent failli

CONDITIONNEL

Présent
elle faillirait
elle faudrait
elles failliraient
elles faudraient

Passé 1re forme
elle aurait failli
elles auraient failli

Passé 2e forme
elle eût failli
elles eussent failli

INFINITIF

Présent
faillir

Passé
avoir failli

PARTICIPE

Présent
faillant

Passé
failli
ayant failli

FALLOIR

INDICATIF

Présent
il faut

Imparfait
il fallait

Passé simple
il fallut

Futur simple
il faudra

Passé composé
il a fallu

Plus-que-parfait
il avait fallu

Passé antérieur
il eut fallu

Futur antérieur
il aura fallu

SUBJONCTIF

Présent
qu'il faille

Imparfait
qu'il fallût

Passé
qu'il ait fallu

Plus-que-parfait
qu'il eût fallu

CONDITIONNEL

Présent
il faudrait

Passé 1re forme
il aurait fallu

Passé 2e forme
il eût fallu

INFINITIF

Présent
falloir

Passé
fallu

PLEUVOIR

INDICATIF

Présent
il pleut

Imparfait
il pleuvait

Passé simple
il plut

Futur simple
il pleuvra

Passé composé
il a plu

Plus-que-parfait
il avait plu

Passé antérieur
il eut plu

Futur antérieur
il aura plu

SUBJONCTIF

Présent
qu'il pleuve

Imparfait
qu'il plût

Passé
qu'il ait plu

Plus-que-parfait
qu'il eût plu

CONDITIONNEL

Présent
il pleuvrait

Passé 1re forme
il aurait plu

Passé 2e forme
il eût plu

INFINITIF

Présent
pleuvoir

Passé
avoir plu

PARTICIPE

Présent
pleuvant

Passé
plu
ayant plu

SOURDRE

INDICATIF

Présent
elle sourd
elles sourdent

Imparfait
elle sourdait
elles sourdaient

INFINITIF

Présent
sourdre

INDEX

Abréviations employées dans cet index

aux.	auxiliaire
prép.	préposition
+ v.	suivi d'un verbe à l'infinitif
inv.	invariable aux temps composés

INFINITIFS ET PARTICIPES PASSÉS	PAGES	FORME ACTIVE		FORME PRONOMINALE	
		AUX.	PRÉP.	AUX.	PRÉP.
A					
abaisser, é, ée	**64**	avoir	—	être	à
abandonner, é, ée	**51**	avoir	—	être	à
abasourdir, i, ie	**96**	avoir	—	—	—
abâtardir, i, ie	**96**	avoir	—	être	—
abattre, abattu, ue	**181**	avoir	—	être	sur
abcéder, é, ée	**15**	avoir	—	être	—
abdiquer, é, ée	**57**	avoir	—	être	—
abêtir, i, ie	**134**	avoir	—	être	—
abhorrer, é, ée	**59**	avoir	—	être	—
abîmer, é, ée	**47**	avoir	—	être	—
abjurer, é, ée	**59**	avoir	—	—	—
ablater, é, ée	**68**	avoir	—	être	—
ablatir, i, ie	**134**	avoir	—	être	—
abolir, i, ie	**112**	avoir	—	—	—
abominer, é, ée	**50**	avoir	—	être	—
abonder, é, inv.	**16**	avoir	—	—	—
abonner, é, ée	**51**	avoir	—	être	à
abonnir, i, ie	**116**	avoir	—	être	—
aborder, é, ée	**16**	avoir	—	être	—
aboucher, é, ée	**12**	avoir	—	être	à, avec
abouter, é, ée	**68**	avoir	—	être	avec
aboutir, i, inv.	**134**	avoir	à	—	—
aboyer, é, ée	**79**	avoir	après, contre	—	—
abraser, é, ée	**62**	avoir	—	être	—
abréagir, i, ie	**104**	avoir	—	—	—
abréger, é, ée	**24**	avoir	—	—	—
abreuver, é, ée	**72**	avoir	—	être	à, de
abriter, é, ée	**68**	avoir	—	être	de, sous, derrière
abroger, é, ée	**25**	avoir	—	—	—
abrutir, i, ie	**134**	avoir	—	être	de
absenter (s'), é, ée	**68**	—	—	être	de
absorber, é, ée	**4**	avoir	—	être	dans
absoudre, absous, oute	**173**	avoir	—	—	—
abstenir (s'), abstenu, ue	**118**	—	—	être	de
abstraire, abstrait, aite	**87**	avoir	—	être	de
abuser, é, ée	**62**	avoir	—	être	sur
accabler, é, ée	**5**	avoir	—	—	—
accaparer, é, ée	**59**	avoir	—	—	—
accastiller, é, ée	**38**	avoir	—	—	—
accéder, é, inv.	**15**	avoir	à	—	—
accélérer, é, ée	**58**	avoir	—	être	—
accentuer, é, ée	**83**	avoir	—	être	—
accepter, é, ée	**68**	avoir	de + v.	être	—
accessoiriser, é, ée	**62**	avoir	—	—	—
accidenter, é, ée	**68**	avoir	—	être	—
acclamer, é, ée	**47**	avoir	—	—	—
acclimater, é, ée	**68**	avoir	—	être	—
accointer (s'), é, ée	**68**	—	—	être	à
accoler, é, ée	**42**	avoir	—	être	à
accommoder, é, ée	**16**	avoir	—	être	de
accompagner, é, ée	**29**	avoir	—	être	de
accomplir, i, ie	**121**	avoir	—	être	—
accorder, é, ée	**16**	avoir	de + v.	être	à, avec
accoster, é, ée	**68**	avoir	—	—	—
accoter, é, ée	**68**	avoir	—	être	—
accoucher, é, ée	**12**	avoir	de	être	—
accouder (s'), é, ée	**16**	—	—	être	à, sur
accouer, é, ée	**82**	avoir	—	—	—
accoupler, é, ée	**55**	avoir	—	être	—
accourcir, i, ie	**93**	avoir	—	être	—
accourir, accouru, ue	**122**	avoir ou **être**	vers, dans	—	—
accoutrer, é, ée	**70**	avoir	—	être	—
accoutumer, é, ée	**47**	avoir	à + v.	être	à
accréditer, é, ée	**68**	avoir	—	être	—
accrocher, é, ée	**12**	avoir	—	être	à

INFINITIFS ET PARTICIPES PASSÉS	PAGES	FORME ACTIVE		FORME PRONOMINALE	
		AUX.	PRÉP.	AUX.	PRÉP.
accroire	—	—	—	—	—
Ne s'emploie qu'à l'infinitif.					
accroître, accru, ue	**184**	avoir	—	être	—
accroupir, i, ie	**120**	avoir	—	être	—
accueillir, i, ie	**111**	avoir	—	—	—
acculer, é, ée	**42**	avoir	—	être	à, contre
acculturer, é, ée	**59**	avoir	—	être	—
accumuler, é, ée	**42**	avoir	—	être	—
accuser, é, ée	**62**	avoir	de + v.	être	de
acérer, é, ée	**58**	avoir	—	—	—
acétifier, é, ée	**34**	avoir	—	—	—
achalander, é, ée	**16**	avoir	—	—	—
acharner (s'), é, ée	**50**	—	—	être	à, sur, après, contre
acheminer, é, ée	**50**	avoir	—	être	vers
acheter, é, ée	**66**	avoir	—	être	—
achever, é, ée	**71**	avoir	de + v.	être	—
achopper, é, ée	**54**	avoir	à, sur	être	à
achromatiser, é, ée	**62**	avoir	—	—	—
acidifier, é, ée	**34**	avoir	—	être	—
aciduler, é, ée	**42**	avoir	—	—	—
acoquiner, é, ée	**50**	avoir	—	être	à, avec
acquérir, acquis, ise	**123**	avoir	—	être	—
acquiescer, é, inv.	**10**	avoir	à	—	—
acquitter, é, ée	**68**	avoir	—	être	de
actionner, é, ée	**51**	avoir	—	être	—
activer, é, ée	**72**	avoir	—	être	—
actualiser, é, ée	**62**	avoir	—	être	—
adapter, é, ée	**68**	avoir	—	être	à
additionner, é, ée	**51**	avoir	—	être	—
adhérer, é, inv.	**58**	avoir	à	—	—
adjectiver, é, ée	**72**	avoir	—	—	—
adjoindre, adjoint, ointe	**169**	avoir	—	être	à
adjuger, é, ée	**25**	avoir	—	être	—
adjurer, é, ée	**59**	avoir	—	—	—
admettre, admis, ise	**182**	avoir	—	être	—
administrer, é, ée	**70**	avoir	—	être	—
admirer, é, ée	**59**	avoir	—	être	—
admonester, é, ée	**68**	avoir	—	—	—
adoniser, é, ée	**62**	avoir	—	être	—
adonner, é, ée	**51**	avoir	—	être	à
adopter, é, ée	**68**	avoir	—	—	—
adorer, é, ée	**59**	avoir	—	être	—
adosser, é, ée	**64**	avoir	—	être	à, contre
adouber, é, ée	**4**	avoir	—	—	—
adoucir, i, ie	**93**	avoir	—	être	—
adresser, é, ée	**64**	avoir	—	être	à
adsorber, é, ée	**4**	avoir	—	—	—
aduler, é, ée	**42**	avoir	—	—	—
adultérer, é, ée	**58**	avoir	—	—	—
advenir, advenu	**117**	**être**	—	—	—
Ne s'emploie qu'à la 3ᵉ personne du singulier.					
adverbialiser, é, ée	**62**	avoir	—	—	—
aérer, é, ée	**58**	avoir	—	être	—
affabuler, é, ée	**42**	avoir	—	—	—
affadir, i, ie	**96**	avoir	—	être	—
affaiblir, i, ie	**90**	avoir	—	être	—
affairer (s'), é, ée	**59**	—	—	être	à
affaisser, é, ée	**64**	avoir	—	être	sur
affaiter, é, ée	**68**	avoir	—	—	—
affaler, é, ée	**42**	avoir	—	être	—
affamer, é, ée	**47**	avoir	—	être	—
affecter, é, ée	**68**	avoir	de + v.	être	de
affectionner, é, ée	**51**	avoir	—	être	—
affermer, é, ée	**47**	avoir	—	—	—
affermir, i, ie	**114**	avoir	—	être	—
afficher, é, ée	**12**	avoir	—	être	—
affiler, é, ée	**42**	avoir	—	—	—
affilier, é, ée	**34**	avoir	—	être	à
affiner, é, ée	**50**	avoir	—	être	—
affirmer, é, ée	**47**	avoir	—	être	—
affleurer, é, ée	**59**	avoir	—	—	—
affliger, é, ée	**25**	avoir	—	être	de
afflouer, é, ée	**82**	avoir	—	—	—
affluer, é, inv.	**83**	avoir	vers	—	—
affoler, é, ée	**42**	avoir	—	être	—
affouager, é, ée	**25**	avoir	—	—	—
affouiller, é, ée	**42**	avoir	—	être	—
affourager, é, ée	**25**	avoir	—	—	—
affourcher, é, ée	**12**	avoir	—	—	—
affourrager, é, ée	**25**	avoir	—	—	—
affranchir, i, ie	**92**	avoir	—	être	de
affréter, é, ée	**67**	avoir	—	—	—
affriander, é, ée	**16**	avoir	—	—	—
affrioler, é, ée	**42**	avoir	—	—	—
affronter, é, ée	**68**	avoir	—	être	—
affruiter, é, ée	**68**	avoir	—	être	—
affubler, é, ée	**5**	avoir	—	être	de
affûter, é, ée	**68**	avoir	—	être	—
africaniser, é, ée	**62**	avoir	—	être	—
agacer, é, ée	**10**	avoir	—	être	de
agencer, é, ée	**10**	avoir	—	être	—
agenouiller, é, ée	**37**	avoir	—	être	—
agglomérer, é, ée	**58**	avoir	—	être	—
agglutiner, é, ée	**50**	avoir	—	être	—
aggraver, é, ée	**72**	avoir	—	être	—
agir, i, inv.	**104**	avoir	sur	—	—
agir (s'), i, inv.	**104**	—	—	être	de
Ne s'emploie qu'à la 3ᵉ personne du singulier.					
agiter, é, ée	**68**	avoir	—	être	—
agneler, é, inv.	**40**	avoir	—	—	—

INFINITIFS ET PARTICIPES PASSÉS	PAGES	FORME ACTIVE		FORME PRONOMINALE	
		AUX.	PRÉP.	AUX.	PRÉP.
agonir, i, ie	**116**	avoir	—	—	—
agoniser, é, inv.	**62**	avoir	—	—	—
agrafer, é, ée	**20**	avoir	—	être	à
agrainer, é, ée	**50**	avoir	—	—	—
agrandir, i, ie	**96**	avoir	—	être	—
agréer, é, ée	**18**	avoir	—	—	—
agréger, é, ée	**24**	avoir	—	être	—
agrémenter, é, ée	**68**	avoir	—	être	de
agresser, é, ée	**64**	avoir	—	—	—
agriffer (s'), é, ée	**21**	—	—	être	à
agripper, é, ée	**54**	avoir	—	être	à
aguerrir, i, ie	**124**	avoir	—	être	à
aguicher, é, ée	**12**	avoir	—	être	—
ahaner, é, inv.	**50**	avoir	—	—	—
ahurir, i, ie	**124**	avoir	—	être	—
aicher, é, ée	**12**	avoir	—	—	—
aider, é, ée	**16**	avoir	à + v.	être	de
aigrir, i, ie	**105**	avoir	—	être	—
aiguiller, é, ée	**38**	avoir	—	être	dans
aiguilleter, é, ée	**65**	avoir	—	—	—
aiguillonner, é, ée	**51**	avoir	—	être	—
aiguiser, é, ée	**62**	avoir	—	être	—
ailer, é, ée	**42**	avoir	—	—	—
ailler, é, ée	**35**	avoir	—	—	—
aimanter, é, ée	**68**	avoir	—	être	—
aimer, é, ée	**47**	avoir	—	être	—
airer, é, ée	**59**	avoir	—	—	—
ajointer, é, ée	**68**	avoir	—	—	—
ajourer, é, ée	**59**	avoir	—	être	—
ajourner, é, ée	**50**	avoir	—	—	—
ajouter, é, ée	**68**	avoir	—	être	à
ajuster, é, ée	**68**	avoir	—	être	à
alambiquer, é, ée	**57**	avoir	—	être	—
alanguir, i, ie	**106**	avoir	—	être	—
alarmer, é, ée	**47**	avoir	—	être	de, pour
alcaliniser, é, ée	**62**	avoir	—	—	—
alcooliser, é, ée	**62**	avoir	—	être	—
alerter, é, ée	**68**	avoir	—	être	—
aléser, é, ée	**61**	avoir	—	—	—
aleviner, é, ée	**50**	avoir	—	—	—
aliéner, é, ée	**49**	avoir	—	être	—
aligner, é, ée	**29**	avoir	—	être	sur
alimenter, é, ée	**68**	avoir	—	être	de, en
aliter, é, ée	**68**	avoir	—	être	—
allaiter, é, ée	**68**	avoir	—	—	—
allécher, é, ée	**11**	avoir	—	—	—
alléger, é, ée	**24**	avoir	—	être	—
allégoriser, é, ée	**62**	avoir	—	—	—
alléguer, é, ée	**32**	avoir	—	—	—
aller, é, ée	**44**	**être**	à, chez, vers	—	—

INFINITIFS ET PARTICIPES PASSÉS	PAGES	FORME ACTIVE		FORME PRONOMINALE	
		AUX.	PRÉP.	AUX.	PRÉP.
aller (s'en), é, ée	**44**	—	—	être	à, de, chez, vers
allier, é, ée	**34**	avoir	—	être	à, avec
allonger, é, ée	**25**	avoir	—	être	—
allotir, i, ie	**134**	avoir	—	—	—
allouer, é, ée	**82**	avoir	—	—	—
allumer, é, ée	**47**	avoir	—	être	—
alluvionner, é, ée	**51**	avoir	—	—	—
alourdir, i, ie	**96**	avoir	—	être	—
alpaguer, é, ée	**33**	avoir	—	—	—
alphabétiser, é, ée	**62**	avoir	—	être	—
altérer, é, ée	**58**	avoir	—	être	—
alterner, é, ée	**50**	avoir	—	—	—
aluminer, é, ée	**50**	avoir	—	—	—
aluner, é, ée	**50**	avoir	—	—	—
alunir, i, inv.	**116**	avoir	—	—	—
amadouer, é, ée	**82**	avoir	—	être	—
amaigrir, i, ie	**105**	avoir	—	être	—
amalgamer, é, ée	**47**	avoir	—	être	—
amariner, é, ée	**50**	avoir	—	être	—
amarrer, é, ée	**59**	avoir	—	être	à
amasser, é, ée	**64**	avoir	—	être	—
amatir, i, ie	**134**	avoir	—	—	—
ambitionner, é, ée	**51**	avoir	de + v.	—	—
ambler, é, inv.	**5**	avoir	—	—	—
ambrer, é, ée	**7**	avoir	—	être	—
améliorer, é, ée	**59**	avoir	—	être	—
aménager, é, ée	**25**	avoir	—	—	—
amender, é, ée	**16**	avoir	—	être	—
amener, é, ée	**48**	avoir	à + v.	être	—
amenuiser, é, ée	**62**	avoir	—	être	—
américaniser, é, ée	**62**	avoir	—	être	—
amerrir, i, inv.	**124**	avoir	—	—	—
ameublir, i, ie	**90**	avoir	—	—	—
ameuter, é, ée	**68**	avoir	—	être	—
amidonner, é, ée	**51**	avoir	—	être	—
amincir, i, ie	**93**	avoir	—	être	—
amnistier, é, ée	**34**	avoir	—	être	—
amocher, é, ée	**12**	avoir	—	être	—
amodier, é, ée	**34**	avoir	—	—	—
amoindrir, i, ie	**100**	avoir	—	être	—
amollir, i, ie	**112**	avoir	—	être	—
amonceler, é, ée	**40**	avoir	—	être	—
amorcer, é, ée	**10**	avoir	—	être	—
amortir, i, ie	**134**	avoir	—	être	—
amouracher, é, ée	**12**	avoir	—	être	de
amplifier, é, ée	**34**	avoir	—	être	—
amputer, é, ée	**68**	avoir	—	être	—
amuïr (s'), ï, ïe	**101**	—	—	être	—
Conserve le «ï» dans toutes ses formes.					
amurer, é, ée	**59**	avoir	—	être	—

INFINITIFS ET PARTICIPES PASSÉS	PAGES	FORME ACTIVE		FORME PRONOMINALE	
		AUX.	PRÉP.	AUX.	PRÉP.
amuser, é, ée	**62**	avoir	—	être	à + v.
analyser, é, ée	**62**	avoir	—	être	—
anastomoser, é, ée	**62**	avoir	—	être	—
anathématiser, é, ée	**62**	avoir	—	—	—
anatomiser, é, ée	**62**	avoir	—	—	—
ancrer, é, ée	**14**	avoir	—	être	dans
anéantir, i, ie	**134**	avoir	—	être	dans
anecdotiser, é, inv.	**62**	avoir	—	—	—
anémier, é, ée	**34**	avoir	—	être	—
anesthésier, é, ée	**34**	avoir	—	être	—
anglaiser, é, ée	**62**	avoir	—	—	—
angliciser, é, ée	**62**	avoir	—	être	—
angoisser, é, ée	**64**	avoir	—	être	de, sur
anhéler, é, inv.	**41**	avoir	—	—	—
animaliser, é, ée	**62**	avoir	—	être	—
animer, é, ée	**47**	avoir	—	être	—
aniser, é, ée	**62**	avoir	—	être	—
ankyloser, é, ée	**62**	avoir	—	être	—
anneler, é, ée	**40**	avoir	—	—	—
annexer, é, ée	**76**	avoir	—	être	à
annihiler, é, ée	**42**	avoir	—	être	—
annoncer, é, ée	**10**	avoir	—	être	—
annoter, é, ée	**68**	avoir	—	—	—
annualiser, é, ée	**62**	avoir	—	—	—
annuler, é, ée	**42**	avoir	—	être	—
anoblir, i, ie	**90**	avoir	—	être	—
anodiser, é, ée	**62**	avoir	—	—	—
ânonner, é, ée	**51**	avoir	—	—	—
anordir, i, ie	**96**	avoir	—	être	—
antéposer, é, ée	**62**	avoir	—	—	—
anticiper, é, ée	**52**	avoir	—	—	—
antidater, é, ée	**68**	avoir	—	—	—
antiparasiter, é, ée	**68**	avoir	—	—	—
apaiser, é, ée	**62**	avoir	—	être	—
apanager, é, ée	**25**	avoir	—	—	—
apercevoir, aperçu, ue	**152**	avoir	—	être	de
apeurer, é, ée	**59**	avoir	—	être	—
apiquer, é, ée	**57**	avoir	—	—	—
apitoyer, é, ée	**79**	avoir	—	être	sur
aplanir, i, ie	**116**	avoir	—	être	—
aplatir, i, ie	**134**	avoir	—	être	—
aplomber, é, ée	**4**	avoir	—	être	—
apostasier, é, inv.	**34**	avoir	—	—	—
aposter, é, ée	**68**	avoir	—	—	—
apostiller, é, ée	**38**	avoir	—	—	—
apostropher, é, ée	**53**	avoir	—	être	—
appairer, é, ée	**59**	avoir	—	être	—
apparaître, apparu, ue	**180**	avoir ou **être**	—	être	—
appareiller, é, ée	**36**	avoir	—	être	à, avec
apparenter, é, ée	**68**	avoir	—	être	à
apparier, é, ée	**34**	avoir	—	être	—

INFINITIFS ET PARTICIPES PASSÉS	PAGES	FORME ACTIVE		FORME PRONOMINALE	
		AUX.	PRÉP.	AUX.	PRÉP.
apparoir	—	—	—	—	—
Seul emploi : il appert.					
appartenir, appartenu, inv.	**118**	avoir	à	être	—
appâter, é, ée	**68**	avoir	—	—	—
appauvrir, i, ie	**143**	avoir	—	être	—
appeler, é, ée	**40**	avoir	—	être	—
appesantir, i, ie	**134**	avoir	—	être	—
appéter, é, ée	**67**	avoir	—	—	—
applaudir, i, ie	**96**	avoir	—	être	de
appliquer, é, ée	**57**	avoir	—	être	à
appointer, é, ée	**68**	avoir	—	être	—
appointir, i, ie	**134**	avoir	—	—	—
apponter, é, inv.	**68**	avoir	—	—	—
apporter, é, ée	**68**	avoir	—	—	—
apposer, é, ée	**62**	avoir	—	—	—
apprécier, é, ée	**34**	avoir	—	être	—
appréhender, é, ée	**16**	avoir	de + v.	être	—
apprendre, appris, ise	**168**	avoir	à + v.	être	à + v.
apprêter, é, ée	**68**	avoir	—	être	à
apprivoiser, é, ée	**62**	avoir	—	être	—
approcher, é, ée	**12**	avoir	—	être	de
approfondir, i, ie	**96**	avoir	—	être	—
approprier, é, ée	**34**	avoir	—	être	—
approuver, é, ée	**72**	avoir	—	être	—
approvisionner, é, ée	**51**	avoir	—	être	—
appuyer, é, ée	**81**	avoir	—	être	sur
apurer, é, ée	**59**	avoir	—	—	—
arabiser, é, ée	**62**	avoir	—	être	—
araser, é, ée	**62**	avoir	—	—	—
arbitrer, é, ée	**70**	avoir	—	—	—
arborer, é, ée	**59**	avoir	—	être	—
arc-bouter, é, ée	**68**	avoir	—	être	—
architecturer, é, ée	**59**	avoir	—	—	—
archiver, é, ée	**72**	avoir	—	—	—
arçonner, é, ée	**51**	avoir	—	—	—
ardoiser, é, ée	**62**	avoir	—	être	—
argenter, é, ée	**68**	avoir	—	être	—
arguer, é, ée	**33**	avoir	—	—	—
argumenter, é, ée	**68**	avoir	—	—	—
ariser, é, ée	**62**	avoir	—	—	—
armer, é, ée	**47**	avoir	—	être	de
armorier, é, ée	**34**	avoir	—	—	—
arnaquer, é, ée	**57**	avoir	—	—	—
aromatiser, é, ée	**62**	avoir	—	être	—
arpéger, é, ée	**24**	avoir	—	—	—
arpenter, é, ée	**68**	avoir	—	—	—
arquer, é, ée	**57**	avoir	—	être	—
arracher, é, ée	**12**	avoir	—	être	à, de
arraisonner, é, ée	**51**	avoir	—	—	—
arranger, é, ée	**25**	avoir	—	être	pour
arrenter, é, ée	**68**	avoir	—	—	—
arrérager, é, ée	**25**	avoir	—	être	—

INFINITIFS ET PARTICIPES PASSÉS	PAGES	FORME ACTIVE		FORME PRONOMINALE	
		AUX.	PRÉP.	AUX.	PRÉP.
arrêter, é, ée	**68**	avoir	de + v.	être	à, sur, de + v.
arriérer, é, ée	**58**	avoir	—	être	—
arrimer, é, ée	**47**	avoir	—	—	—
arriser, é, ée	**62**	avoir	—	—	—
arriver, é, ée	**72**	**être**	à + v.	—	—
arroger (s'), é, ée	**25**	—	—	être	—
arrondir, i, ie	**96**	avoir	—	être	—
arroser, é, ée	**62**	avoir	—	être	—
articuler, é, ée	**42**	avoir	—	être	—
ascensionner, é, ée	**51**	avoir	—	—	—
aseptiser, é, ée	**62**	avoir	—	—	—
aspecter, é, ée	**68**	avoir	—	—	—
asperger, é, ée	**25**	avoir	—	être	de
asphalter, é, ée	**68**	avoir	—	—	—
asphyxier, é, ée	**34**	avoir	—	être	—
aspirer, é, ée	**59**	avoir	—	—	—
assagir, i, ie	**104**	avoir	—	être	—
assaillir, i, ie	**109**	avoir	—	—	—
assainir, i, ie	**116**	avoir	—	être	—
assaisonner, é, ée	**51**	avoir	—	—	—
assarmenter, é, ée	**68**	avoir	—	—	—
assassiner, é, ée	**50**	avoir	—	être	—
assécher, é, ée	**11**	avoir	—	être	—
assembler, é, ée	**5**	avoir	—	être	—
assener, é, ée	**48**	avoir	—	—	—
asséner, é, ée	**49**	avoir	—	être	—
asseoir, assis, ise	**150**	avoir	—	être	sur
assermenter, é, ée	**68**	avoir	—	être	—
asservir, i, ie	**141**	avoir	—	être	—
assibiler, é, ée	**42**	avoir	—	être	—
assiéger, é, ée	**24**	avoir	—	—	—
assigner, é, ée	**29**	avoir	—	être	—
assimiler, é, ée	**42**	avoir	—	être	à
assister, é, ée	**68**	avoir	—	—	—
associer, é, ée	**34**	avoir	—	être	à, avec
assoiffer, é, ée	**21**	avoir	—	être	—
assoler, é, ée	**42**	avoir	—	être	—
assombrir, i, ie	**91**	avoir	—	être	—
assommer, é, ée	**47**	avoir	—	être	—
assoner, é, inv.	**50**	avoir	—	—	—
assortir, i, ie	**134**	avoir	—	être	de
assoupir, i, ie	**120**	avoir	—	être	—
assouplir, i, ie	**121**	avoir	—	être	—
assourdir, i, ie	**96**	avoir	—	être	—
assouvir, i, ie	**141**	avoir	—	être	de
assujettir, i, ie	**134**	avoir	—	être	à
assumer, é, ée	**47**	avoir	—	être	—
assurer, é, ée	**59**	avoir	—	être	contre, de
astiquer, é, ée	**57**	avoir	—	être	—
astreindre, astreint, einte	**165**	avoir	—	être	à

INFINITIFS ET PARTICIPES PASSÉS	PAGES	FORME ACTIVE		FORME PRONOMINALE	
		AUX.	PRÉP.	AUX.	PRÉP.
atermoyer, é, ée	**79**	avoir	—	être	—
atomiser, é, ée	**62**	avoir	—	être	—
atrophier, é, ée	**34**	avoir	—	être	—
attabler, é, ée	**5**	avoir	—	être	—
attacher, é, ée	**12**	avoir	—	être	à
attaquer, é, ée	**57**	avoir	—	être	à
attarder, é, ée	**16**	avoir	—	être	à
atteindre, atteint, einte	**165**	avoir	—	—	—
atteler, é, ée	**40**	avoir	—	être	à
attendre, attendu, ue	**167**	avoir	de + v.	être	à
attendrir, i, ie	**100**	avoir	—	être	—
attenter, é, inv.	**68**	avoir	à	—	—
atténuer, é, ée	**83**	avoir	—	être	—
atterrer, é, ée	**19**	avoir	—	—	—
atterrir, i, inv.	**124**	avoir	—	—	—
attester, é, ée	**68**	avoir	—	être	—
attiédir, i, ie	**96**	avoir	—	être	—
attifer, é, ée	**20**	avoir	—	être	—
attirer, é, ée	**59**	avoir	—	être	—
attiser, é, ée	**62**	avoir	—	être	—
attitrer, é, ée	**70**	avoir	—	—	—
attraire, attrait, aite	**87**	avoir	—	—	—
attraper, é, ée	**52**	avoir	—	être	—
attremper, é, ée	**52**	avoir	—	—	—
attribuer, é, ée	**83**	avoir	—	être	—
attrister, é, ée	**68**	avoir	—	être	de + v.
attrouper, é, ée	**52**	avoir	—	être	—
auditionner, é, ée	**51**	avoir	—	—	—
augmenter, é, ée	**68**	avoir	—	être	—
augurer, é, ée	**59**	avoir	—	—	—
auréoler, é, ée	**42**	avoir	—	être	de
aurifier, é, ée	**34**	avoir	—	—	—
ausculter, é, ée	**68**	avoir	—	—	—
authentifier, é, ée	**34**	avoir	—	—	—
autocensurer (s'), é, ée	**59**	—	—	être	—
autofinancer (s'), é, ée	**10**	—	—	être	—
autographier, é, ée	**34**	avoir	—	—	—
automatiser, é, ée	**62**	avoir	—	—	—
autopsier, é, ée	**34**	avoir	—	—	—
autoriser, é, ée	**62**	avoir	à + v.	être	à, de
autosuggestionner (s'), é, ée	**51**	—	—	être	—
avachir, i, ie	**92**	avoir	—	être	—
avaler, é, ée	**42**	avoir	—	être	—
avaliser, é, ée	**62**	avoir	—	—	—
avancer, é, ée	**10**	avoir	—	être	—
avantager, é, ée	**25**	avoir	—	être	—
avarier, é, ée	**34**	avoir	—	être	—
aventurer, é, ée	**59**	avoir	—	être	à + v., dans, sur
avérer, é, ée	**58**	avoir	—	être	—

INFINITIFS ET PARTICIPES PASSÉS	PAGES	FORME ACTIVE		FORME PRONOMINALE	
		AUX.	PRÉP.	AUX.	PRÉP.
avertir, i, ie	**134**	avoir	de + v.	—	—
aveugler, é, ée	**27**	avoir	—	être	sur
aveulir, i, ie	**112**	avoir	—	être	—
avilir, i, ie	**112**	avoir	—	être	—
aviner, é, ée	**50**	avoir	—	être	—
aviser, é, ée	**62**	avoir	—	être	de + v.
avitailler, é, ée	**35**	avoir	—	être	en
aviver, é, ée	**72**	avoir	—	être	—
avoir, eu, eue	**2**	avoir	—	—	—
avoisiner, é, ée	**50**	avoir	—	être	—
avorter, é, ée	**68**	avoir	—	—	—
avouer, é, ée	**82**	avoir	—	être	—
axer, é, ée	**76**	avoir	—	—	—
axiomatiser, é, ée	**62**	avoir	—	—	—
azurer, é, ée	**59**	avoir	—	être	—

B

INFINITIFS ET PARTICIPES PASSÉS	PAGES	FORME ACTIVE		FORME PRONOMINALE	
		AUX.	PRÉP.	AUX.	PRÉP.
babiller, é, inv.	**38**	avoir	—	—	—
bâcher, é, ée	**12**	avoir	—	—	—
bachoter, é, inv.	**68**	avoir	—	—	—
bâcler, é, ée	**13**	avoir	—	—	—
badauder, é, inv.	**16**	avoir	—	—	—
badigeonner, é, ée	**51**	avoir	—	être	—
badiner, é, inv.	**50**	avoir	avec	—	—
bafouer, é, ée	**82**	avoir	—	—	—
bafouiller, é, ée	**37**	avoir	—	—	—
bâfrer, é, ée	**23**	avoir	—	—	—
bagarrer, é, ée	**59**	avoir	pour	être	—
baguenauder, é, ée	**16**	avoir	—	être	—
baguer, é, ée	**33**	avoir	—	—	—
baigner, é, ée	**29**	avoir	—	être	dans
bailler, é, ée	**35**	avoir	—	—	—
bâiller, é, inv.	**35**	avoir	—	—	—
bâillonner, é, ée	**51**	avoir	—	—	—
baiser, é, ée	**62**	avoir	—	être	—
baisoter, é, ée	**68**	avoir	—	être	—
baisser, é, ée	**64**	avoir	—	être	—
balader, é, ée	**16**	avoir	—	être	—
balafrer, é, ée	**23**	avoir	—	—	—
balancer, é, ée	**10**	avoir	—	être	—
balayer, é, ée	**78**	avoir	—	—	—
balbutier, é, ée	**34**	avoir	—	—	—
baliser, é, ée	**62**	avoir	—	—	—
balkaniser, é, ée	**62**	avoir	—	être	—
ballaster, é, ée	**68**	avoir	—	—	—
baller, é, inv.	**43**	avoir	—	—	—
ballonner, é, ée	**51**	avoir	—	être	—
ballotter, é, ée	**68**	avoir	—	—	—
bambocher, é, inv.	**12**	avoir	—	—	—
banaliser, é, ée	**62**	avoir	—	être	—
bancher, é, ée	**12**	avoir	—	—	—
bander, é, ée	**16**	avoir	—	être	—

INFINITIFS ET PARTICIPES PASSÉS	PAGES	FORME ACTIVE		FORME PRONOMINALE	
		AUX.	PRÉP.	AUX.	PRÉP.
bannir, i, ie	**116**	avoir	—	être	de
banquer, é, inv.	**57**	avoir	—	—	—
banqueter, é, inv.	**65**	avoir	—	—	—
baptiser, é, ée	**62**	avoir	—	—	—
baqueter, é, ée	**65**	avoir	—	—	—
baragouiner, é, ée	**50**	avoir	—	—	—
baraquer, é, ée	**57**	avoir	—	être	—
baratiner, é, ée	**50**	avoir	—	—	—
baratter, é, ée	**68**	avoir	—	être	—
barbariser, é, ée	**62**	avoir	—	être	—
barber, é, ée	**4**	avoir	—	être	—
barbifier, é, ée	**34**	avoir	—	être	—
barboter, é, ée	**68**	avoir	—	—	—
barbouiller, é, ée	**37**	avoir	—	être	de
barder, é, ée	**16**	avoir	—	être	de
baréter, é, inv.	**67**	avoir	—	—	—
barioler, é, ée	**42**	avoir	—	être	—
barrer, é, ée	**59**	avoir	—	être	—
barricader, é, ée	**16**	avoir	—	être	dans
barrir, i, inv.	**124**	avoir	—	—	—
basaner, é, ée	**50**	avoir	—	être	—
basculer, é, ée	**42**	avoir	—	—	—
baser, é, ée	**62**	avoir	—	être	sur
bassiner, é, ée	**50**	avoir	—	—	—
bastionner, é, ée	**51**	avoir	—	—	—
batailler, é, inv.	**35**	avoir	—	—	—
bateler, é, ée	**40**	avoir	—	—	—
bâter, é, ée	**68**	avoir	—	—	—
batifoler, é, inv.	**42**	avoir	—	—	—
bâtir, i, ie	**134**	avoir	—	être	—
bâtonner, é, ée	**51**	avoir	—	—	—
battre, battu, ue	**181**	avoir	—	être	contre
bavarder, é, inv.	**16**	avoir	—	—	—
bavasser, é, inv.	**64**	avoir	—	—	—
baver, é, ée	**72**	avoir	—	—	—
bavocher, é, inv.	**12**	avoir	—	—	—
bayer, é, inv.	**78**	avoir	—	—	—
Conserve le «y» dans toute sa conjugaison.					
bazarder, é, ée	**16**	avoir	—	—	—
béatifier, é, ée	**34**	avoir	—	—	—
bêcher, é, ée	**12**	avoir	—	—	—
bêcheveter, é, ée	**65**	avoir	—	—	—
bécoter, é, ée	**68**	avoir	—	être	—
becqueter, é, ée	**65**	avoir	—	être	—
becter, é, ée	**68**	avoir	—	être	—
bedonner, é, inv.	**51**	avoir	—	—	—
béer, é, inv.	**18**	avoir	—	—	—
bégayer, é, ée	**78**	avoir	—	—	—
bégueter, é, inv.	**66**	avoir	—	—	—
bêler, é, ée	**42**	avoir	—	—	—
bémoliser, é, ée	**62**	avoir	—	—	—
bénéficier, é, inv.	**34**	avoir	de	—	—

INFINITIFS ET PARTICIPES PASSÉS	PAGES	FORME ACTIVE		FORME PRONOMINALE	
		AUX.	PRÉP.	AUX.	PRÉP.
bénir, i, ie	**116**	avoir	—	—	—
béqueter, é, ée	**65**	avoir	—	être	—
béquiller, é, ée	**38**	avoir	—	être	—
bercer, é, ée	**10**	avoir	—	être	—
berner, é, ée	**50**	avoir	—	—	—
besogner, é, ée	**29**	avoir	—	—	—
bêtifier, é, ée	**34**	avoir	—	être	—
bêtiser, é, inv.	**62**	avoir	—	—	—
bétonner, é, ée	**51**	avoir	—	—	—
beugler, é, ée	**27**	avoir	—	—	—
beurrer, é, ée	**59**	avoir	—	être	—
biaiser, é, inv.	**62**	avoir	—	—	—
biberonner, é, inv.	**51**	avoir	—	—	—
bicher, é, inv.	**12**	avoir	—	—	—
bichonner, é, ée	**51**	avoir	—	être	—
bidonner (se), é, ée	**51**	—	—	être	—
bidouiller, é, ée	**37**	avoir	—	—	—
bienvenir	—	—	—	—	—
Ne s'emploie qu'à l'infinitif.					
biffer, é, ée	**21**	avoir	—	—	—
bifurquer, é, ée	**57**	avoir	—	—	—
bigarrer, é, ée	**59**	avoir	—	—	—
bigler, é, ée	**27**	avoir	—	—	—
bigorner, é, ée	**50**	avoir	—	être	—
biler (se), é, ée	**42**	—	—	être	—
biller, é, ée	**38**	avoir	—	—	—
biloquer, é, ée	**57**	avoir	—	—	—
biner, é, ée	**50**	avoir	—	—	—
biscuiter, é, ée	**68**	avoir	—	—	—
biseauter, é, ée	**68**	avoir	—	—	—
biser, é, ée	**62**	avoir	—	—	—
bisquer, é, inv.	**57**	avoir	—	—	—
bisser, é, ée	**64**	avoir	—	—	—
bistourner, é, ée	**50**	avoir	—	—	—
bistrer, é, ée	**70**	avoir	—	—	—
bitturer (se), é, ée	**59**	—	—	être	—
bitumer, é, ée	**47**	avoir	—	—	—
biturer (se), é, ée	**59**	—	—	être	—
bivouaquer, é, inv.	**57**	avoir	—	—	—
blackbouler, é, ée	**42**	avoir	—	—	—
blaguer, é, ée	**33**	avoir	—	être	—
blairer, é, ée	**59**	avoir	—	—	—
blâmer, é, ée	**47**	avoir	de + v.	être	de
blanchir, i, ie	**92**	avoir	—	être	—
blaser, é, ée	**62**	avoir	—	être	—
blasonner, é, ée	**51**	avoir	—	—	—
blasphémer, é, ée	**46**	avoir	—	—	—
blatérer, é, inv.	**58**	avoir	—	—	—
blêmir, i, ie	**114**	avoir	—	—	—
bléser, é, inv.	**61**	avoir	—	—	—
blesser, é, ée	**64**	avoir	—	être	—
blettir, i, inv.	**134**	avoir	—	—	—
bleuir, i, ie	**119**	avoir	—	être	—
bleuter, é, ée	**68**	avoir	—	—	—
blinder, é, ée	**16**	avoir	—	être	contre
blondir, i, ie	**96**	avoir	—	être	—
bloquer, é, ée	**57**	avoir	—	être	—
blottir (se), i, ie	**134**	—	—	être	contre
blouser, é, ée	**62**	avoir	—	être	—
bluffer, é, ée	**21**	avoir	—	être	—
bluter, é, ée	**68**	avoir	—	—	—
bobiner, é, ée	**50**	avoir	—	—	—
bocarder, é, ée	**16**	avoir	—	—	—
boire, bu, ue	**145**	avoir	—	être	—
boiser, é, ée	**62**	avoir	—	—	—
boiter, é, inv.	**68**	avoir	—	—	—
boitiller, é, inv.	**38**	avoir	—	—	—
bombarder, é, ée	**16**	avoir	—	—	—
bomber, é, ée	**4**	avoir	—	être	—
bondir, i, inv.	**96**	avoir	sur	—	—
bonifier, é, ée	**34**	avoir	—	être	—
bonimenter, é, inv.	**68**	avoir	—	—	—
border, é, ée	**16**	avoir	—	être	—
borner, é, ée	**50**	avoir	—	être	à
bornoyer, é, ée	**79**	avoir	—	—	—
bosseler, é, ée	**40**	avoir	—	être	—
bosser, é, ée	**64**	avoir	—	—	—
bossuer, é, ée	**83**	avoir	—	être	—
botteler, é, ée	**40**	avoir	—	—	—
botter, é, ée	**68**	avoir	—	être	—
boubouler, é, inv.	**42**	avoir	—	—	—
boucaner, é, ée	**50**	avoir	—	—	—
boucharder, é, ée	**16**	avoir	—	—	—
boucher, é, ée	**12**	avoir	—	être	—
bouchonner, é, ée	**51**	avoir	—	être	—
boucler, é, ée	**13**	avoir	—	être	—
bouder, é, ée	**16**	avoir	—	être	—
boudiner, é, ée	**50**	avoir	—	être	—
bouffer, é, ée	**21**	avoir	—	être	—
bouffir, i, ie	**129**	avoir	—	être	—
bouffonner, é, ée	**51**	avoir	—	—	—
bouger, é, ée	**25**	avoir	—	être	—
bougonner, é, ée	**51**	avoir	—	—	—
bouillir, i, ie	**110**	avoir	—	—	—
bouillonner, é, ée	**51**	avoir	—	—	—
bouillotter, é, inv.	**68**	avoir	—	—	—
boulanger, é, ée	**25**	avoir	—	—	—
bouler, é, ée	**42**	avoir	—	être	—
bouleverser, é, ée	**63**	avoir	—	—	—
boulocher, é, inv.	**12**	avoir	—	—	—
boulonner, é, ée	**51**	avoir	—	—	—
boulotter, é, ée	**68**	avoir	—	—	—
bouquiner, é, ée	**50**	avoir	—	—	—
bourdonner, é, ée	**51**	avoir	—	—	—

INFINITIFS ET PARTICIPES PASSÉS	PAGES	FORME ACTIVE		FORME PRONOMINALE	
		AUX.	PRÉP.	AUX.	PRÉP.
bourgeonner, é, inv.	**51**	avoir	—	—	—
bourlinguer, é, inv.	**33**	avoir	—	—	—
bourreler, é, ée	**40**	avoir	—	—	—
bourrer, é, ée	**59**	avoir	—	être	—
boursicoter, é, inv.	**68**	avoir	—	—	—
boursouffler, é, ée	**22**	avoir	—	être	—
boursoufler, é, ée	**22**	avoir	—	être	—
bousculer, é, ée	**42**	avoir	—	être	—
bousiller, é, ée	**38**	avoir	—	être	—
bouter, é, ée	**68**	avoir	—	—	—
boutonner, é, ée	**51**	avoir	—	être	—
bouturer, é, ée	**59**	avoir	—	—	—
boxer, é, ée	**76**	avoir	—	—	—
boycotter, é, ée	**68**	avoir	—	—	—
braconner, é, ée	**51**	avoir	—	—	—
brader, é, ée	**16**	avoir	—	—	—
brailler, é, ée	**35**	avoir	—	—	—
braire	**188**	—	—	—	—
Ne s'emploie qu'aux 3es personnes de l'indicatif présent, du futur et du conditionnel.					
braiser, é, ée	**62**	avoir	—	—	—
bramer, é, inv.	**47**	avoir	—	—	—
brancarder, é, ée	**16**	avoir	—	—	—
brancher, é, ée	**12**	avoir	—	être	sur
brandiller, é, ée	**38**	avoir	—	être	—
brandir, i, ie	**96**	avoir	—	—	—
branler, é, ée	**42**	avoir	—	être	—
braquer, é, ée	**57**	avoir	—	être	contre
braser, é, ée	**62**	avoir	—	—	—
brasiller, é, ée	**38**	avoir	—	—	—
brasser, é, ée	**64**	avoir	—	être	—
braver, é, ée	**72**	avoir	—	être	—
brayer, é, ée	**78**	avoir	—	—	—
bredouiller, é, ée	**37**	avoir	—	—	—
brêler, é, ée	**42**	avoir	—	—	—
bréler, é, ée	**41**	avoir	—	—	—
breller, é, ée	**43**	avoir	—	—	—
brésiller, é, ée	**38**	avoir	—	être	—
brétailler, é, inv.	**35**	avoir	—	—	—
bretteler, é, ée	**40**	avoir	—	—	—
bretter, é, ée	**68**	avoir	—	—	—
breveter, é, ée	**65**	avoir	—	—	—
bricoler, é, ée	**42**	avoir	—	—	—
brider, é, ée	**16**	avoir	—	—	—
bridger, é, inv.	**25**	avoir	—	—	—
brigander, é, inv.	**16**	avoir	—	—	—
briguer, é, ée	**33**	avoir	—	—	—
brillanter, é, ée	**68**	avoir	—	—	—
brillantiner, é, ée	**50**	avoir	—	être	—
briller, é, inv.	**38**	avoir	—	—	—
brimbaler, é, ée	**42**	avoir	—	—	—
brimballer, é, ée	**43**	avoir	—	—	—

INFINITIFS ET PARTICIPES PASSÉS	PAGES	FORME ACTIVE		FORME PRONOMINALE	
		AUX.	PRÉP.	AUX.	PRÉP.
brimer, é, ée	**47**	avoir	—	—	—
bringuebaler, é, ée	**42**	avoir	—	—	—
brinquebaler, é, ée	**42**	avoir	—	—	—
briquer, é, ée	**57**	avoir	—	—	—
briqueter, é, ée	**65**	avoir	—	—	—
briser, é, ée	**62**	avoir	—	être	—
brocanter, é, ée	**68**	avoir	—	—	—
brocarder, é, ée	**16**	avoir	—	—	—
brocher, é, ée	**12**	avoir	—	—	—
broder, é, ée	**16**	avoir	—	être	—
broncher, é, inv.	**12**	avoir	—	—	—
bronzer, é, ée	**62**	avoir	—	être	—
brosser, é, ée	**64**	avoir	—	être	—
brouetter, é, ée	**68**	avoir	—	—	—
brouiller, é, ée	**37**	avoir	—	être	—
brouillonner, é, ée	**51**	avoir	—	—	—
brouter, é, ée	**68**	avoir	—	—	—
broyer, é, ée	**79**	avoir	—	—	—
bruiner, é, inv.	**50**	avoir	—	—	—
Ne s'emploie qu'à la 3e personne du singulier.					
bruir, i, ie	**101**	avoir	—	—	—
bruire, bruit, inv.	**137**	avoir	—	—	—
bruisser, é, inv.	**64**	avoir	—	—	—
bruiter, é, ée	**68**	avoir	—	—	—
brûler, é, ée	**42**	avoir	de + v.	être	—
brumasser, é, inv.	**64**	avoir	—	—	—
Ne s'emploie qu'à la 3e personne du singulier.					
brumer, é, inv.	**47**	avoir	—	—	—
Ne s'emploie qu'à la 3e personne du singulier.					
brunir, i, ie	**116**	avoir	—	être	—
brusquer, é, ée	**57**	avoir	—	—	—
brutaliser, é, ée	**62**	avoir	—	—	—
bûcher, é, ée	**12**	avoir	—	être	—
budgéter, é, ée	**67**	avoir	—	—	—
budgétiser, é, ée	**62**	avoir	—	—	—
buffler, é, ée	**22**	avoir	—	—	—
buller, é, ée	**43**	avoir	—	—	—
bureaucratiser, é, ée	**62**	avoir	—	—	—
buriner, é, ée	**50**	avoir	—	—	—
busquer, é, ée	**57**	avoir	—	être	—
buter, é, ée	**68**	avoir	contre	être	à, contre
butiner, é, ée	**50**	avoir	—	—	—
butter, é, ée	**68**	avoir	—	—	—

C

INFINITIFS ET PARTICIPES PASSÉS	PAGES	AUX.	PRÉP.	AUX.	PRÉP.
cabaner, é, ée	**50**	avoir	—	—	—
câbler, é, ée	**5**	avoir	—	—	—
cabosser, é, ée	**64**	avoir	—	être	—
caboter, é, inv.	**68**	avoir	—	—	—
cabotiner, é, inv.	**50**	avoir	—	—	—
cabrer, é, ée	**7**	avoir	—	être	—

INFINITIFS ET PARTICIPES PASSÉS	PAGES	FORME ACTIVE		FORME PRONOMINALE	
		AUX.	PRÉP.	AUX.	PRÉP.
cabrioler, é, inv.	**42**	avoir	—	—	—
cacaber, é, inv.	**4**	avoir	—	—	—
cacarder, é, inv.	**16**	avoir	—	—	—
cacher, é, ée	**12**	avoir	—	être	—
cacheter, é, ée	**65**	avoir	—	—	—
cadastrer, é, ée	**70**	avoir	—	—	—
cadenasser, é, ée	**64**	avoir	—	être	—
cadencer, é, ée	**10**	avoir	—	—	—
cadmier, é, ée	**34**	avoir	—	—	—
cadrer, é, ée	**17**	avoir	—	—	—
cafarder, é, ée	**16**	avoir	—	—	—
cafouiller, é, inv.	**37**	avoir	—	—	—
cahoter, é, ée	**68**	avoir	—	—	—
caillebotter, é, ée	**68**	avoir	—	être	—
cailler, é, ée	**35**	avoir	—	être	—
cailleter, é, inv.	**65**	avoir	—	—	—
caillouter, é, ée	**68**	avoir	—	—	—
cajoler, é, ée	**42**	avoir	—	—	—
calaminer (se), é, ée	**50**	—	—	être	—
calamistrer, é, ée	**70**	avoir	—	être	—
calandrer, é, ée	**17**	avoir	—	—	—
calciner, é, ée	**50**	avoir	—	être	—
calculer, é, ée	**42**	avoir	—	—	—
caler, é, ée	**42**	avoir	—	être	—
calfater, é, ée	**68**	avoir	—	—	—
calfeutrer, é, ée	**70**	avoir	—	être	—
calibrer, é, ée	**7**	avoir	—	—	—
câliner, é, ée	**50**	avoir	—	être	à, contre
calligraphier, é, ée	**34**	avoir	—	—	—
calmer, é, ée	**47**	avoir	—	être	—
calmir, i, inv.	**114**	avoir	—	—	—
calomnier, é, ée	**34**	avoir	—	être	—
calorifuger, é, ée	**25**	avoir	—	—	—
calotter, é, ée	**68**	avoir	—	—	—
calquer, é, ée	**57**	avoir	—	—	—
cambrer, é, ée	**7**	avoir	—	être	—
cambrioler, é, ée	**42**	avoir	—	—	—
camionner, é, ée	**51**	avoir	—	—	—
camoufler, é, ée	**22**	avoir	—	être	—
camper, é, ée	**52**	avoir	—	être	—
canaliser, é, ée	**62**	avoir	—	—	—
canarder, é, ée	**16**	avoir	—	être	—
cancaner, é, inv.	**50**	avoir	—	—	—
cancériser (se), é, ée	**62**	—	—	être	—
candir, i, ie	**96**	avoir	—	être	—
canneler, é, ée	**40**	avoir	—	—	—
canner, é, ée	**51**	avoir	—	—	—
canoniser, é, ée	**62**	avoir	—	—	—
canonner, é, ée	**51**	avoir	—	être	—
canoter, é, inv.	**68**	avoir	—	—	—
cantonner, é, ée	**51**	avoir	—	être	—
canuler, é, ée	**42**	avoir	—	—	—
caoutchouter, é, ée	**68**	avoir	—	—	—
caparaçonner, é, ée	**51**	avoir	—	être	—
capéer, é, inv.	**18**	avoir	—	—	—
caper, é, ée	**52**	avoir	—	—	—
capeler, é, ée	**40**	avoir	—	—	—
capeyer, é, inv.	**77**	avoir	—	—	—
capitaliser, é, ée	**62**	avoir	—	—	—
capitonner, é, ée	**51**	avoir	—	être	—
capituler, é, inv.	**42**	avoir	—	—	—
caporaliser, é, ée	**62**	avoir	—	—	—
capoter, é, ée	**68**	avoir	—	—	—
capsuler, é, ée	**42**	avoir	—	—	—
capter, é, ée	**68**	avoir	—	—	—
captiver, é, ée	**72**	avoir	—	être	à
capturer, é, ée	**59**	avoir	—	—	—
capuchonner, é, ée	**51**	avoir	—	—	—
caquer, é, ée	**57**	avoir	—	—	—
caqueter, é, inv.	**65**	avoir	—	—	—
caracoler, é, inv.	**42**	avoir	—	—	—
caractériser, é, ée	**62**	avoir	—	être	par
caramboler, é, ée	**42**	avoir	—	être	—
caraméliser, é, ée	**62**	avoir	—	être	—
carbonater, é, ée	**68**	avoir	—	—	—
carboniser, é, ée	**62**	avoir	—	être	—
carbonitrurer, é, ée	**59**	avoir	—	—	—
carburer, é, ée	**59**	avoir	—	—	—
carcailler, é, inv.	**35**	avoir	—	—	—
carder, é, ée	**16**	avoir	—	—	—
carencer, é, ée	**10**	avoir	—	—	—
caréner, é, ée	**49**	avoir	—	—	—
caresser, é, ée	**64**	avoir	—	être	—
carguer, é, ée	**33**	avoir	—	—	—
caricaturer, é, ée	**59**	avoir	—	—	—
carier, é, ée	**34**	avoir	—	être	—
carillonner, é, ée	**51**	avoir	—	—	—
carotter, é, ée	**68**	avoir	—	être	—
carreler, é, ée	**40**	avoir	—	—	—
carrer, é, ée	**59**	avoir	—	être	—
carrosser, é, ée	**64**	avoir	—	—	—
carroyer, é, ée	**79**	avoir	—	—	—
cartayer, é, inv.	**78**	avoir	—	—	—
cartelliser, é, ée	**62**	avoir	—	—	—
cartographier, é, ée	**34**	avoir	—	—	—
cartonner, é, ée	**51**	avoir	—	—	—
cascader, é, inv.	**16**	avoir	—	—	—
casemater, é, ée	**68**	avoir	—	—	—
caser, é, ée	**62**	avoir	—	être	—
caserner, é, ée	**50**	avoir	—	—	—
casquer, é, ée	**57**	avoir	—	—	—
casser, é, ée	**64**	avoir	—	être	—
castrer, é, ée	**70**	avoir	—	—	—

INFINITIFS ET PARTICIPES PASSÉS	PAGES	FORME ACTIVE		FORME PRONOMINALE	
		AUX.	PRÉP.	AUX.	PRÉP.
cataloguer, é, ée	**33**	avoir	—	—	—
catalyser, é, ée	**62**	avoir	—	—	—
catapulter, é, ée	**68**	avoir	—	—	—
catastropher, é, ée	**53**	avoir	—	—	—
catcher, é, inv.	**12**	avoir	—	—	—
catéchiser, é, ée	**62**	avoir	—	—	—
catégoriser, é, ée	**62**	avoir	—	—	—
catir, i, ie	**134**	avoir	—	—	—
cauchemarder, é, inv.	**16**	avoir	—	—	—
causer, é, ée	**62**	avoir	—	—	—
cautériser, é, ée	**62**	avoir	—	—	—
cautionner, é, ée	**51**	avoir	—	—	—
cavalcader, é, inv.	**16**	avoir	—	—	—
caver, é, ée	**72**	avoir	—	être	—
caviarder, é, ée	**16**	avoir	—	—	—
céder, é, ée	**15**	avoir	—	—	—
ceindre, ceint, einte	**165**	avoir	—	être	—
ceintrer, é, ée	**70**	avoir	—	—	—
ceinturer, é, ée	**59**	avoir	—	—	—
célébrer, é, ée	**6**	avoir	—	être	—
celer, é, ée	**39**	avoir	—	—	—
cémenter, é, ée	**68**	avoir	—	—	—
cendrer, é, ée	**17**	avoir	—	—	—
censurer, é, ée	**59**	avoir	—	—	—
centraliser, é, ée	**62**	avoir	—	—	—
centrer, é, ée	**70**	avoir	—	être	sur, autour de
centrifuger, é, ée	**25**	avoir	—	—	—
centupler, é, ée	**55**	avoir	—	—	—
cercler, é, ée	**13**	avoir	—	—	—
cerner, é, ée	**50**	avoir	—	être	—
certifier, é, ée	**34**	avoir	—	—	—
césariser, é, ée	**62**	avoir	—	—	—
cesser, é, ée	**64**	avoir	de + v.	—	—
chabler, é, ée	**5**	avoir	—	—	—
chagriner, é, ée	**50**	avoir	—	être	—
chahuter, é, ée	**68**	avoir	—	—	—
chaîner, é, ée	**50**	avoir	—	—	—
chaloir	—	—	—	—	—
S'emploie dans la locution impersonnelle «peu me chaut».					
chalouper, é, inv.	**52**	avoir	—	—	—
chamailler, é, ée	**35**	avoir	—	être	avec
chamarrer, é, ée	**59**	avoir	—	—	—
chambarder, é, ée	**16**	avoir	—	—	—
chambouler, é, ée	**42**	avoir	—	—	—
chambrer, é, ée	**7**	avoir	—	—	—
chamoiser, é, ée	**62**	avoir	—	—	—
champagniser, é, ée	**62**	avoir	—	—	—
champignonner, é, inv.	**51**	avoir	—	—	—
champlever, é, ée	**71**	avoir	—	—	—
chanceler, é, inv.	**40**	avoir	—	—	—
chancir, i, ie	**93**	avoir	—	être	—
chanfreiner, é, ée	**50**	avoir	—	—	—
changer, é, ée	**25**	avoir	—	être	—
chansonner, é, ée	**51**	avoir	—	—	—
chanter, é, ée	**68**	avoir	—	—	—
chantonner, é, ée	**51**	avoir	—	—	—
chantourner, é, ée	**50**	avoir	—	—	—
chaparder, é, ée	**16**	avoir	—	—	—
chapeauter, é, ée	**68**	avoir	—	être	—
chaperonner, é, ée	**51**	avoir	—	—	—
chapitrer, é, ée	**70**	avoir	—	—	—
chaponner, é, ée	**51**	avoir	—	—	—
chaptaliser, é, ée	**62**	avoir	—	—	—
charbonner, é, ée	**51**	avoir	—	être	—
charcuter, é, ée	**68**	avoir	—	être	—
charger, é, ée	**25**	avoir	de + v.	être	de
charioter, é, ée	**68**	avoir	—	—	—
charmer, é, ée	**47**	avoir	—	—	—
charpenter, é, ée	**68**	avoir	—	—	—
charrier, é, ée	**34**	avoir	—	—	—
charroyer, é, ée	**79**	avoir	—	—	—
chasser, é, ée	**64**	avoir	—	—	—
châtier, é, ée	**34**	avoir	—	être	—
chatonner, é, inv.	**51**	avoir	—	—	—
chatouiller, é, ée	**37**	avoir	—	être	—
chatoyer, é, inv.	**79**	avoir	—	—	—
châtrer, é, ée	**70**	avoir	—	—	—
chauffer, é, ée	**21**	avoir	—	être	—
chauler, é, ée	**42**	avoir	—	—	—
chaumer, é, ée	**47**	avoir	—	—	—
chausser, é, ée	**64**	avoir	—	être	—
chauvir, i, inv.	**142**	avoir	—	—	—
Au présent de l'indicatif : je chauvis, tu chauvis, il chauvit.					
chavirer, é, ée	**59**	avoir	—	—	—
cheminer, é, inv.	**50**	avoir	—	—	—
chemiser, é, ée	**62**	avoir	—	—	—
chercher, é, ée	**12**	avoir	à + v.	être	—
chérir, i, ie	**124**	avoir	—	être	—
chevaler, é, ée	**42**	avoir	—	—	—
chevaucher, é, ée	**12**	avoir	—	être	—
cheviller, é, ée	**38**	avoir	—	—	—
chevreter, é, inv.	**65**	avoir	—	—	—
chevroter, é, ée	**68**	avoir	—	—	—
chialer, é, inv.	**42**	avoir	—	—	—
chicaner, é, ée	**50**	avoir	—	être	—
chicoter, é, ée	**68**	avoir	—	—	—
chier, é, ée	**34**	avoir	—	—	—
chiffonner, é, ée	**51**	avoir	—	être	—
chiffrer, é, ée	**23**	avoir	—	—	—
chigner, é, inv.	**29**	avoir	—	—	—
chiner, é, ée	**50**	avoir	—	—	—
chinoiser, é, ée	**62**	avoir	—	—	—
chiper, é, ée	**52**	avoir	—	—	—

INFINITIFS ET PARTICIPES PASSÉS	PAGES	FORME ACTIVE		FORME PRONOMINALE	
		AUX.	PRÉP.	AUX.	PRÉP.
chipoter, é, ée	**68**	avoir	—	être	—
chiquer, é, ée	**57**	avoir	—	—	—
chloroformer, é, ée	**47**	avoir	—	—	—
chlorurer, é, ée	**59**	avoir	—	—	—
choir, chu, ue	**188**	avoir	—	—	—
choisir, i, ie	**128**	avoir	de + v.	être	—
chômer, é, ée	**47**	avoir	—	—	—
choper, é, ée	**52**	avoir	—	—	—
chopper, é, inv.	**54**	avoir	—	—	—
choquer, é, ée	**57**	avoir	—	être	—
chosifier, é, ée	**34**	avoir	—	—	—
chouchouter, é, ée	**68**	avoir	—	—	—
choyer, é, ée	**79**	avoir	—	—	—
christianiser, é, ée	**62**	avoir	—	être	—
chromer, é, ée	**47**	avoir	—	—	—
chromiser, é, ée	**62**	avoir	—	—	—
chronométrer, é, ée	**69**	avoir	—	—	—
chuchoter, é, ée	**68**	avoir	—	—	—
chuinter, é, inv.	**68**	avoir	—	—	—
chuter, é, inv.	**68**	avoir	—	—	—
cibler, é, ée	**5**	avoir	—	—	—
cicatriser, é, ée	**62**	avoir	—	être	—
ciller, é, inv.	**38**	avoir	—	—	—
cimenter, é, ée	**68**	avoir	—	être	—
cinématographier, é, ée	**34**	avoir	—	—	—
cingler, é, ée	**27**	avoir	—	—	—
cintrer, é, ée	**70**	avoir	—	—	—
circoncire, circoncis, ise	**94**	avoir	—	être	—
circonscrire, circonscrit, ite	**95**	avoir	—	être	—
circonvenir, circonvenu, ue	**118**	avoir	—	—	—
circulariser, é, ée	**62**	avoir	—	—	—
circuler, é, inv.	**42**	avoir	—	—	—
cirer, é, ée	**59**	avoir	—	—	—
cisailler, é, ée	**35**	avoir	—	—	—
ciseler, é, ée	**39**	avoir	—	—	—
citer, é, ée	**68**	avoir	—	être	—
civiliser, é, ée	**62**	avoir	—	être	—
clabauder, é, inv.	**16**	avoir	—	—	—
claboter, é, ée	**68**	avoir	—	—	—
claironner, é, ée	**51**	avoir	—	—	—
clamer, é, ée	**47**	avoir	—	—	—
clamper, é, ée	**52**	avoir	—	—	—
clapir, i, ie	**120**	avoir	—	être	—
clapoter, é, inv.	**68**	avoir	—	—	—
clapper, é, inv.	**54**	avoir	—	—	—
claquemurer, é, ée	**59**	avoir	—	être	—
claquer, é, ée	**57**	avoir	—	être	—
claqueter, é, inv.	**65**	avoir	—	—	—
claquetter, é, inv.	**68**	avoir	—	—	—
clarifier, é, ée	**34**	avoir	—	être	—
classer, é, ée	**64**	avoir	—	être	parmi
classifier, é, ée	**34**	avoir	—	—	—
claudiquer, é, inv.	**57**	avoir	—	—	—
claustrer, é, ée	**70**	avoir	—	être	—
claver, é, ée	**72**	avoir	—	—	—
claveter, é, ée	**65**	avoir	—	—	—
clayonner, é, ée	**51**	avoir	—	—	—
clicher, é, ée	**12**	avoir	—	—	—
cligner, é, ée	**29**	avoir	—	—	—
clignoter, é, inv.	**68**	avoir	—	—	—
climatiser, é, ée	**62**	avoir	—	—	—
cliqueter, é, inv.	**65**	avoir	—	—	—
clisser, é, ée	**64**	avoir	—	—	—
cliver, é, ée	**72**	avoir	—	être	—
clochardiser, é, ée	**62**	avoir	—	être	—
clocher, é, inv.	**12**	avoir	—	—	—
cloisonner, é, ée	**51**	avoir	—	—	—
cloîtrer, é, ée	**70**	avoir	—	être	—
cloner, é, ée	**50**	avoir	—	—	—
clopiner, é, inv.	**50**	avoir	—	—	—
cloquer, é, ée	**57**	avoir	—	être	—
clore, clos, ose	**160**	avoir	—	—	—
clôturer, é, ée	**59**	avoir	—	être	—
clouer, é, ée	**82**	avoir	—	—	—
clouter, é, ée	**68**	avoir	—	—	—
coaguler, é, ée	**42**	avoir	—	être	—
coalescer, é, ée	**10**	avoir	—	—	—
coaliser, é, ée	**62**	avoir	—	être	—
coasser, é, inv.	**64**	avoir	—	—	—
cocher, é, ée	**12**	avoir	—	—	—
côcher, é, ée	**12**	avoir	—	—	—
cochonner, é, ée	**51**	avoir	—	—	—
cocoter, é, inv.	**68**	avoir	—	—	—
cocotter, é, inv.	**68**	avoir	—	—	—
cocufier, é, ée	**34**	avoir	—	—	—
coder, é, ée	**16**	avoir	—	—	—
codifier, é, ée	**34**	avoir	—	—	—
coexister, é, inv.	**68**	avoir	—	—	—
coffrer, é, ée	**23**	avoir	—	—	—
cogérer, é, ée	**58**	avoir	—	—	—
cogiter, é, ée	**68**	avoir	—	—	—
cogner, é, ée	**29**	avoir	—	être	à, contre
cohabiter, é, inv.	**68**	avoir	avec	—	—
cohériter, é, inv.	**68**	avoir	de	—	—
coiffer, é, ée	**21**	avoir	—	être	—
coincer, é, ée	**10**	avoir	—	être	—
coïncider, é, inv.	**16**	avoir	avec	—	—
coïter, é, inv.	**68**	avoir	—	—	—
cokéfier, é, ée	**34**	avoir	—	—	—
collaborer, é, inv.	**59**	avoir	à, avec	—	—
collationner, é, ée	**51**	avoir	—	—	—
collecter, é, ée	**68**	avoir	—	être	—

INFINITIFS ET PARTICIPES PASSÉS	PAGES	FORME ACTIVE		FORME PRONOMINALE	
		AUX.	PRÉP.	AUX.	PRÉP.
collectionner, é, ée	**51**	avoir	—	—	—
collectiviser, é, ée	**62**	avoir	—	—	—
coller, é, ée	**43**	avoir	—	être	à, contre
colleter, é, ée	**65**	avoir	—	être	—
colliger, é, ée	**25**	avoir	—	—	—
colloquer, é, ée	**57**	avoir	—	—	—
colmater, é, ée	**68**	avoir	—	—	—
coloniser, é, ée	**62**	avoir	—	—	—
colorer, é, ée	**59**	avoir	—	être	—
colorier, é, ée	**34**	avoir	—	—	—
coloriser, é, ée	**62**	avoir	—	—	—
colporter, é, ée	**68**	avoir	—	—	—
coltiner, é, ée	**50**	avoir	—	être	—
combattre, combattu, ue	**181**	avoir	—	être	—
combiner, é, ée	**50**	avoir	—	être	à, avec
combler, é, ée	**5**	avoir	—	—	—
commander, é, ée	**16**	avoir	de + v.	être	—
commanditer, é, ée	**68**	avoir	—	—	—
commémorer, é, ée	**59**	avoir	—	—	—
commencer, é, ée	**10**	avoir	à + v., de + v.	être	—
commenter, é, ée	**68**	avoir	—	—	—
commercer, é, inv.	**10**	avoir	avec	—	—
commercialiser, é, ée	**62**	avoir	—	—	—
commérer, é, inv.	**58**	avoir	—	—	—
commettre, commis, ise	**182**	avoir	—	être	—
commissionner, é, ée	**51**	avoir	pour + v.	—	—
commotionner, é, ée	**51**	avoir	—	—	—
commuer, é, ée	**83**	avoir	—	—	—
communaliser, é, ée	**62**	avoir	—	—	—
communier, é, ée	**34**	avoir	avec	—	—
communiquer, é, ée	**57**	avoir	—	être	—
commuter, é, ée	**68**	avoir	—	être	—
compacter, é, ée	**68**	avoir	—	—	—
comparaître, comparu, inv.	**180**	avoir	en, par, devant	—	—
comparer, é, ée	**59**	avoir	—	être	à
compartimenter, é, ée	**68**	avoir	—	—	—
compasser, é, ée	**64**	avoir	—	—	—
compatir, i, inv.	**134**	avoir	à	—	—
compenser, é, ée	**63**	avoir	—	être	—
compiler, é, ée	**42**	avoir	—	—	—
complaire, complu, inv.	**85**	avoir	à	être	dans
complanter, é, ée	**68**	avoir	—	—	—
compléter, é, ée	**67**	avoir	—	être	—
complexer, é, ée	**76**	avoir	—	être	—
complexifier, é, ée	**34**	avoir	—	être	—
complimenter, é, ée	**68**	avoir	—	être	—
compliquer, é, ée	**57**	avoir	—	être	—
comploter, é, ée	**68**	avoir	contre, de + v.	—	—
comporter, é, ée	**68**	avoir	—	être	—
composer, é, ée	**62**	avoir	—	être	—
composter, é, ée	**68**	avoir	—	—	—
comprendre, compris, ise	**168**	avoir	—	être	—
compresser, é, ée	**64**	avoir	—	—	—
comprimer, é, ée	**47**	avoir	—	être	—
compromettre, compromis, ise	**182**	avoir	—	être	—
comptabiliser, é, ée	**62**	avoir	—	être	—
compter, é, ée	**68**	avoir	—	être	—
compulser, é, ée	**63**	avoir	—	—	—
computer, é, ée	**68**	avoir	—	—	—
concasser, é, ée	**64**	avoir	—	—	—
concéder, é, ée	**15**	avoir	—	—	—
concélébrer, é, ée	**6**	avoir	—	—	—
concentrer, é, ée	**70**	avoir	—	être	sur
conceptualiser, é, ée	**62**	avoir	—	—	—
concerner, é, ée	**50**	avoir	—	—	—
concerter, é, ée	**68**	avoir	—	être	—
concevoir, conçu, ue	**152**	avoir	—	être	—
concilier, é, ée	**34**	avoir	—	être	—
conclure, conclu, ue	**161**	avoir	—	être	—
concocter, é, ée	**68**	avoir	—	—	—
concorder, é, inv.	**16**	avoir	à, avec	—	—
concourir, concouru, inv.	**122**	avoir	à	—	—
concréter, é, ée	**67**	avoir	—	être	—
concrétiser, é, ée	**62**	avoir	—	être	—
concurrencer, é, ée	**10**	avoir	—	être	—
condamner, é, ée	**50**	avoir	à + v.	être	à
condenser, é, ée	**63**	avoir	—	être	—
condescendre, condescendu, inv.	**167**	avoir	à	—	—
conditionner, é, ée	**51**	avoir	à + v.	—	—
conduire, conduit, ite	**136**	avoir	—	être	—
confabuler, é, inv.	**42**	avoir	—	—	—
confectionner, é, ée	**51**	avoir	—	être	—
confédérer, é, ée	**58**	avoir	—	être	—
conférer, é, ée	**58**	avoir	—	—	—
confesser, é, ée	**64**	avoir	—	être	de
confier, é, ée	**34**	avoir	—	être	à
configurer, é, ée	**59**	avoir	—	—	—
confiner, é, ée	**50**	avoir	—	être	dans
confire, confit, ite	**102**	avoir	—	être	—
confirmer, é, ée	**47**	avoir	—	être	—
confisquer, é, ée	**57**	avoir	—	—	—
confluer, é, inv.	**83**	avoir	avec	—	—
confondre, confondu, ue	**170**	avoir	—	être	—
conformer, é, ée	**47**	avoir	—	être	à
conforter, é, ée	**68**	avoir	—	être	—
confronter, é, ée	**68**	avoir	—	être	à
congédier, é, ée	**34**	avoir	—	—	—
congeler, é, ée	**39**	avoir	—	être	—

INFINITIFS ET PARTICIPES PASSÉS	PAGES	FORME ACTIVE		FORME PRONOMINALE	
		AUX.	PRÉP.	AUX.	PRÉP.
congestionner, é, ée	**51**	avoir	—	être	—
conglomérer, é, ée	**58**	avoir	—	être	—
conglutiner, é, ée	**50**	avoir	—	—	—
congratuler, é, ée	**42**	avoir	—	être	—
congréer, é, ée	**18**	avoir	—	—	—
conjecturer, é, ée	**59**	avoir	—	—	—
conjuguer, é, ée	**33**	avoir	—	être	—
conjurer, é, ée	**59**	avoir	—	être	—
connaître, connu, ue	**178**	avoir	—	être	—
connecter, é, ée	**68**	avoir	—	être	—
connoter, é, ée	**68**	avoir	—	—	—
conquérir, conquis, ise	**123**	avoir	—	être	—
consacrer, é, ée	**14**	avoir	—	être	à
conscientiser, é, ée	**62**	avoir	—	—	—
conseiller, é, ée	**36**	avoir	de + v.	être	—
consentir, i, ie	**131**	avoir	à + v.	—	—
conserver, é, ée	**72**	avoir	—	être	—
considérer, é, ée	**58**	avoir	—	être	—
consigner, é, ée	**29**	avoir	—	—	—
consister, é, inv.	**68**	avoir	dans, en, à + v.	—	—
consoler, é, ée	**42**	avoir	—	être	—
consolider, é, ée	**16**	avoir	—	être	—
consommer, é, ée	**47**	avoir	—	être	—
conspirer, é, inv.	**59**	avoir	à, contre	—	—
conspuer, é, ée	**83**	avoir	—	—	—
constater, é, ée	**68**	avoir	—	—	—
consteller, é, ée	**43**	avoir	—	être	—
consterner, é, ée	**50**	avoir	—	—	—
constiper, é, ée	**52**	avoir	—	—	—
constituer, é, ée	**83**	avoir	—	être	—
constitutionnaliser, é, ée	**62**	avoir	—	—	—
construire, construit, ite	**140**	avoir	—	être	—
consulter, é, ée	**68**	avoir	—	être	—
consumer, é, ée	**47**	avoir	—	être	à + v.
contacter, é, ée	**68**	avoir	—	être	—
contagionner, é, ée	**51**	avoir	—	—	—
contaminer, é, ée	**50**	avoir	—	—	—
contempler, é, ée	**55**	avoir	—	être	—
conteneuriser, é, ée	**62**	avoir	—	—	—
contenir, contenu, ue	**118**	avoir	—	être	—
contenter, é, ée	**68**	avoir	—	être	de
conter, é, ée	**68**	avoir	—	—	—
contester, é, ée	**68**	avoir	—	—	—
contingenter, é, ée	**68**	avoir	—	—	—
continuer, é, ée	**83**	avoir	à + v., de + v.	être	—
contorsionner, é, ée	**51**	avoir	—	être	—
contourner, é, ée	**50**	avoir	—	être	—
contracter, é, ée	**68**	avoir	—	être	—
contractualiser, é, ée	**62**	avoir	—	—	—

INFINITIFS ET PARTICIPES PASSÉS	PAGES	FORME ACTIVE		FORME PRONOMINALE	
		AUX.	PRÉP.	AUX.	PRÉP.
contracturer, é, ée	**59**	avoir	—	—	—
contraindre, contraint, ainte	**164**	avoir	à + v.	être	à + v.
contrarier, é, ée	**34**	avoir	—	être	—
contraster, é, ée	**68**	avoir	—	—	—
contre-attaquer, é, ée	**57**	avoir	—	—	—
contrebalancer, é, ée	**10**	avoir	—	—	—
contrebouter, é, ée	**68**	avoir	—	—	—
contrebraquer, é, inv.	**57**	avoir	—	—	—
contrebuter, é, ée	**68**	avoir	—	—	—
contrecarrer, é, ée	**59**	avoir	—	—	—
contredire, contredit, ite	**99**	avoir	—	être	—
contrefaire, contrefait, aite	**84**	avoir	—	être	—
contrefoutre (se), contrefoutu, ue	**185**	—	—	être	de
contre-indiquer, é, ée	**57**	avoir	—	—	—
contre-manifester, é, inv.	**68**	avoir	—	—	—
contremarquer, é, ée	**57**	avoir	—	—	—
contre-passer, é, ée	**64**	avoir	—	—	—
contrer, é, ée	**70**	avoir	—	—	—
contresigner, é, ée	**29**	avoir	—	—	—
contretyper, é, ée	**52**	avoir	—	—	—
contrevenir, contrevenu, inv.	**118**	avoir	à	—	—
contreventer, é, ée	**68**	avoir	—	—	—
contribuer, é, inv.	**83**	avoir	à	—	—
contrister, é, ée	**68**	avoir	—	être	—
contrôler, é, ée	**42**	avoir	—	être	—
controverser, é, ée	**63**	avoir	—	être	—
contusionner, é, ée	**51**	avoir	—	—	—
convaincre, convaincu, ue	**163**	avoir	de + v.	être	de
convenir, convenu, ue	**117**	avoir ou **être**	—	être	—
conventionner, é, ée	**51**	avoir	—	—	—
converger, é, inv.	**25**	avoir	vers	—	—
converser, é, inv.	**63**	avoir	—	—	—
convertir, i, ie	**134**	avoir	—	être	à
convier, é, ée	**34**	avoir	—	—	—
convoiter, é, ée	**68**	avoir	—	—	—
convoler, é, inv.	**42**	avoir	en	—	—
convoquer, é, ée	**57**	avoir	—	—	—
convoyer, é, ée	**79**	avoir	—	—	—
convulser, é, ée	**63**	avoir	—	être	—
convulsionner, é, ée	**51**	avoir	—	être	—
coopérer, é, inv.	**58**	avoir	à, avec	—	—
coopter, é, ée	**68**	avoir	—	—	—
coordonner, é, ée	**51**	avoir	—	être	—
copartager, é, ée	**25**	avoir	—	—	—
copermuter, é, ée	**68**	avoir	—	—	—
copier, é, ée	**34**	avoir	—	—	—
copiner, é, inv.	**50**	avoir	avec	—	—

INFINITIFS ET PARTICIPES PASSÉS	PAGES	FORME ACTIVE AUX.	FORME ACTIVE PRÉP.	FORME PRONOMINALE AUX.	FORME PRONOMINALE PRÉP.
coposséder, é, ée	**15**	avoir	—	—	—
coproduire, coproduit, ite	**136**	avoir	—	—	—
copuler, é, inv.	**42**	avoir	—	—	—
coquiller, é, ée	**38**	avoir	—	—	—
cordeler, é, ée	**40**	avoir	—	être	—
corder, é, ée	**16**	avoir	—	être	—
cordonner, é, ée	**51**	avoir	—	—	—
cornaquer, é, ée	**57**	avoir	—	—	—
corner, é, ée	**50**	avoir	—	—	—
correctionnaliser, é, ée	**62**	avoir	—	—	—
corréler, é, ée	**41**	avoir	—	—	—
correspondre, correspondu, inv.	**170**	avoir	—	être	—
corriger, é, ée	**25**	avoir	—	être	—
corroborer, é, ée	**59**	avoir	—	être	—
corroder, é, ée	**16**	avoir	—	être	—
corrompre, corrompu, ue	**177**	avoir	—	être	—
corroyer, é, ée	**79**	avoir	—	—	—
corser, é, ée	**63**	avoir	—	être	—
corseter, é, ée	**66**	avoir	—	être	—
cosmétiquer, é, ée	**57**	avoir	—	être	—
cosser, é, inv.	**64**	avoir	—	—	—
costumer, é, ée	**47**	avoir	—	être	—
coter, é, ée	**68**	avoir	—	—	—
cotir, i, ie	**134**	avoir	—	—	—
cotiser, é, ée	**62**	avoir	—	être	—
cotonner, é, ée	**51**	avoir	—	être	—
côtoyer, é, ée	**79**	avoir	—	être	—
couchailler, é, inv.	**35**	avoir	—	—	—
coucher, é, ée	**12**	avoir	—	être	—
couder, é, ée	**16**	avoir	—	être	—
coudoyer, é, ée	**79**	avoir	—	être	—
coudre, cousu, ue	**174**	avoir	—	—	—
couillonner, é, ée	**51**	avoir	—	—	—
couiner, é, inv.	**50**	avoir	—	—	—
couler, é, ée	**42**	avoir	—	être	—
coulisser, é, ée	**64**	avoir	—	—	—
coupailler, é, ée	**35**	avoir	—	—	—
couper, é, ée	**52**	avoir	—	être	—
coupler, é, ée	**55**	avoir	—	—	—
courailler, é, inv.	**35**	avoir	—	—	—
courbaturer, é, ée	**59**	avoir	—	être	—
courber, é, ée	**4**	avoir	—	être	—
courcailler, é, inv.	**35**	avoir	—	—	—
courir, couru, ue	**122**	avoir	à, vers	—	—
couronner, é, ée	**51**	avoir	—	être	—
courre	—	—	—	—	—
Ne s'emploie qu'à l'infinitif.					
courroucer, é, ée	**10**	avoir	—	être	—
courser, é, ée	**63**	avoir	—	être	—
courtauder, é, ée	**16**	avoir	—	—	—
court-circuiter, é, ée	**68**	avoir	—	—	—
courtiser, é, ée	**62**	avoir	—	—	—
cousiner, é, ée	**50**	avoir	—	—	—
coûter, é, ée	**68**	avoir	—	—	—
couver, é, ée	**72**	avoir	—	—	—
couvrir, couvert, erte	**144**	avoir	—	être	—
craboter, é, ée	**68**	avoir	—	—	—
cracher, é, ée	**12**	avoir	—	être	—
crachiner, é, inv.	**50**	avoir	—	—	—
Ne s'emploie qu'à la 3e personne du singulier.					
crachoter, é, ée	**68**	avoir	—	—	—
crailler, é, inv.	**35**	avoir	—	—	—
craindre, craint, ainte	**164**	avoir	de + v.	être	—
cramponner, é, ée	**51**	avoir	—	être	à
craner, é, ée	**50**	avoir	—	—	—
crâner, é, inv.	**50**	avoir	—	—	—
cranter, é, ée	**68**	avoir	—	—	—
craqueler, é, ée	**40**	avoir	—	être	—
craquer, é, ée	**57**	avoir	—	—	—
craqueter, é, inv.	**65**	avoir	—	—	—
cravacher, é, ée	**12**	avoir	—	—	—
cravater, é, ée	**68**	avoir	—	être	—
crawler, é, inv.	**42**	avoir	—	—	—
crayonner, é, ée	**51**	avoir	—	—	—
crécher, é, inv.	**11**	avoir	—	—	—
crédibiliser, é, ée	**62**	avoir	—	—	—
créditer, é, ée	**68**	avoir	—	—	—
créer, é, ée	**18**	avoir	—	être	—
crémer, é, ée	**46**	avoir	—	—	—
créneler, é, ée	**40**	avoir	—	être	—
créner, é, ée	**49**	avoir	—	—	—
créoliser (se), é, ée	**62**	—	—	être	—
créosoter, é, ée	**68**	avoir	—	—	—
crêper, é, ée	**52**	avoir	—	être	—
crépir, i, ie	**120**	avoir	—	—	—
crépiter, é, inv.	**68**	avoir	—	—	—
crétiniser, é, ée	**62**	avoir	—	être	—
creuser, é, ée	**62**	avoir	—	être	—
crevasser, é, ée	**64**	avoir	—	être	—
crever, é, ée	**71**	avoir	—	être	—
criailler, é, inv.	**35**	avoir	—	—	—
cribler, é, ée	**5**	avoir	—	—	—
crier, é, ée	**34**	avoir	—	—	—
criminaliser, é, ée	**62**	avoir	—	—	—
crisper, é, ée	**52**	avoir	—	être	—
crisser, é, inv.	**64**	avoir	—	—	—
cristalliser, é, ée	**62**	avoir	—	être	—
criticailler, é, inv.	**35**	avoir	—	—	—
critiquer, é, ée	**57**	avoir	—	être	—
croasser, é, inv.	**64**	avoir	—	—	—
crocher, é, ée	**12**	avoir	—	être	—
crocheter, é, ée	**66**	avoir	—	être	—
croire, cru, ue	**146**	avoir	—	être	—

INFINITIFS ET PARTICIPES PASSÉS	PAGES	FORME ACTIVE		FORME PRONOMINALE	
		AUX.	PRÉP.	AUX.	PRÉP.
croiser, é, ée	**62**	avoir	—	être	—
croître, crû, ue, us, ues	**183**	avoir	—	—	—
croquer, é, ée	**57**	avoir	—	—	—
crosser, é, ée	**64**	avoir	—	être	—
crotter, é, ée	**68**	avoir	—	être	—
crouler, é, inv.	**42**	avoir	—	—	—
croupir, i, inv.	**120**	avoir	dans	—	—
croustiller, é, inv.	**38**	avoir	—	—	—
croûter, é, ée	**68**	avoir	—	—	—
crucifier, é, ée	**34**	avoir	—	être	—
cuber, é, ée	**4**	avoir	—	—	—
cueillir, i, ie	**111**	avoir	—	—	—
cuirasser, é, ée	**64**	avoir	—	être	contre
cuire, cuit, ite	**138**	avoir	—	—	—
cuisiner, é, ée	**50**	avoir	—	être	—
cuiter (se), é, ée	**68**	—	—	être	—
cuivrer, é, ée	**75**	avoir	—	être	—
culbuter, é, ée	**68**	avoir	—	—	—
culer, é, inv.	**42**	avoir	—	—	—
culminer, é, inv.	**50**	avoir	—	—	—
culotter, é, ée	**68**	avoir	—	être	—
culpabiliser, é, ée	**62**	avoir	—	être	—
cultiver, é, ée	**72**	avoir	—	être	—
cumuler, é, ée	**42**	avoir	—	être	—
curer, é, ée	**59**	avoir	—	être	—
cureter, é, ée	**65**	avoir	—	—	—
cuveler, é, ée	**40**	avoir	—	—	—
cuver, é, ée	**72**	avoir	—	—	—
cyanoser, é, ée	**62**	avoir	—	—	—
cyanurer, é, ée	**59**	avoir	—	—	—
cycliser, é, ée	**62**	avoir	—	être	—
cylindrer, é, ée	**17**	avoir	—	—	—

D

INFINITIFS ET PARTICIPES PASSÉS	PAGES	FORME ACTIVE		FORME PRONOMINALE	
		AUX.	PRÉP.	AUX.	PRÉP.
dactylographier, é, ée	**34**	avoir	—	—	—
daigner, é, inv.	**29**	avoir	—	—	—
daller, é, ée	**43**	avoir	—	—	—
damasquiner, é, ée	**50**	avoir	—	—	—
damasser, é, ée	**64**	avoir	—	être	—
damer, é, ée	**47**	avoir	—	—	—
damner, é, ée	**50**	avoir	—	être	—
dandiner, é, ée	**50**	avoir	—	être	—
danser, é, ée	**63**	avoir	—	être	—
dansoter, é, inv.	**68**	avoir	—	—	—
dansotter, é, inv.	**68**	avoir	—	—	—
darder, é, ée	**16**	avoir	—	être	—
dater, é, ée	**68**	avoir	—	être	—
dauber, é, ée	**4**	avoir	—	—	—
déambuler, é, inv.	**42**	avoir	—	—	—
débâcher, é, ée	**12**	avoir	—	—	—
débâcler, é, ée	**13**	avoir	—	—	—
débâillonner, é, ée	**51**	avoir	—	—	—
déballer, é, ée	**43**	avoir	—	être	—
déballonner (se), é, ée	**51**	—	—	être	—
débalourder, é, ée	**16**	avoir	—	—	—
débander, é, ée	**16**	avoir	—	être	—
débaptiser, é, ée	**62**	avoir	—	être	—
débarbouiller, é, ée	**37**	avoir	—	être	—
débarder, é, ée	**16**	avoir	—	—	—
débarquer, é, ée	**57**	avoir	—	—	—
débarrasser, é, ée	**64**	avoir	—	être	de
débarrer, é, ée	**59**	avoir	—	—	—
débâter, é, ée	**68**	avoir	—	—	—
débâtir, i, ie	**134**	avoir	—	—	—
débattre, débattu, ue	**181**	avoir	—	être	—
débaucher, é, ée	**12**	avoir	—	être	—
débecter, é, ée	**68**	avoir	—	—	—
débéqueter, é, ée	**66**	avoir	—	—	—
débiliter, é, ée	**68**	avoir	—	être	—
débillarder, é, ée	**16**	avoir	—	—	—
débiner, é, ée	**50**	avoir	—	être	—
débiter, é, ée	**68**	avoir	—	être	—
déblatérer, é, inv.	**58**	avoir	contre	—	—
déblayer, é, ée	**78**	avoir	—	être	—
débloquer, é, ée	**57**	avoir	—	être	—
débobiner, é, ée	**50**	avoir	—	être	—
déboiser, é, ée	**62**	avoir	—	être	—
déboîter, é, ée	**68**	avoir	—	être	—
débonder, é, ée	**16**	avoir	—	être	—
déborder, é, ée	**16**	avoir	—	—	—
débosseler, é, ée	**40**	avoir	—	être	—
débotter, é, ée	**68**	avoir	—	être	—
déboucher, é, ée	**12**	avoir	—	être	—
déboucler, é, ée	**13**	avoir	—	être	—
débouler, é, inv.	**42**	avoir	de	—	—
déboulonner, é, ée	**51**	avoir	—	—	—
débouquer, é, inv.	**57**	avoir	—	—	—
débourber, é, ée	**4**	avoir	—	—	—
débourrer, é, ée	**59**	avoir	—	être	—
débourser, é, ée	**63**	avoir	—	—	—
déboussoler, é, ée	**42**	avoir	—	—	—
débouter, é, ée	**68**	avoir	—	—	—
déboutonner, é, ée	**51**	avoir	—	être	—
débrailler (se), é, ée	**35**	—	—	être	—
débrancher, é, ée	**12**	avoir	—	être	—
débrayer, é, ée	**78**	avoir	—	—	—
débrider, é, ée	**16**	avoir	—	être	—
débrocher, é, ée	**12**	avoir	—	—	—
débrouiller, é, ée	**37**	avoir	—	être	—
débroussailler, é, ée	**35**	avoir	—	—	—
débrousser, é, ée	**64**	avoir	—	—	—
débucher, é, ée	**12**	avoir	—	—	—
débusquer, é, ée	**57**	avoir	—	—	—
débuter, é, ée	**68**	avoir	—	—	—

INFINITIFS ET PARTICIPES PASSÉS	PAGES	FORME ACTIVE		FORME PRONOMINALE	
		AUX.	PRÉP.	AUX.	PRÉP.
décacheter, é, ée	**65**	avoir	—	être	—
décadenasser, é, ée	**64**	avoir	—	—	—
décadrer, é, ée	**17**	avoir	—	être	—
décaféiner, é, ée	**50**	avoir	—	—	—
décaisser, é, ée	**64**	avoir	—	—	—
décalaminer, é, ée	**50**	avoir	—	—	—
décalcifier, é, ée	**34**	avoir	—	être	—
décaler, é, ée	**42**	avoir	—	—	—
décalotter, é, ée	**68**	avoir	—	être	—
décalquer, é, ée	**57**	avoir	—	—	—
décamper, é, inv.	**52**	avoir	—	—	—
décaniller, é, inv.	**38**	avoir	—	—	—
décanter, é, ée	**68**	avoir	—	être	—
décapeler, é, ée	**40**	avoir	—	—	—
décaper, é, ée	**52**	avoir	—	être	—
décapitaliser, é, ée	**62**	avoir	—	—	—
décapiter, é, ée	**68**	avoir	—	—	—
décapoter, é, ée	**68**	avoir	—	être	—
décapsuler, é, ée	**42**	avoir	—	—	—
décapuchonner, é, ée	**51**	avoir	—	—	—
décarbonater, é, ée	**68**	avoir	—	—	—
décarburer, é, ée	**59**	avoir	—	—	—
décarcasser, é, ée	**64**	avoir	—	être	—
décarreler, é, ée	**40**	avoir	—	—	—
décatir, i, ie	**134**	avoir	—	être	—
décavaillonner, é, ée	**51**	avoir	—	—	—
décaver, é, ée	**72**	avoir	—	être	—
décéder, é, ée	**15**	**être**	—	—	—
déceler, é, ée	**39**	avoir	—	être	—
décélérer, é, inv.	**58**	avoir	—	—	—
décentraliser, é, ée	**62**	avoir	—	être	—
décentrer, é, ée	**70**	avoir	—	être	—
décercler, é, ée	**13**	avoir	—	—	—
décérébrer, é, ée	**6**	avoir	—	—	—
décerner, é, ée	**50**	avoir	—	—	—
décerveler, é, ée	**40**	avoir	—	être	—
décevoir, déçu, ue	**152**	avoir	—	—	—
déchaîner, é, ée	**50**	avoir	—	être	—
déchanter, é, inv.	**68**	avoir	—	—	—
décharger, é, ée	**25**	avoir	—	être	de
décharner, é, ée	**50**	avoir	—	—	—
déchaumer, é, ée	**47**	avoir	—	—	—
déchausser, é, ée	**64**	avoir	—	être	—
déchiffonner, é, ée	**51**	avoir	—	—	—
déchiffrer, é, ée	**23**	avoir	—	—	—
déchiqueter, é, ée	**65**	avoir	—	être	—
déchirer, é, ée	**59**	avoir	—	être	—
déchlorurer, é, ée	**59**	avoir	—	—	—
déchoir, déchu, ue	**189**	avoir ou **être**	—	—	—
déchristianiser, é, ée	**62**	avoir	—	être	—
décider, é, ée	**16**	avoir	de + v.	être	à + v.

INFINITIFS ET PARTICIPES PASSÉS	PAGES	FORME ACTIVE		FORME PRONOMINALE	
		AUX.	PRÉP.	AUX.	PRÉP.
décimaliser, é, ée	**62**	avoir	—	—	—
décimer, é, ée	**47**	avoir	—	être	—
décintrer, é, ée	**70**	avoir	—	—	—
déclamer, é, ée	**47**	avoir	—	—	—
déclarer, é, ée	**59**	avoir	—	être	—
déclasser, é, ée	**64**	avoir	—	être	—
déclaveter, é, ée	**65**	avoir	—	—	—
déclencher, é, ée	**12**	avoir	—	être	—
décliner, é, ée	**50**	avoir	—	être	—
décliqueter, é, ée	**65**	avoir	—	—	—
décloisonner, é, ée	**51**	avoir	—	—	—
déclore, déclos, ose	**160**	avoir	—	—	—
déclouer, é, ée	**82**	avoir	—	être	—
décocher, é, ée	**12**	avoir	—	—	—
décoder, é, ée	**16**	avoir	—	—	—
décoiffer, é, ée	**21**	avoir	—	être	—
décoincer, é, ée	**10**	avoir	—	être	—
décolérer, é, inv.	**58**	avoir	—	—	—
décoller, é, ée	**43**	avoir	—	être	—
décolleter, é, ée	**65**	avoir	—	être	—
décoloniser, é, ée	**62**	avoir	—	—	—
décolorer, é, ée	**59**	avoir	—	être	—
décommander, é, ée	**16**	avoir	—	être	—
décommettre, décommis, ise	**182**	avoir	—	être	—
décomplexer, é, ée	**76**	avoir	—	être	—
décomposer, é, ée	**62**	avoir	—	être	—
décompresser, é, ée	**64**	avoir	—	—	—
décomprimer, é, ée	**47**	avoir	—	—	—
décompter, é, ée	**68**	avoir	—	—	—
déconcentrer, é, ée	**70**	avoir	—	être	—
déconcerter, é, ée	**68**	avoir	—	être	—
déconditionner, é, ée	**51**	avoir	—	être	—
décongeler, é, ée	**39**	avoir	—	—	—
décongestionner, é, ée	**51**	avoir	—	—	—
déconnecter, é, ée	**68**	avoir	—	—	—
déconseiller, é, ée	**36**	avoir	—	—	—
déconsidérer, é, ée	**58**	avoir	—	être	—
déconsigner, é, ée	**29**	avoir	—	—	—
déconstruire, déconstruit, ite	**140**	avoir	—	—	—
décontaminer, é, ée	**50**	avoir	—	—	—
décontenancer, é, ée	**10**	avoir	—	être	—
décontracter, é, ée	**68**	avoir	—	être	—
décorder, é, ée	**16**	avoir	—	être	—
décorer, é, ée	**59**	avoir	—	être	—
décorner, é, ée	**50**	avoir	—	—	—
décortiquer, é, ée	**57**	avoir	—	—	—
découcher, é, inv.	**12**	avoir	—	—	—
découdre, décousu, ue	**174**	avoir	—	être	—
découler, é, inv.	**42**	avoir	de	—	—
découper, é, ée	**52**	avoir	—	être	sur

INFINITIFS ET PARTICIPES PASSÉS	PAGES	FORME ACTIVE		FORME PRONOMINALE	
		AUX.	PRÉP.	AUX.	PRÉP.
découpler, é, ée	**55**	avoir	—	—	—
décourager, é, ée	**25**	avoir	de + v.	être	—
découronner, é, ée	**51**	avoir	—	—	—
découvrir, découvert, erte	**144**	avoir	—	être	—
décrasser, é, ée	**64**	avoir	—	être	—
décréditer, é, ée	**68**	avoir	—	—	—
décrêper, é, ée	**52**	avoir	—	—	—
décrépir, i, ie	**120**	avoir	—	être	—
décrépiter, é, inv.	**68**	avoir	—	—	—
décréter, é, ée	**67**	avoir	—	être	—
décreuser, é, ée	**62**	avoir	—	—	—
décrier, é, ée	**34**	avoir	—	—	—
décriminaliser, é, ée	**62**	avoir	—	—	—
décrire, décrit, ite	**95**	avoir	—	être	—
décrisper, é, ée	**52**	avoir	—	être	—
décrocher, é, ée	**12**	avoir	—	être	—
décroiser, é, ée	**62**	avoir	—	—	—
décroître, décru, inv.	**184**	avoir	—	—	—
décrotter, é, ée	**68**	avoir	—	—	—
décruer, é, ée	**83**	avoir	—	—	—
décruser, é, ée	**62**	avoir	—	—	—
décrypter, é, ée	**68**	avoir	—	—	—
décuivrer, é, ée	**75**	avoir	—	—	—
déculasser, é, ée	**64**	avoir	—	—	—
déculotter, é, ée	**68**	avoir	—	être	—
déculpabiliser, é, ée	**62**	avoir	—	être	—
décupler, é, ée	**55**	avoir	—	—	—
décuver, é, ée	**72**	avoir	—	—	—
dédaigner, é, ée	**29**	avoir	de + v.	—	—
dédicacer, é, ée	**10**	avoir	—	—	—
dédier, é, ée	**34**	avoir	—	—	—
dédifférencier (se), é, ée	**34**	—	—	être	de
dédire (se), dédit, ite	**99**	—	—	être	—
dédommager, é, ée	**25**	avoir	—	être	—
dédorer, é, ée	**59**	avoir	—	être	—
dédouaner, é, ée	**50**	avoir	—	être	—
dédoubler, é, ée	**5**	avoir	—	être	—
dédramatiser, é, ée	**62**	avoir	—	—	—
déduire, déduit, ite	**136**	avoir	—	être	de
défaillir, i, inv.	**109**	avoir	—	—	—
défaire, défait, aite	**84**	avoir	—	être	de
défalquer, é, ée	**57**	avoir	—	être	—
défatiguer, é, ée	**33**	avoir	—	être	—
défaufiler, é, ée	**42**	avoir	—	—	—
défausser, é, ée	**64**	avoir	—	être	—
défavoriser, é, ée	**62**	avoir	—	—	—
défendre, défendu, ue	**167**	avoir	—	être	de, contre
défenestrer, é, ée	**70**	avoir	—	être	—
déféquer, é, ée	**56**	avoir	—	—	—
déférer, é, ée	**58**	avoir	—	—	—
déferler, é, ée	**42**	avoir	sur	—	
déferrer, é, ée	**19**	avoir	—	être	—
défeuiller, é, ée	**37**	avoir	—	être	—
défeutrer, é, ée	**70**	avoir	—	—	—
défibrer, é, ée	**7**	avoir	—	—	—
déficeler, é, ée	**40**	avoir	—	—	—
défier, é, ée	**34**	avoir	—	être	de
défigurer, é, ée	**59**	avoir	—	—	—
défiler, é, ée	**42**	avoir	—	être	—
définir, i, ie	**116**	avoir	—	être	—
défiscaliser, é, ée	**62**	avoir	—	—	—
déflagrer, é, inv.	**31**	avoir	—	—	—
défléchir, i, ie	**92**	avoir	—	—	—
défleurir, i, ie	**124**	avoir	—	être	—
déflorer, é, ée	**59**	avoir	—	—	—
défolier, é, ée	**34**	avoir	—	—	—
défoncer, é, ée	**10**	avoir	—	être	—
déformer, é, ée	**47**	avoir	—	être	—
défouler, é, ée	**42**	avoir	—	être	sur, contre
défourner, é, ée	**50**	avoir	—	—	—
défraîchir, i, ie	**92**	avoir	—	être	—
défrayer, é, ée	**78**	avoir	—	être	—
défricher, é, ée	**12**	avoir	—	—	—
défriper, é, ée	**52**	avoir	—	être	—
défriser, é, ée	**62**	avoir	—	être	—
défroisser, é, ée	**64**	avoir	—	être	—
défroncer, é, ée	**10**	avoir	—	—	—
défroquer, é, ée	**57**	avoir	—	être	—
défruiter, é, ée	**68**	avoir	—	—	—
dégager, é, ée	**25**	avoir	—	être	de
dégainer, é, ée	**50**	avoir	—	—	—
déganter, é, ée	**68**	avoir	—	être	—
dégarnir, i, ie	**116**	avoir	—	être	—
dégasoliner, é, ée	**50**	avoir	—	—	—
dégauchir, i, ie	**92**	avoir	—	être	—
dégazer, é, ée	**62**	avoir	—	—	—
dégazoliner, é, ée	**50**	avoir	—	—	—
dégazonner, é, ée	**51**	avoir	—	—	—
dégeler, é, ée	**39**	avoir	—	être	—
dégénérer, é, inv.	**58**	avoir	—	—	—
dégermer, é, ée	**47**	avoir	—	—	—
dégivrer, é, ée	**75**	avoir	—	—	—
déglacer, é, ée	**10**	avoir	—	être	—
déglinguer, é, ée	**33**	avoir	—	être	—
dégluer, é, ée,	**83**	avoir	—	être	—
déglutir, i, ie	**134**	avoir	—	—	—
dégobiller, é, ée	**38**	avoir	—	—	—
dégoiser, é, ée	**62**	avoir	—	—	—
dégommer, é, ée	**47**	avoir	—	être	—
dégonfler, é, ée	**22**	avoir	—	être	—
dégorger, é, ée	**25**	avoir	—	être	—

INFINITIFS ET PARTICIPES PASSÉS	PAGES	FORME ACTIVE		FORME PRONOMINALE	
		AUX.	PRÉP.	AUX.	PRÉP.
dégoter, é, ée	**68**	avoir	—	—	—
dégotter, é, ée	**68**	avoir	—	—	—
dégouliner, é, inv.	**50**	avoir	—	—	—
dégoupiller, é, ée	**38**	avoir	—	—	—
dégourdir, i, ie	**96**	avoir	—	être	—
dégoûter, é, ée	**68**	avoir	—	être	—
dégoutter, é, inv.	**68**	avoir	—	—	—
dégrader, é, ée	**16**	avoir	—	être	—
dégrafer, é, ée	**20**	avoir	—	être	—
dégraisser, é, ée	**64**	avoir	—	—	—
dégravoyer, é, ée	**79**	avoir	—	—	—
dégréer, é, ée	**18**	avoir	—	—	—
dégrever, é, ée	**71**	avoir	—	—	—
dégringoler, é, ée	**42**	avoir	—	—	—
dégripper, é, ée	**54**	avoir	—	—	—
dégriser, é, ée	**62**	avoir	—	être	—
dégrosser, é, ée	**64**	avoir	—	—	—
dégrossir, i, ie	**129**	avoir	—	être	—
dégrouiller (se), é, ée	**37**	—	—	être	—
dégrouper, é, ée	**52**	avoir	—	—	—
déguerpir, i, inv.	**120**	avoir	—	—	—
dégueuler, é, ée	**42**	avoir	—	—	—
déguiser, é, ée	**62**	avoir	—	être	—
dégurgiter, é, ée	**68**	avoir	—	—	—
déguster, é, ée	**68**	avoir	—	être	—
déhaler, é, ée	**42**	avoir	—	être	—
déhancher, é, ée	**12**	avoir	—	être	—
déharnacher, é, ée	**12**	avoir	—	être	—
déhouiller, é, ée	**37**	avoir	—	—	—
déifier, é, ée	**34**	avoir	—	—	—
déjanter, é, ée	**68**	avoir	—	être	—
déjauger, é, ée	**25**	avoir	—	être	—
déjeter, é, ée	**65**	avoir	—	être	—
déjeuner, é, inv.	**50**	avoir	—	—	—
déjouer, é, ée	**82**	avoir	—	—	—
déjucher, é, ée	**12**	avoir	—	—	—
déjuger (se), é, ée	**25**	—	—	être	—
délabrer, é, ée	**7**	avoir	—	être	—
délacer, é, ée	**10**	avoir	—	être	—
délainer, é, ée	**50**	avoir	—	—	—
délaisser, é, ée	**64**	avoir	—	—	—
délaiter, é, ée	**68**	avoir	—	—	—
délarder, é, ée	**16**	avoir	—	—	—
délasser, é, ée	**64**	avoir	—	être	—
délaver, é, ée	**72**	avoir	—	être	—
délayer, é, ée	**78**	avoir	—	—	—
délecter, é, ée	**68**	avoir	—	être	à, de
déléguer, é, ée	**32**	avoir	—	—	—
délester, é, ée	**68**	avoir	—	être	—
délibérer, é, inv.	**58**	avoir	—	—	—
délier, é, ée	**34**	avoir	—	être	—
délimiter, é, ée	**68**	avoir	—	—	—

INFINITIFS ET PARTICIPES PASSÉS	PAGES	FORME ACTIVE		FORME PRONOMINALE	
		AUX.	PRÉP.	AUX.	PRÉP.
délinéer, é, ée	**18**	avoir	—	—	—
délirer, é, inv.	**59**	avoir	—	—	—
délisser, é, ée	**64**	avoir	—	—	—
déliter, é, ée	**68**	avoir	—	être	—
délivrer, é, ée	**75**	avoir	—	être	—
déloger, é, ée	**25**	avoir	—	—	—
délurer, é, ée	**59**	avoir	—	être	—
délustrer, é, ée	**70**	avoir	—	—	—
déluter, é, ée	**68**	avoir	—	—	—
démagnétiser, é, ée	**62**	avoir	—	—	—
démaigrir, i, ie	**105**	avoir	—	—	—
démailler, é, ée	**35**	avoir	—	être	—
démailloter, é, ée	**68**	avoir	—	être	—
démancher, é, ée	**12**	avoir	—	être	—
demander, é, ée	**16**	avoir	de + v.	être	—
démanger, é, ée	**25**	avoir	—	—	—
démanteler, é, ée	**39**	avoir	—	—	—
démantibuler, é, ée	**42**	avoir	—	être	—
démaquiller, é, ée	**38**	avoir	—	être	—
démarcher, é, ée	**12**	avoir	—	—	—
démarier, é, ée	**34**	avoir	—	être	—
démarquer, é, ée	**57**	avoir	—	être	—
démarrer, é, ée	**59**	avoir	—	—	—
démascler, é, ée	**13**	avoir	—	—	—
démasquer, é, ée	**57**	avoir	—	être	—
démastiquer, é, ée	**57**	avoir	—	—	—
démâter, é, ée	**68**	avoir	—	—	—
dématérialiser, é, ée	**62**	avoir	—	—	—
démazouter, é, ée	**68**	avoir	—	—	—
démêler, é, ée	**42**	avoir	—	être	—
démembrer, é, ée	**7**	avoir	—	être	—
déménager, é, ée	**25**	avoir	—	—	—
démener (se), é, ée	**48**	—	—	être	—
démentir, i, ie	**131**	avoir	—	être	—
démerder (se), é, ée	**16**	—	—	être	—
démériter, é, inv.	**68**	avoir	auprès de	—	—
démettre, démis, ise	**182**	avoir	—	être	—
démeubler, é, ée	**5**	avoir	—	—	—
demeurer, é, ée	**59**	avoir ou **être**	à	—	—
démieller, é, ée	**43**	avoir	—	être	—
démilitariser, é, ée	**62**	avoir	—	—	—
déminer, é, ée	**50**	avoir	—	—	—
déminéraliser, é, ée	**62**	avoir	—	être	—
démissionner, é, ée	**51**	avoir	—	—	—
démobiliser, é, ée	**62**	avoir	—	—	—
démocratiser, é, ée	**62**	avoir	—	être	—
démoder, é, ée	**16**	avoir	—	être	—
démoduler, é, ée	**42**	avoir	—	—	—
démolir, i, ie	**112**	avoir	—	être	—
démonétiser, é, ée	**62**	avoir	—	—	—

INFINITIFS ET PARTICIPES PASSÉS	PAGES	FORME ACTIVE		FORME PRONOMINALE	
		AUX.	PRÉP.	AUX.	PRÉP.
démonter, é, ée	**68**	avoir	—	être	—
démontrer, é, ée	**70**	avoir	—	être	—
démoraliser, é, ée	**62**	avoir	—	être	—
démordre, démordu, inv.	**172**	avoir	de	—	—
démotiver, é, ée	**72**	avoir	—	—	—
démoucheter, é, ée	**65**	avoir	—	—	—
démouler, é, ée	**42**	avoir	—	—	—
démoustiquer, é, ée	**57**	avoir	—	—	—
démultiplier, é, ée	**34**	avoir	—	—	—
démunir, i, ie	**116**	avoir	—	être	—
démuseler, é, ée	**40**	avoir	—	—	—
démutiser, é, ée	**62**	avoir	—	—	—
démystifier, é, ée	**34**	avoir	—	être	—
démythifier, é, ée	**34**	avoir	—	—	—
dénasaliser, é, ée	**62**	avoir	—	être	—
dénationaliser, é, ée	**62**	avoir	—	être	—
dénatter, é, ée	**68**	avoir	—	être	—
dénaturaliser, é, ée	**62**	avoir	—	—	—
dénaturer, é, ée	**59**	avoir	—	être	—
dénazifier, é, ée	**34**	avoir	—	—	—
dénébuler, é, ée	**42**	avoir	—	—	—
dénébuliser, é, ée	**62**	avoir	—	—	—
déneiger, é, ée	**25**	avoir	—	—	—
déniaiser, é, ée	**62**	avoir	—	être	—
dénicher, é, ée	**12**	avoir	—	—	—
dénicotiniser, é, ée	**62**	avoir	—	—	—
dénier, é, ée	**34**	avoir	—	—	—
dénigrer, é, ée	**31**	avoir	—	—	—
dénitrifier, é, ée	**34**	avoir	—	—	—
déniveler, é, ée	**40**	avoir	—	—	—
dénombrer, é, ée	**7**	avoir	—	—	—
dénommer, é, ée	**47**	avoir	—	—	—
dénoncer, é, ée	**10**	avoir	—	être	—
dénoter, é, ée	**68**	avoir	—	être	—
dénouer, é, ée	**82**	avoir	—	être	—
dénoyauter, é, ée	**68**	avoir	—	—	—
dénoyer, é, ée	**79**	avoir	—	—	—
densifier, é, ée	**34**	avoir	—	être	—
denteler, é, ée	**40**	avoir	—	être	—
dénucléariser, é, ée	**62**	avoir	—	—	—
dénuder, é, ée	**16**	avoir	—	être	—
dénuer, é, ée	**83**	avoir	—	être	de
dépailler, é, ée	**35**	avoir	—	être	—
dépalisser, é, ée	**64**	avoir	—	—	—
dépanner, é, ée	**51**	avoir	—	—	—
dépaqueter, é, ée	**65**	avoir	—	—	—
déparasiter, é, ée	**68**	avoir	—	—	—
dépareiller, é, ée	**36**	avoir	—	—	—
déparer, é, ée	**59**	avoir	—	—	—
départager, é, ée	**25**	avoir	—	—	—
départementaliser, é, ée	**62**	avoir	—	—	—
départir, i, ie	**130**	avoir	—	être	de
dépasser, é, ée	**64**	avoir	—	être	—
dépassionner, é, ée	**51**	avoir	—	être	—
dépatouiller (se), é, ée	**37**	—	—	être	—
dépatrier, é, ée	**34**	avoir	—	être	—
dépaver, é, ée	**72**	avoir	—	—	—
dépayser, é, ée	**62**	avoir	—	être	—
dépecer, é, ée	**8**	avoir	—	—	—
dépêcher, é, ée	**12**	avoir	—	être	de + v.
dépeigner, é, ée	**29**	avoir	—	être	—
dépeindre, dépeint, einte	**165**	avoir	—	—	—
dépénaliser, é, ée	**62**	avoir	—	—	—
dépendre, dépendu, ue	**167**	avoir	—	—	—
dépenser, é, ée	**63**	avoir	—	être	—
dépérir, i, inv.	**124**	avoir	—	—	—
dépersonnaliser, é, ée	**62**	avoir	—	être	—
dépêtrer, é, ée	**70**	avoir	—	être	—
dépeupler, é, ée	**55**	avoir	—	être	—
déphaser, é, ée	**62**	avoir	—	—	—
déphosphorer, é, ée	**59**	avoir	—	—	—
dépiler, é, ée	**42**	avoir	—	—	—
dépiquer, é, ée	**57**	avoir	—	être	—
dépister, é, ée	**68**	avoir	—	—	—
dépiter, é, ée	**68**	avoir	—	être	—
déplacer, é, ée	**10**	avoir	—	être	—
déplafonner, é, ée	**51**	avoir	—	—	—
déplaire, déplu, inv.	**85**	avoir	à	être	—
déplanter, é, ée	**68**	avoir	—	—	—
déplâtrer, é, ée	**70**	avoir	—	—	—
déplier, é, ée	**34**	avoir	—	être	—
déplisser, é, ée	**64**	avoir	—	être	—
déplomber, é, ée	**4**	avoir	—	être	—
déplorer, é, ée	**59**	avoir	de + v.	—	—
déployer, é, ée	**79**	avoir	—	être	—
déplumer, é, ée	**47**	avoir	—	être	—
dépoétiser, é, ée	**62**	avoir	—	—	—
dépointer, é, ée	**68**	avoir	—	—	—
dépolariser, é, ée	**62**	avoir	—	—	—
dépolir, i, ie	**112**	avoir	—	être	—
dépolitiser, é, ée	**62**	avoir	—	être	—
dépolluer, é, ée	**83**	avoir	—	—	—
déporter, é, ée	**68**	avoir	—	être	—
déposer, é, ée	**62**	avoir	—	être	—
déposséder, é, ée	**15**	avoir	—	être	—
dépoter, é, ée	**68**	avoir	—	—	—
dépouiller, é, ée	**37**	avoir	—	être	de
dépoussiérer, é, ée	**58**	avoir	—	—	—
dépraver, é, ée	**72**	avoir	—	être	—
déprécier, é, ée	**34**	avoir	—	être	—
déprendre (se), dépris, ise	**168**	—	—	être	de
déprimer, é, ée	**47**	avoir	—	être	—
dépriser, é, ée	**62**	avoir	—	—	—
déprogrammer, é, ée	**47**	avoir	—	—	—

INFINITIFS ET PARTICIPES PASSÉS	PAGES	FORME ACTIVE		FORME PRONOMINALE	
		AUX.	PRÉP.	AUX.	PRÉP.
dépuceler, é, ée	**40**	avoir	—	—	—
dépulper, é, ée	**52**	avoir	—	—	—
dépurer, é, ée	**59**	avoir	—	—	—
députer, é, ée	**68**	avoir	—	—	—
déqualifier, é, ée	**34**	avoir	—	—	—
déraciner, é, ée	**50**	avoir	—	—	—
dérader, é, inv.	**16**	avoir	—	—	—
dérager, é, inv.	**25**	avoir	—	—	—
déraidir, i, ie	**96**	avoir	—	être	—
dérailler, é, inv.	**35**	avoir	—	—	—
déraisonner, é, inv.	**51**	avoir	—	—	—
déramer, é, ée	**47**	avoir	—	—	—
déranger, é, ée	**25**	avoir	—	être	—
déraper, é, inv.	**52**	avoir	—	—	—
déraser, é, ée	**62**	avoir	—	—	—
dératiser, é, ée	**62**	avoir	—	—	—
dérayer, é, ée	**78**	avoir	—	—	—
déréaliser, é, ée	**62**	avoir	—	—	—
déréglementer, é, ée	**68**	avoir	—	—	—
dérégler, é, ée	**26**	avoir	—	être	—
dérider, é, ée	**16**	avoir	—	être	—
dériver, é, ée	**72**	avoir	—	être	—
dériveter, é, ée	**65**	avoir	—	—	—
dérober, é, ée	**4**	avoir	—	être	à
déroder, é, ée	**16**	avoir	—	—	—
déroger, é, inv.	**25**	avoir	à	—	—
dérougir, i, ie	**104**	avoir	—	—	—
dérouiller, é, ée	**37**	avoir	—	être	—
dérouler, é, ée	**42**	avoir	—	être	—
dérouter, é, ée	**68**	avoir	—	être	—
désabonner, é, ée	**51**	avoir	—	être	—
désabuser, é, ée	**62**	avoir	—	être	de
désaccorder, é, ée	**16**	avoir	—	être	—
désaccoupler, é, ée	**55**	avoir	—	être	—
désaccoutumer, é, ée	**47**	avoir	de + v.	être	de
désacraliser, é, ée	**62**	avoir	—	—	—
désactiver, é, ée	**72**	avoir	—	—	—
désadapter, é, ée	**68**	avoir	—	être	de
désaérer, é, ée	**58**	avoir	—	—	—
désaffecter, é, ée	**68**	avoir	—	—	—
désaffilier, é, ée	**34**	avoir	—	être	—
désagréger, é, ée	**24**	avoir	—	être	—
désaimanter, é, ée	**68**	avoir	—	être	—
désaisonnaliser, é, ée	**62**	avoir	—	—	—
désajuster, é, ée	**68**	avoir	—	être	—
désaliéner, é, ée	**49**	avoir	—	être	—
désaligner, é, ée	**29**	avoir	—	—	—
désaltérer, é, ée	**58**	avoir	—	être	—
désambiguïser, é, ée	**62**	avoir	—	—	—
désamidonner, é, ée	**51**	avoir	—	—	—
désamorcer, é, ée	**10**	avoir	—	—	—
désapparier, é, ée	**34**	avoir	—	—	—
désappointer, é, ée	**68**	avoir	—	—	—
désapprendre, désappris, ise	**168**	avoir	de + v.	—	—
désapprouver, é, ée	**72**	avoir	de + v.	être	—
désapprovisionner, é, ée	**51**	avoir	—	—	—
désarçonner, é, ée	**51**	avoir	—	—	—
désargenter, é, ée	**68**	avoir	—	être	—
désarmer, é, ée	**47**	avoir	—	être	—
désarrimer, é, ée	**47**	avoir	—	—	—
désarticuler, é, ée	**42**	avoir	—	être	—
désassembler, é, ée	**5**	avoir	—	être	—
désassimiler, é, ée	**42**	avoir	—	—	—
désassortir, i, ie	**134**	avoir	—	—	—
désatelliser, é, ée	**62**	avoir	—	—	—
désavantager, é, ée	**25**	avoir	—	—	—
désavouer, é, ée	**82**	avoir	—	être	—
désaxer, é, ée	**76**	avoir	—	—	—
desceller, é, ée	**43**	avoir	—	être	—
descendre, descendu, ue	**167**	avoir ou **être**	—	—	—
déséchouer, é, ée	**82**	avoir	—	—	—
désembourber, é, ée	**4**	avoir	—	être	—
désembourgeoiser, é, ée	**62**	avoir	—	être	—
désembouteiller, é, ée	**36**	avoir	—	—	—
désembuer, é, ée	**83**	avoir	—	—	—
désemparer, é, ée	**59**	avoir	—	—	—
désemplir, i, ie	**121**	avoir	—	être	—
désencadrer, é, ée	**17**	avoir	—	—	—
désenchaîner, é, ée	**50**	avoir	—	—	—
désenchanter, é, ée	**68**	avoir	—	être	—
désenclaver, é, ée	**72**	avoir	—	être	—
désencoller, é, ée	**43**	avoir	—	—	—
désencombrer, é, ée	**7**	avoir	—	être	—
désencrasser, é, ée	**64**	avoir	—	—	—
désendetter (se), é, ée	**68**	—	—	être	—
désénerver, é, ée	**72**	avoir	—	être	—
désenflammer, é, ée	**47**	avoir	—	—	—
désenfler, é, ée	**22**	avoir	—	être	—
désenfumer, é, ée	**47**	avoir	—	—	—
désengager, é, ée	**25**	avoir	—	être	—
désengorger, é, ée	**25**	avoir	—	—	—
désengrener, é, ée	**48**	avoir	—	—	—
désenivrer, é, ée	**75**	avoir	—	être	—
désennuyer, é, ée	**81**	avoir	—	être	—
désenrayer, é, ée	**78**	avoir	—	—	—
désensabler, é, ée	**5**	avoir	—	—	—
désensibiliser, é, ée	**62**	avoir	—	être	—
désensorceler, é, ée	**40**	avoir	—	—	—
désentoiler, é, ée	**42**	avoir	—	—	—
désentortiller, é, ée	**38**	avoir	—	—	—
désentraver, é, ée	**72**	avoir	—	—	—
désenvaser, é, ée	**62**	avoir	—	—	—

INFINITIFS ET PARTICIPES PASSÉS	PAGES	FORME ACTIVE		FORME PRONOMINALE	
		AUX.	PRÉP.	AUX.	PRÉP.
désenvelopper, é, ée	**54**	avoir	—	—	—
désenvenimer, é, ée	**47**	avoir	—	—	—
désenverguer, é, ée	**33**	avoir	—	—	—
désépaissir, i, ie	**129**	avoir	—	—	—
déséquilibrer, é, ée	**7**	avoir	—	—	—
déséquiper, é, ée	**52**	avoir	—	être	—
déserter, é, ée	**68**	avoir	—	—	—
désertifier (se), é, ée	**34**	—	—	être	—
désespérer, é, ée	**58**	avoir	de	être	—
désétatiser, é, ée	**62**	avoir	—	—	—
désexciter, é, ée	**68**	avoir	—	être	—
désexualiser, é, ée	**62**	avoir	—	être	—
déshabiller, é, ée	**38**	avoir	—	être	—
déshabituer, é, ée	**83**	avoir	de + v.	être	de
désherber, é, ée	**4**	avoir	—	—	—
déshériter, é, ée	**68**	avoir	—	—	—
déshonorer, é, ée	**59**	avoir	—	être	—
déshuiler, é, ée	**42**	avoir	—	—	—
déshumaniser, é, ée	**62**	avoir	—	être	—
déshumidifier, é, ée	**34**	avoir	—	—	—
déshydrater, é, ée	**68**	avoir	—	être	—
déshydrogéner, é, ée	**49**	avoir	—	—	—
déshypothéquer, é, ée	**56**	avoir	—	—	—
désigner, é, ée	**29**	avoir	pour + v.	—	—
désillusionner, é, ée	**51**	avoir	—	être	—
désincarcérer, é, ée	**58**	avoir	—	—	—
désincarner, é, ée	**50**	avoir	—	être	—
désincruster, é, ée	**68**	avoir	—	—	—
désindexer, é, ée	**76**	avoir	—	—	—
désindustrialiser, é, ée	**62**	avoir	—	—	—
désinfecter, é, ée	**68**	avoir	—	—	—
désinformer, é, ée	**47**	avoir	—	—	—
désinhiber, é, ée	**4**	avoir	—	—	—
désinsectiser, é, ée	**62**	avoir	—	—	—
désintégrer, é, ée	**30**	avoir	—	être	—
désintéresser, é, ée	**64**	avoir	—	être	de
désintoxiquer, é, ée	**57**	avoir	—	être	—
désinvestir, i, ie	**134**	avoir	—	—	—
désirer, é, ée	**59**	avoir	—	—	—
désister (se), é, ée	**68**	—	—	être	de
désobéir, i, inv.	**101**	avoir	à	—	—
désobliger, é, ée	**25**	avoir	—	—	—
désobstruer, é, ée	**83**	avoir	—	—	—
désodoriser, é, ée	**62**	avoir	—	—	—
désoler, é, ée	**42**	avoir	—	être	de
désolidariser, é, ée	**62**	avoir	—	être	de
désoperculer, é, ée	**42**	avoir	—	—	—
désopiler, é, ée	**42**	avoir	—	être	—
désorbiter, é, ée	**68**	avoir	—	être	—
désorganiser, é, ée	**62**	avoir	—	être	—
désorienter, é, ée	**68**	avoir	—	être	—
désosser, é, ée	**64**	avoir	—	être	—

INFINITIFS ET PARTICIPES PASSÉS	PAGES	FORME ACTIVE		FORME PRONOMINALE	
		AUX.	PRÉP.	AUX.	PRÉP.
désoxyder, é, ée	**16**	avoir	—	—	—
désoxygéner, é, ée	**49**	avoir	—	—	—
desquamer, é, ée	**47**	avoir	—	être	—
dessabler, é, ée	**5**	avoir	—	—	—
dessaisir, i, ie	**128**	avoir	—	être	de
dessaler, é, ée	**42**	avoir	—	être	—
dessangler, é, ée	**27**	avoir	—	être	—
dessaouler, é, ée	**42**	avoir	—	être	—
dessécher, é, ée	**11**	avoir	—	être	—
desseller, é, ée	**43**	avoir	—	—	—
desserrer, é, ée	**19**	avoir	—	être	—
dessertir, i, ie	**134**	avoir	—	—	—
desservir, i, ie	**142**	avoir	—	être	par
dessiller, é, ée	**38**	avoir	—	être	—
dessiner, é, ée	**50**	avoir	—	être	—
dessoler, é, ée	**42**	avoir	—	—	—
dessouder, é, ée	**16**	avoir	—	être	—
dessoûler, é, ée	**42**	avoir	—	être	—
dessuinter, é, ée	**68**	avoir	—	—	—
déstabiliser, é, ée	**62**	avoir	—	—	—
destiner, é, ée	**50**	avoir	—	être	à
destituer, é, ée	**83**	avoir	—	—	—
déstocker, é, ée	**57**	avoir	—	—	—
déstructurer, é, ée	**59**	avoir	—	être	—
désulfiter, é, ée	**68**	avoir	—	—	—
désulfurer, é, ée	**59**	avoir	—	—	—
désunir, i, ie	**116**	avoir	—	être	—
désurchauffer, é, ée	**21**	avoir	—	—	—
désynchroniser, é, ée	**62**	avoir	—	—	—
désyndicaliser, é, ée	**62**	avoir	—	—	—
détacher, é, ée	**12**	avoir	—	être	de
détailler, é, ée	**35**	avoir	—	être	—
détaler, é, inv.	**42**	avoir	—	—	—
détalonner, é, ée	**51**	avoir	—	—	—
détartrer, é, ée	**70**	avoir	—	—	—
détaxer, é, ée	**76**	avoir	—	—	—
détecter, é, ée	**68**	avoir	—	—	—
déteindre, déteint, einte	**165**	avoir	sur	—	—
dételer, é, ée	**40**	avoir	—	—	—
détendre, détendu, ue	**167**	avoir	—	être	—
détenir, détenu, ue	**118**	avoir	—	—	—
déterger, é, ée	**25**	avoir	—	—	—
détériorer, é, ée	**59**	avoir	—	être	—
déterminer, é, ée	**50**	avoir	—	être	à
déterrer, é, ée	**19**	avoir	—	—	—
détester, é, ée	**68**	avoir	—	être	—
détirer, é, ée	**59**	avoir	—	être	—
détoner, é, inv.	**50**	avoir	—	—	—
détonner, é, inv.	**51**	avoir	—	—	—
détordre, détordu, ue	**172**	avoir	—	être	—
détortiller, é, ée	**38**	avoir	—	être	—
détourer, é, ée	**59**	avoir	—	—	—

INFINITIFS ET PARTICIPES PASSÉS	PAGES	FORME ACTIVE		FORME PRONOMINALE	
		AUX.	PRÉP.	AUX.	PRÉP.
détourner, é, ée	**50**	avoir	—	être	de
détoxiquer, é, ée	**57**	avoir	—	—	—
détracter, é, ée	**68**	avoir	—	—	—
détraquer, é, ée	**57**	avoir	—	être	—
détremper, é, ée	**52**	avoir	—	être	—
détromper, é, ée	**52**	avoir	—	être	—
détrôner, é, ée	**50**	avoir	—	—	—
détroquer, é, ée	**57**	avoir	—	—	—
détrousser, é, ée	**64**	avoir	—	—	—
détruire, détruit, uite	**140**	avoir	—	être	—
dévaler, é, ée	**42**	avoir	—	—	—
dévaliser, é, ée	**62**	avoir	—	—	—
dévaloriser, é, ée	**62**	avoir	—	être	—
dévaluer, é, ée	**83**	avoir	—	être	—
devancer, é, ée	**10**	avoir	—	—	—
dévaster, é, ée	**68**	avoir	—	—	—
développer, é, ée	**54**	avoir	—	être	—
devenir, devenu, ue	**117**	**être**	—	—	—
dévergonder, é, ée	**16**	avoir	—	être	—
déverguer, é, ée	**33**	avoir	—	—	—
dévernir, i, ie	**116**	avoir	—	—	—
déverrouiller, é, ée	**37**	avoir	—	—	—
déverser, é, ée	**63**	avoir	—	être	—
dévêtir, dévêtu, ue	**133**	avoir	—	être	—
dévider, é, ée	**16**	avoir	—	être	—
dévier, é, ée	**34**	avoir	—	—	—
deviner, é, ée	**50**	avoir	—	être	—
dévirer, é, ée	**59**	avoir	—	—	—
dévirginer, é, ée	**50**	avoir	—	—	—
dévirginiser, é, ée	**62**	avoir	—	—	—
déviriliser, é, ée	**62**	avoir	—	être	—
dévisager, é, ée	**25**	avoir	—	être	—
deviser, é, inv.	**62**	avoir	de	—	—
dévisser, é, ée	**64**	avoir	—	être	—
dévitaliser, é, ée	**62**	avoir	—	—	—
dévitrifier, é, ée	**34**	avoir	—	—	—
dévoiler, é, ée	**42**	avoir	—	être	—
devoir, dû, ue, us, ues	**153**	avoir	—	être	à, de + v.
dévolter, é, ée	**68**	avoir	—	—	—
dévorer, é, ée	**59**	avoir	—	être	—
dévouer, é, ée	**82**	avoir	—	être	à, pour
dévoyer, é, ée	**79**	avoir	—	être	—
diagnostiquer, é, ée	**57**	avoir	—	—	—
dialectiser, é, ée	**62**	avoir	—	être	—
dialoguer, é, ée	**33**	avoir	—	—	—
dialyser, é, ée	**62**	avoir	—	—	—
diamanter, é, ée	**68**	avoir	—	—	—
diaphragmer, é, ée	**47**	avoir	—	—	—
diaprer, é, ée	**59**	avoir	—	être	—
dicter, é, ée	**68**	avoir	—	—	—
diéseliser, é, ée	**62**	avoir	—	—	—

INFINITIFS ET PARTICIPES PASSÉS	PAGES	FORME ACTIVE		FORME PRONOMINALE	
		AUX.	PRÉP.	AUX.	PRÉP.
diéser, é, ée	**61**	avoir	—	—	—
diffamer, é, ée	**47**	avoir	—	—	—
différencier, é, ée	**34**	avoir	—	être	de
différentier, é, ée	**34**	avoir	—	—	—
différer, é, ée	**58**	avoir	—	—	—
diffracter, é, ée	**68**	avoir	—	—	—
diffuser, é, ée	**62**	avoir	—	être	—
digérer, é, ée	**58**	avoir	—	être	—
digitaliser, é, ée	**62**	avoir	—	—	—
dilacérer, é, ée	**58**	avoir	—	—	—
dilapider, é, ée	**16**	avoir	—	—	—
dilater, é, ée	**68**	avoir	—	être	—
diluer, é, ée	**83**	avoir	—	être	—
dimensionner, é, ée	**51**	avoir	—	—	—
diminuer, é, ée	**83**	avoir	—	être	—
dîner, é, inv.	**50**	avoir	—	—	—
diphtonguer, é, ée	**33**	avoir	—	être	—
diplômer, é, ée	**47**	avoir	—	—	—
dire, dit, ite	**97**	avoir	—	être	—
diriger, é, ée	**25**	avoir	—	être	vers
discerner, é, ée	**50**	avoir	—	—	—
discipliner, é, ée	**50**	avoir	—	—	—
discontinuer, é, ée	**83**	avoir	de + v.	—	—
disconvenir, disconvenu, ue	**117**	**être**	de	—	—
discorder, é, inv.	**16**	avoir	—	—	—
discourir, discouru, inv.	**122**	avoir	de	—	—
discréditer, é, ée	**68**	avoir	—	être	—
discriminer, é, ée	**50**	avoir	—	—	—
disculper, é, ée	**52**	avoir	—	être	de + v.
discutailler, é, inv.	**35**	avoir	—	—	—
discuter, é, ée	**68**	avoir	—	être	—
disgracier, é, ée	**34**	avoir	—	—	—
disjoindre, disjoint, ointe	**169**	avoir	—	être	—
disjoncter, é, inv.	**68**	avoir	—	—	—
disloquer, é, ée	**57**	avoir	—	être	—
disparaître, disparu, ue	**180**	avoir ou **être**	—	—	—
dispenser, é, ée	**63**	avoir	—	être	de
disperser, é, ée	**63**	avoir	—	être	—
disposer, é, ée	**62**	avoir	—	être	à
disputailler, é, inv.	**35**	avoir	—	—	—
disputer, é, ée	**68**	avoir	—	être	—
disqualifier, é, ée	**34**	avoir	—	être	—
disséminer, é, ée	**50**	avoir	—	être	—
disséquer, é, ée	**56**	avoir	—	—	—
disserter, é, inv.	**68**	avoir	de, sur	—	—
dissimuler, é, ée	**42**	avoir	—	être	—
dissiper, é, ée	**52**	avoir	—	être	—
dissocier, é, ée	**34**	avoir	—	être	—
dissoner, é, inv.	**50**	avoir	—	—	—
dissoudre, dissous, oute	**173**	avoir	—	être	—
dissuader, é, ée	**16**	avoir	de + v.	—	—

INFINITIFS ET PARTICIPES PASSÉS	PAGES	FORME ACTIVE		FORME PRONOMINALE	
		AUX.	PRÉP.	AUX.	PRÉP.
distancer, é, ée	**10**	avoir	—	être	de
distancier, é, ée	**34**	avoir	—	être	de
distendre, distendu, ue	**167**	avoir	—	être	—
distiller, é, ée	**38**	avoir	—	être	—
distinguer, é, ée	**33**	avoir	—	être	de, par
distordre, distordu, ue	**172**	avoir	—	être	—
distraire, distrait, aite	**87**	avoir	—	être	—
distribuer, é, ée	**83**	avoir	—	être	—
divaguer, é, inv.	**33**	avoir	—	—	—
diverger, é, inv.	**25**	avoir	sur	—	—
diversifier, é, ée	**34**	avoir	—	être	—
divertir, i, ie	**134**	avoir	—	être	à, de
diviniser, é, ée	**62**	avoir	—	—	—
diviser, é, ée	**62**	avoir	—	être	—
divorcer, é, ée	**10**	avoir	avec, d'avec	—	—
divulguer, é, ée	**33**	avoir	—	être	—
documenter, é, ée	**68**	avoir	—	être	sur
dodeliner, é, ée	**50**	avoir	—	—	—
dogmatiser, é, ée	**62**	avoir	—	—	—
doigter, é, ée	**68**	avoir	—	—	—
doler, é, ée	**42**	avoir	—	—	—
domestiquer, é, ée	**57**	avoir	—	être	—
domicilier, é, ée	**34**	avoir	—	être	—
dominer, é, ée	**50**	avoir	—	être	—
dompter, é, ée	**68**	avoir	—	être	—
donner, é, ée	**51**	avoir	à + v.	être	—
doper, é, ée	**52**	avoir	—	être	—
dorer, é, ée	**59**	avoir	—	être	—
dorloter, é, ée	**68**	avoir	—	être	—
dormir, i, inv.	**115**	avoir	—	—	—
doser, é, ée	**62**	avoir	—	—	—
doter, é, ée	**68**	avoir	—	—	—
doubler, é, ée	**5**	avoir	—	être	de
doublonner, é, ée	**51**	avoir	—	—	—
doucher, é, ée	**12**	avoir	—	être	—
doucir, i, ie	**93**	avoir	—	—	—
douer, é, ée	**82**	avoir	—	—	—
Ne s'emploie qu'aux temps composés.					
douter, é, ée	**68**	avoir	de	être	de
dragéifier, é, ée	**34**	avoir	—	—	—
drageonner, é, inv.	**51**	avoir	—	—	—
draguer, é, ée	**33**	avoir	—	—	—
drainer, é, ée	**50**	avoir	—	—	—
dramatiser, é, ée	**62**	avoir	—	—	—
draper, é, ée	**52**	avoir	—	être	—
draver, é, ée	**72**	avoir	—	—	—
drayer, é, ée	**78**	avoir	—	—	—
dresser, é, ée	**64**	avoir	—	être	—
dribbler, é, ée	**5**	avoir	—	—	—
driller, é, ée	**38**	avoir	—	—	—
driver, é, ée	**72**	avoir	—	—	—

INFINITIFS ET PARTICIPES PASSÉS	PAGES	FORME ACTIVE		FORME PRONOMINALE	
		AUX.	PRÉP.	AUX.	PRÉP.
droguer, é, ée	**33**	avoir	—	être	—
droper, é, ée	**52**	avoir	—	—	—
dropper, é, ée	**54**	avoir	—	—	—
drosser, é, ée	**64**	avoir	—	—	—
dudgeonner, é, ée	**51**	avoir	—	—	—
dulcifier, é, ée	**34**	avoir	—	—	—
duper, é, ée	**52**	avoir	—	être	—
duplexer, é, ée	**76**	avoir	—	—	—
dupliquer, é, ée	**57**	avoir	—	—	—
durcir, i, ie	**93**	avoir	—	être	—
durer, é, inv.	**59**	avoir	—	—	—
duveter (se), é, ée	**65**	—	—	être	—
dynamiser, é, ée	**62**	avoir	—	—	—
dynamiter, é, ée	**68**	avoir	—	—	—

E

INFINITIFS ET PARTICIPES PASSÉS	PAGES	FORME ACTIVE		FORME PRONOMINALE	
		AUX.	PRÉP.	AUX.	PRÉP.
ébahir, i, ie	**107**	avoir	—	être	—
ébarber, é, ée	**4**	avoir	—	—	—
ébattre (s'), ébattu, ue	**181**	—	—	être	—
ébaucher, é, ée	**12**	avoir	—	être	—
ébavurer, é, ée	**59**	avoir	—	—	—
éberluer, é, ée	**83**	avoir	—	—	—
ébiseler, é, ée	**40**	avoir	—	—	—
éblouir, i, ie	**119**	avoir	—	être	—
éborgner, é, ée	**29**	avoir	—	être	—
ébouillanter, é, ée	**68**	avoir	—	être	—
ébouler, é, ée	**42**	avoir	—	être	—
ébourgeonner, é, ée	**51**	avoir	—	—	—
ébouriffer, é, ée	**21**	avoir	—	être	—
ébourrer, é, ée	**59**	avoir	—	—	—
ébouter, é, ée	**68**	avoir	—	—	—
ébrancher, é, ée	**12**	avoir	—	—	—
ébranler, é, ée	**42**	avoir	—	être	—
ébraser, é, ée	**62**	avoir	—	—	—
ébrécher, é, ée	**11**	avoir	—	être	—
ébrouer (s'), é, ée	**82**	—	—	être	—
ébruiter, é, ée	**68**	avoir	—	être	—
écacher, é, ée	**12**	avoir	—	—	—
écailler, é, ée	**35**	avoir	—	être	—
écaler, é, ée	**42**	avoir	—	être	—
écanguer, é, ée	**33**	avoir	—	—	—
écarquiller, é, ée	**38**	avoir	—	être	—
écarteler, é, ée	**39**	avoir	—	—	—
écarter, é, ée	**68**	avoir	—	être	—
échafauder, é, ée	**16**	avoir	—	être	—
échalasser, é, ée	**64**	avoir	—	—	—
échancrer, é, ée	**14**	avoir	—	être	—
échanger, é, ée	**25**	avoir	—	être	—
échantillonner, é, ée	**51**	avoir	—	—	—
échapper, é, ée	**54**	avoir ou **être**	—	être	de
échardonner, é, ée	**51**	avoir	—	—	—

INFINITIFS ET PARTICIPES PASSÉS	PAGES	FORME ACTIVE		FORME PRONOMINALE	
		AUX.	PRÉP.	AUX.	PRÉP.
écharner, é, ée	**50**	avoir	—	être	—
écharper, é, ée	**52**	avoir	—	être	—
échauder, é, ée	**16**	avoir	—	être	—
échauffer, é, ée	**21**	avoir	—	être	—
échelonner, é, ée	**51**	avoir	—	être	sur
écheniller, é, ée	**38**	avoir	—	—	—
écher, é, ée	**11**	avoir	—	—	—
écheveler, é, ée	**40**	avoir	—	être	—
échiner, é, ée	**50**	avoir	—	être	à + v.
échographier, é, ée	**34**	avoir	—	—	—
échoir, échu, ue	**188**	avoir ou **être**	à	—	—
échopper, é, ée	**54**	avoir	—	—	—
échouer, é, ée	**82**	avoir	—	être	dans, sur
écimer, é, ée	**47**	avoir	—	—	—
éclabousser, é, ée	**64**	avoir	—	être	—
éclaircir, i, ie	**93**	avoir	—	être	—
éclairer, é, ée	**59**	avoir	—	être	—
éclater, é, ée	**68**	avoir	—	être	—
éclipser, é, ée	**63**	avoir	—	être	—
éclisser, é, ée	**64**	avoir	—	—	—
éclore, éclos, ose	**160**	avoir ou **être**	—	—	—
écluser, é, ée	**62**	avoir	—	—	—
écobuer, é, ée	**83**	avoir	—	—	—
écœurer, é, ée	**59**	avoir	—	être	—
éconduire, éconduit, uite	**136**	avoir	—	—	—
économiser, é, ée	**62**	avoir	—	—	—
écoper, é, ée	**52**	avoir	—	—	—
écorcer, é, ée	**10**	avoir	—	être	—
écorcher, é, ée	**12**	avoir	—	être	—
écorner, é, ée	**50**	avoir	—	—	—
écornifler, é, ée	**22**	avoir	—	—	—
écosser, é, ée	**64**	avoir	—	être	—
écouler, é, ée	**42**	avoir	—	être	—
écourter, é, ée	**68**	avoir	—	—	—
écouter, é, ée	**68**	avoir	—	être	—
écouvillonner, é, ée	**51**	avoir	—	—	—
écrabouiller, é, ée	**37**	avoir	—	être	—
écraser, é, ée	**62**	avoir	—	être	sur
écrémer, é, ée	**46**	avoir	—	—	—
écrêter, é, ée	**68**	avoir	—	—	—
écrier (s'), é, ée	**34**	—	—	être	—
écrire, écrit, ite	**95**	avoir	—	être	—
écrivailler, é, inv.	**35**	avoir	—	—	—
écrivasser, é, inv.	**64**	avoir	—	—	—
écrouer, é, ée	**82**	avoir	—	—	—
écrouir, i, ie	**119**	avoir	—	—	—
écrouler (s'), é, ée	**42**	—	—	être	—
écroûter, é, ée	**68**	avoir	—	—	—
écuisser, é, ée	**64**	avoir	—	—	—
écumer, é, ée	**47**	avoir	—	—	—
écurer, é, ée	**59**	avoir	—	—	—
écussonner, é, ée	**51**	avoir	—	—	—
édenter, é, ée	**68**	avoir	—	être	—
édicter, é, ée	**68**	avoir	—	—	—
édifier, é, ée	**34**	avoir	—	être	—
éditer, é, ée	**68**	avoir	—	être	—
éditionner, é, ée	**51**	avoir	—	—	—
édulcorer, é, ée	**59**	avoir	—	—	—
éduquer, é, ée	**57**	avoir	—	être	—
éfaufiler, é, ée	**42**	avoir	—	être	—
effacer, é, ée	**10**	avoir	—	être	—
effaner, é, ée	**50**	avoir	—	—	—
effarer, é, ée	**59**	avoir	—	être	—
effaroucher, é, ée	**12**	avoir	—	être	—
effectuer, é, ée	**83**	avoir	—	être	—
efféminer, é, ée	**50**	avoir	—	être	—
effeuiller, é, ée	**37**	avoir	—	être	—
effiler, é, ée	**42**	avoir	—	être	—
effilocher, é, ée	**12**	avoir	—	être	—
effleurer, é, ée	**59**	avoir	—	—	—
effleurir, i, ie	**124**	avoir	—	être	—
effondrer, é, ée	**17**	avoir	—	être	—
efforcer (s'), é, ée	**10**	—	—	être	de + v.
effranger, é, ée	**25**	avoir	—	être	—
effrayer, é, ée	**78**	avoir	—	être	de
effriter, é, ée	**68**	avoir	—	être	—
égailler, é, ée	**35**	avoir	—	être	—
égaler, é, ée	**42**	avoir	—	être	—
égaliser, é, ée	**62**	avoir	—	—	—
égarer, é, ée	**59**	avoir	—	être	—
égayer, é, ée	**78**	avoir	—	être	—
égermer, é, ée	**47**	avoir	—	—	—
égorger, é, ée	**25**	avoir	—	être	—
égosiller (s'), é, ée	**38**	—	—	être	—
égoutter, é, ée	**68**	avoir	—	être	—
égrainer, é, ée	**50**	avoir	—	être	—
égrapper, é, ée	**54**	avoir	—	—	—
égratigner, é, ée	**29**	avoir	—	être	—
égravillonner, é, ée	**51**	avoir	—	—	—
égrener, é, ée	**48**	avoir	—	être	—
égriser, é, ée	**62**	avoir	—	—	—
égruger, é, ée	**25**	avoir	—	être	—
égueuler, é, ée	**42**	avoir	—	être	—
éjaculer, é, ée	**42**	avoir	—	—	—
éjecter, é, ée	**68**	avoir	—	être	—
éjointer, é, ée	**68**	avoir	—	—	—
élaborer, é, ée	**59**	avoir	—	être	—
élaguer, é, ée	**33**	avoir	—	—	—
élancer, é, ée	**10**	avoir	—	être	dans, hors, vers

INFINITIFS ET PARTICIPES PASSÉS	PAGES	FORME ACTIVE		FORME PRONOMINALE	
		AUX.	PRÉP.	AUX.	PRÉP.
élargir, i, ie	**104**	avoir	—	être	—
électrifier, é, ée	**34**	avoir	—	—	—
électriser, é, ée	**62**	avoir	—	être	—
électrocuter, é, ée	**68**	avoir	—	être	—
électrolyser, é, ée	**62**	avoir	—	être	—
élégir, i, ie	**104**	avoir	—	—	—
élever, é, ée	**71**	avoir	—	être	—
élider, é, ée	**16**	avoir	—	être	—
élimer, é, ée	**47**	avoir	—	être	—
éliminer, é, ée	**50**	avoir	—	être	—
élinguer, é, ée	**33**	avoir	—	—	—
élire, élu, ue	**113**	avoir	—	—	—
éloigner, é, ée	**29**	avoir	—	être	de
élonger, é, ée	**25**	avoir	—	être	—
élucider, é, ée	**16**	avoir	—	—	—
élucubrer, é, ée	**7**	avoir	—	—	—
éluder, é, ée	**16**	avoir	—	—	—
émacier, é, ée	**34**	avoir	—	être	—
émailler, é, ée	**35**	avoir	—	être	—
émanciper, é, ée	**52**	avoir	—	être	—
émaner, é, inv.	**50**	avoir	de	—	—
émarger, é, ée	**25**	avoir	—	—	—
émasculer, é, ée	**42**	avoir	—	—	—
emballer, é, ée	**43**	avoir	—	être	—
embarbouiller, é, ée	**37**	avoir	—	être	—
embarquer, é, ée	**57**	avoir	—	être	dans, sur
embarrasser, é, ée	**64**	avoir	—	être	de, dans
embarrer, é, ée	**59**	avoir	—	être	—
embastiller, é, ée	**38**	avoir	—	—	—
embatre, embatu, ue	**181**	avoir	—	—	—
embattre, embattu, ue	**181**	avoir	—	—	—
embaucher, é, ée	**12**	avoir	—	être	—
embaumer, é, ée	**47**	avoir	—	être	—
embellir, i, ie	**112**	avoir	—	être	—
emberlificoter, é, ée	**68**	avoir	—	être	dans
embêter, é, ée	**68**	avoir	—	être	—
emblaver, é, ée	**72**	avoir	—	—	—
embobeliner, é, ée	**50**	avoir	—	être	—
embobiner, é, ée	**50**	avoir	—	—	—
emboîter, é, ée	**68**	avoir	—	être	—
embosser, é, ée	**64**	avoir	—	être	—
emboucher, é, ée	**12**	avoir	—	être	—
embouer, é, ée	**82**	avoir	—	—	—
embouquer, é, ée	**57**	avoir	—	—	—
embourber, é, ée	**4**	avoir	—	être	—
embourgeoiser, é, ée	**62**	avoir	—	être	—
embouteiller, é, ée	**36**	avoir	—	—	—
emboutir, i, ie	**134**	avoir	—	être	—
embrancher, é, ée	**12**	avoir	—	être	—
embraquer, é, ée	**57**	avoir	—	—	—

INFINITIFS ET PARTICIPES PASSÉS	PAGES	FORME ACTIVE		FORME PRONOMINALE	
		AUX.	PRÉP.	AUX.	PRÉP.
embraser, é, ée	**62**	avoir	—	être	—
embrasser, é, ée	**64**	avoir	—	être	—
embrayer, é, ée	**78**	avoir	—	—	—
embreuver, é, ée	**72**	avoir	—	—	—
embrever, é, ée	**71**	avoir	—	—	—
embrigader, é, ée	**16**	avoir	—	être	—
embringuer, é, ée	**33**	avoir	—	être	—
embrocher, é, ée	**12**	avoir	—	—	—
embroncher, é, ée	**12**	avoir	—	—	—
embrouiller, é, ée	**37**	avoir	—	être	—
embroussailler, é, ée	**35**	avoir	—	être	—
embrumer, é, ée	**47**	avoir	—	être	—
embuer, é, ée	**83**	avoir	—	être	—
embusquer, é, ée	**57**	avoir	—	être	—
émécher, é, ée	**11**	avoir	—	—	—
émerger, é, inv.	**25**	avoir	de	—	—
émeriser, é, ée	**62**	avoir	—	—	—
émerveiller, é, ée	**36**	avoir	—	être	de, devant
émettre, émis, ise	**182**	avoir	—	—	—
émietter, é, ée	**68**	avoir	—	être	—
émigrer, é, inv.	**31**	avoir	—	—	—
émincer, é, ée	**10**	avoir	—	—	—
emmagasiner, é, ée	**50**	avoir	—	—	—
emmailloter, é, ée	**68**	avoir	—	être	—
emmancher, é, ée	**12**	avoir	—	être	—
emmêler, é, ée	**42**	avoir	—	être	—
emménager, é, ée	**25**	avoir	—	—	—
emmener, é, ée	**48**	avoir	—	—	—
emmerder, é, ée	**16**	avoir	—	être	—
emmétrer, é, ée	**69**	avoir	—	—	—
emmieller, é, ée	**43**	avoir	—	—	—
emmitoufler, é, ée	**22**	avoir	—	être	—
emmouscailler, é, ée	**35**	avoir	—	—	—
emmurer, é, ée	**59**	avoir	—	être	—
émonder, é, ée	**16**	avoir	—	—	—
émorfiler, é, ée	**42**	avoir	—	—	—
émotter, é, ée	**68**	avoir	—	—	—
émousser, é, ée	**64**	avoir	—	être	—
émoustiller, é, ée	**38**	avoir	—	—	—
émouvoir, ému, ue	**154**	avoir	—	être	à, de
empailler, é, ée	**35**	avoir	—	—	—
empaler, é, ée	**42**	avoir	—	être	—
empanacher, é, ée	**12**	avoir	—	—	—
empanner, é, ée	**51**	avoir	—	être	—
empapilloter, é, ée	**68**	avoir	—	—	—
empaqueter, é, ée	**65**	avoir	—	être	—
emparer (s'), é, ée	**59**	—	—	être	de
empâter, é, ée	**68**	avoir	—	être	—
empaumer, é, ée	**47**	avoir	—	—	—
empêcher, é, ée	**12**	avoir	—	être	de
empenner, é, ée	**51**	avoir	—	—	—

INFINITIFS ET PARTICIPES PASSÉS	PAGES	FORME ACTIVE		FORME PRONOMINALE	
		AUX.	PRÉP.	AUX.	PRÉP.
emperler, é, ée	**42**	avoir	—	être	—
empeser, é, ée	**60**	avoir	—	—	—
empester, é, ée	**68**	avoir	—	—	—
empêtrer, é, ée	**70**	avoir	—	être	dans
empierrer, é, ée	**19**	avoir	—	—	—
empiéter, é, inv.	**67**	avoir	sur	—	—
empiffrer, é, ée	**23**	avoir	de	être	de
empiler, é, ée	**42**	avoir	—	être	—
empirer, é, ée	**59**	avoir ou **être**	—	—	—
emplir, i, ie	**121**	avoir	—	être	de
employer, é, ée	**79**	avoir	—	être	à + v.
emplumer, é, ée	**47**	avoir	—	être	—
empocher, é, ée	**12**	avoir	—	—	—
empoigner, é, ée	**29**	avoir	—	être	—
empoisonner, é, ée	**51**	avoir	—	être	—
empoisser, é, ée	**64**	avoir	—	—	—
empoissonner, é, ée	**51**	avoir	—	—	—
emporter, é, ée	**68**	avoir	—	être	contre
empoter, é, ée	**68**	avoir	—	—	—
empourprer, é, ée	**59**	avoir	—	être	—
empoussiérer, é, ée	**58**	avoir	—	être	—
empreindre, empreint, einte	**165**	avoir	—	être	—
empresser (s'), é, ée	**64**	—	—	être	de + v.
emprésurer, é, ée	**59**	avoir	—	—	—
emprisonner, é, ée	**51**	avoir	—	être	—
emprunter, é, ée	**68**	avoir	—	—	—
empuantir, i, ie	**134**	avoir	—	être	—
émulsifier, é, ée	**34**	avoir	—	—	—
émulsionner, é, ée	**51**	avoir	—	—	—
énamourer (s'), é, ée	**59**	—	—	être	de
enamourer (s'), é, ée	**59**	—	—	être	de
encabaner, é, ée	**50**	avoir	—	—	—
encadrer, é, ée	**17**	avoir	—	être	—
encager, é, ée	**25**	avoir	—	—	—
encaisser, é, ée	**64**	avoir	—	être	—
encanailler (s'), é, ée	**35**	—	—	être	—
encapuchonner, é, ée	**51**	avoir	—	être	—
encaquer, é, ée	**57**	avoir	—	être	—
encarter, é, ée	**68**	avoir	—	—	—
encartonner, é, ée	**51**	avoir	—	—	—
encaserner, é, ée	**50**	avoir	—	—	—
encasteler (s'), é, ée	**39**	—	—	être	—
encastrer, é, ée	**70**	avoir	—	être	—
encaustiquer, é, ée	**57**	avoir	—	—	—
encaver, é, ée	**72**	avoir	—	—	—
enceindre, enceint, einte	**165**	avoir	—	—	—
encenser, é, ée	**63**	avoir	—	—	—
encercler, é, ée	**13**	avoir	—	—	—
enchaîner, é, ée	**50**	avoir	—	être	—
enchanter, é, ée	**68**	avoir	—	être	de

INFINITIFS ET PARTICIPES PASSÉS	PAGES	FORME ACTIVE		FORME PRONOMINALE	
		AUX.	PRÉP.	AUX.	PRÉP.
enchâsser, é, ée	**64**	avoir	—	être	—
enchatonner, é, ée	**51**	avoir	—	être	—
enchausser, é, ée	**64**	avoir	—	—	—
enchemiser, é, ée	**62**	avoir	—	—	—
enchérir, i, ie	**124**	avoir	—	—	—
enchevaucher, é, ée	**12**	avoir	—	—	—
enchevêtrer, é, ée	**70**	avoir	—	être	—
enclaver, é, ée	**72**	avoir	—	être	—
enclencher, é, ée	**12**	avoir	—	être	—
encliqueter, é, ée	**65**	avoir	—	—	—
enclore, enclos, ose	**160**	avoir	—	être	—
enclouer, é, ée	**82**	avoir	—	—	—
encocher, é, ée	**12**	avoir	—	—	—
encoder, é, ée	**16**	avoir	—	—	—
encoller, é, ée	**43**	avoir	—	—	—
encombrer, é, ée	**7**	avoir	—	être	de
encorder, é, ée	**16**	avoir	—	être	—
encorner, é, ée	**50**	avoir	—	—	—
encourager, é, ée	**25**	avoir	à + v.	—	—
encourir, encouru, ue	**122**	avoir	—	—	—
encrasser, é, ée	**64**	avoir	—	être	—
encrer, é, ée	**14**	avoir	—	être	—
encroûter, é, ée	**68**	avoir	—	être	—
encuver, é, ée	**72**	avoir	—	—	—
endenter, é, ée	**68**	avoir	—	—	—
endetter, é, ée	**68**	avoir	—	être	—
endeuiller, é, ée	**37**	avoir	—	être	—
endiabler, é, ée	**5**	avoir	—	—	—
endiguer, é, ée	**33**	avoir	—	être	—
endimancher, é, ée	**12**	avoir	—	être	—
endivisionner, é, ée	**51**	avoir	—	—	—
endoctriner, é, ée	**50**	avoir	—	—	—
endolorir, i, ie	**124**	avoir	—	être	—
endommager, é, ée	**25**	avoir	—	—	—
endormir, i, ie	**115**	avoir	—	être	—
endosser, é, ée	**64**	avoir	—	—	—
enduire, enduit, ite	**136**	avoir	—	être	de
endurcir, i, ie	**93**	avoir	—	être	—
endurer, é, ée	**59**	avoir	—	—	—
énerver, é, ée	**72**	avoir	—	être	—
enfaîter, é, ée	**68**	avoir	—	—	—
enfanter, é, ée	**68**	avoir	—	être	—
enfariner, é, ée	**50**	avoir	—	être	—
enfermer, é, ée	**47**	avoir	—	être	dans
enferrer, é, ée	**19**	avoir	—	être	—
enfieller, é, ée	**43**	avoir	—	—	—
enfiévrer, é, ée	**74**	avoir	—	être	—
enfiler, é, ée	**42**	avoir	—	être	—
enflammer, é, ée	**47**	avoir	—	être	de, pour
enfler, é, ée	**22**	avoir	—	être	—
enfleurer, é, ée	**59**	avoir	—	—	—

INFINITIFS ET PARTICIPES PASSÉS	PAGES	FORME ACTIVE		FORME PRONOMINALE	
		AUX.	PRÉP.	AUX.	PRÉP.
enfoncer, é, ée	**10**	avoir	—	être	dans
enfouir, i, ie	**119**	avoir	—	être	—
enfourcher, é, ée	**12**	avoir	—	—	—
enfourner, é, ée	**50**	avoir	—	être	—
enfreindre, enfreint, einte	**165**	avoir	—	—	—
enfuir (s'), i, ie	**137**	—	—	être	de, dans, vers
enfumer, é, ée	**47**	avoir	—	être	—
enfutailler, é, ée	**35**	avoir	—	—	—
enfûter, é, ée	**68**	avoir	—	—	—
engager, é, ée	**25**	avoir	—	être	à + v., dans
engainer, é, ée	**50**	avoir	—	—	—
engazonner, é, ée	**51**	avoir	—	—	—
engendrer, é, ée	**17**	avoir	—	être	—
engerber, é, ée	**4**	avoir	—	—	—
englober, é, ée	**4**	avoir	dans, en	—	—
engloutir, i, ie	**134**	avoir	—	être	—
engluer, é, ée	**83**	avoir	—	être	—
engober, é, ée	**4**	avoir	—	—	—
engommer, é, ée	**47**	avoir	—	—	—
engoncer, é, ée	**10**	avoir	—	être	—
engorger, é, ée	**25**	avoir	—	être	—
engouer (s'), é, ée	**82**	—	—	être	de
engouffrer, é, ée	**23**	avoir	—	être	dans
engourdir, i, ie	**96**	avoir	—	être	—
engraisser, é, ée	**64**	avoir	—	être	—
engranger, é, ée	**25**	avoir	—	—	—
engraver, é, ée	**72**	avoir	—	être	—
engrener, é, ée	**48**	avoir	—	être	—
engrosser, é, ée	**64**	avoir	—	—	—
engrumeler, é, ée	**40**	avoir	—	être	—
engueuler, é, ée	**42**	avoir	—	être	—
enguirlander, é, ée	**16**	avoir	—	—	—
enhardir, i, ie	**96**	avoir	—	être	à + v.
enharnacher, é, ée	**12**	avoir	—	être	—
enherber, é, ée	**4**	avoir	—	—	—
enivrer, é, ée	**75**	avoir	—	être	—
enjamber, é, ée	**4**	avoir	—	—	—
enjaveler, é, ée	**40**	avoir	—	—	—
enjoindre, enjoint, ointe	**169**	avoir	de + v.	—	—
enjôler, é, ée	**42**	avoir	—	—	—
enjoliver, é, ée	**72**	avoir	—	être	—
enjouguer, é, ée	**33**	avoir	—	—	—
enjuguer, é, ée	**33**	avoir	—	—	—
enkyster, é, ée	**68**	avoir	—	être	—
enlacer, é, ée	**10**	avoir	—	être	—
enlaidir, i, ie	**96**	avoir	—	être	—
enlever, é, ée	**71**	avoir	—	être	—
enliasser, é, ée	**64**	avoir	—	—	—

INFINITIFS ET PARTICIPES PASSÉS	PAGES	FORME ACTIVE		FORME PRONOMINALE	
		AUX.	PRÉP.	AUX.	PRÉP.
enliser, é, ée	**62**	avoir	—	être	dans
enluminer, é, ée	**50**	avoir	—	être	—
enneiger, é, ée	**25**	avoir	—	—	—
ennoblir, i, ie	**90**	avoir	—	être	—
ennoyer, é, ée	**79**	avoir	—	—	—
ennuager, é, ée	**25**	avoir	—	être	—
ennuyer, é, ée	**81**	avoir	—	être	—
énoncer, é, ée	**10**	avoir	—	être	—
enorgueillir, i, ie	**108**	avoir	—	être	de
énouer, é, ée	**82**	avoir	—	—	—
enquérir (s'), enquis, ise	**123**	—	—	être	de
enquêter, é, inv.	**68**	avoir	sur	—	—
enquiquiner, é, ée	**50**	avoir	—	être	—
enraciner, é, ée	**50**	avoir	—	être	dans
enrager, é, ée	**25**	avoir	de + v.	être	—
enrayer, é, ée	**78**	avoir	—	être	—
enrégimenter, é, ée	**68**	avoir	—	être	—
enregistrer, é, ée	**70**	avoir	—	être	—
enrêner, é, ée	**50**	avoir	—	—	—
enrhumer, é, ée	**47**	avoir	—	être	—
enrichir, i, ie	**92**	avoir	—	être	dans, de, par
enrober, é, ée	**4**	avoir	—	—	—
enrocher, é, ée	**12**	avoir	—	être	—
enrôler, é, ée	**42**	avoir	—	être	dans
enrouer, é, ée	**82**	avoir	—	être	—
enrouler, é, ée	**42**	avoir	—	être	autour, dans
enrubanner, é, ée	**51**	avoir	—	être	—
ensabler, é, ée	**5**	avoir	—	être	—
ensacher, é, ée	**12**	avoir	—	—	—
ensaisiner, é, ée	**50**	avoir	—	—	—
ensanglanter, é, ée	**68**	avoir	—	—	—
ensauvager, é, ée	**25**	avoir	—	être	—
enseigner, é, ée	**29**	avoir	à + v.	être	—
ensemencer, é, ée	**10**	avoir	—	—	—
enserrer, é, ée	**19**	avoir	—	—	—
ensevelir, i, ie	**112**	avoir	—	être	dans, sous
ensiler, é, ée	**42**	avoir	—	—	—
ensoleiller, é, ée	**36**	avoir	—	être	—
ensommeiller, é, ée	**36**	avoir	—	être	—
ensorceler, é, ée	**40**	avoir	—	—	—
ensoufrer, é, ée	**23**	avoir	—	—	—
ensuivre (s'), ensuivi, ie	**187**	—	—	être	—
Ne s'emploie qu'aux 3es personnes du singulier et du pluriel.					
entabler, é, ée	**5**	avoir	—	être	—
entacher, é, ée	**12**	avoir	—	—	—
entailler, é, ée	**35**	avoir	—	être	—
entamer, é, ée	**47**	avoir	—	—	—
entartrer, é, ée	**70**	avoir	—	être	—
entasser, é, ée	**64**	avoir	—	être	dans

INFINITIFS ET PARTICIPES PASSÉS	PAGES	FORME ACTIVE		FORME PRONOMINALE	
		AUX.	PRÉP.	AUX.	PRÉP.
entendre, entendu, ue	**167**	avoir	—	être	—
enténébrer, é, ée	**6**	avoir	—	être	—
enter, é, ée	**68**	avoir	—	être	—
entériner, é, ée	**50**	avoir	—	—	—
enterrer, é, ée	**19**	avoir	—	être	dans, sous
entêter, é, ée	**68**	avoir	—	être	à + v.
enthousiasmer, é, ée	**47**	avoir	—	être	pour
enticher, é, ée	**12**	avoir	—	être	de
entoiler, é, ée	**42**	avoir	—	—	—
entonner, é, ée	**51**	avoir	—	être	—
entortiller, é, ée	**38**	avoir	—	être	autour de
entourer, é, ée	**59**	avoir	—	être	de
entraccuser (s'), é, ée	**62**	—	—	être	—
entradmirer (s'), é, ée	**59**	—	—	être	—
entraider (s'), é, ée	**16**	—	—	être	—
entr'aider (s'), é, ée	**16**	—	—	être	—
entr'aimer (s'), é, ée	**47**	—	—	être	—
entraîner, é, ée	**50**	avoir	—	être	à, pour
entr'apercevoir, entr'aperçu, ue	**152**	avoir	—	être	—
entrapercevoir, entraperçu, ue	**152**	avoir	—	être	—
entraver, é, ée	**72**	avoir	—	être	—
entrebâiller, é, ée	**35**	avoir	—	être	—
entrebattre (s'), entrebattu, ue	**181**	—	—	être	—
entrechoquer, é, ée	**57**	avoir	—	être	—
entrecouper, é, ée	**52**	avoir	—	être	—
entrecroiser, é, ée	**62**	avoir	—	être	—
entre-déchirer (s'), é, ée	**59**	—	—	être	—
entre-détruire (s'), entre-détruit, ite	**140**	—	—	être	—
entre-dévorer (s'), é, ée	**59**	—	—	être	—
entredévorer (s'), é, ée	**59**	—	—	être	—
entre-égorger (s'), é, ée	**25**	—	—	être	—
entre-frapper (s'), é, ée	**54**	—	—	être	—
entrefrapper (s'), é, ée	**54**	—	—	être	—
entr'égorger (s'), é, ée	**25**	—	—	être	—
entre-haïr (s'), ï, ïe	**88**	—	—	être	—
entre-heurter (s'), é, ée	**68**	—	—	être	—
entrelacer, é, ée	**10**	avoir	—	être	—
entrelarder, é, ée	**16**	avoir	—	—	—
entre-louer (s'), é, ée	**82**	—	—	être	—
entre-manger (s'), é, ée	**25**	—	—	être	—
entremanger (s'), é, ée	**25**	—	—	être	—
entremêler, é, ée	**42**	avoir	—	être	—
entremettre (s'), entremis, ise	**182**	—	—	être	—
entre-nuire (s'), i, inv.	**139**	—	—	être	—
entreposer, é, ée	**62**	avoir	—	—	—
entreprendre, entrepris, ise	**168**	avoir	de + v.	—	—
entrer, é, ée	**70**	avoir ou **être**	dans, en	—	—
entre-regarder (s'), é, ée	**16**	—	—	être	—
entreregarder (s'), é, ée	**16**	—	—	être	—
entretailler (s'), é, ée	**35**	—	—	être	—
entretenir, entretenu, ue	**118**	avoir	—	être	—
entre-tisser, é, ée	**64**	avoir	—	—	—
entretisser, é, ée	**64**	avoir	—	—	—
entretoiser, é, ée	**62**	avoir	—	—	—
entre-tuer (s'), é, ée	**83**	—	—	être	—
entrevoir, entrevu, ue	**159**	avoir	—	être	—
entrevoûter, é, ée	**68**	avoir	—	—	—
entrobliger (s'), é, ée	**25**	—	—	être	—
entr'ouvrir, entr'ouvert, erte	**144**	avoir	—	être	—
entrouvrir, entrouvert, erte	**144**	avoir	—	être	—
entuber, é, ée	**4**	avoir	—	—	—
enturbanner, é, ée	**51**	avoir	—	—	—
énucléer, é, ée	**18**	avoir	—	—	—
énumérer, é, ée	**58**	avoir	—	—	—
envahir, i, ie	**107**	avoir	—	—	—
envaser, é, ée	**62**	avoir	—	être	—
envelopper, é, ée	**54**	avoir	—	être	dans, de
envenimer, é, ée	**47**	avoir	—	être	—
enverguer, é, ée	**33**	avoir	—	—	—
envider, é, ée	**16**	avoir	—	—	—
envier, é, ée	**34**	avoir	—	être	—
environner, é, ée	**51**	avoir	—	être	—
envisager, é, ée	**25**	avoir	de + v.	être	—
envoiler, é, ée	**42**	avoir	—	être	—
envoler (s'), é, ée	**42**	—	—	être	pour, vers
envoûter, é, ée	**68**	avoir	—	—	—
envoyer, é, ée	**80**	avoir	—	être	—
épaissir, i, ie	**129**	avoir	—	être	—
épamprer, é, ée	**70**	avoir	—	—	—
épancher, é, ée	**12**	avoir	—	être	dans
épandre, épandu, ue	**166**	avoir	—	être	—
épanneler, é, ée	**40**	avoir	—	—	—
épanouir, i, ie	**119**	avoir	—	être	—
épargner, é, ée	**29**	avoir	—	être	—
éparpiller, é, ée	**38**	avoir	—	être	—
épater, é, ée	**68**	avoir	—	être	—
épaufrer, é, ée	**23**	avoir	—	—	—
épauler, é, ée	**42**	avoir	—	être	—
épeler, é, ée	**40**	avoir	—	—	—
épépiner, é, ée	**50**	avoir	—	—	—
éperonner, é, ée	**51**	avoir	—	—	—
épeurer, é, ée	**59**	avoir	—	être	—

INFINITIFS ET PARTICIPES PASSÉS	PAGES	FORME ACTIVE		FORME PRONOMINALE	
		AUX.	PRÉP.	AUX.	PRÉP.
épicer, é, ée	**10**	avoir	—	—	—
épier, é, ée	**34**	avoir	—	être	—
épierrer, é, ée	**19**	avoir	—	—	—
épiler, é, ée	**42**	avoir	—	être	—
épiloguer, é, inv.	**33**	avoir	sur	—	—
épinceler, é, ée	**40**	avoir	—	—	—
épincer, é, ée	**10**	avoir	—	—	—
épinceter, é, ée	**65**	avoir	—	—	—
épiner, é, ée	**50**	avoir	—	—	—
épingler, é, ée	**27**	avoir	—	—	—
épisser, é, ée	**64**	avoir	—	—	—
éployer, é, ée	**79**	avoir	—	être	—
éplucher, é, ée	**12**	avoir	—	—	—
épointer, é, ée	**68**	avoir	—	être	—
éponger, é, ée	**25**	avoir	—	être	—
épontiller, é, ée	**38**	avoir	—	—	—
épouiller, é, ée	**37**	avoir	—	être	—
époumoner (s'), é, ée	**50**	—	—	être	à + v.
épouser, é, ée	**62**	avoir	—	être	—
épousseter, é, ée	**65**	avoir	—	être	—
époustoufler, é, ée	**22**	avoir	—	—	—
époutier, é, ée	**34**	avoir	—	—	—
époutir, i, ie	**134**	avoir	—	—	—
épouvanter, é, ée	**68**	avoir	—	être	de
épreindre, épreint, einte	**165**	avoir	—	—	—
éprendre (s'), épris, ise	**168**	—	—	être	de
éprouver, é, ée	**72**	avoir	—	être	—
épucer, é, ée	**10**	avoir	—	être	—
épuiser, é, ée	**62**	avoir	—	être	à
épurer, é, ée	**59**	avoir	—	être	—
équarrir, i, ie	**124**	avoir	—	—	—
équerrer, é, ée	**19**	avoir	—	—	—
équeuter, é, ée	**68**	avoir	—	—	—
équilibrer, é, ée	**7**	avoir	—	être	—
équiper, é, ée	**52**	avoir	—	être	—
équivaloir, équivalu, inv.	**148**	avoir	à	être	—
équivoquer, é, inv.	**57**	avoir	—	—	—
éradiquer, é, ée	**57**	avoir	—	—	—
érafler, é, ée	**22**	avoir	—	être	—
érailler, é, ée	**35**	avoir	—	être	—
éreinter, é, ée	**68**	avoir	—	être	à, sur
ergoter, é, ée	**68**	avoir	—	—	—
ériger, é, ée	**25**	avoir	—	être	en
éroder, é, ée	**16**	avoir	—	être	—
érotiser, é, ée	**62**	avoir	—	—	—
errer, é, inv.	**19**	avoir	—	—	—
éructer, é, ée	**68**	avoir	—	—	—
esbroufer, é, ée	**20**	avoir	—	—	—
escalader, é, ée	**16**	avoir	—	—	—
escamoter, é, ée	**68**	avoir	—	être	—
escarmoucher, é, ée	**12**	avoir	—	être	—
escarrifier, é, ée	**34**	avoir	—	être	—

INFINITIFS ET PARTICIPES PASSÉS	PAGES	FORME ACTIVE		FORME PRONOMINALE	
		AUX.	PRÉP.	AUX.	PRÉP.
escher, é, ée	**12**	avoir	—	—	—
esclaffer (s'), é, ée	**21**	—	—	être	—
escompter, é, ée	**68**	avoir	—	—	—
escorter, é, ée	**68**	avoir	—	—	—
escrimer (s'), é, ée	**47**	—	—	être	à + v.
escroquer, é, ée	**57**	avoir	—	être	—
espacer, é, ée	**10**	avoir	—	être	—
espérer, é, ée	**58**	avoir	—	—	—
espionner, é, ée	**51**	avoir	—	être	—
esquinter, é, ée	**68**	avoir	—	être	à + v.
esquisser, é, ée	**64**	avoir	—	être	—
esquiver, é, ée	**72**	avoir	—	être	—
essaimer, é, ée	**47**	avoir	—	être	—
essanger, é, ée	**25**	avoir	—	—	—
essarter, é, ée	**68**	avoir	—	—	—
essayer, é, ée	**78**	avoir	de + v.	être	à + v.
essorer, é, ée	**59**	avoir	—	être	—
essoriller, é, ée	**38**	avoir	—	—	—
essoucher, é, ée	**12**	avoir	—	—	—
essouffler, é, ée	**22**	avoir	—	être	—
essuyer, é, ée	**81**	avoir	—	être	—
estamper, é, ée	**52**	avoir	—	—	—
estampiller, é, ée	**38**	avoir	—	—	—
ester	—	—	—	—	—
Ne s'emploie qu'à l'infinitif.					
estérifier, é, ée	**34**	avoir	—	—	—
esthétiser, é, ée	**62**	avoir	—	être	—
estimer, é, ée	**47**	avoir	—	être	—
estiver, é, ée	**72**	avoir	—	—	—
estomaquer, é, ée	**57**	avoir	—	être	—
estomper, é, ée	**52**	avoir	—	être	—
estoquer, é, ée	**57**	avoir	—	—	—
estourbir, i, ie	**89**	avoir	—	être	—
estrapasser, é, ée	**64**	avoir	—	—	—
estropier, é, ée	**34**	avoir	—	être	—
établir, i, ie	**90**	avoir	—	être	à, chez, dans
étager, é, ée	**25**	avoir	—	être	—
étalager, é, ée	**25**	avoir	—	—	—
étaler, é, ée	**42**	avoir	—	être	—
étalonner, é, ée	**51**	avoir	—	—	—
étamer, é, ée	**47**	avoir	—	—	—
étamper, é, ée	**52**	avoir	—	—	—
étancher, é, ée	**12**	avoir	—	être	—
étançonner, é, ée	**51**	avoir	—	être	—
étarquer, é, ée	**57**	avoir	—	être	—
étatiser, é, ée	**62**	avoir	—	être	—
étayer, é, ée	**78**	avoir	—	être	—
éteindre, éteint, einte	**165**	avoir	—	être	—
étendre, étendu, ue	**167**	avoir	—	être	à, sur
éterniser, é, ée	**62**	avoir	—	être	—
éternuer, é, inv.	**83**	avoir	—	—	—

INFINITIFS ET PARTICIPES PASSÉS	PAGES	FORME ACTIVE		FORME PRONOMINALE	
		AUX.	PRÉP.	AUX.	PRÉP.
étêter, é, ée	**68**	avoir	—	—	—
éthérifier, é, ée	**34**	avoir	—	—	—
éthériser, é, ée	**62**	avoir	—	être	—
étinceler, é, inv.	**40**	avoir	—	—	—
étioler, é, ée	**42**	avoir	—	être	—
étiqueter, é, ée	**65**	avoir	—	être	—
étirer, é, ée	**59**	avoir	—	être	—
étoffer, é, ée	**21**	avoir	—	être	—
étoiler, é, ée	**42**	avoir	—	être	—
étonner, é, ée	**51**	avoir	—	être	de
étouffer, é, ée	**21**	avoir	—	être	de
étouper, é, ée	**52**	avoir	—	—	—
étoupiller, é, ée	**38**	avoir	—	—	—
étourdir, i, ie	**96**	avoir	—	être	de
étrangler, é, ée	**27**	avoir	—	être	de
être, été, inv.	**3**	avoir	—	—	—
étreindre, étreint, einte	**165**	avoir	—	être	—
étrenner, é, ée	**51**	avoir	—	—	—
étrésillonner, é, ée	**51**	avoir	—	—	—
étriller, é, ée	**38**	avoir	—	être	—
étriper, é, ée	**52**	avoir	—	être	—
étriquer, é, ée	**57**	avoir	—	être	—
étronçonner, é, ée	**51**	avoir	—	—	—
étudier, é, ée	**34**	avoir	—	être	—
étuver, é, ée	**72**	avoir	—	être	—
euphoriser, é, ée	**62**	avoir	—	—	—
européaniser, é, ée	**62**	avoir	—	être	—
évacuer, é, ée	**83**	avoir	—	être	—
évader (s'), é, ée	**16**	—	—	être	de
évaluer, é, ée	**83**	avoir	—	être	—
évangéliser, é, ée	**62**	avoir	—	—	—
évanouir (s'), i, ie	**119**	—	—	être	—
évaporer (s'), é, ée	**59**	—	—	être	—
évaser, é, ée	**62**	avoir	—	être	—
éveiller, é, ée	**36**	avoir	—	être	à
éventer, é, ée	**68**	avoir	—	être	—
éventrer, é, ée	**70**	avoir	—	être	—
évertuer (s'), é, ée	**83**	—	—	être	à + v.
évider, é, ée	**16**	avoir	—	—	—
évincer, é, ée	**10**	avoir	—	être	—
éviscérer, é, ée	**58**	avoir	—	—	—
éviter, é, ée	**68**	avoir	de + v.	être	—
évoluer, é, inv.	**83**	avoir	—	—	—
évoquer, é, ée	**57**	avoir	—	—	—
exacerber, é, ée	**4**	avoir	—	être	—
exagérer, é, ée	**58**	avoir	—	être	—
exalter, é, ée	**68**	avoir	—	être	—
examiner, é, ée	**50**	avoir	—	être	—
exaspérer, é, ée	**58**	avoir	—	être	—
exaucer, é, ée	**10**	avoir	—	être	—
excaver, é, ée	**72**	avoir	—	—	—
excéder, é, ée	**15**	avoir	—	—	—

INFINITIFS ET PARTICIPES PASSÉS	PAGES	FORME ACTIVE		FORME PRONOMINALE	
		AUX.	PRÉP.	AUX.	PRÉP.
exceller, é, inv.	**43**	avoir	à, en, dans	—	—
excentrer, é, ée	**70**	avoir	—	—	—
excepter, é, ée	**68**	avoir	—	être	—
exciper, é, inv.	**52**	avoir	de	—	—
exciser, é, ée	**62**	avoir	—	—	—
exciter, é, ée	**68**	avoir	—	être	—
exclamer (s'), é, ée	**47**	—	—	être	—
exclure, exclu, ue	**161**	avoir	—	être	de
excommunier, é, ée	**34**	avoir	—	être	—
excorier, é, ée	**34**	avoir	—	être	—
excréter, é, ée	**67**	avoir	—	—	—
excursionner, é, inv.	**51**	avoir	—	—	—
excuser, é, ée	**62**	avoir	—	être	de
exécrer, é, ée	**69**	avoir	—	être	—
exécuter, é, ée	**68**	avoir	—	être	—
exemplifier, é, ée	**34**	avoir	—	—	—
exempter, é, ée	**68**	avoir	—	être	de
exercer, é, ée	**10**	avoir	—	être	à
exfolier, é, ée	**34**	avoir	—	être	—
exhaler, é, ée	**42**	avoir	—	être	de
exhausser, é, ée	**64**	avoir	—	être	—
exhéréder, é, ée	**15**	avoir	—	—	—
exhiber, é, ée	**4**	avoir	—	être	—
exhorter, é, ée	**68**	avoir	à + v.	être	—
exhumer, é, ée	**47**	avoir	—	—	—
exiger, é, ée	**25**	avoir	de + v.	être	—
exiler, é, ée	**42**	avoir	—	être	—
exister, é, inv.	**68**	avoir	—	—	—
exonder (s'), é, ée	**16**	—	—	être	—
exonérer, é, ée	**58**	avoir	—	être	de
exorciser, é, ée	**62**	avoir	—	être	—
expatrier, é, ée	**34**	avoir	—	être	—
expectorer, é, ée	**59**	avoir	—	—	—
expédier, é, ée	**34**	avoir	—	—	—
expérimenter, é, ée	**68**	avoir	—	—	—
expertiser, é, ée	**62**	avoir	—	—	—
expier, é, ée	**34**	avoir	—	être	—
expirer, é, ée	**59**	avoir ou **être**	—	—	—
expliciter, é, ée	**68**	avoir	—	être	—
expliquer, é, ée	**57**	avoir	—	être	—
exploiter, é, ée	**68**	avoir	—	être	—
explorer, é, ée	**59**	avoir	—	—	—
exploser, é, inv.	**62**	avoir	—	—	—
exporter, é, ée	**68**	avoir	—	être	—
exposer, é, ée	**62**	avoir	—	être	à
exprimer, é, ée	**47**	avoir	—	être	sur
exproprier, é, ée	**34**	avoir	—	—	—
expulser, é, ée	**63**	avoir	—	—	—
expurger, é, ée	**25**	avoir	—	—	—
exsuder, é, ée	**16**	avoir	—	—	—

INFINITIFS ET PARTICIPES PASSÉS	PAGES	FORME ACTIVE		FORME PRONOMINALE	
		AUX.	PRÉP.	AUX.	PRÉP.
extasier (s'), é, ée	**34**	—	—	être	sur
exténuer, é, ée	**83**	avoir	—	être	—
extérioriser, é, ée	**62**	avoir	—	être	—
exterminer, é, ée	**50**	avoir	—	être	—
extirper, é, ée	**52**	avoir	—	être	de
extorquer, é, ée	**57**	avoir	—	—	—
extrader, é, ée	**16**	avoir	—	—	—
extraire, extrait, aite	**87**	avoir	—	être	de
extrapoler, é, ée	**42**	avoir	—	—	—
extravaser, é, ée	**62**	avoir	—	être	—
extruder, é, ée	**16**	avoir	—	—	—
exulcérer, é, ée	**58**	avoir	—	être	—
exulter, é, inv.	**68**	avoir	de	—	—

F

INFINITIFS ET PARTICIPES PASSÉS	PAGES	FORME ACTIVE		FORME PRONOMINALE	
		AUX.	PRÉP.	AUX.	PRÉP.
fabriquer, é, ée	**57**	avoir	—	être	—
fabuler, é, inv.	**42**	avoir	—	—	—
facetter, é, ée	**68**	avoir	—	—	—
fâcher, é, ée	**12**	avoir	—	être	avec, contre
faciliter, é, ée	**68**	avoir	—	être	—
façonner, é, ée	**51**	avoir	—	être	—
facturer, é, ée	**59**	avoir	—	—	—
fagoter, é, ée	**68**	avoir	—	être	—
faiblir, i, inv.	**90**	avoir	—	—	—
failler (se), é, ée	**35**	—	—	être	—
faillir, i, inv.	**189**	avoir	à	—	—
fainéanter, é, inv.	**68**	avoir	—	—	—
faire, fait, aite	**84**	avoir	—	être	—
faisander, é, ée	**16**	avoir	—	être	—
falloir, fallu, inv.	**189**	avoir	—	—	—
falsifier, é, ée	**34**	avoir	—	—	—
faluner, é, ée	**50**	avoir	—	—	—
familiariser, é, ée	**62**	avoir	—	être	avec
fanatiser, é, ée	**62**	avoir	—	—	—
faner, é, ée	**50**	avoir	—	être	—
fanfaronner, é, inv.	**51**	avoir	—	—	—
fantasmer, é, ée	**47**	avoir	—	—	—
farcir, i, ie	**93**	avoir	—	être	—
farder, é, ée	**16**	avoir	—	être	—
farfouiller, é, ée	**37**	avoir	—	—	—
fariner, é, ée	**50**	avoir	—	—	—
farter, é, ée	**68**	avoir	—	—	—
fasciner, é, ée	**50**	avoir	—	—	—
fasciser, é, ée	**62**	avoir	—	—	—
faseiller, é, inv.	**36**	avoir	—	—	—
faseyer, é, inv.	**77**	avoir	—	—	—
faséyer, é, inv.	**41**	avoir	—	—	—
fatiguer, é, ée	**33**	avoir	—	être	à + v., de
faucarder, é, ée	**16**	avoir	—	—	—
faucher, é, ée	**12**	avoir	—	—	—
faufiler, é, ée	**42**	avoir	—	être	dans, entre
fausser, é, ée	**64**	avoir	—	être	—
favoriser, é, ée	**62**	avoir	—	—	—
fayoter, é, inv.	**68**	avoir	—	—	—
féconder, é, ée	**16**	avoir	—	—	—
féculer, é, ée	**42**	avoir	—	—	—
fédéraliser, é, ée	**62**	avoir	—	—	—
fédérer, é, ée	**58**	avoir	—	être	—
feindre, feint, einte	**165**	avoir	de + v.	—	—
feinter, é, ée	**68**	avoir	—	—	—
fêler, é, ée	**42**	avoir	—	être	—
féliciter, é, ée	**68**	avoir	—	être	de
féminiser, é, ée	**62**	avoir	—	être	—
fendiller, é, ée	**38**	avoir	—	être	—
fendre, fendu, ue	**167**	avoir	—	être	—
fenestrer, é, ée	**70**	avoir	—	—	—
fenêtrer, é, ée	**70**	avoir	—	—	—
férir, féru, ue	—	—	—	—	—
Ne s'emploie qu'à l'infinitif et au participe passé.					
ferler, é, ée	**42**	avoir	—	—	—
fermenter, é, inv.	**68**	avoir	—	—	—
fermer, é, ée	**47**	avoir	—	être	—
ferrailler, é, inv.	**35**	avoir	—	—	—
ferrer, é, ée	**19**	avoir	—	être	—
fertiliser, é, ée	**62**	avoir	—	—	—
fesser, é, ée	**64**	avoir	—	—	—
festonner, é, ée	**51**	avoir	—	être	—
festoyer, é, ée	**79**	avoir	—	—	—
fêter, é, ée	**68**	avoir	—	—	—
feuiller, é, ée	**37**	avoir	—	être	—
feuilleter, é, ée	**65**	avoir	—	—	—
feuler, é, inv.	**42**	avoir	—	—	—
feutrer, é, ée	**70**	avoir	—	être	—
fiancer, é, ée	**10**	avoir	—	être	—
ficeler, é, ée	**40**	avoir	—	être	—
ficher, é, ée	**12**	avoir	—	—	—
ficher, fichu, ue	**12**	avoir	—	être	de
fidéliser, é, ée	**62**	avoir	—	être	—
fienter, é, inv.	**68**	avoir	—	—	—
fier (se), é, ée	**34**	—	—	être	à
figer, é, ée	**25**	avoir	—	être	—
fignoler, é, ée	**42**	avoir	—	être	—
figurer, é, ée	**59**	avoir	—	être	—
filer, é, ée	**42**	avoir	—	—	—
fileter, é, ée	**66**	avoir	—	—	—
filialiser, é, ée	**62**	avoir	—	—	—
filigraner, é, ée	**50**	avoir	—	—	—
filmer, é, ée	**47**	avoir	—	—	—
filouter, é, ée	**68**	avoir	—	—	—
filtrer, é, ée	**70**	avoir	—	—	—
finaliser, é, ée	**62**	avoir	—	—	—

INFINITIFS ET PARTICIPES PASSÉS	PAGES	FORME ACTIVE		FORME PRONOMINALE	
		AUX.	PRÉP.	AUX.	PRÉP.
financer, é, ée	**10**	avoir	—	—	—
finasser, é, inv.	**64**	avoir	—	—	—
finir, i, ie	**116**	avoir	de + v., par + v.	—	—
fiscaliser, é, ée	**62**	avoir	—	—	—
fissionner, é, ée	**51**	avoir	—	—	—
fissurer, é, ée	**59**	avoir	—	être	—
fixer, é, ée	**76**	avoir	—	être	à, en, sur
flageller, é, ée	**43**	avoir	—	être	—
flageoler, é, inv.	**42**	avoir	—	—	—
flagorner, é, ée	**50**	avoir	—	—	—
flairer, é, ée	**59**	avoir	—	être	—
flamber, é, ée	**4**	avoir	—	—	—
flamboyer, é, inv.	**79**	avoir	—	—	—
flancher, é, inv.	**12**	avoir	—	—	—
flâner, é, inv.	**50**	avoir	—	—	—
flanquer, é, ée	**57**	avoir	—	être	—
flatter, é, ée	**68**	avoir	—	être	de + v.
flécher, é, ée	**11**	avoir	—	—	—
fléchir, i, ie	**92**	avoir	—	—	—
flemmarder, é, inv.	**16**	avoir	—	—	—
flétrir, i, ie	**135**	avoir	—	être	—
fleurer, é, ée	**59**	avoir	—	—	—
fleureter, é, inv.	**65**	avoir	—	—	—
fleurir, i, ie	**124**	avoir	—	être	—
Dans le sens de «prospérer» : il florissait, florissant.					
flexibiliser, é, ée	**62**	avoir	—	—	—
flirter, é, inv.	**68**	avoir	avec	—	—
floconner, é, inv.	**51**	avoir	—	—	—
floculer, é, inv.	**42**	avoir	—	—	—
floquer, é, ée	**57**	avoir	—	—	—
flotter, é, ée	**68**	avoir	—	—	—
flouer, é, ée	**82**	avoir	—	—	—
fluctuer, é, inv.	**83**	avoir	—	—	—
fluer, é, inv.	**83**	avoir	—	—	—
fluidifier, é, ée	**34**	avoir	—	être	—
fluidiser, é, ée	**62**	avoir	—	—	—
flûter, é, ée	**68**	avoir	—	—	—
focaliser, é, ée	**62**	avoir	—	être	—
foirer, é, ée	**59**	avoir	—	—	—
foisonner, é, inv.	**51**	avoir	de, en	—	—
folâtrer, é, inv.	**70**	avoir	—	—	—
folichonner, é, inv.	**51**	avoir	—	—	—
folioter, é, ée	**68**	avoir	—	—	—
fomenter, é, ée	**68**	avoir	—	—	—
foncer, é, ée	**10**	avoir	—	être	—
fonctionnaliser, é, ée	**62**	avoir	—	—	—
fonctionnariser, é, ée	**62**	avoir	—	être	—
fonctionner, é, inv.	**51**	avoir	—	—	—
fonder, é, ée	**16**	avoir	—	être	sur
fondre, fondu, ue	**170**	avoir	—	être	—
forcer, é, ée	**10**	avoir	—	être	à
forcir, i, inv.	**93**	avoir	—	—	—
forclore, forclos, ose					
Ne s'emploie qu'à l'infinitif et au participe passé.					
forer, é, ée	**59**	avoir	—	être	—
forfaire, forfait, inv.	**84**	avoir	à	—	—
Ne s'emploie qu'à l'infinitif, à l'indicatif présent (singulier) et aux temps composés.					
forger, é, ée	**25**	avoir	—	être	—
forhuer, é, inv.	**83**	avoir	—	—	—
forjeter, é, ée	**65**	avoir	—	être	—
forlancer, é, ée	**10**	avoir	—	—	—
forligner, é, inv.	**29**	avoir	—	—	—
forlonger, é, ée	**25**	avoir	—	être	—
formaliser, é, ée	**62**	avoir	—	être	de
formater, é, ée	**68**	avoir	—	—	—
former, é, ée	**47**	avoir	—	être	—
formoler, é, ée	**42**	avoir	—	—	—
formuler, é, ée	**42**	avoir	—	être	—
forniquer, é, inv.	**57**	avoir	—	—	—
fortifier, é, ée	**34**	avoir	—	être	—
fossiliser, é, ée	**62**	avoir	—	être	—
fossoyer, é, ée	**79**	avoir	—	—	—
fouailler, é, ée	**35**	avoir	—	—	—
foudroyer, é, ée	**79**	avoir	—	—	—
fouetter, é, ée	**68**	avoir	—	—	—
fouiller, é, ée	**37**	avoir	—	être	—
fouiner, é, inv.	**50**	avoir	—	—	—
fouir, i, ie	**119**	avoir	—	—	—
fouler, é, ée	**42**	avoir	—	être	—
fourbir, i, ie	**89**	avoir	—	—	—
fourcher, é, ée	**12**	avoir	—	—	—
fourgonner, é, ée	**51**	avoir	—	—	—
fourguer, é, ée	**33**	avoir	—	—	—
fourmiller, é, inv.	**38**	avoir	de	—	—
fournir, i, ie	**116**	avoir	—	être	—
fourrager, é, ée	**25**	avoir	—	—	—
fourrer, é, ée	**59**	avoir	—	être	—
fourvoyer, é, ée	**79**	avoir	—	être	—
foutre, foutu, ue	**185**	avoir	—	être	de
fracasser, é, ée	**64**	avoir	—	être	—
fractionner, é, ée	**51**	avoir	—	être	—
fracturer, é, ée	**59**	avoir	—	être	—
fragiliser, é, ée	**62**	avoir	—	être	—
fragmenter, é, ée	**68**	avoir	—	—	—
fraîchir, i, inv.	**92**	avoir	—	—	—
fraiser, é, ée	**62**	avoir	—	—	—
framboiser, é, ée	**62**	avoir	—	—	—
franchir, i, ie	**92**	avoir	—	—	—
franchiser, é, ée	**62**	avoir	—	—	—
franciser, é, ée	**62**	avoir	—	—	—
francophoniser, é, ée	**62**	avoir	—	—	—

INFINITIFS ET PARTICIPES PASSÉS	PAGES	FORME ACTIVE		FORME PRONOMINALE	
		AUX.	PRÉP.	AUX.	PRÉP.
franger, é, ée	**25**	avoir	—	être	—
frapper, é, ée	**54**	avoir	—	être	—
fraser, é, ée	**62**	avoir	—	—	—
fraterniser, é, inv.	**62**	avoir	avec	—	—
frauder, é, ée	**16**	avoir	—	—	—
frayer, é, ée	**78**	avoir	—	être	—
fredonner, é, ée	**51**	avoir	—	—	—
freiner, é, ée	**50**	avoir	—	être	—
frelater, é, ée	**68**	avoir	—	—	—
frémir, i, inv.	**114**	avoir	de	—	—
fréquenter, é, ée	**68**	avoir	—	être	—
fréter, é, ée	**67**	avoir	—	—	—
frétiller, é, inv.	**38**	avoir	—	—	—
fretter, é, ée	**68**	avoir	—	—	—
fricasser, é, ée	**64**	avoir	—	—	—
fricoter, é, ée	**68**	avoir	—	—	—
frictionner, é, ée	**51**	avoir	—	être	—
frigorifier, é, ée	**34**	avoir	—	—	—
frimer, é, ée	**47**	avoir	—	—	—
fringuer, é, ée	**33**	avoir	—	être	—
friper, é, ée	**52**	avoir	—	être	—
frire, frit, ite	**126**	avoir	—	—	—
friser, é, ée	**62**	avoir	—	être	—
frisotter, é, ée	**68**	avoir	—	—	—
frissonner, é, inv.	**51**	avoir	de	—	—
fritter, é, ée	**68**	avoir	—	être	—
froisser, é, ée	**64**	avoir	—	être	—
frôler, é, ée	**42**	avoir	—	être	—
froncer, é, ée	**10**	avoir	—	être	—
fronder, é, ée	**16**	avoir	—	—	—
frotter, é, ée	**68**	avoir	—	être	à, contre
frouer, é, inv.	**82**	avoir	—	—	—
froufrouter, é, inv.	**68**	avoir	—	—	—
fructifier, é, inv.	**34**	avoir	—	—	—
frustrer, é, ée	**70**	avoir	—	être	—
fuguer, é, inv.	**33**	avoir	—	—	—
fuir, i, ie	**137**	avoir	—	être	—
fulgurer, é, ée	**59**	avoir	—	—	—
fulminer, é, ée	**50**	avoir	—	—	—
fumer, é, ée	**47**	avoir	—	être	—
fumiger, é, ée	**25**	avoir	—	—	—
fureter, é, ée	**66**	avoir	—	—	—
fuseler, é, ée	**40**	avoir	—	être	—
fuser, é, inv.	**62**	avoir	de	—	—
fusiller, é, ée	**38**	avoir	—	être	—
fusionner, é, ée	**51**	avoir	—	être	—
fustiger, é, ée	**25**	avoir	—	être	—

G

INFINITIFS ET PARTICIPES PASSÉS	PAGES	FORME ACTIVE		FORME PRONOMINALE	
		AUX.	PRÉP.	AUX.	PRÉP.
gabarier, é, ée	**34**	avoir	—	—	—
gâcher, é, ée	**12**	avoir	—	—	—
gadgétiser, é, ée	**62**	avoir	—	—	—
gaffer, é, ée	**21**	avoir	—	—	—
gager, é, ée	**25**	avoir	—	—	—
gagner, é, ée	**29**	avoir	—	être	—
gainer, é, ée	**50**	avoir	—	—	—
galber, é, ée	**4**	avoir	—	—	—
galeter, é, ée	**65**	avoir	—	—	—
galonner, é, ée	**51**	avoir	—	—	—
galoper, é, ée	**52**	avoir	—	—	—
galvaniser, é, ée	**62**	avoir	—	—	—
galvauder, é, ée	**16**	avoir	—	être	—
gambader, é, inv.	**16**	avoir	—	—	—
gambiller, é, inv.	**38**	avoir	—	—	—
gaminer, é, inv.	**50**	avoir	—	—	—
gangrener, é, ée	**48**	avoir	—	être	—
ganser, é, ée	**63**	avoir	—	—	—
ganter, é, ée	**68**	avoir	—	être	—
garancer, é, ée	**10**	avoir	—	—	—
garantir, i, ie	**134**	avoir	—	être	contre, de
garder, é, ée	**16**	avoir	—	être	—
garer, é, ée	**59**	avoir	—	être	—
gargariser, é, ée	**62**	avoir	—	être	—
gargouiller, é, ée	**37**	avoir	—	—	—
garnir, i, ie	**116**	avoir	—	être	de
garrotter, é, ée	**68**	avoir	—	—	—
gaspiller, é, ée	**38**	avoir	—	être	—
gâter, é, ée	**68**	avoir	—	être	—
gâtifier, é, inv.	**34**	avoir	—	—	—
gauchir, i, ie	**92**	avoir	—	—	—
gaufrer, é, ée	**23**	avoir	—	—	—
gauler, é, ée	**42**	avoir	—	—	—
gausser (se), é, ée	**64**	—	—	être	de
gaver, é, ée	**72**	avoir	—	être	de
gazéifier, é, ée	**34**	avoir	—	être	—
gazer, é, ée	**62**	avoir	—	—	—
gazonner, é, ée	**51**	avoir	—	—	—
gazouiller, é, ée	**37**	avoir	—	—	—
geindre, geint, inv.	**165**	avoir	de, sur	—	—
geler, é, ée	**39**	avoir	—	être	—
gélifier, é, ée	**34**	avoir	—	être	—
géminer, é, ée	**50**	avoir	—	être	—
gémir, i, ie	**114**	avoir	—	—	—
gemmer, é, ée	**47**	avoir	—	—	—
gendarmer (se), é, ée	**47**	—	—	être	—
gêner, é, ée	**50**	avoir	—	être	—
généraliser, é, ée	**62**	avoir	—	être	—
générer, é, ée	**58**	avoir	—	—	—
gerber, é, ée	**4**	avoir	—	—	—
gercer, é, ée	**10**	avoir	—	être	—
gérer, é, ée	**58**	avoir	—	être	—
germaniser, é, ée	**62**	avoir	—	être	—

INFINITIFS ET PARTICIPES PASSÉS	PAGES	FORME ACTIVE		FORME PRONOMINALE	
		AUX.	PRÉP.	AUX.	PRÉP.
germer, é, inv.	**47**	avoir	—	—	—
gésir	**188**	—	—	—	—
gesticuler, é, inv.	**42**	avoir	—	—	—
giboyer, é, inv.	**79**	avoir	—	—	—
gicler, é, inv.	**13**	avoir	—	—	—
gifler, é, ée	**22**	avoir	—	—	—
gigoter, é, inv.	**68**	avoir	—	—	—
gîter, é, ée	**68**	avoir	—	être	—
givrer, é, ée	**75**	avoir	—	être	—
glacer, é, ée	**10**	avoir	—	être	—
glairer, é, ée	**59**	avoir	—	—	—
glaiser, é, ée	**62**	avoir	—	—	—
glaner, é, ée	**50**	avoir	—	—	—
glapir, i, ie	**120**	avoir	—	—	—
glatir, i, inv.	**134**	avoir	—	—	—
gléner, é, ée	**49**	avoir	—	—	—
glisser, é, ée	**64**	avoir	—	être	dans
globaliser, é, ée	**62**	avoir	—	être	—
glorifier, é, ée	**34**	avoir	—	être	de
gloser, é, ée	**62**	avoir	sur	—	—
glouglouter, é, inv.	**68**	avoir	—	—	—
glousser, é, inv.	**64**	avoir	—	—	—
glycériner, é, ée	**50**	avoir	—	—	—
gober, é, ée	**4**	avoir	—	être	—
goberger (se), é, ée	**25**	—	—	être	—
godailler, é, inv.	**35**	avoir	—	—	—
goder, é, inv.	**16**	avoir	—	—	—
godiller, é, inv.	**38**	avoir	—	—	—
goinfrer, é, ée	**23**	avoir	—	être	de
gominer, é, ée	**50**	avoir	—	être	—
gommer, é, ée	**47**	avoir	—	—	—
gondoler, é, ée	**42**	avoir	—	être	—
gonfler, é, ée	**22**	avoir	—	être	de
gorger, é, ée	**25**	avoir	—	être	de
gouacher, é, ée	**12**	avoir	—	—	—
gouailler, é, ée	**35**	avoir	—	—	—
goudronner, é, ée	**51**	avoir	—	—	—
goujonner, é, ée	**51**	avoir	—	—	—
goupiller, é, ée	**38**	avoir	—	être	—
gourer (se), é, ée	**59**	—	—	être	—
gourmander, é, ée	**16**	avoir	—	être	—
goûter, é, ée	**68**	avoir	—	être	—
goutter, é, inv.	**68**	avoir	—	—	—
gouverner, é, ée	**50**	avoir	—	être	—
gracier, é, ée	**34**	avoir	—	—	—
graduer, é, ée	**83**	avoir	—	—	—
grailler, é, ée	**35**	avoir	—	—	—
graillonner, é, inv.	**51**	avoir	—	—	—
grainer, é, ée	**50**	avoir	—	—	—
graisser, é, ée	**64**	avoir	—	être	—
grammaticaliser, é, ée	**62**	avoir	—	être	—
grandir, i, ie	**96**	avoir	—	être	—

INFINITIFS ET PARTICIPES PASSÉS	PAGES	FORME ACTIVE		FORME PRONOMINALE	
		AUX.	PRÉP.	AUX.	PRÉP.
graniter, é, ée	**68**	avoir	—	—	—
granuler, é, ée	**42**	avoir	—	—	—
graphiter, é, ée	**68**	avoir	—	—	—
grappiller, é, ée	**38**	avoir	—	—	—
grasseyer, é, ée	**77**	avoir	—	—	—
gratifier, é, ée	**34**	avoir	—	—	—
gratiner, é, ée	**50**	avoir	—	—	—
gratter, é, ée	**68**	avoir	—	être	—
graver, é, ée	**72**	avoir	—	être	—
gravillonner, é, ée	**51**	avoir	—	—	—
gravir, i, ie	**141**	avoir	—	—	—
graviter, é, inv.	**68**	avoir	autour	—	—
gréciser, é, ée	**62**	avoir	—	—	—
grecquer, é, ée	**57**	avoir	—	—	—
gréer, é, ée	**18**	avoir	—	—	—
greffer, é, ée	**21**	avoir	—	être	à
grêler, é, ée	**42**	avoir	—	—	—
grelotter, é, inv.	**68**	avoir	de	—	—
grenader, é, ée	**16**	avoir	—	—	—
grenailler, é, ée	**35**	avoir	—	—	—
greneler, é, ée	**40**	avoir	—	—	—
grener, é, ée	**48**	avoir	—	—	—
grenouiller, é, inv.	**37**	avoir	—	—	—
gréser, é, ée	**61**	avoir	—	—	—
grésiller, é, ée	**38**	avoir	—	—	—
grever, é, ée	**71**	avoir	—	—	—
gribouiller, é, ée	**37**	avoir	—	—	—
griffer, é, ée	**21**	avoir	—	être	—
griffonner, é, ée	**51**	avoir	—	—	—
grigner, é, inv.	**29**	avoir	—	—	—
grignoter, é, ée	**68**	avoir	—	—	—
grillager, é, ée	**25**	avoir	—	—	—
griller, é, ée	**38**	avoir	—	être	—
grimacer, é, ée	**10**	avoir	—	—	—
grimer, é, ée	**47**	avoir	—	être	—
grimper, é, ée	**52**	avoir	—	—	—
grincer, é, inv.	**10**	avoir	—	—	—
grincher, é, inv.	**12**	avoir	—	—	—
gripper, é, ée	**54**	avoir	—	être	—
grisailler, é, ée	**35**	avoir	—	—	—
griser, é, ée	**62**	avoir	—	être	de
grisoller, é, inv.	**43**	avoir	—	—	—
grisonner, é, ée	**51**	avoir	—	—	—
griveler, é, ée	**40**	avoir	—	—	—
grognasser, é, inv.	**64**	avoir	—	—	—
grogner, é, ée	**29**	avoir	—	—	—
grognonner, é, inv.	**51**	avoir	—	—	—
grommeler, é, ée	**40**	avoir	—	—	—
gronder, é, ée	**16**	avoir	—	—	—
grossir, i, ie	**129**	avoir	—	être	—
grossoyer, é, ée	**79**	avoir	—	—	—
grouiller, é, ée	**37**	avoir	—	être	—

INFINITIFS ET PARTICIPES PASSÉS	PAGES	FORME ACTIVE		FORME PRONOMINALE	
		AUX.	PRÉP.	AUX.	PRÉP.
grouper, é, ée	**52**	avoir	—	être	—
gruger, é, ée	**25**	avoir	—	—	—
grumeler, é, ée	**40**	avoir	—	être	—
guéer, é, ée	**18**	avoir	—	—	—
guérir, i, ie	**124**	avoir	—	être	de
guerroyer, é, inv.	**79**	avoir	—	—	—
guêtrer, é, ée	**70**	avoir	—	être	—
guetter, é, ée	**68**	avoir	—	être	—
gueuler, é, ée	**42**	avoir	—	—	—
gueuletonner, é, inv.	**51**	avoir	—	—	—
guider, é, ée	**16**	avoir	—	être	—
guigner, é, ée	**29**	avoir	—	—	—
guillemeter, é, ée	**65**	avoir	—	—	—
guillocher, é, ée	**12**	avoir	—	—	—
guillotiner, é, ée	**50**	avoir	—	—	—
guincher, é, inv.	**12**	avoir	—	—	—
guinder, é, ée	**16**	avoir	—	être	—
guiper, é, ée	**52**	avoir	—	—	—
guniter, é, ée	**68**	avoir	—	—	—

H

INFINITIFS ET PARTICIPES PASSÉS	PAGES	FORME ACTIVE AUX.	FORME ACTIVE PRÉP.	FORME PRONOMINALE AUX.	FORME PRONOMINALE PRÉP.
habiliter, é, ée	**68**	avoir	à + v.	—	—
habiller, é, ée	**38**	avoir	—	être	—
habiter, é, ée	**68**	avoir	—	—	—
habituer, é, ée	**83**	avoir	—	être	à
hacher, é, ée	**12**	avoir	—	—	—
hachurer, é, ée	**59**	avoir	—	—	—
haïr, ï, ïe	**88**	avoir	—	être	—
halener, é, ée	**48**	avoir	—	—	—
haler, é, ée	**42**	avoir	—	être	—
hâler, é, ée	**42**	avoir	—	être	—
haleter, é, inv.	**66**	avoir	—	—	—
halluciner, é, ée	**50**	avoir	—	—	—
hameçonner, é, ée	**51**	avoir	—	—	—
hancher, é, ée	**12**	avoir	—	être	—
handicaper, é, ée	**52**	avoir	—	—	—
hannetonner, é, ée	**51**	avoir	—	—	—
hanter, é, ée	**68**	avoir	—	—	—
happer, é, ée	**54**	avoir	—	—	—
haranguer, é, ée	**33**	avoir	—	—	—
harasser, é, ée	**64**	avoir	—	—	—
harceler, é, ée	**39**	avoir	—	être	—
harder, é, ée	**16**	avoir	—	être	—
harmoniser, é, ée	**62**	avoir	—	être	—
harnacher, é, ée	**12**	avoir	—	être	—
harponner, é, ée	**51**	avoir	—	—	—
hasarder, é, ée	**16**	avoir	de + v.	être	à + v.
hâter, é, ée	**68**	avoir	—	être	vers, de + v.
haubaner, é, ée	**50**	avoir	—	—	—
hausser, é, ée	**64**	avoir	—	être	—
haver, é, ée	**72**	avoir	—	—	—
havir, i, ie	**141**	avoir	—	être	—
héberger, é, ée	**25**	avoir	—	—	—
hébéter, é, ée	**67**	avoir	—	être	—
hébraïser, é, ée	**62**	avoir	—	—	—
héler, é, ée	**41**	avoir	—	être	—
hélléniser, é, ée	**62**	avoir	—	être	—
hennir, i, inv.	**116**	avoir	—	—	—
herbager, é, ée	**25**	avoir	—	—	—
herboriser, é, inv.	**62**	avoir	—	—	—
hercher, é, inv.	**12**	avoir	—	—	—
hérisser, é, ée	**64**	avoir	—	être	—
hérissonner, é, ée	**51**	avoir	—	—	—
hériter, é, ée	**68**	avoir	de	être	—
herscher, é, inv.	**12**	avoir	—	—	—
herser, é, ée	**63**	avoir	—	—	—
hésiter, é, inv.	**68**	avoir	à + v., sur	—	—
heurter, é, ée	**68**	avoir	—	être	à
hiberner, é, inv.	**50**	avoir	—	—	—
hiérarchiser, é, ée	**62**	avoir	—	—	—
hisser, é, ée	**64**	avoir	—	être	—
historier, é, ée	**34**	avoir	—	—	—
hiverner, é, ée	**50**	avoir	—	—	—
hocher, é, ée	**12**	avoir	—	—	—
homogénéifier, é, ée	**34**	avoir	—	—	—
homogénéiser, é, ée	**62**	avoir	—	—	—
homologuer, é, ée	**33**	avoir	—	—	—
hongrer, é, ée	**31**	avoir	—	—	—
hongroyer, é, ée	**79**	avoir	—	—	—
honnir, i, ie	**116**	avoir	—	—	—
honorer, é, ée	**59**	avoir	—	être	—
hoqueter, é, inv.	**65**	avoir	—	—	—
horrifier, é, ée	**34**	avoir	—	—	—
horripiler, é, ée	**42**	avoir	—	—	—
hospitaliser, é, ée	**62**	avoir	—	—	—
houblonner, é, ée	**51**	avoir	—	—	—
houer, é, ée	**82**	avoir	—	—	—
hourder, é, ée	**16**	avoir	—	—	—
houspiller, é, ée	**38**	avoir	—	être	—
housser, é, ée	**64**	avoir	—	—	—
hucher, é, ée	**12**	avoir	—	—	—
huer, é, ée	**83**	avoir	—	—	—
huiler, é, ée	**42**	avoir	—	être	—
hululer, é, inv.	**42**	avoir	—	—	—
humaniser, é, ée	**62**	avoir	—	être	—
humecter, é, ée	**68**	avoir	—	être	—
humer, é, ée	**47**	avoir	—	—	—
humidifier, é, ée	**34**	avoir	—	—	—
humilier, é, ée	**34**	avoir	—	être	—
hurler, é, ée	**42**	avoir	—	—	—
hybrider, é, ée	**16**	avoir	—	être	—
hydrater, é, ée	**68**	avoir	—	être	—

INFINITIFS ET PARTICIPES PASSÉS	PAGES	FORME ACTIVE		FORME PRONOMINALE	
		AUX.	PRÉP.	AUX.	PRÉP.
hydrofuger, é, ée	**25**	avoir	—	—	—
hydrogéner, é, ée	**49**	avoir	—	—	—
hydrolyser, é, ée	**62**	avoir	—	être	—
hypertrophier, é, ée	**34**	avoir	—	être	—
hypnotiser, é, ée	**62**	avoir	—	être	—
hypostasier, é, ée	**34**	avoir	—	—	—
hypothéquer, é, ée	**56**	avoir	—	—	—
I					
idéaliser, é, ée	**62**	avoir	—	être	—
identifier, é, ée	**34**	avoir	—	être	à, avec
idiotifier, é, ée	**34**	avoir	—	être	—
idolâtrer, é, ée	**70**	avoir	—	être	—
ignifuger, é, ée	**25**	avoir	—	—	—
ignorer, é, ée	**59**	avoir	—	être	—
illuminer, é, ée	**50**	avoir	—	être	—
illusionner, é, ée	**51**	avoir	—	être	sur
illustrer, é, ée	**70**	avoir	—	être	par
imager, é, ée	**25**	avoir	—	—	—
imaginer, é, ée	**50**	avoir	de + v.	être	—
imbiber, é, ée	**4**	avoir	—	être	de
imbriquer, é, ée	**57**	avoir	—	être	dans
imiter, é, ée	**68**	avoir	—	être	—
immatriculer, é, ée	**42**	avoir	—	—	—
immerger, é, ée	**25**	avoir	—	être	—
immigrer, é, inv.	**31**	avoir	—	—	—
immiscer (s'), é, ée	**10**	—	—	être	dans
immobiliser, é, ée	**62**	avoir	—	être	—
immoler, é, ée	**42**	avoir	—	être	—
immortaliser, é, ée	**62**	avoir	—	être	—
immuniser, é, ée	**62**	avoir	—	—	—
impartir, i, ie	**134**	avoir	—	—	—
impatienter, é, ée	**68**	avoir	—	être	—
impatroniser, é, ée	**62**	avoir	—	être	—
imperméabiliser, é, ée	**62**	avoir	—	—	—
impétrer, é, ée	**69**	avoir	—	—	—
implanter, é, ée	**68**	avoir	—	être	dans
impliquer, é, ée	**57**	avoir	—	être	dans
implorer, é, ée	**59**	avoir	—	—	—
imploser, é, inv.	**62**	avoir	—	—	—
importer, é, ée	**68**	avoir	—	être	—
importer, é, inv.	**68**	avoir	—	—	—
Ne s'emploie qu'à l'infinitif, au participe présent et aux troisièmes personnes du singulier et du pluriel.					
importuner, é, ée	**50**	avoir	—	—	—
imposer, é, ée	**62**	avoir	—	être	—
imprégner, é, ée	**28**	avoir	—	être	de
impressionner, é, ée	**51**	avoir	—	—	—
imprimer, é, ée	**47**	avoir	—	être	—
improviser, é, ée	**62**	avoir	—	être	—
impulser, é, ée	**63**	avoir	—	—	—
imputer, é, ée	**68**	avoir	—	être	—
inactiver, é, ée	**72**	avoir	—	—	—
inaugurer, é, ée	**59**	avoir	—	être	—
incarcérer, é, ée	**58**	avoir	—	—	—
incarner, é, ée	**50**	avoir	—	être	—
incendier, é, ée	**34**	avoir	—	—	—
incérer, é, ée	**58**	avoir	—	—	—
incinérer, é, ée	**58**	avoir	—	—	—
inciser, é, ée	**62**	avoir	—	—	—
inciter, é, ée	**68**	avoir	à + v.	—	—
incliner, é, ée	**50**	avoir	—	être	devant
inclure, inclus, use	**162**	avoir	—	être	dans
incomber, é, inv.	**4**	avoir	à	être	—
Ne s'emploie qu'à la 3e personne du singulier et du pluriel.					
incommoder, é, ée	**16**	avoir	—	être	—
incorporer, é, ée	**59**	avoir	—	être	à
incriminer, é, ée	**50**	avoir	—	être	—
incruster, é, ée	**68**	avoir	—	être	dans, sur
incuber, é, ée	**4**	avoir	—	—	—
inculper, é, ée	**52**	avoir	—	—	—
inculquer, é, ée	**57**	avoir	—	être	—
incurver, é, ée	**72**	avoir	—	être	—
indemniser, é, ée	**62**	avoir	—	être	—
indexer, é, ée	**76**	avoir	—	—	—
indifférer, é, ée	**58**	avoir	—	—	—
indigner, é, ée	**29**	avoir	—	être	de
indiquer, é, ée	**57**	avoir	—	être	—
indisposer, é, ée	**62**	avoir	—	—	—
individualiser, é, ée	**62**	avoir	—	être	—
induire, induit, uite	**136**	avoir	à + v.	—	—
indulgencier, é, ée	**34**	avoir	—	—	—
indurer, é, ée	**59**	avoir	—	être	—
industrialiser, é, ée	**62**	avoir	—	être	—
infantiliser, é, ée	**62**	avoir	—	être	—
infatuer, é, ée	**83**	avoir	—	être	de
infecter, é, ée	**68**	avoir	—	être	—
inféoder, é, ée	**16**	avoir	—	être	à
inférer, é, ée	**58**	avoir	—	—	—
inférioriser, é, ée	**62**	avoir	—	être	—
infester, é, ée	**68**	avoir	—	—	—
infiltrer, é, ée	**70**	avoir	—	être	dans
infirmer, é, ée	**47**	avoir	—	—	—
infléchir, i, ie	**92**	avoir	—	être	—
infliger, é, ée	**25**	avoir	—	être	—
influencer, é, ée	**10**	avoir	—	être	—
influer, é, inv.	**83**	avoir	dans, sur	—	—
informatiser, é, ée	**62**	avoir	—	être	—
informer, é, ée	**47**	avoir	—	être	de
infuser, é, ée	**62**	avoir	—	être	de

INFINITIFS ET PARTICIPES PASSÉS	PAGES	FORME ACTIVE		FORME PRONOMINALE	
		AUX.	PRÉP.	AUX.	PRÉP.
ingénier (s'), é, ée	**34**	—	—	être	à + v.
ingérer, é, ée	**58**	avoir	—	être	dans
ingurgiter, é, ée	**68**	avoir	—	être	—
inhaler, é, ée	**42**	avoir	—	—	—
inhiber, é, ée	**4**	avoir	—	—	—
inhumer, é, ée	**47**	avoir	—	—	—
initialiser, é, ée	**62**	avoir	—	—	—
initier, é, ée	**34**	avoir	—	être	à
injecter, é, ée	**68**	avoir	—	être	—
injurier, é, ée	**34**	avoir	—	être	—
innerver, é, ée	**72**	avoir	—	—	—
innocenter, é, ée	**68**	avoir	—	—	—
innover, é, ée	**72**	avoir	—	—	—
inoculer, é, ée	**42**	avoir	—	être	—
inonder, é, ée	**16**	avoir	—	être	—
inquiéter, é, ée	**67**	avoir	—	être	de
inscrire, inscrit, ite	**95**	avoir	—	être	dans
insculper, é, ée	**52**	avoir	—	—	—
inséminer, é, ée	**50**	avoir	—	—	—
insensibiliser, é, ée	**62**	avoir	—	—	—
insérer, é, ée	**58**	avoir	—	être	dans
insinuer, é, ée	**83**	avoir	—	être	dans
insister, é, inv.	**68**	avoir	sur	—	—
insoler, é, ée	**42**	avoir	—	—	—
insolubiliser, é, ée	**62**	avoir	—	—	—
insonoriser, é, ée	**62**	avoir	—	—	—
inspecter, é, ée	**68**	avoir	—	être	—
inspirer, é, ée	**59**	avoir	—	être	de
installer, é, ée	**43**	avoir	—	être	—
instantanéiser, é, ée	**62**	avoir	—	—	—
instaurer, é, ée	**59**	avoir	—	être	—
instiller, é, ée	**38**	avoir	—	—	—
instituer, é, ée	**83**	avoir	—	être	—
institutionnaliser, é, ée	**62**	avoir	—	être	—
instruire, instruit, uite	**140**	avoir	—	être	—
instrumenter, é, ée	**68**	avoir	—	—	—
insuffler, é, ée	**22**	avoir	—	—	—
insulter, é, ée	**68**	avoir	—	être	—
insurger, é, ée	**25**	avoir	—	être	contre
intégrer, é, ée	**30**	avoir	—	être	dans
intellectualiser, é, ée	**62**	avoir	—	être	—
intensifier, é, ée	**34**	avoir	—	être	—
intenter, é, ée	**68**	avoir	—	—	—
interagir, i, inv.	**104**	avoir	—	—	—
intercaler, é, ée	**42**	avoir	—	être	—
intercéder, é, inv.	**15**	avoir	pour, auprès de, en faveur de	—	—
intercepter, é, ée	**68**	avoir	—	—	—
interclasser, é, ée	**64**	avoir	—	—	—
interconnecter, é, ée	**68**	avoir	—	—	—
interdire, interdit, ite	**99**	avoir	de + v.	être	de + v.

INFINITIFS ET PARTICIPES PASSÉS	PAGES	FORME ACTIVE		FORME PRONOMINALE	
		AUX.	PRÉP.	AUX.	PRÉP.
intéresser, é, ée	**64**	avoir	—	être	à
interférer, é, ée	**58**	avoir	—	être	—
interfolier, é, ée	**34**	avoir	—	—	—
intérioriser, é, ée	**62**	avoir	—	être	—
interjeter, é, ée	**65**	avoir	—	—	—
interligner, é, ée	**29**	avoir	—	—	—
interloquer, é, ée	**57**	avoir	—	être	de
internationaliser, é, ée	**62**	avoir	—	être	—
interner, é, ée	**50**	avoir	—	—	—
interpeller, é, ée	**43**	avoir	—	être	—
interpénétrer (s'), é, ée	**69**	—	—	être	—
interpoler, é, ée	**42**	avoir	—	—	—
interposer, é, ée	**62**	avoir	—	être	entre
interpréter, é, ée	**67**	avoir	—	être	—
interroger, é, ée	**25**	avoir	—	être	sur
interrompre, interrompu, ue	**177**	avoir	—	être	de + v.
intervenir, intervenu, ue	**117**	**être**	—	—	—
intervertir, i, ie	**134**	avoir	—	être	—
interviewer, é, ée	**72**	avoir	—	—	—
intimer, é, ée	**47**	avoir	—	—	—
intimider, é, ée	**16**	avoir	—	—	—
intituler, é, ée	**42**	avoir	—	être	—
intoxiquer, é, ée	**57**	avoir	—	être	—
intriguer, é, ée	**33**	avoir	—	être	—
intriquer, é, ée	**57**	avoir	—	être	—
introduire, introduit, uite	**136**	avoir	—	être	dans
introniser, é, ée	**62**	avoir	—	être	—
intuber, é, ée	**4**	avoir	—	—	—
invaginer, é, ée	**50**	avoir	—	être	—
invalider, é, ée	**16**	avoir	—	—	—
invectiver, é, ée	**72**	avoir	—	être	—
inventer, é, ée	**68**	avoir	—	être	—
inventorier, é, ée	**34**	avoir	—	—	—
inverser, é, ée	**63**	avoir	—	être	—
investiguer, é, inv.	**33**	avoir	—	—	—
investir, i, ie	**134**	avoir	—	être	—
invétérer, é, ée	**58**	avoir	—	être	—
inviter, é, ée	**68**	avoir	à + v.	être	—
invoquer, é, ée	**57**	avoir	—	—	—
ioder, é, ée	**16**	avoir	—	—	—
iodler, é, inv.	**42**	avoir	—	—	—
ioniser, é, ée	**62**	avoir	—	être	—
iouler, é, inv.	**42**	avoir	—	—	—
iriser, é, ée	**62**	avoir	—	être	—
ironiser, é, ée	**62**	avoir	—	—	—
irradier, é, ée	**34**	avoir	—	être	—
irriguer, é, ée	**33**	avoir	—	—	—
irriter, é, ée	**68**	avoir	—	être	—
islamiser, é, ée	**62**	avoir	—	—	—
isoler, é, ée	**42**	avoir	—	être	—
italianiser, é, ée	**62**	avoir	—	être	—

INFINITIFS ET PARTICIPES PASSÉS	PAGES	FORME ACTIVE		FORME PRONOMINALE	
		AUX.	PRÉP.	AUX.	PRÉP.
J					
jacasser, é, inv.	**64**	avoir	—	—	—
jaillir, i, inv.	**108**	avoir	de	—	—
jalonner, é, ée	**51**	avoir	—	—	—
jalouser, é, ée	**62**	avoir	—	être	—
japper, é, inv.	**54**	avoir	après, contre	—	—
jardiner, é, ée	**50**	avoir	—	—	—
jargonner, é, ée	**51**	avoir	—	—	—
jarreter, é, ée	**65**	avoir	—	être	—
jaser, é, inv.	**62**	avoir	—	—	—
jasper, é, ée	**52**	avoir	—	—	—
jaspiner, é, inv.	**50**	avoir	—	—	—
jauger, é, ée	**25**	avoir	—	être	—
jaunir, i, ie	**116**	avoir	—	être	—
javeler, é, ée	**40**	avoir	—	—	—
javelliser, é, ée	**62**	avoir	—	—	—
jeter, é, ée	**65**	avoir	—	être	à, sur, dans
jeûner, é, inv.	**50**	avoir	—	—	—
jodler, é, inv.	**42**	avoir	—	—	—
joindre, joint, ointe	**169**	avoir	—	être	à
jointoyer, é, ée	**79**	avoir	—	—	—
joncer, é, ée	**10**	avoir	—	—	—
joncher, é, ée	**12**	avoir	—	—	—
jongler, é, inv.	**27**	avoir	avec	—	—
jouailler, é, inv.	**35**	avoir	—	—	—
jouer, é, ée	**82**	avoir	à, avec, de, sur	être	de
jouir, i, ie	**119**	avoir	de	être	—
jouter, é, inv.	**68**	avoir	—	—	—
jouxter, é, ée	**68**	avoir	—	être	—
jubiler, é, inv.	**42**	avoir	de	—	—
jucher, é, ée	**12**	avoir	—	être	sur
judaïser, é, ée	**62**	avoir	—	être	—
juger, é, ée	**25**	avoir	—	être	—
juguler, é, ée	**42**	avoir	—	—	—
jumeler, é, ée	**40**	avoir	—	être	à, avec
juponner, é, ée	**51**	avoir	—	—	—
jurer, é, ée	**59**	avoir	de + v.	être	de + v.
justifier, é, ée	**34**	avoir	—	être	—
juter, é, inv.	**68**	avoir	—	—	—
juxtaposer, é, ée	**62**	avoir	—	être	—
K					
kidnapper, é, ée	**54**	avoir	—	—	—
kilométrer, é, ée	**69**	avoir	—	—	—
klaxonner, é, ée	**51**	avoir	—	—	—

INFINITIFS ET PARTICIPES PASSÉS	PAGES	FORME ACTIVE		FORME PRONOMINALE	
		AUX.	PRÉP.	AUX.	PRÉP.
L					
labialiser, é, ée	**62**	avoir	—	être	—
labourer, é, ée	**59**	avoir	—	être	—
lacer, é, ée	**10**	avoir	—	être	—
lacérer, é, ée	**58**	avoir	—	—	—
lâcher, é, ée	**12**	avoir	—	—	—
laïciser, é, ée	**62**	avoir	—	être	—
lainer, é, ée	**50**	avoir	—	—	—
laisser, é, ée	**64**	avoir	—	être	—
laitonner, é, ée	**51**	avoir	—	—	—
laïusser, é, inv.	**64**	avoir	—	—	—
lambiner, é, inv.	**50**	avoir	—	—	—
lambrisser, é, ée	**64**	avoir	—	—	—
lamenter (se), é, ée	**68**	—	—	être	sur, de + v.
lamer, é, ée	**47**	avoir	—	—	—
laminer, é, ée	**50**	avoir	—	être	—
lamper, é, ée	**52**	avoir	—	—	—
lancer, é, ée	**10**	avoir	—	être	dans, sur, vers
lanciner, é, ée	**50**	avoir	—	—	—
langer, é, ée	**25**	avoir	—	—	—
langueyer, é, ée	**77**	avoir	—	—	—
languir, i, ie	**106**	avoir	—	être	de
lanterner, é, ée	**50**	avoir	—	—	—
laper, é, ée	**52**	avoir	—	—	—
lapider, é, ée	**16**	avoir	—	—	—
lapidifier, é, ée	**34**	avoir	—	être	—
lapiner, é, inv.	**50**	avoir	—	—	—
laquer, é, ée	**57**	avoir	—	—	—
larder, é, ée	**16**	avoir	—	—	—
lardonner, é, ée	**51**	avoir	—	—	—
larguer, é, ée	**33**	avoir	—	—	—
larmoyer, é, ée	**79**	avoir	—	—	—
lasser, é, ée	**64**	avoir	—	être	de
latiniser, é, ée	**62**	avoir	—	—	—
latter, é, ée	**68**	avoir	—	—	—
laver, é, ée	**72**	avoir	—	être	—
layer, é, ée	**78**	avoir	—	—	—
lécher, é, ée	**11**	avoir	—	être	—
légaliser, é, ée	**62**	avoir	—	—	—
légender, é, ée	**16**	avoir	—	—	—
légiférer, é, inv.	**58**	avoir	—	—	—
légitimer, é, ée	**47**	avoir	—	être	—
léguer, é, ée	**32**	avoir	—	être	—
lénifier, é, ée	**34**	avoir	—	—	—
léser, é, ée	**61**	avoir	—	—	—
lésiner, é, inv.	**50**	avoir	sur	—	—
lessiver, é, ée	**72**	avoir	—	—	—
lester, é, ée	**68**	avoir	—	être	de

INFINITIFS ET PARTICIPES PASSÉS	PAGES	FORME ACTIVE		FORME PRONOMINALE	
		AUX.	PRÉP.	AUX.	PRÉP.
leurrer, é, ée	**59**	avoir	—	être	de, sur
lever, é, ée	**71**	avoir	—	être	—
léviger, é, ée	**25**	avoir	—	—	—
levretter, é, inv.	**68**	avoir	—	—	—
lexicaliser, é, ée	**62**	avoir	—	être	—
lézarder, é, ée	**16**	avoir	—	être	—
liaisonner, é, ée	**51**	avoir	—	—	—
libeller, é, ée	**43**	avoir	—	—	—
libéraliser, é, ée	**62**	avoir	—	être	—
libérer, é, ée	**58**	avoir	—	être	de
licencier, é, ée	**34**	avoir	—	—	—
liciter, é, ée	**68**	avoir	—	—	—
lier, é, ée	**34**	avoir	—	être	—
ligaturer, é, ée	**59**	avoir	—	—	—
ligner, é, ée	**29**	avoir	—	—	—
lignifier (se), é, ée	**34**	—	—	être	—
ligoter, é, ée	**68**	avoir	—	—	—
liguer, é, ée	**33**	avoir	—	être	contre
limer, é, ée	**47**	avoir	—	être	—
limiter, é, ée	**68**	avoir	—	être	à
limoger, é, ée	**25**	avoir	—	—	—
liquéfier, é, ée	**34**	avoir	—	être	—
liquider, é, ée	**16**	avoir	—	être	—
lire, lu, ue	**113**	avoir	—	être	—
liser, é, ée	**62**	avoir	—	—	—
liserer, é, ée	**60**	avoir	—	être	—
lisérer, é, ée	**58**	avoir	—	être	—
lisser, é, ée	**64**	avoir	—	—	—
lister, é, ée	**68**	avoir	—	—	—
liter, é, ée	**68**	avoir	—	—	—
lithographier, é, ée	**34**	avoir	—	—	—
livrer, é, ée	**75**	avoir	—	être	à
lober, é, ée	**4**	avoir	—	—	—
localiser, é, ée	**62**	avoir	—	être	à, sur, dans, sous
lock-outer, é, ée	**68**	avoir	—	—	—
lofer, é, inv.	**20**	avoir	—	—	—
loger, é, ée	**25**	avoir	—	être	à, sur, dans, sous
longer, é, ée	**25**	avoir	—	—	—
lorgner, é, ée	**29**	avoir	—	—	—
lotionner, é, ée	**51**	avoir	—	être	—
louanger, é, ée	**25**	avoir	—	être	—
loucher, é, inv.	**12**	avoir	sur, vers	—	—
louer, é, ée	**82**	avoir	—	être	—
lourer, é, ée	**59**	avoir	—	—	—
louver, é, ée	**72**	avoir	—	—	—
louveter, é, inv.	**65**	avoir	—	—	—
louvoyer, é, inv.	**79**	avoir	entre	—	—
lover, é, ée	**72**	avoir	—	être	—
lubrifier, é, ée	**34**	avoir	—	—	—
luger, é, inv.	**25**	avoir	—	—	—
luire, lui, inv.	**139**	avoir	—	—	—
lustrer, é, ée	**70**	avoir	—	—	—
luter, é, ée	**68**	avoir	—	—	—
lutiner, é, ée	**50**	avoir	—	—	—
lutter, é, inv.	**68**	avoir	contre	—	—
luxer, é, ée	**76**	avoir	—	être	—
lyncher, é, ée	**12**	avoir	—	—	—
lyophiliser, é, ée	**62**	avoir	—	—	—
lyser, é, ée	**62**	avoir	—	—	—

M

INFINITIFS ET PARTICIPES PASSÉS	PAGES	FORME ACTIVE		FORME PRONOMINALE	
		AUX.	PRÉP.	AUX.	PRÉP.
macadamiser, é, ée	**62**	avoir	—	—	—
macérer, é, ée	**58**	avoir	—	être	—
mâcher, é, ée	**12**	avoir	—	—	—
machiner, é, ée	**50**	avoir	—	être	—
mâchonner, é, ée	**51**	avoir	—	—	—
mâchouiller, é, ée	**37**	avoir	—	—	—
mâchurer, é, ée	**59**	avoir	—	—	—
macler, é, ée	**13**	avoir	—	être	—
maçonner, é, ée	**51**	avoir	—	—	—
maculer, é, ée	**42**	avoir	—	—	—
madériser, é, ée	**62**	avoir	—	être	—
magasiner, é, inv.	**50**	avoir	—	—	—
magnétiser, é, ée	**62**	avoir	—	—	—
magnétoscoper, é, ée	**52**	avoir	—	—	—
magnifier, é, ée	**34**	avoir	—	être	—
magouiller, é, inv.	**37**	avoir	—	—	—
maigrir, i, ie	**105**	avoir	—	—	—
mailler, é, ée	**35**	avoir	—	être	—
maintenir, maintenu, ue	**118**	avoir	—	être	—
maîtriser, é, ée	**62**	avoir	—	être	—
majorer, é, ée	**59**	avoir	—	—	—
malaxer, é, ée	**76**	avoir	—	—	—
malléabiliser, é, ée	**62**	avoir	—	—	—
malmener, é, ée	**48**	avoir	—	—	—
malter, é, ée	**68**	avoir	—	—	—
maltraiter, é, ée	**68**	avoir	—	—	—
mandater, é, ée	**68**	avoir	—	—	—
mander, é, ée	**16**	avoir	—	—	—
mandriner, é, ée	**50**	avoir	—	—	—
mangeotter, é, ée	**68**	avoir	—	—	—
manger, é, ée	**25**	avoir	—	être	—
manier, é, ée	**34**	avoir	—	être	—
manifester, é, ée	**68**	avoir	—	être	—
manigancer, é, ée	**10**	avoir	—	être	—
manipuler, é, ée	**42**	avoir	—	—	—
manœuvrer, é, ée	**75**	avoir	—	être	—
manquer, é, ée	**57**	avoir	—	—	—
manucurer, é, ée	**59**	avoir	—	—	—

INFINITIFS ET PARTICIPES PASSÉS	PAGES	FORME ACTIVE		FORME PRONOMINALE	
		AUX.	PRÉP.	AUX.	PRÉP.
manufacturer, é, ée	**59**	avoir	—	—	—
manutentionner, é, ée	**51**	avoir	—	—	—
maquignonner, é, ée	**51**	avoir	—	—	—
maquiller, é, ée	**38**	avoir	—	être	—
marauder, é, inv.	**16**	avoir	—	—	—
marbrer, é, ée	**7**	avoir	—	—	—
marchander, é, ée	**16**	avoir	—	—	—
marcher, é, inv.	**12**	avoir	—	—	—
marcotter, é, ée	**68**	avoir	—	—	—
margauder, é, inv.	**16**	avoir	—	—	—
marger, é, ée	**25**	avoir	—	—	—
marginaliser, é, ée	**62**	avoir	—	être	—
marginer, é, ée	**50**	avoir	—	—	—
margoter, é, inv.	**68**	avoir	—	—	—
margotter, é, inv.	**68**	avoir	—	—	—
marier, é, ée	**34**	avoir	—	être	avec
mariner, é, ée	**50**	avoir	—	—	—
marivauder, é, inv.	**16**	avoir	—	—	—
marmiter, é, ée	**68**	avoir	—	—	—
marmonner, é, ée	**51**	avoir	—	—	—
marmoriser, é, ée	**62**	avoir	—	—	—
marmotter, é, ée	**68**	avoir	—	—	—
marner, é, ée	**50**	avoir	—	—	—
maronner, é, inv.	**51**	avoir	—	—	—
maroquiner, é, ée	**50**	avoir	—	—	—
maroufler, é, ée	**22**	avoir	—	—	—
marquer, é, ée	**57**	avoir	—	être	—
marqueter, é, ée	**65**	avoir	—	—	—
marrer (se), é, ée	**59**	—	—	être	—
marteler, é, ée	**39**	avoir	—	—	—
martyriser, é, ée	**62**	avoir	—	—	—
marxiser, é, ée	**62**	avoir	—	être	—
masculiniser, é, ée	**62**	avoir	—	être	—
masquer, é, ée	**57**	avoir	—	être	—
massacrer, é, ée	**14**	avoir	—	être	—
masser, é, ée	**64**	avoir	—	être	—
massicoter, é, ée	**68**	avoir	—	—	—
massifier, é, ée	**34**	avoir	—	—	—
mastiquer, é, ée	**57**	avoir	—	—	—
masturber, é, ée	**4**	avoir	—	être	—
matelasser, é, ée	**64**	avoir	—	être	—
mater, é, ée	**68**	avoir	—	—	—
mâter, é, ée	**68**	avoir	—	—	—
matérialiser, é, ée	**62**	avoir	—	être	—
materner, é, ée	**50**	avoir	—	être	—
materniser, é, ée	**62**	avoir	—	—	—
mathématiser, é, ée	**62**	avoir	—	—	—
mâtiner, é, ée	**50**	avoir	—	—	—
matir, i, ie	**134**	avoir	—	—	—
matraquer, é, ée	**57**	avoir	—	—	—
matricer, é, ée	**10**	avoir	—	—	—
matriculer, é, ée	**42**	avoir	—	—	—
maudire, maudit, ite	**98**	avoir	—	—	—
maugréer, é, inv.	**18**	avoir	contre	—	—
maximaliser, é, ée	**62**	avoir	—	—	—
maximiser, é, ée	**62**	avoir	—	—	—
mazouter, é, ée	**68**	avoir	—	—	—
mécaniser, é, ée	**62**	avoir	—	—	—
mécher, é, ée	**11**	avoir	—	—	—
méconnaître, méconnu, ue	**178**	avoir	—	être	—
mécontenter, é, ée	**68**	avoir	—	—	—
médailler, é, ée	**35**	avoir	—	—	—
médiatiser, é, ée	**62**	avoir	—	—	—
médicaliser, é, ée	**62**	avoir	—	—	—
médire, médit, inv.	**99**	avoir	de	—	—
méditer, é, ée	**68**	avoir	—	—	—
méduser, é, ée	**62**	avoir	—	—	—
méfier (se), é, ée	**34**	—	—	être	de
mégir, i, ie	**104**	avoir	—	—	—
mégisser, é, ée	**64**	avoir	—	—	—
méjuger, é, ée	**25**	avoir	—	être	—
mélanger, é, ée	**25**	avoir	—	être	—
mêler, é, ée	**42**	avoir	—	être	—
mémoriser, é, ée	**62**	avoir	—	—	—
menacer, é, ée	**10**	avoir	de + v.	—	—
ménager, é, ée	**25**	avoir	—	être	—
mendier, é, ée	**34**	avoir	—	—	—
mendigoter, é, ée	**68**	avoir	—	—	—
mener, é, ée	**48**	avoir	—	—	—
mensualiser, é, ée	**62**	avoir	—	—	—
mentaliser, é, ée	**62**	avoir	—	—	—
mentionner, é, ée	**51**	avoir	—	—	—
mentir, i, inv.	**131**	avoir	à	être	—
menuiser, é, ée	**62**	avoir	—	—	—
méprendre (se), mépris, ise	**168**	—	—	être	sur
mépriser, é, ée	**62**	avoir	—	être	—
merceriser, é, ée	**62**	avoir	—	—	—
meringuer, é, ée	**33**	avoir	—	—	—
mériter, é, ée	**68**	avoir	de + v.	—	—
mésallier, é, ée	**34**	avoir	—	être	—
mésestimer, é, ée	**47**	avoir	—	être	—
messeoir, *voir* ***seoir***	**188**	—	—	—	—
mesurer, é, ée	**59**	avoir	—	être	à
mésuser, é, inv.	**62**	avoir	de	—	—
métaboliser, é, ée	**62**	avoir	—	—	—
métalliser, é, ée	**62**	avoir	—	—	—
métamorphiser, é, ée	**62**	avoir	—	—	—
métamorphoser, é, ée	**62**	avoir	—	être	—
métastaser, é, ée	**62**	avoir	—	—	—
météoriser, é, ée	**62**	avoir	—	—	—
méthaniser, é, ée	**62**	avoir	—	—	—
métisser, é, ée	**64**	avoir	—	être	—

INFINITIFS ET PARTICIPES PASSÉS	PAGES	FORME ACTIVE		FORME PRONOMINALE	
		AUX.	PRÉP.	AUX.	PRÉP.
métrer, é, ée	**69**	avoir	—	—	—
mettre, mis, ise	**182**	avoir	—	être	à + v.
meubler, é, ée	**5**	avoir	—	être	—
meugler, é, ée	**27**	avoir	—	—	—
meuler, é, ée	**42**	avoir	—	—	—
meurtrir, i, ie	**135**	avoir	—	être	—
miauler, é, inv.	**42**	avoir	—	—	—
microfilmer, é, ée	**47**	avoir	—	—	—
migrer, é, inv.	**31**	avoir	vers	—	—
mijoter, é, ée	**68**	avoir	—	être	—
militariser, é, ée	**62**	avoir	—	être	—
militer, é, inv.	**68**	avoir	en faveur de	—	—
millésimer, é, ée	**47**	avoir	—	—	—
mimer, é, ée	**47**	avoir	—	—	—
minauder, é, inv.	**16**	avoir	—	—	—
mincir, i, inv.	**93**	avoir	—	—	—
miner, é, ée	**50**	avoir	—	être	—
minéraliser, é, ée	**62**	avoir	—	être	—
miniaturiser, é, ée	**62**	avoir	—	—	—
minimaliser, é, ée	**62**	avoir	—	—	—
minimiser, é, ée	**62**	avoir	—	—	—
minorer, é, ée	**59**	avoir	—	—	—
minuter, é, ée	**68**	avoir	—	—	—
mirer, é, ée	**59**	avoir	—	être	—
miroiter, é, inv.	**68**	avoir	—	—	—
miser, é, ée	**62**	avoir	—	—	—
miter, é, ée	**68**	avoir	—	être	—
mithridatiser, é, ée	**62**	avoir	—	être	—
mitonner, é, ée	**51**	avoir	—	être	—
mitrailler, é, ée	**35**	avoir	—	être	—
mixer, é, ée	**76**	avoir	—	—	—
mobiliser, é, ée	**62**	avoir	—	être	—
modeler, é, ée	**39**	avoir	—	être	sur
modéliser, é, ée	**62**	avoir	—	—	—
modérer, é, ée	**58**	avoir	—	être	—
moderniser, é, ée	**62**	avoir	—	être	—
modifier, é, ée	**34**	avoir	—	être	—
moduler, é, ée	**42**	avoir	—	—	—
moirer, é, ée	**59**	avoir	—	être	—
moiser, é, ée	**62**	avoir	—	—	—
moisir, i, ie	**128**	avoir	—	être	—
moissonner, é, ée	**51**	avoir	—	être	—
molester, é, ée	**68**	avoir	—	—	—
moleter, é, ée	**65**	avoir	—	—	—
molletonner, é, ée	**51**	avoir	—	—	—
mollir, i, ie	**112**	avoir	—	—	—
momifier, é, ée	**34**	avoir	—	être	—
monder, é, ée	**16**	avoir	—	être	—
mondialiser, é, ée	**62**	avoir	—	être	—
monétiser, é, ée	**62**	avoir	—	—	—
monnayer, é, ée	**78**	avoir	—	—	—

INFINITIFS ET PARTICIPES PASSÉS	PAGES	FORME ACTIVE		FORME PRONOMINALE	
		AUX.	PRÉP.	AUX.	PRÉP.
monologuer, é, inv.	**33**	avoir	—	—	—
monopoliser, é, ée	**62**	avoir	—	—	—
monter, é, ée	**68**	avoir ou **être**	—	être	—
montrer, é, ée	**70**	avoir	—	être	—
moquer, é, ée	**57**	avoir	—	être	de
moquetter, é, ée	**68**	avoir	—	être	—
moraliser, é, ée	**62**	avoir	—	—	—
morceler, é, ée	**40**	avoir	—	être	—
mordancer, é, ée	**10**	avoir	—	—	—
mordiller, é, ée	**38**	avoir	—	—	—
mordorer, é, ée	**59**	avoir	—	être	—
mordre, mordu, ue	**172**	avoir	—	être	—
morfondre (se), morfondu, ue	**170**	—	—	être	—
morigéner, é, ée	**49**	avoir	—	être	—
mortaiser, é, ée	**62**	avoir	—	—	—
mortifier, é, ée	**34**	avoir	—	être	—
motiver, é, ée	**72**	avoir	—	—	—
motoriser, é, ée	**62**	avoir	—	—	—
motter (se), é, ée	**68**	—	—	être	—
moucharder, é, ée	**16**	avoir	—	—	—
moucher, é, ée	**12**	avoir	—	être	—
moucheronner, é, inv.	**51**	avoir	—	—	—
moucheter, é, ée	**65**	avoir	—	—	—
moudre, moulu, ue	**175**	avoir	—	—	—
mouiller, é, ée	**37**	avoir	—	être	—
mouler, é, ée	**42**	avoir	—	être	—
mouliner, é, ée	**50**	avoir	—	—	—
moulurer, é, ée	**59**	avoir	—	—	—
mourir, mort, te	**125**	**être**	—	être	—
mousser, é, inv.	**64**	avoir	—	—	—
moutonner, é, ée	**51**	avoir	—	être	—
mouvementer, é, ée	**68**	avoir	—	—	—
mouvoir, mû, ue	**154**	avoir	—	être	—
muer, é, ée	**83**	avoir	—	être	en
mugir, i, ie	**104**	avoir	—	—	—
multiplier, é, ée	**34**	avoir	—	être	—
municipaliser, é, ée	**62**	avoir	—	—	—
munir, i, ie	**116**	avoir	—	être	de
murer, é, ée	**59**	avoir	—	être	—
mûrir, i, ie	**124**	avoir	—	être	—
murmurer, é, ée	**59**	avoir	—	—	—
musarder, é, inv.	**16**	avoir	—	—	—
muscler, é, ée	**13**	avoir	—	—	—
museler, é, ée	**40**	avoir	—	—	—
muser, é, inv.	**62**	avoir	—	—	—
muter, é, ée	**68**	avoir	—	—	—
mutiler, é, ée	**42**	avoir	—	être	—
mutiner (se), é, ée	**50**	—	—	être	—
mutualiser, é, ée	**62**	avoir	—	—	—
mystifier, é, ée	**34**	avoir	—	—	—
mythifier, é, ée	**34**	avoir	—	—	—

INFINITIFS ET PARTICIPES PASSÉS	PAGES	FORME ACTIVE		FORME PRONOMINALE	
		AUX.	PRÉP.	AUX.	PRÉP.
N					
nacrer, é, ée	**14**	avoir	—	—	—
nager, é, ée	**25**	avoir	—	—	—
naître, né, ée	**179**	**être**	—	—	—
naniser, é, ée	**62**	avoir	—	—	—
nantir, i, ie	**134**	avoir	—	être	—
napper, é, ée	**54**	avoir	—	—	—
narguer, é, ée	**33**	avoir	—	—	—
narrer, é, ée	**59**	avoir	—	—	—
nasaliser, é, ée	**62**	avoir	—	être	—
nasiller, é, ée	**38**	avoir	—	—	—
nationaliser, é, ée	**62**	avoir	—	être	—
natter, é, ée	**68**	avoir	—	—	—
naturaliser, é, ée	**62**	avoir	—	—	—
naufrager, é, inv.	**25**	avoir	—	—	—
naviguer, é, inv.	**33**	avoir	—	—	—
navrer, é, ée	**75**	avoir	—	—	—
néantiser, é, ée	**62**	avoir	—	être	—
nébuliser, é, ée	**62**	avoir	—	—	—
nécessiter, é, ée	**68**	avoir	—	—	—
nécroser, é, ée	**62**	avoir	—	être	—
négliger, é, ée	**25**	avoir	de + v.	être	—
négocier, é, ée	**34**	avoir	—	être	—
neiger, é, inv.	**25**	avoir	—	—	—
Ne s'emploie qu'à l'infinitif et à la 3e personne du singulier.					
nervurer, é, ée	**59**	avoir	—	—	—
nettoyer, é, ée	**79**	avoir	—	être	—
neutraliser, é, ée	**62**	avoir	—	être	—
niaiser, é, inv.	**62**	avoir	—	—	—
nicher, é, ée	**12**	avoir	—	être	—
nickeler, é, ée	**40**	avoir	—	—	—
nidifier, é, inv.	**34**	avoir	—	—	—
nieller, é, ée	**43**	avoir	—	—	—
nier, é, ée	**34**	avoir	—	—	—
nimber, é, ée	**4**	avoir	—	être	—
nipper, é, ée	**54**	avoir	—	être	—
nitrater, é, ée	**68**	avoir	—	—	—
nitrer, é, ée	**70**	avoir	—	—	—
nitrifier, é, ée	**34**	avoir	—	être	—
nitrurer, é, ée	**59**	avoir	—	—	—
niveler, é, ée	**40**	avoir	—	—	—
noircir, i, ie	**93**	avoir	—	être	—
noliser, é, ée	**62**	avoir	—	—	—
nomadiser, é, inv.	**62**	avoir	—	—	—
nombrer, é, ée	**7**	avoir	—	—	—
nominaliser, é, ée	**62**	avoir	—	—	—
nommer, é, ée	**47**	avoir	—	être	—
nonupler, é, ée	**55**	avoir	—	—	—
nordir, i, inv.	**96**	avoir	—	—	—
normaliser, é, ée	**62**	avoir	—	—	—
noter, é, ée	**68**	avoir	—	—	—
notifier, é, ée	**34**	avoir	—	—	—
nouer, é, ée	**82**	avoir	—	être	—
nourrir, i, ie	**124**	avoir	—	être	—
nover, é, ée	**72**	avoir	—	—	—
noyauter, é, ée	**68**	avoir	—	—	—
noyer, é, ée	**79**	avoir	—	être	—
nuancer, é, ée	**10**	avoir	—	être	—
nucléariser, é, ée	**62**	avoir	—	—	—
nuer, é, ée	**83**	avoir	—	—	—
nuire, nui, inv.	**139**	avoir	à	être	—
numériser, é, ée	**62**	avoir	—	—	—
numéroter, é, ée	**68**	avoir	—	être	—
O					
obéir, i, inv.	**101**	avoir	à	être	—
obérer, é, ée	**58**	avoir	—	être	—
objecter, é, ée	**68**	avoir	—	—	—
objectiver, é, ée	**72**	avoir	—	être	—
obliger, é, ée	**25**	avoir	—	être	à + v.
obliquer, é, inv.	**57**	avoir	—	—	—
oblitérer, é, ée	**58**	avoir	—	être	—
obnubiler, é, ée	**42**	avoir	—	—	—
obscurcir, i, ie	**93**	avoir	—	être	—
obséder, é, ée	**15**	avoir	—	—	—
observer, é, ée	**72**	avoir	—	être	—
obstiner (s'), é, ée	**50**	—	—	être	à + v.
obstruer, é, ée	**83**	avoir	—	être	—
obtempérer, é, inv.	**58**	avoir	à	—	—
obtenir, obtenu, ue	**118**	avoir	de + v.	être	—
obturer, é, ée	**59**	avoir	—	—	—
obvenir, obvenu, inv.	**117**	**être**	à	—	—
obvier, é, inv.	**34**	avoir	à	—	—
occasionner, é, ée	**51**	avoir	—	—	—
occidentaliser, é, ée	**62**	avoir	—	être	—
occire, occis, ise,	—	avoir	—	—	—
S'emploie surtout à l'infinitif et aux temps composés.					
occlure, occlus, use	**162**	avoir	—	—	—
occulter, é, ée	**68**	avoir	—	—	—
occuper, é, ée	**52**	avoir	—	être	à, de
ocrer, é, ée	**14**	avoir	—	—	—
octavier, é, ée	**34**	avoir	—	—	—
octroyer, é, ée	**79**	avoir	—	être	—
octupler, é, ée	**55**	avoir	—	—	—
œilletonner, é, ée	**51**	avoir	—	—	—
œuvrer, é, inv.	**75**	avoir	—	—	—
offenser, é, ée	**63**	avoir	—	être	de
officialiser, é, ée	**62**	avoir	—	—	—
officier, é, inv.	**34**	avoir	—	—	—
offrir, offert, erte	**103**	avoir	de + v.	être	à + v.
offusquer, é, ée	**57**	avoir	—	être	de
oindre, oint, ointe	—	—	—	—	—
S'emploie surtout à l'infinitif et au participe passé.					

INFINITIFS ET PARTICIPES PASSÉS	PAGES	FORME ACTIVE		FORME PRONOMINALE	
		AUX.	PRÉP.	AUX.	PRÉP.
oiseler, é, ée	**40**	avoir	—	—	—
ombrager, é, ée	**25**	avoir	—	être	—
ombrer, é, ée	**7**	avoir	—	—	—
omettre, omis, ise	**182**	avoir	de + v.	être	—
ondoyer, é, ée	**79**	avoir	—	—	—
onduler, é, ée	**42**	avoir	—	être	—
opacifier, é, ée	**34**	avoir	—	être	—
opaliser, é, ée	**62**	avoir	—	—	—
opérer, é, ée	**58**	avoir	—	être	—
opiacer, é, ée	**10**	avoir	—	—	—
opiner, é, inv.	**50**	avoir	—	—	—
opiniâtrer (s'), é, ée	**70**	—	—	être	—
opposer, é, ée	**62**	avoir	—	être	à
oppresser, é, ée	**64**	avoir	—	être	—
opprimer, é, ée	**47**	avoir	—	—	—
opter, é, inv.	**68**	avoir	pour	—	—
optimaliser, é, ée	**62**	avoir	—	—	—
optimiser, é, ée	**62**	avoir	—	—	—
oraliser, é, ée	**62**	avoir	—	—	—
oranger, é, ée	**25**	avoir	—	—	—
orchestrer, é, ée	**70**	avoir	—	—	—
ordonnancer, é, ée	**10**	avoir	—	—	—
ordonner, é, ée	**51**	avoir	—	être	—
organiser, é, ée	**62**	avoir	—	être	—
orienter, é, ée	**68**	avoir	—	être	—
ornementer, é, ée	**68**	avoir	—	—	—
orner, é, ée	**50**	avoir	—	être	de
orthographier, é, ée	**34**	avoir	—	être	—
osciller, é, inv.	**38**	avoir	—	—	—
oser, é, ée	**62**	avoir	—	—	—
ossifier, é, ée	**34**	avoir	—	être	—
ôter, é, ée	**68**	avoir	—	être	—
ouater, é, ée	**68**	avoir	—	—	—
ouatiner, é, ée	**50**	avoir	—	—	—
oublier, é, ée	**34**	avoir	de + v.	être	—
ouiller, é, ée	**37**	avoir	—	—	—
ourdir, i, ie	**96**	avoir	—	être	—
ourler, é, ée	**42**	avoir	—	—	—
outiller, é, ée	**38**	avoir	—	être	—
outrager, é, ée	**25**	avoir	—	—	—
outrepasser, é, ée	**64**	avoir	—	—	—
outrer, é, ée	**70**	avoir	—	—	—
ouvrager, é, ée	**25**	avoir	—	—	—
ouvrer, é, ée	**75**	avoir	—	—	—
ouvrir, ouvert, erte	**144**	avoir	—	être	—
ovaliser, é, ée	**62**	avoir	—	être	—
ovationner, é, ée	**51**	avoir	—	—	—
ovuler, é, inv.	**42**	avoir	—	—	—
oxyder, é, ée	**16**	avoir	—	être	—
oxygéner, é, ée	**49**	avoir	—	être	—
ozoner, é, ée	**50**	avoir	—	—	—
ozoniser, é, ée	**62**	avoir	—	—	—

INFINITIFS ET PARTICIPES PASSÉS	PAGES	FORME ACTIVE		FORME PRONOMINALE	
		AUX.	PRÉP.	AUX.	PRÉP.
P					
pacager, é, ée	**25**	avoir	—	—	—
pacifier, é, ée	**34**	avoir	—	être	—
pacquer, é, ée	**57**	avoir	—	—	—
pactiser, é, inv.	**62**	avoir	avec	—	—
paganiser, é, ée	**62**	avoir	—	être	—
pagayer, é, ée	**78**	avoir	—	—	—
paginer, é, ée	**50**	avoir	—	—	—
paillassonner, é, ée	**51**	avoir	—	—	—
pailler, é, ée	**35**	avoir	—	—	—
pailleter, é, ée	**65**	avoir	—	—	—
paître, pu, inv.	**179**	avoir	—	—	—
S'emploie seulement à l'infinitif ainsi qu'au présent et à l'imparfait de l'indicatif.					
palabrer, é, inv.	**7**	avoir	—	—	—
palanquer, é, ée	**57**	avoir	—	—	—
palataliser, é, ée	**62**	avoir	—	—	—
palettiser, é, ée	**62**	avoir	—	—	—
pâlir, i, ie	**112**	avoir	—	—	—
palissader, é, ée	**16**	avoir	—	—	—
palissonner, é, ée	**51**	avoir	—	—	—
pallier, é, ée	**34**	avoir	—	—	—
palmer, é, ée	**47**	avoir	—	—	—
palper, é, ée	**52**	avoir	—	—	—
palpiter, é, inv.	**68**	avoir	—	—	—
pâmer (se), é, ée	**47**	—	—	être	de
panacher, é, ée	**12**	avoir	—	être	—
paner, é, ée	**50**	avoir	—	—	—
panifier, é, ée	**34**	avoir	—	—	—
paniquer, é, ée	**57**	avoir	—	être	—
panneauter, é, ée	**68**	avoir	—	—	—
panser, é, ée	**63**	avoir	—	—	—
panteler, é, inv.	**40**	avoir	—	—	—
pantoufler, é, ée	**22**	avoir	—	—	—
papillonner, é, inv.	**51**	avoir	—	—	—
papilloter, é, inv.	**68**	avoir	—	—	—
papoter, é, inv.	**68**	avoir	—	—	—
paqueter, é, ée	**65**	avoir	—	—	—
parachever, é, ée	**71**	avoir	—	—	—
parachuter, é, ée	**68**	avoir	—	être	—
parader, é, inv.	**16**	avoir	—	—	—
parafer, é, ée	**20**	avoir	—	—	—
paraffiner, é, ée	**50**	avoir	—	—	—
paraître, paru, ue	**180**	avoir ou **être**	—	—	—
paralyser, é, ée	**62**	avoir	—	être	—
parangonner, é, ée	**51**	avoir	—	—	—
parapher, é, ée	**53**	avoir	—	—	—
paraphraser, é, ée	**62**	avoir	—	—	—
parasiter, é, ée	**68**	avoir	—	—	—
parcellariser, é, ée	**62**	avoir	—	être	—

INFINITIFS ET PARTICIPES PASSÉS	PAGES	FORME ACTIVE		FORME PRONOMINALE	
		AUX.	PRÉP.	AUX.	PRÉP.
parcelliser, é, ée	**62**	avoir	—	être	—
parcheminer, é, ée	**50**	avoir	—	être	—
parcourir, parcouru, ue	**122**	avoir	—	—	—
pardonner, é, ée	**51**	avoir	de + v.	être	—
parementer, é, ée	**68**	avoir	—	—	—
parer, é, ée	**59**	avoir	—	être	de
paresser, é, inv.	**64**	avoir	—	—	—
parfaire, parfait, aite	**84**	avoir	—	être	—
S'emploie seulement à l'infinitif, au présent de l'indicatif et aux temps composés.					
parfiler, é, ée	**42**	avoir	—	—	—
parfondre, parfondu, ue	**170**	avoir	—	—	—
parfumer, é, ée	**47**	avoir	—	être	—
parier, é, ée	**34**	avoir	de + v.	être	—
parjurer (se), é, ée	**59**	—	—	être	—
parlementer, é, inv.	**68**	avoir	—	—	—
parler, é, ée	**42**	avoir	—	être	—
parloter, é, inv.	**68**	avoir	—	—	—
parlotter, é, inv.	**68**	avoir	—	—	—
parodier, é, ée	**34**	avoir	—	—	—
parquer, é, ée	**57**	avoir	—	être	dans, sur
parqueter, é, ée	**65**	avoir	—	—	—
parrainer, é, ée	**50**	avoir	—	—	—
parsemer, é, ée	**45**	avoir	—	—	—
partager, é, ée	**25**	avoir	—	être	—
participer, é, inv.	**52**	avoir	à	—	—
particulariser, é, ée	**62**	avoir	—	être	—
partir, i, ie	**130**	**être**	à, de, pour	—	—
parvenir, parvenu, ue	**117**	**être**	à	—	—
passementer, é, ée	**68**	avoir	—	—	—
passepoiler, é, ée	**42**	avoir	—	—	—
passer, é, ée	**64**	avoir ou **être**	—	être	—
passionner, é, ée	**51**	avoir	—	être	pour
passiver, é, ée	**72**	avoir	—	—	—
pasteuriser, é, ée	**62**	avoir	—	—	—
pasticher, é, ée	**12**	avoir	—	—	—
patauger, é, inv.	**25**	avoir	dans	—	—
pateliner, é, inv.	**50**	avoir	—	—	—
patenter, é, ée	**68**	avoir	—	—	—
patienter, é, inv.	**68**	avoir	—	—	—
patiner, é, ée	**50**	avoir	—	—	—
pâtir, i, inv.	**134**	avoir	de	—	—
pâtisser, é, inv.	**64**	avoir	—	—	—
patoiser, é, inv.	**62**	avoir	—	—	—
patronner, é, ée	**51**	avoir	—	—	—
patrouiller, é, inv.	**37**	avoir	—	—	—
pâturer, é, ée	**59**	avoir	—	—	—
paumoyer, é, ée	**79**	avoir	—	—	—
paupériser, é, ée	**62**	avoir	—	être	—

INFINITIFS ET PARTICIPES PASSÉS	PAGES	FORME ACTIVE		FORME PRONOMINALE	
		AUX.	PRÉP.	AUX.	PRÉP.
pauser, é, inv.	**62**	avoir	—	—	—
pavaner (se), é, ée	**50**	—	—	être	—
paver, é, ée	**72**	avoir	—	—	—
pavoiser, é, ée	**62**	avoir	—	être	—
payer, é, ée	**78**	avoir	—	être	—
peaufiner, é, ée	**50**	avoir	—	—	—
pécher, é, inv.	**11**	avoir	—	—	—
pêcher, é, ée	**12**	avoir	—	être	—
pédaler, é, inv.	**42**	avoir	—	—	—
peigner, é, ée	**29**	avoir	—	être	—
peindre, peint, einte	**165**	avoir	—	être	—
peiner, é, ée	**50**	avoir	—	—	—
peinturer, é, ée	**59**	avoir	—	être	—
peinturlurer, é, ée	**59**	avoir	—	être	—
peler, é, ée	**39**	avoir	—	être	—
pelleter, é, ée	**65**	avoir	—	—	—
pelliculer, é, ée	**42**	avoir	—	—	—
pelotonner, é, ée	**51**	avoir	—	être	—
pelucher, é, inv.	**12**	avoir	—	—	—
pénaliser, é, ée	**62**	avoir	—	—	—
pencher, é, ée	**12**	avoir	—	être	sur
pendiller, é, inv.	**38**	avoir	sur	—	—
pendouiller, é, ée	**37**	avoir	—	—	—
pendre, pendu, ue	**167**	avoir	—	être	à, par
penduler, é, inv.	**42**	avoir	—	—	—
pénétrer, é, ée	**69**	avoir	—	être	de
penser, é, ée	**63**	avoir	à + v.	—	—
pensionner, é, ée	**51**	avoir	—	—	—
pépier, é, inv.	**34**	avoir	—	—	—
percer, é, ée	**10**	avoir	—	être	—
percevoir, perçu, ue	**152**	avoir	—	être	—
percher, é, ée	**12**	avoir	—	être	sur
percuter, é, ée	**68**	avoir	—	—	—
perdre, perdu, ue	**171**	avoir	—	être	dans
perdurer, é, inv.	**59**	avoir	—	—	—
pérenniser, é, ée	**62**	avoir	—	—	—
perfectionner, é, ée	**51**	avoir	—	être	—
perforer, é, ée	**59**	avoir	—	être	—
perfuser, é, ée	**62**	avoir	—	—	—
péricliter, é, inv.	**68**	avoir	—	—	—
périmer, é, ée	**47**	avoir	—	être	—
périr, i, inv.	**124**	avoir	de, par	—	—
perler, é, ée	**42**	avoir	—	—	—
perméabiliser, é, ée	**62**	avoir	—	—	—
permettre, permis, ise	**182**	avoir	de + v.	être	de + v.
permuter, é, ée	**68**	avoir	—	être	—
pérorer, é, inv.	**59**	avoir	—	—	—
peroxyder, é, ée	**16**	avoir	—	—	—
perpétrer, é, ée	**69**	avoir	—	être	—
perpétuer, é, ée	**83**	avoir	—	être	dans
perquisitionner, é, inv.	**51**	avoir	dans	—	—
persécuter, é, ée	**68**	avoir	—	—	—

INFINITIFS ET PARTICIPES PASSÉS	PAGES	FORME ACTIVE		FORME PRONOMINALE	
		AUX.	PRÉP.	AUX.	PRÉP.
persévérer, é, inv.	**58**	avoir	dans	—	—
persifler, é, ée	**22**	avoir	—	—	—
persister, é, inv.	**68**	avoir	à + v., dans	—	—
personnaliser, é, ée	**62**	avoir	—	—	—
personnifier, é, ée	**34**	avoir	—	être	—
persuader, é, ée	**16**	avoir	—	être	de
perturber, é, ée	**4**	avoir	—	—	—
pervertir, i, ie	**134**	avoir	—	être	—
pervibrer, é, ée	**7**	avoir	—	—	—
peser, é, ée	**60**	avoir	—	être	—
pester, é, inv.	**68**	avoir	contre	—	—
pétarader, é, inv.	**16**	avoir	—	—	—
péter, é, ée	**67**	avoir	—	être	—
pétiller, é, inv.	**38**	avoir	—	—	—
pétitionner, é, inv.	**51**	avoir	—	—	—
pétrifier, é, ée	**34**	avoir	—	être	—
pétrir, i, ie	**135**	avoir	—	—	—
peupler, é, ée	**55**	avoir	—	être	—
phagocyter, é, ée	**68**	avoir	—	—	—
philosopher, é, inv.	**53**	avoir	—	—	—
phosphater, é, ée	**68**	avoir	—	—	—
phosphorer, é, inv.	**59**	avoir	—	—	—
photocomposer, é, ée	**62**	avoir	—	—	—
photocopier, é, ée	**34**	avoir	—	—	—
photographier, é, ée	**34**	avoir	—	—	—
phraser, é, ée	**62**	avoir	—	—	—
piaffer, é, inv.	**21**	avoir	—	—	—
piailler, é, inv.	**35**	avoir	—	—	—
pianoter, é, inv.	**68**	avoir	—	—	—
piauler, é, ée	**42**	avoir	—	—	—
picoler, é, inv.	**42**	avoir	—	—	—
picorer, é, ée	**59**	avoir	—	—	—
picoter, é, ée	**68**	avoir	—	—	—
piéger, é, ée	**24**	avoir	—	—	—
piéter, é, ée	**67**	avoir	—	être	—
piétiner, é, ée	**50**	avoir	—	—	—
pigeonner, é, ée	**51**	avoir	—	—	—
piger, é, ée	**25**	avoir	—	—	—
pigmenter, é, ée	**68**	avoir	—	être	—
piler, é, ée	**42**	avoir	—	—	—
piller, é, ée	**38**	avoir	—	—	—
pilonner, é, ée	**51**	avoir	—	—	—
piloter, é, ée	**68**	avoir	—	—	—
pimenter, é, ée	**68**	avoir	—	être	—
pinailler, é, inv.	**35**	avoir	—	—	—
pincer, é, ée	**10**	avoir	—	être	—
pinter, é, ée	**68**	avoir	—	être	—
piocher, é, ée	**12**	avoir	—	être	—
piper, é, ée	**52**	avoir	—	être	—
pique-niquer, é, inv.	**57**	avoir	—	—	—
piquer, é, ée	**57**	avoir	—	être	—

INFINITIFS ET PARTICIPES PASSÉS	PAGES	FORME ACTIVE		FORME PRONOMINALE	
		AUX.	PRÉP.	AUX.	PRÉP.
piqueter, é, ée	**65**	avoir	—	—	—
pirater, é, ée	**68**	avoir	—	—	—
pirouetter, é, inv.	**68**	avoir	—	—	—
pisser, é, ée	**64**	avoir	—	—	—
pister, é, ée	**68**	avoir	—	—	—
pistonner, é, ée	**51**	avoir	—	—	—
pitonner, é, ée	**51**	avoir	—	—	—
pivoter, é, ée	**68**	avoir	—	—	—
placarder, é, ée	**16**	avoir	—	—	—
placer, é, ée	**10**	avoir	—	être	—
plafonner, é, ée	**51**	avoir	—	—	—
plagier, é, ée	**34**	avoir	—	—	—
plaider, é, ée	**16**	avoir	—	—	—
plaindre, plaint, ainte	**164**	avoir	—	être	de
plaire, plu, inv.	**85**	avoir	à	être	à + v.
plaisanter, é, ée	**68**	avoir	—	—	—
planchéier, é, ée	**34**	avoir	—	—	—
planer, é, ée	**50**	avoir	—	—	—
planifier, é, ée	**34**	avoir	—	—	—
planquer, é, ée	**57**	avoir	—	être	—
planter, é, ée	**68**	avoir	—	être	—
plaquer, é, ée	**57**	avoir	—	être	—
plasmifier, é, ée	**34**	avoir	—	—	—
plastifier, é, ée	**34**	avoir	—	—	—
plastiquer, é, ée	**57**	avoir	—	—	—
plastronner, é, ée	**51**	avoir	—	—	—
platiner, é, ée	**50**	avoir	—	—	—
plâtrer, é, ée	**70**	avoir	—	être	—
plébisciter, é, ée	**68**	avoir	—	—	—
pleurer, é, ée	**59**	avoir	—	être	—
pleurnicher, é, inv.	**12**	avoir	—	—	—
pleuvasser, é, inv.	**64**	avoir	—	—	—
Ne s'emploie qu'à la 3e personne du singulier.					
pleuviner, é, inv.	**50**	avoir	—	—	—
Ne s'emploie qu'à la 3e personne du singulier.					
pleuvoir, plu, inv.	**189**	avoir	—	—	—
pleuvoter, é, inv.	**68**	avoir	—	—	—
Ne s'emploie qu'à la 3e personne du singulier.					
plier, é, ée	**34**	avoir	—	être	—
plisser, é, ée	**64**	avoir	—	être	—
plomber, é, ée	**4**	avoir	—	être	—
plonger, é, ée	**25**	avoir	—	être	dans
ployer, é, ée	**79**	avoir	—	être	—
plucher, é, inv.	**12**	avoir	—	—	—
plumer, é, ée	**47**	avoir	—	être	—
pluviner, é, inv.	**50**	avoir	—	—	—
Ne s'emploie qu'à la 3e personne du singulier.					
pocharder (se), é, ée	**16**	—	—	être	—
pocher, é, ée	**12**	avoir	—	—	—
poêler, é, ée	**42**	avoir	—	—	—
poétiser, é, ée	**62**	avoir	—	—	—
poignarder, é, ée	**16**	avoir	—	être	—

INFINITIFS ET PARTICIPES PASSÉS	PAGES	FORME ACTIVE		FORME PRONOMINALE	
		AUX.	PRÉP.	AUX.	PRÉP.
poiler (se), é, ée	**42**	—	—	être	—
poinçonner, é, ée	**51**	avoir	—	—	—
poindre	**169**	—	—	—	—
S'emploie seulement à l'infinitif, aux 3es personnes du présent et de l'imparfait de l'indicatif ainsi qu'au participe présent.					
pointer, é, ée	**68**	avoir	—	être	—
pointiller, é, ée	**38**	avoir	—	—	—
poireauter, é, inv.	**68**	avoir	—	—	—
poiroter, é, inv.	**68**	avoir	—	—	—
poisser, é, ée	**64**	avoir	—	—	—
poivrer, é, ée	**75**	avoir	—	être	—
polariser, é, ée	**62**	avoir	—	être	—
polémiquer, é, inv.	**57**	avoir	avec, contre	—	—
policer, é, ée	**10**	avoir	—	être	—
polir, i, ie	**112**	avoir	—	être	—
polissonner, é, inv.	**51**	avoir	—	—	—
politiser, é, ée	**62**	avoir	—	être	—
polluer, é, ée	**83**	avoir	—	être	—
polycopier, é, ée	**34**	avoir	—	—	—
polymériser, é, ée	**62**	avoir	—	être	—
pommader, é, ée	**16**	avoir	—	être	—
pommeler (se), é, ée	**40**	—	—	être	—
pommer, é, inv.	**47**	avoir	—	—	—
pomper, é, ée	**52**	avoir	—	—	—
pomponner, é, ée	**51**	avoir	—	être	—
poncer, é, ée	**10**	avoir	—	être	—
ponctionner, é, ée	**51**	avoir	—	—	—
ponctuer, é, ée	**83**	avoir	—	—	—
pondérer, é, ée	**58**	avoir	—	—	—
pondre, pondu, ue	**170**	avoir	—	—	—
ponter, é, ée	**68**	avoir	—	—	—
pontifier, é, inv.	**34**	avoir	—	—	—
populariser, é, ée	**62**	avoir	—	être	—
poquer, é, inv.	**57**	avoir	—	—	—
porter, é, ée	**68**	avoir	—	être	—
portraiturer, é, ée	**59**	avoir	—	—	—
poser, é, ée	**62**	avoir	—	être	sur
positionner, é, ée	**51**	avoir	—	être	—
posséder, é, ée	**15**	avoir	—	être	—
postdater, é, ée	**68**	avoir	—	—	—
poster, é, ée	**68**	avoir	—	être	—
postillonner, é, inv.	**51**	avoir	—	—	—
postsonoriser, é, ée	**62**	avoir	—	—	—
postsynchroniser, é, ée	**62**	avoir	—	—	—
postuler, é, ée	**42**	avoir	—	—	—
potasser, é, ée	**64**	avoir	—	—	—
potentialiser, é, ée	**62**	avoir	—	—	—
poter, é, ée	**68**	avoir	—	—	—
potiner, é, inv.	**50**	avoir	sur, à propos de	—	—
poudrer, é, ée	**17**	avoir	—	être	—
poudroyer, é, inv.	**79**	avoir	—	—	—
pouffer, é, inv.	**21**	avoir	de	—	—
pouliner, é, inv.	**50**	avoir	—	—	—
pouponner, é, ée	**51**	avoir	—	—	—
pourchasser, é, ée	**64**	avoir	—	être	—
pourfendre, pourfendu, ue	**167**	avoir	—	—	—
pourlécher, é, ée	**11**	avoir	—	être	—
pourrir, i, ie	**124**	avoir	—	être	—
poursuivre, poursuivi, ie	**187**	avoir	—	être	—
pourvoir, pourvu, ue	**156**	avoir	—	être	de
pousser, é, ée	**64**	avoir	—	être	—
pouvoir, pu, inv.	**155**	avoir	—	être	—
praliner, é, ée	**50**	avoir	—	—	—
pratiquer, é, ée	**57**	avoir	—	être	—
précariser, é, ée	**62**	avoir	—	—	—
précautionner (se), é, ée	**51**	—	—	être	contre, de
précéder, é, ée	**15**	avoir	—	—	—
préchauffer, é, ée	**21**	avoir	—	—	—
prêcher, é, ée	**12**	avoir	—	être	—
précipiter, é, ée	**68**	avoir	—	être	sur
préciser, é, ée	**62**	avoir	—	être	—
précompter, é, ée	**68**	avoir	—	—	—
préconiser, é, ée	**62**	avoir	—	—	—
prédestiner, é, ée	**50**	avoir	—	—	—
prédéterminer, é, ée	**50**	avoir	—	—	—
prédiquer, é, ée	**57**	avoir	—	—	—
prédire, prédit, ite	**99**	avoir	—	—	—
prédisposer, é, ée	**62**	avoir	à + v.	—	—
prédominer, é, inv.	**50**	avoir	—	—	—
préétablir, i, ie	**90**	avoir	—	—	—
préexister, é, inv.	**68**	avoir	—	—	—
préfacer, é, ée	**10**	avoir	—	—	—
préférer, é, ée	**58**	avoir	—	être	—
préfigurer, é, ée	**59**	avoir	—	—	—
préfixer, é, ée	**76**	avoir	—	—	—
préformer, é, ée	**47**	avoir	—	—	—
préjudicier, é, inv.	**34**	avoir	à	—	—
préjuger, é, ée	**25**	avoir	—	—	—
prélasser (se), é, ée	**64**	—	—	être	—
prélever, é, ée	**71**	avoir	—	—	—
préluder, é, inv.	**16**	avoir	à	—	—
préméditer, é, ée	**68**	avoir	de + v.	—	—
prémunir, i, ie	**116**	avoir	—	être	contre
prendre, pris, ise	**168**	avoir	—	être	à, pour
prénommer, é, ée	**47**	avoir	—	être	—
préoccuper, é, ée	**52**	avoir	—	être	de
préparer, é, ée	**59**	avoir	—	être	à
prépayer, é, ée	**78**	avoir	—	—	—
préposer, é, ée	**62**	avoir	—	—	—
prérégler, é, ée	**26**	avoir	—	—	—

INFINITIFS ET PARTICIPES PASSÉS	PAGES	FORME ACTIVE		FORME PRONOMINALE	
		AUX.	PRÉP.	AUX.	PRÉP.
présager, é, ée	**25**	avoir	—	—	—
prescrire, prescrit, ite	**95**	avoir	de + v.	être	—
présélectionner, é, ée	**51**	avoir	—	—	—
présenter, é, ée	**68**	avoir	—	être	à, contre
préserver, é, ée	**72**	avoir	—	être	de
présider, é, ée	**16**	avoir	—	—	—
pressentir, i, ie	**131**	avoir	—	être	—
presser, é, ée	**64**	avoir	—	être	—
pressurer, é, ée	**59**	avoir	—	—	—
pressuriser, é, ée	**62**	avoir	—	—	—
présumer, é, ée	**47**	avoir	—	—	—
présupposer, é, ée	**62**	avoir	—	—	—
présurer, é, ée	**59**	avoir	—	—	—
prétendre, prétendu, ue	**167**	avoir	—	être	—
prêter, é, ée	**68**	avoir	—	être	à
prétexter, é, ée	**68**	avoir	—	—	—
prévaloir, prévalu, ue	**147**	avoir	—	être	de
prévariquer, é, inv.	**57**	avoir	—	—	—
prévenir, prévenu, ue	**118**	avoir	—	—	—
prévoir, prévu, ue	**157**	avoir	—	—	—
prier, é, ée	**34**	avoir	de + v.	—	—
primer, é, ée	**47**	avoir	—	—	—
priser, é, ée	**62**	avoir	—	être	—
privatiser, é, ée	**62**	avoir	—	—	—
priver, é, ée	**72**	avoir	—	être	de
privilégier, é, ée	**34**	avoir	—	—	—
procéder, é, inv.	**15**	avoir	à	—	—
proclamer, é, ée	**47**	avoir	—	être	—
procréer, é, ée	**18**	avoir	—	—	—
procurer, é, ée	**59**	avoir	—	être	—
prodiguer, é, ée	**33**	avoir	—	être	—
produire, produit, uite	**136**	avoir	—	être	—
profaner, é, ée	**50**	avoir	—	—	—
proférer, é, ée	**58**	avoir	—	—	—
professer, é, ée	**64**	avoir	—	—	—
professionnaliser, é, ée	**62**	avoir	—	être	—
profiler, é, ée	**42**	avoir	—	être	—
profiter, é, inv.	**68**	avoir	à, de	—	—
programmer, é, ée	**47**	avoir	—	—	—
progresser, é, inv.	**64**	avoir	—	—	—
prohiber, é, ée	**4**	avoir	—	—	—
projeter, é, ée	**65**	avoir	de + v.	être	—
prolétariser, é, ée	**62**	avoir	—	être	—
proliférer, é, inv.	**58**	avoir	—	—	—
prolonger, é, ée	**25**	avoir	—	être	—
promener, é, ée	**48**	avoir	—	être	—
promettre, promis, ise	**182**	avoir	de + v.	être	de + v.
promouvoir, promu, ue	**154**	avoir	—	—	—
promulguer, é, ée	**33**	avoir	—	—	—
prôner, é, ée	**50**	avoir	—	—	—
prononcer, é, ée	**10**	avoir	—	être	sur
pronostiquer, é, ée	**57**	avoir	—	—	—

INFINITIFS ET PARTICIPES PASSÉS	PAGES	FORME ACTIVE		FORME PRONOMINALE	
		AUX.	PRÉP.	AUX.	PRÉP.
propager, é, ée	**25**	avoir	—	être	—
prophétiser, é, ée	**62**	avoir	—	—	—
proportionner, é, ée	**51**	avoir	—	être	—
proposer, é, ée	**62**	avoir	de + v.	être	de + v.
propulser, é, ée	**63**	avoir	—	être	—
proroger, é, ée	**25**	avoir	—	être	—
proscrire, proscrit, ite	**95**	avoir	—	—	—
prospecter, é, ée	**68**	avoir	—	—	—
prospérer, é, inv.	**58**	avoir	—	—	—
prosterner, é, ée	**50**	avoir	—	être	devant
prostituer, é, ée	**83**	avoir	—	être	—
protéger, é, ée	**24**	avoir	—	être	contre, de
protester, é, ée	**68**	avoir	—	—	—
prouver, é, ée	**72**	avoir	—	être	—
provenir, provenu, ue	**117**	**être**	de	—	—
provigner, é, ée	**29**	avoir	—	—	—
provisionner, é, ée	**51**	avoir	—	—	—
provoquer, é, ée	**57**	avoir	—	être	—
psalmodier, é, ée	**34**	avoir	—	—	—
psychanalyser, é, ée	**62**	avoir	—	—	—
psychiatriser, é, ée	**62**	avoir	—	—	—
publier, é, ée	**34**	avoir	—	être	—
puddler, é, ée	**42**	avoir	—	—	—
puer, é, inv.	**83**	avoir	—	—	—
puiser, é, ée	**62**	avoir	—	être	—
pulluler, é, inv.	**42**	avoir	—	—	—
pulser, é, ée	**63**	avoir	—	—	—
pulvériser, é, ée	**62**	avoir	—	être	—
punaiser, é, ée	**62**	avoir	—	—	—
punir, i, ie	**116**	avoir	—	être	—
purger, é, ée	**25**	avoir	—	être	de
purifier, é, ée	**34**	avoir	—	être	—
putréfier, é, ée	**34**	avoir	—	être	—
putter, é, ée	**68**	avoir	—	—	—
pyramider, é, ée	**16**	avoir	—	—	—
pyrograver, é, ée	**72**	avoir	—	—	—
Q					
quadriller, é, ée	**38**	avoir	—	—	—
quadrupler, é, ée	**55**	avoir	—	—	—
qualifier, é, ée	**34**	avoir	—	être	—
quantifier, é, ée	**34**	avoir	—	—	—
quartager, é, ée	**25**	avoir	—	—	—
quarter, é, inv.	**68**	avoir	—	—	—
quémander, é, ée	**16**	avoir	—	—	—
quereller, é, ée	**43**	avoir	—	être	avec
quérir	—	—	—	—	—
Ne s'emploie qu'à l'infinitif.					
questionner, é, ée	**51**	avoir	—	être	sur
quêter, é, ée	**68**	avoir	—	—	—
queuter, é, inv.	**68**	avoir	—	—	—

INFINITIFS ET PARTICIPES PASSÉS	PAGES	FORME ACTIVE		FORME PRONOMINALE	
		AUX.	PRÉP.	AUX.	PRÉP.
quintessencier, é, ée	**34**	avoir	—	être	—
quintupler, é, ée	**55**	avoir	—	—	—
quittancer, é, ée	**10**	avoir	—	—	—
quitter, é, ée	**68**	avoir	—	être	—
R					
rabâcher, é, ée	**12**	avoir	—	—	—
rabaisser, é, ée	**64**	avoir	—	être	—
rabattre, rabattu, ue	**181**	avoir	—	être	—
rabibocher, é, ée	**12**	avoir	—	être	—
rabioter, é, ée	**68**	avoir	—	—	—
râbler, é, ée	**5**	avoir	—	—	—
rabonnir, i, ie	**116**	avoir	—	—	—
raboter, é, ée	**68**	avoir	—	—	—
rabougrir, i, ie	**105**	avoir	—	être	—
rabouter, é, ée	**68**	avoir	—	—	—
raboutir, i, ie	**134**	avoir	—	—	—
rabrouer, é, ée	**82**	avoir	—	—	—
raccommoder, é, ée	**16**	avoir	—	être	avec
raccompagner, é, ée	**29**	avoir	—	—	—
raccorder, é, ée	**16**	avoir	—	être	à, avec
raccourcir, i, ie	**93**	avoir	—	être	—
raccrocher, é, ée	**12**	avoir	—	être	—
racheter, é, ée	**66**	avoir	—	être	—
racketter, é, ée	**68**	avoir	—	—	—
racler, é, ée	**13**	avoir	—	être	—
racoler, é, ée	**42**	avoir	—	—	—
raconter, é, ée	**68**	avoir	—	être	—
racornir, i, ie	**116**	avoir	—	être	—
rader, é, ée	**16**	avoir	—	—	—
radicaliser, é, ée	**62**	avoir	—	être	—
radier, é, ée	**34**	avoir	—	—	—
radiobaliser, é, ée	**62**	avoir	—	—	—
radiodiffuser, é, ée	**62**	avoir	—	—	—
radiographier, é, ée	**34**	avoir	—	—	—
radioguider, é, ée	**16**	avoir	—	—	—
radoter, é, inv.	**68**	avoir	—	—	—
radouber, é, ée	**4**	avoir	—	—	—
radoucir, i, ie	**93**	avoir	—	être	—
raffermir, i, ie	**114**	avoir	—	être	—
raffiner, é, ée	**50**	avoir	—	être	—
raffoler, é, inv.	**42**	avoir	de	—	—
raffûter, é, ée	**68**	avoir	—	—	—
rafistoler, é, ée	**42**	avoir	—	—	—
rafler, é, ée	**22**	avoir	—	—	—
rafraîchir, i, ie	**92**	avoir	—	être	—
ragaillardir, i, ie	**96**	avoir	—	être	—
rager, é, inv.	**25**	avoir	contre	—	—
ragréer, é, ée	**18**	avoir	—	être	de
raguer, é, ée	**33**	avoir	—	être	—
raidir, i, ie	**96**	avoir	—	être	—
railler, é, ée	**35**	avoir	—	être	de
rainer, é, ée	**50**	avoir	—	—	—
rainurer, é, ée	**59**	avoir	—	—	—
raisonner, é, ée	**51**	avoir	—	être	—
rajeunir, i, ie	**116**	avoir	—	être	—
rajouter, é, ée	**68**	avoir	—	—	—
rajuster, é, ée	**68**	avoir	—	être	—
ralentir, i, ie	**134**	avoir	—	être	—
râler, é, inv.	**42**	avoir	—	—	—
ralinguer, é, ée	**33**	avoir	—	—	—
raller, é, inv.	**43**	avoir	—	—	—
rallier, é, ée	**34**	avoir	—	être	à
rallonger, é, ée	**25**	avoir	—	être	—
rallumer, é, ée	**47**	avoir	—	être	—
ramager, é, ée	**25**	avoir	—	—	—
ramasser, é, ée	**64**	avoir	—	être	—
ramender, é, ée	**16**	avoir	—	—	—
ramener, é, ée	**48**	avoir	—	être	—
ramer, é, ée	**47**	avoir	—	—	—
rameuter, é, ée	**68**	avoir	—	être	—
ramifier, é, ée	**34**	avoir	—	être	—
ramollir, i, ie	**112**	avoir	—	être	—
ramoner, é, ée	**50**	avoir	—	—	—
ramper, é, inv.	**52**	avoir	—	—	—
rancir, i, ie	**93**	avoir	—	être	—
rançonner, é, ée	**51**	avoir	—	—	—
randomiser, é, ée	**62**	avoir	—	—	—
randonner, é, inv.	**51**	avoir	—	—	—
ranger, é, ée	**25**	avoir	—	être	—
ranimer, é, ée	**47**	avoir	—	être	—
rapatrier, é, ée	**34**	avoir	—	être	—
rapatronner, é, ée	**51**	avoir	—	—	—
râper, é, ée	**52**	avoir	—	—	—
rapetasser, é, ée	**64**	avoir	—	—	—
rapetisser, é, ée	**64**	avoir	—	être	—
rapiécer, é, ée	**9**	avoir	—	—	—
rapiner, é, ée	**50**	avoir	—	—	—
raplatir, i, ie	**134**	avoir	—	être	—
rapointir, i, ie	**134**	avoir	—	—	—
rappareiller, é, ée	**36**	avoir	—	—	—
rapparier, é, ée	**34**	avoir	—	—	—
rappeler, é, ée	**40**	avoir	—	être	—
rappliquer, é, ée	**57**	avoir	—	être	—
rappointir, i, ie	**134**	avoir	—	—	—
rapporter, é, ée	**68**	avoir	—	être	—
rapprendre, rappris, ise	**168**	avoir	à + v.	—	—
rapprêter, é, ée	**68**	avoir	—	—	—
rapprocher, é, ée	**12**	avoir	—	être	de
rapprovisionner, é, ée	**51**	avoir	—	être	—
raréfier, é, ée	**34**	avoir	—	être	—
raser, é, ée	**62**	avoir	—	être	—
rassasier, é, ée	**34**	avoir	—	être	de
rassembler, é, ée	**5**	avoir	—	être	—

INFINITIFS ET PARTICIPES PASSÉS	PAGES	FORME ACTIVE		FORME PRONOMINALE	
		AUX.	PRÉP.	AUX.	PRÉP.
rasseoir, rassis, ise	**150**	avoir	—	être	dans, sur
rasséréner, é, ée	**49**	avoir	—	être	—
rassir, i, ie	**129**	avoir	—	être	—
rassortir, i, ie	**134**	avoir	—	être	—
rassurer, é, ée	**59**	avoir	—	être	—
ratatiner, é, ée	**50**	avoir	—	être	—
râteler, é, ée	**40**	avoir	—	—	—
rater, é, ée	**68**	avoir	—	—	—
ratifier, é, ée	**34**	avoir	—	—	—
ratiner, é, ée	**50**	avoir	—	—	—
ratiociner, é, inv.	**50**	avoir	sur	—	—
rationaliser, é, ée	**62**	avoir	—	—	—
rationner, é, ée	**51**	avoir	—	être	—
ratisser, é, ée	**64**	avoir	—	—	—
rattacher, é, ée	**12**	avoir	—	être	à
rattraper, é, ée	**52**	avoir	—	être	—
raturer, é, ée	**59**	avoir	—	—	—
raucher, é, ée	**12**	avoir	—	—	—
raugmenter, é, ée	**68**	avoir	—	—	—
rauquer, é, inv.	**57**	avoir	—	—	—
ravager, é, ée	**25**	avoir	—	—	—
ravaler, é, ée	**42**	avoir	—	être	—
ravauder, é, ée	**16**	avoir	—	—	—
ravigoter, é, ée	**68**	avoir	—	—	—
ravilir, i, ie	**112**	avoir	—	être	—
raviner, é, ée	**50**	avoir	—	être	—
ravir, i, ie	**141**	avoir	—	—	—
raviser (se), é, ée	**62**	—	—	être	—
ravitailler, é, ée	**35**	avoir	—	être	—
raviver, é, ée	**72**	avoir	—	être	—
ravoir	—	—	—	—	—
Ne s'emploie qu'à l'infinitif.					
rayer, é, ée	**78**	avoir	—	être	—
Conserve le «y» dans toute sa conjugaison.					
rayonner, é, ée	**51**	avoir	—	—	—
razzier, é, ée	**34**	avoir	—	—	—
réabonner, é, ée	**51**	avoir	—	être	à
réabsorber, é, ée	**4**	avoir	—	—	—
réaccoutumer, é, ée	**47**	avoir	—	être	à
réactiver, é, ée	**72**	avoir	—	—	—
réactualiser, é, ée	**62**	avoir	—	—	—
réadapter, é, ée	**68**	avoir	—	être	à
réadmettre, réadmis, ise	**182**	avoir	—	—	—
réaffirmer, é, ée	**47**	avoir	—	—	—
réagir, i, inv.	**104**	avoir	à, sur, contre	—	—
réajuster, é, ée	**68**	avoir	—	être	—
réaligner, é, ée	**29**	avoir	—	—	—
réaliser, é, ée	**62**	avoir	—	être	—
réaménager, é, ée	**25**	avoir	—	—	—
réamorcer, é, ée	**10**	avoir	—	—	—
réanimer, é, ée	**47**	avoir	—	—	—
réapparaître, réapparu, ue	**180**	avoir ou **être**	—	—	—
réapprendre, réappris, ise	**168**	avoir	à + v.	—	—
réapprovisionner, é, ée	**51**	avoir	—	être	—
réargenter, é, ée	**68**	avoir	—	être	—
réarmer, é, ée	**47**	avoir	—	être	—
réarranger, é, ée	**25**	avoir	—	être	—
réassigner, é, ée	**29**	avoir	—	—	—
réassortir, i, ie	**134**	avoir	—	être	—
réassurer, é, ée	**59**	avoir	—	être	—
rebaptiser, é, ée	**62**	avoir	—	—	—
rebâtir, i, ie	**134**	avoir	—	—	—
rebattre, rebattu, ue	**181**	avoir	—	—	—
rebeller (se), é, ée	**43**	—	—	être	contre
rebiffer (se), é, ée	**21**	—	—	être	contre
reblanchir, i, ie	**92**	avoir	—	—	—
reboire, rebu, ue	**145**	avoir	—	—	—
reboiser, é, ée	**62**	avoir	—	être	—
rebondir, i, inv.	**96**	avoir	contre, sur	—	—
reborder, é, ée	**16**	avoir	—	—	—
reboucher, é, ée	**12**	avoir	—	être	—
rebouter, é, ée	**68**	avoir	—	—	—
reboutonner, é, ée	**51**	avoir	—	être	—
rebrousser, é, ée	**64**	avoir	—	être	—
rebuter, é, ée	**68**	avoir	—	être	de
recacheter, é, ée	**65**	avoir	—	—	—
recalcifier, é, ée	**34**	avoir	—	être	—
recalculer, é, ée	**42**	avoir	—	—	—
recaler, é, ée	**42**	avoir	—	—	—
récapituler, é, ée	**42**	avoir	—	être	—
recarder, é, ée	**16**	avoir	—	—	—
recarreler, é, ée	**40**	avoir	—	—	—
recaser, é, ée	**62**	avoir	—	être	—
recauser, é, inv.	**62**	avoir	de	—	—
recéder, é, ée	**15**	avoir	—	—	—
receler, é, ée	**39**	avoir	—	—	—
recéler, é, ée	**41**	avoir	—	—	—
recenser, é, ée	**63**	avoir	—	—	—
recentrer, é, ée	**70**	avoir	—	—	—
receper, é, ée	**45**	avoir	—	—	—
recéper, é, ée	**46**	avoir	—	—	—
réceptionner, é, ée	**51**	avoir	—	—	—
recercler, é, ée	**13**	avoir	—	—	—
recevoir, reçu, ue	**152**	avoir	—	être	—
réchampir, i, ie	**120**	avoir	—	—	—
rechampir, i, ie	**120**	avoir	—	—	—
rechanger, é, ée	**25**	avoir	—	—	—
rechanter, é, ée	**68**	avoir	—	—	—
rechaper, é, ée	**52**	avoir	—	—	—
réchapper, é, ée	**54**	avoir	—	—	—

INFINITIFS ET PARTICIPES PASSÉS	PAGES	FORME ACTIVE		FORME PRONOMINALE	
		AUX.	PRÉP.	AUX.	PRÉP.
recharger, é, ée	**25**	avoir	—	—	—
réchauffer, é, ée	**21**	avoir	—	être	—
rechausser, é, ée	**64**	avoir	—	être	—
rechercher, é, ée	**12**	avoir	—	être	—
rechigner, é, inv.	**29**	avoir	à	—	—
rechristianiser, é, ée	**62**	avoir	—	—	—
rechuter, é, inv.	**68**	avoir	—	—	—
récidiver, é, inv.	**72**	avoir	—	—	—
réciter, é, ée	**68**	avoir	—	être	—
réclamer, é, ée	**47**	avoir	—	être	de
reclasser, é, ée	**64**	avoir	—	être	—
reclouer, é, ée	**82**	avoir	—	—	—
reclure, reclus, use	—	—	—	—	—
Ne s'emploie qu'à l'infinitif et au participe passé.					
recoiffer, é, ée	**21**	avoir	—	être	—
récoler, é, ée	**42**	avoir	—	—	—
recoller, é, ée	**43**	avoir	—	être	—
récolter, é, ée	**68**	avoir	—	être	—
recommander, é, ée	**16**	avoir	de + v.	être	—
recommencer, é, ée	**10**	avoir	à + v.	—	—
recomparaître, recomparu, inv.	**180**	avoir	devant	—	—
récompenser, é, ée	**63**	avoir	—	être	—
recomposer, é, ée	**62**	avoir	—	être	—
recompter, é, ée	**68**	avoir	—	—	—
réconcilier, é, ée	**34**	avoir	—	être	avec
recondamner, é, ée	**50**	avoir	—	—	—
reconduire, reconduit, ite	**136**	avoir	—	—	—
réconforter, é, ée	**68**	avoir	—	être	—
reconnaître, reconnu, ue	**178**	avoir	—	être	à
reconquérir, reconquis, ise	**123**	avoir	—	—	—
reconsidérer, é, ée	**58**	avoir	—	—	—
reconsolider, é, ée	**16**	avoir	—	—	—
reconstituer, é, ée	**83**	avoir	—	être	—
reconstruire, reconstruit, ite	**140**	avoir	—	—	—
reconvertir, i, ie	**134**	avoir	—	être	dans, vers
recopier, é, ée	**34**	avoir	—	être	—
recorder, é, ée	**16**	avoir	—	—	—
recorriger, é, ée	**25**	avoir	—	—	—
recoucher, é, ée	**12**	avoir	—	être	—
recoudre, recousu, ue	**174**	avoir	—	—	—
recouper, é, ée	**52**	avoir	—	être	—
recourber, é, ée	**4**	avoir	—	être	—
recourir, recouru, ue	**122**	avoir	à	—	—
recouvrer, é, ée	**75**	avoir	—	—	—
recouvrir, recouvert, erte	**144**	avoir	—	être	de
recracher, é, ée	**12**	avoir	—	—	—
recréer, é, ée	**18**	avoir	—	être	—
récréer, é, ée	**18**	avoir	—	être	—

INFINITIFS ET PARTICIPES PASSÉS	PAGES	FORME ACTIVE		FORME PRONOMINALE	
		AUX.	PRÉP.	AUX.	PRÉP.
recrépir, i, ie	**120**	avoir	—	—	—
recreuser, é, ée	**62**	avoir	—	—	—
récrier (se), é, ée	**34**	—	—	être	de, sur, à, contre
récriminer, é, inv.	**50**	avoir	contre	—	—
récrire, récrit, ite	**95**	avoir	—	—	—
recristalliser, é, ée	**62**	avoir	—	être	—
recroître, recrû, inv.	**183**	avoir	—	—	—
recroqueviller, é, ée	**38**	avoir	—	être	—
recruter, é, ée	**68**	avoir	—	être	—
rectifier, é, ée	**34**	avoir	—	—	—
recueillir, i, ie	**111**	avoir	—	être	—
recuire, recuit, uite	**138**	avoir	—	être	—
reculer, é, ée	**42**	avoir	—	être	—
reculotter, é, ée	**68**	avoir	—	être	—
récupérer, é, ée	**58**	avoir	—	—	—
récurer, é, ée	**59**	avoir	—	—	—
récuser, é, ée	**62**	avoir	—	être	—
recycler, é, ée	**13**	avoir	—	être	—
redécouvrir, redécouvert, erte	**144**	avoir	—	—	—
redéfaire, redéfait, aite	**84**	avoir	—	être	—
redéfinir, i, ie	**116**	avoir	—	—	—
redemander, é, ée	**16**	avoir	—	—	—
redémarrer, é, inv.	**59**	avoir	—	—	—
redéployer, é, ée	**79**	avoir	—	—	—
redescendre, redescendu, ue	**167**	avoir	—	—	—
redevenir, redevenu, ue	**117**	**être**	—	—	—
redevoir, redû, ue, us, ues	**153**	avoir	—	—	—
rediffuser, é, ée	**62**	avoir	—	—	—
rédiger, é, ée	**25**	avoir	—	—	—
rédimer, é, ée	**47**	avoir	—	être	—
redire, redit, ite	**97**	avoir	—	être	—
rediscuter, é, ée	**68**	avoir	—	—	—
redistribuer, é, ée	**83**	avoir	—	—	—
redonner, é, ée	**51**	avoir	—	être	—
redorer, é, ée	**59**	avoir	—	être	—
redormir, i, inv.	**115**	avoir	—	—	—
redoubler, é, ée	**5**	avoir	—	—	—
redouter, é, ée	**68**	avoir	de + v.	—	—
redresser, é, ée	**64**	avoir	—	être	—
réduire, réduit, ite	**136**	avoir	—	être	à
réécouter, é, ée	**68**	avoir	—	—	—
réécrire, réécrit, ite	**95**	avoir	—	—	—
réédifier, é, ée	**34**	avoir	—	—	—
rééditer, é, ée	**68**	avoir	—	—	—
rééduquer, é, ée	**57**	avoir	—	être	—
réélire, réélu, ue	**113**	avoir	—	—	—
réembaucher, é, ée	**12**	avoir	—	—	—
réemployer, é, ée	**79**	avoir	—	—	—
réemprunter, é, ée	**68**	avoir	—	—	—

INFINITIFS ET PARTICIPES PASSÉS	PAGES	FORME ACTIVE		FORME PRONOMINALE	
		AUX.	PRÉP.	AUX.	PRÉP.
réendosser, é, ée	**64**	avoir	—	—	—
réengager, é, ée	**25**	avoir	—	être	dans
réenregistrer, é, ée	**70**	avoir	—	—	—
réensemencer, é, ée	**10**	avoir	—	—	—
réentendre, réentendu, ue	**167**	avoir	—	—	—
rééquilibrer, é, ée	**7**	avoir	—	être	—
réer, é, inv.	**18**	avoir	—	—	—
réescompter, é, ée	**68**	avoir	—	—	—
réessayer, é, ée	**78**	avoir	de + v.	—	—
réétudier, é, ée	**34**	avoir	—	—	—
réévaluer, é, ée	**83**	avoir	—	—	—
réexaminer, é, ée	**50**	avoir	—	—	—
réexpédier, é, ée	**34**	avoir	—	—	—
réexporter, é, ée	**68**	avoir	—	—	—
refaçonner, é, ée	**51**	avoir	—	—	—
refaire, refait, aite	**84**	avoir	—	être	—
refendre, refendu, ue	**167**	avoir	—	—	—
référencer, é, ée	**10**	avoir	—	—	—
référer, é, ée	**58**	avoir	—	être	à
refermer, é, ée	**47**	avoir	—	être	—
refiler, é, ée	**42**	avoir	—	—	—
réfléchir, i, ie	**92**	avoir	—	être	—
refléter, é, ée	**67**	avoir	—	être	dans
refleurir, i, ie	**124**	avoir	—	—	—
refluer, é, inv.	**83**	avoir	vers	—	—
refondre, refondu, ue	**170**	avoir	—	—	—
reformer, é, ée	**47**	avoir	—	être	—
réformer, é, ée	**47**	avoir	—	être	—
reformuler, é, ée	**42**	avoir	—	—	—
refouiller, é, ée	**37**	avoir	—	—	—
refouler, é, ée	**42**	avoir	—	—	—
réfracter, é, ée	**68**	avoir	—	être	—
refréner, é, ée	**49**	avoir	—	—	—
réfréner, é, ée	**49**	avoir	—	—	—
réfrigérer, é, ée	**58**	avoir	—	—	—
refroidir, i, ie	**96**	avoir	—	être	—
réfugier (se), é, ée	**34**	—	—	être	chez, dans
refuser, é, ée	**62**	avoir	de + v.	être	à
réfuter, é, ée	**68**	avoir	—	être	—
regagner, é, ée	**29**	avoir	—	être	—
régaler, é, ée	**42**	avoir	—	être	avec, de
regarder, é, ée	**16**	avoir	—	être	—
regarnir, i, ie	**116**	avoir	—	être	de
régater, é, inv.	**68**	avoir	—	—	—
regeler, é, ée	**39**	avoir	—	—	—
régénérer, é, ée	**58**	avoir	—	être	—
régenter, é, ée	**68**	avoir	—	—	—
regimber, é, inv.	**4**	avoir	contre	—	—
régionaliser, é, ée	**62**	avoir	—	—	—
régir, i, ie	**104**	avoir	—	—	—
registrer, é, ée	**70**	avoir	—	—	—

INFINITIFS ET PARTICIPES PASSÉS	PAGES	FORME ACTIVE		FORME PRONOMINALE	
		AUX.	PRÉP.	AUX.	PRÉP.
réglementer, é, ée	**68**	avoir	—	—	—
régler, é, ée	**26**	avoir	—	être	—
régner, é, inv.	**28**	avoir	—	—	—
regonfler, é, ée	**22**	avoir	—	être	—
regorger, é, inv.	**25**	avoir	de	—	—
regréer, é, ée	**18**	avoir	—	—	—
regreffer, é, ée	**21**	avoir	—	—	—
régresser, é, inv.	**64**	avoir	—	—	—
regretter, é, ée	**68**	avoir	—	—	—
regrimper, é, ée	**52**	avoir	—	—	—
regrossir, i, inv.	**129**	avoir	—	—	—
regrouper, é, ée	**52**	avoir	—	être	—
régulariser, é, ée	**62**	avoir	—	être	—
réguler, é, ée	**42**	avoir	—	être	—
régurgiter, é, ée	**68**	avoir	—	—	—
réhabiliter, é, ée	**68**	avoir	—	être	—
réhabituer, é, ée	**83**	avoir	—	être	à
rehausser, é, ée	**64**	avoir	—	être	—
réifier, é, ée	**34**	avoir	—	—	—
réimplanter, é, ée	**68**	avoir	—	—	—
réimposer, é, ée	**62**	avoir	—	—	—
réimprimer, é, ée	**47**	avoir	—	être	—
réincarcérer, é, ée	**58**	avoir	—	—	—
réincarner (se), é, ée	**50**	—	—	être	dans, en
réincorporer, é, ée	**59**	avoir	—	être	dans
réinfecter, é, ée	**68**	avoir	—	être	—
réinscrire, réinscrit, ite	**95**	avoir	—	être	à, en
réinsérer, é, ée	**58**	avoir	—	être	dans
réinstaller, é, ée	**43**	avoir	—	être	sur, dans chez
réintégrer, é, ée	**30**	avoir	—	—	—
réintroduire, réintroduit, uite	**136**	avoir	—	être	dans
réinventer, é, ée	**68**	avoir	—	—	—
réinvestir, i, ie	**134**	avoir	—	—	—
réinviter, é, ée	**68**	avoir	—	—	—
réitérer, é, ée	**58**	avoir	—	—	—
rejaillir, i, inv.	**108**	avoir	sur	—	—
rejeter, é, ée	**65**	avoir	—	être	—
rejoindre, rejoint, ointe	**169**	avoir	—	être	—
rejointoyer, é, ée	**79**	avoir	—	—	—
rejouer, é, ée	**82**	avoir	—	—	—
réjouir, i, ie	**119**	avoir	—	être	de
relâcher, é, ée	**12**	avoir	—	être	—
relaisser (se), é, ée	**64**	—	—	être	—
relancer, é, ée	**10**	avoir	—	être	—
rélargir, i, ie	**104**	avoir	—	—	—
relater, é, ée	**68**	avoir	—	—	—
relativiser, é, ée	**62**	avoir	—	—	—
relaver, é, ée	**72**	avoir	—	être	—
relaxer, é, ée	**76**	avoir	—	être	—
relayer, é, ée	**78**	avoir	—	être	—

INFINITIFS ET PARTICIPES PASSÉS	PAGES	FORME ACTIVE		FORME PRONOMINALE	
		AUX.	PRÉP.	AUX.	PRÉP.
reléguer, é, ée	**32**	avoir	—	—	—
relever, é, ée	**71**	avoir	—	être	de
relier, é, ée	**34**	avoir	—	être	—
relire, relu, ue	**113**	avoir	—	être	—
reloger, é, ée	**25**	avoir	—	être	—
relouer, é, ée	**82**	avoir	—	—	—
reluire, relui, inv.	**139**	avoir	—	—	—
reluquer, é, ée	**57**	avoir	—	—	—
remâcher, é, ée	**12**	avoir	—	—	—
remailler, é, ée	**35**	avoir	—	—	—
remmailler, é, ée	**35**	avoir	—	—	—
remanger, é, ée	**25**	avoir	—	—	—
remanier, é, ée	**34**	avoir	de	—	—
remaquiller, é, ée	**38**	avoir	—	être	—
remarcher, é, ée	**12**	avoir	—	—	—
remarier, é, ée	**34**	avoir	—	être	avec
remarquer, é, ée	**57**	avoir	—	être	—
remastiquer, é, ée	**57**	avoir	—	—	—
remballer, é, ée	**43**	avoir	—	—	—
rembarquer, é, ée	**57**	avoir	—	être	—
rembarrer, é, ée	**59**	avoir	—	—	—
rembaucher, é, ée	**12**	avoir	—	—	—
remblayer, é, ée	**78**	avoir	—	—	—
rembobiner, é, ée	**50**	avoir	—	être	—
remboîter, é, ée	**68**	avoir	—	—	—
rembouger, é, ée	**25**	avoir	—	—	—
rembourrer, é, ée	**59**	avoir	—	—	—
rembourser, é, ée	**63**	avoir	—	être	—
rembrunir, i, ie	**116**	avoir	—	être	—
rembucher, é, ée	**12**	avoir	—	être	—
remédier, é, inv.	**34**	avoir	à	—	—
remembrer, é, ée	**7**	avoir	—	—	—
remémorer, é, ée	**59**	avoir	—	être	—
remercier, é, ée	**34**	avoir	—	—	—
remettre, remis, ise	**182**	avoir	—	être	à + v.
remeubler, é, ée	**5**	avoir	—	être	—
remilitariser, é, ée	**62**	avoir	—	—	—
remiser, é, ée	**62**	avoir	—	être	—
remmailler, é, ée	**35**	avoir	—	—	—
remmailloter, é, ée	**68**	avoir	—	—	—
remmancher, é, ée	**12**	avoir	—	—	—
remmener, é, ée	**48**	avoir	—	—	—
remmouler, é, ée	**42**	avoir	—	—	—
remodeler, é, ée	**39**	avoir	—	—	—
remonter, é, ée	**68**	avoir ou **être**	—	être	—
remontrer, é, ée	**70**	avoir	—	être	—
remordre, remordu, ue	**172**	avoir	—	—	—
remorquer, é, ée	**57**	avoir	—	—	—
remoudre, remoulu, ue	**175**	avoir	—	—	—
remouiller, é, ée	**37**	avoir	—	—	—
remouler, é, ée	**42**	avoir	—	—	—

INFINITIFS ET PARTICIPES PASSÉS	PAGES	FORME ACTIVE		FORME PRONOMINALE	
		AUX.	PRÉP.	AUX.	PRÉP.
rempailler, é, ée	**35**	avoir	—	—	—
rempaqueter, é, ée	**65**	avoir	—	—	—
rempiler, é, ée	**42**	avoir	—	—	—
remplacer, é, ée	**10**	avoir	—	être	—
remplier, é, ée	**34**	avoir	—	—	—
remplir, i, ie	**121**	avoir	—	être	de
remployer, é, ée	**79**	avoir	—	—	—
remplumer, é, ée	**47**	avoir	—	être	—
rempocher, é, ée	**12**	avoir	—	—	—
rempoissonner, é, ée	**51**	avoir	—	—	—
remporter, é, ée	**68**	avoir	—	—	—
rempoter, é, ée	**68**	avoir	—	—	—
remprunter, é, ée	**68**	avoir	—	—	—
remuer, é, ée	**83**	avoir	—	être	—
rémunérer, é, ée	**58**	avoir	—	—	—
renâcler, é, inv.	**13**	avoir	à, sur	—	—
renaître	**179**	**être**	—	—	—
Le participe passé (rené, ée) est peu usité; les temps composés sont très rarement employés.					
rencaisser, é, ée	**64**	avoir	—	—	—
renchaîner, é, ée	**50**	avoir	—	—	—
renchérir, i, ie	**124**	avoir	—	—	—
rencogner, é, ée	**29**	avoir	—	être	—
rencontrer, é, ée	**70**	avoir	—	être	—
rendormir, i, ie	**115**	avoir	—	être	—
rendosser, é, ée	**64**	avoir	—	—	—
rendre, rendu, ue	**167**	avoir	—	être	à
renégocier, é, ée	**34**	avoir	—	—	—
reneiger, é, inv.	**25**	avoir	—	—	—
Ne s'emploie qu'à la 3e personne du singulier.					
renfaîter, é, ée	**68**	avoir	—	—	—
renfermer, é, ée	**47**	avoir	—	être	—
renfiler, é, ée	**42**	avoir	—	—	—
renflammer, é, ée	**47**	avoir	—	—	—
renfler, é, ée	**22**	avoir	—	être	—
renflouer, é, ée	**82**	avoir	—	—	—
renfoncer, é, ée	**10**	avoir	—	être	dans
renforcer, é, ée	**10**	avoir	—	être	—
renforcir, i, inv.	**93**	avoir	—	—	—
renformir, i, ie	**114**	avoir	—	—	—
renfrogner (se), é, ée	**29**	—	—	être	—
rengager, é, ée	**25**	avoir	—	être	dans
rengainer, é, ée	**50**	avoir	—	—	—
rengorger (se), é, ée	**25**	—	—	être	de + v.
rengraisser, é, ée	**64**	avoir	—	être	—
rengréner, é, ée	**49**	avoir	—	être	—
rengrener, é, ée	**48**	avoir	—	—	—
renier, é, ée	**34**	avoir	—	être	—
renifler, é, ée	**22**	avoir	—	—	—
renommer, é, ée	**47**	avoir	—	—	—
renoncer, é, inv.	**10**	avoir	à	être	—
renouer, é, ée	**82**	avoir	—	être	—

INFINITIFS ET PARTICIPES PASSÉS	PAGES	FORME ACTIVE		FORME PRONOMINALE	
		AUX.	PRÉP.	AUX.	PRÉP.
renouveler, é, ée	**40**	avoir	—	être	—
rénover, é, ée	**72**	avoir	—	—	—
renquiller, é, ée	**38**	avoir	—	—	—
renseigner, é, ée	**29**	avoir	—	être	—
rentabiliser, é, ée	**62**	avoir	—	—	—
rentamer, é, ée	**47**	avoir	—	—	—
renter, é, ée	**68**	avoir	—	—	—
rentoiler, é, ée	**42**	avoir	—	—	—
rentraire, rentrait, aite	**87**	avoir	—	—	—
rentrayer, é, ée	**78**	avoir	—	—	—
rentrer, é, ée	**70**	avoir ou **être**	—	—	—
renverser, é, ée	**63**	avoir	—	être	sur
renvider, é, ée	**16**	avoir	—	—	—
renvoyer, é, ée	**80**	avoir	—	être	—
réoccuper, é, ée	**52**	avoir	—	—	—
réopérer, é, ée	**58**	avoir	—	—	—
réorchestrer, é, ée	**70**	avoir	—	—	—
réordonner, é, ée	**51**	avoir	—	—	—
réorganiser, é, ée	**62**	avoir	—	être	—
réorienter, é, ée	**68**	avoir	—	être	—
repairer, é, inv.	**59**	avoir	—	—	—
repaître, repu, ue	**179**	avoir	—	être	de
répandre, répandu, ue	**166**	avoir	—	être	sur
reparaître, reparu, ue	**180**	avoir ou **être**	—	—	—
réparer, é, ée	**59**	avoir	—	être	—
reparler, é, inv.	**42**	avoir	de + v.	être	—
repartager, é, ée	**25**	avoir	—	—	—
repartir, i, ie *(dans le sens de «répondre»)*	**130**	avoir	—	—	—
repartir, i, ie *(dans le sens de «partir de nouveau»)*	**130**	**être**	—	—	—
répartir, i, ie	**134**	avoir	—	être	—
repasser, é, ée	**64**	avoir ou **être**	—	être	—
repaver, é, ée	**72**	avoir	—	—	—
repayer, é, ée	**78**	avoir	—	—	—
repêcher, é, ée	**12**	avoir	—	—	—
repeigner, é, ée	**29**	avoir	—	être	—
repeindre, repeint, einte	**165**	avoir	—	—	—
rependre, rependu, ue	**167**	avoir	—	—	—
repenser, é, ée	**63**	avoir	à + v.	—	—
repentir (se), i, ie	**131**	—	—	être	de
repercer, é, ée	**10**	avoir	—	—	—
répercuter, é, ée	**68**	avoir	—	être	sur
reperdre, reperdu, ue	**171**	avoir	—	—	—
repérer, é, ée	**58**	avoir	—	être	—
répertorier, é, ée	**34**	avoir	—	—	—
répéter, é, ée	**67**	avoir	—	être	—
repeupler, é, ée	**55**	avoir	—	être	—
repincer, é, ée	**10**	avoir	—	—	—
repiquer, é, ée	**57**	avoir	—	—	—
replacer, é, ée	**10**	avoir	—	être	—
replanter, é, ée	**68**	avoir	—	être	—
replâtrer, é, ée	**70**	avoir	—	être	—
repleuvoir, replu, inv. *Voir **pleuvoir***	**189**	—	—	—	—
replier, é, ée	**34**	avoir	—	être	sur
répliquer, é, ée	**57**	avoir	—	—	—
replonger, é, ée	**25**	avoir	—	être	dans
reployer, é, ée	**79**	avoir	—	—	—
repolir, i, ie	**112**	avoir	—	—	—
répondre, répondu, ue	**170**	avoir	—	être	—
reporter, é, ée	**68**	avoir	—	être	à
reposer, é, ée	**62**	avoir	—	être	de + v.
repositionner, é, ée	**51**	avoir	—	—	—
repousser, é, ée	**64**	avoir	—	être	—
reprendre, repris, ise	**168**	avoir	—	être	—
représenter, é, ée	**68**	avoir	—	être	à, contre
réprimander, é, ée	**16**	avoir	—	—	—
réprimer, é, ée	**47**	avoir	—	—	—
repriser, é, ée	**62**	avoir	—	—	—
reprocher, é, ée	**12**	avoir	—	être	de + v.
reproduire, reproduit, uite	**136**	avoir	—	être	—
reprogrammer, é, ée	**47**	avoir	—	—	—
reprographier, é, ée	**34**	avoir	—	—	—
reprouver, é, ée	**72**	avoir	—	—	—
réprouver, é, ée	**72**	avoir	—	—	—
républicaniser, é, ée	**62**	avoir	—	être	—
répudier, é, ée	**34**	avoir	—	—	—
répugner, é, ée	**29**	avoir	—	—	—
réputer, é, ée	**68**	avoir	—	—	—
requérir, requis, ise	**123**	avoir	—	—	—
requêter, é, ée	**68**	avoir	—	—	—
requinquer, é, ée	**57**	avoir	—	être	—
réquisitionner, é, ée	**51**	avoir	—	—	—
requitter, é, ée	**68**	avoir	—	être	—
resaler, é, ée	**42**	avoir	—	—	—
resalir, i, ie	**112**	avoir	—	être	—
rescinder, é, ée	**16**	avoir	—	—	—
réséquer, é, ée	**56**	avoir	—	—	—
réserver, é, ée	**72**	avoir	—	être	—
résider, é, inv.	**16**	avoir	—	—	—
résigner, é, ée	**29**	avoir	—	être	à
résilier, é, ée	**34**	avoir	—	—	—
résiner, é, ée	**50**	avoir	—	—	—
résister, é, inv.	**68**	avoir	à	—	—
resocialiser, é, ée	**62**	avoir	—	—	—
résonner, é, inv.	**51**	avoir	—	—	—
résorber, é, ée	**4**	avoir	—	être	—
résoudre, résolu, ue	**176**	avoir	—	être	à
respecter, é, ée	**68**	avoir	—	être	—

INFINITIFS ET PARTICIPES PASSÉS	PAGES	FORME ACTIVE		FORME PRONOMINALE	
		AUX.	PRÉP.	AUX.	PRÉP.
respirer, é, ée	**59**	avoir	—	—	—
resplendir, i, inv.	**96**	avoir	de	—	—
responsabiliser, é, ée	**62**	avoir	—	être	—
resquiller, é, ée	**38**	avoir	—	—	—
ressaigner, é, ée	**29**	avoir	—	—	—
ressaisir, i, ie	**128**	avoir	—	être	—
ressasser, é, ée	**64**	avoir	—	—	—
ressauter, é, ée	**68**	avoir	—	—	—
ressayer, é, ée	**78**	avoir	—	—	—
ressembler, é, inv.	**5**	avoir	à	être	—
ressemeler, é, ée	**40**	avoir	—	—	—
ressemer, é, ée	**45**	avoir	—	être	—
ressentir, i, ie	**131**	avoir	—	être	de
resserrer, é, ée	**19**	avoir	—	être	—
resservir, i, ie	**142**	avoir	—	être	de
ressortir, i, ie	**132**	avoir	—	—	—
		ou **être**			
(dans le sens de «sortir de nouveau»)					
ressortir, i, inv.	**134**	avoir	à	—	—
(dans le sens de «être du ressort de»)					
ressouder, é, ée	**16**	avoir	—	—	—
ressourcer (se), é, ée	**10**	—	—	être	—
ressouvenir (se), ressouvenu, ue	**117**	—	—	être	de
ressuer, é, ée	**83**	avoir	—	—	—
ressurgir, i, inv.	**104**	avoir	—	—	—
ressusciter, é, ée	**68**	avoir	—	—	—
		ou **être**			
ressuyer, é, ée	**81**	avoir	—	être	—
restaurer, é, ée	**59**	avoir	—	être	—
rester, é, ée	**68**	**être**	—	—	—
restituer, é, ée	**83**	avoir	—	—	—
restreindre, restreint, einte	**165**	avoir	—	être	à
restructurer, é, ée	**59**	avoir	—	être	—
résulter, é, inv.	**68**	avoir	de	—	—
		ou **être**			
résumer, é, ée	**47**	avoir	—	être	à
resurgir, i, inv.	**104**	avoir	—	—	—
rétablir, i, ie	**90**	avoir	—	être	—
retailler, é, ée	**35**	avoir	—	—	—
rétamer, é, ée	**47**	avoir	—	—	—
retaper, é, ée	**52**	avoir	—	être	—
retapisser, é, ée	**64**	avoir	—	—	—
retarder, é, ée	**16**	avoir	—	être	—
retâter, é, ée	**68**	avoir	—	—	—
reteindre, reteint, einte	**165**	avoir	—	—	—
retéléphoner, é, ée	**50**	avoir	à	être	—
retendre, retendu, ue	**167**	avoir	—	être	—
retenir, retenu, ue	**118**	avoir	—	être	de + v.
retenter, é, ée	**68**	avoir	de + v.	—	—
retentir, i, inv.	**134**	avoir	—	—	—

INFINITIFS ET PARTICIPES PASSÉS	PAGES	FORME ACTIVE		FORME PRONOMINALE	
		AUX.	PRÉP.	AUX.	PRÉP.
retercer, é, ée	**10**	avoir	—	—	—
reterser, é, ée	**63**	avoir	—	—	—
réticuler, é, ée	**42**	avoir	—	—	—
retirer, é, ée	**59**	avoir	—	être	de
retisser, é, ée	**64**	avoir	—	—	—
retomber, é, ée	**4**	**être**	—	—	—
retondre, retondu, ue	**170**	avoir	—	—	—
retordre, retordu, ue	**172**	avoir	—	—	—
rétorquer, é, ée	**57**	avoir	—	être	—
retoucher, é, ée	**12**	avoir	—	—	—
retouper, é, ée	**52**	avoir	—	—	—
retourner, é, ée	**50**	avoir	—	être	vers
		ou **être**			
retracer, é, ée	**10**	avoir	—	être	—
rétracter, é, ée	**68**	avoir	—	être	—
retraduire, retraduit, uite	**136**	avoir	—	—	—
retraire, retrait, aite	**87**	avoir	—	être	—
retraiter, é, ée	**68**	avoir	—	—	—
retrancher, é, ée	**12**	avoir	—	être	dans, derrière
retranscrire, retranscrit, ite	**95**	avoir	—	—	—
retransmettre, retransmis, ise	**182**	avoir	—	—	—
retravailler, é, ée	**35**	avoir	—	—	—
retraverser, é, ée	**63**	avoir	—	—	—
rétrécir, i, ie	**93**	avoir	—	être	—
retreindre, retreint, einte	**165**	avoir	—	—	—
rétreindre, rétreint, einte	**165**	avoir	—	—	—
retremper, é, ée	**52**	avoir	—	être	dans
rétribuer, é, ée	**83**	avoir	—	—	—
rétroagir, i, inv.	**104**	avoir	sur	—	—
rétrocéder, é, ée	**15**	avoir	—	—	—
rétrograder, é, ée	**16**	avoir	—	—	—
retrousser, é, ée	**64**	avoir	—	être	—
retrouver, é, ée	**72**	avoir	—	être	—
retuber, é, ée	**4**	avoir	—	—	—
réunifier, é, ée	**34**	avoir	—	—	—
réunir, i, ie	**116**	avoir	—	être	—
réussir, i, ie	**129**	avoir	à + v.	—	—
réutiliser, é, ée	**62**	avoir	—	—	—
revacciner, é, ée	**50**	avoir	—	—	—
revaloir, revalu, ue	**148**	avoir	—	—	—
revaloriser, é, ée	**62**	avoir	—	être	—
revancher (se), é, ée	**12**	—	—	être	de
revasculariser, é, ée	**62**	avoir	—	—	—
rêvasser, é, inv.	**64**	avoir	—	—	—
réveiller, é, ée	**36**	avoir	—	être	—
réveillonner, é, inv.	**51**	avoir	—	—	—
révéler, é, ée	**41**	avoir	—	être	—
revendiquer, é, ée	**57**	avoir	—	être	—
revendre, revendu, ue	**167**	avoir	—	être	—
revenir, revenu, ue	**117**	**être**	—	—	—

INFINITIFS ET PARTICIPES PASSÉS	PAGES	FORME ACTIVE		FORME PRONOMINALE	
		AUX.	PRÉP.	AUX.	PRÉP.
revenir (s'en), revenu, ue	**117**	—	—	être	de
rêver, é, ée	**72**	avoir	—	être	—
réverbérer, é, ée	**58**	avoir	—	être	—
revercher, é, ée	**12**	avoir	—	—	—
reverdir, i, ie	**96**	avoir	—	—	—
révérer, é, ée	**58**	avoir	—	—	—
revernir, i, ie	**116**	avoir	—	—	—
reverser, é, ée	**63**	avoir	—	—	—
revêtir, revêtu, ue	**133**	avoir	—	être	de
revigorer, é, ée	**59**	avoir	—	—	—
réviser, é, ée	**62**	avoir	—	—	—
revisser, é, ée	**64**	avoir	—	—	—
revitaliser, é, ée	**62**	avoir	—	—	—
revivifier, é, ée	**34**	avoir	—	—	—
revivre, revécu, ue	**186**	avoir	—	—	—
revoir, revu, ue	**159**	avoir	—	être	—
revoler, é, ée	**42**	avoir	—	—	—
révolter, é, ée	**68**	avoir	—	être	contre
révolutionner, é, ée	**51**	avoir	—	—	—
révoquer, é, ée	**57**	avoir	—	—	—
revoter, é, ée	**68**	avoir	—	—	—
revouloir, revoulu, ue	**149**	avoir	—	—	—
révulser, é, ée	**63**	avoir	—	être	—
rhabiller, é, ée	**38**	avoir	—	être	—
rhumer, é, ée	**47**	avoir	—	—	—
ribler, é, ée	**5**	avoir	—	—	—
ribouler, é, inv.	**42**	avoir	—	—	—
ricaner, é, ée	**50**	avoir	—	—	—
ricocher, é, inv.	**12**	avoir	sur	—	—
rider, é, ée	**16**	avoir	—	être	—
ridiculiser, é, ée	**62**	avoir	—	être	—
rigidifier, é, ée	**34**	avoir	—	—	—
rigoler, é, ée	**42**	—	—	—	—
rimailler, é, inv.	**35**	avoir	—	—	—
rimer, é, ée	**47**	avoir	—	—	—
rincer, é, ée	**10**	avoir	—	être	—
rioter, é, inv.	**68**	avoir	—	—	—
ripailler, é, inv.	**35**	avoir	—	—	—
riper, é, ée	**52**	avoir	—	—	—
ripoliner, é, ée	**50**	avoir	—	—	—
riposter, é, inv.	**68**	avoir	à	—	—
rire, ri, inv.	**127**	avoir	de	être	de
risquer, é, ée	**57**	avoir	de + v.	être	à + v.
rissoler, é, ée	**42**	avoir	—	être	—
ristourner, é, ée	**50**	avoir	—	—	—
ritualiser, é, ée	**62**	avoir	—	—	—
rivaliser, é, inv.	**62**	avoir	avec	—	—
river, é, ée	**72**	avoir	—	—	—
riveter, é, ée	**65**	avoir	—	—	—
rober, é, ée	**4**	avoir	—	—	—
robotiser, é, ée	**62**	avoir	—	être	—
rocher, é, ée	**12**	avoir	—	—	—
rocouer, é, ée	**82**	avoir	—	—	—
rôdailler, é, inv.	**35**	avoir	—	—	—
roder, é, ée	**16**	avoir	—	être	—
rôder, é, inv.	**16**	avoir	—	—	—
rogner, é, ée	**29**	avoir	—	—	—
rognonner, é, inv.	**51**	avoir	—	—	—
romancer, é, ée	**10**	avoir	—	—	—
romaniser, é, ée	**62**	avoir	—	être	—
rompre, rompu, ue	**177**	avoir	—	être	—
ronchonner, é, inv.	**51**	avoir	—	—	—
ronéoter, é, ée	**68**	avoir	—	—	—
ronéotyper, é, ée	**52**	avoir	—	—	—
ronfler, é, inv.	**22**	avoir	—	—	—
ronger, é, ée	**25**	avoir	—	être	—
ronronner, é, inv.	**51**	avoir	—	—	—
ronsardiser, é, inv.	**62**	avoir	—	—	—
roquer, é, inv.	**57**	avoir	—	—	—
roser, é, ée	**62**	avoir	—	être	—
rosir, i, ie	**128**	avoir	—	—	—
rosser, é, ée	**64**	avoir	—	—	—
roter, é, inv.	**68**	avoir	—	—	—
rôtir, i, ie	**134**	avoir	—	être	—
roucouler, é, ée	**42**	avoir	—	—	—
rouer, é, ée	**82**	avoir	—	—	—
rougeoyer, é, inv.	**79**	avoir	—	—	—
rougir, i, ie	**104**	avoir	—	être	—
rouiller, é, ée	**37**	avoir	—	être	—
rouir, i, ie	**119**	avoir	—	—	—
rouler, é, ée	**42**	avoir	—	être	—
roulotter, é, ée	**68**	avoir	—	—	—
roupiller, é, inv.	**38**	avoir	—	—	—
rouspéter, é, inv.	**67**	avoir	contre	—	—
roussir, i, ie	**129**	avoir	—	être	—
router, é, ée	**68**	avoir	—	—	—
rouvrir, rouvert, erte	**144**	avoir	—	être	—
rubéfier, é, ée	**34**	avoir	—	—	—
rubriquer, é, ée	**57**	avoir	—	—	—
rucher, é, ée	**12**	avoir	—	—	—
rudoyer, é, ée	**79**	avoir	—	—	—
ruer, rué, ée	**83**	avoir	—	être	sur
ruginer, é, ée	**50**	avoir	—	—	—
rugir, i, ie	**104**	avoir	—	—	—
ruiler, é, ée	**42**	avoir	—	—	—
ruiner, é, ée	**50**	avoir	—	être	—
ruisseler, é, inv.	**40**	avoir	—	—	—
ruminer, é, ée	**50**	avoir	—	—	—
ruser, é, inv.	**62**	avoir	—	—	—
russiser, é, ée	**62**	avoir	—	être	—
russifier, é, ée	**34**	avoir	—	être	—
rustiquer, é, ée	**57**	avoir	—	—	—
rutiler, é, inv.	**42**	avoir	—	—	—
rythmer, é, ée	**47**	avoir	—	—	—

INFINITIFS ET PARTICIPES PASSÉS	PAGES	FORME ACTIVE		FORME PRONOMINALE	
		AUX.	PRÉP.	AUX.	PRÉP.
S					
sabler, é, ée	**5**	avoir	—	—	—
sablonner, é, ée	**51**	avoir	—	—	—
saborder, é, ée	**16**	avoir	—	être	—
saboter, é, ée	**68**	avoir	—	—	—
sabrer, é, ée	**7**	avoir	—	être	—
saccader, é, ée	**16**	avoir	—	être	—
saccager, é, ée	**25**	avoir	—	—	—
saccharifier, é, ée	**34**	avoir	—	être	—
sacquer, é, ée	**57**	avoir	—	—	—
sacraliser, é, ée	**62**	avoir	—	—	—
sacrer, é, ée	**14**	avoir	—	—	—
sacrifier, é, ée	**34**	avoir	—	être	—
safraner, é, ée	**50**	avoir	—	—	—
saietter, é, ée	**68**	avoir	—	—	—
saigner, é, ée	**29**	avoir	—	être	—
saillir, i, ie	**108**	avoir	—	—	—
Ne s'emploie qu'aux 3es personnes du singulier et du pluriel.					
saillir, i, inv.	**109**	avoir	—	—	—
Ne s'emploie qu'aux 3es personnes du singulier et du pluriel.					
saisir, i, ie	**128**	avoir	—	être	de
salarier, é, ée	**34**	avoir	—	—	—
saler, é, ée	**42**	avoir	—	—	—
salifier, é, ée	**34**	avoir	—	—	—
salir, i, ie	**112**	avoir	—	être	—
saliver, é, inv.	**72**	avoir	—	—	—
saloper, é, ée	**52**	avoir	—	—	—
salpêtrer, é, ée	**70**	avoir	—	—	—
saluer, é, ée	**83**	avoir	—	être	—
sanctifier, é, ée	**34**	avoir	—	être	—
sanctionner, é, ée	**51**	avoir	—	—	—
sanctuariser, é, ée	**62**	avoir	—	—	—
sangler, é, ée	**27**	avoir	—	être	—
sangloter, é, ée	**68**	avoir	—	—	—
saouler, é, ée	**42**	avoir	—	être	—
saper, é, ée	**52**	avoir	—	—	—
saponifier, é, ée	**34**	avoir	—	—	—
saquer, é, ée	**57**	avoir	—	—	—
sarcler, é, ée	**13**	avoir	—	—	—
sarmenter, é, inv.	**68**	avoir	—	—	—
sasser, é, ée	**64**	avoir	—	—	—
satelliser, é, ée	**62**	avoir	—	être	—
satiner, é, ée	**50**	avoir	—	—	—
satiriser, é, ée	**62**	avoir	—	—	—
satisfaire, satisfait, aite	**84**	avoir	—	être	de
saturer, é, ée	**59**	avoir	—	être	de
saucer, é, ée	**10**	avoir	—	—	—
saucissonner, é, ée	**51**	avoir	—	—	—
saumurer, é, ée	**59**	avoir	—	—	—
sauner, é, inv.	**50**	avoir	—	—	—
saupoudrer, é, ée	**17**	avoir	—	—	—

INFINITIFS ET PARTICIPES PASSÉS	PAGES	FORME ACTIVE		FORME PRONOMINALE	
		AUX.	PRÉP.	AUX.	PRÉP.
saurer, é, ée	**59**	avoir	—	—	—
sauter, é, ée	**68**	avoir	—	—	—
sautiller, é, inv.	**38**	avoir	—	—	—
sauvegarder, é, ée	**16**	avoir	—	—	—
sauver, é, ée	**72**	avoir	—	être	de
savoir, su, ue	**158**	avoir	—	être	—
savonner, é, ée	**51**	avoir	—	être	—
savourer, é, ée	**59**	avoir	—	—	—
scalper, é, ée	**52**	avoir	—	—	—
scandaliser, é, ée	**62**	avoir	—	être	de
scander, é, ée	**16**	avoir	—	—	—
scarifier, é, ée	**34**	avoir	—	—	—
sceller, é, ée	**43**	avoir	—	être	—
scheider, é, ée	**16**	avoir	—	—	—
schématiser, é, ée	**62**	avoir	—	—	—
scier, é, ée	**34**	avoir	—	—	—
scinder, é, ée	**16**	avoir	—	être	en
scintiller, é, inv.	**38**	avoir	—	—	—
scléroser, é, ée	**62**	avoir	—	être	—
scolariser, é, ée	**62**	avoir	—	—	—
scotomiser, é, ée	**62**	avoir	—	—	—
scruter, é, ée	**68**	avoir	—	être	—
sculpter, é, ée	**68**	avoir	—	—	—
sécher, é, ée	**11**	avoir	—	être	—
seconder, é, ée	**16**	avoir	—	—	—
secouer, é, ée	**82**	avoir	—	être	—
secourir, secouru, ue	**122**	avoir	—	être	—
secréter, é, ée	**67**	avoir	—	—	—
sécréter, é, ée	**67**	avoir	—	—	—
sectionner, é, ée	**51**	avoir	—	être	—
sectoriser, é, ée	**62**	avoir	—	—	—
séculariser, é, ée	**62**	avoir	—	être	—
sécuriser, é, ée	**62**	avoir	—	—	—
sédentariser, é, ée	**62**	avoir	—	être	—
sédimenter, é, ée	**68**	avoir	—	être	—
séduire, séduit, uite	**136**	avoir	—	—	—
segmenter, é, ée	**68**	avoir	—	être	—
séjourner, é, inv.	**50**	avoir	à, chez	—	—
sélecter, é, ée	**68**	avoir	—	—	—
sélectionner, é, ée	**51**	avoir	—	—	—
seller, é, ée	**43**	avoir	—	—	—
sembler, é, inv.	**5**	avoir	—	—	—
semer, é, ée	**45**	avoir	—	—	—
semoncer, é, ée	**10**	avoir	—	—	—
sensibiliser, é, ée	**62**	avoir	—	être	à
sentir, i, ie	**131**	avoir	—	être	—
seoir	**188**	—	—	—	—
séparer, é, ée	**59**	avoir	—	être	de
septupler, é, ée	**55**	avoir	—	—	—
séquestrer, é, ée	**70**	avoir	—	—	—
sérancer, é, ée	**10**	avoir	—	—	—
serfouir, i, ie	**119**	avoir	—	—	—

INFINITIFS ET PARTICIPES PASSÉS	PAGES	FORME ACTIVE		FORME PRONOMINALE	
		AUX.	PRÉP.	AUX.	PRÉP.
sérier, é, ée	**34**	avoir	—	—	—
seriner, é, ée	**50**	avoir	—	—	—
seringuer, é, ée	**33**	avoir	—	—	—
sermonner, é, ée	**51**	avoir	—	—	—
serpenter, é, inv.	**68**	avoir	—	—	—
serrer, é, ée	**19**	avoir	—	être	—
sertir, i, ie	**134**	avoir	—	—	—
servir, i, ie	**142**	avoir	—	être	de
sévir, i, inv.	**141**	avoir	contre	—	—
sevrer, é, ée	**73**	avoir	—	être	—
sextupler, é, ée	**55**	avoir	—	—	—
sexualiser, é, ée	**62**	avoir	—	être	—
shampooiner, é, ée	**50**	avoir	—	—	—
shampouiner, é, ée	**50**	avoir	—	—	—
sidérer, é, ée	**58**	avoir	—	—	—
siéger, é, inv.	**24**	avoir	à	—	—
siffler, é, ée	**22**	avoir	—	—	—
siffloter, é, ée	**68**	avoir	—	—	—
signaler, é, ée	**42**	avoir	—	être	—
signaliser, é, ée	**62**	avoir	—	—	—
signer, é, ée	**29**	avoir	—	être	—
signifier, é, ée	**34**	avoir	de + v.	—	—
silhouetter, é, ée	**68**	avoir	—	être	—
sillonner, é, ée	**51**	avoir	—	—	—
similiser, é, ée	**62**	avoir	—	—	—
simplifier, é, ée	**34**	avoir	—	être	—
simuler, é, ée	**42**	avoir	de + v.	—	—
singer, é, ée	**25**	avoir	—	être	—
singulariser, é, ée	**62**	avoir	—	être	par
siniser, é, ée	**62**	avoir	—	être	—
sintériser, é, ée	**62**	avoir	—	—	—
siphonner, é, ée	**51**	avoir	—	—	—
siroter, é, ée	**68**	avoir	—	—	—
situer, é, ée	**83**	avoir	—	être	—
skier, é, inv.	**34**	avoir	—	—	—
slalomer, é, inv.	**47**	avoir	—	—	—
slaviser, é, ée	**62**	avoir	—	être	—
smasher, é, ée	**12**	avoir	—	—	—
smiller, é, ée	**38**	avoir	—	—	—
snober, é, ée	**4**	avoir	—	—	—
sociabiliser, é, ée	**62**	avoir	—	—	—
socialiser, é, ée	**62**	avoir	—	être	—
sodomiser, é, ée	**62**	avoir	—	être	—
soigner, é, ée	**29**	avoir	—	être	—
solder, é, ée	**16**	avoir	—	être	en, par
solenniser, é, ée	**62**	avoir	—	—	—
solfier, é, ée	**34**	avoir	—	—	—
solidariser, é, ée	**62**	avoir	—	être	avec
solidifier, é, ée	**34**	avoir	—	être	—
soliloquer, é, inv.	**57**	avoir	—	—	—
solliciter, é, ée	**68**	avoir	—	—	—
solubiliser, é, ée	**62**	avoir	—	—	—
solutionner, é, ée	**51**	avoir	—	—	—
somatiser, é, ée	**62**	avoir	—	être	—
sombrer, é, inv.	**7**	avoir	dans	—	—
sommeiller, é, inv.	**36**	avoir	—	—	—
sommer, é, ée	**47**	avoir	—	—	—
somnoler, é, inv.	**42**	avoir	—	—	—
sonder, é, ée	**16**	avoir	—	être	—
songer, é, inv.	**25**	avoir	à	—	—
sonnailler, é, inv.	**35**	avoir	—	—	—
sonner, é, ée	**51**	avoir	—	—	—
sonoriser, é, ée	**62**	avoir	—	être	—
sophistiquer, é, ée	**57**	avoir	—	être	—
sortir, i, ie	**132**	avoir ou **être**	—	être	de
soucier (se), é, ée	**34**	—	—	être	de
souder, é, ée	**16**	avoir	—	être	—
soudoyer, é, ée	**79**	avoir	—	—	—
souffler, é, ée	**22**	avoir	—	—	—
souffleter, é, ée	**65**	avoir	—	—	—
souffrir, souffert, erte	**103**	avoir	—	être	—
soufrer, é, ée	**23**	avoir	—	—	—
souhaiter, é, ée	**68**	avoir	—	—	—
souiller, é, ée	**37**	avoir	—	être	—
soulager, é, ée	**25**	avoir	—	être	—
soûler, é, ée	**42**	avoir	—	être	de
soulever, é, ée	**71**	avoir	—	être	—
souligner, é, ée	**29**	avoir	—	—	—
soumettre, soumis, ise	**182**	avoir	—	être	à
soumissionner, é, ée	**51**	avoir	—	—	—
soupçonner, é, ée	**51**	avoir	de + v.	être	de
souper, é, inv.	**52**	avoir	de	—	—
soupeser, é, ée	**60**	avoir	—	—	—
soupirer, é, ée	**59**	avoir	—	—	—
souquer, é, ée	**57**	avoir	—	—	—
sourciller, é, inv.	**38**	avoir	—	—	—
sourdre	**189**	—	—	—	—
Ne s'emploie qu'à l'infinitif et aux 3es personnes du singulier et du pluriel de l'indicatif.					
sourire, i, inv.	**127**	avoir	à, de	être	—
sous-alimenter, é, ée	**68**	avoir	—	—	—
sous-assurer, é, ée	**59**	avoir	—	—	—
sous-caver, é, ée	**72**	avoir	—	—	—
souscrire, souscrit, ite	**95**	avoir	—	—	—
sous-déclarer, é, ée	**59**	avoir	—	—	—
sous-employer, é, ée	**79**	avoir	—	—	—
sous-entendre, sous-entendu, ue	**167**	avoir	—	—	—
sous-estimer, é, ée	**47**	avoir	—	être	—
sous-évaluer, é, ée	**83**	avoir	—	—	—
sous-exploiter, é, ée	**68**	avoir	—	—	—
sous-exposer, é, ée	**62**	avoir	—	—	—
sous-louer, é, ée	**82**	avoir	—	—	—

INFINITIFS ET PARTICIPES PASSÉS	PAGES	FORME ACTIVE		FORME PRONOMINALE	
		AUX.	PRÉP.	AUX.	PRÉP.
sous-payer, é, ée	**78**	avoir	—	—	—
sous-rémunérer, é, ée	**58**	avoir	—	—	—
sous-tendre, sous-tendu, ue	**167**	avoir	—	—	—
sous-titrer, é, ée	**70**	avoir	—	—	—
soustraire, soustrait, aite	**87**	avoir	—	être	à
sous-traiter, é, ée	**68**	avoir	—	—	—
sous-utiliser, é, ée	**62**	avoir	—	—	—
sous-virer, é, inv.	**59**	avoir	—	—	—
soutacher, é, ée	**12**	avoir	—	—	—
soutenir, soutenu, ue	**118**	avoir	—	être	—
soutirer, é, ée	**59**	avoir	—	—	—
souvenir (se), souvenu, ue	**117**	—	—	être	de
soviétiser, é, ée	**62**	avoir	—	—	—
spatialiser, é, ée	**62**	avoir	—	être	—
spécialiser, é, ée	**62**	avoir	—	être	dans
spécifier, é, ée	**34**	avoir	—	—	—
spéculer, é, inv.	**42**	avoir	sur	—	—
spiritualiser, é, ée	**62**	avoir	—	—	—
spolier, é, ée	**34**	avoir	—	—	—
sponsoriser, é, ée	**62**	avoir	—	—	—
sporuler, é, inv.	**42**	avoir	—	—	—
sprinter, é, inv.	**68**	avoir	—	—	—
squatter, é, ée	**68**	avoir	—	—	—
squattériser, é, ée	**62**	avoir	—	—	—
stabiliser, é, ée	**62**	avoir	—	être	—
staffer, é, ée	**21**	avoir	—	—	—
stagner, é, inv.	**29**	avoir	—	—	—
standardiser, é, ée	**62**	avoir	—	—	—
starifier, é, ée	**34**	avoir	—	—	—
stariser, é, ée	**62**	avoir	—	—	—
stationner, é, ée	**51**	avoir	—	—	—
statuer, é, inv.	**83**	avoir	sur	—	—
statufier, é, ée	**34**	avoir	—	—	—
sténographier, é, ée	**34**	avoir	—	—	—
stérer, é, ée	**58**	avoir	—	—	—
stériliser, é, ée	**62**	avoir	—	être	—
stigmatiser, é, ée	**62**	avoir	—	—	—
stimuler, é, ée	**42**	avoir	—	—	—
stipendier, é, ée	**34**	avoir	—	—	—
stipuler, é, ée	**42**	avoir	—	—	—
stocker, é, ée	**57**	avoir	—	—	—
stopper, é, ée	**54**	avoir	—	—	—
stranguler, é, ée	**42**	avoir	—	—	—
stratifier, é, ée	**34**	avoir	—	—	—
stresser, é, ée	**64**	avoir	—	—	—
striduler, é, ée	**42**	avoir	—	—	—
strier, é, ée	**34**	avoir	—	—	—
structurer, é, ée	**59**	avoir	—	être	—
stupéfaire, stupéfait, aite	**84**	avoir	—	—	—

S'emploie surtout à la 3ᵉ personne du singulier du présent de l'indicatif et aux temps composés.

INFINITIFS ET PARTICIPES PASSÉS	PAGES	FORME ACTIVE		FORME PRONOMINALE	
		AUX.	PRÉP.	AUX.	PRÉP.
stupéfier, é, ée	**34**	avoir	—	—	—
stuquer, é, ée	**57**	avoir	—	—	—
styler, é, ée	**42**	avoir	—	—	—
styliser, é, ée	**62**	avoir	—	—	—
subdéléguer, é, ée	**32**	avoir	—	—	—
subdiviser, é, ée	**62**	avoir	—	être	—
subir, i, ie	**89**	avoir	—	—	—
subjuguer, é, ée	**33**	avoir	—	—	—
sublimer, é, ée	**47**	avoir	—	être	—
submerger, é, ée	**25**	avoir	—	être	dans
subodorer, é, ée	**59**	avoir	—	—	—
subordonner, é, ée	**51**	avoir	—	être	—
suborner, é, ée	**50**	avoir	—	—	—
subroger, é, ée	**25**	avoir	—	—	—
subsister, é, inv.	**68**	avoir	—	—	—
substantiver, é, ée	**72**	avoir	—	—	—
substituer, é, ée	**83**	avoir	—	être	à
subsumer, é, ée	**47**	avoir	—	—	—
subtiliser, é, ée	**62**	avoir	—	être	—
subvenir, subvenu, inv.	**118**	avoir	à	—	—
subventionner, é, ée	**51**	avoir	—	—	—
subvertir, i, ie	**134**	avoir	—	—	—
succéder, é, inv.	**15**	avoir	à	être	—
succomber, é, inv.	**4**	avoir	à	—	—
sucer, é, ée	**10**	avoir	—	être	—
suçoter, é, ée	**68**	avoir	—	—	—
sucrer, é, ée	**14**	avoir	—	être	—
suer, é, ée	**83**	avoir	—	—	—
suffire, i, inv.	**102**	avoir	à	être	à
suffixer, é, ée	**76**	avoir	—	—	—
suffoquer, é, ée	**57**	avoir	—	—	—
suggérer, é, ée	**58**	avoir	de + v.	être	—
suggestionner, é, ée	**51**	avoir	—	être	—
suicider (se), é, ée	**16**	—	—	être	—
suifer, é, ée	**20**	avoir	—	—	—
suiffer, é, ée	**21**	avoir	—	—	—
suinter, é, ée	**68**	avoir	—	—	—
suivre, suivi, ie	**187**	avoir	—	être	—
sulfater, é, ée	**68**	avoir	—	—	—
sulfurer, é, ée	**59**	avoir	—	—	—
superposer, é, ée	**62**	avoir	—	être	—
superviser, é, ée	**62**	avoir	—	—	—
supplanter, é, ée	**68**	avoir	—	être	—
suppléer, é, ée	**18**	avoir	—	être	—
supplémenter, é, ée	**68**	avoir	—	—	—
supplicier, é, ée	**34**	avoir	—	—	—
supplier, é, ée	**34**	avoir	—	—	—
supporter, é, ée	**68**	avoir	de + v.	être	—
supposer, é, ée	**62**	avoir	—	—	—
supprimer, é, ée	**47**	avoir	—	être	—
suppurer, é, inv.	**59**	avoir	—	—	—
supputer, é, ée	**68**	avoir	—	—	—

INFINITIFS ET PARTICIPES PASSÉS	PAGES	FORME ACTIVE		FORME PRONOMINALE	
		AUX.	PRÉP.	AUX.	PRÉP.
surabonder, é, inv.	**16**	avoir	—	—	—
surajouter, é, ée	**68**	avoir	—	être	à
suralimenter, é, ée	**68**	avoir	—	être	—
surbaisser, é, ée	**64**	avoir	—	—	—
surcharger, é, ée	**25**	avoir	—	être	—
surchauffer, é, ée	**21**	avoir	—	—	—
surclasser, é, ée	**64**	avoir	—	—	—
surcomprimer, é, ée	**47**	avoir	—	—	—
surcontrer, é, ée	**70**	avoir	—	—	—
surcouper, é, ée	**52**	avoir	—	—	—
surdéterminer, é, ée	**50**	avoir	—	—	—
surélever, é, ée	**71**	avoir	—	—	—
surenchérir, i, inv.	**124**	avoir	—	—	—
surentraîner, é, ée	**50**	avoir	—	—	—
suréquiper, é, ée	**52**	avoir	—	—	—
surestimer, é, ée	**47**	avoir	—	être	—
surévaluer, é, ée	**83**	avoir	—	—	—
surexciter, é, ée	**68**	avoir	—	—	—
surexploiter, é, ée	**68**	avoir	—	—	—
surexposer, é, ée	**62**	avoir	—	—	—
surfacer, é, ée	**10**	avoir	—	—	—
surfaire, surfait, aite	**84**	avoir	—	—	—
surfer, é, inv.	**20**	avoir	—	—	—
surfiler, é, ée	**42**	avoir	—	—	—
surgeler, é, ée	**39**	avoir	—	—	—
surgeonner, é, inv.	**51**	avoir	—	—	—
surgir, i, inv.	**104**	avoir	de	—	—
surhausser, é, ée	**64**	avoir	—	—	—
surimposer, é, ée	**62**	avoir	—	être	—
surinformer, é, ée	**47**	avoir	—	—	—
surir, i, ie	**124**	avoir	—	—	—
surjaler, é, inv.	**42**	avoir	—	—	—
surjeter, é, ée	**65**	avoir	—	—	—
surlouer, é, ée	**82**	avoir	—	—	—
surmédicaliser, é, ée	**62**	avoir	—	—	—
surmener, é, ée	**48**	avoir	—	être	—
surmonter, é, ée	**68**	avoir	—	être	—
surnager, é, inv.	**25**	avoir	—	—	—
surnommer, é, ée	**47**	avoir	—	—	—
suroxyder, é, ée	**16**	avoir	—	être	—
surpasser, é, ée	**64**	avoir	—	être	—
surpayer, é, ée	**78**	avoir	—	—	—
surpiquer, é, ée	**57**	avoir	—	—	—
surplomber, é, ée	**4**	avoir	—	—	—
surprendre, surpris, ise	**168**	avoir	—	être	à + v.
surproduire, surproduit, uite	**136**	avoir	—	—	—
surprotéger, é, ée	**24**	avoir	—	—	—
sursaturer, é, ée	**59**	avoir	—	—	—
sursauter, é, inv.	**68**	avoir	—	—	—
sursemer, é, ée	**45**	avoir	—	—	—
surseoir, sursis, inv.	**151**	avoir	à	—	—

INFINITIFS ET PARTICIPES PASSÉS	PAGES	FORME ACTIVE		FORME PRONOMINALE	
		AUX.	PRÉP.	AUX.	PRÉP.
surtaxer, é, ée	**76**	avoir	—	—	—
surtondre, surtondu, ue	**170**	avoir	—	—	—
surveiller, é, ée	**36**	avoir	—	être	—
survendre, survendu, ue	**167**	avoir	—	—	—
survenir, survenu, ue	**117**	**être**	—	—	—
survirer, é, inv.	**59**	avoir	—	—	—
survivre, survécu, inv.	**186**	avoir	à	être	—
survoler, é, ée	**42**	avoir	—	—	—
survolter, é, ée	**68**	avoir	—	—	—
susciter, é, ée	**68**	avoir	—	—	—
suspecter, é, ée	**68**	avoir	de + v.	être	de
suspendre, suspendu, ue	**167**	avoir	—	être	—
sustenter, é, ée	**68**	avoir	—	être	—
susurrer, é, ée	**59**	avoir	—	—	—
suturer, é, ée	**59**	avoir	—	—	—
swinguer, é, inv.	**33**	avoir	—	—	—
symboliser, é, ée	**62**	avoir	—	—	—
sympathiser, é, inv.	**62**	avoir	avec	—	—
synchroniser, é, ée	**62**	avoir	—	être	—
syncoper, é, ée	**52**	avoir	—	—	—
syncristalliser, é, inv.	**62**	avoir	—	—	—
syndicaliser, é, ée	**62**	avoir	—	être	—
syndiquer, é, ée	**57**	avoir	—	être	—
synthétiser, é, ée	**62**	avoir	—	être	—
systématiser, é, ée	**62**	avoir	—	être	—

T

INFINITIFS ET PARTICIPES PASSÉS	PAGES	AUX.	PRÉP.	AUX.	PRÉP.
tabasser, é, ée	**64**	avoir	—	être	—
tabler, é, inv.	**5**	avoir	sur	—	—
tabouer, é, ée	**82**	avoir	—	—	—
tabouiser, é, ée	**62**	avoir	—	—	—
tacher, é, ée	**12**	avoir	—	être	—
tâcher, é, inv.	**12**	avoir	de + v.	—	—
tacheter, é, ée	**65**	avoir	—	—	—
tackler, é, inv.	**13**	avoir	—	—	—
tacler, é, inv.	**13**	avoir	—	—	—
taillader, é, ée	**16**	avoir	—	être	—
tailler, é, ée	**35**	avoir	—	être	—
taire, tu, ue	**86**	avoir	—	être	—
taler, é, ée	**42**	avoir	—	—	—
taller, é, inv.	**43**	avoir	—	—	—
talocher, é, ée	**12**	avoir	—	—	—
talonner, é, ée	**51**	avoir	—	—	—
talquer, é, ée	**57**	avoir	—	—	—
tambouriner, é, ée	**50**	avoir	—	—	—
tamiser, é, ée	**62**	avoir	—	—	—
tamponner, é, ée	**51**	avoir	—	être	—
tancer, é, ée	**10**	avoir	—	—	—
tanguer, é, inv.	**33**	avoir	—	—	—
taniser, é, ée	**62**	avoir	—	—	—
tanner, é, ée	**51**	avoir	—	—	—
tanniser, é, ée	**62**	avoir	—	—	—

INFINITIFS ET PARTICIPES PASSÉS	PAGES	FORME ACTIVE		FORME PRONOMINALE	
		AUX.	PRÉP.	AUX.	PRÉP.
tapager, é, inv.	**25**	avoir	—	—	—
taper, é, ée	**52**	avoir	—	être	—
tapir (se), i, ie	**120**	—	—	être	—
tapisser, é, ée	**64**	avoir	—	être	—
tapoter, é, ée	**68**	avoir	—	—	—
taquer, é, ée	**57**	avoir	—	—	—
taquiner, é, ée	**50**	avoir	—	être	—
tarabiscoter, é, ée	**68**	avoir	—	—	—
tarabuster, é, ée	**68**	avoir	—	—	—
tarauder, é, ée	**16**	avoir	—	—	—
tarder, é, inv.	**16**	avoir	à + v.	—	—
tarer, é, ée	**59**	avoir	—	être	—
targuer (se), é, ée	**33**	—	—	être	de
tarifer, é, ée	**20**	avoir	—	—	—
tarir, i, ie	**124**	avoir	—	être	—
tartiner, é, ée	**50**	avoir	—	être	—
tasser, é, ée	**64**	avoir	—	être	—
tâter, é, ée	**68**	avoir	—	être	—
tatillonner, é, inv.	**51**	avoir	—	—	—
tâtonner, é, ée	**51**	avoir	—	—	—
tatouer, é, ée	**82**	avoir	—	—	—
taveler, é, ée	**40**	avoir	—	être	—
taxer, é, ée	**76**	avoir	—	être	de
tayloriser, é, ée	**62**	avoir	—	—	—
techniciser, é, ée	**62**	avoir	—	être	—
techniser, é, ée	**62**	avoir	—	—	—
technocratiser, é, ée	**62**	avoir	—	être	—
teiller, é, ée	**36**	avoir	—	—	—
teindre, teint, einte	**165**	avoir	—	être	—
teinter, é, ée	**68**	avoir	—	être	—
télécommander, é, ée	**16**	avoir	—	—	—
télédiffuser, é, ée	**62**	avoir	—	—	—
télégraphier, é, ée	**34**	avoir	—	—	—
téléguider, é, ée	**16**	avoir	—	—	—
télématiser, é, ée	**62**	avoir	—	—	—
téléphoner, é, ée	**50**	avoir	—	être	—
télescoper, é, ée	**52**	avoir	—	être	—
téléviser, é, ée	**62**	avoir	—	—	—
télexer, é, ée	**76**	avoir	—	—	—
témoigner, é, ée	**29**	avoir	—	—	—
tempérer, é, ée	**58**	avoir	—	être	—
tempêter, é, inv.	**68**	avoir	—	—	—
temporiser, é, inv.	**62**	avoir	—	—	—
tenailler, é, ée	**35**	avoir	—	—	—
tendre, tendu, ue	**167**	avoir	à + v.	être	—
tenir, tenu, ue	**118**	avoir	—	être	—
tenonner, é, ée	**51**	avoir	—	—	—
ténoriser, é, inv.	**62**	avoir	—	—	—
tenter, é, ée	**68**	avoir	de + v.	—	—
tercer, é, ée	**10**	avoir	—	—	—
tergiverser, é, inv.	**63**	avoir	—	—	—
terminer, é, ée	**50**	avoir	—	être	—

INFINITIFS ET PARTICIPES PASSÉS	PAGES	FORME ACTIVE		FORME PRONOMINALE	
		AUX.	PRÉP.	AUX.	PRÉP.
ternir, i, ie	**116**	avoir	—	être	—
terrasser, é, ée	**64**	avoir	—	—	—
terreauter, é, ée	**68**	avoir	—	—	—
terrer, é, ée	**19**	avoir	—	être	—
terrifier, é, ée	**34**	avoir	—	—	—
terrir, i, inv.	**124**	avoir	—	—	—
terroriser, é, ée	**62**	avoir	—	—	—
terser, é, ée	**63**	avoir	—	—	—
tester, é, ée	**68**	avoir	—	—	—
tétaniser, é, ée	**62**	avoir	—	être	—
téter, é, ée	**67**	avoir	—	—	—
texturer, é, ée	**59**	avoir	—	—	—
texturiser, é, ée	**62**	avoir	—	—	—
théâtraliser, é, ée	**62**	avoir	—	—	—
théoriser, é, ée	**62**	avoir	—	—	—
thésauriser, é, ée	**62**	avoir	—	—	—
tictaquer, é, inv.	**57**	avoir	—	—	—
tiédir, i, ie	**96**	avoir	—	—	—
tiercer, é, ée	**10**	avoir	—	—	—
tiller, é, ée	**38**	avoir	—	—	—
timbrer, é, ée	**7**	avoir	—	—	—
tinter, é, ée	**68**	avoir	—	—	—
tintinnabuler, é, inv.	**42**	avoir	—	—	—
tiquer, é, inv.	**57**	avoir	sur	—	—
tirailler, é, ée	**35**	avoir	—	être	—
tirebouchonner, é, ée	**51**	avoir	—	être	—
tire-bouchonner, é, ée	**51**	avoir	—	être	—
tirer, é, ée	**59**	avoir	—	être	—
tisonner, é, ée	**51**	avoir	—	—	—
tisser, é, ée	**64**	avoir	—	—	—
titiller, é, ée	**38**	avoir	—	—	—
titrer, é, ée	**70**	avoir	—	—	—
tituber, é, inv.	**4**	avoir	—	—	—
titulariser, é, ée	**62**	avoir	—	—	—
toiletter, é, ée	**68**	avoir	—	être	—
toiser, é, ée	**62**	avoir	—	être	—
tolérer, é, ée	**58**	avoir	—	être	—
tomber, é, ée	**4**	**être**	—	—	—
tomer, é, ée	**47**	avoir	—	—	—
tondre, tondu, ue	**170**	avoir	—	être	—
tonifier, é, ée	**34**	avoir	—	—	—
tonitruer, é, inv.	**82**	avoir	—	—	—
tonner, é, inv.	**51**	avoir	—	—	—
Ne s'emploie généralement qu'à la 3e personne du singulier.					
tonsurer, é, ée	**59**	avoir	—	—	—
tontiner, é, ée	**50**	avoir	—	—	—
toper, é, ée	**52**	avoir	—	—	—
toquer (se), é, ée	**57**	—	—	être	—
torcher, é, ée	**12**	avoir	—	être	—
tordre, tordu, ue	**172**	avoir	—	être	—
toréer, é, ée	**18**	avoir	—	—	—
torpiller, é, ée	**38**	avoir	—	—	—

INFINITIFS ET PARTICIPES PASSÉS	PAGES	FORME ACTIVE		FORME PRONOMINALE	
		AUX.	PRÉP.	AUX.	PRÉP.
torréfier, é, ée	**34**	avoir	—	—	—
torsader, é, ée	**16**	avoir	—	—	—
tortiller, é, ée	**38**	avoir	—	être	—
torturer, é, ée	**59**	avoir	—	être	—
tosser, é, inv.	**64**	avoir	sur, contre	—	—
totaliser, é, ée	**62**	avoir	—	—	—
toucher, é, ée	**12**	avoir	—	être	—
touer, é, ée	**82**	avoir	—	être	—
touiller, é, ée	**37**	avoir	—	—	—
toupiller, é, ée	**38**	avoir	—	—	—
tourber, é, inv.	**4**	avoir	—	—	—
tourbillonner, é, inv.	**51**	avoir	—	—	—
tourillonner, é, inv.	**51**	avoir	—	—	—
tourmenter, é, ée	**68**	avoir	—	être	—
tournailler, é, inv.	**35**	avoir	autour de, dans	—	—
tournebouler, é, ée	**42**	avoir	—	être	—
tourner, é, ée	**50**	avoir	—	être	vers
tournicoter, é, inv.	**68**	avoir	—	—	—
tourniquer, é, ée	**57**	avoir	—	—	—
tournoyer, é, inv.	**79**	avoir	—	—	—
toussailler, é, inv.	**35**	avoir	—	—	—
tousser, é, inv.	**64**	avoir	—	—	—
toussoter, é, inv.	**68**	avoir	—	—	—
tracasser, é, ée	**64**	avoir	—	être	—
tracer, é, ée	**10**	avoir	—	—	—
tracter, é, ée	**68**	avoir	—	—	—
traduire, traduit, uite	**136**	avoir	—	être	—
traficoter, é, ée	**68**	avoir	—	—	—
trafiquer, é, ée	**57**	avoir	—	être	—
trahir, i, ie	**107**	avoir	—	être	—
traînailler, é, ée	**35**	avoir	—	—	—
traînasser, é, ée	**64**	avoir	—	—	—
traîner, é, ée	**50**	avoir	—	être	—
traire, trait, aite	**87**	avoir	—	—	—
traiter, é, ée	**68**	avoir	—	être	—
tramer, é, ée	**47**	avoir	—	être	—
tranchefiler, é, ée	**42**	avoir	—	—	—
trancher, é, ée	**12**	avoir	—	—	—
tranquilliser, é, ée	**62**	avoir	—	être	—
transbahuter, é, ée	**68**	avoir	—	être	—
transborder, é, ée	**16**	avoir	—	—	—
transcender, é, ée	**16**	avoir	—	être	—
transcoder, é, ée	**16**	avoir	—	—	—
transcrire, transcrit, ite	**95**	avoir	—	être	—
transférer, é, ée	**58**	avoir	—	être	—
transfigurer, é, ée	**59**	avoir	—	être	—
transfiler, é, ée	**42**	avoir	—	—	—
transformer, é, ée	**47**	avoir	—	être	—
transfuser, é, ée	**62**	avoir	—	être	—
transgresser, é, ée	**64**	avoir	—	—	—

INFINITIFS ET PARTICIPES PASSÉS	PAGES	FORME ACTIVE		FORME PRONOMINALE	
		AUX.	PRÉP.	AUX.	PRÉP.
transhumer, é, ée	**47**	avoir	—	—	—
transiger, é, inv.	**25**	avoir	avec	—	—
transir, i, ie	**128**	avoir	—	—	—
transistoriser, é, ée	**62**	avoir	—	—	—
transiter, é, ée	**68**	avoir	par	—	—
translittérer, é, ée	**58**	avoir	—	—	—
transmettre, transmis, ise	**182**	avoir	—	être	—
transmigrer, é, inv.	**31**	avoir	—	—	—
transmuer, é, ée	**83**	avoir	—	être	—
transmuter, é, ée	**68**	avoir	—	être	—
transparaître, transparu, inv.	**180**	avoir	—	—	—
transpercer, é, ée	**10**	avoir	—	être	—
transpirer, é, inv.	**59**	avoir	—	—	—
transplanter, é, ée	**68**	avoir	—	être	—
transporter, é, ée	**68**	avoir	—	être	—
transposer, é, ée	**62**	avoir	—	être	—
transsubstantier, é, ée	**34**	avoir	—	être	—
transsuder, é, ée	**16**	avoir	—	—	—
transvaser, é, ée	**62**	avoir	—	—	—
transvider, é, ée	**16**	avoir	—	—	—
trapper, é, ée	**54**	avoir	—	—	—
traquer, é, ée	**57**	avoir	—	—	—
traumatiser, é, ée	**62**	avoir	—	—	—
travailler, é, ée	**35**	avoir	à + v.	être	—
travailloter, é, inv.	**68**	avoir	—	—	—
traverser, é, ée	**63**	avoir	—	—	—
travestir, i, ie	**134**	avoir	—	être	—
trébucher, é, ée	**12**	avoir	—	—	—
tréfiler, é, ée	**42**	avoir	—	—	—
treillager, é, ée	**25**	avoir	—	—	—
treillisser, é, ée	**64**	avoir	—	—	—
trémater, é, ée	**68**	avoir	—	—	—
trembler, é, inv.	**5**	avoir	de	—	—
trembloter, é, inv.	**68**	avoir	—	—	—
trémousser (se), é, ée	**64**	—	—	être	—
tremper, é, ée	**52**	avoir	—	être	dans
trémuler, é, ée	**42**	avoir	—	—	—
trépaner, é, ée	**50**	avoir	—	—	—
trépasser, é, ée	**64**	avoir ou **être**	—	—	—
trépider, é, inv.	**16**	avoir	—	—	—
trépigner, é, ée	**29**	avoir	—	—	—
tressaillir, i, inv.	**109**	avoir	de	—	—
tressauter, é, inv.	**68**	avoir	—	—	—
tresser, é, ée	**64**	avoir	—	être	—
trévirer, é, ée	**59**	avoir	—	—	—
trianguler, é, ée	**42**	avoir	—	—	—
tricher, é, inv.	**12**	avoir	—	—	—
tricoter, é, ée	**68**	avoir	—	—	—
trier, é, ée	**34**	avoir	—	être	—
trifouiller, é, ée	**37**	avoir	—	—	—

INFINITIFS ET PARTICIPES PASSÉS	PAGES	FORME ACTIVE		FORME PRONOMINALE	
		AUX.	PRÉP.	AUX.	PRÉP.
triller, é, ée	**38**	avoir	—	—	—
trimarder, é, ée	**16**	avoir	—	—	—
trimballer, é, ée	**43**	avoir	—	être	—
trimer, é, inv.	**47**	avoir	—	—	—
tringler, é, ée	**27**	avoir	—	—	—
trinquer, é, inv.	**57**	avoir	à	—	—
triompher, é, inv.	**53**	avoir	dans, de	—	—
tripatouiller, é, ée	**37**	avoir	—	—	—
tripler, é, ée	**55**	avoir	—	—	—
tripoter, é, ée	**68**	avoir	—	—	—
trisser, é, ée	**64**	avoir	—	être	—
triturer, é, ée	**59**	avoir	—	être	—
tromper, é, ée	**52**	avoir	—	être	—
tronçonner, é, ée	**51**	avoir	—	—	—
trôner, é, inv.	**50**	avoir	—	—	—
tronquer, é, ée	**57**	avoir	—	—	—
tropicaliser, é, ée	**62**	avoir	—	—	—
troquer, é, ée	**57**	avoir	—	—	—
trotter, é, ée	**68**	avoir	—	être	—
trottiner, é, inv.	**50**	avoir	—	—	—
troubler, é, ée	**5**	avoir	—	être	—
trouer, é, ée	**82**	avoir	—	être	—
trousser, é, ée	**64**	avoir	—	être	—
trouver, é, ée	**72**	avoir	à + v.	être	—
truander, é, ée	**16**	avoir	—	—	—
trucider, é, ée	**16**	avoir	—	—	—
truculer, é, inv.	**42**	avoir	—	—	—
truffer, é, ée	**21**	avoir	—	—	—
truquer, é, ée	**57**	avoir	—	—	—
trusquiner, é, ée	**50**	avoir	—	—	—
truster, é, ée	**68**	avoir	—	—	—
tuber, é, ée	**4**	avoir	—	être	—
tuberculiner, é, ée	**50**	avoir	—	—	—
tuberculiniser, é, ée	**62**	avoir	—	—	—
tuberculiser, é, ée	**62**	avoir	—	être	—
tuer, é, ée	**83**	avoir	—	être	—
tuiler, é, ée	**42**	avoir	—	—	—
tuméfier, é, ée	**34**	avoir	—	être	—
turbiner, é, ée	**50**	avoir	—	—	—
turlupiner, é, ée	**50**	avoir	—	—	—
tuteurer, é, ée	**59**	avoir	—	—	—
tutoyer, é, ée	**79**	avoir	—	être	—
tuyauter, é, ée	**68**	avoir	—	—	—
tympaniser, é, ée	**62**	avoir	—	—	—
typer, é, ée	**52**	avoir	—	—	—
typographier, é, ée	**34**	avoir	—	—	—
tyranniser, é, ée	**62**	avoir	—	être	—
U					
ulcérer, é, ée	**58**	avoir	—	être	—
ululer, é, inv.	**42**	avoir	—	—	—
unifier, é, ée	**34**	avoir	—	être	—
uniformiser, é, ée	**62**	avoir	—	être	—
unir, i, ie	**116**	avoir	—	être	—
universaliser, é, ée	**62**	avoir	—	être	—
upériser, é, ée	**62**	avoir	—	—	—
urbaniser, é, ée	**62**	avoir	—	être	—
urger, é, inv.	**25**	avoir	—	—	—
Ne s'emploie qu'à la 3e personne du singulier.					
uriner, é, ée	**50**	avoir	—	—	—
user, é, ée	**62**	avoir	—	être	à + v.
usiner, é, ée	**50**	avoir	—	—	—
usurper, é, ée	**52**	avoir	—	—	—
utiliser, é, ée	**62**	avoir	—	être	—
V					
vacciner, é, ée	**50**	avoir	—	—	—
vaciller, é, inv.	**38**	avoir	—	—	—
vadrouiller, é, inv.	**37**	avoir	—	—	—
vagabonder, é, inv.	**16**	avoir	—	—	—
vagir, i, ie	**104**	avoir	—	—	—
vaguer, é, ée	**33**	avoir	—	—	—
vaincre, vaincu, ue	**163**	avoir	—	être	—
valdinguer, é, inv.	**33**	avoir	—	—	—
valider, é, ée	**16**	avoir	—	—	—
valoir, valu, ue	**148**	avoir	—	être	—
valoriser, é, ée	**62**	avoir	—	être	—
valser, é, ée	**63**	avoir	—	—	—
vamper, é, ée	**52**	avoir	—	—	—
vampiriser, é, ée	**62**	avoir	—	—	—
vandaliser, é, ée	**62**	avoir	—	—	—
vanner, é, ée	**51**	avoir	—	—	—
vanter, é, ée	**68**	avoir	—	être	de
vaporiser, é, ée	**62**	avoir	—	être	—
vaquer, é, inv.	**57**	avoir	à	—	—
varapper, é, inv.	**54**	avoir	—	—	—
varier, é, ée	**34**	avoir	—	—	—
varloper, é, ée	**52**	avoir	—	—	—
vasectomiser, é, ée	**62**	avoir	—	—	—
vaseliner, é, ée	**50**	avoir	—	—	—
vasouiller, é, inv.	**37**	avoir	—	—	—
vassaliser, é, ée	**62**	avoir	—	—	—
vaticiner, é, inv.	**50**	avoir	—	—	—
vautrer, é, ée	**70**	avoir	—	être	dans, sur
vedettiser, é, ée	**62**	avoir	—	—	—
végéter, é, inv.	**67**	avoir	—	—	—
véhiculer, é, ée	**42**	avoir	—	être	—
veiller, é, ée	**36**	avoir	à + v.	—	—
veiner, é, ée	**50**	avoir	—	—	—
vêler, é, inv.	**42**	avoir	—	—	—
velouter, é, ée	**68**	avoir	—	être	—
vendanger, é, ée	**25**	avoir	—	—	—

INFINITIFS ET PARTICIPES PASSÉS	PAGES	FORME ACTIVE		FORME PRONOMINALE	
		AUX.	PRÉP.	AUX.	PRÉP.
vendre, vendu, ue	**167**	avoir	—	être	—
vénérer, é, ée	**58**	avoir	—	—	—
venger, é, ée	**25**	avoir	—	être	de
venir, venu, ue	**117**	**être**	à, chez, dans, de, vers	—	—
venter, é, inv.	**68**	avoir	—	—	—
Ne s'emploie qu'à la 3e personne du singulier.					
ventiler, é, ée	**42**	avoir	—	—	—
verbaliser, é, ée	**62**	avoir	—	—	—
verdir, i, ie	**96**	avoir	—	—	—
verdoyer, é, inv.	**79**	avoir	—	—	—
verduniser, é, ée	**62**	avoir	—	—	—
verglacer, é, inv.	**10**	avoir	—	—	—
Ne s'emploie qu'à la 3e personne du singulier.					
vérifier, é, ée	**34**	avoir	—	être	—
verjuter, é, ée	**68**	avoir	—	—	—
vermiller, é, inv.	**38**	avoir	—	—	—
vermillonner, é, ée	**51**	avoir	—	—	—
vermouler (se), é, ée	**42**	—	—	être	—
vernir, i, ie	**116**	avoir	—	—	—
vernisser, é, ée	**64**	avoir	—	—	—
verrouiller, é, ée	**37**	avoir	—	être	—
verser, é, ée	**63**	avoir	—	être	—
versifier, é, ée	**34**	avoir	—	—	—
vétiller, é, inv.	**38**	avoir	—	—	—
vêtir, vêtu, ue	**133**	avoir	—	être	—
vexer, é, ée	**76**	avoir	—	être	de
viabiliser, é, ée	**62**	avoir	—	—	—
viander, é, ée	**16**	avoir	—	être	—
vibrer, é, ée	**7**	avoir	—	—	—
vicier, é, ée	**34**	avoir	—	être	—
vidanger, é, ée	**25**	avoir	—	—	—
vider, é, ée	**16**	avoir	—	être	—
vidimer, é, ée	**47**	avoir	—	—	—
vieillir, i, ie	**108**	avoir	—	être	—
vieller, é, inv.	**43**	avoir	—	—	—
vigneter, é, inv.	**65**	avoir	—	—	—
vilipender, é, ée	**16**	avoir	—	—	—
villégiaturer, é, inv.	**59**	avoir	—	—	—
vinaigrer, é, ée	**31**	avoir	—	—	—
viner, é, ée	**50**	avoir	—	—	—
vinifier, é, ée	**34**	avoir	—	—	—
violacer, é, ée	**10**	avoir	—	être	—
violenter, é, ée	**68**	avoir	—	—	—
violer, é, ée	**42**	avoir	—	—	—
violoner, é, ée	**50**	avoir	—	—	—
virer, é, ée	**59**	avoir	—	être	—
virevolter, é, inv.	**68**	avoir	—	—	—
virguler, é, ée	**42**	avoir	—	—	—
viriliser, é, ée	**62**	avoir	—	être	—
viroler, é, ée	**42**	avoir	—	—	—
viser, é, ée	**62**	avoir	à + v.	—	—
visionner, é, ée	**51**	avoir	—	—	—
visiter, é, ée	**68**	avoir	—	—	—

INFINITIFS ET PARTICIPES PASSÉS	PAGES	FORME ACTIVE		FORME PRONOMINALE	
		AUX.	PRÉP.	AUX.	PRÉP.
visser, é, ée	**64**	avoir	—	être	—
visualiser, é, ée	**62**	avoir	—	—	—
vitrer, é, ée	**70**	avoir	—	—	—
vitrifier, é, ée	**34**	avoir	—	être	—
vitrioler, é, ée	**42**	avoir	—	—	—
vitupérer, é, ée	**58**	avoir	—	—	—
vivifier, é, ée	**34**	avoir	—	—	—
vivoter, é, inv.	**68**	avoir	—	—	—
vivre, vécu, ue	**186**	avoir	—	être	—
vocaliser, é, ée	**62**	avoir	—	être	—
vociférer, é, ée	**58**	avoir	—	—	—
voguer, é, inv.	**33**	avoir	sur	—	—
voiler, é, ée	**42**	avoir	—	être	—
voir, vu, ue	**159**	avoir	à + v.	être	—
voisiner, é, ée	**50**	avoir	—	—	—
voiturer, é, ée	**59**	avoir	—	être	—
volatiliser, é, ée	**62**	avoir	—	être	—
volcaniser, é, ée	**62**	avoir	—	—	—
voler, é, ée	**42**	avoir	—	être	—
voleter, é, inv.	**65**	avoir	—	—	—
voliger, é, ée	**25**	avoir	—	—	—
volleyer, é, inv.	**77**	avoir	—	—	—
volter, é, inv.	**68**	avoir	—	—	—
voltiger, é, inv.	**25**	avoir	—	—	—
vomir, i, ie	**114**	avoir	—	—	—
voter, é, ée	**68**	avoir	—	—	—
vouer, é, ée	**82**	avoir	—	être	à
vouloir, voulu, ue	**149**	avoir	—	être	—
voûter, é, ée	**68**	avoir	—	être	—
vouvoyer, é, ée	**79**	avoir	—	être	—
voyager, é, inv.	**25**	avoir	—	—	—
vriller, é, ée	**38**	avoir	—	être	—
vrombir, i, inv.	**89**	avoir	—	—	—
vulcaniser, é, ée	**62**	avoir	—	—	—
vulgariser, é, ée	**62**	avoir	—	être	—
vulnérabiliser, é, ée	**62**	avoir	—	—	—
W					
warranter, é, ée	**68**	avoir	—	—	—
Y					
yodler, é, inv.	**42**	avoir	—	—	—
Z					
zébrer, é, ée	**6**	avoir	—	—	—
zester, é, ée	**68**	avoir	—	—	—
zézayer, é, inv.	**78**	avoir	—	—	—
zieuter, é, ée	**68**	avoir	—	—	—
zigouiller, é, ée	**37**	avoir	—	—	—
zigzaguer, é, ée	**33**	avoir	—	—	—
zinguer, é, ée	**33**	avoir	—	—	—
zinzinuler, é, inv.	**42**	avoir	—	—	—
zoner, é, ée	**50**	avoir	—	être	—
zozoter, é, inv.	**68**	avoir	—	—	—
zyeuter, é, ée	**68**	avoir	—	—	—

Left, Right and Center

Essays on Liberalism and Conservatism in the United States

Frank S. Meyer
David Spitz
Joseph Cropsey
Martin Diamond
Thomas A. [illegible]
[illegible]
[illegible]

edited by

Robert A. Goldwin

Left, Right and Center

RAND McNALLY PUBLIC AFFAIRS SERIES

Left, Right

Essays on Liberalism and

BY

FRANK S. MEYER
DAVID SPITZ
JOSEPH CROPSEY
MARTIN DIAMOND
THOMAS S. SCHROCK
STEPHEN C. SHADEGG
SAMUEL H. BEER

and Center

Conservatism in the United States

EDITED BY

ROBERT A. GOLDWIN

RAND McNALLY & COMPANY • CHICAGO

RAND McNALLY PUBLIC AFFAIRS SERIES, ROBERT A. GOLDWIN, *Editor*

America Armed: Essays on United States Military Policy
A Nation of States: Essays on the American Federal System
Why Foreign Aid?
Political Parties, U.S.A.
100 *Years of Emancipation*
Left, Right and Center: Essays on Liberalism and Conservatism in the United States

RAND McNALLY POLITICAL SCIENCE SERIES, MORTON GRODZINS, *Advisory Editor*

BAYLEY, *Public Liberties in the New States*
BECKER, *Political Behavioralism and Modern Jurisprudence*
BOBROW, ed., *Components of Defense Policy*
ELDERSVELD, *Political Parties: A Behavioral Analysis*
FROMAN, *Congressmen and Their Constituencies*
GOLEMBIEWSKI, *Behavior and Organization: O & M and the Small Group*
GOLDWIN, ed., *Beyond the Cold War*
HAIGHT AND JOHNSTON, eds., *The President: Roles and Powers*
HANNA, ed., *Independent Black Africa*
LONG, *The Polity*
MILBRATH, *Political Participation*
MILBRATH, *The Washington Lobbyists*
PEABODY AND POLSBY, eds., *New Prespectives on the House of Representatives*
SCHMIDHAUSER, ed., *Constitutional Law in the Political Process*
SCHUBERT, ed., *Judicial Behavior*
SINGER, ed., *Human Behavior and International Politics*
STRAUSS, *The City and Man*
STRAUSS AND CROPSEY, eds., *History of Political Philosophy*
ULMER, ed., *Introductory Readings in Political Behavior*
WILLIAMS AND PRESS, eds., *Democracy in Urban America: Readings on Government and Politics*

PRINTED IN U.S.A. BY RAND McNALLY & COMPANY
LIBRARY OF CONGRESS CATALOG CARD NUMBER 67:14691
SECOND PRINTING, 1968

PREFACE

•

The debate between liberals and conservatives is remarkable for the variety of the forms it assumes. Sometimes this debate, which has persisted since the earliest days of the Republic, takes the form of a kind of combat-by-definition, in which the two sides seek to define the words liberal and conservative so as to produce a partisan advantage. Sometimes it has the sound of a seminar in political philosophy, in which the central issue is the question of the true functions of government. Often the issue is stated as a philosophical or even theological question: What is the nature of man? But always present and powerful is the practical political question: Into whose hands shall political power be placed?

These many faces of the liberal *versus* conservative debate give it its power and its fascination for observers and participants in the American political system. Despite the protestations of many that the controversy is largely irrelevant to the great American issues, the conviction is general that its outcome will determine the form of our political system and the character of our lives as citizens of the United States.

As the title of this book suggests, the essays presented here are the work not only of liberal and conservative spokesmen, writing out of personal conviction and long years of study and practical experience, but also of spokesmen for a position that is neither liberal nor conservative, but which regards both as imperfect and which challenges the claims of both to be the authentic, true voice of the American political heritage. Just as Tocqueville described our government as "neither exactly national nor exactly federal," but some novel third thing for which a "new word" ought to but does not exist, so in this book there is advanced the thesis that the character of American politics is neither basically liberal nor basically conservative, but some third thing for which no good name yet exists. It may be something wholly different from both, or it may be, to borrow from James Madison, in strictness neither a liberal nor a conservative political system, "but a composition of both."

This volume is, as are all the volumes in the Rand McNally Public Affairs Series, the outgrowth of a conference held under the auspices of the Public Affairs Conference Center, originally located at the University of Chicago, now a part of Kenyon College. The editing design of this volume is, again, the same as in the other volumes of this series; the editor has sought to present the writing of effective and authoritative spokesmen of opposing viewpoints, all thoughtful and responsible, but of such a variety that no one can reasonably agree with all of them. The intention of the editor is to introduce the reader into the very midst of a controversy which is already well developed, powerfully stated, and argued with conviction—a controversy which is by its nature all-important and necessarily incomplete. The reader, if he has any concern for his own and his nation's well-being, must attempt to sort out the arguments and to come to his own conclusions.

The authors must be judged by their arguments; the editor by the quality of the questions raised and the guidance toward answering them provided by the essays and their juxtaposition. The educational theory is simple: when a student's learned professors disagree, he has no alternative but to think for himself.

Acknowledgment is gratefully given to Jayne Price, who has skillfully served the Public Affairs Conference Center as administrative assistant since its inception in 1960, for suggesting the title of this book.

R.A.G.

Chicago, Illinois
July, 1966

CONTENTS

•

The authors themselves are alone responsible for the opinions expressed and the policies recommended in their respective papers. The Public Affairs Conference Center is a nonpartisan, educational institution and as such takes no position on questions of public policy.

THE EDITOR AND THE AUTHORS

•

ROBERT A. GOLDWIN

is Associate Professor and Director, Public Affairs Conference Center, Kenyon College, and Editor of the Rand McNally Public Affairs Series. In addition, he has edited *Readings in World Politics,* 1959; *Readings in American Foreign Policy,* 1959; and *Readings in Russian Foreign Policy,* 1959. In 1966, he was named a Guggenheim Foundation Fellow.

FRANK S. MEYER

a Senior Editor of *National Review* and Editorial Advisor of *Modern Age,* is the Treasurer of the American Conservative Union. He is the author of *The Moulding of Communists,* 1961, and *In Defense of Freedom: A Conservative Credo,* 1963, and the editor of and contributor to *What is Conservatism?,* 1964.

DAVID SPITZ

is Professor of Political Science, Ohio State University. His special field of interest is political philosophy, and he is the author of three books: *Patterns of Anti-Democratic Thought,* 1949 (rev. ed., 1965); *Democracy and the Challenge of Power,* 1958; and *The Liberal Idea of Freedom,* 1964. He is currently at work on a study of John Stuart Mill's theory of liberty and is editing a collection of Robert M. MacIver's essays in political theory.

JOSEPH CROPSEY

Associate Professor of Political Science, The University of Chicago, has specialized in the fields of economics and political philosophy. He is the author of *Polity and Economy,* 1957; joint author and co-editor of *History of Political Philosophy,* 1963; and joint author and editor of *Ancients and Moderns,* 1965.

The Editor and the Authors

MARTIN DIAMOND

is Wohlford Professor of American Political Institutions, Claremont Men's College. His field of specialization is American political thought. His many articles on *The Federalist* include "Democracy and The Federalist," *American Political Science Review* (March 1959); "What the Framers Meant by Federalism," *A Nation of States,* 1963; and "The Federalist," *History of Political Philosophy,* 1963. He is co-author of *The Democratic Republic,* 1966.

THOMAS S. SCHROCK

is Assistant Professor of Political Science, University of California, Santa Barbara. His special fields of interest are political philosophy and American constitutional law. He is a member of the District of Columbia Bar.

STEPHEN C. SHADEGG

was General Manager for Barry Goldwater's two successful senatorial campaigns in 1952 and 1958, and was Western Regional Director of the Goldwater for President Committee in 1964. He has served as consultant to the National Republican Senatorial Campaign Committee and as Chairman of the Arizona Republican Party. He is the author of *Barry Goldwater: Freedom Is his Flight Plan,* 1962; *How To Win an Election,* 1964; and *What Happened to Goldwater,* 1965.

SAMUEL H. BEER

is Professor of Government, Harvard University. His special fields of study are political theory, political parties, and comparative government. He is the former National Chairman, Americans for Democratic Action. His books include *The City of Reason,* 1949; *Patterns of Government: The Major Political Systems of Europe,* rev. ed. 1962, (editor and contributor); and *British Politics in the Collectivist Age,* 1965, which received the Woodrow Wilson Foundation Award for 1966 for "the best book published in the previous year on government, politics or international affairs."

FRANK S. MEYER

•

CONSERVATISM

To discuss conservatism in America today is to plunge at once into a tangle of semantic confusion. There have been over the past few years so many efforts, often contradictory, by scholars and journalists to extract its essence and define its limits that it is with some diffidence I begin with a rather broad and general description of it.

WHAT IS CONSERVATISM?

This essay is concerned with conservatism as a political, social, and intellectual movement—not as a cast of mind or a temperamental inclination. Such a movement arises historically when the unity and balance of a civilization are riven by revolutionary transformations of previously accepted norms of polity, society, and thought. Conservatism comes into being at such times as a movement of consciousness and action directed to recovering the tradition of the civilization. This is the essence of conservatism in all the forms it has assumed in different civilizations and under differing circumstances. Sometimes such movements are successful, as was the return to the basic Egyptian tradition after Akhnaton's revolutionary changes. Sometimes they succeed for a time and modulate the later and further development of the revolutionary impulse, as did the Stuart restoration after the English Revolution or the European consolidation after the French Revolution and the reign of Napoleon. Sometimes they have little effect on contemporary events but make a tremendous impress on the consciousness of the future, as did the Platonic reaction to the destruction of the balance of civilization brought about by the overweening power drive of the Athenian *demos* and the arrogance of Sophistical thought. Sometimes they fail utterly and are lost to history.

In any era the problem of conservatism is to find the way to restore the tradition of the civilization and apply it in a new situation. But this means that conservatism is by its nature two-sided. It must at one and the same time be reactionary and presentist. It cannot content itself with appealing to the past. The very circumstances that call conscious conservatism into being create an irrevocable break with the past. The many complex aspects of the past had been held together in tension by the unity of the civilization, but that particular tension, that particular suspension in unity, can never be recreated after a revolutionary break. To attempt to recreate it would be pure unthinking reaction (what Toynbee calls "archaism") and would be bound to fail; nor could reaction truly restore the civilizational tradition to the recovery of which it was putatively directed. But while conservatism is not and cannot be naked reaction, neither can its concern with contemporary circumstances lead it, if it is to be true to itself, to be content with the status quo, with serving as a "moderating wing" within the existing situation. For that situation is the result of a revolutionary break with the tradition of the civilization, and to "conserve" it is to accept the radical break with tradition that conservatism exists to overcome.

Conservatism is neither reactionary yearning for an irremediably lost past, nor is it trimming acquiescence in the consolidation of revolution, just so long as the revolution does not go too fast. It is a vindication and renewal of the civilizational tradition as the fundament upon which reason must build to solve the problems of the present.

It is absurd, therefore, because one conservative voice in one period showed an underlying hostility to reason, to maintain, as is today so often done, that Edmund Burke's attitude to reason is an essential element of any definition of conservatism. True, no conservatism can accept utopian reliance upon the limited reason of one generation (or one school of thought within that generation), which ignores the tradition and builds upon arrogant confidence in its own experience and its own ratiocination. But conservatism is not antirational. It demands only that reason operate upon the foundation of the tradition of civilization, that is, upon the basis of the accumulated reason, experience, and wisdom of past generations.

From the point of view of contemporary "liberalism," it may indeed seem that any respect for tradition is *ipso facto* a repudiation of reason. This, together with the fact that Burke was to a rather strong degree critical of the claims of reason and that nineteenth-century conservatism often tended in this direction, may explain, although it does not excuse, the insistence of author after author in late years (most recently, Morton Auerbach in *The Conservative Illusion*) that no movement has a right to the name of conservatism if it does not fit the mould of an exaggerated representation of Burke's views on reason. Thus, the contemporary American conservative movement has consistently been denied its right to its self-chosen name by critics who refuse to think deeply and seriously about the phenomenon of conservatism, preferring instead facilely to derive their criteria from ephemeral characteristics of the conservatism of a single historical period.

It is easy to show that contemporary American conservatism is not a replica of nineteenth-century European conservatism; while it resembles it in some ways, it also resembles nineteenth-century European liberalism in its commitment to individual liberty and its corollary commitment to an economic system free of state control. But to show that, is to prove nothing of substance. The claim of the contemporary American conservative movement to the title conservative does not have to be based upon a surface resemblance to the conservative movement of another period. It is based upon its commitment to the recovery of a tradition, the tradition of Western civilization and the American republic, which has been subjected to a revolutionary attack in the years since 1932.

The Contemporary American Conservative Movement

The crystallization in the past dozen years or so of an American conservative movement is a delayed reaction to the revolutionary transformation of America that began with the election of Franklin Roosevelt in 1932. That revolution itself has been a gentler, more humane, bloodless expression in the United States of the revolutionary wave that has swept the globe in the twentieth century. Its grimmest, most total manifestations have been the phenomena of Communism and Nazism. In rather peculiar forms in late years it has expressed itself in the so-called nationalism typified by Nasser, Nkrumah, and Sukarno; in Western Europe it has taken the forms of the socialism of England or that of Scandinavia. Everywhere, however open or masked, it represents an aggrandizement of the power of the state over the lives of individual persons. Always that aggrandizement is cloaked in a rhetoric and a program putatively directed to and putatively concerned for "the masses."

The American form of that revolution differs little in its essentials from Western European democratic socialism. But, by an ironic twist of history, it has become known as "liberalism." (So far is it removed from the classical liberalism of the nineteenth century, with its overriding concern for individual liberty and the limitation of the state, that clear discourse requires some mode of differentiation; and I shall for that reason, through the rest of this essay, refer to this twentieth-century American development as Liberalism, with a capital L, reserving the lower case for classical liberalism.) Ushered in by the election of 1932, so thorough was the victory of Liberalism that for many years afterwards it met with no concerted resistance, in either the intellectual or political spheres. True, islands of resistance remained—in the Congress, in the academy among some economists and humanists, in the business community, in the endemic mass anti-Communist movement among some strata of the population. These were rearguard actions; by and large, Liberalism dominated the scene, took over the academy and the organs of mass communication, controlled the Democratic party, and slowly penetrated the Republican party. Only in recent years has there emerged a consistent, cohesive conservative movement, based upon a broad consensus of principle, challenging Liberal assumptions and Liberal power all along the line.

In its intellectual origins, centered among a group of writers gathered around the old *Freeman, National Review,* and *Modern Age,* it early attracted a following and guided a movement in the universities, and gradually focused and channelized the energies of disparate tendencies opposed to Liberalism through all levels of society. During the past half dozen years its attitude began to be reflected among a group of young Congressmen, and it fully emerged on the national political arena with the nomination of Barry Goldwater at the Republican convention of 1964.

There are many strands in this movement, many trends in its thought. In particular there exists within it a continuing tension between an emphasis on tradition and virtue, on the one hand, and an emphasis on reason and freedom, on the other. I will return to this problem a little farther on; here I want only to say that these differences are but differences of emphasis, creating tensions within a common consensus, not sharply opposed points of view.

That common consensus of the contemporary American conservative movement is reflected, with different degrees of understanding and depth, at every level of the conservative movement. It underlies the principled positions of the consciously intellectual as it does the empirical positions and the instinctive attitudes of the political activists and the broad constituency of that movement. The clearest way, I think, to summarize this consensus is to contrast it with the beliefs and attitudes of the Liberal world outlook, which sets the prevailing tone of contemporary American society. I do not assert that every conservative accepts every one of the articles of belief I am positing or that every Liberal accepts each of the contrasted articles. But I would maintain that the attitudes adumbrated do reflect the over-all opposition between the conservative and Liberal consensuses in America today.

A. Conservatism assumes the existence of an objective moral order based upon ontological foundations. Whether or not individual conservatives hold theistic views—and a large majority of them do—this outlook is derived from a theistic tradition. The essential point, however, is that the conservative looks at political and social questions with the assumption that there are objective standards for human conduct and criteria for the judgment of theories and institutions, which it is the duty of human beings to understand as thoroughly as they are able and to which it is their duty to approximate their actions.

The Liberal position, in contrast, is essentially operational and instrumental. As the conservative's world is, in Richard

Weaver's phrase, a world of essences to be approximated, the Liberal's world is a world of problems to be solved. Hence, the conservative's concern with such questions of essence as individual liberty and civilizational tradition. Hence, the Liberal's concern with modes and operations, such as democracy (a mode or means of government which implies that what is morally right is what fifty per cent plus one think is right), or progress (a concept that derives norms from the operation of historical events, establishing as the good the direction in which events have been moving and seem presently to be moving).

B. Within the limits of an objective moral order, the primary reference of conservative political and social thought and action is to the individual person. There may be among some conservatives a greater emphasis upon freedom and rights, as among others a greater emphasis upon duties and responsibilities; but whichever the emphasis, conservative thought is shot through and through with concern for the person. It is deeply suspicious of theories and policies based upon the collectivities that are the political reference points of Liberalism—"minorities," "labor," "the people." There may be tension between those conservatives who stress individual freedom and those who stress community as a fabric of individual rights and responsibilities, but both reject the ideological hypostatization of associations of human beings into entities and the collectivist politics based upon it.

C. The cast of American conservative thought is profoundly antiutopian. While it recognizes the continuing historical certainty of change and the necessity of basic principle being expressed under different circumstances in different ways, and while it strives always for the improvement of human institutions and the human condition, it rejects absolutely the idea that society or men generally are perfectible. In particular, it is perennially suspicious of the utopian approach that attempts to *design* society and the lives of human beings, whether in the light of abstract rationalist ideas or operational engineering concepts. It therefore rejects the entire Liberal *mystique* of "planning," which, no matter how humanitarian the motives of the planners, perforce treats human beings as faceless units to be arranged and disposed according to a design conceived by the planner. Rather, the conservative puts his confidence in the free functioning of the energies of free persons, individually and in voluntary cooperation.

D. It is on the basis of these last two points—concern for the individual person and rejection of utopian design—that the contemporary American conservative attitude to the state arises. For the state, which has the ultimate power of enforcement of its dictates, is the necessary implement for successful Liberal planning and for effective control of the lives of individual human beings. Conservatives may vary on the degree to which the power of the state should be limited, but they are agreed upon the principle of limitation and upon the firmest opposition to the Liberal concept of the state as the engine for the fixing of ideological blueprints upon the citizenry. There is much difference among them on the manner and mode in which the state should be limited, but in opposition to the prevailing Liberal tendency to call upon it to act in every area of human life, from automation to social relations, they are firmly united upon the principle of limitation.

E. Similarly, American conservatives are opposed to state control of the economy, in all its Liberal manifestations, whether direct or indirect. They stand for a free economic system, for two reasons. In the first place, they believe that the modern state is politically so strong, even without controls over the economy, that it concentrates power to a degree that is incompatible with the freedom of its citizens. When to that power is added control over the economy, such massive power is created that the last defenses against the state becoming a monstrous Leviathan begin to crack. Second—though this is subsidiary in the conservative outlook to the danger to freedom—conservatives in general believe, on the basis of classical and neoclassical economic theory, that a free economy is much more productive of material wealth than an economy controlled directly or indirectly by the state.

F. American conservatism derives from these positions its firm support of the Constitution of the United States as originally conceived—to achieve the protection of individual liberty in an ordered society by limiting the power of government. Recognizing the many different partial outlooks that went into its inception, adoption, and execution, the conservative holds that the result was a constitutional structure concerned simultaneously with limiting the power of the individual states and of the federal government, and of the tripartite elements in both—through the careful construction of a tension of separate powers, in which ultimate sovereignty rested in no single part, but in the tension itself. Conservatives believe that this conception was the closest that human beings have come to establishing a polity which gives the possibility of maintaining at one and the same time individual liberty, underlying norms of law, and necessary public order. Against the Liberal endeavor to establish sovereignty, nominally in the democratic majority, actually in the executive branch of a national government, they strive to re-establish a federal system of strictly divided powers, so far as government itself is concerned, and to repulse the encroachment of government, federal or state, over the economy and the individual lives of citizens.

G. In their devotion to Western civilization and their unashamed and unself-conscious American patriotism, conservatives see Communism as an armed and messianic threat to the very existence of Western civilization and the United States. They believe that our entire foreign and military policy must be based upon recognition of this reality. As opposed to the vague internationalism and the wishful thinking about Communist "mellowing" or the value of the United Nations that characterize Liberal thought and action, they see the defense of the West and the United States as the overriding imperative of public policy.

It is difficult to summarize in a short space the consensus of a variegated and living movement, especially when it is by its very nature opposed to ideology. I have attempted, however, to give here the best description of the contemporary American conservative movement that I have been able to derive from observation and experience. In confirmation of my summary, I would present from the actual political life of the conservative movement a statement which I think bears me out. It is the Statement of Principles of the American Conservative Union, founded in December, 1964, with the aim of coordinating and guiding American conservatism. I believe it states in brief compass the position I have been endeavoring to analyze, and as a practical political document shows the essential congruity of conservative thought with that analysis.

> The American Conservative Union holds firm the truth that all men are endowed by their Creator with unalienable rights. To a world floundering in philosophical anarchy, we therefore commend a transcendent moral order against which all human institutions, in every commonwealth, may confidently be judged.
>
> We believe that government is meant to serve men: by securing their rights under a rule of law that dispenses justice equally to all; and in times of danger by marshalling the might of the commonwealth against its enemies.
>
> We remark the inherent tendency of government to tyranny. The prudent commonwealth will therefore labor tirelessly, by means agreeable to its peculiar genius and traditions, to limit and disperse the power of government. No task should be confided to a higher authority that can be performed at a subsidiary level; and whatever the people can do for themselves should not be confided to government at all.
>
> We believe that the Constitution of the United States is the ideal charter for governing the American commonwealth. The checks and balances that distribute the power of our national authority, and the principle of federalism that reserves to the states or to the people all power not confided to the national authority, are the cornerstones of every freedom enjoyed in this commonwealth. To their integrity we pledge a jealous defense.
>
> We have learned that man's liberty, no less than his material interests, is promoted by an economic system based on private property and directed by a free, competitive market. Such a system not only enlarges the scope of individual choice but by dispersing economic decisions provides a further bulwark against the concentration of political power. And no other system can assure comparable living standards and growth. As against the encroachments of the welfare state, we

propose a state of welfare achieved by free, collaborative endeavor.

Today the American commonwealth, as well as the civilization that illuminated it, are mortally threatened by the global Communist revolution. We hold that permanent co-existence with Communism is neither honorable nor desirable nor possible. Communism would enslave the world by any means expedient to that end. We deem no sacrifice too great to avoid that fate. We would parry the enemy's thrusts—but more: by maintaining American military superiority and exerting relentless pressure against the Communist empire, we would advance the frontiers of freedom.

Traditionalist and Libertarian Emphases Within the Conservative Movement

There is, then, a consensus that gives the contemporary American conservative movement unity. As I argued at the beginning of this essay, it is a consensus that reflects a legitimate conservative outlook, in the sense that conservatism properly considered is not confined to the limited doctrines of the conservatism of any given historical period, but represents the effort to refresh and renew the tradition of a civilization and a nation in response to a radical challenge to that tradition. Nevertheless, although there is a conservative consensus today, there are stresses and strains within it, reflecting the differing emphases partially derived from variant strands of the tradition. Most of these stresses and strains within the conservative movement center around one fundamental clash of emphasis, that between what can be called the "traditionalist" and the "libertarian" elements within it.

The specifically American form of the Western tradition, which is the source and inspiration of contemporary American conservatism, is the consensus established by the Founding Fathers and incorporated in the constitutional settlement. While it is true that something of the tension between the traditionalist and libertarian emphases exists throughout the Western tradition and therefore exists within that consensual settlement, it had always been and remained at the time of the establishment of the Republic precisely that—a tension *within* a basic civilizational consensus. It is from that integrated foundation that the over-all consensus of the American conservatism of today is built. To some degree therefore the traditionalist-libertarian opposition within it is directly derived from its source. But many of the characteristics of that opposition, characteristics often threatening the maintenance of consensus, are derived from a very different source, from the naturalization in the United States, during this century and the last part of the nineteenth century, of the nineteenth-century conflict between European conservatism and European liberalism. This is historically ironic because that European conflict was the aftermath of the French Revolution, and neither that revolution nor the system which it overthrew had relevance for the American situation. By the same token, the positions of European liberalism and European conservatism of the nineteenth century are also irrelevant here.

The philosophical position upon which the American constitutional settlement was based had already brought into a common synthesis concepts which were placed in radical opposition by the European conservative-liberal struggle: a respect for the tradition together with a respect for reason, the acceptance of the authority of an organic moral order together with a fierce concern for the freedom of the individual person. That synthesis is neither liberal nor conservative in the nineteenth-century sense. Efforts of writers like Louis Hartz to maintain that it is essentially "liberal" either in the nineteenth-century European sense or the twentieth-century American sense are based on a misunderstanding of the Constitutional consensus—as well as being historically anachronistic; and this is also true of those who would equate that consensus with the point of view of nineteenth-century European conservatism.

Nineteenth-century conservatism defended values based upon a fundamental moral order and the authority of tradition, standing firmly against the corrosive attack of utilitarianism, positivism, and scientism. But it did not recognize as a truth corollary to its defense of moral values that acceptance by individual persons of the moral authority of objective standards of the good must be voluntary; when it is a mere surface acceptance imposed by external power, it is without meaning or content. Nineteenth-century conservatism was all too willing to substitute for the authority of the good the authoritarianism of human rulers, and to support an authoritarian political and social structure.

Nineteenth-century liberalism, on the other hand, stood firmly for the freedom of the individual person and, in defense of that freedom, developed the doctrine and practice of limited state power and the free economy. But as it did so, it corroded by its utilitarianism belief in an objective moral order as the foundation of respect for the value and integrity of the individual person and therefore the only firm foundation of individual freedom.

The traditionalist and the libertarian within the contemporary American conservative movement are not heirs of European conservatism and European liberalism because they draw from a common source in the American constitutional consensus. Their common effort to achieve a philosophical clarification of the consensus that underlies their actual empirical participation in the single movement is, however, impeded by the importation of the nineteenth-century European categories. As I have written elsewhere:

> The misunderstandings between libertarian and traditionalist are to a considerable degree the result of a failure to understand the differing levels on which classical liberal doctrines are valid and invalid. Although the classical liberal forgot—and the contemporary libertarian conservative sometimes tends to forget—that in the *moral* realm freedom is only a means whereby men can pursue their proper end, which is virtue, he did understand that in the *political* realm freedom is the primary end. If, with Acton, we 'take the establishment of liberty for the realization of moral duties to be the end of civil society,' the traditionalist conservative of today, living in an age when liberty is the last thought of our political mentors, has little cause to reject the contributions to the understanding of liberty of the classical liberals, however corrupted their understanding of the ends of liberty. Their error lay largely in the confusion of the temporal with the transcendent. They could not distinguish between the *authoritarianism* with which men and institutions suppress the freedom of men, and the *authority* of God and truth.[1]

[1] "Freedom, Tradition, Conservatism" in *What Is Conservatism?*, ed. Frank S. Meyer (New York: Holt, Rinehart and Winston, Inc., 1964), pp. 15–16.

The divergent emphases of traditionalist and libertarian are, however, gradually being resolved in the life of the American conservative movement. Several factors contribute to this resolution: common action in the political struggle against Liberalism; a conscious return to a study of the founding tradition of the Republic; and a deepening of contemporary conservative thought itself.

Problems of the American Conservative Movement

The deepening of conservative thought, however, is only at its beginnings. This is understandable, because in the dozen years or so that this conscious conservative movement has been in existence, its first intellectual task has been to fight for recognition as a legitimate position in an intellectual climate of conformity to Liberal norms. A movement striving to gather its forces in a hostile environment will quite naturally tend in the first instance to concentrate upon the simple statement and restatement of its basic principles, and upon elaborating those principles only insofar as it is necessary to sustain a critique of the principles and practices against which the movement is arrayed. When, following such a primary period of constitution, the intellectual sector of such a movement finds itself rather suddenly and somewhat unexpectedly involved in a serious political development like the Goldwater surge of 1960 to 1964, there arises an overwhelming temptation to turn aside from further development of fundamental thought and occupy itself with practical political questions of skills and techniques. It is true that the skills and techniques of political organization are essential to the success of a political movement, and that conservatives have only recently begun to cultivate them; but they are only auxiliaries for a movement which, by its nature, stands for nothing less than a radical transformation of the consciousness of an age.

This is what the contemporary American conservative movement exists to do. It has no other excuse for being. Concentration on method, without greater emphasis on transforming consciousness, could lead only to practical political rivalry with Liberalism on its own grounds. Such a development of conservatism would end by making it a right-wing of the Liberal consensus, not a challenge to its essence. The conservative movement in coming into being has set itself a greater and much more difficult task: to appeal to the civilizational instincts and beliefs that it feels survive half-smothered in the American people. But this cannot be done except upon the basis of a broad and profound development of the conservative world view.

That task is complex. Although, simply stated, the world view of conservatism is the world view of Western civilization, conservatism in a revolutionary age cannot be content with pious repetition of a series of received opinions. Too much has been shattered for it to be possible ever merely to return to the forms and modes of the past. Conservatism needs to be more than preservative; its function is to restore, and to do so by creating new forms and modes to express, in contemporary circumstances, the essential content of Western civilization. To do this it cannot confine itself to a broad attack upon established Liberalism. It has to meet the pretensions of Liberalism area by area and point by point at the level that *conservative* pretensions to be the heirs of Western civilization demand. This requires nothing less than a critical appraisal of the corpus of the intellectual activity of the twentieth century, with the aim of applying ageless principles to it and thereby deepening those principles.

This is a task of which conservative scholars are becoming more and more aware. Nor would I want to give the impression that a good deal of work in this direction has not already been done. I emphasize the task, however, because upon a serious endeavor to fulfill it depends the growth to maturity of the American conservative movement.

Another problem corollary to this one, or more accurately derivative from it, confronts conservatism on a more immediate practical level. What I am referring to is the translation of conservative principles into specific alternatives to the accepted Liberal public policies. The weakness here is one of execution, a weakness which could be characteristic of any young and fresh movement and is not generically a conservative weakness. There is, however, a difficulty in overcoming it that derives from the underlying political stance of conservatism as compared with the stance of Liberalism, and from the tone of approach to social and political problems that prevails today because of the influence of Liberalism. Liberalism finds in every social situation problems to be collectively solved by planned action, usually action involving the use of the power of government. Conservatism considers some of these situations natural manifestations of the human spirit and not "problems" to be solved at all; others it recognizes as situations that can be improved, but only by time and the working of free human energies individually or in voluntary association; above all, it considers the greatest social and political problem the increasing provenance and power of the state and therefore considers a further increase of that provenance and power a greater evil than the specific evils against which the state is called into action.

Since regnant Liberalism creates an atmosphere in which positive solutions to every conceivable problem are demanded, to be "negative" is the greatest of sins. But if conservatism is to be true to its vision, a large portion of its program will be negative insofar as proposing governmental action to remedy social situations is concerned. It will propose the limitation of government in order to free the energies of citizens to go about remedying these situations in their several ways as they see best. In the Liberal atmosphere this can easily be made to sound callous, hard-hearted, uncaring. But to maintain that hardships, deprivations, social imbalances are not properly or effectively solved by state action is not to deny their existence. Rather it is to call upon the imaginative exercise of voluntary altruistic effort to restore a widespread sense of responsibility for social well-being and to guard against the moral degradation of citizens as direct clients of the state or as indirect petitioners for community largesse.

Some examples of what can be done may be seen in the recent work of the Foundation for Voluntary Welfare, headed by Richard C. Cornuelle. It has already brought to completion one project and begun another, each of which is directed to the remedy of social situations through voluntary effort. The United Student Aid Fund has already been established through the agency of the Foundation for Voluntary Welfare, with the assistance of bankers, businessmen, and administrators, to preempt a large part of the field of loans to students, which would otherwise have become an additional activity of expanding government. Mr. Cornuelle's next project is to take Marion County, Indiana, as a pilot community and there to enlist all available private resources in an all-out attempt to eliminate hard-core unemployment in that county.

This is conservative action of a kind which cannot be incorporated in a neat "positive program" for the political arena (similarly, the enormous constructive thrust of private industry, which we have come to take for granted, does not lend itself to neat political packaging). But such action could and would be multiplied a thousandfold if a conservatively directed citizenry ceased to look to government and if the corollary shrinkage of government left in the hands of the citizens resources now taxed from them to support government programs.

But even when the charge of callousness to human distress is countered, the charge of negativity still remains. The only answer conservatives can make to this charge, unless they wish to descend to unprincipled demagogy, is to show that a positive program for the preservation of freedom and the expansion of human energies requires a series of negative programs directed towards the dismantling of smothering governmental activities. Such a program can be effectively presented only if it analyzes compellingly and specifically the actuality of government activities area by area; otherwise, no matter how generally correct the criticism, it gives the impression of being merely destructive criticism. It is here that the conservative movement still lacks fully adequate programmatic development. It needs studies, such as those of Martin Anderson on urban renewal, of Arnold W. Green on governmental programs for the young, the old, for recreation, for automation, or of Roger A. Freeman on federal aid to education, in every field where Liberalism invokes state action. And further, it needs to develop means of effectively transmitting the conclusions of such studies to the electorate. Only in a few areas, such as national defense or the handling of crime, where government is the natural organ for positive action, can conservative programs be intrinsically "positive." Here, too, a great deal more development of general conservative positions is needed.

Such specification of a conservative program, negative or positive, is as necessary as the deepening and enriching of conservative thought on a higher level, which I discussed earlier. Until it is done, the statement of sharp conservative principle, which obviously demands deep-going change in the existing situation, can sound like irresponsible radicalism. If it is not backed up by a sober, specific, and conservatively restrained program of gradually phased transformation, the considered conservative position on limited government and resistance to Communism is in danger of being translated into such nightmares as the immediate cutting off of every Social Security check or the instigation of nuclear war against the Soviet Union.

Both in fundamental thought and in practical programmatics, the present need of the American conservative movement is to intensify its development. Its essential principles are clear; they constitute a doctrine that is truly conservative in that it is directed towards the recovery of the civilizational tradition. Its future depends upon its ability to deepen its understanding of those principles and achieve full maturity.

DAVID SPITZ

•

A LIBERAL PERSPECTIVE ON LIBERALISM AND CONSERVATISM

I

Political labels may be employed either as general categories or as ideological weapons. As categories, they are models or ideal types, not descriptions of empirical realities. As ideological weapons, they are slogans or epithets that serve, all too commonly, as pigeonholes into which individuals and groups may be squeezed. That very few people fall completely into a single classification matters little to purveyors of political rhetoric or caricature intent on manipulation.

To the extent that we seek understanding, we need, therefore, to guard against the confusions wrought by political slogans. We need to avoid certain other pitfalls as well. Of these, none is more pernicious than the notion that political labels explain the motives of those who embrace them. Motives, even of a single act, are always complex; and when diverse men unite behind a common label or cause, it is generally for a variety of reasons. Some seek to promote their self-interests; others are driven by blind prejudice or idealistic commitment; and still others are there simply because they are there: Prisoners of inertia or of habit, it would no more occur to them to abandon a traditional allegiance than it would to incite a revolution against themselves. Yet all employ the language of high principle; all appeal to justice, or the national interest, or the common good, or the inherent nature and dignity of man. But since the real grounds on which they hold their beliefs are not always the grounds alleged, a refutation of those avowed grounds will not persuade them to abandon their cause. Reasoning alone is but a poor instrument of political conversion, as instance any attempt to argue the biological merit of miscegenation with a Southern racist.

For related reasons, political labels are not to be identified with a particular man or party or position on a specific issue. Men hold different positions, and in different degrees of commitment, depending on the issue at stake. One may be mildly or extremely liberal or conservative; one may be conservative in some things and liberal in others. When Representative Robert Taft, Jr., was a candidate for the United States Senate in the Ohio election of 1964, he declared that he was a conservative on fiscal matters, a middle-of-the-roader on issues of education, health, and welfare, and a liberal on civil rights. Unkind critics might conclude that he was a sadly disjointed man. But surely the more useful and accurate view is to recognize the need to draw distinctions, and that an apparent inconsistency such as Taft's may be inconsistent in a superficial sense only; for it might reflect significant differences in the character of the consequences of those diverse positions and thus be in harmony with a larger purpose. Consistency, moreover, while a necessity in logic, is not a pervasive or characteristic attribute in politics; and it is perhaps as often the case that men are both liberal and conservative as that they are either of these alone.

Positions change. Conservatives who defended and liberals who attacked the Supreme Court in the 1930's have now reversed their roles; for in the earlier period the Court was identified as the protector of property rights and now it is regarded as the protector of human rights.

Political parties change; they also display both internal agreement and diversity on ideological questions. On the issue of national power versus states' rights, both of the major American parties have historically committed themselves to opposing positions, not once but repeatedly, according to whether or not they occupied the seats of national power. In Germany, the Social Democratic party after the First World War was not what it had been before, and the party today is significantly different again. In England, both the Conservative and Labour parties have shifted their positions markedly over time. In Italy, the Communist party after the Second World War even supported the union of Church and State, and more recently mourned the death of a pope. In all these and other democratic states, members of the same political party have often divided on some issues and united on others, and have crossed party lines accordingly.

Political labels do not have the same meaning across national boundaries. To be a Liberal in Italy is to be a member of the Right; in America liberalism is associated with the Left. Conservatives in Britain, while on the Right, are in many respects far to the left of conservatives in the United States.

In short, political labels, by the very fact that they are verbal abridgements of political life, are as mischievous as they are useful. Indeed, if they are to be useful, not merely as ideological weapons but as categories of analysis, they must be employed with extreme caution, and as guides to rather than as specific descriptions of political realities. All this has to be borne in mind when one encounters the use of such labels in contemporary America, nowhere more so than in the case of such terms as liberalism and conservatism. Are these terms, in fact, of any use in describing actual political alignments, or do they belong to the lexicon of political mythology?

II

To the realm of mythology we must, by and large, consign what is perhaps the simplest and most widely-shared view of the distinction between liberalism and conservatism, which turns on their reputed attitudes toward social change. Liberalism, it is said, seeks and promotes change; it is the party of something called progress. Conservatism fears and resists change; it is the party of stability. Where one stands in relation to the status quo is in this view the crux of the matter.

There is much truth in this contention. In every society, it may well be argued, there are two classes: the politically active and the politically apathetic. The active class everywhere divides into two subclasses: the contented and the discontented. The discontented class, precisely because it is the impoverished, the frustrated, the inferior, or otherwise subordinate class, yet is unwilling to remain so, is the primary, though not the sole, proponent of change—through an alteration either of the system or of a part of the system. Since change endangers the position of the contented or superior class, this class becomes the primary, though again not the sole, antagonist to change. In societies that resolve disputes through elections or force, both classes need and consequently seek the support of the otherwise apathetic, who are thus mobilized behind the one or the other faction, or, as is most commonly the case, divided in varying proportions among them. It is in this conflict that politics has its beginnings and its abiding character, for it is this conflict that divides men in a struggle for power. And it is because of this conflict that we find, in every society, the use of relevant political labels: liberalism and conservatism, left and right, heresy and orthodoxy, innovation and resistance, modernity and tradition.

But here a word of caution: the labels are not descriptive of the actual spectrum of loyalties. Not all who are contented or discontented are that way with respect to all or the same matters. Some may approve the political system but disapprove the economic system, or approve some aspects of the political and economic systems but disapprove others; some may be satisfied or dissatisfied with both but not with their religion and church, or with the existing patterns of education and of family life. Since a group may thus be both contented and discontented, it may seek change with respect to some things but resist it with respect to others. It may find itself allied with other groups on one issue but opposed to them on another. This being true, it is possible for a particular individual or group to be a partisan of both change and stability; and this, as I have already suggested, is frequently the case.

Not only does our simple and quite elementary distinction thus collapse when applied to individuals and groups in the real world, it tells us nothing of the degree to which different men seek change; nor does it distinguish the direction of the change. Not all who want change even on the same thing want the same degree of change; some desire moderate change, others are extremists. More important, some want to move to a new and hence untried political or economic or social principle or arrangement; others seek to return to that which has allegedly been abandoned. Change in itself tells us nothing of the character and consequences of the change desired—whether it is progressive or retrogressive, whether it furthers the interests of the entire community or of a portion of that community, and if a portion whether of the upper or middle or lower classes, or of the colored or white peoples, or of the urban or rural power groups, and so on. Clearly, it is in these things, not in the mere fact of change itself, that the true issues and divisions of political life reside.

These considerations are underscored by the fact that after a political revolution or orderly reversal of the parties in power, the elements that previously opposed or supported the government now reverse roles. This does not make the Left conservative and the Right liberal. For if it is the Left, say, that is newly come to power in a democratic state, that power may be employed to change not the political system but certain economic and social arrangements, as in Britain after the election of 1945 and in America after the elections of 1932 and 1960. Both Left and Right, then, give their allegiance to a political system that institutionalizes, if not change, at least the peaceful processes by which change may be effected. And the Right, in its turn, may undo what the Left has done or introduce changes of its own, some of which may be resisted by the Left. Not change, then, but the character of the change, is the decisive consideration.

A second and scarcely less prevalent and misleading view of the distinction between liberalism and conservatism derives from their alleged respective attitudes toward property and freedom. In its most popular form, this view holds that conservatives defend the rights of private property and individual freedom while liberals attack private property and urge collectivist controls. Since Communists and fascists also fall into this latter description, it is easy to see why conservatives find this distinction particularly attractive. But if we set such ideological devices aside, the deceptiveness of this formula and alleged cleavage readily becomes apparent.

It is perhaps no more than a commonplace to note that property as such has no rights; only men have rights. Men may claim a right to property, to the exclusive possession and use of whatever it is they desire, but what converts such a claim to a right is its recognition in law or morality; and such recognition is warranted only in terms of its human and social consequences.

Hence, when it is said that liberals attack private property, what they actually attack in the first instance is the allocation and use of human and social resources on arbitrary and socially undesirable grounds. The property that is at stake, moreover—not individual dwellings and personal possessions but large-scale industrial, commercial, and agricultural enterprises—is private only in minimal degree. What we are dealing with today, and indeed for some time past, is pre-eminently corporate, not private property; and to vest corporate property with the attributes of private property is a palpable fiction. Surely this is not what writers in the natural law tradition had in mind by the word "property." Most important of all, however, is the fact that property is a form of sovereignty. It divides men into those who have and those who have not, and who are thus dependent on those who have for their very survival. Dependence makes for inequality, inequality begets servility, and servility renders freedom impossible. Property then is government, and because power in such government is most commonly dynastic or oligarchical in form, it denies the principles and aspirations of the democratic creed.

In these terms, conservatives who today defend what they call the rights of property defend neither private property nor the existing economic system nor individual freedom. Not private property, for as even Woodrow Wilson and Herbert Hoover recognized, large-scale corporate property is the denial rather than the realization of individual property and individual enterprise. Not the existing economic system, for throughout this century and especially since the Employment Act of 1946, our political system has taken account of, indeed has been interwoven with, our economic system so as to produce a regulated or mixed economy. Not individual freedom, for when conservatives of this sort speak of freedom they mean freedom from political controls. But controls derive too from sources other than the state. They are imposed by private powers no less than by political governments, thus producing a paradoxical situation in which political restraints, by curbing nonpolitical restraints, may assure freedom to those who would otherwise be controlled by private powers. The freedom of a man to do X, that is to say, may be secured not by the silence of the political government but by its intervention; for in the silence of the government a private power—be it a corporation like General Motors or a voluntary association like the Ku Klux Klan—is free to limit the freedom of men dependent on it or too weak to resist it. Through intervention, the political government can act as a countervailing power and thus liberate those who might otherwise be deprived of certain freedoms.

This is why the liberal plea for collective or state action is not a call for totalitarianism but a call for individual freedom. In an earlier time there may have been some justification for regarding the state as the crucial, even the sole, enemy of man's freedom. But the coming of democracy has converted the state from the agent of a privileged few to the agent of the whole. In such a state, properly actualized, the government is the people's own; it is their instrument, not their master. As such, it can provide men with those conditions that make freedom both possible and meaningful, and that they cannot otherwise attain by themselves, such as education and adequate medical care. The concern of the liberal is not with collectivism but with individuality, the development of personality, to which collective action is but a means. In the modern world it is a necessary means. Hence the issue is not whether collectivist controls shall be employed, but only whether they shall be employed wisely, and in the public interest. The conservative who denounces state intervention also looks to collectivist controls, but to nonpolitical collectives; and these, because they are oligarchic rather than democratic associations, operate to the advantage only of those who sit at the top of private pyramids of power. For these and other reasons, the contention that conservatism is to be distinguished from liberalism by its concern for private property and individual freedom is patently false. Even more misleading, as well as dangerous, is the converse proposition that liberalism, because of its recourse to state action, is hostile to personal freedom and human rights.

The two major misconceptions of liberalism and conservatism dealt with here by no means exhaust the very considerable catalogue of errors, but they are, I think, representative of the more important among them. As such, they may suffice to show the careless and misleading designs to which our political labels are regularly put. But can they be used at all in any meaningful sense?

III

If we are to talk sensibly of liberalism and conservatism, we must probe somehow to a common core of meaning—a core that transcends though it does not obliterate the many diversities and transformations of liberal and conservative doctrine. We may well want to distinguish between, say, classical liberalism and modern liberalism, or between liberalism as a dogma (e.g., the doctrines of John Locke or of Herbert Spencer), liberalism as an ideology (the reflection of a mood or the rationalization of certain economic or political interests), and liberalism as a philosophy (whether skeptical about ultimate values or optimistic about human progress). But inexorably we return to the crucial question: Is there a constellation of policies and attitudes that tend to correspond to and appear concomitantly with the one or the other label? If there is a recurring convergence of such policies and attitudes, then these labels have a viable and abiding significance, and it is possible to speak of them in terms of a tradition or a unity.

I believe that such a unity does exist, even though it is not always described in precisely the same way. Sometimes it is presented as a cleavage between parties or classes. Here liberalism, or the Left, is identified with that party associated with and representative of the interests of the lower classes, while conservatism, or the Right, is the party associated with and representative of the interests of the upper or dominant class. Sometimes this unity is found at the intellectual or philosophical level. Here liberalism is tied to the principle of experimentalism, to the open-ended negotiation of differences, whether of ideas or of policies, while conservatism bespeaks the cause of absolute truth, of a belief in an objective moral order, of a relatively closed rather than an open society. Both these conceptions of liberalism and conservatism, I think, are broadly correct, but because they do not readily distinguish between or adequately encompass the different spheres of thought and action—the political, the economic, the intellectual or cultural—they need to be incorporated into a larger and multidimensional framework.

In the political sphere, the unity or tradition of liberalism is unambiguous. Its pre-eminent principle is political equality. Whatever the form of state, whatever the historical situation or national character, the liberal has associated himself with the battle against entrenched privilege. Always the liberal has denied that power and station are the appropriate perquisites of lineage, or of the exercise of force, or of something called History or God. Always the liberal has looked to that which is common to men, not to that which divides them. This does not mean that the liberal is oblivious to the fact that men are not identical, that there are indeed differences of religion and race, wealth and power, talent and intelligence. What it does mean is that for the liberal such differences, important though they may be for certain purposes, are politically irrelevant. Each man has a life to live, the poorest as well as the richest man. Each man requires freedom—to exercise his reason, to discover and develop his talents, to achieve his full growth and stature as an individual. And each man suffers the consequences of deprivation and injustice, the oppressor no less than the oppressed. Hence each man has a common stake in the conditions, and in the determination of the conditions, under which he lives.

Liberals have no faith in human infallibility, or in the capacity of an allegedly superior few to respect the principle of equality or to withstand the corrupting temptations of power. Hence, while liberals recognize that political decisions taken by the people may be wrong, decisions taken by a self-proclaimed aristocracy are not necessarily right. Indeed, their wrongs have been far more numerous! What is crucial, then, is a political arrangement that makes possible the peaceful and effective correction of error. This dictates democracy, for only democracy provides a constitutional mechanism for the removal of the rulers by the ruled. Whatever its limitations or defects, democracy commends itself to liberals by this one overriding virtue—the principle of responsibility, by which the governed can protect themselves from misgovernment. This is why liberalism has consistently opposed authoritarianism in politics, why it has fought against all forms of oligarchical rule.

Conservatism, in contrast, has traditionally been identified with the impulse to hierarchy, a hierarchy based on the inequality of men. What is impressive to the conservative is that societies are made up of men, not Man, and that men are different. Some men (it is held) are wiser, more intelligent, more talented, better informed, than others. And if some men are superior and others average or inferior, it is the height of folly, conservatives argue, to let the unwise, through their numerical superiority, govern the wise or even themselves. For if they are unwise, they will make wrong decisions and thus defeat the very purposes they seek to accomplish. Indeed, because they are unwise, they cannot, save by accident, know what the right purposes are. It is true that conservatives are not always in agreement as to the character of the superior few. Some believe this superiority derives from race or blood; others, that it is an attribute of wealth or strength; still others, that it is associated with intelligence or virtue. But that there are a superior few, whether determined by nature or nurture, conservatives do not doubt. Hence the right political order is in the conservative view that which in one way or another institutionalizes this crucial fact.

Moreover, when the conservative speaks of order, he has in mind an order that is given, not contrived. Its laws are to be discovered, not created, to be adhered to, not defied. Just as the heavenly bodies have their accustomed place, just as the waters fall and the trees rise, so there is pattern and degree in human communities. Each man, said the ancient philosopher, must be given his due; but no man must seek more than his due. Hence those who are qualified to rule must rule; those who are fit but to obey must obey. And if, at a particular moment, the few who actually occupy the seats of power are not those fitted by reason and nature to rule, if, as Santayana and others of this persuasion sometimes admit, past aristocracies have been artificial rather than natural and just aristocracies, still it is better to have order than disorder. This is why conservatives, despite internal disagreements, have throughout history defended the prevailing aristocratic order, resisted the encroachments of egalitarianism, and associated themselves with the upper or dominant class.

In the economic sphere, this distinction between liberalism as representative of the interests of the lower classes and conservatism as spokesman for the interests of the upper classes is even more clear. There is, however, one crucial exception that must be noted. This is the disjunction among conservatives on the identification of wealth and virtue. When Socrates asked why it is that philosophers are to be found at the doors of the rich but the rich do not wait at the doors of the philosophers, he expressed in rhetorical form a contempt—shared by liberals and some conservatives alike—for the notion that money means wisdom. For the philosophers attend the rich only because philosophers know what they need; the rich do not. Consequently wealth, far from constituting proof of one's virtue or superiority—unless perhaps we speak here of superiority in chicanery and greed—establishes the reverse. With respect to the things that matter, the wealthy, precisely because they have spent their lives and their thoughts on the acquisition of money and material goods, are essentially philistines.

Yet it is a peculiar fact that even conservatives of this sort, who like to denote themselves "philosophical" conservatives, or even drop the term conservatism completely, tend in their practical conduct to unite with other conservatives who esteem wealth and account it a mark of virtue. When the lines are drawn, conservatives of all persuasions come together, in greater rather than in lesser degree, to defend the interests of the upper classes. In part, this may be because all conservatives revere "order," not any system of order, to be sure, but that order which reflects the tastes and values of men of quality, men who embody the aristocratic spirit, who understand the dictates of nature or of nature's God. In part, therefore, this joint conservative defense of the upper classes is the product of their conviction that, however we conceive the relation between wealth and virtue, the lower classes are the classes of the common man, who is in this view the vulgar, the mass, the inferior man. As such, he is disrespectful of law and order, he lacks knowledge and understanding of the "right" order, he does not—because he cannot—appreciate the need for standards and quality. In part, however, it is also to be explained by the fact that, whatever the grounds on which conservatives arrive at their position, all tend to share the view, even if only the suspicion, that the men at the top of the economic ladder are there because they really are men of superior ability. They are, on the whole, educated men. They have nice manners. They exhibit some at least of the outward trappings of "culture." They are, therefore, in certain visible ways superior to the men at the bottom. Above all, they think of themselves as superior men, they act like superior men. By comparison, the poor, the uneducated, the hewers of wood and the drawers of water, are a sad and visibly inferior lot. Economic policies, consequently, should not only be made by those who are competent, who "know" what is right; they should be geared, in the first instance, to the advantage of those superior men, for only that state which uses its political power to secure and further the interests of those who have economic power can hope to achieve that stability which is necessary to survival in our troubled world.

The argument, in fact, can be pushed further. As a conservative like Alexander Hamilton fully understood, economic power divorced from and antagonistic to political power makes for an unhealthy, perhaps an impossible, situation. For economic power will not stand idly by and permit itself to be destroyed. On the contrary, because it perceives its interests, because it has the knowledge and skills appropriate to the promotion of those interests, and because, above all, it possesses the means and the will to act in defense of those interests, it will destroy the forces antagonistic to it. If, then, order is to be maintained, it must be an order which unites economic power with political power. And this, in the conservative view, inexorably means an attachment of political power to the interests of the dominant economic class. This is why conservatives defend not simply wealth, but inherited wealth. This is why conservatives oppose tax policies and measures that seek to regulate the conduct of businessmen, that is, to reduce their power and position. This is why conservatives speak little of human or civil rights, but much of property and vested rights.

Liberalism, on the other hand, has always been identified with the interests of the lower classes—not because the lower classes have by some mystery of incarnation been blessed with a monopoly of virtue but because wealth, especially inherited wealth, is not a sufficient test of function or capacity. In the liberal view, all men are equal. Insofar as distinctions of place and power must be admitted, they properly derive only from the freely recorded and continuing consent of the people, not from such arbitrary factors as ancestry or ruthless force. It is hoped, and by some believed, that the people will choose wisely, that they will recognize men on the basis of merit, of demonstrated competence. To discover merit, equality of opportunity is essential. This requires the elimination of hereditary privilege and of unwarranted discriminatory practices, such as those based on race or religion or sex. It requires, even more, the reduction of great inequalities of wealth which make equality of opportunity impossible. It requires, from a positive standpoint, the creation of those conditions which assure access to all positions to those who, whatever their origins, demonstrate by their individual qualities and achievements that they merit them. It is thoroughly false and misleading to assert, as some critics of liberalism do, that liberals seek absolute equality of condition, that liberals recognize and respect no differences. On the contrary, what liberals contend is that equality of opportunity is the necessary condition for the rational determination of those qualities in which men are different and truly unequal, and hence in what respects power and position may properly be apportioned. Anything other than this is a defense of artificial and false inequalities.

Liberalism is concerned not only with equality of this sort in the economic sphere; it is concerned also with liberty. Now what is crucial about private ownership of property in the real world is that such ownership confers power without responsibility; those who own property have the legal right to use it to promote their own interests, whatever the consequences of their decisions on the welfare of others. Such ownership divides men into independent and dependent men; by denying some men equal access to the use of the earth—though we have not, curiously, sought to deny them equal access to air and to water, perhaps because this presents certain practical difficulties—such ownership forces some men to become the slaves or servants of others. This enables those who possess property to use, to exploit, other men for their advantage. And it is this fact, that some men can use other men, can treat them as a means to their purposes rather than as ends in themselves, that constitutes in the liberal view a debasement of man.

For this reason, liberals have traditionally supported the efforts of the lower classes, through legislation by government and through the countervailing pressures of economic organizations, e.g., the labor unions, to curb the great economic powers of the owners and managers and to give workers a voice in determining the conditions under which they labor. They have sought to restrain and curtail the growth of corporate monopoly, which destroys individual enterprise and penalizes the consumer. They have sought to introduce into the operation of the giant large-scale enterprises that today constitute the economic-technological system a pattern of controls that mitigate the depersonalizing and dehumanizing effects of a master-servant relationship. They have even urged government to move directly into the economic sphere through the public ownership and operation of certain services and industries, where private ownership either has served the public interest inadequately or has diverted natural and social resources away from this public interest to the promotion of private gain. In diverse ways, including schemes that look to the transformation of the entire system of economic power, liberals have sought to lessen the harsh impact of oligarchical rule in economic life, to introduce a measure of democracy within or democratic controls over the industrial-technological process, to assure freedom from arbitrary command within the economic no less than within the political sphere. For how can a man be equal and free when he is a dependent and servile man? Not the rights of property, then, however these may be defined, but the rights of man are for liberalism the guiding principle of economic organization and action.

We come, finally, to the distinction between liberalism and conservatism in the intellectual or cultural sphere. Here the issue that divides these camps, while not unrelated to social classes, turns primarily on their respective attitudes toward freedom of inquiry and expression.

Conservatism, it is claimed, seeks to conserve not everything but only the Good. But the Good is not self-evident; hence conservatism requires a standard or body of principles by which we can distinguish the good from the bad. It requires, even more, a demonstration that this standard or set of principles is both applicable and right. Conservatives agree that there is, indeed there must be, such a standard or body of principles. It exists because it is inherent in the very nature of things. It needs, then, only to be discovered and, when discovered, to be obeyed. What defines and accounts for the present malaise, the malpractices and discontents of our time, is from this standpoint the fact that men no longer seek or abide by these true principles. They look to opinion rather than to knowledge, and opinion, precisely because it is not knowledge, is an uncertain and puny guide. More than that, opinion in democratic states is formed by average, which means inferior, men. Hence policies based upon public opinion are likely to be wrong. Only if we recapture and adhere to the true principles of political life, conservatives argue, can we hope to achieve right and good government.

It is true that conservatives are in no sense agreed as to what these true principles are, or why they are warranted. Some conservatives believe that these principles are revealed by God, or, in some constructions, by His teachings as these are mediated by and through His One True Church, whichever it might be—for not all conservatives agree as to which God is God and what it is that God says. Others derive these correct principles from history or tradition, but since there are, alas, conflicting traditions or at least diverse readings of the same tradition, this leads to multiple and not always consistent principles. Still others look to nature, to the doctrines of natural law or natural right, but here again there seems to be considerable disagreement as to what it is that nature teaches. And some, finally, appeal to intuition, to a subjective but nonetheless (it is said) correct apprehension of what is right as distinct from what is wrong; though here again, since men do not all palpitate in the same way, intuitive judgments do not always coincide. Despite these differences and conflicts, which often divide conservatives into congeries of warring sects, they are all, in one crucial respect at least, still conservatives; for they all believe in the existence of an absolute truth, of an objective moral order, and hence of a political system and body of policies deriving from and corresponding to the principles of this true morality.

This is why Walter Lippmann, for example, seeking to transcend internecine conflicts and to unite conservatives behind a cohesive, if general, body of principles, invokes the Public Philosophy, or the Traditions of Civility, as an appropriate substitute for otherwise diverse conservative labels. This is why, too, he seeks their warrant not in logical or historical demonstration but in need. We must, he says, "repair the capacity to believe"; we must accept as valid those principles on which sincerely and lucidly rational men, when fully informed and motivated by good will, tend to agree. This is why, finally, conservatives are so partial to religion, though it is curious to note that their defense of religion is often couched not in terms of its truth but in terms of its utility. For conservatives generally, as even for men otherwise so diverse in their outlooks as Hobbes and Rousseau, concerned as they are with stability, it is far more important to have a single religion than to have the "right" religion. A universal or general commitment to the same religion—in contemporary America, according to some conservatives, *any* religion—not only precludes religious, i.e., civil, wars; it also makes for piety, which makes for obedience, which makes for stability and peace.

Whatever the specific formulation of the conservative creed, the fact that it does build throughout on a claimed objective truth produces the same practical consequences. Above all, these include the disparagement of freedom of inquiry and a readiness to limit and control freedom of expression. Since the truth is already known, freedom of inquiry rests in the conservative view on a false premise: that it is proper seriously to entertain error. In fact, because error may appear in attractive and plausible guise, unsophisticated minds may well mistake it for truth. To permit the unrestrained expression of such falsehoods may lead to their widespread acceptance. Then error, not truth, will govern mankind. Since it is the business of government, according to conservatives, to apply justice and achieve virtue, not speech but "good" speech, not conflicting ideas but "right" ideas, should alone be tolerated. The idea of an open society, in which men are free to utter and debate diverse opinions, including the wrong opinions, is from this standpoint both evil and absurd. What is vital is the inculcation of right attitudes, right habits, right conduct; and this can only be achieved if men who know what is right teach and control those who would not otherwise understand or do what is right. Thus conservatism moves toward an authoritarian, conformist society, based upon the rule of allegedly aristocratic minds. This has been its traditional pattern. This is, on the whole, its present practice.

Liberalism differs from conservatism most sharply in its insistence on the value of individual liberty, and concomitantly on the value of freedom of inquiry and of expression. It may, though it need not, deny that absolute truths, at least with respect to the "right" political principles, are known; but whether these truths are known or not, liberalism insists nonetheless on the freedom to examine them, to subject them to empirical and logical criticism, and to expose them to the challenge of conflicting ideas. Skepticism about ultimate values, that is to say, is often associated with the liberal creed; but while it is appropriate to that creed it is not necessary to it. Individual liberty, however, with all that this implies in the way of cultural diversity or nonconformity in cultural and intellectual life, is indispensable to the liberal idea.

Insofar as liberalism repudiates the conservative claim to absolute and infallible truth, it rests on the assumption that man is born not stupid but infinitely ignorant, and that however much he may learn in his very short span of life, the things he learns amount to but a small portion of what there is to be known. Always the things he does not know are greater than the things he does know. Consequently, the beliefs he holds to be true may prove, on the basis of later knowledge, to be erroneous or only partially true. Awareness of this fact makes for a certain measure of humility; it also leads to a commitment to the methods of rational inquiry, rather than to the specific results that may at any one time emerge from such inquiry. The basic value of the liberal is, from this standpoint, the value of free inquiry; his basic attitude, the skeptical, or at least the inquiring, mind.

It follows that when two rational and relatively well-informed men disagree, it is less likely that one has complete possession of the truth and the other error, than that each has a partially valid insight. This is why liberals find so persuasive John Stuart Mill's argument for the toleration of dissenting ideas: The heretical view, Mill pointed out, where right, enables us to abandon error and embrace the more valid doctrine;

where wrong, it helps us perceive the wholeness of our truth, indeed, it prevents us by its very challenge from clinging to our accepted truth in the manner of a prejudice or a superstition, without an adequate comprehension of its meaning; and where partly right, it reinforces our own partial truth and helps us correct our partial error. This is why a political liberal (but economic conservative) like Mr. Justice Holmes insisted that "To have doubted one's own first principles is the mark of a civilized man." And why a liberal philosopher like Morris Cohen added: "To refuse to do so is the essence of fanaticism."

Liberalism need not, however, be identified only with this skeptical approach to knowledge. It is altogether possible for one to believe that the truth is known and still hold to a liberal defense of toleration. In part, this rests on the very arguments advanced by Mill. One's confidence in the validity of his position, along with a conviction that opinion should be countered only by opinion, not by force, is alone sufficient to sustain his readiness to entertain dissent. In part, however, it rests on the recognition that in a society constituted of diverse men and groups many may claim to know the truth. Though all cannot be right, the political problem is to deal with a situation in which all believe they are right. Authoritarians provide a simple method of resolving this difficulty: The "right," that is, the most powerful, group suppresses the others. But since force is irrelevant to truth, the most powerful group may not in fact be the group that is right. Hence reason dictates a solution other than force. This solution, for the liberal, is twofold. On the one hand, he would have the state leave these different groups alone. Where it is possible for each group to pursue its own truths, its own values, without infringing upon or denying the values of the other, there is a prima facie case for freedom. To this extent, at least, the state is a limited state. On the other hand, where such differences produce conflicts, the liberal would seek to negotiate these conflicts through free debate and free criticism in the marketplace of opinion. This does not, of course, assure the victory of the "right" view, but it gives the "right" view its maximum opportunity to prevail. And unless one is prepared to maintain that evidence and logic generally lead men to the wrong conclusions, it is difficult for the liberal to understand why so rational and peaceful a method of resolving differences is inappropriate, why it is better, say, to resort to mutual slaughter. Even if the "wrong" view should carry the day, there remains, through this method, full opportunity to continue to criticize and to show, with the added knowledge of experience, that it requires correction.

The ultimate argument of the liberal in this context, however, is his belief that individual liberty is a good in itself. What defines a man, according to an ancient teaching, is his reason. Now for reason to be exercised, a choice must exist. There can be no choices without alternatives, and there can be no alternatives without liberty. To deny individual liberty, either in the presentation of alternatives or the making of choices, is to deny an individual that which constitutes his humanity. Instead of his right to exercise his reason, someone else's reason is exercised for him. He is then not a man but a child. If he is to be a man, he must be free—to inquire, to consider diverse possibilities, to choose among them, and to pursue, so far as he can, his own way or style of life. From these conflicting ideas and practices, liberalism believes, men can learn and mutually aid one another to grow. Without these, there can be only a deadening uniformity. Individual liberty, and its consequent diversities, becomes then a cardinal principle of liberalism.

It is not to be denied that equality and liberty, both central tenets of liberalism, stand at times in a state of tension. Equality of opportunity, for example, may well run into conflict with the liberty of a parent to raise his child with the benefit of whatever advantages he may be able to give him. Then men must choose between equally ultimate values, and this is admittedly not an easy choice. But this is not a problem unique to liberals, and what liberals can well argue is that through freedom of inquiry and expression men can more rationally and peacefully negotiate these conflicts.

In sum, then, what distinguishes liberalism from conservatism is that, politically, liberalism stands for democracy and the equality of men, while conservatism inclines toward oligarchy based on certain alleged inequalities of men; economically, liberalism represents the interests of the lower classes and argues for equality of opportunity and the protection of human rights, while conservatism is associated with the interests of the upper classes and defends vested property rights; intellectually, liberalism is committed to individual liberty and the freedoms of inquiry and expression, while conservatism is far more concerned with the applications of an already existing objective Truth and the consequent curbing of erroneous and pernicious doctrines. It would be misleading to imply that all liberals, much less all so-called liberal states, affirm and consistently practice all these aspects of the liberal creed, or that conservatives do so with respect to their doctrines. But as categories of analysis rather than as descriptions of actual men or groups, the elements that make up this multidimensional understanding of liberalism and conservatism may enable us more easily to comprehend and to identify what it is that men and groups actually do.

IV

I would be disingenuous were I to pretend that I have contented myself to this point with analysis, not evaluation. On the contrary, I have sought here not merely to understand and describe the political labels known as liberalism and conservatism, but also to underscore at least the more obvious of their respective merits and deficiencies. For unless we affirm that the world as it is is the world as it ought to be—and except for a fictional Dr. Pangloss or a real Michael Oakeshott, who would have us believe that this is not only the best of all possible worlds, but that everything in it is a necessary evil, few sensible and sensitive persons, whether liberal or conservative, entertain this view—we must identify and commit ourselves to that course of action we believe to be right. I have no hesitation in asserting that, for me, the correct course is the position of the Left. I am a liberal, not a conservative; and while space precludes a detailed exposition of the reasons for this preference,[1] some of the more

[1] For this exposition, see David Spitz, *The Liberal Idea of Freedom* (Tucson: University of Arizona Press, 1964). The seminal figure in this tradition is, of course, John Stuart Mill. In recent times its leading spokesmen surely include Morris R. Cohen, John Dewey, R. M. MacIver, and Bertrand Russell. Their writings, however they may differ in other respects, portray the meaning and implications of liberalism with clarity, cogency, and remarkable completeness.

important considerations, other than those already articulated in the foregoing discussion, may at least be suggested here.

1. Liberalism provides a reasonable, perhaps the best, answer to the first and most fundamental problem of political theory: whether, and on what terms, men who hold conflicting ideas and pursue diverse interests can live together without slaughtering one another in advocacy or defense of their own values. Conservatism offers neither a unified reply nor specific guides to conduct in concrete cases; surely, to "do good and avoid evil," though an eminently laudatory prescription, is too vague to be meaningful. Conservatism offers, instead, only the authoritarian response that men must submit to authority, to the right principles as these are known by the right men. Liberalism builds, in contrast, on the recognition that in every society men are held together by common interests and set apart by individual or dividing interests. Always men need community, some form of collective endeavor to achieve certain values they cannot secure alone. But always, too, men need solitude, or group autonomy, in order to pursue certain interests that are limited to but a portion of the community, or to themselves alone. To meet this twofold need, liberalism urges that the state establish a system of order that is limited rather than all-inclusive, that it distinguish those matters that are properly the concern of the state from those that, because they require diversity, are properly left to the individual or group. Since, moreover, threats to individual freedom come from sources other than the state, liberalism is fully prepared to accept even governmental interference in the latter realm—not to curtail those freedoms but, by restraining the restraints of nonpolitical powers, to assure their effective enjoyment. In these ways, men become part of a unity that accommodates rather than destroys their essential diversities.

2. This requires, of course, a rational method of determining the proper line or lines of demarcation, of determining which liberties and which restraints are to be established—for whom, under what conditions and to what degree, and for what purpose. For liberalism, this method is the process of democracy, which resolves differences through free discussion and majority opinion. What is crucial about freedom of inquiry and expression is, in the first instance, that it makes possible both the discovery of truth and the exposure of error; and to the degree that it is a way of revealing error it makes clear the fallacies of suppression to which conservatives are too often prone. For on the historical record, attempts at suppression have generally succeeded both in degrading the suppressor and in strengthening the suppressed by focusing greater attention on the latter's doctrine. No less important, if freedom of inquiry is a way of discovering error, to curb freedom of inquiry is to proclaim heretical not error but a way of discovering error, which is an absurdity. But in the second instance, freedom of inquiry commends itself because it encourages that diversity which makes for the development of individuality. To the liberal, stagnation, not difference, is the overwhelming danger to society; and the inclusion of the infinite varieties that constitute mankind into fixed categories or classes of sameness is both the denial of individual uniqueness and the death knell to social improvement.

It is sometimes argued by conservatives that this method may lead men to arrive at the wrong solutions, to adopt false and pernicious doctrines, to repudiate truth. This is clearly possible. Men are not infallible, and in the effort to mitigate evil and correct injustice, men may well introduce other, if not greater, evils in their stead. But what is the alternative? Surely it is not a fatalistic resignation to already existing injustices. Surely it is not submission to the authoritative declarations of allegedly superior men, those aristocrats and oligarchs whose incompetent and unjust rule over centuries of time has provided the primary reason for the impulse to democracy. On the contrary, liberals argue, it is precisely a recourse to reason and experience that vindicates this method as the best, the preeminently rational method. This does not mean that liberalism alone rests on reason and empiricism. Some conservatives, too, claim to be empirical, and differ from liberals only in their reading of the facts. Thus, should some conservatives affirm and liberals deny that the Negro is by nature inferior to the white man, the dispute turns not on the question of empiricism but on the correctness of the data. Similarly, conservatives can properly argue that the passion for reason is itself a sentiment, thus disproving the allegation that conservatives are governed by emotion and liberals by reason. Nonetheless, it remains true that for the bulk of the conservatives, the truth—empirical or rational—is (a) already known, and (b) derived from sources other than reason and empiricism alone, e.g., from the revelations of God or the practices of tradition. For the bulk of the liberals, the truth is but tentatively known and remains subject to correction, while arbitrary authority is ruled out of the court of reason. Hence, it is not unfair to say that liberalism rather than conservatism is the more committed to the rational and empirical method. If this is so, it argues that the liberal approach, with its insistence on the toleration of conflicting ideas, is—as Locke and Milton and Mill and others have argued—the more likely to lead men to the right answers.

3. Liberalism minimizes social conflicts and promotes progress. By distinguishing those realms, or more properly those situations, in which political control may appropriately enter from those in which the government should let individuals and groups alone, liberalism minimizes social conflicts. More important, by providing a constitutional framework and mechanism for the resolution of those conflicts that remain, liberalism contains them and prevents them from disrupting the social and political order—all the more so since it attaches the loyalty of men to the process, not the result, to the value of the method by which conflicts are resolved, not to the policies that temporarily emerge out of that method.

The idea of progress is, of course, a tricky one; for progress involves not merely change but a value judgment upon that change. Now, it is often contended by conservatives that liberals are oblivious to the dangers of the wrong change, and hence stand for indiscriminate change. But this is surely as misleading as would be the counter-assertion that conservatives seek to conserve everything, including the things that are evil, like prostitution and murder. Both favor some changes. What distinguishes liberalism from conservatism is, then, not an unawareness of the tragic element in human history but a greater willingness to combat rather than to surrender to it. Evil is real; it exists; it is not easily overcome. To do nothing, as so many conservatives urge, is simply to submit to it. But if man is a rational animal, and if man is also a sensitive and compassionate animal, he can do no other than address himself to the correction of recognizable evils. That some injustices may continue to exist, that new injustices may arise, is not an argument for abject resignation. Consequently, the liberal does believe in the idea of the very real possibility of progress; though some liberals, it must be added, because they recognize the pervasiveness of human apathy and the hindrances imposed by specific historical circumstances, are far less optimistic than are others.

4. But when all is said and done, the crucial component of liberalism is that, within this approach, man is the end and political and social arrangements merely the means to individuality. For conservatives, there is glory and honor in such abstractions as the nation or the state, in such concepts as contract and property, in such relationships as custom and usage have rendered traditional. For liberals, these are instruments, not ends. What counts is man, and what defines a good society is not its wealth or power or prestige but the qualities of the men who constitute it. Hence not collectives but persons merit reverence, and what liberalism seeks above all is the removal of those hindrances, whether of institutions or of sentiment, that would bend men to another's purpose, and the creation of those conditions—political, economic, and cultural—that give individuality its greatest opportunities for development. To dedicate oneself to this task is, in the liberal view, the very hallmark of what it means to be a man.

Joseph Cropsey

CONSERVATISM AND LIBERALISM

Political life in the United States is energized by the action upon each other of the two major political parties. It is sometimes said, however, that the difference between the two parties is less fundamental than the difference between conservatism and liberalism, with which the difference between the two parties does not sufficiently correspond. The conclusion has sometimes been drawn that our political life would be improved if the distinction between the parties were made to conform to what is rightly or wrongly conceived as the truly fundamental difference of opinion prevailing in this country. There is at least plausibility in the argument that administration under either party, as things now are, must be vitiated and made incoherent to the extent that each party is both conservative and liberal, at odds with itself and thus in danger of rendering the national policy ineffectual on important occasions.

Incoherence or self-contradictoriness is one defect that vitiates policies and administrations; another is orientation upon narrow or ill-conceived ends, however consistently pursued. Therefore, before giving careful attention to the meaning of conservatism and liberalism, one cannot know whether to wish for a national policy compounded of elements drawn from both of these clashing opinions or for a policy dominated by only one. The question of the organization of political life gives rise immediately to the questions of political principle, in the present case to the issues that turn upon the meaning of conservatism and liberalism. To the investigation of these we now proceed.

I

Although conservatism and liberalism confront each other directly as movements, their names appear not to take notice of each other. "Conservatism" stands for conserving the inheritance, "liberalism" for devotion to liberty. The tension between movements appropriately called by these names should disappear if the inheritance is liberty. In the United States the inheritance is indeed liberty yet the tension is real and persistent. This is an indication of the fact that the names describe imperfectly the phenomena to which they are attached: conservatism is in its own way fully as dedicated to liberty as liberalism is. It appears therefore that liberalism is not properly differentiated or characterized by the literal meaning of its name. It is necessary to begin with a more specific or peculiar characteristic of liberalism, namely, its inclination toward reform or change, in order to progress in examining the disjunction of conservatism and liberalism. We shall begin therefore by saying that conservatism respects the received while liberalism respects the improved.

Each generation that is guided by what it receives defers to the judgment of preceding generations, just as each individual who is guided by the rules he receives submits thereby to be ruled by other men's opinions and wishes. Generations and individuals who respect the received abdicate judgment and supinely accept as authoritative what is agreeable to other men, or what other or earlier men have agreed or consented to. They accept convention as more authoritative than their own reason or their own judgments, if any. Conservatism implies deference to the authority of convention: conservatives are "conventional." The conventional is antithetical to the natural in the way that a standard of conduct founded only on the agreement of men is contrary in its essence to a standard that would arise out of the nature of men and things independently of human agreements. The standards that men establish by agreement are of course artificial. Thus it happens that to respect the conventional is also to respect the artificial. It is also to respect whatever deep and powerful motives, such as the passions of men, that guide the formation of those agreements or conventions. If conservatism is respectful of the conventional, the artificial, and the traditional, it may be said to that extent to abjure nature and reason. Perhaps the tension between conservatism and liberalism reflects or is even constituted by the antithesis of the conventional and the natural.

Generations and individuals who respect the improved or who incline toward reform defer to no reason but their own. The conclusions that their reason brings forth may be profound or preposterous and their motives may be earnest or vain; but their desire to be free in mind and self-subsistent is recognizable clearly. They wish to examine each age and situation as it is, that is to say, as it differs from other ages and situations; and they wish to prescribe for the age and situation by the light of what they understand for themselves, by acts of reason, rather than by the light of other men's agreement as to the good. To refuse the authority of conventions, and to investigate the nature of each thing—each age and situation—by the light of reason seems congenial to the spirit of reform and thus to the spirit of liberalism. It therefore appears that the tension between conservatism and liberalism repeats the antithesis of convention and nature: conservatism accepts the yoke of convention, liberalism craves the freedom of nature.

There is a measure of truth in this, but it is not conclusive. The argument is weakened by the consequences of the fact that some conventions grow up imperceptibly, such as the manners, morals, and customs that prevail among a people, while others are more deliberately contrived, namely, the artificial conventions such as constitutions and laws. Men who defer to convention in the former sense acknowledge the authority of what comes into being in a quasi-natural way, by imperceptible growth. Men who incline toward reform, on the other hand, acknowledge their dependence upon human contrivance or upon what is artificial rather than natural. On these grounds it is conservatism that is close to nature, liberalism to convention. Also, the appeal to an unchanging human nature as a check on the spirit of reform is characteristically conservative. Moreover, reform necessarily implies a difference between things as they are and things as they should be. The liberal standard by which this difference can be understood is not nature or any natural end, good, or goal. Also, it is a mistake to conceive nature as partaking of freedom and not of necessity or constraint. The liberal appeal from conventionality is evidently not as such a proper appeal to nature. It is more nearly an appeal to freedom conceived as being incompatible with formality, or nature misunderstood as identical or coextensive with freedom.

The failure of the disjunction between liberalism and conservatism to repeat the antithesis of nature and convention is further shown by the extent to which the liberal appeal from convention ignores the fact that convention is by nature intrinsic to political life. In their families, men are generally bound to a decent common life by the ties of natural affection. When they must live together in large numbers and without the natural affinities to rectify their conduct, their nature requires that they replace those natural affinities with formalities or conventions that are the ground of political as distinguished from domestic society. In this way nature demands convention. A political opinion that appeals incontinently from convention cannot then, paradoxical though it may seem, properly be said to appeal to nature. It is important for us to know this as we try to grasp and weigh conservatism and liberalism, for if either could properly maintain a claim to have established politics upon nature, it would obtain an immense ascendancy.

The reservations of liberalism against convention are not limited to political matters in the narrow sense, however, and cannot be dismissed before they are considered in their wider intention. Those reservations manifest themselves in the *mores,* the manners, customs and, one is tempted to say, the conventions that govern speech, dress, education, the arts, literature, and many other things. The objection to being bound by the rules or conventions in these various activities is stated on behalf of self-expression, the activation of those abundant powers said to be latent in every human being, those powers loosely called "creative" which are present in men as the gift of nature and the development of which is freedom in a high, transpolitical sense.

The appeal from convention on behalf of self-expression cannot be decisively rejected on the ground that self-expression brings forth inanity or worse in the overwhelming majority of cases, for the worth of self-expression is not thought to be measurable by the worth of its external product but by the benefit conferred on the acting man himself through the use of his powers. This liberal notion is reminiscent of and must be compared with the much older thought according to which the performance of certain acts is humanizing because to be human in the truest sense means to be active in the employment of the most human powers.

Those who entertained that thought conceived the act of thinking to be good in itself and without respect to any external product that it might bring forth. Indeed the act of thought and the thought itself are one and the same, and are good for the acting man. They humanize him. The liberal view has some similarity to this, but differs from it essentially. Unreconciled to the inference from the fact that sustained and fruitful thought is not a possibility for a great many, liberalism may be said to have egalitarianized and thus democratized the humanizing act by finding it in the free expression of all powers, unbound by conventions and unjudged by the confining criteria of truth or accomplishment. The humanizing act is not the measured act of reason but the act of freedom, or the act of the self not perfected in reason. The guiding thought is that it is healthier to be oneself than to be right, perhaps because being right has no meaning beyond being oneself. Whether egoism of this kind is tantamount to putting pride above truth, and whether the ego can ever attain to a sense of self-subsistence while it is aware that it puts its self-subsistence above the truth are questions that we will not pursue. At any rate, by popularizing and politicizing it, liberalism has uttered a distorted and transformed echo of the ennobling truth that man is perfected by his action; but the distortion and transformation were in the interest of a benevolent intention guided by a vast, and hence vastly dangerous, optimism. The optimism lay in the belief that nature confers, as it would in the best of all worlds, all good things at once: liberty together with equality and fraternity. Great confusion is latent in the existence of this belief in the minds of men side by side with the belief that nature is simultaneously good and also normless, endless, or irrelevant to the difference between good and bad. The attempt to unite the contradictories of crude optimism and impoverished positivism has proved damaging to liberalism as a theory, although it has not hindered liberalism as a political movement. It is instructive to note how wide is the gap between theoretical sufficiency and political efficacy.

II

The reservation of liberalism against convention corresponds to an appeal to nature in a manner of speaking, withal to nature understood as in direct support of the liberty, equality, and fraternity of all men. Yet the disjunction of liberalism and conservatism is not equivalent to the antithesis of nature and convention, not only for the reasons already given but also because conservatism too, regardful as it may be of convention, is itself dependent upon a distinct conception of nature from which it is to some extent derived and to which it must make a constant if tacit appeal. The character of that conception of nature is most discernible in the aspect of present-day conservatism that is especially conspicuous, namely, its stand concerning property and economic life.

Conservatism leans emphatically toward capitalism or free enterprise, which was called by Adam Smith "the system of natural liberty," in which every man is "left perfectly free to pursue his own interest his own way."[1] The language of leaving men perfectly free expresses the thought that they were originally or naturally perfectly free. This notion is not peculiar to or the invention of capitalism or conservatism but is rather the inheritance bequeathed by the classic modern political philosophy of the seventeenth century and shared by capitalism and conservatism with liberalism, as has been seen. According to the familiar view, men are by nature absolutely needy, or driven above all by the desire and need to preserve themselves. Also, they are wholly free to do whatever they see fit to reach this supreme end. Men are by nature free, and equal in their freedom, but driven apart from each other by the very condition that makes them both free and equal, namely, their neediness. It is the nature of men as it is the nature of all things to seek their private or individual good, or to be selfish. As Adam Smith noted in a famous passage, "It is not from the benevolence of

[1]Adam Smith, *The Wealth of Nations* (New York: The Modern Library, 1937), p. 651 (Book IV, Ch. IX).

the butcher, the brewer, or the baker, that we expect our dinner, but from their regard to their own interest."[2]

In their leaning toward capitalism, conservatives of the present time evince their belief in a nature that is in direct support of the liberty and equality, but not fraternity of men. A group of free and equal rational beings who are not naturally social must wish to find some means of preserving their freedom and equality, as far as possible, while counteracting their natural asociality. Capitalism is the institution by which men have solved the problem of preservation or need on a basis of freedom and equality in opportunity, without aspiring to transcend their alleged natural asociality but only to counteract it. In an ingenious way, that very asociality has been exploited to the end of reconciling duty and interest, as the quotation from Adam Smith indicates. It is noteworthy that the capitalistic reconciliation of duty and interest is novel, for it does not operate through legal coercion or punishment for dereliction of duty so much as "freely" or "naturally" through gain or reward for compliance. The principle appealed to is pleasure rather than pain, desire rather than aversion, the "toward-which" rather than the "away-from-which," as it would be in a theological system that dwelt on heaven and scarcely mentioned hell.

It is a practical supposition of this system that the moral imperfections that spring from man's natural asociality can produce, when correctly managed, the same public effects as do the moral virtues themselves, but more reliably: tradesmen will do their duty out of selfishness more dependably than out of good will. There is no way of measuring the risk in thus depending upon means and measures to produce their own opposites, as selfishness is expected to produce the good of others; nevertheless, from the premise that man is naturally directed toward his preservation and not toward his excellence, it follows that institutions should be sought which transform selfish acts into socially beneficial ones. Such institutions would be harmonious with nature in the sense that they would not frustrate man's natural selfishness and further in that they conduce to the preservation of the species as a whole, which is the natural end.

[2] *Ibid.,* p. 14 (Book I, Ch. II).

Capitalism, and thus present-day conservatism, adheres to a view of nature according to which duty is reconciled with interest in such a manner as to become absorbed or obliterated by interest. The peculiarity of the conservative appeal to nature is that it leads to the collapse of morality into Utilitarianism. At this point the conservative appeal to nature comes into conflict with the conservative inclination toward the old, the old-fashioned, the conventional, the received, and the notion of the traditional as good. Conservatism as a movement of political opinion in the United States is divided against itself exactly for the reason that one of its branches is dominated by an inclination toward free enterprise while another branch is dominated by a reminiscence of traditional morality as conducted into the modern time either by religion or by a recollection of classic antiquity. Some part of the theoretical poverty or self-contradictoriness of conservatism at the present time can be traced to this circumstance. Conservatism, like liberalism, is afflicted with a desire to have the best of several worlds. The wish in both cases is for freedom based upon a morally normless nature. The consequences of the attainment of that wish proving to be unsatisfactory, liberalism adds the hope that freedom will generate human excellence and conservatism adds a discordant recollection of moral virtue rooted in the teleological understanding of nature that has been rejected by modern conservatism almost as widely as by modernity in general.

The disjunction between liberalism and conservatism does not correspond to the antithesis of nature and convention. Both liberalism and conservatism appeal to and depend upon conceptions of nature. The difference between the two political opinions is illuminated by the difference between the two conceptions of nature to which they respectively recur. That difference may for the immediate purpose be reduced to the point that liberalism envisions the natural fraternity of mankind and conservatism concedes no more than the "asocial sociality" of man. The liberal view is that man's nature prepares him to live uncoerced in society. This opinion coheres with the belief, now quite old, that the convention of property is the chief dissolver of the natural bond that joins men in communities and all mankind as a species. The liberal animus against coercion (for example, in favor of therapy rather than punishment for crime, and *a fortiori* against capital punishment) is thus related to the liberal animus against property ("property rights" are subordinate to "human rights"), property being divisive or contributory to invidiousness or "competitiveness." The wicked love of possession lies near the root of coercion, inequality, and invidiousness, respectively the negations of that liberty, equality, and fraternity directly supported by nature.

III

Conservatism supposes that there is a development from man's asociality to his property; liberalism believes that the development is from his property to his asociality. This division on a theoretical plane brings us to a confrontation of the two movements of opinion on the political plane. As experience and doctrine have taught, men making a constitution must assign the final authority in the political community either to one man or to several or to the people as a whole. The purest reason for assigning it to one man is his superiority to all the rest. Minority rule can be justified only by the pre-eminence of a group or class with respect to capacity for government or to wealth. Where liberty in the radical sense is the ruling consideration, the highest authority is left in the hands of the mass of the citizens. No more than any other men could the authors of the United States Constitution assign the highest authority at the same time to the wealthy and to all, for many were poor. They constructed a framework of popular government with ample safeguards for property, which means for the owners of property. It is clear that to exalt the few because of their virtues is to elevate them with an eye to what they can contribute to the common life; while to protect the rich as such is to show a concern for the interest of property as such and to defend it against laziness, malicious envy, or any other turbulent or tyrannous distemper. The United States Constitution is an instrument which not only mediates the claims and interests of the propertied and the unpropertied but also assimilates those claims and interests to one another and generalizes them, sheltering life and liberty beside property under due process of law. The Constitution takes no notice of, and certainly accords no political advantage to, the propertied as a class. By its protection of property it translates the fragile natural right to life and liberty into a substantial civil right to that which sustains life and liberty. Critics of property have argued that property is of merely civil or conventional rather than natural origin, and that what has been created by convention can through the same agency be limited or withdrawn. This proposition is a sound premise for the argument that begins with noting the status of property as a merely civil right and draws the conclusion that therefore it is not "absolute" but can be granted and must be exercised only in the degree compatible with the civil convenience. It provides no basis at all for the conclusion that property as a merely civil right can be curtailed at will without jeopardy to the natural rights, that is, the liberties, of which it forms the civil support. Each human being constitutes a petty monarchy within the borders of the political community. Unequipped, he is naked. With his adjunct property, his monarchy is a defensible sanctuary into which he can retire and from which he can sally forth in the presence of tyrannical neighbors or encroaching government, supported by the inviolability of a private sphere of life. It is true that there are two pinnacles of liberty or self-sufficiency, one which is reached by way of property and the other, still higher, by way of indifference to and even some privation of external goods. The latter, however, is not of the sort contemplated either by the Constitution or by the liberal critics of property, and emphatically not by its conservative defenders. Restricting ourselves to the theme of the liberty of citizens in a modern republic, we must conclude that carelessness of property is to be counted among the offenses against civil rights directly, and against natural rights eventually. We have returned to the notion that property is an ingredient in the rectification of man's asociality.

IV

The liberal reservations against property express themselves only partly in the form of partisanship for the poor as against the propertied, or as reservations against property simply. This is understandable in the light of the progress of equality and the vast surge of abundance during the last quarter- or half-century and more. Those reservations are far more likely to appear in the form of a doubt as to the decency of business enterprise or of the gainful use of property in business and especially in big business. That doubt is reflected in a solicitude for the employees of business, expressed in sympathy for the labor movement, and in a solicitude for the customers of business, expressed in sympathy for the consumer movement. The root cause of that doubt is the fact, not only not denied but emphatically asserted by the authors of capitalism, that business enterprise is animated by selfishness. Acts animated by selfishness are instantly suspect. This ground of the liberal view of business property is entirely understandable, and we must now return to it in order to complete the discussion of the opposition between conservatism and liberalism in respect of property.

The liberal belief that actions proceeding from selfishness are tainted by the human poverty of that motive is not new. Pagan antiquity blamed narrow selfishness as ignoble and derogatory to the common good. Religion condemned it as vain, hence impudent in the face of God. Modern thinkers have denounced interestedness as incompatible with morality, which they conceive as based upon the sense of duty and not upon any calculation of benefit. These positions are tenable, respectively, by those who recognize the intelligibility and the value of both nobility and the common good; those who have an earnest faith; and those who enter into the austerity as well as the presuppositions of Kant's doctrine as a whole. Liberalism does none of these things. Its revulsion from selfishness grows out of its view that self-interestedness is inimical to the equality and fraternity, and ultimately to the liberty, of men. Liberalism wishes simultaneously for the cultivation of men's idiosyncratic freedom and their coalescence into social community united by the intimate bonds of their natural brotherhood under the skin. Liberalism therefore wittingly or otherwise envisions that social state in which men would wish to benefit themselves only in ways that are beneficial or at least not harmful to others. In that state men's perfect integration into community would be indistinguishable from their perfect freedom to do as they please. This states the character of liberalism's reconciliation of duty and interest, so different from that of conservatism. The liberal reconciliation of duty and interest envisions the collapse of the distinction itself in a social state of liberty, equality, and fraternity directly prepared by nature. At the same time it is of the greatest importance to bear in mind that liberalism is egregiously open to the suggestion that nature cannot mean anything more than "human possibilities" or "experiences" or "change," as in the pragmatist teaching. It may properly be said that liberalism has adapted to its peculiar dream about nature the preliberal thought that man is by nature social.

The perfection of plurality supporting the consummation of unity may permit or require the cultivation and expression of all idiosyncratic differences; but it could not tolerate differences of an invidious character. At least two classes of differences are invidious: differences of opinion as to good and bad, right and wrong, or just and unjust; and differences of interest. These are the deeply divisive differences. Whether a liberal society would be in fact a free society, and if not, whether the oppressions would conduce to the highest good, are grave questions unknown to liberalism and outside our present scope. We must notice, however, that for the sake of avoiding a reliance upon notions of the common good, liberalism recurs to the theory of interest groups; while in order to avoid the interested fragmentation of fraternal community, liberalism looks beyond propertied selfishness. The theoretical inadequacy of this position need not be drawn out.

V

If the conservative conception of nature is discernible in the conservative stand on property, the liberal conception of nature is indicated in some of its aspects in the liberal stand on patriotism. As liberal thought inclines away from the divisiveness of certain institutions of property, so it inclines even more noticeably away from the dividedness of men grouped according to their nations, which seems to be an arbitrary division very much to the detriment of peace. Liberalism certainly looks beyond the love of country to the love of mankind. Patriotism is unavoidably discriminatory, becoming akin to preferring one's own as such and, in the vulgar extreme, degenerating into the simple dislike or hatred of foreigners. Repelled by the selfish and unreasoning love of self as by the ignorant and truculent hatred of the alien, liberalism aspires to the transcending of the nation, if only through the union of the nations. Its sentiment is humane and its peaceableness is a salve to mankind. It utterly ignores, along the way, the solid ground for self-preference that exists among the citizens of a well-constituted nation. Rightly repelled by vain self-love, it is dogmatically blinded to just self-respect and conceitedly captivated by a priggish self-depreciation. It also ignores that irreducible element of variety that must be present in the conceptions of men as they grope for the good in order to govern themselves by its light. Liberalism, which makes a by-word of pluralism and recoils from "absolutes" however misunderstood, should welcome the diversity of nations, and their sovereign security upon which that diversity rests, as a valuable guarantee of the freedom of men to go their separate ways in the quest for justice or for the truth about justice. It must be conceded, however, that the highest good known to liberalism is not truth or even liberty itself, but fraternity and its *alter ego,* equality. Politically speaking, this has come to mean that the highest good known to liberalism is peace, or self-preservation.

If it is true that patriotism, known and called by that name, is more a conservative than a liberal virtue, the reason is that the conservative derivation of the social good from the working of individual self-preservation has not extinguished, but has been mitigated in its selfish tendency by, the sentiment that old ways are good, that one's own is good and that, if it is narrower, it is also more human, surely more civil, to love what is near and similar, as such, than what is remote and strange, as such. It might appear that there is a natural contradiction between love of the household or care for its prosperity on the one hand and love of country on the other. Yet it is a matter of experience that love of country need not be extinguished by the most animated concern for the household, while it must infallibly be extinguished by the doctrine that exhibits it as offensive to peace, as an ignorant expression of ethnocentric bias, the neurosis of aggressive personality types, the posturing of the fatuous for the edification of the gullible, or the delusion of innocents seduced by schemers after wealth and power.

The tendency of liberalism to depreciate the polemic preference for one's fellow citizens in favor of the irenic love of one's fellow men, and thus to weaken the force of patriotism in favor of the cause of peace, is parallel in its effects to the liberal belief that it is wrong to demand of men that they show themselves to be trustworthy before one trusts them but that on the contrary one must trust or affect to trust them precisely in order to regenerate them and render them good, hence peaceable, thus trustworthy. This belief grows generally out of the notion that institutions have rational or intended functions and also psychological or adventitious side-effects. Very properly, liberalism demands that all the effects be considered. Swept on by its overriding vice, liberalism concentrates from time to time on the supposed psychological effects of the working of public institutions, such as schools, and ignores the function intrinsic to the institution itself. But the belief in question grows more specifically out of the notion that, among nations, there are no genuine issues but only attitudes or states of mind which, if they are inconducive to peace, can be removed by the methods of conflict resolution, or exorcism of mass delusion and neurosis. It is evident that the maintenance of constitutions and regimes would tend to lose its status as a sovereign concern or even as a genuine issue under the influence of this view. The theoretical inadequacy of liberalism reasserts itself at this point, at which it becomes clear that the libertarianism of the liberal view and the psycho-pacifism of that view would come into contradiction whenever a free country would find itself compelled to make war in order to preserve its free constitution.

The belief that trust or the feigning of it should precede trustworthiness is not in itself a delusion. It is part of a truth drawn from experience: in order to inculcate the virtues, it might be prudent for a mentor to feign the belief that his ward already has them, in the hope that a sense of responsibility, an instinct of decency, a modest respect for authority, and a wish to please will collaborate to generate the anticipated habits. If these motives are overridden by a deep-seated opposition of interest, sentiment, or intention between mentor and ward, and *a fortiori* if the two parties do not at all stand to each other as mentor and ward, and the one thus has no certain means of disciplining the other should trust prove to have been misplaced, then this mode of moral education is particularly unpromising, partaking as it does of the aggravation of vice by burdening the weak with temptation to transgress; while as a principle of policy it could be impartially described as irresponsible.

The liberal view is consistent with itself in applying to domestic as well as to foreign affairs the dictum that trust edifies, and absolute trust tends to edify absolutely. Without the support of this dictum, it would be more difficult to sustain the liberal belief that political participation qualifies the citizen rather than that his qualifications are prerequisite to his participation in political life. There is a considerable measure of truth in the liberal view that ought not to be overlooked. To the extent, however, that this belief is tantamount to the expectation that, through the (psychological) conditioning of the electorate by "participation," the difference between the rule of many and the rule of excellence will tend to vanish, the view is based upon a mere hope, for participation in a politics from which the invidiousness of human standards has by intention been expelled, in the interest of "conditioning," cannot serve as an education in civic right.

Liberalism is inclined toward trust, which is compounded of faith and hope, and it is also inclined toward love and peace. It seems to be the carrier in the present time of Christian conceptions born in ages past, a circumstance made singular by the fact that liberalism, positivistic in its outlook on divinity, assists at the replacement of religion by culture. The faith and hope of liberalism together comprise a faith in the hoped-for regeneration of man, a trust based on the thought that the evil in man is his impulse, generated by desire, to have things for himself of which he must, in gaining them, deprive others, or, failing to gain them, suffer frustration and succumb to resentment or disturbance. Want, or wanting, is the root of evil, and the self-centeredness or antisociality of want-satisfying man is the evil itself. Satiety through technology will be the Paradise Regained in which man will eat of the fruit of the tree of science, expel want, and dwell in the house of concord forever, in the brotherhood of man without the fatherhood of God.

It is no less singular that conservatism inclines toward belief both in divine providence and in man's perfect dependence on his own providence. One branch of conservatism reaches out toward religion and another reaches out toward laissez-faire. The branch that reaches out toward religion is informed by the human disposition to have faith in the old, in what is prescribed and certified by ages past, and what is at the same time one's own by inheritance. The branch that reaches out toward acquisitiveness is informed by the two varieties of selfishness, one of the body and the other of the spirit. The former seeks the external goods that sustain the good of the body, and it is not different from acquisitiveness or self-preservation; the latter aims at self-dependence, in a manifestation which, humble as it may be, is of the same genus as the virtues itself. It seems paradoxical that conservativism should join the acquisitive to the moral, and it would in truth be simply paradoxical were it not that virtue is itself so deeply self-regarding. Moral virtue is animated by a self-regarding disdain of those actions which expose a man's dependence, or the degree to which he falls short of mastery—of things and of himself and of other men. What is quite paradoxical is that the common man's aspiration to be self-sufficient is condemned to be expressed in an undisguised and even perspiring pursuit of wealth, hence an undissembled confession of dependence. Nevertheless, the point can as properly be made that the effort and discipline of satisfying want contribute to the goodness of men as can the contrary argument that the effort corrupts man and community. It is in the context of these considerations that one must reflect on the strange fact that conservative opinion embraces both the supremacy of self-preservation as the mainspring of life working its way pitilessly through the market and also the doctrine, echoing old teachings, that moral virtue in its aspect of hardy self-dependence is good.

It may be granted, as Rousseau proclaimed, that it would be desirable to transform men into beings who could be selfish in the elevated sense that is equivalent to self-esteem without being selfish in the ordinary sense that is inseparable from invidiousness. That it is possible to produce such a disjunction in the mass is a thought that has kindled the faith of liberals and the irritated incredulity of conservatives. At any rate, liberalism emerges as the vehicle of reason emancipated from tradition, of positivism, and of Christian virtues to be inculcated by the conditioning effect of the works of science; and conservatism emerges as the champion of religion and of the worldly or politic virtues distorted and shrunken to conform with the conditions prevailing in a community dominated by the teaching of indefeasible natural rights and of the indistinguishability of virtue and vice in the natural condition of man.

As now appears, the common notion that liberalism appeals to reason and conservatism to tradition, or to prescription, or to the ancestral, is insufficient. In appealing to natural science, liberalism appeals indeed to a vast knowledge, but it is knowledge about things the first principles of whose being are left veiled in darkness or in mere belief; and in its anticipations of man transformed by his standard of living and by the social conditionings of education, political participation, housing, and so forth, liberalism appeals to faith and hope unalloyed. For its part, conservatism rests upon a faith or opinion that the good is the respectable, the conventional, and perhaps the merely old; while in its character as the party of laissez-faire, it is the heir of Hobbes' teaching of the supremacy of natural reason, as that reason has been made impotent, after the manner of science, to ascend to the principles or nature of its objects. Liberalism and conservatism depend upon faith or opinion, each in its own way. Liberalism does so in the way characteristic of the prevalent science of nonhuman things, that is, by abstention from examination of the first principles upon which all else rests—not because these principles are too sacred to be unveiled but because their existence is denied. Conservatism depends upon faith or opinion in the way characteristic of political practice, that is, through the intuitive disinclination to dissolve in speculation the ingrained habits and beliefs that are the fiber of political community.

VI

Conservatism and liberalism are movements of opinion, residues to some extent of political philosophy but not themselves political philosophy. They are constructed of discordant elements, as it has been our purpose to show, that cohere in equilibria that are from the theoretical point of view precarious although perhaps pragmatically feasible enough. Each is not only beset by a certain internal tension but is, in addition, partial with respect to the truth. On the themes of property and country, liberalism draws attention to the natural unity, conservatism to the natural dividedness of man. With respect to the question of the function of reason, as for example in the realms of science, religion, and history, the liberal understanding rests upon faith in one sense, the conservative understanding rests upon faith in other senses, as we have seen. Political opinion in our time is related to political wisdom as dreaming is related to thinking.

A philosophic understanding might be free of these shortcomings, for it would make the necessary concessions to the jangling truths which are undoubtedly in the possession of both conservatism and liberalism. This fact cannot be transformed into the premise of an argument to the effect that American public life should be given a philosophic basis. On the contrary, the dictate of reason is rather that the political truth be approximated by the equilibrium of the imperfect movements of opinion. For this to take place, these movements must be so moderated and controlled that the tension between them does not result in the annihilation of either–not for the sake of diversity, but for the frustration of dogmatism of the right or left. The danger of a collapse of the Constitution into the doctrines of either party would increase if liberalism or conservatism could command unmixed, hence unrestrained and eventually agitated, majorities in the electorate. In a curious way, the last resort of political reason now proves to be the temperate equilibrium of error.

Martin Diamond

•

CONSERVATIVES, LIBERALS, AND THE CONSTITUTION*

The Constitution of 1787 is still the fundamental document of the American polity, it is still the source of our basic institutions and principles, and the Constitution and its law persistently affect the style and substance of American politics. This continued pre-eminence of the Constitution of 1787 helps explain the frequently remarked retrospective cast of American politics, which so often sounds like a debate on the intentions of the Founding Fathers. Both conservatives and liberals, who stand at the two poles of contemporary American politics, are obliged to join that debate and to come to terms with the Constitution. How each understands the nature and original intention of the Constitution reveals certain peculiarities of contemporary conservatism and liberalism.

Primary attention in this essay is given to the liberal view of the Constitution, with the conservative view being suggested by way of contrast. The liberal view deserves the greater attention because for some time it has been by far the dominant view in the academy; it is closely linked to basic currents in academic political and social science generally; and it has, on the whole, received far more extensive scholarly formulation than the conservative view.

I

For all their differences, liberals and conservatives tend surprisingly to agree regarding the original intention of the Constitution and the nature of the original institutions it established. Indeed, the more liberal or conservative the writer, the likelier and fuller the agreement. They differ, of course, in that one

* The author would like to thank the Relm Foundation whose generous support made possible some of the research on which this essay is based.

tends to deplore and the other to applaud, say, the separation of powers. But the difference depends on agreement as to the nature of the things deplored or applauded. The fundamental difference between the liberal and conservative views of the Constitution—and what it is they agree about—can be stated in terms of Madison's famous formulation in *Federalist* 51.

> In framing a government which is to be administered by men over men, the great difficulty lies in this: you must first enable the government to control the governed; and in the next place oblige it to control itself. A *dependence on the people* is, no doubt, the primary control on the government; but experience has taught mankind the necessity of *auxiliary precautions.* (Emphasis added.)

Of the two elements in Madison's scheme, liberals unqualifiedly prefer "dependence upon the people" and are suspicious of or hostile to the "auxiliary precautions." On the other hand, conservatives ambiguously accept the "dependence" but they vastly esteem the "auxiliary precautions." That is, liberals are anxious for a certain kind of fulfillment of popular will which is their understanding of "dependence upon the people," while conservatives tend to conceive the Constitution primarily as absolute restraints upon majority rule.

It will be noticed that liberals and conservatives thus separate the two elements which, in Madison, form a consistent whole. Why liberals and conservatives agree to sunder what Madison joins must be understood in order to understand their respective views of the Constitution. The issue turns on the nature and utility of the "auxiliary precautions." As to their utility, liberals tend to deplore them, conservatives to praise them. But as to their nature, liberals and conservatives agree that the auxiliary precautions radically qualify the dependence on the people. This is the decisive point: they both agree that constitutional principles or institutions like separation of powers and federalism hamstring or otherwise prevent majority rule. This agreement forms a peculiar and unacknowledged bond between liberalism and conservatism.

Yet in this agreement—by virtue of which they cleave the two elements in Madison's formulation—both liberals and conservatives fundamentally miscontrue the nature of the Constitution. That is, they both err in failing to recognize the truth of what Madison repeatedly claimed—the fundamental compatibility of the Constitution's restraining devices with a system of majority rule. Because of this, liberalism regards the restraining spirit of the Constitution as incompatible with the democratic principle, and seeks ways to short-circuit the constitutional resistances to majority will. And because of the same error, conservatism unwarrantedly and unwisely seeks constitutional refuges from the democratic principle and from the authority of the government established by the Constitution.

But the attack on the "auxiliary precautions," which is the defining theme of liberal writings on the Constitution, is not limited to the question of democracy. Closely related to the charge that the Constitution is antidemocratic is the charge that the precautionary restraints which frustrate the majority frustrate also the operation of government generally, threatening fatal deadlock and drift. The Constitution thus comes to appear both archaically undemocratic and as rendering government archaically incompetent to deal with modern problems.

II

The view of the Constitution as decisively undemocratic stems primarily from the work of J. Allen Smith, Vernon L. Parrington, and, above all, the extraordinarily influential research of Charles Beard. Understandably outraged by late nineteenth-century scholarship and statesmanship that tended to convert the Constitution into a fixed and immutable code enshrining liberty of contract, reformers began to search about for feet of clay, to show that the Framers were not disinterested demigods but men rigging a government to protect their own interests. Debunking the Founding Fathers would emancipate the present from the moral claim of the past and open the way for drastic reform. Beard's *An Economic Interpretation of the Constitution* became the classic formulation of the debunking attack.

Beard portrayed the Framers as "hard-fisted conservatives," protecting "their own interests and those of their class."[1] He argued that they deliberately designed an undemocratic Con-

[1]Stanley Elkins and Eric McKittrick, *The Founding Fathers: Young Men of the Revolution,* American Historical Association Service for Teachers of History Series (New York: Macmillan Co., 1961).

stitution to protect the privileged classes of which they themselves were members. This was to dethrone the Fathers with a vengeance. In recent years Beard's thesis has been under sharp attack and is open to question on every vital point.[2] But it is necessary here only to see how the triumph of Beard's interpretation affected the liberal view of the Constitution and in time, ironically, the conservative view as well. For fifty years scholars have seen antidemocracy everywhere in the constitutional system—because they expected to see it.

Accordingly, for example, James MacGregor Burns' opening sketch of the "Madisonian model" (the object of his attack in *Deadlock of Democracy*) seems to make familiar and perfect sense. Madison, Burns says, was almost obsessed with the problem of an "*oppressive* majority." Madison's solution of the problem "became the archpin of the whole constitutional framework, . . . the system of checks and balances." Madison "was calling for barricade after barricade against the thrust of a *popular* majority." Madison fearfully and mistakenly believed that it was "necessary to have what [he] called 'auxiliary precautions' of checks and balances built right into the frame of government."[3]

David Spitz makes very much the same point.

> The framers of the American Constitution, while openly disdainful of the 'common' people, did not think it wise to exclude them altogether from political power. . . .
>
> The rule of the people remains, however, but a partial rule. Madison might . . . say sincerely that "a dependence on the people is, no doubt, the primary control on the government"; but he—and the rest of

[2] "In recent years Beard's thesis has been attacked and all but demolished [by] Robert Brown . . . and Forrest McDonald." John Blum *et al., The National Experience* (New York: Harcourt, Brace & World, Inc., 1963), p. 134.

[3] From the book *Deadlock of Democracy* by James MacGregor Burns. © 1963 by James MacGregor Burns. Published by Prentice-Hall, Inc., Englewood Cliffs, New Jersey. Emphasis added. Notice the change from *oppressive* majority to *popular* majority. The implication is that there is no difference in practice: what seeks to block the one blocks the other. (Cf. Robert Dahl, *A Preface to Democratic Theory* [Univ. of Chicago Press, 1956], Ch. 1.) The failure to see as practicable Madison's distinction between oppressive and popular majorities, that is, between majority *faction* and majority *rule*, helps explain why every remark the Framers made that was critical of democracy's "excess" is taken as evidence of fundamental hostility to democracy generally.

> the framers . . .—was far more impressed by the dangers to a government that is too dependent on them. . . . It was necessary, therefore (or so he and the framers insisted), to look to "auxiliary precautions," to establish institutional obstacles—e.g., federalism and the separation of powers—that would effectively limit or prevent the majority from having its way.[4]

Richard Hofstadter also ascribes an "antidemocratic position" to the Framers. But having "misgivings about turning to the extreme right," they hoped instead for " 'balanced government,' an idea at least as old as Aristotle and Polybius. . . . A properly designed state . . . would check interest with interest, class with class, faction with faction, and one branch of government with another in a harmonious system of mutual frustration." The advantage of this balanced "government the Fathers were designing," Hofstadter claims, was pointed out by John Adams. "Adams believed that the aristocracy and the democracy must be made to neutralize each other. Each element should be given its own house of the legislature."[5] One can only ask: Which house was given to what aristocracy under the American Constitution? Is this really the American Senate, that "temperate and respectable body of citizens"[6] which is here being fitted out with togas to play the role of aristocracy in a genuinely mixed regime?

A balancing off of aristocracy and democracy in a "mixed regime"—that would be a check indeed upon majority rule. Something like this idea underlies much of the liberal conception of the Framers' intent. It is amusing to find the view firmly shared by Russell Kirk: "The United States remain, in considerable degree . . . what Aristotle called a 'polity,' a balancing and checking of classes in society."[7] Hofstadter clearly dislikes

[4] David Spitz, *Democracy and the Challenge of Power* (New York: Columbia University Press, 1958), pp. 71–72.

[5] Richard Hofstadter, *The American Political Tradition* (New York: Vintage Books, 1948), pp. 15, 8–9, 10.

[6] *The Federalist* 63, Introduction by Clinton Rossiter (New York: New American Library, Mentor Books, 1961), p. 384.

[7] Russell Kirk, "Prescription, Authority, and Ordered Freedom," in Frank S. Meyer, ed., *What Is Conservatism?* (New York: Holt, Rinehart and Winston, 1964), p. 36.

what the Framers wrought and Kirk likes it, but they are both agreed on what they wrought—a Constitution designed radically to circumvent majority rule. Hofstadter is convinced that the Constitution was rigged against the advancement of democracy, and Kirk cheerfully agrees. Totally ignored in the process is James Madison, who insisted that the American regime was "unmixed" and "wholly popular,"[8] and hence that the "auxiliary precautions" were fundamentally compatible with majority rule.

Thus the over-all liberal view of the Constitution: a thorough skepticism, to say the least, regarding the fundamental principles and institutions of the "frame of government," because, as Hofstadter puts it, they were designed to curb and confine the popular spirit, that is, the spirit which liberalism seeks to emancipate. And as a kind of positive print of the liberal negative: the Conservative's emphatic agreement that this was indeed the Framers' intent.

We must turn now to the liberal bill of particulars regarding the way the constitutional system operates to frustrate majority rule.

Consider this account by Dahl and Lindblom:

> Federalism; the composition and procedures of the Senate; the bicameral legislature; the separation of President and Congress, and the checks and balances between them; differences in their constituencies; fixed and overlapping terms of Representatives, Senators, and the President; constitutional restraints on legislative authority; judicial review; the amending process; a decentralized party system; and the devolution of power to committee chairmen in Congress whose position is automatically derived from seniority—all these provide a variety of narrow defiles where a skillful and aggressive group may fatally mine the path of any group of threatening leaders. . . .
>
> The strategic consequence of this arrangement . . . has been that *no unified, cohesive, acknowledged, and legitimate representative-leaders of the "national majority" exist in the United States*. . . . On a great many policy questions . . . "the majority" is a fiction. But even if there were a national majority in the United States,

[8] *The Federalist* 14, pp. 100–101.

> it could not rule unless it were . . . overwhelmingly large.[9]

In short, for all practical purposes, the entire constitutional system is hostile to majority rule. From this view, Dahl and Lindblom on the whole reach a characteristic liberal conclusion: because of its antimajoritarianism the constitutional system significantly lessens the possibility of "rational social action."

Consider, in the same vein, Burns:

> States' rights, local elections, restricted franchise, minority rights, rural over-representation, checks and balances, congressional power, the danger of majority or "mass" rule, judicial review (at least in the old days), powerful committees, the seniority system, the filibuster —in short, the Madisonian system in all its ramifications.[10]

Under the spell of Beard, and perhaps out of a liberal readiness to class as inimical to the popular spirit any kind of legal-governmental restraint, liberal writers have tended to lump together all items of the constitutional system as evidence of the undemocratic and timid intent of the Framers. The conservative is quite inclined to agree. He, too, regards the system as all of a piece; he, too, sees all of its devices as merely variant ways of accomplishing a single end—the diminution and division of power.

But this is, as we shall see, to lump together radically different things and to make liberty the sole object of government (very much to the conservative's delight), thus obscuring the variety of ends the Preamble announces that the Constitution was devised to achieve.

1. The Separation of Powers and Bicameralism. Separation of powers is, of course, widely understood as a central part of what Hofstadter called the Framers' undemocratic "harmonious system of mutual frustration." It is, of course, rightly also understood as intended to provide a general safeguard to liberty from

[9] Robert A. Dahl and Charles E. Lindblom, *Politics, Economics, and Welfare* (New York: Harper & Brothers, 1953), pp. 335–36.

[10] Burns, *Deadlock*, pp. 247–48. It will be necessary shortly to take note of the imprudent remark about judicial review "in the old days."

government. In addition, conservatives are fond of explaining that separation of powers was especially inspired by memories of British royal tyranny and hence that it was primarily devised to protect liberty from the Executive. Liberals usually agree—it makes perfect sense to them that Congress was designed primarily to harass and frustrate the Executive; they have only to consult what they believe to be the evidence of their senses.

No recent writer has been more exercised than Burns over "Madisonian" separation of powers as a dangerous impediment to bold executive leadership. And yet he mentions in passing that had the Framers opted against separation, had they chosen "legislative selection of the executive," the resulting parliamentary system would probably have been "much more like the 3rd or 4th Republics of France . . . than Great Britain's system of strong executive leadership."[11] But he fails to draw the proper inference from his correct observation, namely, that the aim of separation of powers was, in significant part, to create *the strongest executive possible under the circumstances,* and that the development of the modern presidency (of which Burns approves) *depended upon the separation and the broad powers thus independently granted the office.* That is, the leading Framers viewed separation of powers as the best way, in the American democracy, to avoid the kind of weak executive then prevalent in the states (where separation of powers had been minimized) and to prevent the dangerously free play available in a parliamentary system for the centrifugal tendencies of American federalism. It almost suffices to support this view to remember (what is never mentioned) that Alexander Hamilton, the advocate of "energetic" government, was no less enthusiastic regarding separation of powers than Madison.

The most instructive account of what separation of powers was designed to accomplish is, of course, given by Hamilton and Madison speaking together as "Publius" in *The Federalist.* Publius does not justify separation of powers only as a defense of liberty in general against government and of minority rights in particular against majority oppression. He also sees in separation of powers a temporary defense of government from the people (and from the most popular branch, i.e., the legisla-

[11] *Ibid.,* p. 17.

ture)—a defense of the energy, dispatch, and competence of government from popular folly. Recognition of this would discommode liberals and conservatives alike. Both invariably portray the Framers as fearful of popular *tyranny*. They were indeed. But they were equally fearful of popular *folly* and legislative *ineptitude*. As much as they sought *free* government, they sought *competent* government—not minimum government safely chained down, but government broadly empowered and competent to a broad range of tasks. And separation of powers was vital to the accomplishment, in their view, of powerful as well as free government. It is an important question whether to this day a strong executive-parliamentary system could be created here, or whether—given the genius of American democracy—separation of powers remains indispensable to the strong executive liberals prefer. But it is also a question that cannot be considered seriously so long as separation of powers is lumped into a bundle of disparate items all labeled by liberals and conservatives alike "divide and diminish democratic power."

Liberal political scientists have always admired the British parliamentary system. But if Burns and Publius are right, that in 1787 parliamentarism would have enfeebled American government, the question must be raised: To what extent does the envied British system depend upon its peculiar origins, especially the slow process by which democracy supplanted Britain's dominant aristocratic institutions? Anglophilic American political scientists, who strain to see aristocracy in the American system, have never been much troubled by British balanced government, where massively aristocratic institutions long existed. They never accuse *it* of having been a harmonious system of mutual frustration. They simply abstract from it qualities they like—e.g., parliamentary supremacy—and seek means to graft them onto the American system. A reappreciation of the fact that separation of powers was devised to nurture powerful as well as free government would make possible a reconsideration of long-cherished opinions about the respective merits, in modern democratic conditions, of the American and British systems.

As to bicameralism, its intention was very similar to that of separation of powers. Quite apart from the federal purpose of the second house (e.g., the nonfederal Virginia Plan called for a Legislature composed of two houses), it was no doubt desired to create a body that could (like the separate President and judiciary) stay popular tyranny. But again the aim was equally to erect temporary barriers to popular ineptitude. Thus, the main thrust of *The Federalist*'s argument concerns primarily not liberty but the utility of the Senate in providing energy, "system," and "well-connected"—that is, sustained and long-range—measures. Recently, many liberal writers have begun to remark how much more "progressive" the Senate is than the House, and conservative writers (again the peculiar parallel) have come to cherish still more the House. From *The Federalist*'s analysis, it could be argued that the Senate was always intended to be the more progressive body. This is startling only if it is assumed that the more popular a legislative body, the closer to the great mass of the people, the more likely it is to be progressive. This is a modern assumption (now not so strongly held as it once was) not at all shared by the Framers. They thought that a "temperate and respectable body of citizens," at a little greater remove from the people than the House, would more likely have enlightened views regarding, for example, religion, science, and foreign policy. Whether it would truly be a gain, from the point of view of liberalism itself, that America have a single legislative body is a question. But again it is a question not likely to be considered seriously until the thought of the Framers and the purposes of the constitutional system can be seen as neither outmoded, nor decisively undemocratic, nor dedicated solely to liberty narrowly conceived.

One last observation. It cannot, of course, be denied that separation of powers was intended as the great "auxiliary precaution" against majority tyranny and majority capriciousness. But the Framers believed that this precautionary check is compatible with democracy because it is only a temporary one. In Tocqueville's terms: Separation of powers does not seek to deny "that social power superior to all others must always be placed somewhere." The majority is constitutionally accorded that superior social power; the effort is only to "retard its course and give it time to moderate its own vehemence."[12] The only

[12] Alexis de Tocqueville, *Democracy in America*, ed. Phillips Bradley (New York: Knopf Vintage Books, 1954), Vol. I, p. 270.

way, then, that separation of powers can be viewed as radically undemocratic is to view even a temporary check as inadmissible, as Herbert Croly, for example, well understood. The antagonism of separation of powers

> to democracy, if not in intention at least in effect, is frequently overrated. The antagonism depends upon the identification of democracy with a political organization for expressing immediately and completely the will of the majority—whatever that will may be; and such a conception of democracy contains only part of the truth.[13]

2. *Federalism.* Convinced that the Framers intended to divide and diminish democratic power (and the power of government generally), liberals and conservatives agree in regarding federalism and separation of powers as similar in the decisive respect. They are considered to be simply two species of the genus "checks and balances," two similar ways of dividing power. But, how radically the two actually differ can be indicated in the following obvious manner. Federalism indeed involves a division of the governing authority and thus necessarily diminishes that of the national government. But separation of powers is quite compatible with a unitary government of unlimited powers. The main point of the federal principle is to hold the central authority to a minimum. Separation of powers has no such purpose whatsoever. It is a mode for the safe exercise, not the diminution, of power and, as argued above, it is also a mode for the enhancement of the force, not the weakness, of government.

At a minimum, then, lumping federalism and separation of powers together as "Madisonianism" is to blur distinctions of the utmost importance. Moreover, there is something especially ironic in labeling the federal elements of the American system Madisonian, since in 1787 Madison was a major opponent of their introduction into the Constitution. The federal elements were imposed upon Madison and his closest colleagues by the opponents of Madison's Virginia Plan.

[13] Herbert Croly, *The Promise of American Life* (New York: Capricorn Books, 1964), p. 33. Copyright © Putnam's & Coward-McCann, 1964.

This fact leads us to one of the great ironies of American politics. Federalism is the source of many of the constitutional features that liberals castigate as undemocratic. For example, the Senate is "malapportioned" because those most insistent upon a purely federal system (as against Madison's "consolidated" or national system) sought a Senate in which the states would be federally equal. Similarly the much maligned amending procedure was dictated by federal, not antidemocratic, considerations; the "pure federalists" of 1787 insisted upon a procedure by virtue of which no one section could impose its will on the rest of the states. The Electoral College also involved primarily federal considerations. And the opinions of the Supreme Court during the period 1880–1937 that were most offensive to liberals were delivered in the name of, among other things, federal restrictions on the national authority.

Now who were the "pure federalists" of 1787 who were responsible for so much in the Constitution that is deemed antidemocratic? They were the Patrick Henrys and Richard Henry Lees—those whom most liberal writers have long viewed as the truer democrats of the period. In 1787, the Senate, the amending procedure, the Electoral College, the federal limitations on national authority—these were all conceived in deference to the rule of the people. The "federal idea" *versus* the "national idea" was not a conflict in principle of antidemocracy *versus* democracy, but of one conception of democracy *versus* another. The insistence upon the federal features derived from the "small republic" theory, which held that popular government would perish in any attempt to create a unitary republic as large as the United States. The federal features of the Constitution, as we all know, deeply influenced the nature and processes of American government and politics. The result has been in large part a politics of conflicting conceptions of democracy and of conflicting interests that avail themselves now of the federal idea of democracy and now of the national idea of democracy. The profound link of the federal features with the "small republic" conception of democracy helps explain, for example, why conservatives often become ardent direct democrats (and liberals the very opposite) at the state and local level—that and the conviction that they have a good chance of winning on the substantive issues (censorship, capital punishment, educational policy, etc.) at the local level. But this phenomenon of the "two democracies," this distinctive aspect of American politics, is obscured by the liberal (and conservative) tendency to throw federalism into an undifferentiated and allegedly undemocratic constitutional whole.

3. Judicial Review. Conservatives have made a famous switch regarding the Supreme Court. Having been enthusiastically in favor of judicial review for nearly a century, and climactically so during the New Deal struggle over the Court, conservatives are now bitterly anti-Court. Hence, as noted above, Burns twits conservatives regarding their position on judicial review "at least in the old days." But speaking of the old days, one notices—what Burns does not so much as mention—a parallel switch by liberals. Bitterly against judicial review in the 1930's, liberals warmly defend the present Court and generally maintain a discreet silence about the place of judicial review in a democracy. The forebears of liberalism at the turn of the century attacked judicial review (and separation of powers generally) in the name of legislative pre-eminence. During and after the New Deal, the liberals attacked the Court increasingly in the name of executive pre-eminence. But after this long history of hostility to judicial review, liberals, like conservatives, have greatly changed their position. It seems clear that principle regarding the Court has yielded in part, at least, to considerations of substantive policy. Liberals now like and conservatives now dislike what the Court is doing. Both seem to change regarding the Court according to their respective estimates of whether their policies will prevail.

This tendency to subordinate constitutional principle may be seen more generally. The conservative, as we have said, often forgets his restrictive understanding of the Constitution when it comes to state and local majorities maintaining their local "mores"; and he now is hostile to a Court that strikes down such local actions. On the other hand, the liberal is never so much in favor of the constraining force of Court and Constitution as when it employs the First and Fourteenth Amendments against illiberal local majorities.[14] Yet liberalism long sought to evade a conservative Court and the frustrating Constitution by trying to substitute the methods of direct democracy—initiative, referendum, recall, abolition of the Electoral College, legislation by amendment. Now it is the conservatives' turn. It is they who explore the plebiscitary possibilities of "Proposition 14" in California,[15] who are now restive regarding the Electoral College, and who have introduced a spate of largely ill-considered constitutional amendments.

Such reversals of fundamental liberal and conservative postures regarding the Constitution are often simply an unprincipled abandonment of basic view for immediate policy reasons. But some elements of principle may be involved despite appearances to the contrary. The conservative's conviction that democracy needs "auxiliary precautions" like judicial review logically becomes less stringent the closer one comes to the state and locality. This is the residuum of the earlier "small republic" theory of which present-day conservativism is the deformed heir. In the light of that theory, local majorities seem the truer majorities. They are majorities formed out of authentic communities where men can reckon costs and see the consequences of things; and they are presided over by men whose local preeminence guarantees sobriety and patriotism, which makes majority rule safe and therefore little in need of constitutional restraints. For the liberal, on the other hand, national majorities seem the truer majorities. Local majorities, presided over by men of selfish views and narrow sympathies, may well need constitutional restraint and judicial superintendence. But national majorities are freed from the distorting influence of the partial and particular and thus can achieve a truer expression of the popular spirit.

[14] The liberal is the enthusiastic partisan of the Bill of Rights (or perhaps more precisely, the First Amendment Freedoms) which he exempts from his strictures upon so much else in the constitutional system. But the Bill of Rights (and *a fortiori* the Fourteenth Amendment) is not an integral part of the "intention of the Framers." This is not to deprecate the equal legal force of the Bill of Rights; it is only to emphasize that it is not part of the original "frame of government," which is the subject of this essay.

[15] This refers to the use in 1964 of the constitutional initiative and referendum to overturn state legislation on housing and racial discrimination.

The liberal then applauds the present Court, whose decisions are on the whole restrictive of local majorities and permissive of national action, and silently accepts judicial review. But there is something uneasy in the silence. Commager expressed the more fundamental liberal view when he criticized "liberals who for the most part deprecate judicial intervention in the economic realm but rejoice exceedingly at judicial intervention on behalf of civil liberties." "Grant the desirability," he said, "of calling in the judiciary to protect civil liberties, and we concede that the majority is not to be trusted in what is perhaps the most important field of its legislative activity. . . . Then we might indeed despair of democracy."[16] Thus Commager's position (and the general liberal position until the present silence) is a radical attack on judicial review iself. Whether the Court judges well or poorly, favorably or unfavorably to liberal policies, Commager rejects judicial review as fundamentally incompatible with the democratic principle.

This rejection was based upon what may be called a "sociological" view of the Court. The issue may be seen by contrasting this view with that of Publius. Anticipating the charge that judicial review is undemocratic, Publius argued that "the judiciary . . . has no influence over either the sword or the purse. . . . It may truly be said to have neither FORCE nor WILL but merely judgment."[17] On this view the Court clearly does not represent a decisive political check to democracy.[18] But the view that the Court essentially objectively expounds the Constitution's meaning has, of course, been long derided by modern scholars and with enthusiastic liberal accord. David Spitz, for example, expresses the common view of what he calls the "judicial aristocracy": "The fiction that judges simply apply and at most interpret but do not make the law is one of those

[16] Henry Steele Commager, *Majority Rule and Minority Rights* (London: Oxford University Press, 1943), pp. 39, 67–68. Cf. David Spitz, *Democracy*, p. 85, "Whatever the immediate policies of the Supreme Court, it is intrinsically an undemocratic institution." And "the fortuitous role of a particular Court should not blind us to the broader issue."

[17] *The Federalist* 78, p. 465.

[18] It is important to remember also that the Court can only *temporarily* restrain the political branches. Quite apart from the amending procedure, any determined popular majority can, through the ordinary machinery of government, constitutionally pack the Court and thus alter its judgments.

myths that, though repeatedly exposed, tenaciously dwell among the unburied dead."[19] It is amusing to note how the present conservative attack on the Court presupposes something of just this view of the judicial process. The conservatives now speak the former liberal rhetoric: judges in the black-robed guise of interpreting the Constitution are in fact legislating upon the basis of a liberal ideology that derives merely from their personal backgrounds, etc.

But the conservative attack on the Court nonetheless differs from that of the liberals. The latter wholeheartedly supported a sociological theory of jurisprudence, and hence were wholehearted opponents of the Court and especially of its highest power, judicial review. They were against it root and branch. Liberals saw judicial restraint upon the "political rights" of the community as profoundly inimical to the democratic principle they espouse. But the present conservative attack is less wholehearted precisely because the conservative agrees that judicial review is indeed one of those antidemocratic "auxiliary precautions." He thus sees judicial review as conforming to the conservative's fundamental constitutional principle, which is checks and balances understood as radical restraints upon democracy. Hence, despite its virulence, the present conservative attack is on judges and not on the Court as such, on abuse of the power of judicial review, not on judicial review itself. Hence while conservatives attack "judicial legislation," and thus seem to agree with a sociological view of the judicial function, they do so only to admonish the Court to return to proper judicial interpretations of the Constitution. But this is to presuppose the possibility of true judiciality and hence to deny the fundamental claim of sociological jurisprudence.[20]

[19] Spitz, *Democracy*, pp. 84, 86.

[20] Conservatives may yet borrow more heavily from the liberal's social science arsenal. The conservative may find the behavioralist approach, for example, increasingly to his taste because the mood of conservatism is increasingly anti-establishmentarian. Establishments claim to rest upon justice, upon grounds other than force or chance. But behavioralism's premise is that all such claims lack scientific (i. e., rational) warrant and are therefore fraudulent. In this sense, behavioralism is a species of muckraking, and muckraking always appeals to opponents of established orders—in short, to the conservative as he sees himself today. However, conservative behavioralism is bound to be half-hearted, because the denial of objective standards runs afoul of other aspects of conservatism.

4. Rural Overrepresentation, the Congressional Committee System, and Seniority. What should be one of the most obvious common characteristics of rural overrepresentation, the congressional committee system, and seniority is that these aspects of the American political system have little basis in the original Constitution, or in anything that can be deemed the handiwork of James Madison. And yet some liberal writers astoundingly persist in giving to these obviously later (and, in part, unanticipated) developments the firmest possible foundation in American affections by insisting that they are part somehow of the original constitutional design— of "in short, the Madisonian system in all its ramifications."[21]

How explain, for example, the assertion (it is never more) that congressional rural overrepresentation was the intent of the Framers? Could it have been the intent of Madison, whose Tenth *Federalist* presupposed an advanced commercial society where the states, then "little more than a society of husbandmen," would acquire "a more advanced population" and would make "progress in those branches of industry which give a variety and complexity to the affairs of a nation"?[22] Could it have been the intent of Hamilton and other leading Framers who are so often (when they are not being blamed for rural overrepresentation) stigmatized as the aggressive representatives of urban commercial interests? The determination to place rural overrepresentation in an undifferentiated antidemocratic package testifies to the intensity of the sentiment that all the defects of our system of government derive from the original sins of the Framers.

This is not in the least to defend or to attack rural overrepresentation. Rather it is simply to disentangle it from other political things with which it has indiscriminately been lumped. Thus disentangled, it may be diagnosed in its true light as a growth upon the system; and thus disentangled, the quarrel as to its merits need not go to the nerve of the constitutional design.

The whole question of seniority and the congressional committee system, which is closely related to the problem of rural overrepresentation, needs similarly to be disentangled. Perhaps

[21] Burns, *Deadlock,* p. 248.
[22] *The Federalist* 56, p. 349.

some substantial committee system is necessarily the consequence of a constitutionally separate legislature actively and independently involved in the process of legislation. But the precise form of the system, and especially selection of leadership by seniority, is quite independent of the Constitution and is certainly open to challenge. But the question of what should be reformed or preserved cannot well be considered if the committee system is deemed a necessary consequence of an undemocratic Constitution. Biased by his hostile view of the Constitution, the liberal attributes all defects to the whole scheme of constitutional "auxiliary precautions," and believes that remedies require as much alteration of the constitutional system as possible.

Liberals thus often attribute to the constitutional design consequences that result primarily or solely from the peculiar character of the South. For example, Burns's hostility to Congress and his whole theory of the "four-party system" seem to be simply a complicated way of accounting for Southern Democrats. The "congressional Democratic party," he tells us, has "approximately 90 members."[23] It comes as a surprise after 300 pages that the congressional Democrats—that worst end-product of the "Madisonian model"—turn out, for all practical purposes, to be the body of men more familiarly known as Southern Democrats. Let us grant for the moment that the present congressional system is as objectionable as Burns, and liberals generally, think it to be. Still the question is: What is causing the evil? Is it the "Madisonian" constitutional design? Is it the committee-seniority system as such? Or is it primarily the baneful effects upon that system of the South's peculiar situation?

How objectionable would the committee-seniority system as such seem if Southern Democrats did not dominate the committees? That is, would the system be nearly so reprehended if the congressional seniors came more randomly from all parts of the country, as would be the case if not for the anomalous situation of the South? Might the committee-seniority system even seem to have some attractive qualities in comparison with the increasingly tame House of Commons of the envied British system? One must remember that the South's peculiar situation was wholly unintended by the Framers. They had every hope

[23] Burns, *Deadlock*, p. 311.

that the course of Union would bring an end to slavery and to the South's dangerous distinctiveness. "The changes of time," Madison remarked, "on the comparative situation of the different states, will have an assimilating effect."[24] No section or state, he hoped, would differ from the others as much as did the South, when all states had become integrated into the national, commercial economy that is the premise of the Tenth *Federalist*.

To the extent, then, that the character of the present congressional system derives from the South's peculiar situation, it can find little support in the original constitutional design. Indeed, had liberals been less hostile to the Constitution, they could have found powerful support for their defense of the majority principle against a Southern-dominated committee system. Consider Publius criticizing the federal principle of the Articles of Confederation. Equal suffrage of the states, he says,

> contradicts the fundamental maxim of republican government, which requires that the sense of the majority should prevail. . . .
>
> The necessity of unanimity in public bodies, or of something approaching towards it, has been founded upon a supposition that it would contribute to security. But its real operation is to embarrass the administration, to destroy the energy of the government, and to substitute the pleasure, caprice, or artifices of an insignificant, turbulent, or corrupt junto to the regular deliberations and decisions of a respectable majority.[25]

Insofar as Southern influence in Congress has tended to produce a similar result, how applicable to the committee-seniority system are Publius' strictures on equality of state suffrage. Nothing in *The Federalist* or in the spirit of the Constitution offers support to a system of minority veto such as liberals claim to find in the present procedures of Congress. Nothing in the Contitution bars an open-minded consideration of the merits of the committee-seniority system.

And yet the liberal persists in rooting into the Constitution all things of which he disapproves and thus blithely gives

[24] *The Federalist* 56, p. 349.
[25] *The Federalist* 22, pp. 146–48.

to conservatives an immense advantage—the superior claim to speak in the name of the Founding Fathers. To this point, it would seem that the liberal has been simply foolish in doing so. If the Constitution's "auxiliary precautions" are compatible with democracy, as the leading Framers themselves declared, then it would appear that the liberals have erred egregiously, that their hostility to the Constitution is simply unfounded.

III

There is a sense, however, in which that hostility is well founded. The real issue turns on the nature of American majorities and the political parties representing them, and on the consequence of these for what liberals today allege to be, in Burns's current use of the phrase, the "deadlock of democracy." But in order to see what the real issue is, we have first to examine the way the "deadlock" argument is usually made.

The liberal argument that the Constitution is radically undemocratic has an important corollary: the antidemocratic restraints which cripple majority rule make any kind of effective government impossible. Henry Steele Commager, for example, believes that the Framers were so fearful of tyranny that they

> set up not only boundaries to government but impediments in government. Thus they not only made it difficult for government to invade fields denied to it, but they made it difficult to operate at all. They created a system where *deadlock* would be the normal character of the American government.[26]

David Spitz uses the same key term. He characterizes the "limitations of American democracy" by focusing on the problem of bicameralism:

> For these and other reasons, notably the inaction produced by *deadlock* and producing in turn a vacuum of political power . . . bicameralism ill accords with the principle of democracy.[27]

And in the latest formulation of this liberal conviction, Burns argues that Americans underestimate the "extent to which

[26] Commager, *Majority Rule,* p. 7. Emphasis added.
[27] Spitz, *Democracy,* p. 85. Emphasis added.

our system was designed for deadlock and inaction"[28]—which, by the way, is precisely what the conservative wants to hear.

Although closely connected with the general view that the Constitution is undemocratic, the emphasis on deadlock involves a slight but important shift in the basic argument. The view of the Constitution as undemocratic implies that the real ruling element in the system is oligarchic, in a class sense. When the emphasis is on "deadlock," the idea of naked oligarchy gives way to a more neutral or less class-based idea of "minorities rule."[29] These minorities are sometimes still conceived of as oligarchic but less emphatically and not necessarily so. Rather, the emphasis is on the fragmentation of the *demos* itself into conflicting and "overlapping" minorities. It is then argued that any substantial popular minority acquires, under the constitutional system, a strategic power to exercise in practice a veto on policies it strongly dislikes.[30] The consequence is held to be deadlock and drift because of an alleged necessity for consensus or extremely broad agreement among the fragmented minorities before government can act in important matters.

The American political system does indeed rest upon consensus, if by that is meant the broad agreement of most Americans on the fundamental principles of the regime. The liberal confusion consists, however, in believing that the constitutional design requires consensus *on particular measures,* and that national majorities must be "overwhelmingly large" before they can carry the measures they desire.

Now it may or may not be a good idea that time should go by while differences narrow between parties and interests over important measures; and American majorities may or may not be prudent in restraining themselves thus to permit consensus to develop. But it simply is not true that majorities are constitu-

[28] Burns, *Deadlock*, p. 6.

[29] Dahl, *A Preface*, pp. 132–33.

[30] Under the Madisonian scheme, "any major group held a veto power." (Burns, *Deadlock,* p. 40.) Burns goes so far as to deem John Calhoun's "doctrine of concurrent majority rule—rule by a consensus of all major sections and interests . . . a perversion, though perhaps a logical one, of the Madisonian model." (*Deadlock,* p. 57.) Cf. Dahl, *A Preface,* pp. 29–30. This is to ignore Calhoun's valid and bitter complaint that the Madisonian Constitution did *not* have the essential element of "organism" or veto that his scheme was designed to secure.

tionally obliged to do so. And it simply is not true that important measures are not regularly undertaken by the ordinary process of majority rule. During the early New Deal, the American people by ordinary majority processes under the Constitution elected a government that enacted immensely important programs for which there was then no consensus, no "mutual consent," no support in "general opinion," to use the dictionary definitions of consensus. No extraordinarily large majority was needed when one vote in the House of Representatives saved the draft in 1941 against powerful opposition. Today, under President Johnson, many things are done to which very substantial minorities and interests dissent. Important controversial legislation is in fact constantly being passed over the strong opposition of large minorities. *All that is required is that something like an ordinary majority actually come to want the thing to be done.*

In short, consensus is not required—but majorities are. At bottom, the liberal complaint that majorities cannot act has no foundation; the real complaint is that majorities simply do not act as liberal conviction requires. And that is the central issue: What things do American majorities want and to what things does the constitutional design incline majority opinion?

Without allowing it to affect the rest of his argument, Burns acknowledges the fact that majorities could act boldly if they so desired.

> If . . . a swelling, unified proletariat should develop *à la* Marx, or if, to take Madison's own example, a debtor class should gain majority support in every state and elective district—then the debtors would capture control of every decision-point in the government and could tyrannize the minority.[31]

Here we at last encounter the extent to which the democratic principle is at the basis of the constitutional system. This is precisely what Madison stated flatly: When a majority is included in a faction, it will be able "to execute and mask its violence under the forms of the Constitution," because this is

[31] *Deadlock,* p. 88. Burns exaggerates; nothing like "every state and elective district" is required.

the necessary consequence of "the form of popular government."[32]

Against the danger that majority factions would use their authority under the Constitution, Madison and the Framers devised some temporarily retarding "auxiliary precautions," and, perhaps above all, the "large republic" theory of "multiplicity."

> In the extended republic of the United States, and among the great variety of interests, parties, and sects which it embraces, *a coalition of a majority* of the whole society could seldom take place on any other principles than those of justice and the general good.[33]

The Constitution thus generates a political process based upon a majoritarian consensus or, more accurately, "a coalition of a majority," and not upon an antimajoritarian consensus of the whole society. This is what lies behind all the liberals' erroneous charges of antidemocracy. What liberals really object to, and rightly from their point of view, is the *character of the majorities that result from the constitutionally generated process of coalition.* Burns, who unwarrantedly complains of antidemocracy and deadlock, in one passage hits his true target: The Madisonian system

> requires coalition government, which is notoriously unable to generate strong and steady political power. To act, American leaders have had to gain the concurrence not simply of a majority of the voters, but of majorities of different sets of voters organized around leaders in mutually checking and foot-dragging sectors of government.[34]

This is what produces the "deadlock" of which Burns complains. But Burns does not actually mean a literal deadlock, that nothing whatsoever is being done. What he really means is that not enough of what the Executive proposes is being done, and that the Executive is not proposing enough. In short, the problem is that coalition majorities do not want what liberals want.

Now all this is especially exasperating to the liberal because

[32] *The Federalist* 10, p. 80.

[33] *The Federalist* 51, p. 325. Emphasis added.

[34] *Deadlock,* p. 324.

he tends to believe that mankind approaches the apocalyptic moment when there is an "exciting potential for creative statesmanship." And despite the possibility and necessity of radical change, majorities formed by coalition do not support "bold and creative leaders"; they do not "exploit the enormous possibilities of urban man and world man"; they do not support "fresh and creative ventures in foreign policy"; instead we seem not to "have advanced much beyond the cave man in the stakes and style of our politics."[35]

The defect of the constitutional system is viewed in the same way but still more grandly by Hofstadter. The Framers, he says, offer no hope

> for any ultimate organic change in the way men conduct themselves. . . . But no man who is as well abreast of modern science as the Fathers were of eighteenth-century science believes any longer in unchanging human nature. Modern humanistic thinkers who seek for a means by which society may transcend eternal conflict . . . can expect no answer in the philosophy of . . . the Constitution-makers of 1787.[36]

The constitutional system is defective, thus, not because of alleged antidemocratic features that liberals usually complain of, and not because effective government is prevented by deadlock. Rather the constitutional system is deemed defective because the majorities generated by it reject or insufficiently accept the substantive policies and goals of liberalism. This is the liberal's deepest charge. And it is his most accurate charge.

The task, then, for liberals is somehow to change the character of American majorities. Believing that majorities cannot of themselves become what liberals wish them to be, liberals have fastened upon the party system as the way to make that change. It is a common belief among political scientists that the American political order was once saved by the emergence of political parties. The undemocratic and deadlocked governmental

[35] The quotations in this paragraph are from Burns, *Deadlock,* pp. 5 and 325. By "cave" Burns means both the Neanderthal man's dwelling and the Platonic cave. He seems to say that the "Madisonian model" is keeping us in both caves. In this he surely blames Madison too much.

[36] Hofstadter, *Tradition,* pp. 16–17.

system provided by the Constitution, it is believed, was partially democratized and rendered partially operable only by the development of mass political parties which broke through the Constitution's barriers to popular rule and effective government. Beneath an undemocratic and deadlocked legal structure, it is believed, an effective and democratic political reality partially emerged through the parties. (The conservative, of course, emphatically agrees. He, too, thinks that the political parties, and the underlying political processes generally, have "subverted" the original constitutional order.) What the political party once saved, the liberal hopes it can now transform.

For example, while they are dubious that it can be achieved, Dahl and Lindblom believe that the idea of "'party government' . . . does at least go to the heart of the problem." It does so because disciplined parties might develop "a set of unified, cohesive, acknowledged, and ultimately legitimate representative-leaders of the 'national majority.'"[37] In the same vein, Burns complains that Roosevelt was content to be a Madisonian "master broker," and thus failed to build a "coherent party out of a liberal majority."[38] Our "splintered parties," Burns argues,

> set up barriers between the people and their national government rather than simplifying the alternatives, clarifying competing party doctrines, and allowing the victorious majority to govern.[39]

By means of such parties and such majorities, liberals would seek to rest the whole political order entirely and directly upon "a dependence on the people." Now what prevents the development of such parties? Disentangled from all his talk of antidemocracy and deadlock, the passage from Burns quoted earlier (see p. 82) is helpful: The barrier to such parties is the fact that "majorities of different sets of voters [are] organized around leaders in mutually checking and foot-dragging sectors of government." These "sectors of government" summon up and harden the diversities among the voters, which in turn necessitates coalition majorities, which in turn prevent the liberal kind of national majority. And whence come these "sectors of government" which

[37] Dahl and Lindblom, *Politics,* p. 354.
[38] Burns, *Deadlock,* p. 168.
[39] *Ibid.,* p. 324.

thus stand in the way? The answer is: separation of powers, bicameralism, federalism, judicial review, the congressional system, the Electoral College, the fixed and staggered terms of national office, etc. In short, the whole array of "auxiliary precautions" that liberals reject.

The liberal aim is thus clear. In order to transform the human condition, which is his deepest aim, the liberal seeks to make the political order fully dependent upon a transformed people. To achieve the transformation, he seeks the right kind of constitutional institutions to produce the right kind of party to produce the right kind of majority. At the very center of liberalism there is a theory of the truly democratic party—unified and coherent and thus capable of summoning up from the unformed mass the majority acquiescence in the liberal goals that, the liberal believes, is the natural inclination of the true majority. To such a majority, the Constitution with its "auxiliary precautions" does indeed obstruct the way.

IV

The similarity of the liberal and conservative views of the Constitution rests upon the fact that each makes the same error regarding its nature. Both erroneously believe that the Constitution's "dependence on the people" and "auxiliary precautions"—democracy and restraints—are necessarily incompatible. They see democracy and restraints as incompatible because the kind of democracy the liberal wants is indeed incompatible with the Constitution's restraints, and the kind of restraints the conservative wants is indeed incompatible with the Constitution's democratic dependence on the people. Each thus sunders what is joined in the Constitution and in the understanding of it supplied by *The Federalist*.

Yet the liberal is ultimately right to treat the Constitution as hostile to his purposes—but not for the reasons he usually gives. He wrongly tries to rest his case on charges of antidemocracy and deadlock. But, as has been argued, these charges are false and obscure the deeper reason for his hostility. The liberal rightly rejects the Constitution because, from his point of view, its auxiliary precautions corrupt its popular aspects—that is, they prevent the majority from doing what he thinks it ought (and truly wants) to do. The conservative wrongly thinks that the auxiliary precautions were designed to prevent the majority from doing whatever it is the conservatives now dislike—that the system is indeed tilted toward antidemocracy and deadlock.

The liberal dislikes the Constitution for what, at bottom, are correct reasons. The conservative likes the Constitution for what, at bottom, are wrong reasons. In a sense the liberal is the intelligent foe of the Constitution and the conservative its foolish partisan. Given the dominance of either, the Constitution would perish.

But, fortunately, not everyone is either a liberal or a conservative, Gilbert and Sullivan to the contrary notwithstanding. In the vast majority of Americans the tendencies of liberalism and conservatism are hopelessly intermixed. This may be wretched from the point of view of clarity, but it is surely indispensable to the political health of the country. The vast majority of Americans believe that the Constitution's democratic principle and its restraints upon majorities are perfectly compatible, and that together they constitute the peculiar American political way. David Spitz finds this puzzling:

> In what must be accounted one of the great paradoxes of our time, the majority of the American people do not seem to want a system of majority rule. They do not trust themselves to rule wisely. They welcome formal or institutional restraints on their own powers and desires.[40]

There is no paradox save on the premise that a majority decision for such "restraints on their own powers and desires" cannot be truly democratic. In contrast, the leading Framers understood that such a premise was fatal to the case for popular government. They knew that the auxiliary precautions were the indispensable means "by which the excellencies of republican government may be retained and its imperfections lessened or avoided."[41] Otherwise, "popular government" could not "be rescued from the opprobrium under which it has so long labored and be recommended to the esteem and adoption of mankind."[42]

[40] Spitz, *Democracy,* pp. 159–60. Cf. Dahl and Lindblom, *Politics,* p. 355.
[41] *The Federalist* 9, pp. 72–73.
[42] *The Federalist* 10, pp. 80–81.

THOMAS S. SCHROCK

•

THE LIBERAL COURT, THE CONSERVATIVE COURT, AND CONSTITUTIONAL JURISPRUDENCE*

In the aftermath of the constitutional revolution of 1937,[1] commentators have thought it appropriate to label the pre-1937 Court "conservative" and the post-1937 Court "liberal." By these designations the writers have not meant to imply that one Court has been more or less dedicated than the other to the cause of liberty. The terms merely allude to the different review practices of the two Courts. The earlier or conservative justices typically thwarted governmental regulation of the economy, while their later or liberal brethren have consistently refused to object to such regulation. And the earlier Court was less attentive than the later has been to civil liberties, especially freedom of expression. These review patterns replicate the opposition of the two great American political movements, conservatism and liberalism, which differ not in their devotion to freedom, but in their view of the appropriate means, economic and other, to nurture and protect freedom.

The thesis of this paper is that liberal and conservative jurisprudence do not exhaust the possibilities, and that in assessing the recent history and present condition of American constitutional law we must keep in mind a third alternative. I

*For time and counsel I am grateful to Robert Faulkner, Ralph Lerner, Roger Weiss, and especially to Herbert Storing, whose advice was indispensable.

[1] The Supreme Court ceased opposing economic regulation when Mr. Justice Roberts changed his mind in 1937 (compare the holdings of that Justice in *Morehead* v. *Tipaldo*, 298 U.S. 587 [1936] and *West Coast Hotel Co.* v. *Parrish*, 300 U.S. 379 [1937]); the reversal was consolidated by personnel turnover in the years following: by 1941 all members of the "old" Court had departed and been replaced by Roosevelt appointees.

shall oppose to conservative and liberal jurisprudence the understanding of James Madison, a principal Framer of the Constitution of 1787. I shall contend that the jurisprudence of neither modern Court was as well contrived to secure freedom, even today, as was Madison's constitutional design.

I

Recitation of some primitive statistics will convey the dimensions of the constitutional revolution of 1937. From 1897 to 1937, the Supreme Court invalidated approximately 80 pieces of state economic legislation on the ground that they transgressed substantive[2] prohibitions of the Due Process Clause of the Fourteenth Amendment.[3] Since 1937 the Court has struck down no state economic legislation on substantive grounds under that Clause.[4]

Whereas the earlier Court extolled property and "liberty of contract"—conservative favorites—the liberal Court's opinions on state economic regulation have not celebrated corresponding liberal economic values. Instead, the liberal Justices have expressed their respect for state legislatures: The entering wedge of liberal jurisprudence is the self-denying assertion that judgment of state economic policy " 'should be left where . . . it was left by the Constitution—to the states. . . .' "[5] The liberal Court claims that it has merely returned to an "earlier constitutional principle that states have power to regulate . . . their internal commercial and business affairs, so long as their laws do not run afoul of some specific federal constitutional prohibition, or some valid federal law."[6]

[2] The term "substantive" is explained in note 7, *infra*.

[3] The cases are abstracted in Appendix I of Felix Frankfurter, *Mr. Justice Holmes and the Supreme Court* (Cambridge: Harvard University Press, 1938).

[4] It has employed the Equal Protection Clause of the Fourteenth Amendment to invalidate one state economic regulation. *Morey* v. *Doud,* 354 U.S. 457 (1957).

[5] *Olsen* v. *Nebraska,* 313 U.S. 236, 246 (1941) (Mr. Justice Douglas, for the Court, quoting from Mr. Justice Stone's dissenting opinion in *Ribnik* v. *McBride,* 277 U.S. 350, 375 [1928]).

[6] *Lincoln Federal Labor Union* v. *Northwestern Iron and Metal Co.,* 335 U.S. 525, 536 (1949) (Mr. Justice Black, for the Court).

The conservative Court employed the Due Process Clause of the Fourteenth Amendment as the principal means of keeping the states out of the marketplace. That Clause is anything but specific, declaring only that "[no] State [shall] deprive any person of life, liberty, or property, without due process of law." This language means that a state *may* deprive a person of property or liberty, if it does so with due process. The salient word of the Clause is "process"; the Clause makes a procedural demand upon, it does not erect a substantive bar to, state legislatures.[7] Nevertheless, 80 state enactments fell at the hands of the conservative Court, which frequently decided cases as if the Clause read in its entirety, "[no] State [shall] deprive any person of life, liberty, or property."

Although the older Court's displacement of "process" by "substance" is now generally recognized as an abuse of the Due Process Clause, two possible defenses of the misreading deserve consideration: first, that protection of economic liberty, the objective of the conservative Court, was also the objective of the original Constitution's Framers; and second, that the chief critic of the conservative Court, the liberal Court, does not itself have clean hands. Taking up Madison's account of the Framers' intention and comparing it with conservative jurisprudence in the present part, in the sequel I will discuss the well-known fact that the jurisprudence of the liberal Court is itself built upon the conservative Court's substantive transformation of the Due Process Clause. In the third part, I will suggest some reasons for regretting that the Supreme Court no longer takes an interest in state economic regulation.

Early in the Philadelphia Convention, the delegate from Connecticut, Roger Sherman, stated the "objects of the Union" to be, "1. defence agst. foreign danger. 2. agst. internal disputes & a resort to force. 3. Treaties with foreign nations. 4. regulat-

[7] "Substance" is *what* the legislature may or may not limit; "procedure" is *how* the permissible limitation may be effected. The Due Process Clause seems to say that *any* use of liberty or property may be limited, so long as the limitation is properly promulgated by the duly constituted legislature, and so long as the individual is given a real opportunity to challenge the attempt to subsume his case under the regulation.

ing foreign commerce, & drawing revenue from it."[8] James Madison, on the other hand, thought that these objects were not "all the principal ones that required a National Govt." He added to these "the necessity of providing more effectually for the security of private rights, and the steady dispensation of Justice." Indeed, "interferences with these were evils which had more perhaps than any thing else, produced this convention."[9] Pursuing this theme in *The Federalist,* Madison took as his leading principle the proposition that the "first object of government" is the "protection of different and unequal faculties of acquiring property."[10]

Because the conservative Justices also sought to protect economic rights and faculties, it is easy to conclude that they acted in accord with Madison's intention. The conclusion that the conservative Court was Madison's more authentic latter-day spokesman is buttressed by the fact that its modern counterpart, the liberal Court, simply has not protected economic enterprise from state legislatures. As Professor McCloskey has said, "the *de facto* policy of the modern [i. e., the liberal] Court" has been modeled on Mr. Justice Holmes' assertion that, " 'subject to compensation when compensation is due, the [state] legislature may forbid or restrict any business when it has a sufficient force of public opinion behind it.' "[11] But, if the conservative Court hit nearer than the liberal to Madison's mark, it nevertheless missed it. For, being animated by the ideal of *laissez-faire,*[12] the conservative Justices tried to exclude both the national and the state legislatures from the marketplace.[13] Madison, on the other hand, said that "regulation of . . . various and interfering [economic] interests forms the principal task of modern legis-

[8] Max Farrand (ed.), *The Records of the Federal Convention* (rev. ed.; New Haven: Yale University Press, 1937), I, 133 (June 6).

[9] *Ibid.,* p. 134.

[10] *The Federalist* 10, p. 78. All page references are to the edition with an introduction by Clinton Rossiter (New York: Mentor Books, 1961).

[11] Robert G. McCloskey, "Economic Due Process and the Supreme Court: An Exhumation and Reburial," *Supreme Court Review* (1962), p. 41; quoting from *Tyson & Brother* v. *Banton,* 273 U.S. 418, 445 (1927) (dissenting opinion). I have profited greatly by reading Professor McCloskey's well-known, and excellent, discussion of the career of economic due process.

[12] E.g., Mr. Justice Sutherland in *Adkins* v. *Children's Hospital,* 261 U.S. 525, 546 (1923): "Freedom is the rule, restraint the exception."

[13] See p. 96, *infra.*

lation . . ."[14]; and he proposed to curtail governmental regulation selectively. He and his fellow-Framers constrained themselves to devising means by which to limit *state* economic regulation. Both the conservative Court and Madison professed a concern for rights. But the conservative Court seems to have adhered more rigidly to its convictions, seeking, as it did, to protect rights against government as such, and not, as was Madison's practice, distinguishing between state and national government. I shall argue that the difference between the conservative Court's standard and Madison's double standard is the difference between doctrinairism and thoughtful adherence to principle.

Madison began where the Declaration of Independence begins, with individual rights. Man's property rights derive from his "faculties of acquiring property"[15]; and the "first object" of government is to protect those faculties and rights by appropriate regulation. But some regulation is pernicious because some legislatures are dominated by an unjust will. Unlike Mr. Justice Holmes, Madison did not identify what a legislature "may" constitutionally do, with what some legislatures in fact do when they have "a sufficient force of public opinion behind" them. Perfectly aware of the harm private men do to one another,[16] Madison did not make this harm a reason for empowering government to do the same. Precisely because the "nature of man" "renders . . . [him] much more disposed to vex and oppress . . . [his fellows] than to co-operate for . . . [the] common good,"[17] Madison warned that "in framing a government which is to be administered by men over men, the great difficulty lies in this: you must first enable the government to control the governed; and in the next place oblige it to control itself."[18] Control of the government is especially desirable when, to use Holmes' phrase, the "force of public opinion" is strongest.[19] At

[14] *The Federalist* 10, p. 79.

[15] *Ibid.*, p. 78.

[16] Madison recalled the "state of Nature, where the weaker individual is not secured against the violence of the stronger . . ." (*The Federalist* 51, p. 324).

[17] *The Federalist* 10, p. 79.

[18] *The Federalist* 51, p. 322.

[19] Or, as Madison said, when a majority experiences "the same passion or interest . . . at the same time" (*The Federalist* 10, p. 81).

those times, the regulations adopted are likely to be "legislative interferences" with legitimate activity,[20] sacrificing "the public good and the rights of other citizens" to the ruling passion of the majority.[21]

Madison said that the "great object" to which he and his fellow-Framers bent their efforts was "to secure the public good and private rights against the danger of . . . a [majority] faction, and at the same time to preserve the spirit and form of popular government. . . ."[22] In other words, the preservation of popular government is not tantamount to the securing of private rights. As a matter of fact, one species of popular government, the kind found in small states, regularly denies rights.[23] Even in the American states, with their considerable superiority to the democracies of former times, "measures are too often decided, not according to the rules of justice and the rights of the minor party, but by the superior force of an interested and overbearing majority."[24]

Responding to mischievous state legislative interference, the Framers included within the Constitution a declaration that "no State shall . . . pass any . . . Law impairing the Obligation of Contracts. . . ."[25] Madison called this—the Contract Clause—a "constitutional bulwark in favor of personal security and private rights."[26] Yet, to the extent that his characterization suggests that Madison believed Supreme Court enforcement of the Contract Clause would be an *adequate* "bulwark" for private rights, it is misleading.[27] For Madison was convinced that

[20] *The Federalist* 44, p. 282.

[21] *The Federalist* 10, p. 80.

[22] *Ibid.*

[23] *Ibid.*, p. 81.

[24] *Ibid.*, p. 77.

[25] U.S. Const. Art. I, § 10, cl. 1.

[26] *The Federalist* 44, p. 282.

[27] In the text that follows I suggest a reason why Madison doubted that judicial enforcement of the Contract Clause, or the enforcement of *any* disabling provision, would be an adequate safeguard for rights. But Madison also questioned whether, even as disabling provisions, the Contract Clause and judicial review were adequate. In the Convention, on June 8, Madison seconded and spoke for Mr. Pinkney's motion "that the National Legislature shd. have authority to negative all Laws which they shd. judge to be improper." The motion failed. (See Farrand, *Records,* I, 164–65). In a letter to Jefferson, Madison explained why he had supported a discre-

the creditor-debtor relationship must be regulated. He believed, in other words, that mere proscription of bad economic legislation was no response at all to the need for good legislation. Hopeless debt not only blunts the faculties of the debtors, but also places creditors' rights in jeopardy to domestic insurrection. Accordingly, every civil society needs a legislature empowered to impair the obligation of contracts: the more nearly sufficient "bulwark" for contractual rights is a legislature authorized to impair contractual rights. But adjustment of debt is "a question to which the creditors are parties on one side and the debtors on the other. . . . [A]nd the most numerous party, or in other words, the most powerful faction must be expected to prevail."[28] Therefore, where he is free to do so, the constitution-maker will settle the power to make adjustments between the debtor majority and the creditor minority, or to arbitrate any other inflammatory economic conflict, with the legislature that is more likely to enact the necessary regulation after the model of justice. Madison and his colleagues did not deny *Congress* the power of "impairing the Obligation of Contracts." On the contrary, they empowered it "to establish . . . uniform Laws on the subject of Bankruptcies throughout the United States,"[29] and "to regulate Commerce . . . among the several States."[30]

The Framers' double standard—trust of the Congress and distrust for the states—baffled the early critics of the Constitu-

---

tionary negative on state legislation. His explanation consists of doubts expressed about the efficacy of both judicial review and the Contract Clause. "It may be said that the Judicial authority, . . . will keep the States within their proper limits, and supply the place of a negative on their laws. The answer is, that it is more convenient to prevent the passage of a law than to declare it void after it is passed; [etc.] . . .

"The restraints against paper emissions and violations of contracts are not sufficient. Supposing them to be effectual as far as they go, they are short of the mark. Injustice may be effected by such an infinitude of legislative expedients, that where the disposition exists, it can only be controuled by some provision which reaches all cases whatsoever. The partial provision made supposes the disposition which will evade it." (*Letters and Other Writings of James Madison* [Philadelphia: J. B. Lippincott Co., 1865], I, 349–50 [October 24, 1787]) .

[28] *The Federalist* 10, pp. 79–80.

[29] U.S. Const. Art. I, § 8, cl. 4.

[30] *Ibid.*, cl. 3.

tion.[31] Anticipating an outcry, Madison had from the beginning undertaken to explain why Congress was the more eligible because the more trustworthy body.[32] His thesis, to which I have alluded, was that the legislature for the larger constituency is likely to be the juster legislature. His explanation can be stated as follows: Protected from elementary lawlessness, the faculties of acquiring property, being "different and unequal," generate different kinds and quantities of property and therefore different "interests and parties."[33] Because the interests are inclined to "vex and oppress" one another, the legislature is obliged to protect them from each other—to arbitrate their conflicts. Yet the legislators themselves represent the interests: "the parties are . . . the judges"; and if one interest comprises the legislative majority, it will surely victimize the others.[34] Consequently, the legislature itself must be constrained. But, as serviceable for this purpose as are external restraints—the whole panoply of checks and balances—they are insufficient, because in a strictly popular regime the legislature is more powerful than the remainder of the government.[35] The upshot is that the principal control must be built into the legislature itself. The sufficient

[31] E.g., consider this remark by Patrick Henry in the Virginia Ratifying Convention: "Sir, I ask you, and every other gentleman . . . if he can retain his indignation at a system which takes from the state legislatures the care and preservation of the interest of the people. One hundred and eighty representatives, the choice of the people of Virginia, cannot be trusted with their interests. They are a mobbish suspected *herd*. This country [i.e., Virginia] has not virtue enough to manage its own internal interests. . . . If we cannot be trusted with the private contracts of the citizens, we must be depraved indeed." (Jonathan Elliot, *The Debates in the Several State Conventions on the Adoption of the Federal Constitution* [2d ed.; Philadelphia, 1836 and 1941], III, 156 [June 9] [emphasis in original]).

[32] There are several recorded versions of Madison's standard justification of a strong national legislature. (See Farrand, *Records,* I, 134–36 [June 6] and *The Federalist* 10 and 51). In a letter to Jefferson, he introduced the argument this way: "It may be asked how private rights will be more secure under the Guardianship of the General Government than under the State Governments, since they are both founded on the republican principle . . . and are distinguished rather by the extent within which they will operate, than by any material difference in their structure." (*Letters of . . . Madison,* I, 350 [October 24, 1787]).

[33] *The Federalist* 10, p. 78.

[34] *Ibid.,* p. 80.

[35] *The Federalist* 51, p. 322.

reliance is such a dispersion of power within the legislature that, leaving each interest strong enough to protect its just claims, prevents any one interest from using public power to do injustice. And this dispersion of power depends in turn on fragmentation of the constituency.[36]

No such constraint, no such dispersion, characterized the state legislatures of Madison's time; their defects were due to the limited size of their constituencies. "[I]n exact proportion as the territory . . . [under a government is reduced], oppressive combinations of a majority . . . [are] facilitated. . . ."[37] For,

> the smaller the society, the fewer probably will be the distinct parties and interests composing it; the fewer the distinct parties and interests, the more frequently will a majority be found of the same party; and the smaller the number of individuals composing a majority, and the smaller the compass within which they are placed, the more easily will they concert and execute their plans of oppression.[38]

Accordingly, Madison urged his fellow-countrymen to take advantage of their opportunity to employ a new and effective solution[39] to the old problem of popular government.

> Extend the sphere and you take in a greater variety of parties and interests; you make it less probable that a majority of the whole will have a common motive to invade the rights of other citizens. . . .[40]

Congress would be more trustworthy than the state legislatures for the truistic reason that a larger constituency is more commodious than a smaller. However dishonorable and unjust the motives and interests of the individual Congressman and his constituents, the greater heterogeneity of interest incorporated within the greater territory and population of America makes

[36] Although Madison recognized that bicameralism would serve as a restraint, he did not place his principal reliance upon it. See *The Federalist* 10, p. 83, and *idem* 51, pp. 322–324.

[37] *Ibid.,* p. 324.

[38] *The Federalist* 10, p. 83.

[39] Cf. *The Federalist* 9, p. 73 (Hamilton).

[40] *The Federalist* 10, p. 83.

it unlikely that a significant number of his fellow Congressmen will have the *same* dishonorable and unjust purposes.

Madison proposed to protect individual rights mainly by political and what we would call "sociological" means. The pre-1937 conservative Court, on the other hand, rarely betrayed an awareness that the protection of individual rights is a political problem. Now, it is one thing for Supreme Court Justices to take their bearings by rights and the Constitution, the subjects of their particular responsibility and competence. It is an entirely different matter for the Court to assume, as the conservative Justices frequently seemed to, that the judiciary can single-handedly guarantee rights. Forgetting that the security of rights depends upon the regulation of interests, the conservative Court tried to make the Constitution an instrument to deprive the United States of economic legislation. If Congress attempted to regulate industry with interstate connections, the Court found it was usurping state powers; but when the states tried to exercise those same powers, they were invading the Congressional domain. And the rights held to be protected by the Due Process Clauses of the Fifth and Fourteenth Amendments served to bar both Congress and the states.[41]

The elegance of the Court's strategy was directly proportionate to the incoherence of its policy. That incoherence is better seen from the Madisonian than from the liberal Court's point of view. Sharing with the conservative Justices a concern for economic freedom, Madison would have marveled at their faith in the power of the judiciary to protect that freedom without legislative cooperation. At the least he would have thought that curtailment of one legislature depended upon liberation of the other. More damagingly, he would have noted that in the doctrine of substantive due process the conservative Court had found an admirable means to strengthen the *better* legislature, only to nullify this effect by, itself, thwarting Congress.

The conservative Court's proscription of Congressional eco-

[41] The leading cases are collected in Robert L. Stern, "The Problems of Yesteryear—Commerce and Due Process," 4 *Vand. L. Rev.* 446 (1951), reprinted in Robert G. McCloskey (ed.), *Essays in Constitutional Law* (New York: Alfred A. Knopf, 1957), pp. 150–180. See especially *ibid.*, p. 151.

nomic regulation was utterly contrary to Madison's understanding of the Framers' plan. But the conservative Court's opposition to *state* economic legislation was not incompatible with that plan. On the contrary, vigorous judicial review of state economic regulation was the prescribed means of implementing it.[42]

The Framers had to enforce their preference for Congress. It is not sufficient, in America or in any large territory, to announce that the "sphere" will be "extended," so long as the local satraps remain free to decide the matters of greatest interest to the people. Extension of the sphere of government meant, in the case of the United States, that the states be effectively deprived of their typical opportunities to affect economic relations. If the Constitution were to work and the Union to be realized, some means of preventing state interference with the market had to be employed. But, as Madison's collaborator on *The Federalist,* Alexander Hamilton, wrote, "limitations . . . can be preserved in practice no other way than through the medium of the courts of justice, whose duty it must be to declare all acts contrary to the manifest tenor of the Constitution void."[43]

Supreme Court review of state legislation was to play both a direct and an indirect part in the Framers' plan to make "private rights" secure under "popular government." Directly, it would prevent what Madison called state "legislative interferences" with those rights. The indirect consequence of this interdiction was to be the weakening of each state's grip on its citizens, and a corresponding aggrandizement of the national government. Madison said of the Contract Clause—that "bulwark in favor of personal security and private rights"—that it was one of the constitutional "restrictions on the authority of the several states" "*in favor of the federal authority.*"[44] The Framers believed that the best guarantor of rights would be a potent federal or national government—a government that would more likely

[42] This is not to say, of course, that Madison thought judicial review of state enactments would be a *sufficient* restraint on state legislatures. He doubted that anything short of a discretionary negative in the hands of the national legislature would be an adequate impediment. See note 27, *supra.*

[43] *The Federalist* 78, p. 466. In this paper Hamilton does not distinguish between judicial review of state and national enactments.

[44] *The Federalist* 44, p. 280 (emphasis supplied).

be just because national, and which could not be truly national unless potent. The principal justification for judicial review of state economic legislation was that it would empower the national government.[45]

The most faithful judicial interpreter of the Contract Clause understood its nationalizing purpose. Chief Justice Marshall once called the Clause one article of a "bill of rights for the people of each state."[46] But in his definitive interpretation of the Clause—his dissenting opinion in *Ogden* v. *Saunders*[47]—he did not emphasize the direct protection of rights. That case involved a state insolvency law, applicable to contracts formed after its passage. In the course of his opinion, Marshall asserted that "the right to contract" is one of the "natural rights, brought by men into society."[48] But he was quick to acknowledge, what the twentieth-century conservative Court was loath to acknowledge, that "the whole subject of contracts is under the control of society."[49] He further acknowledged that the obligation of contracts created by parties with knowledge that an insolvency law exists may properly be impaired by that law. For, he said, "future contracts" are "proper subjects of ordinary legislative discretion."[50] Marshall limited himself to asking: Which is the proper body to exercise that discretion?

> [W]hen we consider the nature of our Union—that it is intended to make us, in a great measure, one people, as to commercial objects; that, so far as respects the intercommunication of individuals, the lines of separation between states are, in many respects, obliterated—it would not be matter of surprise if, on the delicate subject of contracts . . ., the interference of state legislation should be greatly abridged, or entirely forbidden.[51]

[45] The foregoing discussion of the Framers' two-fold hope for judicial review of state legislation parallels Madison's statement of his two-fold reason for advocating a Congressional negative of state laws: "Such a check on the States appears to me necessary—1. To prevent encroachments on the General authority. 2. To prevent instability and injustice in the legislation of the States." (*Letters of . . . Madison,* I, 347 [October 24, 1787]).

[46] *Fletcher* v. *Peck,* 10 U.S. (6 Cranch) 87, 138 (1810).

[47] 25 U.S. (12 Wheat.) 213, 332 (1827).

[48] *Ibid.,* p. 345.

[49] *Ibid.,* p. 348.

[50] *Ibid.,* p. 334.

[51] *Ibid.*

The states were to be interdicted for the purpose of *creating* a great market or customs union,[52] and not for the purpose of leaving markets, as such, unregulated. Within the market created by the "obliteration" of state lines, Madison's "different and unequal faculties of acquiring property" would find an ever-expanding opportunity for their exercise; and the specialization of labor would proceed apace, meliorating the American political problem, as it dispersed economic and therefore political power.[53]

II

The liberal Court has restored to Congress its proper regulatory powers. Simultaneously, however, it has also halted meaningful review of state economic regulation. As the conservative Court thwarted, so the liberal Court has permitted all economic regulation, state and federal.[54] Yet, despite the augmentation of state legislative freedom, Congress is not losing power to the states. It may be concluded, therefore, that the time is past when the Court need be concerned lest the states weaken what was intended to be the chief legislative guarantor of our liberties. Furthermore, the liberal Court has been unprecedentedly scrupulous in protecting civil liberties, especially freedom of expression, from the encroachments of both Congress and the states. The conclusion is almost foregone that the liberal Court has served freedom well.

If it were nevertheless objected that the liberal Court has not stood as it might between *economic* freedom and the state legislatures, a response could be fashioned from some remarks by the liberal jurist, Mr. Chief Justice Stone. Before the ascendancy of liberal jurisprudence, then Associate Justice Stone had suggested in dissent that the Constitution makes the legislature,

[52] U.S. Const. Art. I, § 10, cl. 2.

[53] According to Madison, the "classes" of citizens ("rich and poor; creditors and debtors; a landed interest, a monied interest, a mercantile interest, a manufacturing interest") "may again be subdivided. . . ." (*Letters of . . . Madison* I, 351 [October 24, 1787]).

On the way in which extension of the market stimulates the division of labor, see Adam Smith, *The Wealth of Nations* (1776), Bk. I, Chap. 3.

[54] Excepting, of course, those state regulations that "run afoul of some specific federal constitutional prohibition, or some valid federal law." (*Lincoln Federal Labor Union* v. *Northwestern Iron and Metal Co.,* 335 U.S. 525, 536 [1949]).

state or national, the sole judge of the substantive propriety of economic regulation.[55] As has been said, this doctrine prevailed; and Stone later tacitly acknowledged that it leaves economic freedom exposed to bad state legislation. But his acknowledgment of the vulnerability of economic freedom occurs in the course of a tentative argument for special protection of the *expressive* freedoms. Stone wondered whether "legislation which restricts those political processes which can ordinarily be expected to bring about repeal of undesirable legislation" ought not "to be subjected to more exacting judicial scrutiny under the general prohibitions of the Fourteenth Amendment than are most other types of legislation."[56] And to be sure, when "other types of legislation," e.g., economic, are subjected to less exacting judicial scrutiny or, as Stone in dissent had been willing to contemplate, to no substantive scrutiny at all, the interests affected will need some other defense. Expression might provide the needed defense, since it moves the political processes by which undesirable legislation is repealed, when it is repealed. Accordingly, expression ought to be protected. But this is a circuitous way of accomplishing what could be more directly and perhaps more reliably achieved by "more exacting judicial scrutiny" of "other types of legislation." Doubt about the desirability of any significant portion of state economic legislation is, indeed, one good reason to protect freedom of expression. But, as Professor McCloskey has said, such an argument is hardly "satisfactory as the basis for a policy of *not* protecting economic freedoms. . . ."[57]

The liberal Court's discrimination against the economic in favor of the expressive freedoms might be justified if one of three conditions were met: (1) that the Constitution requires the discrimination; (2) that, when protected, freedom of expression effectively secures economic freedom; or (3) that economic liberty is not an essential part of the individual's freedom. Considering the first and second conditions in the present part, I shall say something of the third in part III.

[55] *Ribnik* v. *McBride,* 277 U.S. 350, 375 (1928). Although the regulation under review was only a limitation on employment agency fees, Justice Stone's language suggests that he wanted to stop substantive review of a far more inclusive class of regulation than that affecting employment agencies.

[56] *United States* v. *Carolene Products Co.,* 304 U.S. 144, 152 n. 4 (1938).

[57] McCloskey, *Supreme Court Review* (1962), p. 48.

We have already seen that the Fourteenth Amendment does not require—it scarcely permits—the Court to interfere with a procedurally correct state deprivation of economic freedom. Mr. Justice Holmes, the chief architect of liberal jurisprudence, was not unfaithful to the literal sense of the Amendment when he said that, "subject to compensation when compensation is due, the legislature may forbid or restrict any business when it has a sufficient force of public opinion behind it."[58] Spoken in dissent, this sentiment informed subsequent majority opinions, as when, writing for the Court years later, Mr. Justice Douglas decried "invalidation of . . . legislation . . . [by resort to] those notions of public policy embedded in earlier decisions of this Court but which, as Mr. Justice Holmes long admonished, should not be read into the Constitution."[59] The liberal Court has spoken as if it adheres to the doctrine of legislative supremacy; as if it accepts Mr. Chief Justice Waite's proposition, stated before the ascendancy of substantive due process, that "for protection against abuses by legislatures the people must resort to the polls, not to the courts."[60] Yet, while it has left the state legislatures free to regulate economics, the liberal Court has virtually denied them access to expression. The first question is then: What provision of the Constitution sanctions this discrimination?

To the present day the Constitution contains not a word relating speech and press to the states, nor the states to speech and press.[61] The Court protects expression by invoking the provision of the Fourteenth Amendment which formerly sheltered economic freedoms: "[no] State [shall] deprive any person of life, liberty, or property, without due process of law." *Gitlow* v. *New York*,[62] decided in 1925 during the tenure of the conservative Court, was the first case in which the Supreme Court found a constitutional prohibition against state interference with expression. Mr. Justice Sanford, writing the opinion of

[58] *Tyson & Brother* v. *Banton,* 273 U.S. 418, 446 (1927) (dissenting opinion).

[59] *Olsen* v. *Nebraska,* 313 U.S. 236, 247 (1941).

[60] *Munn* v. *Illinois,* 94 U.S. 113, 134 (1877).

[61] The First Amendment declares only that "*Congress* shall make no law . . . abridging the freedom of speech, or of the press. . . ."

[62] 268 U.S. 652.

the Court upholding a conviction under New York's "criminal anarchy" statute, "assume[d] that freedom of speech and of the press . . . are among the fundamental personal rights and 'liberties' protected by the due process clause of the Fourteenth Amendment from impairment by the States."[63] Justice Sanford did not reveal the alchemy by which he transformed the procedural requirement of the Clause into substantive protection. Mr. Justice Holmes, dissenting from the decision of the Court, suggested a reason for the Court's assumption: "The general principle of free speech, it seems to me, must be taken to be included in the Fourteenth Amendment, in view of the scope that has been given to the word 'liberty' as there used. . . ."[64] But the only liberty that had been given substantive standing within the Amendment up to the time of *Gitlow* was economic liberty. And in 1937 the liberal Court, responding to Mr. Justice Holmes' criticism of the doctrine of economic due process, overruled that doctrine, and therewith shattered the analogy by virtue of which the freedom which was to become the Court's special concern, liberty of expression, had gained entrance to the constitutional sanctuary. Considered in the light either of constitutional language or of constitutional history, freedom of expression's claim to protection from state impairment is no stronger than that to which economic freedom is entitled. The liberal Court's partiality to freedom of expression is simply a "notion of public policy" "read into the Constitution."

This discrimination would have to be considered *good* public policy, however, if, while freeing the Supreme Court from the burden of arbitrating vexatious economic disputes,[65] it has at the same time secured the protection of economic freedoms. The second question is, then, this: When the Supreme Court makes a special effort to leave "unrestricted" the "political processes" of which Chief Justice Stone spoke, can those processes

[63] *Ibid.*, p. 666.

[64] *Ibid.*, p. 672. It is possible that Justice Sanford meant only to assume that the Due Process Clause requires a state to observe procedural niceties when it impairs the individual's freedom of speech. Holmes, on the other hand, asserts a substantive "principle," the breach of which no degree of procedural scrupulosity would cure.

[65] Cf. McCloskey, *Supreme Court Review* (1962), pp. 50–53, 59–62.

"ordinarily be expected to bring about the repeal of undesirable legislation"?

Our expectations will be affected by what is known of the way in which state legislatures have treated one of the more important economic freedoms, the liberty to work. Professor Walter Gellhorn reports that by "1952 more than 80 separate occupations, exclusive of 'owner-businesses' like restaurants and taxicab companies, had been licensed by state law. . . ."[66] What are the motives for this legislation? Does the legislature typically impose its own well-considered standards upon professions that might injure the public? No, "let it not be thought that occupational licensing has always, or even chiefly, been imposed rather than induced."[67] "In the main, those already within the occupational group clamor for licensing, . . . [in order] to achieve a competitive advantage or an enlarged income."[68]Proponents of licensing typically propose to license without examination persons already occupied, reserving extensive tests, qualifications, and delays (e.g., residence requirements) [69] for those who wish to go to work after passage of the law.

> A Wisconsin legislator, having observed the pressures at work in that state, concluded sadly that her six-year-old son could no longer reasonably aspire to become a watchmaker in Wisconsin though, fortunately, he might still hope to become President of the United States.[70]

Incipient watchmakers' apprentices are not well-organized, and the public is neither knowledgeable about nor sensitive to license legislation. Freedom of expression provides negligible protection to the inchoate and the inarticulate.[71] The consequence, as Professor Gellhorn sees it, is that "in a country boastful of a free economy and of extending maximum opportunity

[66] *Individual Freedom and Governmental Restraint* (Baton Rouge: Louisiana State University Press, 1956), p. 106.

[67] *Ibid.*, p. 109.

[68] *Ibid.*

[69] *Ibid.*, pp. 126–27.

[70] *Ibid.*, p. 110.

[71] See McCloskey, *Supreme Court Review* (1962), pp. 49–50.

to ambitious men, the 'right' to work has been legislated into a most precarious condition."[72]

Privileged occupational interests are not examples of majority, but of minority tyranny, abetted by majority apathy. They are what Madison had in mind when, during the course of his argument against state "legislative interferences," he referred to "enterprising and influential speculators, . . . [who set] snares to the more industrious and less informed part of the community."[73] Madison was concerned lest legislative caprice, whether inspired by a majority or a minority, thwart the exercise of men's "faculties of acquiring property."[74] And it ought not go unsaid that conservative jurisprudence, especially in its earliest and most sensible manifestation, was informed by the same concern.

The much decried doctrine of economic due process was born in a dissent from the Court's decision, in the well-known *Slaughter-house Cases,*[75] upholding a Louisiana statute that created a butcher's monopoly only slightly more execrable than those created by present-day licensing legislation. Mr. Justice Bradley's language merits quotation.

> The Declaration of Independence, . . . lays the foundation of our National existence upon this broad proposition: "That all men are created equal; that they are endowed by their Creator with certain inalienable rights; that among these are life, liberty, and the pursuit of happiness." . . . [T]hese rights, I contend belong to the citizens of every free government.
>
> For the . . . enjoyment of these rights the individual citizen, as a necessity, must be left free to adopt such calling, profession, or trade as may seem to him most conducive to that end. Without this right he cannot be a freeman. This right to choose one's calling is an essential part of that liberty which it is the object of government to protect. . . .[76]

Though the Holmes-instructed liberal Court expunged the doctrine of economic due process from the Constitution, it is hard

[72] Gellhorn, *Individual Freedom* . . . , p. 105.

[73] *The Federalist* 44, p. 282.

[74] *The Federalist* 10, p. 78.

[75] 83 U.S. (16 Wall.) 36 (1873).

[76] *Ibid.*, pp. 115–16.

to say just how much Justice Holmes himself valued the occupational freedom. Dissenting in *Adkins* v. *Children's Hospital*,[77] he asserted that

> the earlier decisions upon the . . . [Due Process Clause] in the Fourteenth Amendment . . . went no farther than an unpretentious assertion of the liberty to follow the ordinary callings. Later that innocuous generality was expanded into the dogma, Liberty of Contract.[78]

But the right to follow the ordinary callings is realized only when men can contract their services. Was the Holmes-inspired Court able or willing to distinguish between the right to work and liberty of contract sufficiently to salvage the former from the scrap-heap of discarded "dogma"? It has had ample opportunity to recognize the occupational freedom, but has never done so.[79] The right to pursue a calling has received no more recognition from the liberal Court than have the other economic freedoms.

This is not to say, however, that every liberal Justice has always been satisfied with the hands-off policy. There is extant at least one straightforward assertion of the right to occupational freedom. In *Barsky* v. *Board of Regents*[80] the Court sustained a state suspension of a physician's license and provoked Mr. Justice Douglas to an outburst that surprises and refreshes—coming as it does from one who has not always been an outspoken defender of economic rights.[81] Justice Douglas reports that "the right to work, I had assumed, was the most precious

[77] 261 U.S. 525 (1923).

[78] *Ibid.*, p. 568.

[79] The cases are discussed in McCloskey, *Supreme Court Review* (1962), pp. 46, 50, 54–59. Professor McCloskey says this of Mr. Justice Black's opinion for the majority in *Schware* v. *Board of Bar Examiners*, 353 U.S. 232 (1957): "The opinion suggests that the Court is prepared to review and evaluate the administration of licensing requirements in the professions and trades in general. If . . . [the opinion's doctrinal] potentiality were realized, it would mean that licensing boards were now constitutionally required to show that their findings had a basis in evidence, and that would go far to bring economic rights back under the shelter of the Constitution." (McCloskey, *Supreme Court Review* [1962], p. 58).

[80] 347 U.S. 442 (1954).

[81] See note 5 and note 59, *supra*.

liberty that man possesses. Man has indeed as much right to work as he has to live, to be free, to own property."[82]

It is appropriate and heartening that a Supreme Court Justice should remind us that the burden of American constitutional law is rights; because the Court's primary duty, so well met in dissent by Justices Bradley and Douglas, is to remember rights—to remember the order in which the truths are stated in the Declaration of Independence, the document that as Justice Bradley said, laid "the foundation of our National existence." The Declaration first says that all men "are created equal . . . [and] that they are endowed by their Creator with certain inalienable rights." Afterwards, it says "that to secure these rights, governments are instituted among men": Americans became Americans in virtue of their joint adoption of the propositions that government is for the sake of rights and that rights are for their own sake.[83]

Rights, it is our way to believe, exist beyond the power of force or convention to deny. Outside society, they exist because men have needs and affections. Within society the same natural rights persist, supported by a right each person acquires not to be apprehensive for, or to be denied, his rights—by any body, public or private. A Supreme Court that kept the Declaration of Independence in mind, and made the protection of all rights its leading principle, would have begun to meet what we in this country have thought is a profound human need.

Americans have assumed, asserted, or reasoned as follows:

[82] 347 U.S. at 472. Dr. Barsky was convicted in a U.S. District Court of refusing to submit papers, subpoenaed by the House Committee on Un-American Activities, pertaining to an organization denominated as subversive by the Attorney General. Subsequently his license to practice medicine was suspended by a state administrative body under a New York statute allowing suspension upon conviction. Although Justice Douglas was obviously provoked by the presence in the case of possible state interference with belief and with freedom to associate, the presence of these issues does not account for his extraordinary emphasis on the right to work.

[83] "Government is instituted and ought to be exercised for the benefit of the people; which consists in the enjoyment of life and liberty, with the right of acquiring and using property, and generally pursuing and obtaining happiness and safety." This passage is from the first item of the original set of amendments urged by James Madison upon the First Congress. (*Annals of Congress* [*The Debates and Proceedings in the Congress of the United States*, compiled by Joseph Gales, Senior] [Washington: Gales and Seaton, 1834], Vol. I, p. 451 [June 8, 1789]).

Men are dissatisfied with less than the virtually guaranteed freedom to dispose of their skills, time, labor, and possessions, as in their opinion, however that opinion is formed, they think best for themselves. The fact that robber-barons, profligates, barbarians, and a goodly number of ordinary people have dubious opinions of the proper disposition does not alter the other fact that there is a desire for independence in the human heart. The rights of property and contract *are* rights because they are precious to us; they are precious because the desires they represent are inseparable, inalienable, from us. Without the desire for independence we would be less than human;[84] without independence we are human failures. Guardians of the Constitution, faithful to the "American argument," would acknowledge the desire, and encourage and protect its fulfillment.

They would not say, with Justice Douglas, however, that any economic freedom is the "*most* precious liberty." The right to express one's self also is precious, is inalienable, though not, of course, *more* inalienable: inalienability cannot be rated. The right to speak one's mind—as distinguished from any claim to be listened to—is based, primarily, not on the power speech has to "bring about repeal of undesirable legislation," but on the simple human fact that men value their opinions and want to voice them. The right to speak freely is based on a regard each man has for his faculties that differs in no substantial way from his regard for his skill, time, labor, and possessions.

III

The Supreme Court's chief responsibility is to do justice, i.e., to give each man his due by seeing that his rights are recognized. But the Court will not perform its allotted task competently unless, taking its bearings by men's needs and employing a rhetoric of rights, it schools itself in the necessary conditions to the fulfillment of needs and the exercise of rights. The later conservative Court tried to fulfill its duties by formulating an elegant calculus of limitations on government. But the realization of rights is less an elegant than a paradoxical procedure.[85]

[84] This is not to deny that men can be brutalized.

[85] See p. 23 of David Spitz's essay in this volume, hereafter cited as "Spitz."

For it takes government "to secure these rights," and the freest governments characteristically regulate and sometimes even deny exercise of the rights they are established to secure. Failing to appreciate the awkwardness of politics, the conservative Court nearly succeeded in denying to this Republic means to the ends for which the conservative Justices and the Founding Fathers believed it exists.

The conservative Court neglected the governmental supports to the security of the rights it preferred. The liberal Court redressed the conservative error, only, I shall argue, to neglect the conditions favorable to realization of the freedoms it has preferred. Neither Court has sufficiently understood the environment of freedom. As the conservative Court was blind to the political setting of economic activity, so the liberal Court has been less considerate than it might have been of the economic setting within which popular free expression is likely to thrive. One liberal Justice has even suggested that freedom of expression is, itself, "the matrix, the indispensable condition, of nearly every other form of freedom. . . ."[86] These words accurately convey the sense of Mr. Justice Holmes, from whom, as Mr. Justice Frankfurter has said, "the ideas now governing the constitutional protection of freedom of speech derive essentially. . . ."[87] According to Frankfurter—a leading liberal Justice, and Holmes' greatest interpreter as well as most faithful adherent—Holmes' double standard jurisprudence was informed in the first place by the perception that "sociological [e.g., economic] conclusions are conditioned by time and circumstance."[88] Accordingly, legislative judgments will alter, and since there is no timeless standard by which to gauge the flux, the Supreme Court must cease "opposing . . . [its] own opinion to economic views which the legislature embodied in law."[89] But what was true for Holmes of some "sociological conclusions" was not true of all. Justice Frankfurter says that since Holmes believed

> that the progress of civilization is to a considerable extent the displacement of error which once held sway

[86] *Palko* v. *Connecticut*, 302 U.S. 319, 327 (1937) (Cardozo).
[87] *Kovacs* v. *Cooper*, 336 U.S. 77, 95 (1949) (concurring opinion).
[88] *Ibid.*, p. 95.
[89] *Ibid.*

> as official truth by beliefs which in turn have yielded to other beliefs, for him the right to search for truth was of a different order than some transient economic dogma. And without freedom of expression, thought becomes checked and atrophied.[90]

For our purposes, the most noteworthy aspect of this passage is the Holmes-Frankfurter failure to consider the possibility that significant relationships might subsist between, on the one hand, the kind of economic "dogma" or arrangement current, and, on the other hand, the content, variety, and turnover of "beliefs." The same isolation of public opinion from economic conditions is characteristic of the remainder of this description by Frankfurter of Justice Holmes' jurisprudence.

> Therefore, in considering what interests are so fundamental as to be enshrined in the Due Process Clause, those liberties of the individual which history has attested as the indispensable conditions of an open as against a closed society come to this Court with a momentum for respect lacking when appeal is made to liberties which derive merely from shifting economic arrangements. Accordingly, Mr. Justice Holmes was far more ready to find legislative invasion where free inquiry was involved than in the debatable area of economics.[91]

In a curious way this statement and what precedes it recall the teaching of Madison, that author who sometimes seems so remote from the liberal Justices' thought.[92] Madison was also a friend of free expression. It is "impracticable," he said, to give "to every citizen the same opinions. . . ."[93] Madison too was for an "open," or perhaps in his case it would be more accurate to say a heterogeneous society. For there are differences between Madison and Holmes-Frankfurter, one of which is that Madison was not so preoccupied as the Justices with keeping society "open" to the future: he did not seek so much to promote the "progress of civilization" as to preserve the "liberty, which

[90] *Ibid.*

[91] *Ibid.*

[92] But see Frankfurter, *Mr. Justice Holmes . . .*, p. 26.

[93] *The Federalist* 10, p. 78.

is essential to political life,"[94] now and always. Madison did not expect that the later opinions of the populace would be truer than their former opinions. He simply affirmed that it would be tyrannical to give the earlier opinion a privileged status, or to allow the adherents of one opinion to lord it over society.

Valuing liberty above all, Madison was concerned with what Frankfurter called "indispensable conditions." More than that, however, he was mindful of liberty's need for more substantial underpinnings than freedom of expression itself affords. Furthermore, Madison tacitly acknowledged that real freedom of expression needs sturdier supports than those provided by mere judicial enforcement of a declaration in its favor. Neither in the Convention, nor in *The Federalist,* nor in the debates on the Bill of Rights, did Madison entertain the notion that a prohibition like the First Amendment would be a sufficient condition to an "open" society.[95] A declaration that there shall be liberty to voice differing opinions is not the most urgent order of business even, and especially, for the constitution-maker who is solicitous of freedom of expression. Madison concentrated on the circumstances that would nurture different kinds of men, *who would,* accordingly, *have differing opinions to voice.*

> The diversity in the faculties of men, from which the rights of property originate, is . . . an insuperable obstacle to a uniformity of interests. The protection of these faculties is the first object of government. From the protection of different and unequal faculties of acquiring property, the possession of different degrees and kinds of property immediately results; and from the influence of these on the sentiments and views of

[94] *Ibid.*

[95] In the Virginia ratifying Convention, Madison responded as follows to the complaint that the proposed Constitution lacked a bill of rights: "Is a bill of rights a security for religion? . . . If there were a majority of one sect, a bill of rights would be a poor protection for liberty. . . . [F]reedom [of religion] arises from the multiplicity of sects which pervades America, and which is the best and only security for religious liberty in any society; for where there is such a variety of sects, there cannot be a majority of any one sect to oppress and persecute the rest." (Elliot, *Debates,* III, 330.) In *The Federalist,* Madison proposed to secure civil as well as religious liberty by his fragmentation principle: "In a free government the security for civil rights must be the same as that for religious rights. It consists in the one case in the multiplicity of interests, and in the other in the multiplicity of sects." (51, p. 324).

> the respective proprietors ensues a division of the society into different interests and parties.[96]

In Madison's understanding, the primary "matrix" is the "sphere" of effective government. If that sphere is large enough, if the government is good enough, a great variety of interests will grow up, each with a different set of opinions, and each with the strength to defend its opinions. This was the "openness" for which Madison hoped. These were the prerequisites to the only kind of freedom of thought and expression that he believed likely to occur on a wide or popular scale.

When Madison concluded that it would be "impracticable" to give "to every citizen the same opinions," he meant what he said, and more: The *unpardonable* attempt to enforce conformity will be *unfeasible*—provided that certain circumstances prevail. And from what circumstances will liberty of opinion derive? Not surprisingly, from the very state of affairs that Justices Holmes and Frankfurter so scornfully dismissed as "transient" and dispensable. Frankfurter wrote of the "respect lacking when appeal is made to liberties which derive merely from shifting economic arrangements." The meaning Frankfurter attached to the phrase "shifting economic arrangements" is no clearer than what he meant by the words "liberties which derive." But Madison would no doubt take the Justice to signify the multiplicity of shifting interests and opinions that private enterprise would effect if granted the opportunities of a national market or "extended sphere." And Madison so valued the liberties deriving from those arrangements that he would have been incredulous that respect should be lacking for them. In his understanding, more liberty derives from those arrangements than Justice Frankfurter apparently noticed, including, especially, the liberty of opinion. In Madison's view a cavalier attitude toward freedom of enterprise jeopardizes the "indispensable" (which is also the more nearly sufficient) condition to the consummation that Justices Holmes and Frankfurter said they desired.[97]

Madison's scheme to disperse economic and political power, and to foster a variety of opinion, is nevertheless vulnerable to

[96] *The Federalist* 10, p. 78.

[97] Cf. McCloskey, *Supreme Court Review* (1962), p. 48.

a telling retrospective criticism. Within the "sphere" that Madison helped to "extend," combinations of wealth now rival in power the state governments he hoped to weaken. Within the great customs union that the Framers put together, power, dispersed by the "obliteration" of state lines and by the increased division of labor which domestic free trade facilitated, has regrouped under the banner of the corporation. The triumph of the corporate means of acquiring and holding property was unquestionably a major determinant of the liberal Court's decision to release the state and national governments from the fetters with which the conservative Court had bound them.[98]

In concluding, I shall argue that despite the burgeoning of corporations, an outcome which to a considerable extent has thwarted his wishes, Madison remains a dependable guide to Court, Country, and to liberalism itself. In making this argument I shall draw on David Spitz's presentation of the case for liberalism, a presentation in which Madison would have found some merit.

Professor Spitz reports that the abuses of "the giant large-scale enterprises that today constitute the economic-technological system"[99] have prompted some liberals to formulate "schemes that look to the transformation of the entire system of economic power. . . .[100] Apparently, however, Spitz is not wholeheartedly of their number. Advocating a "reduction of *great* inequalities of wealth,"[101] he is nevertheless a cautious critic of private property and private enterprise. There are sound reasons for such moderation, in my opinion, prominent among which, I believe, is the necessity to preserve politics and freedom.

Sometimes, it must be acknowledged, liberal spokesmen write as if the preservation of politics is not the most urgent concern, as, for example, when Spitz says that

> the first and most fundamental problem of political theory . . . [is] whether, and on what terms, men who

[98] For the economic background to Supreme Court deliberation, as described or experienced by men who became influential Justices, see Louis D. Brandeis, *Other People's Money* (Washington: Jacket Library, 1933), *passim;* and Frankfurter, *Mr. Justice Holmes. . .* , pp. 16–18, 32–33, 36–37.

[99] Spitz, p. 31.

[100] *Ibid.*

[101] *Ibid.*, p. 30 (emphasis supplied).

> hold conflicting ideas and pursue diverse interests can live together without slaughtering one another in advocacy or defense of their own values.[102]

But, of course, there would be no problem, no danger of slaughter, if men lived together on terms making it impossible for them to hold conflicting ideas or values. "Politics," Spitz says early in his essay, "has its beginnings *and its abiding character*" in "conflict" between the "contented and the discontented."[103] The end of discontent, the end of conflict, would be the end of politics. The end of conflict might also be the end of freedom, for freedom can be identified with the existence of alternatives. Spitz writes, for example, that

> for reason to be exercised, a choice must exist. There can be no choices without alternatives. . . . If . . . [the individual] is to be a man, he must be free—to inquire, to consider diverse possibilities, to choose among them, and to pursue, so far as he can, his own way or style of life.[104]

The first problem for the political theorist or the theorist of freedom—the prepolitical condition to his employment, so to speak—is to assure the existence of alternative "styles of life." The problem of preventing "slaughter," as urgent as it is, comes second.

How do alternatives present themselves to most men? Holmes and Frankfurter assume that once the legal *principle* of free thought and expression is established, free thought and expression will themselves flourish. But it may be doubted whether most men will ever be immune to the influence of social environment and to the force of example. And, supposing ordinarily well-educated men freed from restrictive legal or social influences, would they possess the inward power to generate individual styles of life and ways of thought? Is there reason to expect that, in a uniform social environment, "different" men would in fact be very different? The characters and outlooks of most men are largely formed before they begin to

[102] *Ibid.*, p. 38.
[103] *Ibid.*, pp. 20–21 (emphasis supplied).
[104] *Ibid.*, p. 36.

choose. The tentative efforts some men afterwards make to distinguish themselves are provoked and sustained by models of behavior which invite imitation. The most autonomous differentiation to be hoped for on a popular scale occurs when persons choose more or less thoughtfully from already fabricated models advertised by groups or classes through "free debate and free criticism in the market place of opinion."[105] It would seem, then, that the first task of the political theorist—especially the liberal theorist with a genuine concern for the preservation of politics, freedom, and "that diversity which makes for the development of individuality"[106]—is to see that the "market" is stocked with a variety of models. It goes without saying, of course, that the market is an imperfect analogy for politics, which involves a very hard sell because it is a "struggle for power,"[107] in which the participants all have a "stake,"[108] even as they "all believe they are right."[109] More adequately stated, the first task of the political theorist is to provide for a plurality of styles of life, which, being the cherished hallmarks of groups or classes, are well enough defended to survive.

Professor Spitz speaks of "the infinite varieties that constitute mankind."[110] But the list of distinguishing characteristics he submits—for which, to be sure, he does not claim exhaustiveness—is short. He says "that there are . . . differences of religion and race, wealth and power, talent and intelligence"[111]; and he goes on to say that "for the liberal such differences, important though they may be for certain purposes, are politically irrelevant."[112] By "politically irrelevant," Spitz must mean "not giving title to rule," because, consistent with his concern for diversity, he cannot dismiss as simply irrelevant to politics the principal sources of diversity that he mentions. The question is: Which of these distinctions could be the basis of a healthy pluralism? Which would give the individual a sense of apart-

[105] *Ibid.*, p. 35.
[106] *Ibid.*, p. 39.
[107] *Ibid.*, p. 21.
[108] *Ibid.*, p. 26.
[109] *Ibid.*, p. 35.
[110] *Ibid.*, p. 39.
[111] *Ibid.*, p. 26.
[112] *Ibid.*

ness, without at the same time instilling a hatred for the others such as would render insoluble the second problem of politics—the avoidance of "slaughter"?

"Power" is generally the effect, not the cause of group solidarity. "Talent and intelligence" rise to the top in every group, but have rarely been the constituting principles of groups. This leaves "race," "religion," and "wealth," approaching closer to eligibility, I suggest, in the given order. Race is so inflammatory that no responsible theorist would exacerbate consciousness of it. Religion promises far more in the way of peaceful differentiation, and may yet prove the last resort of popular nonconformity. But, as the sole difference,[113] sectarianism creates too much animosity in religious times and not enough distinction in secular times. We are left with wealth, or some principle related to wealth. This deserves a more extended discussion.

Spitz speaks as a moderate critic of private property and enterprise. His starting point is a distinction between private property and, what he insists is a different thing, corporate property.[114] He denies that liberalism is hostile to "private [i.e., noncorporate] property and individual freedom,"[115] and he makes the point that "large-scale corporate property is the denial rather than the realization of individual property and individual enterprise."[116] Accordingly, he joins with many other friends of the latter when he speaks approvingly of liberal attempts to "restrain and curtail the growth of corporate monopoly, which destroys individual enterprise. . . ."[117] I take it that he is thinking of antitrust legislation and prosecution, the classic twentieth-century attempt to do what Madison had in mind, namely, to protect "the different and unequal faculties of acquiring property." Madison was as unwilling as are the liberals Spitz speaks for to see the unregulated exercise of the greater or more fortunate faculties stifle the lesser or unfortunate. I suspect that Madison would have found the antitrust policy an admirable attempt to accomplish his objective in the face of new develop-

[113] Both Spitz and Madison hope, of course, that societies will be fragmented along lines of more than one distinction.

[114] *Ibid.*, p. 23.

[115] *Ibid.*, p. 24.

[116] *Ibid.*, p. 23.

[117] *Ibid.*, p. 31.

ments. And, in fact, Madison's objective can be described perfectly in the language Spitz uses to characterize his own and the typical liberal's objective. "Individual enterprise" is a regular nonpejorative part of Spitz's vocabulary. He says the liberal favors "equality of opportunity,"[118] a different proposition from "equality of condition," which Spitz, like Madison before him,[119] repudiates.[120] Spitz invokes "collective or state action,"[121] not to frustrate initiative, but "to assure freedom from arbitrary command within the economic . . . sphere."[122]

It cannot be denied that Professor Spitz's truly liberal caution is at war with other elements of liberal thought. But what is lost in the way of mean consistency is regained in larger thoughtfulness.[123] If a liberal would celebrate a system containing "men who hold conflicting ideas and pursue diverse interests,"[124] and if he would adopt as his "cardinal principle" "individual liberty, and its consequent diversities,"[125] then he is mistaken to look always "to that which is common to men, and not to that which divides them."[126] Conflict and diversification are forms of division. But a kind of division can be cultivated that, permitting an approximately common treatment of men, prevents their having everything in common. Of course, Spitz may deplore the fact that property "divides men into those who have and those who have not."[127] Madison emphasized the same fact—but without deploring it—i.e., that "those who hold and those who are without property have ever formed distinct interests in society."[128] One cannot have it both ways. Liberals share with Madison a strong distaste for a country in which "every citizen [has] the same opinions, the same passions, the same interests,"[129] and therefore they must suggest measures to

[118] *Ibid.*, p. 30.
[119] See Farrand, *Records*, I, 422–23 (June 26) and *The Federalist* 10, p. 78.
[120] Spitz, p. 30.
[121] *Ibid.*, p. 24.
[122] *Ibid.*, p. 31.
[123] Cf. *ibid.*, p. 19.
[124] *Ibid.*, p. 38.
[125] *Ibid.*, p. 36.
[126] *Ibid.*, p. 26.
[127] *Ibid.*, p. 23.
[128] *The Federalist* 10, p. 79.
[129] *Ibid.*, p. 78.

prevent "stagnation, . . . the overwhelming danger to society."[130]

Spitz does not suggest the maintenance of economic inequality as such, for "*great* inequalities of wealth . . . make equality of opportunity impossible."[131] He advocates rather the fostering of equality of opportunity itself, the equal chance for every man to escape a parity of condition with every other man.

> What liberals contend is that equality of opportunity is the necessary condition for the rational determination of those qualities in which men are different and truly unequal, and hence in what respects power and position may properly be apportioned. . . . Liberalism is concerned . . . with equality of this sort in the economic sphere. . . .[132]

To be sure, Spitz, like the liberal Court, concentrates on the way in which corporations, or property owners generally, promote "their own interests, whatever the consequences of their decisions on the welfare of others."[133] He sometimes writes as if "political government"[134] no longer threatens equality of opportunity. For example, he says that

> in an earlier time there may have been some justification for regarding the state as the crucial, even the sole, enemy of man's freedom. But the coming of democracy has converted the state from the agent of a privileged few to the agent of the whole. In such a state, properly actualized, the government is the people's own. . . .[135]

It should not be forgotten that, owning the government, the people sometimes loan it out. Spitz is for the "elimination of hereditary privilege and of unwarranted discriminatory practices, such as those based on race or religion or sex,"[136] but he

[130] Spitz, p. 39.

[131] *Ibid.*, p. 30 (emphasis supplied).

[132] *Ibid.*

[133] *Ibid.*, p. 30; and see *West Coast Hotel Co.* v. *Parrish,* 300 U.S. 379, 399–400 (1937).

[134] Spitz, pp. 23–24.

[135] *Ibid.*, p. 24.

[136] *Ibid.*, p. 30.

says nothing of the flagrant discrimination of other kinds[137] practiced, e.g., by American state legislatures. The ambiguous qualification, "properly actualized," should be clarified. In short, Madison's warning about the "majority faction" and the "enterprising and influential speculators" should be kept firmly fixed in the liberal mind.

A liberal spokesman is more in accord with Madison than with the liberal Court when he is thematically concerned with individual freedom, in every sphere of life, including the economic.[138] A liberal is Madisonian and responds to the implications of his liberal values when he refrains from advocating an end to private property and individual enterprise, when he refrains from urging the "transformation of the entire system of economic power." And one can readily imagine that, on reflection, a sound liberal spokesman would agree that a time when the individual's economic freedom is beleaguered by the corporation is no time to hand it over to the state legislature.

It will be objected, almost as a matter of course, that today the Federal Government is a greater threat to individual liberty than are the states, and that accordingly the Supreme Court should stay the reach and grasp of Congress before concerning itself with the states. But what is first in the order of magnitude is not necessarily first in the order of tasks to be undertaken. The Supreme Court is relatively weak, its strength quickly spent. If within limits it can out-face subordinate legislatures, it could not survive a lengthy encounter with the coordinate legislature. Nor ought it try. Congress is strong beyond the capacity of the Supreme Court to control for the good reason that America, like every society, needs one legislature possessed of power to do much evil so that it can do the necessary good. When the judiciary thwarts Congress it courts defeat and mortification while at the same time assuming the grave responsibility of forestalling—temporarily, but perhaps too long—legislation that the national interest may require. Neither such

[137] As a matter of fact, the *U.S. Reports* contain questionable opinions upholding state conferred "hereditary privilege" (*Kotch* v. *Pilot Commissioners*, 330 U.S. 552 [1947]) and a state discrimination against a part of the weaker sex (*Goesaert* v. *Cleary*, 335 U.S. 464 [1948]).

[138] See, e.g., Spitz, p. 30.

a long-term defeat nor short-run stalemate would be the Court's or the Country's benefit. Much better it would be for the Court to do its part where it can have a salutary effect, unsullied by pernicious side-effects.

If the engrossing propensity of the Federal Government is not a sufficient reason for judicial review of Congressional enactments, it may nevertheless be a good reason for review of *state* economic regulation. The very fact that Congress is virtually beyond review might be said to make it imperative that the states not be permitted to pile on the straw that broke the individual's liberty. Moreover, the Court's treatment of state legislation could form a needed and perhaps sufficient education for Congress. By the Madisonian hypothesis, in which I believe we must continue to repose much hope, Congress is supposed to be disabled from doing gross injustice. But incapacity for injustice is not the same as capacity for justice. Yet, justice is the job of Congress.[139] Now, one prerequisite to just action is a notion of what a just result would be. Although our imperfect Congressmen will, we hope, be kept from the temptation of injustice by the constraints of societal and Congressional fragmentation, they will also need an informed opinion on what, positively, they should do within those constraints. But opinion on the justice of particular legislation always depends upon, or incorporates, opinion about the ends that legislation should serve for the country. The Supreme Court is in an unexcelled position to educate Americans in these latter opinions.

I am not suggesting that Congressmen's votes are changed by the advance sheets they may or may not read. I mean rather that what the Court says over a stretch of years about the ends and means of American life has a very considerable influence on what people, including incipient Congressmen, come to think about those ends and means. For example, the liberal Court has given us our present mediocre estimation of economic freedom. What the Court has done it can undo—in a way that will inform congressional opinion without dictating to Congress.

If it is asked, how ambitious should the Court be in reviewing state economic legislation, it may be replied, no more than is necessary to re-establish the proposition that economic liberty

[139] *The Federalist* 10, p. 82; *idem* 51, p. 324.

is an important constitutional value. Occupational freedom would seem to be an appropriate matter with which to begin; and if treated persuasively, it might be a sufficient note on which to end. The legal questions raised in right-to-work litigation are relatively simple. At the same time the right itself is profoundly important to a man,[140] and is therefore of great symbolic importance to a society that professes to cherish the individual. While the fate of American liberty at large is not identical with the prospects of the would-be plumber's apprentice, there is nevertheless reason to doubt that American liberty will withstand national indifference to the rights of potential craftsmen, professionals, and small-businessmen. The Court should remind us of the primacy of rights and the merits of economic freedom, by giving at least one economic right the dignity of judicial recognition.

As the Supreme Court guides the nation toward racial equality, it ought to communicate its vision of the kind of life Americans will lead when they achieve racial equality. It is no reflection on the mind of the Court to say that its thinking on this most important matter would be facilitated by consultation with James Madison. His intention is as valid today as when he formed it. That intention was to give Americans access to a vast array of occupations and styles of life—to create a society of hopeful movement rather than one of status.[141]

The difference between societies of status—i.e., of monopoly—and of hopeful movement is the difference between societies that have preserved politics in different ways. Status leaves the individual the alternatives of acquiescence or "slaughter." Hopeful movement, on the other hand, implies distinct conditions to be from and in, and to aspire for. It implies different kinds of men with different opinions, whose opinions may alter as they are freed to choose different conditions and therefore to change themselves. It implies conflict or politics *and* a measure of hope for resolution of conflict and for successful politics.

[140] Cf. McCloskey, *Supreme Court Review* (1962), p. 46.

[141] The juxtaposition of "hopeful movement" and "status" is Professor Gellhorn's, *Individual Freedom*, p. 113.

STEPHEN C. SHADEGG

•

CONSERVATISM AND POLITICAL ACTION

In this collection of essays eminent authorities offer persuasive argument in support of both the liberal and conservative political viewpoints. Certainly academic discussion is a desirable precedent to political action, and the understandings of the theoreticians should command serious attention. However, I am compelled to suggest that once we confess that theory has much to contribute to practice, it is also prudent to recognize that practice has something to contribute to theory.

I shall leave the theoretical discussion to those more qualified. As a practical politician, I have participated as campaign manager or consultant to a campaign manager in more than twenty contests for major political office. My attention has been focused on the voters' reaction expressed on election day. My exposition of the current liberal and conservative understandings is a direct reflection of what I have encountered in the actual battle for ballots. I must confess that I am strongly prejudiced in favor of the conservative viewpoint. But in my efforts to guide candidates to victory it has been necessary to research and study the results of numerous elections.[1] It is perhaps unnecessary to remind the reader that if such studies are undertaken from a desire to discover how political decisions can be motivated, they must be conducted objectively. Since I intend to offer criticism of both the conservative and liberal attempts to enlist voter support, it seems prudent to state at the outset that both points of view have suffered sadly from inept attempts at implementation.

[1] See *How To Win an Election* (New York: Taplinger Publishing Co., Inc., 1964).

Stephen C. Shadegg

Both the forces of liberalism and those of conservatism are guilty of exploiting passion, prejudice, and ignorance to achieve what they regard to be a desirable political judgment. But since the ambition of both factions is to motivate and produce political action, and since the effectiveness of the arguments advanced must be ultimately judged by the reaction of the whole body politic at the polls, it would appear profitable to direct our attention to some of the recent political decisions and to offer some suggestions for effecting a more meaningful translation of abstract concepts into political action. And this is precisely what I hope to do in this essay.

When Eugene O'Neill's play "Strange Interlude" was first produced in London the performance created quite a controversy. The play lasted four hours and employed the device of characters speaking aloud their innermost thoughts. One London critic wrote that "Strange Interlude is a psychological, analytical drama, based on the premise that a lobster is red and crawls on its claws backwards—which is all very well excepting a lobster is not red and does not crawl backwards on its claws."

Immediately after November 4, 1964, a chorus of voices commenced reciting the obituary of the conservative wing of the Republican Party. They proceeded on the assumption that the conservative philosophy of government is archaic, selfish, and insensitive to the needs of the great masses of our citizenry, and thus merited the condemnation rendered by the American electorate—which is all very well excepting the conservative philosophy of government is based upon and motivated by a respect and regard for all individuals. It is ancient but not archaic, and the conservative principles as expressed by numerous successful Republican candidates were not totally rejected by the electorate in 1964.

The overwhelming defeat of Goldwater is now advanced as conclusive evidence that the liberals were right all along and the conservatives nothing more than a symbolic remnant totally out of step with the rapid progress being made by our social scientists who have applied their particularly narrow insights to the ever-broadening spectrum of the expanding universe.

Such a conclusion, to be acceptable, should be supported by the outcome of the elections in all fifty states. Yet George Murphy (to mention just one exception), who was in many respects a more vigorous and more adamant conservative than Goldwater, won election to the United States Senate from California, defeating Pierre Salinger, who benefited from his close association with the murdered President Kennedy, as well as from the active support of the Democrat nominee, Lyndon Johnson.

Admitting that Goldwater did not make his brand of conservatism very attractive for the voter, it is still impossible to support the proposition that his defeat was due entirely, or even in part, to his political philosophy.

Goldwater lost because he waged a miserable campaign. He appeared to be unable to articulate any significant philosophical concepts, and between July and November he failed to advance effectively a single new positive proposal.

Immediately after Goldwater's defeat the Republican delegates who gave him the nomination in San Francisco were asked their opinions of this campaign. Eighty per cent of these most concerned Republicans who responded expressed approval for the 1964 Republican Party Platform, a thoroughly conservative document. Sixty-nine per cent said that Goldwater failed to discuss the conservative issues in depth. Eighty-two per cent expressed disapproval of the conduct of the 1964 campaign.

In my book, *What Happened to Goldwater,* a study of this presidential campaign, I suggest that by election day Goldwater was regarded as the radical innovator and Johnson was accepted as the conservative defender of the status quo.

Frank H. Jonas, president of the Western Political Science Association, seems to support this contention. He writes: "In reality, regardless of the facts or the truth about Goldwater's ideological position, Goldwater appeared to the electorate as a 'radical' and because the American people tend to be conservative, they did not vote for him."[2]

The reaction of the Republican delegates, as indicated by the results of the survey, provides additional support for this viewpoint. Ninety-eight per cent said Goldwater should have

[2] *Western Political Quarterly*, XVIII, No. 3, (September, 1965), 6.

discussed the civil rights problem openly and frankly. And more than 90 per cent wanted to hear their candidate outline the dangers of deficit financing and our ambivalent foreign policy.

These working politicians, who were active in the campaign, believe that many Johnson votes were negative votes against Goldwater, while only 15 per cent thought votes for Goldwater were negative votes against Johnson, and they chose as the four decisive elements of the campaign, in this order: the charge that Goldwater was trigger-happy; the claim that he would abolish Social Security; the suggestion that he was reckless and irresponsible; and his reported position on disposing of the Tennessee Valley Authority. When asked whether they believed the 1964 contest was decided on the issue of liberalism versus conservatism or on the voters' reaction to the personalities of the candidates, 76 per cent said personalities.

Goldwater, running for re-election to the United States Senate in Arizona in 1958, won by a plurality of more than thirty-five thousand, and in that effort the issues he chose to support were strongly conservative. In 1964 he carried his home state by less than five thousand votes. And a number of Republicans, including some who had been active Goldwater supporters in 1952 and 1958, have confessed to this writer that they could not and did not vote for Goldwater in 1964.

The results of this study support the contention that Goldwater's defeat cannot be attributed to his announced philosophical position. Indeed, there is a strong suggestion that a great many Republicans were disillusioned by the candidate because of his willful or unintentional neglect of those issues and concepts which, in the opinion of these Republicans, had produced Goldwater's nomination.[3]

If, as some scholars in this volume argue, conservatism is bound and shackled by its reverence for the status quo, while on the other hand liberalism is distinguished by its new approaches and dedication to reform, then indeed the decision of 1964 becomes meaningless. Lyndon Johnson offered little

[3] More than one hundred pages of comment volunteered by those who responded to the questionnaire are now on file in the library of the University of Texas.

more than a promise to preserve the foreign and domestic policies established by the Kennedy administration, which in turn had borrowed heavily from the innovators of the early New Deal.

Most presidential campaigns are attended by a deliberately created hysteria. Indeed, many election tacticians, including this writer, hold the theory that those voters who exercise the balance of power in a national election cannot be enlisted in an ideological cause, and must therefore be reached by maximizing some real or manufactured virtue or vice of the contenders.

The truth of a candidate's posture on issues may be understood by 60 or 70 per cent of the voters at most. Since there is always a sharp division fostered by party affiliation and a divergence of philosophical belief, it is not difficult to demonstrate that those who tip the scales for victory or defeat make their judgment on what are oftentimes preposterous presumptions.[4]

If this concept has any validity, the results of 1964—that is, the cause and effect of the voters' response—can be readily apprehended.

In 1964 the Democrats, with some assistance from the Republican candidate, projected the image of Goldwater as that of a man who would eagerly turn to nuclear weapons as an instrument of foreign policy, whose election would bring an abrupt termination to the nation's program of Social Security, and who had promised among other things to halt all farm subsidy payments.

The Goldwater forces attempted to transfer the widely reported misbehavior of Bobby Baker to the President and suggested that Johnson was responsible for the national increase in the crime rate.

The voters who supported Johnson were not expressing approval of the reported misdeeds of Bobby Baker nor of the riots and the general lawlessness, but these were vastly preferable to nuclear war and the forfeiture of their Social Security checks and farm subsidy payments.

The distortions used by the forces of Lyndon Johnson to

[4] See *How To Win an Election,* Ch. 2, "The Paradox of Elections."

win the 1964 presidential election are interesting as steps to political victory. But they are no more than scum on the surface of the political pool for the student who wishes to understand the true desires of the American electorate.

In the same year when Goldwater was being soundly defeated the pollsters were busy revealing that the majority of the American people (the percentages ranged between 60 and 85) were concerned over: (1) The proliferation of federal power; (2) the at-times not-too-gradual inflation resulting from excessive federal spending; (3) a weak and indecisive policy toward Castro and other Communist adventurers; and (4) the rapid deterioration of law enforcement in our cities across the nation.

These public opinion surveys create an immediate and perplexing paradox. If the people wanted federal spending reduced, desired a limit on federal authority, supported a stronger policy in foreign affairs, why then did they vote for Johnson? And more particularly, why have we entrusted government to liberal administrations since the early thirties?

The primary purpose of this essay is not to examine in any great depth the 1964 election, nor do I intend entering into any dispute with the liberal academicians regarding the alleged superiority of their political philosophy. But the defeat in 1964 has produced an almost plaintive demand for a program of renewed political effort containing at least a minimum promise of success for those conservatives who are now tempted to surrender and assign the future to an ascendant welfare state.

If the cause was destroyed, if the conservative faith has no validity or at least no acceptability, then those who supported Goldwater because they believed in what they believed he was trying to say have indeed great cause for despair. And presumably the liberals, rejoicing in a true victory, can look forward contentedly to an ever-expanding federal government and the achievement of that utopian millennium when all men will be good and productive and law-abiding as the result of enlightened statute law, implemented and enforced by the majesty of the central power.

If on the other hand Goldwater lost because he himself was inept and inarticulate, the victim of bad management and faulty preparation; if his rejection at the polls in November came about as the result of a genuine fear created by television commercials showing a little girl eating an ice cream cone or picking daisies in the shadow of an atomic cloud; if any significant portion of the fifteen million who voted against Goldwater to give Johnson such an overwhelming plurality really believed the Republican standard-bearer to be a radical revolutionary who would tear up their Social Security cards, sell TVA, and bring an abrupt end to the farm subsidy; then it can be successfully suggested that these votes against Goldwater were really in defense of the status quo, a position philosophically assigned to the conservative instinct.

The election of Lyndon Johnson to the presidency will have a profound and lasting effect upon the Republic. We have already witnessed the passage of legislation the effect of which cannot be predicted or estimated with any degree of accuracy at this point in time. But even a political victory in the magnitude of Johnson's landslide carries with it no guarantee of permanency.

Radical innovations such as Medicare and further excursions into controlled or planned economy may possess all the merit described by their sponsors. But the American electorate, which tends to be pragmatic, cannot now be said to favor overwhelmingly these innovations. The argument that a people who acquiesce in Social Security and its attendant tax, or the giving away of billions in foreign aid, or the hopeful experiment of the United Nations, will accept without protest the new burdens to be imposed by the innovations of 1964 and 1965, is to assume a conclusion not in evidence.

For purely political purposes the partisans on both sides have frequently pretended to discern an appalling divergence of objectives. The activist conservative, intent upon rousing the crowd to fever pitch, will suggest that the liberals are in league with the Communists, eager to see the sovereignty of the United States disappear, and dedicated to the creation of a completely controlled society with all fruits of production evenly distributed by the benevolent masters of the super-world state. Their liberal counterparts have been guilty of suggesting that the conservatives, who recognize and oppose the mechanical failures of such a program as Aid to Dependent Children, are really insensate human beings quite willing to watch the little children starve.

Conservatives are, by liberal definition, wealthy, uncouth, interested only in preserving their own principalities of privilege, approaching anarchy in their opposition to government, wedded to the past, and, in the words of Theodore White, subject to categorization as "west of the mountain primitives."

The truth is that all men of good conscience, regardless of their philosophical persuasion, desire a just and ordered society in a peaceful world with the benefits of modern technology and increased production available to all. The dispute centers on methods, not objectives, and arises from antithetical concepts of the nature of man.

The conservatives have been politically impotent since the mid-1930's because of their miserable failure to dramatize both conservative objectives and the means advocated for achieving those objectives.

Conservatives are just as anxious to live in a world at peace as are liberals. But in the 1964 election Goldwater, speaking on foreign policy, provided a foundation on which the liberals could base their charge that he might take the nation into war.

Conservatives are just as anxious to eliminate poverty and privation as are the liberals. But their talk of fiscal responsibility and the need for a balanced budget has been translated into a worship of money for money's sake.

Conservatives have a strong, instinctive desire to preserve the status quo and to resist innovation, but for more than thirty years the government of the United States has been in the hands of the liberals and the status quo is now liberal. It is obvious that the conservative "outs" have been unable to find a successful way in which to attack the existing situation without appearing as "crotchety agin-ers." What is required for political success is an articulation of the reasonable conservative alternative—the enthusiastic expression of conservative goals and then a persuasive explanation of the practical steps proposed for achieving those goals.

One easy to understand example can be found in the nation's present preoccupation with the virtues of higher education. Learning enriches the individual and increases his earning capacity. Indeed, in our technological society the ignorant are truly dispossessed. And in our frenzy to make more and better education available to all, the liberals have carried the ball and persuaded us to accept the notion that massive federal aid—which is nothing more than the application of the federal tax-collecting technique to raising money—is the only answer to our educational dilemma.

The conservative alternative has been timidly advanced and when it was offered it appeared as little more than a Republican attempt to frustrate and obstruct the passage of federal aid proposals. Had it been offered as an independent, revolutionary opportunity to assist the community to achieve its educational ambitions at every step in the process, it might easily have captured the public favor, for it is economical, is easy to understand, can be administered without any great federal cost, and would have added materially to the individual's sense of accomplishment.

The proposal was a formula for giving tax credits to parents or guardians responsible for maintaining a bona fide student in a recognized college or university. This was later expanded to include a tax credit for the local taxpayer, parent or not, in the approximate amount of his contribution to the costs of building and maintaining elementary and secondary school plants. The only function assigned to the federal government was the financing and granting of scholarships and loans to qualified students whose parents could not support them in college or who were having a difficult time working their own way and attending school.

Here was a program with the virtue of local control which would certainly satisfy those who disapprove of the enlarging federal establishment. The benefits would go only to those who were making a major contribution to education and in the case of the college student, only during the years when he was devoting full time to the college course.

Clergymen, sociologists, psychologists, all profess concern over the dehumanizing effect of our urban society. Translated, their complaints appear to say that the individual is now finding life less satisfying and less significant than it was in other periods of history. Certainly a parent would find satisfaction and individual significance in providing educational opportunities for the child. And since the great majority of college students receive some assistance from their parents, the benefits from such a meaningful program would be widely shared.

The proposition was never seriously considered by the Congress, precisely because it was never presented in a dramatic fashion. It lacked the slogan approach of the "Great Society" or the "War on Poverty" and its merits were concealed by a drab costume.

Yet the very same Congress which refused to consider this program strongly endorses—even encourages—industry and other centers of wealth to make contributions to higher education and be rewarded with lower taxes in consequence of the deductible gifts. And since most such corporate giving results in a 50 per cent tax saving for the giver, it does seem ridiculous to deny this same tax relief to the parents of college students or to the ambitious student who is working his own way through school.

Conservatives by nature are leery of making programs for others to follow and prefer instead to let each individual work out his own destiny. This may be a very laudable position, but in a society which places great stress on planning, where every institution and substructure of that society is forced to put at least as much emphasis on the means as on the ends, conservatives appear to be strangely isolated from their environment.

The problems of today are not difficult to identify. There may be some dispute over their order of importance but in general we are concerned as a nation with keeping the world at peace. Domestically our need is to restore safety and tranquility to our cities, increase the productive capacity of our economy, and become the masters, not the servants, of the technological revolution.

Conservatives believe that in the field of social welfare the problems have been exaggerated in order to justify the application of the large sums of federal money called for by that solution offered under liberal sponsorship. But whenever conservatives permit their energies to be siphoned off by a dispute over whether or not the need has been exaggerated, the public reaction is distinctly negative. If the conservative cause is to prosper politically, it will be necessary to devote a united effort to altering the generally accepted public understanding of conservatism, and on this rock the cause may founder.

Conservatism is revolutionary, not reactionary, in that it suggests liberating the individual and calls for a government which is benevolent but not a benefactor. Conservatives are deeply concerned over the plight of less fortunate individuals, but they do not believe that mere material subsidy can correct the situation. Conservatives instinctively distrust the creation of power centers, and have opposed the monopolistic practices of big business, just as they now oppose the monopolistic practice of big labor. Conservatives are not in love with the past, although they are committed to conserving the best in our traditions and our institutions. Conservatives are not united in a common economic class. They are the rich and the poor and the middle income, and their unity comes from an acceptance of certain ethical and social beliefs. And conservatives, recognizing the values of variety and diversity, resist uniformity, regarding those suggestions for absolute equality as a mischievous impossibility.

Conservative reverence for private property, so frequently misconstrued to be a love of money for money itself, stems from the belief that liberty is indivisible, that a man needs a maximum of freedom, and that one cannot be politically imprisoned and economically free, or a captive of an economic situation and retain his political independence. Nor can he enjoy either political or economic freedom if his mind is chained to a doctrinaire concept of the proper social order.

Unfortunately, the public does not share these understandings, and conservatives are in their eyes reactionary—unconcerned about the less fortunate, supporters of business and opponents of labor, wedded to the past, representing just one economic class (the rich), and happiest when "grinding down the faces of the poor."

While there are degrees of liberal faith, supporters of this viewpoint are nowhere nearly so split into factions as are the conservatives. Liberals may engage in some small disputes between themselves, but on those things of real importance they respond almost as if their parts had been memorized. This doctrinal solidarity is extremely frustrating to the conservatives and has led to the false conclusion that the liberal apparatus is controlled like the multiple circuits of a theater switchboard which explode in dazzling brilliance when a master switch is thrown. Indeed, it is the very individualism of the conservatives which has rendered them so helpless before the liberal attack.

A secondary aspect of this problem should not be overlooked. It is always easier to criticize than to produce an attractive, reasonable alternative to the liberal proposals. And we have before us an illustration of this in the recent passage of the federal Medicare bill. For more than ten years now the mere mention of a national health service has been sufficient to cause most conservatives to explode in angry condemnation. It is all very well to be opposed to Medicare and there is great support for the claim that the need was exaggerated and the federal statute will not satisfy such needs as do exist. There is an old axiom in politics that you "can't beat somebody with nobody."

The stated objective of a national health bill—that is, to make adequate medical and hospital services available to everyone regardless of his economic situation—is a laudable aspiration. It is "on the side of the angels." The conservative charge that the program offered by the federal sponsors will not accomplish that objective may be correct. But, unfortunately, this point was not at issue. The lawmakers and a substantial percentage of the population were persuaded that something should be done to provide a needed service. Had the American Medical Association proposed its Eldercare program ten years ago it might well have been adopted. Indeed, public opinion surveys in 1964 indicated popular support for a co-operative public-private program not based entirely on Social Security taxes.[1]

Numerous indices support the claim that the American electorate is still more attached to the basic conservative belief than to the liberal persuasion. But, unfortunately, the hard choice for the voter has not been between a liberal proposal and a conservative proposal for the solution of a problem. He has been compelled either to adopt or to reject the liberal program.

While the record of recent elections appears to indicate a conceptual bankruptcy on the part of the conservatives, as evidenced by their failure to offer specific methods for achieving those objectives generally accepted as desirable, the picture is not as bleak as it would appear.

What is required of course is some revolutionary new voice to express the conservative viewpoint in positive rather than negative terms. Once these new concepts are formulated and articulated they must be offered in terms of possible political action.

If the liberal programs now being carried on by the federal government had in fact solved our problems, the future for conservatives would be a gloomy one indeed. The poverty program is being criticized by some of its most ardent supporters for extravagance and inefficiency. The administration's efforts to stem the outflow of gold have not succeeded. The passage of the civil rights bill has not brought an end to racial strife. But many critics forgive the failure and justify their support of admittedly imperfect legislation on the grounds that "at least we're doing something."

The American voting public is activist and impatient. Consequently, the liberals, whose schemes may be filled with flaws, have still been able to attract support at the polls.

Since the end of World War II numerous organizations have been formed and financed to disseminate the conservative philosophy, to educate the voter, and to proclaim the virtues of the conservative concepts. All this is something like abolishing the budget for the fire department and putting all of our effort into fire prevention. At the first wisp of smoke or crackle of flame the fire department becomes the only answer. Abstractions will always lose to positive political proposals.

Conservatives believe that their philosophy, which guided and influenced the conduct of the federal government for most of the period of our brief history, is responsible for our affluence and our progress to date. But to recite this fact has little significance to the voters who are far more concerned about tomorrow than yesterday.

Although in major matters they may seek to avoid the responsibility for difficult decisions, all human beings instinctively resent being told what to do. This trait of independence is readily recognizable as one of the chief characteristics of the American people, especially prior to the advent of this century. This inclination to challenge authority, to ask the reason behind the order, is sometimes disputed by those who advance the argument that in our modern society millions of people go through life eagerly following orders and doing what they are told. This, I think, should be recognized as a desire to escape responsibility—a desire which can be dangerously encouraged by the benevolences of the federal government, sponsored by well-meaning liberals.

Conservatives distrust all temporal centers of power. Indeed, this is why many conservatives resist the temptation to speak dogmatically and to offer solutions for the problems of others. But since the enemy, in this case the liberal doctrine, has elected to employ and enhance the great power centers of our society, to enforce its will upon the masses, the conservatives must find a method of resisting the enlargement of these power centers and enlisting and encouraging that natural feeling of independence, which we contend is a universal human characteristic.

Since the liberal aims are almost entirely expressed in terms of material gain, the conservatives are provided with a magnificent opportunity to enlarge man's understanding of the emptiness of material gain. Indeed, it can be argued the conservative position is validated by the incontrovertible fact that our society, with all of its wealth and ease, is gripped by a universal discontent. The liberals, having abolished many of the old absolutes of moral behavior, have created a rootless society, and the symptoms of our sickness can be found in the incidence of mental illness and the very emptiness of our lives. And it is here that the conservative opportunity is greatest.

Some observers have argued that the liberals are themselves schizoid. Lyndon Johnson's administration has supported as many conservative proposals as liberal proposals—the reduction of the federal income tax, the gradual abolishment of the excise tax, the gesture of turning off the lights in the White

House in the name of economy. It must also be observed that the conservatives are schizoid. While deriding the materialistic one-sidedness of the liberal philosophy, we have nevertheless embraced material goals for ourselves. Critical of public apathy, we too have refused to become involved in the solution of community problems where that involvement requires personal sacrifice.

The conservative cause can become the dominant force in American political, intellectual, social, and economic life once we begin to follow the admonition of that worn-out cliché and "practice what we preach." And this will never be accomplished until we really begin to believe what we say we believe.

Conservatives say they are deeply troubled over the plight of a disenfranchised, deprived American Negro. The conservatives say this situation cannot be corrected by statute law but rather requires a change of heart on the part of the whites and Negroes. The southern states are generally considered to be more strongly conservative than are the northern states.

Let the conservative whites demonstrate by their actions a willingness to shoulder some responsibility for the Negro's difficulty. We argue that the liberal remedies and reforms, that is, the right to sit at a white lunch counter, to register and to vote, are inadequate, that a great deal more must be done before the Negro can find his own self-respect and command the respect of his contemporaries. We say the Negro must adopt certain standards of moral conduct, must acquire new skills and make progress in education. It should seem obvious that the Negro cannot do all of these things for himself. But conservatives believe in incentives, and there have been precious few incentives offered to the Negro. Certainly a program of reform, sponsored by southern white conservatives on even a modest scale, which would suggest to the disheartened Negro that he can find a welcome position in the cultural, economic, and social life of the South, would add an element of hopefulness which has long been lacking.

Substandard housing conditions can be outlawed by city ordinance. With federal funds so readily available, entire new communities could be constructed, and educational opportunities could be multiplied—offered not because of the color of the

Negro's skin, but because of the white man's need to expand the opportunities for Negroes if he is to maintain freedom of opportunity for himself.

It is understandable that our major attention should be focused on the government in Washington, and our overwhelming desire to change the composition of the Congress and the administration will endure. But opportunities for effective action exist in every community.

The power structures which conservatives distrust and condemn will continue to exist and so long as the conservative opposition is generally understood to be nothing more than a critical assault, the conservatives will continue to lose elections whether or not their criticism is justified and can be supported.

The entrenched power of the federal government is remote and impersonal. The failure of many of these federal reforms is painfully obvious at the community level.

The various welfare programs originally offered in the early thirties as a sure cure for what Franklin Roosevelt described as the "poorly housed, poorly clothed, poorly fed one-third of the nation," have now been in operation for more than three decades and even those who strongly support the notion of federal and state welfare programs will confess that we have created a new society of second- and third-generation welfare dependents.

Conservatives argue with great passion that the welfare state has failed, and therefore should be rejected. This conviction is manifest in conservative criticism of the latest welfare state proposal, the War on Poverty. But all these criticisms and attacks are negative and produce a negative reaction to conservatism at the polling places on election day. It is all very well to say that welfare isn't working out very well because it is producing a new segment of society totally dependent upon the federal government for its support. Even the strongest advocates of welfare deplore this. What is required from the conservatives is a program or a proposal which will both feed the hungry and ultimately produce those social and economic changes which can make the dependents independent.

It is, I suggest, in this precise area—where the liberal proposals have not produced the desired result—that the conservatives will find their greatest opportunity.

Since the Russians orbited their first Sputnik we have been devoting more and more of our social resources to outer space—a program which is difficult to defend as possessing any recognizable, near-term benefits.

Despite ever-increasing federal aid to education, there are still great deficiencies in buildings and instructional procedures.

Our automated industry and technological improvements in agriculture support the belief that we can employ all those who want to work and produce all the goods and services necessary to support our population in abundance.

Many observers believe the art of medicine has advanced as far in the past thirty years as it did in the prior one hundred years. Yet despite the billions expended on federal health programs there still exist pockets of population where adequate medical care is neither sought nor received.

If the conservative thinkers are to lead the way into a better tomorrow, they are now required to offer for political judgment programs which will cure the admitted and recognized deficiencies.

If overcrowding and substandard schools and the lack of job opportunities for the unskilled are, as many observers believe, contributing to the creation of a segment of society condemned forever to exist on welfare payments, then let the conservatives come up with a proposal which attacks the cause and not the symptoms.

It can be assumed that such a conservative proposal would be based upon incentive rather than compulsion and would appeal to the individual rather than the mass.

The wasteful overproduction of agricultural products continues to place an unnecessary burden upon our economy and adds to the cost of the food we consume. Let the conservatives come forth with an understandable proposal which will have as its goal the ultimate elimination of this uneconomic practice. There is reason to believe even those who now support the present program will eagerly switch their allegiance.

It may appear presumptuous to suggest that such a solution can be had after our thirty successive years of failure, and undoubtedly the gradual transition from a subsidized to a free-market agricultural economy would be expensive. But numerous meritorious suggestions have been made and some organizations —notably the Farm Bureau—offer leadership. From a political standpoint it is naive to believe that even those farmers who despise the present program of controls and subsidies will support any suggested changes which lack certain assurance that under the new proposals they will be no worse off than they are now.

If our present objectives in the expansion of scientific knowledge, identified now with outer space, should be channeled in some new direction, then let the conservatives proclaim and promote that change.

Some learned scientists have argued that investigation of atmospheric physics, the matter beneath the crust of the earth, and oceanography offer near-term benefits of far greater significance than can be expected from the gathering of additional data through space exploration. What should be emphasized is the bankruptcy of mere opposition.

Some voters might think it false economy to call a halt to appropriations for the space program and thus reduce federal spending, but if the objectives proposed by the conservatives are more beneficial, it can be anticipated that sufficient public support can be mustered to alter the direction.

This suggestion that conservatives deal with practical solutions in fields which now enjoy public support does not mean that the alterations in government which conservatives find so objectionable should be ignored.

The Supreme Court concept of one man, one vote and absolute universal suffrage is, by conservative standards, incompatible with the original designs for the Republic. The general welfare clause of the Constitution has been, by conservative standards, distorted almost to the point of repeal. But here again, mere resistance and criticism are not likely to capture the public imagination.

If in fact there is a danger created by the removal of almost all requirements for voting, then let the conservatives come forward with a new program to create a more qualified electorate and one which is not based upon color or property.

The American Revolution was waged in the name of liberty. And the present conservatives contend they are the true inheritors of this legacy—a position disputed by the present-day liberal. Regardless of the historical citations and the philosophical discussions brought to bear upon this dispute, the voter who must make the political judgment will respond to deeds. To deserve political support, the conservatives must begin to offer an opportunity for action.

Conservatives were once the activist group. In the twentieth century they appear to have been paralyzed; certainly they have lost the initiative.

While it is true that a certain percentage of the voters can be enlisted to support an abstract ideology, it also must be confessed that those voters whose support is necessary to achieve the balance of power are more likely to respond to activist proposals.

It is argued by the pessimists that no one is willing to shoot Santa Claus. This line of reasoning suggests that the American voter will always place self-interest first, and can be counted upon to trade his vote for the proposals which offer the greatest number of "goodies." And in this context the goodies are always federal beneficence. Those who accept this evaluation deny the first and most important belief of conservatives: that man, for all his willfulness, his greed, and at times his stupidity, is endowed with a certain nobility which, as a child of God, he cannot constantly deny.

The conservative proposals we have suggested in this essay will not necessarily be translated into material benefits in the form of government checks or reduced taxation. But they should, if consistent with the conservative faith, offer the individual a choice for expression, which may promise greater self-satisfaction than could ever be found in a welfare check or a free governmental service. The point which needs re-emphasis is this: The noble choice must be presented in a positive fashion or it will never overpower the readily understood, material temptation inherent in subsidies and support. And this brings us to the great fundamental division between the modern liberal and modern conservative. The liberal, judged by all of his actions and legislative proposals and grand schemes, appears to believe that man is perfectible on this earth and only needs to be provided with the proper environment and given access to the necessary material resources, all of which can be accomplished by statute law.

Conservatives, on the other hand, believe that man is not perfectible here on this earth, that in a large measure he is responsible for his own environmental problems, and that only man can improve man. This situation, says the conservative, requires a society which will protect man from the appetites of his neighbors, make opportunity available, and then place the burden squarely before each individual.

Perhaps this is what the conservatives have been attempting to do over the past thirty years, but if so, their objective has been almost totally obscured and the conservative image suffers because of its identification with negativism.

The transcendent aspiration which compels men to seek an understanding—to find a proper relationship with their environment and their fellowmen—is the need to know and be known. And it is this condition of mutual recognition and acceptance which is being threatened by our urbanized, organized, over-gadgeted, over-entertained, spectator society.

The liberals offer third-person involvement. They support the statute-forced reform and contend that by the power of government you can achieve a charitable objective. The emptiness and inadequacy of this substitution for personal involvement is everywhere evident in the domestic evils which plague us.

The conservative doctrine, which leans heavily on a reverence for tradition and contemplates each blob in the great human mass as an individual deserving of freedom and capable of responsibility, requires a personal involvement which at least suggests a possibility of knowing and being known. And such an understanding of the nature of man requires a more adequate representation than the image of doctrinaire opposition, a posture in part earned by the outpourings of righteous indignation provoked by the very perversities practiced under the liberals and in part bestowed by the glib and persuasive disciples of liberalism who dominate the channels of public communication.

The libertarians, who are now called conservative, are the

inheritors and defenders of history's most mighty trumpet. All of the public opinion surveys—even the (to conservatives) disappointing political judgments of recent years—suggest that the people are eager to hear again the sound of that challenging call to understanding and action.

Evidence that the conservative viewpoint embraces some indisputable truth can be found in the very encouraging fact that men of great intellect support it and that men of equal endowment find it important to attempt its destruction. It is comfortably safe to predict that the conservatives will find a positive approach to attract the attention and enlist the support of those who will render political judgment in the future.

SAMUEL H. BEER

•

LIBERALISM AND THE NATIONAL IDEA

For the past generation the terms "liberalism" and "conservatism" have been widely used to identify the principal ideas at issue in American politics. We are so accustomed to the labels that we may think that they have always been with us. Indeed, many persons, even scholars, seem to regard them as defining the one great continuing division in our political life and, accordingly, attempt to read back the conflicts of recent decades into the whole of American history.

This reading, it seems to me, is gravely mistaken. It obscures the uniqueness of the alignment in our day and imputes a monotony, not to say simple-mindedness, to American political controversy of which it is not guilty. An equally important division of ideas and forces has revolved around what I shall call *the national idea.* I am thinking not merely of the great controversy that led to the Civil War. As both a theory of American federalism and a perspective on public policy, the national idea has been relevant throughout our history, today and in the 1930's as well as at the time of the founding of the Republic. Political parties, however, have varied in their allegiance to it. What we today in America call liberalism resulted from one of these transformations.

The central point, I must emphasize, is not merely the familiar observation that the Democrats have taken over the old Hamiltonian advocacy of strong central government. As a principle of public policy, the national idea means a great deal more than that. It means not only governmental unification, but also national integration. It is a doctrine of what today is commonly called "nation-building"; its imperative is to use the power of the nation as a whole not only to promote individual excellence and social improvement, but also to make the nation more solidary, more cohesive, more interdependent in its growing diversity—in short, to make the American nation more of a nation.[1]

I shall approach this central thesis, however, in an indirect, not to say leisurely, manner. In the first part of this paper I wish to trace the emergence of the liberal-conservative formula in the Thirties and after. In the second I shall present a different interpretation of American politics suggested by Herbert Croly's distinction between "the principle of nationality" and "the principle of democracy." Finally, in some considerably more speculative pages, I should like to develop the meaning of the national idea and relate it to the new era of public policy which I believe we have entered during the Kennedy and Johnson administrations. Throughout I shall confine myself to attitudes toward domestic affairs in order to avoid undue complexity and because one has a better chance of achieving clarity in this field.

I

A few years ago while preparing a talk on liberalism, I thought I would look back before the 1930's in order to see what leading figures in our past had taken the term to mean. To my surprise I found that they rarely used it. I turned, for instance, to Herbert Croly, who, as author of *The Promise of American Life* and founder of the *New Republic,* could surely be regarded as one of the leading voices of liberalism in this century. Only occasionally in this book, which was written between 1905 and 1909, did he use the term "liberal" or "liberalism." No more frequently he used "conservatism"—but in a formula that opposed it to "radicalism." The term with which he, like his hero Theodore Roosevelt, identified himself and his views, was, of course, "progressivism."

[1] This phrase is adapted from A. D. Lindsay's proposition that the function of the state is "to make the community more of a community." *The Modern Democratic State* (London: Oxford Univ. Press, 1943), pp. 245–8.

Similarly, in the political controversies before Croly's time going back to the eighteenth century, generic terms—such as "democratic"—are used in addition to party labels to designate important viewpoints. But "liberal" is not among them. Nor did contemporaries in these contests use the "liberal *vs.* conservative" formula to describe their confrontations. This is not to say that the terms are never found in political discourse. Hamilton could write of himself as an advocate of "a liberal construction of the Constitution" and say that the purpose of his report on public credit was to establish public order on "the basis of an upright and liberal policy."[2] Moreover, among the educated, who were in touch with politics abroad, liberal and liberalism are sometimes used in their European sense. In this way one can account for occasional uses, as when Orestes Brownson for a few years called himself a liberal.[3] In certain intellectual circles, as one approaches the years of the New Deal, one finds, as we shall have occasion to see, an increased use of the term. This does not change the main point: that "liberal" and "liberalism" were not widely used in political debate in the eighteenth, nineteenth, and early twentieth centuries. Then suddenly in the first years of Franklin Roosevelt, they were widely adopted by editorial writers, politicians, historians, and the articulate public in general to identify the New Deal position in the political conflicts of the time.

There were good functional reasons for this innovation in political terminology. Words which were in effect new to the American political scene were being introduced because Americans were dividing over a quite new set of problems and especially over a new set of solutions. The problems resulted from the impact of industrialism upon the American democracy.

[2] Henry Cabot Lodge, *Alexander Hamilton* (Boston: Houghton Mifflin Company, 1891), p. 90.

[3] On the plane of political action, there was the short-lived Liberal Republican movement of 1872. Two years previously Carl Shurz, one of its founders, had split the Republicans of Missouri into "Liberals" and "Radicals." On the history of these and other political labels in the United States, see Craigie and Hulbert, *Dictionary of American English*. There is, however, a very urgent need for a thorough study of the use of the liberal and conservative labels in our political history. When one considers what sport H. L. Mencken could have had with the term liberalism, it is amazing that he did not take it up in his *American Language*.

They were not confined to the business collapse and the depression, which were special conditions that drew attention to and exacerbated the long-run problems. As Herbert Croly and other progressives had argued a generation before, those long-run problems were two: on the one hand, a great concentration of economic power and, on the other, serious inequities in the distribution of material well-being. The lasting programs of the New Deal clustered around these two questions of economic concentration and economic deprivation, but dealt with them in a manner quite different from that of the progressives.

With regard to the concentration of economic power, the old remedy of regulation was sometimes used, and the still older approach of trust-busting was not entirely neglected. The distinctive contribution of the New Deal, however, was the creation of what later came to be called "countervailing power." Leading examples are the Wagner Act, the AAA, and the TVA. Similarly, with regard to the second branch of "the social problem," the condition of "one third of a nation," there were new approaches. These centered on a wide use of the taxing and spending powers. The programs sometimes directly provided services, as in the case of social insurance or public housing, which involved a degree of redistribution of income. Among the more important measures were the Social Security Act and the Wage-Hour Act.

One can summarize the main thrust of the New Deal as an effort to create a new balance of economic power and a minimum level of economic security. It is necessary to attempt this summary because it is from the New Deal that liberalism in its contemporary American usage has acquired its principal meaning. It goes without saying that in our generation the word liberal has at one time or another been appropriated by people with the utmost variety of views, ranging from extreme Left to extreme Right, and expressed in the most diverse modes, ranging from thoughtless *ad-hocism* to airy ideologism. The liberalism that has been a really significant power in American politics, both as a set of ideas and a social force, has been, however, the practical liberalism brought into existence by the New Deal. And the stress on economic balance and economic security that was characteristic of the New Deal has remained essential to the meaning of liberalism in its later embodiments in Truman's Fair Deal and the programs of the Kennedy-Johnson administrations.

In the 1930's, Americans were dividing over a distinctly new and different approach to public policy. They were also dividing on a new social basis. As Arthur Holcombe pointed out as early as 1933, the old sectional politics was in sharp decline as a new politics arose in which economic class was of much greater importance.[4] Formerly, urban working men (it is hard for us to believe today) had been strongly Republican. Now, especially if organized in labor unions, they were shifting over to the Democratic Party where, with only temporary defections, they in large part remained. Democratic leaders in the New Deal and Fair Deal period were acutely aware of the importance of this vote and of the crucial role of organized labor in their coalition.

These divisions over public policy and between social forces were sufficiently different from what had gone before in American political history to justify and make necessary a new terminology. Why, we may then ask, was the term "liberal" chosen to identify this new approach to public policy and this new alignment of social forces? As an incident to this question, one may also ask, why and how was "conservative" adopted for the other side?

The term "liberal" may seem a strange choice as a name for a set of programs which (whatever their ultimate social and ethical meaning) in the first instance involved many new compulsions. Yet "socialist" was clearly excluded for the very good reason that the New Deal (like the Fair Deal after it), while socialistic, was not socialist even in the attenuated sense that the word has come to have in very recent years. "Democratic" would have been apt but not sufficiently specific; much better would have been "social democratic," except that it was awkward, without precedent in the United States, and no doubt also faintly un-American. "Progressive" had a claim, but, as I have argued above, the New Deal, while grappling with similar

[4] See Holcombe, *The New Party Politics* (New York: W. W. Norton & Company, Inc., 1933).

problems, did not use the same methods, have the same goals, or respond to the same social base as the first Roosevelt and Wilson administrations.

On the positive side, one could show, I am confident, that the word "liberal" was adopted mainly as a result of British influence. As a political label, it had been introduced into Britain in the post-Napoleonic period, initially by Tories who hoped to discredit the advanced Whigs by associating them with the revolutionary *liberales* and *libéraux* of the Continent.[5] Soon accepted by those it was intended to harm, the name came to characterize not only a party, but a whole period of reform, centering especially upon the removal of government restrictions on the economy. Under the Campbell-Bannerman and Asquith governments before World War I, however, a burst of social reform—in many ways like the New Deal and in fact providing specific models for some of its legislation—had given British Liberalism a new direction.

In the following years, certain intellectuals—in particular those who edited and wrote for the *New Republic*—began to use the terms "liberal" and "liberalism" to describe what was being proposed by the New Freedom in Washington and by social reformers in the states, especially New York. In the *New Republic* in 1916, while "liberalism" was occasionally used, the rallying cry was still "progressivism." By 1932, however, that magazine's columns, although not yet the general press, had fully adopted the terminology of liberal and conservative, giving it much the meaning it possessed under the New Deal and in succeeding years. In his speech accepting the nomination that year, Roosevelt himself called the Democratic party "the bearer of liberalism and of progress."[6] By the mid-Thirties the term was well established in common usage.

This injection of the term "liberal" into the American political battle should have caused, one might think, no little confusion. At the time there was, for instance, an organization that called itself the Liberty League and a political leader, Mr.

[5] The principal source for the history of political labels in Britain is *The New English Dictionary* (Oxford).

[6] Arthur M. Schlesinger, Jr., *The Crisis of the Old Order* (Boston: Houghton Mifflin Company, 1957), p. 313.

Hoover, who with "dogged insistence" claimed that he was a "true liberal."[7] Yet these were precisely the forces to whom the liberals of the New Deal were most opposed. To this semantic problem the (new) liberals had their solution. It was to call their opponents conservatives. Like the term "liberal," that word, originating in Britain, had enjoyed only infrequent use in nineteenth-century America. Looking through some Civil War letters of my grandfather a while back, I found him writing to his brother for some McClellan "tickets" which would help him rally the soldier vote in the Army of the Tennessee for what he called "the conservative party of the North." I suspect that he would have called Lincoln a "radical," not a "liberal."[8]

In the 1930's, the term "conservative" was not readily accepted by those to whom the liberals applied it. But in time, rather as the advanced Whigs in Britain had once accepted the liberal label, the opponents of the New Deal and Fair Deal consented to call themselves conservatives. Shortly after World War II, in what was curiously termed by some a "revival," the doctrines that we now call conservatism first entered widely into political discourse in the United States under that name. At first accepted by a few intellectuals, the new terminology spread increasingly among editors, candidates, and other persons in public life.

But may this not be paying too much attention to words? Granting that the terminology of liberal and conservative has only in recent decades been taken up in common usage one

[7] Clinton Rossiter, *Conservatism in America* (2nd ed.; New York: 1963), p. 183. See, for instance, Hoover's reliance upon "liberalism" in his attack upon the government intervention advocated by Governor Smith during the campaign of 1928. "Every step of bureaucratizing of the business of our country poisons the very roots of liberalism—that is, political equality, free speech, free assembly, free press, and equality of opportunity. . . . Liberalism is truly a force of the spirit, a force proceeding from the deep realization that economic freedom cannot be sacrificed if political freedom is to be preserved." Quoted in B. F. Wright, Jr., *A Source Book of American Political Theory* (New York: The Macmillan Co., 1929), p. 639.

[8] Arthur M. Schlesinger, Sr., has observed that "the expressions 'conservative' and 'radical' . . . had no place in the American political vocabulary until Civil War times. . . ." "Radicalism and Conservatism in American History," *New Viewpoints in American History* (New York: The Macmillan Co., 1922), p. 104. See also Craigie and Hulbert, *Dictionary of American English*, on use of the term conservative.

might still argue that the words stand for bodies of thought which under other names go back to the earliest days of the Republic.

To say that liberalism in political thought and action, though not in name, can be traced back to the founding of the Republic is true in a large historical and comparative sense. In contrast with European politics and certainly with British, American politics is, and always has been, overwhelmingly "liberal." Louis Hartz has argued this thesis with great persuasiveness.[9] But perhaps the simplest way to conviction is direct inspection. While attending the annual conference of the British Liberal Party some years ago, I was overwhelmed by the fact that in the course of meeting with various groups belonging to this relatively small political party, I had passed along the whole spectrum of positions that could be found in American politics—from the views of Robert Taft to those of Hubert Humphrey. What was lacking from this medley was, on the one hand, Toryism and, on the other, Socialism. It is precisely the absence of either of these as a significant force that distinguishes American politics from British and puts all its significant forces and ideas within a broad liberal tradition.

There are various currents of opinion in the British Conservative Party, but Toryism is the most persistent, if not invariably the most powerful, and it is the Tory strain that sets British conservatism apart from American. The Tory memory has a Tudor mold. In its social ideal men are hierarchically ordered in station, class, and corporate body and bound to one another by ties of positive obligation. Toryism revealed itself when a well-born English friend of mine said in 1946: "I do not mind what the Labour Government are doing, but I do mind that *they* and not *we* should be doing it." There is even some shadow of plausibility in Harold Macmillan's declaration that "Toryism has always been a form of paternal Socialism."[10]

In comparison, American conservatives look very much like some variety of old-time British Liberal: trusting the automatic

[9] *The Liberal Tradition in America* (New York: Harcourt, Brace and World, Inc., 1955).

[10] Reported in the London *Star* for June 25, 1936. I have discussed the various currents of thought in British politics and made a brief comparison with the U.S. in *British Politics in the Collectivist Age* (New York: Alfred A. Knopf, Inc., 1965): chaps. i-iii.

mechanism of the market, opposed to government regulation of business, and braced by the moral doctrine that what a man makes is "his own." On the question of the role of the state, indeed, Americans have managed exactly to reverse the original and British meaning of conservatism.[11] This does not, however, make our self-styled liberals into Tories: they lack the ethic of *noblesse oblige* and deference as much as they lack the sense of class solidarity that marks a genuine socialism. In comparison with Britain, our liberals and our conservatives belong to a common tradition.

II

This is not to say that Americans must follow British usage or to deny that the distinction between American liberals and conservatives reflects differences of real importance. The question, therefore, still needs to be asked whether these tendencies of political thought, under whatever name, do not represent enduring differences in our more distant past. On this question I find the best guide to be Herbert Croly and in particular his interpretation of American political history in *The Promise of American Life*. This book came at a time when "the social problem" was making its first hard impact on our politics and in much that he said there Croly laid out the path that liberalism was to take a generation later. At the same time, he could look back over a field of vision that had not been obscured by the liberal-conservative realignment of ideas, social forces, and political parties.

What he saw was an enduring tension between "the principle of nationality" and "the principle of democracy." Originating in the clash of ideas between Hamilton and Jefferson, this opposition, he believed, had lasted into his own day. His effort was to find a conception that reconciled the two ideas, suitably reinterpreted to fit the facts of the twentieth century.

If we look at the past from the perspective of the democratic idea (in his usage), we may indeed find confrontations

[11] Speaking for the Conservative Party in the House of Commons in 1947, R. A. Butler said: "We are not frightened of the State. A good Tory has never been in history afraid of the use of the State." 434 *H. C. Deb.* 1247 (10 March 1947).

similar to one important aspect of the later liberal-conservative conflict. Charles A. Beard, for instance, gave us a reading along these lines. In his view, our politics in the earliest days of the Republic revolved around the clash of economic interest groups; broadly, a coalition of owners of large property against a coalition of owners of small or no property. A rough, very rough, parallel with the liberal-conservative alignment of recent years can be granted and thus Jefferson made the ultimate author of the New Deal and Hamilton of its opposition.

But when we look at these early contests from the perspective of the national idea, the lineage is reversed. The modern liberal, as a champion of strong and active central government in the service of nationwide purposes, becomes the heir of Hamilton, while the modern conservative, as the opponent of centralization and friend of states rights and localism, represents the Jeffersonian tradition. In short, even if we grant a certain continuity between modern liberalism and Jeffersonian democracy, the total configuration is strikingly different: The powerful strain of Hamiltonian nationalism in the liberal tendency separates it fundamentally from the Jeffersonians.

For the sake of brevity, I will exagerate the point. During most of our history and until well into the present century, the main division of political forces consisted of the following: 1) on the one hand, a national party, tending toward elitism, viz., the Federalists, the Whigs, and the Republicans; 2) on the other hand, an antinational or "provincial" party[12] tending to be "democratic," viz., the Jeffersonian Republican and then the Democratic Party. Granting the continuity between the elitist-democratic division and one aspect of our present conservative-liberal split, my object here is to emphasize that during our first century and more the issue of overwhelming importance was the national question. The conflict of classes was, and always has been, mild in comparison with such conflicts in other countries of the Western world. As scholars are showing ever more clearly, for instance, the so-called Jacksonian revolution by which uni-

[12] I take the adjective from Albert Beveridge who in his biography of John Marshall described how in the 1790's the political parties arose, "one standing for the National and the other for the Provincial idea." *Life of John Marshall* (4 vols; Boston: Houghton Mifflin Company, 1916), Vol. II, p. 75.

versal manhood suffrage was generally achieved drew no very sharp class lines and really changed very little in a country where ownership was so common that most white people voted even before the removal of property qualifications.[13] The national question, however, precipitated the one large-scale instance of armed subversion in our history.

To Beard, of course, the distinction between advocates of the national and the provincial idea was of secondary importance. In politics, as he saw it, men were moved by "concrete economic needs" not "abstract moral ideas."[14] Hence, the position they took on strong central government or national sovereignty was strictly instrumental to whether they expected to get advantages from it.

Our experience over the past generation will make us impatient with such views. We have seen the power of abstract ideas over political behavior. We have learned that the question of national identity is at least as crucial and explosive as the questions of how power or wealth is to be distributed.

Such commonplaces of any discussion of the developing nations today should not be forgotten when we turn back to the study of our own history. The ratification of the Constitution was a great beginning, but only a beginning, of a long process of governmental unification and national integration. This process has not been completed. Nor did it always move forward. Often set back by local and provincial forces, it stood under their growing menace for a generation before the Civil War. That was a long time ago. Yet even today one cannot read the words of Calhoun and his followers and conceive what they would have meant for this country without a chilling sense of anxiety—and

[13] Bernard Bailyn writes: "What has been proved about the franchise in early Massachusetts—that it was open for practically the entire free adult male population—can be proved to a lesser or greater extent for all the colonies. . . . The main reason for the wide franchise was that the traditional English laws limiting suffrage to freeholders of certain competences proved in the colonies, where freehold property was almost universal, to be not restrictive but widely permissive." "Political Experience and Enlightenment Ideas in Eighteenth-Century America," in Frank Freidel and Norman Pollack (eds.), *Builders of American Institutions* (Chicago: Rand McNally & Company, 1963), pp. 52–3.

[14] *The Economic Origins of Jeffersonian Democracy* (New York: The Macmillan Co., 1915), p. 3.

a renewal of gratitude for the Whig unionists who fought that fatal heresy.

What was the meaning of the national idea? Two things, essentially: first, a theory of the Constitution and second, a view of public policy. As a theory of the Constitution, the national idea was opposed by the compact or states sovereignty theory.[15] According to the latter, the Union was established by agreement among the thirteen states, which had previously been independent, sovereign political entities. In the Constitution, rather as in a treaty among separate nations, they agreed to give up certain powers to the Federal government. Federal power thus was derivative from state power and one might well feel that the states were, and continued to be, the fundamental political communities. From this theory, it also was plausibly inferred that the states had the right to interpret the compact and, if necessary, to nullify an unconstitutional act, to interpose their power to prevent its execution and in the final resort to secede from the Union.

According to the national theory, on the other hand, the Union was brought into existence not by independent states, but by the people as a whole: "We, the people," as it says in the Preamble, formed the Union. As a community of individuals, not a combination of states, we constitute the nation. From this national community the authority of the states as of the Federal government is derivative. Nor is it simply the state governments, but the people of any state themselves who derive their authority from the nation. The national community is our essential form of political existence and to it we owe our primary allegiance. "The Union," said Lincoln, "and not themselves [i.e., the states] separately, produced their independence and their liberty. . . . The Union gave each of them whatever of independence or liberty it has. The Union is older than any of the States, and, in fact, it created them as States."[16] According to this view, of course, no state could secede (or nullify, or

[15] For an excellent summary of the two opposing views along with abundant references, see C. G. Haines, *The Role of the Supreme Court in American Government and Politics, 1789–1835* (Berkeley and Los Angeles: Univ. of California Press, 1944) , chap. iii, "The Issue of State versus National Sovereignty."

[16] First Message to Congress, at the Special Session, July 4, 1861.

interpose), since it had been given no such authority by the nation.

On balance, the national theory is the better account of the state of mind and will of the American people at the time of the foundation of the Republic.[17] Yet, unfortunately, the compact theory was also supported by considerable evidence, including interpretations rendered by leading men among the Fathers themselves. Nor did the words of the Constitution itself entirely clear up the ambiguity. From the start, in other words, there existed in our conception of American nationhood a deep and tragic flaw. By this fateful ambiguity the way was prepared for the Southern states to find legitimation for their resistance, as the forces of economic and social interest set them at odds with the rest of the nation. One cannot say that the clash could never have come to the point of armed conflict if it had not been for this ambiguity. It is clear, however, that the existence of support for the compact theory in historical events and in the opinions of many leaders provided not only a moral cloak for Southern pretensions but also a constant incitement to their assertion and acceptance.

In any period of our history, one can find instances when either the compact or the national theory was used as a mere rationalization for another goal, some economic or social interest or some local advantage. These instances do not prove that the opposing theories represent no real influence on motivation and behavior.[18] In an important sense, the fact that spokesmen for particular advantages have found it effective to appeal to both theories shows that on this point the American political culture embodied two incoherent norms. In contrast with a country that is firmly unitary in its conception of nationhood, the United States, especially in its early and middle years, left open the possibility that nullification or even secession might

[17] See Richard L. Merritt, "Nation-Building in America: the Colonial Years," in Karl Deutsch and William J. Foltz (eds.), *Nation-Building* (New York: Atherton Press, 1963).

[18] Reluctantly I must disagree with the view stated by Arthur M. Schlesinger, Sr., in his famous essay, "The States Rights Fetish," *New Viewpoints in American History* (New York: The Macmillan Co., 1922), where he argued that the states' rights doctrine has never been a "fundamental explanation of the motivation of events" (p. 220).

well be an ethical and legitimate way of reacting to a conflict of sections or interests within the Union. The windy verbalism of the constitutional debate in the years before the Civil War should not be permitted to obscure the motivational force exercised by the underlying values that were in conflict. In those earlier generations, the United States was struggling with a real problem of national identity. Given this peculiar weakness in our sense of identity, the struggle of North and South became not only a conflict of social and economic interests but also, as Hans Kohn has said, a conflict of American nationalism with "another nascent true nationalism."[19]

Given this ambiguity in American political culture, it was natural that our first political and party divisions should center on the national question. The purpose of the national party was, in the first place, to defend in word and deed the national theory of the Union. But the national party did not simply defend a view of the Constitution and American federalism. It also made the national idea into a view of public policy. This was the view not only that the American people were one nation, but also that they ought over time to become more of a nation. In its various incarnations, the national party was, to use Croly's awkward phrase, the "nationalizing" party. In Hamilton's opinion, according to Croly, the central government was to be used "not merely to maintain the Constitution, but to promote the national interest and to consolidate the national organization," a policy which implied " an active interference with the natural course of American economic and political business and its regulation and guidance in the national direction." In spite of many setbacks and the great crisis of the 1860's, this purpose was more and more fulfilled. "The organic growth [of the United States]," said Elihu Root, "which must ultimately determine the form of institutions, has been away from a mere union of states towards the union of individuals in the relation of national citizenship."[20]

[19] Hans Kohn, *American Nationalism: an Interpretative Essay* (New York: The Macmillan Co., 1957), p. 93.

[20] *Addresses on Government and Citizenship* (Cambridge, Mass.: 1916), pp. 79–80.

In opposition to Hamiltonian nationalism and elitism, Croly set Jeffersonian democracy. In it he found not only the political doctrine of "trust the people," but also an economic doctrine of "extreme individualism." "The people" were the best safeguard against authoritarianism in government and at the same time entirely capable of taking care of themselves individually. These beliefs led to the Jeffersonian conclusion that "good government, particularly on the part of Federal officials, consisted, apart from routine business, in letting things alone." This "old fatal policy of drift" meant that in our history one result of Jeffersonian democracy was to promote "a system of unrestricted individual aggrandizement and collective irresponsibility."[21]

It is important to see that the national idea involves not only a theory of American federalism but also a perspective on public policy. Another example will illustrate this dual meaning. In 1830, Webster, in his famous replies to Hayne, stated a Whig version of the national idea. Hayne, having first asserted the compact theory, had drawn two conclusions: that a state could annul what it found to be an unconstitutional act of the Federal government, and that the program of "internal improvements" championed by the Whigs should be defeated. Starting from the national theory, Webster denied any such authority to a state and defended the propriety and necessity of the "general government" using Federal funds to build roads and canals, improve rivers, and subsidize education in all parts of the country. For to Webster, as to Hamilton, the national idea was not only a theory of federalism, but also a dynamic principle of national development. As a national community we already had a "common good" which justified support for internal improvements. "I look upon all these objects," said Webster, "as connected with the common good, fairly embraced in its object and its terms; he [i.e., Senator Hayne], on the contrary, deems them all, if good at all, only local good." In Hayne's system, Carolina has no interest in a canal in Ohio, because "on that system Ohio and Carolina are different gov-

[21] This summary is based on Croly's masterly discussion in chap. ii, "The Federalists and the Republicans," *The Promise of American Life* (Hamden, Conn.: Shoestring Press, 1909).

ernments, and different countries; connected here, it is true, by some slight and ill-defined body of union, but in all main respects separate and diverse." In Webster's view, on the contrary, "Carolina and Ohio are parts of the same country; States united under the same general government, having interests, common, associated, intermingled."[22] To act on this expansive—and expanding—notion of our common interests not only would lead to governmental unification, but also could not fail to make us still more of a community.

In what way does the national-provincial alignment coincide with the liberal-conservative division of recent decades? Clearly, in the present-day meanings of the terms, Jefferson was no more a liberal than Hamilton a conservative. This is not to say, however, that the national question became irrelevant when the rise of the "social problem" brought about the realignment that was sharply and indeed suddenly precipitated by the New Deal. For not the least remarkable aspect of that realignment was the exchange of policies, indeed of long-held principles, on this vital question by the Democratic and Republican parties. The Democratic party—more precisely, its liberal section—became the bearer of the national idea, while the conservative wing of the Republicans became the champions of the provincial idea and of resistance to strong and vigorous central government.

We are now so accustomed to thinking of the Democrats as the "nationalizing" party that we may well forget how radically contrary this tendency is to what that party stood for through most of its history. Again Croly's reading in *The Promise of American Life* is instructive. Reviewing Democratic advocacy of the "old fatal policy of drift" in general, and of such heresies in particular as "nullification, squatter sovereignty, secession, free silver and occasional projects of repudiation," he found that in all our history no "measure of legislation expressive of a progressive national idea can be attributed to the Democratic party." That party, he concluded, "cannot become the party of national responsibility without being faithless to its own creed." It was, of course, to the Republicans, as restored to their "historic position and purpose" by Theodore Roosevelt,

[22] Daniel Webster, *Works* (6 vols.; Boston: 1851), Vol. III, pp. 289–290.

that he looked for "vigorous national action" to deal with the social problem.[23]

This was not an idle hope. It was surely a shorter step to the New Deal from the New Nationalism than from the New Freedom—at any rate, before the New Freedom in office had absorbed the main substance of the first Roosevelt's program. Perhaps after the era of Harding and Coolidge it was too late for the Republicans again to return to their "historic position and purpose." Still, one is tempted to speculate what would have happened if Al Smith had won in 1928 and Hoover had come into office in 1932, freed of the obligation to defend the policies that had led to collapse.

Perhaps it was an historic accident. In any event it fell to the second Roosevelt, no small student and admirer of his cousin, to restore the national idea. His measures, as we have already observed, had definite "class" overtones that give them a distant, but discernible affinity with the Jeffersonian "cherishment of the people." Yet we miss a major dimension of the New Deal and of the liberalism it propagated if we confine our attention to its bearing on the economic interests of various social strata.

In dealing with economic concentration and deprivation, the New Deal and its successors created a new balance of power and a new level of security. By these measures, beneficiary groups, such as industrial labor and recent immigrants, also won a degree of acceptance in the national consciousness and in every-day social and economic intercourse that they had never previously enjoyed. American liberalism acted as a "nationalizing" force not only in the sense that it centralized governmental power, using the authority of the national government to deal with problems that had previously been left to state or local government, or had not been dealt with at all. It was also "nationalizing" in the sense that it integrated into the national community groups which had previously been marginal or excluded. Through the new doctrine and force of liberalism, the national idea worked to integrate the pluralism of the twentieth century as it had once countered the territorial sectionalism of the nineteenth.

Of this liberal achievement the Democratic Party became the

[23] Chap. vi, "Reform and The Reformers."

principle instrument. The result was an imbalance in our party system which persists to this day. For the greater part of our history, each of our two parties had a strength, moral and electoral, with which it confronted a weakness of the other: a national party tinged with elitism facing a democratic party tinged with provincialism. Not always for the best, the democratic principle proved the stronger and the party founded by Jefferson enjoyed a continuity that today entitles it to be called the oldest political party in the world. Still, an opposition had been able to survive for long periods, in spite of its more or less ill-disguised distrust of the people. It had been able to survive, however, only so long as it maintained its adherence to the national idea. When the Federalists weakened in this faith, they lost their coherence and their following, deservedly sinking into nullity. Likewise, when the Whigs, for all their talk of Union, burked the problem of slavery as a national problem, they went into decline. Similarly, when in the past generation the Republicans took up the old provincial causes of the Democrats, they too lost support and fell into the position of the minority party. At the same time, the Democrats became the majority party, as they joined a new version of the national idea to their Jeffersonian heritage. Croly's hope for a party that was at once national and democratic was fulfilled, although not in the way that he expected.

III

Today the national idea is hardly in any danger from the grosser forms of menace that threatened it a hundred years ago. Yet as a theory of American federalism which provides an approach to constitutional interpretation and, even more important, sustains a state of mind, it still needs emphasis. When Southern Senators, or Barry Goldwater, explicitly advocate the compact theory, we need not be greatly disturbed. But was it only a lapse when President Eisenhower in 1952, having declared that the "Federal Government did not create the States," went on to claim that "the States created the Federal Government"?[24]

Today the national idea is, first of all, a perspective for

[24] Campaign speech at Des Moines, Sept. 18, 1952. Quoted in W. Brooke Graves, *American Intergovernmental Relations* (New York, 1964), p. 892.

viewing and judging the relations of the federal and the state governments. People sometimes slip into the habit of speaking as if there were something inherently preferable about state or local activity in contrast with federal. And indeed if the states were the primary political communities, that would be true. But since the nation is our essential form of political existence, such preference as flows from the structure of authority favors the activity of what Webster called the "general government" as against the provincial governments. The point is relevant to the assertion that state and local governments are "closer" to the people. If, as the national theory teaches, one means by "the people" the basic political community, the nation as a whole, then certainly the "general government" is "closer" to this community than are the lesser governments whose contacts with it are partial and separated.

Similarly, from the perspective of the national theory, one will not necessarily be alarmed if the state governments decline in power and scope of activity in relation to the general government. From the viewpoint of the national theory, it is legitimate and logical that as the process of integration of the national community goes forward, the content of the common good with whose promotion the central government is charged should likewise develop. This is not to say that the national theory must imply the ultimate demise of the states. On the contrary, there are excellent practical reasons why they should flourish, especially in the context of cooperative federalism and new forms of regional cooperation. The merit of the national theory is to help us see that the considerations sustaining and defining a role for the states are largely practical in character, not constitutional. In essence this was also the view of Hamilton, Marshall, and the men "who 'put across' the Constitution and who set the national government going." For in their opinion, "the national government . . . is under no constitutional compulsion, either in the selection of means whereby to make its powers effective or in the selection of objects to be attained by their exercise, to take account of the coexistence of the states or to concern itself to preserve any particular relationship of power between itself and the states."[25]

[25] E. S. Corwin, *The Twilight of the Supreme Court* (New Haven: Yale Univ. Press, 1934), pp. 47–8.

But the national idea is more than a theory of constitutional interpretation. It also sustains a dynamic perspective on public policy and national development. In the first place, it favors the process of *governmental unification* which has been a principal theme of our political history. By governmental unification I mean what is often called "centralization," "consolidation," or, in Croly's terms, the "nationalization" of governmental functions. The national idea, however, does not legitimate governmental unification simply for its own sake. There is some end or purpose to which it is instrumental and in the light of which one may judge in what specific ways and at what pace unification should proceed. In one phase of his thought, Croly clearly drew this distinction by making democracy itself this purpose.

To Croly, as to many other political theorists, the term "democracy" is less a concept of analysis than a stimulus to speculation. One need not agree with all his uses of the word to find his speculation interesting. Certainly, he did not confine the meaning of democracy to a conception of authority, a definition of how power ought to be distributed in the polity. To him it meant not only popular sovereignty, but also the end for which power was to be exerted. Yet he was not content with the Jeffersonian ideal of "equal rights for all and special privileges for none" as a definition of this end. For in this ideal he found that "extreme individualism" which in the course of economic development had produced the "social problem." Indeed, in rejecting this doctrine Croly asserts that the national government must "discriminate" constructively "among the various prevailing ways of exercising individual rights" for the sake of certain results. These results consisted in the first place in "social improvement," meaning action to promote "a constantly higher standard of living" and, more positively, "to guarantee to every male adult a certain minimum of economic power and responsibility."[26] In this branch of Croly's approach to the "social problem," it is fair to see his anticipation of the main theme of New Deal liberalism, its use of national power for economic balance and security.

Even more interesting to us today, however, is Croly's conception of the other element in the democratic purpose in the

[26] Chap. vii, "Reconstruction: Its Conditions and Purposes," Sec. 3.

twentieth century. This was to use the powers of the nation to promote "the increase of American individuality." Indeed, to this problem of raising the standards and stimulating the pursuit of "individual distinction," Croly gives far more attention than he does to the material problems of the economy. He thunders at the American's faith in mere good intentions and his lack of moral and intellectual discipline. "In all civilized communities," he wrote, "the great individualizing force is the resolute, efficient, and intense pursuit of special ideals, standards, and occupations."[27] In this emphasis one finds a vivid anticipation of that "pursuit of excellence" which, beginning with the Kennedy Administration, has formed the theme of some of the more original programs of the national government.

For Croly then the national purpose, as he saw it in his time, was to use "the democratic organization for the joint benefit of individual distinction and social improvement."[28] This dual purpose was to legitimate and guide the process of governmental unification and the exercise of power by the national government. Similarly, if we look at the development of federal programs in very recent years it is possible and instructive to discern in them this same twofold purpose. Plainly enough, there is in the Kennedy-Johnson effort a massive stratum of New Deal liberalism. I am thinking not only of the development of basic statutes, such as the wage-hour and social security laws, but also new programs using familiar means, such as medicare. Contrasting with this old stratum of public policy is a new layer. Typical and most important is the series of programs involving education. Looking at the problems that confronted President Kennedy just after his inauguration, Theodore H. White put first "the unbelievable problems of education and knowledge."[29] Going over the main Kennedy programs a while back I counted fully a third that made education in some form a central element. And, it hardly need be said, the priority given education has only increased under President Johnson, who indeed is reported to have said that "the answer for all our na-

[27] Chap. iii, "The Democrats and the Whigs," Sec. 2.
[28] Chap. vii, Sec. 4.
[29] *The Making of the President: 1960* (New York: Atheneum Publishers, 1961), p. 378.

tional problems comes down to one single word: education."

Sometimes the immediate purpose of these measures is economic—for instance, vocational training as a means of relieving unemployment in depressed areas. Sometimes it is to meet a shortage of professional skills—for instance, by assisting the education of doctors, dentists, and other health personnel. In general, of course, there has been stress on the contribution of education to national defense and to economic growth. But this emphasis on education is not only an attempt to help men and women raise and protect their standard of living and a response to the accelerating demand for trained people made by modern technology. In addition to its economic and technological aspects, education inevitably also has a moral aspect. It is a principal way by which the individual is equipped with the means to develop his capacities, escape from routine, and achieve such excellence as lies within his reach. In the concern for individuality as well as security, for the quality of American civilization as well as the welfare of the American economy, the Kennedy and Johnson administrations have given a significant new imprint to public policy and present-day liberalism.

The use of labels is of no great moment. But it is worth seeing where there is continuity and discontinuity between these new departures in public policy and the pattern of New Deal liberalism. There is continuity in the vigorous use of the powers of the national government. These measures are a further step in governmental unification. In particular, the growing programs of federal aid to education mark a large advance in the process of unification which the New Deal itself greatly forwarded. In other respects, however, there are contrasts. Above all, where New Deal liberalism sought to achieve its effects by alterations in structure, especially economic structure, the new programs operate rather through improvements in the intellectual capacities of individuals—and not only intellectual, but also moral capacities, in so far as education develops powers of discipline, self-reliance, and independent choice. This difference in the tactics of reform implies also a difference in analysis. In place of that tinge of economic determinism which colored New Deal liberalism, this new liberalism, while as strongly national as the old, puts much greater emphasis on what may be broadly called cultural factors. A similar shift, incidentally, can be seen in recent years in the approach of social scientists to the analysis of political, economic, and social events.

Public policy, it hardly needs to be said, cannot be neatly and exclusively sorted out into a few simple categories. The erratic pressures, *ad hoc* responses, bureaucratic snarls, legislative compromises, and all the vast complexity of our society and its government mean that no descriptive scheme can do more than indicate general tendencies. Granting this obvious qualification, one can still outline the broad meaning that these tendencies have given the national idea today. This is that the process of governmental unification goes forward guided by a national purpose that can still be accurately stated in Croly's words: "the joint benefit of individual distinction and social improvement." Yet there is, I believe, a major dimension of the national idea of which this discussion has not yet taken account.

Throughout *The Promise of American Life* Croly presents "the principle of nationality" as on a parity with "the principle of democracy." To say, however, that the national idea means merely that unification should be used to promote democratization is to make the national idea subordinate to the democratic idea. One cannot feel that this is fair to Croly's meaning. The "principle of nationality" clearly means more than that a strong central government is acting to promote "the joint benefit of individual distinction and social improvement." It means further that a process of *national integration* is being carried on in which the community is being made more of a community.

National government and national community, like the processes of unification and integration from which they emerge, are interdependent. At the moment, however, I wish to direct attention to the national community as something distinguishable from government. For this community and the process of integration by which it develops is surely much harder to observe and analyze than the national government and its growth. Yet it hardly need be said that all that furious activity and mighty agglomeration of power at the center has little point apart from the quality of life it promotes in the nation.

By community I mean, to begin with, an emotional fact: a massive background feeling of "belongingness" and identification. This emotional aspect of American nationality is not usually in the front of our consciousness. But from time to time, in moments of ritual or crisis or reflection—or perhaps simply when we travel around the country or return home from abroad—it comes sharply forward, showing its power. We perceive then a force that continually, although imperceptibly, conditions our attitudes and behavior. We recognize that, apart from the *private* emotions which we share with family, friends, and other limited groups, we are joined with a vast national community by a distinctive kind of emotional tie: by *public* joy, grief, pride, anger, envy, fear, hope, and so on. Few Americans who watched the funeral of President Kennedy will doubt this fact. His family and personal friends had their private grief. Throughout the world people could respond to certain universal human themes, such as the tragedy of a gallant and youthful leader struck down senselessly at the height of his powers and promise. But for Americans there was a special experience: emotions of grief, anger, fear, and loss that only members of this national community could feel. Peter Viereck wrote of this "nation-welding" moment:

November is the summer season
(Gun-sight sun-light twine)
On November twenty-second
As the southwest year is reckoned
Roses shine.

Sunless Boston roseless Georgetown
(Was ever Cape Cod green?)
On November twenty-second
As the northern year is reckoned
Fall thuds between.

See a horse without a rider
Hear three shots a thud of pine
Nation-welding twenty-second
When whole continents are reckoned
Climates twine. . . .[30]

[30] From "The Grace of Pine" by Peter Viereck. *The Tri-Quarterly* (Winter, 1964–5). Copyright Peter Viereck; used here by permission of the author.

People who constitute a community in some basic sense share a common life. This common life consists, in the first place, of certain resemblances, certain conformities. In this sense, one may speak of an American consensus—a pattern of values and beliefs generally pervading the nation—or perhaps even of an American national character. These shared cultural objects, constituting resemblances among the members of the community, are a source of solidarity.

Some may regret any degree of conformity, finding their ideal in a society that promotes the utmost diversity among individuals. Taken strictly, of course, "the utmost diversity" would make a decent social life impossible. A degree of consensus is necessary if human beings are to coordinate their actions on some other basis than coercion. And it is usually these resemblances and their growth that are analyzed by students of national development.

To emphasize only resemblance, however, is misleading for there is another equally important aspect of community, viz., the fact that relations among members are complementary. There is, in Durkheim's phrase, a "division of labor." Choosing another but suggestive metaphor, Croly spoke of "a socially constructive drama." In this common life, each accepts the whole. Each takes for granted a set of relations, so far presupposing them as complementary to a wide sector of his own activity, that the meaning of that activity would be lost without this social complement. In a memorable passage Durkheim has written of the solidarity resulting from such mutual identification:

> The image of the one who completes us becomes inseparable from ours, not only because it is frequently associated with ours, but particularly because it is the natural complement of it. It thus becomes an integral and permanent part of our conscience, to such a point that we can no longer separate ourselves from it and seek to increase its force. That is why we enjoy the society of the one it represents, since the presence of the object that it expresses, by actually making us perceive it, sets it off more. On the other hand, we will suffer from all circumstances which, like absence and death,

> may have as effect the barring of its return or the diminishing of its vivacity.[31]

Here Durkheim is speaking of face-to-face communities in which the members are directly and visibly in contact with one another. His insight, however, directs attention to similar complementary relations in a large-scale community, such as a nation, in which a widely shared image of interlocking roles or types likewise enhances solidarity. This is, I think, our common-sense perception of the matter. If we reflect on the object of our national loyalty, one aspect is no doubt certain general ideas. With its political and nonpolitical elements, this consensus, although rough and ready and far from lucidly systematic, is vitally important to the maintenance of the governmental and social systems. Yet the object toward which our national feelings are directed obviously includes far more. It is more concrete and richly varied, more historical and less ideological. It is a common life, consisting of not only similarities, but also diversities. In other words, our attachment to the nation does not proceed simply from our resemblances—the American consensus or "way of life." The social context with which we identify as members of the nation also includes a pattern of complex, varied, and highly differentiated attitudes and behavior. In a common life so constituted, we find an important sphere of moral fulfillment, for, as Durkheim observed, in joining with others, "we participate in some measure in their nature and thus feel less incomplete."[32]

Along with the more familiar factor of *consensual cohesion,* this *functional cohesion* is a major source of the stability of American institutions. Consensus is, of course, important and students of American government and society are right to be much occupied with identifying a body of values and beliefs that members of the national community generally share. Yet this consensus on generalities may sometimes be a thin and insufficient foundation for toleration and support between persons or groups. In such situations, it is helpful to see that a further force for

[31] Emile Durkheim, *The Division of Labor in Society,* translated by George Simpson (New York: Free Press of Glencoe, 1964), pp. 61–2.

[32] *Ibid.,* p. 56.

stability may be provided by the more particularistic bonds of functional cohesion.

National integration in this twofold meaning is a principal purpose of governmental unification.[33] To say, however, that the thrust of the national idea is in this sense "to make the nation more of a nation" is to attribute to it no new significance. From the start this was one of its goals and effects. If, for instance, the Whig policy of internal improvements had been realized, our common life as a nation could not have failed to be enriched and strengthened. To stress this old significance here is important in order to make clear that the national idea means something more than mere centralization of power. As the principle of community, it provides, along with the democratic idea, one of the reasons by which governmental unification can be justified and by which it should be controlled and guided.

At present, the civil rights programs are without doubt the most important example of this old effort to make the nation more of a nation. According to some historic conceptions of liberalism, it is a proper and decent solution for a minority if it is given the opportunity to live unto itself in such a way that it may enjoy and develop its own way of life—a status comparable, for instance, to that of the French-speaking people of Canada. American liberalism, however, rejects such solutions along with the doctrine of "separate but equal" and, as a force influencing both Negroes and whites, compels us toward integration. This new stage in American nation-building is surely one of the most ambitious, difficult and characteristic undertakings into which the national idea has led us.

The national idea has persisted throughout our history. It has always confronted opposition, and this tension has constituted one of the major axes of our political life. Its friends have not always cherished "the people" or professed sensitivity

[33] In his theoretical study of nationalism, Karl Deutsch has described this type of relationship. He has observed how a nationality strives to acquire "the instruments of power" in order to use them "to strengthen and elaborate those social channels of communication, the preferences of behavior, the political (and sometimes economic) alignments which, all together, make up the social fabric of the nationality." *Nationalism and Social Communication* (New York: John Wiley & Sons, Inc., 1953) p. 78.

to the grievances of the poor. At different times they have called themselves Federalists, Whigs, and Republicans. Beginning in the 1930's the Democrats, or more precisely the liberal Democrats, became the principal bearers of the national idea. The liberalism brought into existence by the New Deal consisted of a combination of the national idea and the democratic idea which was unique in our history, although the broad outline of it had been anticipated by Herbert Croly. Today liberalism continues to stand for "national democracy," with emphasis on both words.

PRINTED IN U.S.A.